Julia Iwersen
Lexikon der Esoterik

Julia Iwersen

Lexikon der Esoterik

Artemis & Winkler

Die Deutsche Bibliothek – CIP-Einheitsaufnahme
Ein Titeldatensatz für diese Publikation ist bei
Der Deutschen Bibliothek erhältlich.

Umschlagmotiv: »Naked woman lying face down in a rock pool, elevated view«
© stone / Betsie van der Meer
Umschlaggestaltung: Groothuis & Consorten, Hamburg
Satz: Fotosatz Moers, Mönchengladbach
Druck und Bindung: Clausen & Bosse, Leck
ISBN 3-538-07119-5

Inhaltsverzeichnis

Vorwort

Die Esoterik wird als ernstzunehmendes eigenständiges Forschungsgebiet der Religionsgeschichte und -soziologie gerade erst entdeckt. Durch aktuelle Entwicklungen, für die insbesondere das Stichwort *Newage* steht, wurden Religionswissenschaftler ebenso wie eine breitere Öffentlichkeit nach einer längeren Phase der Säkularisierung aller Lebensbereiche von einem neureligiösen Boom überrascht, den Kritiker sogleich als »pseudoreligiös« entlarvten. Richtig war dabei die Beobachtung, dass es sich um eine andere Form von Religion handelte als das, was bislang hauptsächlich unter diesem Begriff wahrgenommen worden war, falsch hingegen die Folgerung, es handele sich nicht um »richtige«, sondern allenfalls um eine Quasireligion. Die Forschungen zu Newage machten allmählich, das heißt in den 1990er Jahren, klarer, dass sie es mit einer Tradition zu tun hatten, die mindestens bis ins 19. Jahrhundert zurückreicht und hier unter der Bezeichnung »Okkultismus« gehandelt wurde, aber auch mit der europäisch-nordamerikanischen Romantik in Verbindung stand. Vor allem weil Newage-Anhänger selber diesen Ausdruck gebrauchten, wurden auch Begriff und Inhalt der »Esoterik« in diesen Zusammenhängen thematisiert. Im Prinzip gleichbedeutend mit »Okkultismus« (»Esoterik« bezeichnet das »Innere«, Okkultismus das »Verborgene« der Religion) gibt dieser Terminus dem Religionshistoriker mehr Freiraum, weil er sich in der adjektivischen Form »esoterikos« bis zu griechischen Philosophenschulen zurückverfolgen lässt, die neben einer verschriftlichten Version ihrer Lehre, die jedermann zugänglich gemacht wurde, einen ausgewählten Schülerkreis mündlich in »esoterischen« Aspekten ihrer Lehren unterwiesen.

Hauptsächlicher Inhalt der Esoterik ist eine Alleinheitslehre, die dazu neigt, die in der Welt zu beobachtende Vielheit von einem universalen göttlich-geistigen Prinzip herzuleiten. Mit bestimmten Interpretationsmitteln werden die empirische Welt und jeder einzelne Bestandteil von ihr einschließlich des individuellen Menschen auf eine Art und Weise wahrgenommen, die immer wieder den Bezug zu dem Einen und dem Ganzen herstellt. Damit ordnet sich die Esoterik in ein weltanschauliches Gewebe ein, dessen Beschaffenheit für Denken und Vorstellungswelt der alten Kulturen Ägyptens, Babyloniens, Chinas und Indiens bestimmend gewesen ist. Aus der Perspektive eines viel späteren Wissenschaftsverständnisses wird diese Denkungsart oft als »vorrational« oder »vorwissenschaftlich« charakterisiert. Sie orientierte sich am Kreislauf der natürlichen Vorgänge und blieb stets auf ihn bezogen. Alle Phänomene wurden als Ausdruck einer Lebenskraft gesehen, die schaffen, sich in vielfältigen Formen manifestieren und auch zerstören kann.

Prinzipien eines solchen Denkens lassen sich sicherlich bis in die ersten Äußerungen menschlicher Religion zurückverfolgen, aber die Reduktion vielfältiger Beobachtungen und der hinter ihnen vermuteten übernatürlichen Verursacher auf eine einzige überpersönliche Macht ist ein Abstraktionsvorgang, der zum ersten Mal in Ägypten um 1300 v. Chr. festzustellen ist. Er war eine Reaktion auf die religiöse Revolution des Pharao Echnaton (1364–1347 v. Chr.), der versucht hatte, den altägyptischen Polytheismus abzuschaffen und die ausschließliche Verehrung der Sonnenscheibe Aton durchzusetzen. Dadurch stellte sich für seine Nachfolger in zugespitzter Form das Problem einer Einheit oder Vielheit des Göttlichen. Zwar wurde das von Echnaton erlassene Verbot der zahlreichen Götterkulte nach seinem Tod sofort wieder aufgehoben, aber der einmal formulierte Monotheismus, der sich schon lange durch eine hegemoniale Stellung des Sonnengottes angekündigt hatte, blieb eine Herausforderung, der die hauptsächlich in Theben ausformulierte Theologie in den folgenden Jahrhunderten gerecht zu werden versuchte. Während der Ramessidenzeit (ca. 1300–1080), als Ägypten unter einer Reihe von Königen mit dem Namen Ramses zur expansiven Großmacht aufstieg, war die religionsgeschichtliche Entwicklung einerseits durch die Stilisierung des Königgottes Amon-Re zur alldurchdringenden Lebensmacht gekennzeichnet, andererseits durch das Aufkommen einer »persönlichen Frömmigkeit« (J. H. Breastead), das Bestreben eines Beters nach inniger Nähe zu einer von ihm verehrten Gottheit, vornehmlich zu dem Licht- und Lebensgott Amon-Re. Dennoch ist die Machtfülle dieser Gottheit von einer Aura des Geheimnisses umgeben. Amon-Re selbst bleibt im Hintergrund, erkennbar ist nur sein Wirken, und selbst dieses bleibt für die Menschen rätselhaft und geheimnisvoll. Damit die Werke des allgegenwärtigen, aber gleichwohl gestaltlosen, abstrakten Sonnengottes anschaulich werden, bedarf es zahlreicher Mittlerelemente, die als »Seelen« der verborgenen Gottheit in verschiedenen Gestalten und Funktionen die Welt durchwalten.

In die Zeit, als in Ägypten dieses Einheitsdenken ausgebildet wurde, fällt der Auszug versklavter semitischer Stämme unter Führung des legendären Mose nach Kanaan. Der Mose zugeschriebene Monotheismus, der historisch ebenso schwierig zu rekonstruieren ist wie die Gründergestalt selber, scheint mit der Religion Echnatons wesentliche Züge gemeinsam zu haben. Aber anders als die Autoren der biblischen Texte, die Moses Monotheismus in einem politischen Sinn exklusiv interpretierten, verstand ihn die antik-heidnische Tradition in einem esoterischen Sinn als inklusiv. Das bedeutet, für eine bestimmte Gruppe von Israeliten, deren Auffassung im Laufe vieler Jahrhunderte schließlich bestimmend wurde, war der Gott Israels ein Gott unter vielen Göttern, der von seinen Anhängern forderte, dass sie ausschließlich ihn verehrten und sich am Kult der anderen Gottheiten nicht beteiligten. Wie schwierig es war, diesen Anspruch durchzusetzen, zeigen die in den alttestamentlichen Büchern festgehaltenen theologischen Auseinandersetzungen.

In die »Gedächtnisfigur Mose« (J. ASSMANN), die etwas anderes ist als die nahezu unbekannte historische Gestalt, sind verschiedenartige Überlieferungen eingeflossen. So erscheint Mose in hellenistischen Texten als einer der maßgeblichen Gründer von Philosophie und Wissenschaft und wird als solcher anderen legendären Kulturstiftern wie Zarathustra oder Orpheus an die Seite gestellt. Dass die biblische Zeichnung des Mose in der Antike weder bei Heiden noch bei Juden allgemeine Verbindlichkeit besaß, beweist der im 2. Jahrhundert entstandene, leider nur fragmentarisch überlieferte historische Roman des jüdischen Schriftstellers Artapanos, der Mose mit dem göttlichen Initiator der Esoterik, Hermes Trismegistos, identifizierte. Es muss also in der Antike eine in außer- wie innerjüdischen Kreisen wirksame Tradition gegeben haben, die exklusiven und inklusiven Monotheismus nicht voneinander unterschieden hat. Während sie in der ägyptischen Religionsgeschichte klar datiert werden kann, ist für den jüdischen Bereich nicht belegt, wie weit sie zurückreicht. Unabweisbar aber ist die Annahme, dass die Kabbala, die jüdische Esoterik, in diesen Zusammenhängen ihren Ursprung hatte. Auch ihr gilt Mose als Begründer ihrer Lehren.

Mit dem 6. vorchristlichen Jahrhundert, noch vor dem Zeitalter der griechischen Klassik, beginnt die abendländische Geschichte der Esoterik in Ionien. Sehr wahrscheinlich übernahmen die frühgriechischen Philosophen, die so genannten Vorsokratiker, deren Denken um das Uferlose oder Unbestimmte (griechisch »apeiron«) kreist, ihre Grundideen von ägyptischen Priestern. Nach den dunklen Jahrhunderten, die der minoisch-mykenischen Epoche gefolgt waren, standen die Anfänge einer neuen Zivilisation in Griechenland ferner im Zeichen von Mysterienstiftungen und Orakelsprüchen.

Die europäische Neuzeit hat sich angewöhnt, das in ihrem Sinne »vorrationale«

Denken, das keine klaren, unaufhebbaren Grenzen zwischen den Erscheinungen erkennen will und sich damit genauen Definitionen versagt, für »überwunden« zu erklären. Ihre wichtigsten heuristischen Grundlagen, d.h. die konsequente Trennung zwischen Subjekt und Objekt (»Objektivität«) und die Suche nach linear-kausalen Zusammenhängen, sind dem Erkenntnisbemühen der Esoterik, die mit jedem Teil auch seine Einbettung in das Ganze sehen will, bewusst entgegengesetzt. Die exakten Naturwissenschaften führen bis heute eine immer weiter gehende Kontrolle über die belebte Welt herbei, aber sie riefen von Anfang an auch Gegenstimmen auf den Plan, unter denen sich die Esoterik deutlich vernehmen lässt. Seit der Romantik geht es dabei nicht nur darum, eine verlorene Welt zurückzugewinnen, sondern es wird immer wieder die gesamte abendländische Kulturentwicklung kritisiert. Manche Repräsentanten dieser Kritik sahen und sehen Christentum und Humanismus als Vorläufer des neuzeitlichen Rationalismus, der für Entfremdung und Naturzerstörung verantwortlich gemacht wird sowie für den Kolonialismus, mit dem die westliche Kultur ihre Anschauungen und Werte der ganzen Welt aufzuzwingen versuchte. In dieser Perspektive geraten die »anderen«, nicht-europäischen Zivilisationen zu Hüterinnen eines Wissens, das Europa entweder nicht in dem Maße ausgebildet oder im Zuge der Entstehung seines technisch-rationalistischen Weltbilds verloren hat.

Damit ist der Ansatz der jüngsten Esoterik-Welle in Europa und Nordamerika skizziert, die seit den 1970er Jahren eine erhebliche Breitenwirkung zeigt. Sie begann im unmittelbaren Anschluss an die unter dem Druck neuer politisch-sozialer Bewegungen vollzogenen Gesellschaftsreformen Ende der Sechziger, als indische Gurus mit Lehren und Praktiken meist neohinduistischer Provenienz in westlichen Ländern auf reges Interesse stießen. Der von der Studentenbewegung und ihren Fortsetzern in Friedens- und Umweltinitiativen angestrebte Wandel hinsichtlich der Politikmittel, sozialen Strukturen und des Umgangs mit natürlichen Ressourcen bezog immer stärker die spirituelle Ebene mit ein; bei vielen avancierte sogar die persönliche Bewusstseinsarbeit zum vorrangigen Mittel aller Veränderungsbemühungen.

Anfang der 1980er Jahre formulierten Marilyn Ferguson und Fritjof Capra die Hoffnungen auf einen umfassenden »Paradigmenwechsel« als chiliastische Naherwartung. Als Grundlage hierfür wurde das Ende einer Periode des so genannten Platonischen Weltenjahres angeführt, während der die Erde seit der Zeitenwende im astrologischen Zeichen der Fische gestanden habe und um das

Jahr 2000 herum durch das Wassermannzeitalter abgelöst werde. Indizien für die Auflösung von Dogmen und rationalen Verhärtungen, wie sie für die Fische charakteristisch seien, fanden FERGUSON und CAPRA in neuen wissenschaftlichen Erkenntnissen, die den Anspruch erhoben, die seit Newton und Descartes geltenden Wirklichkeitsauffassung als Irrtum zu entlarven, und sich den älteren, »vorrationalen« Konzepten auf einem naturwissenschaftlichen Niveau wieder annäherten. Obwohl eine grundsätzliche Abkehr vom »mechanistischen Paradigma« vorerst ausgeblieben ist, sind seither in vielen Lebensbereichen Entwicklungen spürbar, die tatsächlich auf einen tiefgreifenden Einstellungswandel in unserer Gegenwart hinweisen. Dazu gehört vor allem die Auflösung überkommener Grenzen und Trennungslinien, die bisher von ganzheitlicher Denk- und Wahrnehmungsweise weggeführt hatten. Neben einer Blüte neben- und außerkirchlicher Religiosität, die in erster Linie das Feld der Esoterik darstellt, bekundet sich dies auch beispielsweise in den ästhetischen Postulaten der Postmoderne, die das lineare »Ausschlussdenken« zu überwinden trachtet und bewusst mehrdeutige und redundante Kommunikationsformen kultiviert. Während ihrer gesamten Geschichte hat sich die Esoterik, ebenso wie die Religion überhaupt, im gesamten geistigen Leben und nicht allein in einem eingeschränkten sakralen Bereich bemerkbar gemacht. Nicht nur Esoteriker selber, sondern auch die sich mit der Esoterik befassende religionsgeschichtliche Forschung sind bestrebt, diese Spuren wieder sichtbar zu machen. Im Zuge der Beschäftigung mit östlicher Denkweise und Spiritualität besann man sich bald auf religiöse Alternativen der eigenen, abendländischen Tradition, die sich abseits kirchlicher Dogmen und der institutionalisierten Wissenschaft entfaltet hatten. Diese alternative Religiosität schöpft aus drei Quellen: der europäischen Volksfrömmigkeit mit ihren vorchristlich-heidnischen Reminiszenzen, der antiken Gnosis und der christlichen Mystik.

Im Jahre 31 v. Chr. beseitigte Octavian, der spätere Kaiser Augustus, durch seinen Seesieg bei Actium die letzte ihrem Anspruch nach eigenständige hellenistische Monarchie von Ägypten, das damit zur römischen Provinz wurde, was zur Überformung, aber nicht zum völligen Abbruch seiner alten kultischen und kulturellen Traditionen führte. Alle Fäden der antiken Religionsgeschichte liefen um die Zeitenwende im römischen Weltreich zusammen und gaben der Esoterik in dem entstehenden multikulturellen Milieu einen Schub. Die Kulte verschiedenster Gottheiten begegneten sich vor allem in den großen Metropolen Rom, Alexandria und Antiochia, und diese Situation beförderte philosophisch-theologische Spekulationen verschiedener griechischer Schulen, die wie schon die Priester des ramessidischen Ägypten 1000 Jahre vorher in einer solchen offensichtlichen Vielfalt eine verborgene Einheit sehen wollten. Religiöse Auseinandersetzungen waren dagegen nur sehr vereinzelt anzutreffen.

Einzig die damals schon weit verstreute jüdische Glaubensgemeinschaft nahm den panantiken Polytheismus auch als eine ernstzunehmende Bedrohung ihrer eigenen religiösen Identität wahr. Obwohl Vertreter des Judentums einerseits offenherzige religionsphilosophische Auseinandersetzungen mit ihrer heidnischen Umwelt führten und die Synagogen auch für manche Nicht-Juden große Anziehungskraft besaßen, machte sich der verbreitete Unmut über die römische Besatzungsmacht in Palästina zwischen 70 und ca. 130 n. Chr. in mehreren großen Aufständen Luft. Es ist durchaus möglich, dass der jüdische Monotheismus erst seit dieser Zeit vollständig als das wahrgenommen wurde, als was ihn die biblische Überlieferung präsentiert, nämlich als eine Religion, die einen bilderlosen Gott unter bewusstem Ausschluss aller andern Gottheiten verehrt. Nachdem die Kriege mit der römischen Militärmacht die jüdische Infrastruktur in Jerusalem und vielen Orten der hellenistischen Diaspora nahezu vollständig zerstört hatten, setzte eine Reorganisation des Judentums von Osten her ein und es entstand seine rabbinisch-talmudische Form. Die vielen Sonderbewegungen der hellenistischen Epoche hingegen wurden weitestgehend ausgegrenzt. Ihre Spuren sind nicht genauer zu verfolgen; vereinzelte Indizien lassen darauf schließen, dass eine Reihe neuer kleiner Gemeinschaften entstand, die später größtenteils im Christentum und im Islam aufgingen.

Jüdische Abweichler und heidnische ehemalige Sympathisanten des Judentums, die im Zuge der römisch-jüdischen Auseinandersetzungen ihre Anbindung an die Synagogengemeinschaften verloren, sind höchstwahrscheinlich die ersten Träger der so genannten Gnosis gewesen. Hinter dieser Bezeichnung steht eine unbestimmte Zahl recht heterogener Strömungen, die in judenfeindlichen Mythen ihre eigene Identität als Zugehörige eines immateriellen Lichtreiches festschrieben. Der biblische Gott war für sie ein dämonischer Weltenschöpfer, der den Lichtmenschen irdische Körper zumutete und sie mit seinen Finsternismächten verfolgte. Unter neuen Vorzeichen nahmen die Gnostiker damit die dualistische Konzeption der Orphik wieder auf, die schon einmal zwischen Geist und Körper einen unversöhnlichen Gegensatz postuliert hatte. Sie war für die Gnostiker in erster Linie ein Mittel, in Abgrenzung zum Judentum eine eigene Identität zu finden. Einige der gnostischen Systeme gerieten sehr bald unter christlichen Einfluss bzw. legten christliche Lehren in ihrem Sinne aus, aber genauso wie der rabbinisch-jüdischen verweigerte sich die Gnosis einer kirchlichen Institutionalisierung und wurde deshalb von Repräsentanten des entstehenden Katholizismus nachhaltig bekämpft. Sobald die Abgrenzung gegen die offiziellen Vertretungen von Judentum und Christentum vollzogen war, wurde der antiweltliche Affekt der Gnosis überwunden, und sie mündete wieder ein in den breiten Strom esoterischer Überlieferung, aus dem sie gekommen war. Bis dahin waren die meisten gnostischen Lehren in Form von Mythen mitgeteilt worden. Diese berichteten über den Fehltritt der göttlichen Weisheit (Sophia), die ohne Zutun ihres Partners eigene Wesen hervorbringen wollte, aber dadurch nur missgestaltete Geschöpfe ins Leben rief, die ihrerseits schließlich eine unvollkommene Welt erschufen. Außerdem erzählten viele dieser Mythen das Schicksal der Lichtmenschen, die aus diesem bösen Kosmos Befreiung suchten.

Im 3. Jahrhundert begannen die relativ geschlossenen gnostischen Erzählungen aufzubrechen. Der verhängnisvolle Charakter der Weltentstehung wurde entschärft und der Gang der jeweiligen mythischen Handlung durch hymnisch-kultische oder weit ausgreifende spekulativ-philosophische Einschübe unterbrochen. Aus mehreren Texten dieser Zeit wird deutlich, dass die Gnostiker ein Aufstiegsritual übten, bei dem ein Einzuweihender unter Führung eines spirituellen Lehrers oder Mystagogen eine Reise in kosmische Sphären unternahm. Eine derartige Praxis, die stark an die Fähigkeiten von Schamanen erinnert, gab es auch in bestimmten jüdischen Kreisen und in verschiedenen antik-heidnischen Religionen. Nach den Forschungen des US-amerikanischen Neutestamentlers Morton Smith erscheint es sogar als sehr gut möglich, dass auch Jesus im Zusammenhang mit der Taufe Techniken für den Seelenaufstieg lehrte und diese seinen engsten Jüngern zur Weitergabe anvertraute. So waren die alexandrinischen Kirchenväter Clemens (ca. 145 – ca. 217) und Origenes (ca. 185 – 254), die beide weitgehend unabhängig von amtskirchlichen Strukturen dachten und ihre Lehren weitergaben, überzeugt, dass Jesus an einige der Apostel ein Geheimwissen vermittelt hatte, das in esoterischen Kreisen des frühen Christentums bewahrt würde. Da eine solche Tradition, die das Prinzip der Autorität der Ämter durch eine Autorität des Wissens in Frage zu stellen drohte, bei der sich verfestigenden Kirchenhierarchie auf Widerstand stieß, sind ihre Spuren rudimentär. Das gedankliche Prinzip aber überlebte auch innerhalb kirchlicher Kreise und wurde im frühen Mittelalter in der ostkirchlichen Tradition kultiviert.

Mit der Hermetik, einer Einheitslehre, die sich seit dem ausgehenden 2. Jahrhundert in ägyptischen Milieus entwickelte, die mit denen der Gnosis eng verbunden gewesen sein müssen, wurde auch die irdische Natur wieder positiv in das esoterische Denken integriert. Im hermetisch-gnostischen Poimandres wird der gegenüber geistigen Welten niedere Status der Natur so erklärt, dass der Logos sich aus ihren »unteren Teilen«, das sind Wasser und Erde, zurückzieht, um sich mit dem Nous (Intellekt) des Lichtreichs zu verbinden. Die Natur ist also nicht als solche schlecht, sondern ihr Problem ist dadurch entstanden, dass sich der Geist aus ihr zurückgezogen hat. In Teilen der Hermetik lebte die altägyptische Naturfrömmigkeit wieder auf, nunmehr gebrochen durch die Erfahrungen der römischen Herrschaft, die das fruchtbare Nilland rücksichtslos ausbeutete und die Bauern verelenden ließ, aber auch verfeinert durch naturphilosophische Spekulationen, wie sie sich seit den Vorsokratikern in der griechisch-hellenistischen Tradition herausgebildet hatten. Viele der hermetischen Texte schwanken zwischen gnostischer Weltablehnung und dem Bemühen, die Antwort auf religiöse Fragen aus der Natur herauszulesen. Dieser Zwiespalt hat fortan die Geschichte der Esoterik begleitet, wobei der Dualismus einerseits in dem der Esoterik verwandten Platonismus unterschwellig ständig präsent war, andererseits durch besondere gesellschaftspolitische Umstände im Lauf der abendländischen Ideengeschichte mehrfach aufs neue aktiviert wurde.

Der erste christliche Philosoph, der den gnostischen Dualismus konsequent in theologisches Einheitsdenken einbettete, war Gregor von Nyssa (ca. 335–ca. 395). Im Zentrum seines Denkens steht die Unendlichkeit Gottes, die es als ausgeschlossen erscheinen lässt, dass irgendetwas außerhalb seines Willens und seiner Kontrolle geschah. Fortan beschäftigte sich die christliche mystische Theologie mit der näheren Bestimmung der durch Gregor festgestellten göttlichen Einheit. Entscheidend war ihr überrationaler Charakter, der sie von der gleichwohl aus ihr hervorgehenden Vielheit unterscheidet. Während die Vielheit, das heißt der sichtbare Kosmos, beschreibbar und erklärbar ist, ist die Einheit nur der intuitiven Erfahrung zugänglich. Um die Wende des 5./6. Jahrhunderts begründete Dionysios Areopagites im byzantinisch-syrischen Raum eine christliche Hierarchienlehre, die vom lateinischen Westen aufgenommen wurde und die Entwicklung von Esoterik und Mystik aus der Gnosis heraus weiterführte. Der Ausdruck »Esoterik« für die dionysische Theologie und Philosophie ist dabei etwas anders zu verstehen als auf dem älteren Hintergrund von Clemens und Origines. Während die Alexandriner sich im Besitz einer Tradition wähnten, die im soziologischen Sinne esoterisch, also geheim war, bestand für die ostkirchlichen Philosophen das nicht jedem zugängliche Mysterium in der unsichtbaren Einheit hinter der offensichtlichen Vielfalt. Durch die Umformung der Gnosis in mystische Theologie einerseits und ihre Verbindung mit der Naturphilosophie andererseits entstand ein religiöses Milieu, das sich zum kirchlichen Christentum immer in einem nicht unbedingt notwendigen Spannungsverhältnis befand.

Sehr wahrscheinlich unter dem Einfluss hermetischer Ideen, die seit dem Frühmittelalter durch Vermittlung der arabischen Kultur erneut nach Europa einsickerten, weitete der aus Irland gebürtige Johannes Scotus Eriugena (ca. 810 – ca. 877 n. Chr.) die Grundgedanken des Areopagiten, den er auch ins Lateinische übersetzte, auf die materielle Welt aus. Sein Werk Periphyseon (Über die Natur), das zwischen 864 und 866 n. Chr. entstand, verband metaphysische Spekulationen mit konkreter Naturanschauung. Gott und Natur bilden im Periphyseon eine hierarchisch durchgestufte Einheit. Das für den abendländischen Kulturbereich bahnbrechende Denken Eriugenas ermöglichte langfristig eine Harmonisierung von Naturphilosophie und christlichem Glauben, die sich in mehreren Schüben vollzog und zwischenzeitlich auch immer wieder Rückschläge erlitt. Während der Blütezeit der christlichen Mystik im Spätmittelalter spielte die Kosmologie neben der individuellen Gotteserfahrung kaum eine Rolle, aber die Naturphilosophie blühte im 11. und 12. Jahrhundert an der theologischen Schule von Chartres, während des 13. und 14. Jahrhunderts – in sich verschärfender Konkurrenz zum scholastischen Aristotelismus – dann in Paris, Oxford und Cambridge.

Die Gelehrten der Renaissance, die platonische und hermetische Texte wiederentdeckten und im Original studierten, gaben der Naturphilosophie einen mächtigen Aufschwung, dessen Impulse über die pansophische Bewegung und die an sie anknüpfenden Rosenkreutzer im 17. Jahrhundert bis in die europäische Romantik des 18. und 19. Jahrhunderts weiter wirkten. Immer war dabei der individuelle, subjektive Zugang zu den Forschungsgegenständen die entscheidende Methode. Durch das Aufkommen der mechanistisch vorgehenden, objektiven Naturwissenschaften seit Descartes und Newton erlitt diese Form der Esoterik einen herben Rückschlag, wobei sie diesmal nicht von orthodox-theologischer, sondern von wissenschaftlicher Seite abgelehnt wurde.

Denker, die wie Goethe in seinen naturwissenschaftlichen Forschungen esoterische Vorstellungen aufnahmen und weiterentwickelten, wurden innerhalb der europäischen Wissenschaftstradition in eine Außenseiterrolle gedrängt.

Erst seit dem Ende des 20. Jahrhunderts beginnt sich durch neue wissenschaftliche Erkenntnisse eine Aufwertung der Naturphilosophie abzuzeichnen, die anders als die so genannte exakte Wissenschaft neben dem Bedürfnis nach Informationen über die Beschaffenheit organischer und anorganischer Strukturen auch das nach ihrer Einbettung in eine spirituelle Anschauung des Kosmos befriedigen kann. Hauptsächlich in dieser Leistung liegen die Möglichkeiten der Esoterik und die Gründe für ihre große Anziehungskraft in der heutigen Gesellschaft. Während bei den Kirchen eine Neigung vorherrscht, die Erklärung der Welt den Spezialwissenschaften zu überlassen und sich auf einen Glauben zurückzuziehen, der zu letzteren keinerlei Verbindung mehr hat, erhebt die Esoterik den Anspruch, etwas zu wissen, was die entzauberten Wissenschaften uns vorenthalten.

Das Weltbild der Esoterik, von einem modernen Vertreter dieses Denkens sehr treffend »Senkrechtes Weltbild« genannt, beruht auf anderen erkenntnistheoretischen Voraussetzungen als die Wissenschaft und die Operationen, mit denen der moderne Mensch seinen Alltag zu bewältigen hat. Esoteriker betrachten den Kosmos als eine große Einheit, innerhalb derer sich eine variierende Anzahl archetypischer Kräfte der Einen Urenergie auf den verschiedenen Ebenen des Seins manifestiert. Diese Ebenen sind materielle und immaterielle, genauso wie die Manifestationen. Eine solche Art des Denkens arbeitet nicht linear von einem Ausgangs- zu einem Zielort, sondern in Kreisform. Ihr bevorzugter Ausdruck sind die Analogie, die immer die Perspektive der Entsprechungen auf den verschiedenen kosmischen Ebenen miteinbezieht, und die Allegorie, die ein Objekt der empirischen Wahrnehmung oder einen konkreten Begriff mit einer Fülle von Symbolgehalten unterlegt und so das Beziehungsgeflecht deutlich macht, in das der betreffende Gegenstand eingewoben ist. Unter diesen Voraussetzungen werden esoterische Weltbilder jeweils mehr oder weniger konsequent ausformuliert und mit magischen Praktiken verbunden. Spekulation und Magie sollen beide dazu dienen, den Menschen der göttlichen Einheit allen Seins innewerden zu lassen. Ihre Offenheit für die vielfältigen Formen des Volksglaubens unterscheidet die Esoterik von der institutionalisierten Religiosität der großen Kirchen.

Das vorliegende Lexikon behandelt die wichtigsten Sachbegriffe, Personennamen und Werktitel aus dem gesamten Bereich der Esoterik sowie den sich mit ihr überschneidenden Gebieten der Gnosis und Mystik. Das Gewicht liegt dabei auf der Darstellung religionshistorischer Entwicklungen und Zusammenhänge, die zum größten Teil bisher wenig erforscht worden sind.

Die Esoterik hat nicht nur die Religionsgeschichte, sondern auch die gesamte Ideen- und Kulturgeschichte des Abendlandes mitgeprägt. Dasselbe gilt für die Kulturen der islamischen Welt, des indoasiatischen Raumes und Chinas, die nicht mit derselben Ausführlichkeit behandelt werden konnten, aber doch mit einbezogen wurden. Eine bewusst eurozentrische Perspektive, die nicht-europäische Aspekte vor allem dort aufnimmt, wo sie sich mit abendländischen begegnen, war dabei oft nicht zu vermeiden. Esoterische Erscheinungen in allen bekannten Kulturen zu erfassen, ist weder in einem einbändigen Lexikon noch durch eine einzelne Autorin möglich; andererseits schien eine Beschränkung nur auf das Abendland aus inhaltlichen Gründen auch nicht sinnvoll, zumal die Esoterik immer eine besondere Rolle als Vermittlerin zwischen den verschiedenen Kulturen und Religionen gespielt hat. Nicht zufällig hat esoterisches Denken in unserer von der Globalisierung vieler Lebensbereiche geprägten Gegenwart eine so große Bedeutung erreicht, dass durch seinen Einfluss das überkommene Bild institutionell gebundener Religiosität in Auflösung begriffen ist. Nicht zufällig wurde die Esoterik im 19. Jahrhundert, als viele außereuropäische Kulturen im Westen näher bekannt wurden, zu einem Hauptbezugspunkt abendländischen Geisteslebens. In Romantik, Symbolismus und Moderne spielt sie eine wesentliche Rolle. Beobachter der postmodernen religiösen Szenerie stellen immer wieder fest, dass nach einer relativ kurzen Phase der so genannten Säkularisierung, in der traditionelle Formen von Religion aus dem gesellschaftlichen Leben zurückgedrängt worden sind, sich die Rahmenbedingungen der Religion von innen heraus verändern. Inhaltlich wie strukturell nähern sie sich dabei einer Form von Religiosität, für die seit alters die Esoterik gestanden hat.

Das Lexikon der Esoterik will allen an den dargelegten Gegenständen Interessierten die Möglichkeit geben, sich über wichtige Teilbereiche kurz, präzise und unter Einbeziehung religions- und ideengeschichtlicher Zusammenhänge zu informieren und hofft darüber hinaus, neue Forschungen zu dieser noch wenig bearbeiteten Thematik anzustoßen.

Hinweise zur Benutzung des Lexikons

Die Anordnung der Stichwörter ist alphabetisch, wobei die Umlaute ä, ö, ü wie ae, oe und ue behandelt werden.

Stichwörter, die Werktitel darstellen, sind kursiv angegeben.

Verweise auf andere Stichwörter sind mit → gekennzeichnet.

Zahlreichen Artikeln sind Angaben zu *Ausgaben* sowie ausgewählter *Literatur* in chronologischer Reihung nach Erscheinungsjahr nachgestellt.

Stichwörter und in den Artikeln verwendete Begriffe aus nichtlateinischen Alphabeten sind transkribiert. Aus Gründen leichterer Lesbarkeit wurde von Seiten des Verlags auf die phonetisch genauere Transliteration (mit Hilfe diakritischer Zeichen) durchgängig verzichtet.

Abkürzungen
Neben den unmittelbar verständlichen Zeichen und Abkürzungen (*, †, AT und NT *Altes und Neues Testament,* MA *Mittelalter,* esot. *esoterisch,* den Abkürzungen biblischer Bücher wie Jes *Buch Jesaja* und Joh *Johannesevangelium)* werden in den bibliographischen Angaben folgende Abkürzungen verwendet:

ANRW
Aufstieg und Niedergang der römischen Welt. Herausgegeben von Hildegard Temporini und Wolfgang Haase.

Gnosis I
Die Gnosis. Zeugnisse der Kirchenväter. Unter Mitwirkung von Ernst Haenchen und Martin Krause eingeleitet, übersetzt und erläutert von Werner Foerster, Zürich 1995.

Gnosis II
Die Gnosis. Koptische und mandäische Quellen. Eingeleitet, übersetzt und erläutert von Martin Krause und Kurt Rudolph. Herausgegeben von Werner Foerster, Zürich 1995.

Gnosis III
Die Gnosis. Der Manichäismus. Unter Mitwirkung von Jens Peter Asmussen eingeleitet, übersetzt und erläutert von Alexander Böhlig, Zürich 1995.

HTR
Harvard Theological Review

NHD
Nag Hammadi Deutsch. Herausgegeben von Hans-Martin Schenke, Hans-Gebhard Bethge und Ursula Ulrike Müller, Berlin 2001 ff.

NHL
The Nag Hammadi Library in English. Herausgegeben von James M. Robinson, 2. überarbeitete Auflage, 1988.

ZRGG
Zeitschrift für Religions- und Geistesgeschichte

A

Abaris (7./6. Jh. v. Chr.), legendärer skyth. Religionslehrer und Wundermann mit starken Bezügen zum → Schamanismus. Der Sage nach trug er den Pfeil des → Apollon oder ritt auf ihm um die ganze Erde. A. wurde ätiolog. mit der Einrichtung von Sühneriten in Verbindung gebracht, z. B. mit Opfern gegen die Pest, die 430 v. Chr. in Athen wütete. Ihm wurden Orakel, Gedichte über Reinigungen und eine Theogonie zugeschrieben. Die späteren → Pythagoreer sahen in A. einen Vorläufer des → Pythagoras.

Lit.: J. Pollard, Seers, Shrines and Sirens. The Greek Religious Revolution in the Sixth Century B. C., 1965.

Abd Allah ibn Saba' al-Hamdani, legendärer Erzhäretiker im Islam, auf den sich die → Ghulat als ersten Anhänger und Lehrer ihrer Geheimtraditionen berufen. Die einzige biograph. Überlieferung über A. besagt, dass er jüd. Herkunft gewesen sein soll und in Kufa wirkte. Im Kern lehrte A., dass 'Ali, der Schwiegersohn des Propheten Mohammed, nicht gestorben sei, sondern sich nur vor seinen Anhängern verborgen habe, um irgendwann als → Mahdi zurückzukehren und ein Gottesreich zu errichten. Die Anhänger dieses Glaubens wurden Saba'iten genannt.

Abd-ru-shin → Gral

Abraxas, in den → Mag. Papyri und auf → Mag. Gemmen häufig verwendete Zauberformel. Nach häresiolog. Berichten über die Lehren des Gnostikers → Basilides galt A. als Herr über die 365 Himmel – mit Verweis auf die zahlenspekulative Ausdeutung der sieben Buchstaben des Namens, die eben 365 ergebe. Da Kultbilder einer Gottheit A. fehlen, versteht man den Namen am besten als Ausdruck einer mächtigen → Energie (griech. »dynamis«), die zu vielfältigen mag. Zwecken angerufen wurde. Bei → Jung und bei → Hesse wurde A. als »neuer Gott«, der → Gut und Böse in sich vereinigt, (wieder-)entdeckt.

Lit.: A. Dietrich, A., 1891. A. Merkelbach/ M. Totti (Hg.), A., 3 Bde., 1990–92.

Abschwörungsformeln, zahlreich überlieferte Anti-Bekenntnisse ehemaliger Manichäer, die dem → Manichäismus abschworen und zur ihn bekämpfenden kathol. Kirche übertraten. Dazu gehörte nicht nur die Versicherung der eigenen Konversion, sondern eine ausdrückliche Verfluchung aller gnost.-manichäischen Lehrer samt ihrer Anhängerschaft. Die A. haben einen beträchtlichen Quellenwert für die Erforschung des Manichäismus, weil in vielen von ihnen die verworfenen Überzeugungen detailliert geschildert werden.

Lit.: Gnosis III.

Abstammungsmythen sind charakterist. für die frühe → Gnosis. Die Gnostiker sahen sich selbst als Abkömmlinge eines Lichtreichs, die aufgrund ihnen feindlich gesonnener Mächte gezwungen waren, sich in der mit der Materie identifizierten Finsternis aufzuhalten. Damit hatten die Menschen, die sich im Besitz der Gnosis wähnten, einen höheren geistlich-ontolog. Status als die Nicht-Gnostiker. Dass dieser mit der Zugehörigkeit zu einer bestimmten Gruppe in Verbindung gebracht wurde, deren Mitglieder sich dieselbe myth. Herkunft zuschrieben, macht die Gnosis als ein Teilgebiet der Esoterik für quasirassistische Deutungsmuster anfällig, die in krit. Phasen der Geschichte der Esoterik auch virulent wurden. Offensichtlich besteht hier ein Zusammenhang mit dem esot. → Antisemitismus.

Abulafia, Abraham (1240–91/2), der bedeutendste Vertreter einer nicht-myth., »prophet. → Kabbala«, die er selbst auch »Kabbala der Namen« nannte. Letztere Bezeichnung bezieht sich auf von A. aufgenommenen und weiterentwickelten Methoden des Gebrauchs der → Namen Gottes, mit deren Hilfe man zur → unio mystica gelangen kann. Solche Techniken bestanden aus Kombinationen von mehrfach wiederholten Gottesnamen, aus Gesängen, Atemübungen und bestimmten Kopfbewegungen. Auch die Buchstabenkombinatorik (→ Buchstabenmystik) spielte eine Rolle. A. führte zeitlebens ein unstetes Wanderleben. 1270 hatte er eine Vision, die ihn veranlasste, den Papst treffen zu wollen, was jedoch nicht gelang. Auf christl. wie auf jüd. Seite stießen seine religiösen Auffassungen auf massive Feindschaft. Dennoch waren A.s Ideen von weitreichender Wirkung, insbesondere auf den → Chassidismus und die christl. Kabbala.

Lit.: M. Idel, A. u. die myst. Erfahrung, 1988.

Acta Archelai des Hegemonios (4. Jh.), ein fingiertes Streitgespräch zwischen dem mesopotam. Bischof Archelaos und → Mani, von dem nur eine lat. Version vollständig erhalten ist. Die A. dienten lange Zeit als Hauptquelle über den → Manichäismus.

Adam, in der an bibl. Traditionen orientierten Esoterik des Judentums, Christentums und Islams der erste → Mensch, das Urbild des ird. Menschen ebenso wie des gesamten Kosmos. An seiner Erschaffung sind die verschiedenen Attribute Gottes, Engel und nach gnost. Lehren auch dämon. Mächte beteiligt.

Adam qadmon, der kosm. oder Urmensch in der → Kabbala, → Mensch.

Adamiten, häresiolog. Benennung für eine nicht näher identifizierbare gnost. Gruppierung, mit deren Lehren sexuelle Ausschweifungen einhergegangen sein sollen. Als einziger antiker Zeuge hat → Epiphanius (4. Jh.) von den A. gehört, kennt aber keine genaueren Einzelheiten. Die Bezeichnung A. diente der Häresiologie dazu, verschiedene als häret. eingestufte Gruppierungen des Spätmittelalters und der frühen Neuzeit zu verunglimpfen, u. a. die Gemeinschaften der → Freigeist-Bewegung.

Adamsapokalypse (NHC V, 5), sethian. Frühschrift (entst. Ende 1./Anfang 2. Jh.), die in einer geschlossenen myth. Form das Schicksal der von Adam abstammenden Seth-Menschen, der Gnostiker aus dem Lichtreich, beschreibt. Der Text führt entlang an at.lichen Überlieferungen eine Heilsgeschichte der Gnostiker vor, die alternativ zu der nach jüd. Auffassung verläuft: Anfangs lebten Adam und Eva in androgyner Vereinigung (→ Androgynie) miteinander. Eva ist im besonderen Trägerin der Gnosis (griech. »Erkenntnis«) und lässt Adam an ihrem Wissen teilhaben. Dann aber werden die beiden vom »Archonten der Äonen«, einer Finsternismacht, über deren Herkunft in diesem Text nichts gesagt wird, getrennt. Diese Trennung von Adam und Eva in »zwei Äonen« ist Ursache dafür, dass beide die Gnosis vergessen und unter die Herrschaft des Archonten in einen niedrigeren Seinszustand fallen. Die Gnosis geht von Adam und Eva über »in den Samen großer Äonen«. Adam erhält dann eine Offenbarung durch drei Männer aus dem Lichtreich und gibt diese an seinen Sohn → Seth weiter. Sie enthält das Schicksal des Gnosis-Geschlechts unter dem Finsternisregiment. Die Gnosis-Menschen werden vom Weltenherrscher → Saklas verfolgt, der sich in diesen Zusammenhängen eindeutig als der Gott des AT erweist, zuerst durch die Sintflut, später durch Feuer, Pech und Schwefel. Andere sethian. Texte, insbesondere das jüngere → *Ägypterevangelium*, legen nahe, dass es sich bei letzterem um eine gnost. Interpretation der Geschichte von Sodom und Gomorrha handelt. Beide Angriffe der Finsternismächte überstehen die Seth-Menschen jedoch unbeschadet, da sie von himml. Wesen gerettet werden. In einem ausführlichen letzten Abschnitt folgt noch ein drittes und endgültiges Heilsgeschehen, herbeigeführt durch einen Erlöser namens → Phoster, das aus vierzehn – anscheinend einander ablösenden Königreichen – hervorgeht. Die nicht näher benannten »anderen Völker«, die bisher die Seth-Menschen bekämpften, werden gezwungen, ihre eigene Vergänglichkeit und die Überlegenheit der Sethianer anzuerkennen. Dieser hier dargelegte → Abstammungsmythos wurde etwas später mit einer Kosmologie kombiniert, die bei → Irenäus als → Barbelognosis bezeichnet wird und sich sehr wahrscheinlich aus dem → Seelenmythos entwickelt hat. Abstammungsmythos und barbelognost. Kosmologie bildeten dann das Sytem der → Sethian. Gnosis.

Ausg.: NHD. NHL. Gnosis II.

Addas, Manichäer, der im 3./4. Jh. in Nordafrika, besonders in Ägypten missionierte und zahlreiche Klöster gegründet haben soll. Zusammen mit → Adeimantos verfasste er eine nicht erhaltene Missionsschrift, der großer Erfolg beschieden war.

Adeimantos, manichäischer Missionar in Nordafrika, dessen Identität ungeklärt ist. Sein Name ist v. a. in den → Abschwörungsformeln neben dem des → Addas belegt; → Augustinus aber hielt beide für identisch.

Aegidius von Viterbo (1469–1532). Kardinal, Ordensgeneral der Augustiner-Eremiten und bedeutender Kabbala-Forscher. Er unterhielt enge Beziehungen zu → Reuchlin und → Pico della Mirandola, mit denen er seine Interessen am → Platonismus und an der Entwicklung der christl. Kabbala teilte. Im Bereich seiner kirchl. Tätigkeiten setzte sich A. zeitlebens für Reformen ein.

Ägypten, das Land, in dem einerseits tatsächlich esot. Denken erstmals histor. greifbar ist (→ Esoterik; → Antike), andererseits Projektionsfläche für die esot. Phantasie des Abendlandes, die zu phantast. und manchmal auch absurden Einschätzungen über die altägypt. Kultur kommt. Bereits die griech. Historiker waren der Auffassung, dass alle menschliche Weisheit ihren Ursprung im Nilland habe, und führten die gesamte griech. Philosophie auf ägypt. Quellen zurück. Von vielen griech. Philosophen wird berichtet, sie hätten Ä. persönlich besucht. Für die hellenist.-spätantike Esoterik lag ihr wichtigstes Zentrum in Alexandria, wo jüd., griech.-röm., mesopotam., ägypt. und vielleicht auch ind. Traditionen zusammenliefen und in → Platonismus und → Hermetik ihren wesentlichen und auch für spätere Zeiten weithin bestimmenden Interpretationsrahmen fanden. Schon in dieser Epoche galt die Zivilisation Altä.s als rätselhaft, und obwohl einerseits gerade die Hermetik Wurzeln in altägypt. Theologie hatte, wurde andererseits das noch intakte genuin ägypt. Kultleben absichtsvoll von ägypt. Priestern vor den Blicken Außenstehender verborgen, was den Anschein des Geheimnisvollen, von dem die alte Tradition umgeben wurde, noch verstärkte. Die Griechen und hellenisierten Römer, die grundsätzlich nicht die Sprache der von ihnen kolonisierten Länder lernten, interpretierten die altägypt. Hieroglyphen als reine Symbolzeichen, mit denen die uralte Weisheit der Ägypter verschlüsselt werde. Im 5. Jh. schrieb Horapollon, selbst Ägypter, aber über das Prinzip der Hieroglyphen als Lautschrift im Unklaren, eine kopt. Abhandlung über die Bedeutung der Bildzeichen, die später ins Griech. übersetzt und bis in die Neuzeit hinein rezipiert wurde. Das Verständnis, bzw. Unverständnis des Ägypt. wurde durch seine Ausführungen maßgeblich beeinflusst. Dem christl. MA galt Ägypten nach atl. Tradition als Land des bibl. Exodus und als exponiertester Ort verwerflichen, heidn. Zaubers, dennoch erkannten viele Theologen, angefangen mit → Augustinus, → Hermes Trismegistos als philosoph. Autorität an. In der → Renaissance lebte die antike Überlieferung von Ä. als Ursprungsland der Philosophie überhaupt wieder auf. Horapollon wurde eifrig gelesen und regte eine eigene Produktion von Hieroglyphica an, aus der die späthumanist.-barocke → Emblematik hervorging. Daneben begann die Erforschung der ägypt. Kultur mit den damaligen Kenntnissen und Mitteln, sie erreichte mit dem Werk → Kirchers einen ersten Höhepunkt. → Cudworth entdeckte auch bereits Ä. als Heimat des → esot. Monotheismus. Für die esot. Bewegungen der frühen Neuzeit hatte Ä. als geistige Heimat aller Esoteriker immer eine zumindest unterschwellige Bedeutung, so ging von → Paracelsus die Sage, er sei in Ä. gewesen und habe dort einen großen Teil seines mag.-medizin. Wissens erworben. Auch die → Romantik setzte diese ideengeschichtliche Tradition fort: Ägypten als Ort des Geheimnisses schlechthin wurde in der deutschen romant. Literatur ein Land der Sehnsucht, und ihre eigene verzaubert-symbol. Anschauung der Natur nannten die Romantiker »hieroglyphisch«. → Theosophie und → Anthroposophie ließen sich weniger direkt von Ägyptischem beeinflussen, wiesen aber der altägypt. Kultur im Rahmen ihrer → Zeitalter-Lehren einen wichtigen Platz in der Bewusstseinsgeschichte der Menschheit zu. Anders als den Romantikern ging es diesen Strömungen weniger um das Geheimnis an sich, als um dessen quasi-positivist. Enthüllung, die sie für ihr eigenes Werk in Anspruch nahmen und folglich von den alten Mysterienhandlungen ablösten. Enspechend nannte → Blavatsky ihr frühes Hauptwerk *Isis entschleiert*. Unter den Esoterikern des 20. Jh.s wandte sich v.a. → Crowley noch einmal Ä. zu, was seiner Vorliebe für die → Magie entspricht. Zeitgenöss. Interesse richtet sich hauptsächlich auf die mathemat.-astronom. Konstruktion der → Pyramiden und ihre Funktion sowie auf die Beteiligung von → Außerirdischen an der Errichtung der ägypt. Zivilisation.

Lit.: J. VAN RIJCKENBORGH, Die ägypt. Ur-Gnosis u. ihr Ruf im Ewigen Jetzt, 4 Bde., [4]1966. R. STEINER, Ägypt. Mythen u. Mysterien, [4]1978. F. TEICHMANN, Der Mensch u. sein Tempel. Ä., 1978. DERS., Die Kultur der Empfindungsseele, 1990. E. IVERSEN, The Myth of Egypt…, in: European Tradition, 1993. J. ASSMANN, Moses der Ägypter, 1998. E. HORNUNG, Das esot. Ä., 1999. J. ASSMANN, Weisheit u. Mysterium. Das Bild der Griechen von Ä., 2000.

Ägypterevangelium oder *Das heilige Buch des großen unsichtbaren Geistes*, kopt.-gnost. Text des 3. Jh., der in zwei Abschriften aus → Nag Hammadi erhalten ist (NHC III,2 und IV,2). Die mytholog. Rahmenhandlung folgt im großen und ganzen dem System der → Sethian. Gnosis, aber mit einer Reihe von nennenswerten Änderungen: Die Entstehung der niederen Welt wird nicht auf eine Verfehlung der → Sophia zurückgeführt. Stattdessen wird die Erschaffung des Weltenherrschers → Saklas ohne jede negative Bewertung der Initiative des Lichts → Eleleth zugeschrieben. Chaos und Unterwelt, über die Saklas zum Herrscher eingesetzt wird, sind bereits vorhanden; ihre Existenz wird mit keinem weiteren kosmogonischen Vorgang erklärt. In der vom *Ä.* gegebenen Version des sethian. → Abstammungsmythos ist die polemische Schärfe gegen die die Sethianer verfolgenden Widersachermächte gemildert. Die Stringenz des sethian. Mythos wird im *Ä.* durch die Häufung mytholog. Figuren infolge von Neuschöpfungen und Vervielfältigungen sowie durch Einschübe hymn. Abschnitte in den Erzählverlauf durchbrochen. Man kann im *Ä.* deutlich beobachten, wie die systemische Mythologie der Gnosis im 3. Jh. allmählich ausgehöhlt wird. Eine besondere Rolle spielt dabei die → Zahlenmystik. Ferner finden sich mag.-kult. Elemente wie Inkantationen in Form von Buchstabenfolgen oder Nennungen einer Gottheit mehrmals hintereinander mit verschiedenen Namen. Die Schrift endet mit einem langen Hymnus an die → Taufe.

Ausg.: A. BÖHLIG, Das Ä. von Nag Hammadi, 1974. NHD. NHL.

Äon (griech. »aion« längere Zeitdauer, Lebenszeit, Ewigkeit), meistens im Sinne von → »Zeitalter« verwendet. In der antiken → Gnosis wurde diese Vorstellung verräumlicht, die Ä.en erscheinen hier als Hypostasen.

Lit.: J. IWERSEN, Gnosis u. Geschichte, 1994. G. CASADIO, From Hellenistic Aion to gnostic Aiones, in: D. Zeller (Hg.), Religion im Wandel der Kosmologien, 1999.

Äther, von griech. »aither«, womit die klare Luft bezeichnet wird. In der Esoterik steht Ä. für eine feinstoffliche Substanz, die zwischen dem Materiellen und dem Geistigen angesiedelt ist und zw. beiden vermitteln kann.

Äthiopisches Henochbuch, aus dem 5. Jh. stammende Abschriften einer Apokalypse in 108 Kapiteln, die im NT wie auch von der Gemeinde in → Qumran als Teil des atl. Kanons betrachtet wurde. Das Buch beginnt mit der

Ankündigung des letzten Gerichts und behandelt dann vielfältige Inhalte, die über die esot. Lehren seiner Zeit Aufschluss geben. Die Kapitel sechs bis sechzehn enthalten eine reich ausgeschmückte Erzählung über den → Fall der → Engel (im Anschluss an die bibl. Tradition von Gen 6, 1–4), das Unwesen ihrer Nachkommen, der Riesen und Giganten, und schließlich ihrer aller Bestrafung. An diesen angelolog. Abschnitt sind Berichte über die Reisen → Henochs durch die himml. Welten angeschlossen. Dann folgen apokalypt. Schilderungen im Zusammenhang mit der Ankunft des Messias, Spekulationen über dessen präexistentes Wesen, schließlich der letzte Kampf des Messias gegen seine Widersacher und die Erlösung der Gerechten sowie ihre ewige Seligkeit im Gottesreich. Die Kapitel 72 bis 82 sind astrolog. und physikal. Inhalts. Im Zuge weiterer apokalypt. Visionen Henochs und damit verbundener Mahnreden an seine Gemeinde wird in Kapitel 91 und 93 noch einmal das gesamte Weltendrama aufgerollt.

Ausg.: E. Kautzsch (Hg.), Die Apokryphen und Pseudoepigraphen des AT, Bd. 2, 1900, Nachdruck 1994.

Agartha, nach theosoph. Lehren ein in Zentralasien lokalisiertes myth. Urland der Arier. Vgl. → Shambhala

Agrippa von Nettesheim, Heinrich Cornelius (1486–1536), als Philosoph und Wissenschaftler einer der bedeutendsten Vertreter der Renaissance-Esoterik. 1507, während seines Studiums in Paris, gründete er einen esot. Orden. Seither machte ihm wiederholt der Häresievorwurf zu schaffen. 1508 fiel er in Metz auf, weil er sich zugunsten einer der Hexerei angeklagten Frau einsetzte. Im folgenden Jahr hielt er in Burgund einen aufsehenerregenden Vortrag über die Philosophie → Reuchlins, wurde der Häresie angeklagt und musste nach Deutschland fliehen. Seit 1511 hielt sich A. für mehrere Jahre in Italien auf, danach in Frankreich. Ab 1528 gab er in Antwerpen seine über die Jahre entstandenen Schriften heraus, die eine Synthese des gesamten in der Renaissance entwickelten esot. Denkens enthalten. Hauptwerke sind → *Über die okkulte Philosophie* und → *Über die Unsicherheit und Eitelkeit der Wissenschaften.*

Ausg.: Opera, Nachdruck 1970.

Lit.: W.-D. Müller-Jahncke, Magie als Wissenschaft im frühen 16. Jh. Die Beziehungen zwischen Magie, Medizin u. Pharmazie im Werk A.s, 1973. C. G. Nauert, A. and the Crisis of Renaissance Thought, 1965.

Ahimsa (sanskrit »Gewaltlosigkeit«), ein asket. Lebensideal, das sich in verschiedenen religiösphilosoph. Strömungen, dem Kreislauf der Wiedergeburten (→ Karma) zu entkommen. Mahatma Gandhi (1869–1948) erweiterte das Prinzip der A. zu einer umfassenden Sozialethik, an der er sein eigenes Leben und seine Politik ausrichtete.

→ Neohinduismus und neuere Esoterik haben A. kaum eigenständig thematisiert, aber insbesondere für die an ind. Traditionen orientierten Strömungen ist ihre Befolgung eine Selbverständlichkeit.

Lit.: G. Spera, Notes on A., 1982. M. Gandhi, Mein Leben, 1983. R. Braun, A. Ein ind. Tagebuch, 1984. C. K. Chapple, Nonviolence to Animals, Earth, and Self in Asian Traditions, 1993. E. M. Houben, K. R. van Kooij (Hg.), Violence denied. Violence, Non-Violence and the Rationalization of Violence in South Asian Cultural History, 1999. A. Wetzler (Hg.), A., die ind. Idee der Gewaltlosigkeit. Zur Beziehung zwischen Mensch u. Natur in Indien, 2000.

Ahriman → Teufel

Akasha-Chronik, in → Theosophie und → Anthroposophie als Weltgedächtnis eine Art histor. Quelle, auf der die neueren esot. → Zeitalter-Lehren beruhen. Nach theosoph.-anthroposoph. Auffassung prägen sich alle Geschehnisse des Universums in den → Äther ein und können von Menschen mit seherischen Fähigkeiten dort abgelesen werden.

Insbesondere → Steiner lieferte aufgrund seiner Schau in die A. detaillierte Informationen über die Urgeschichte der Menschheit sowie okkulte Hintergründe zu histor. Vorgängen, die nach seiner Interpretation durch die Arbeit der herkömmlichen Geschichtswissenschaft nur in ihrer exoter. Bedeutung wahrnehmbar werden.

Lit.: R. Steiner, Aus der A., 1975. Ders., Okkulte Geschichte. Esot. Betrachtungen karm. Zusammenhänge von Persönlichkeiten u. Ereignissen der Weltgeschichte, 1975.

Akupunktur → Chines. Medizin

Alawiten (von arab. »'Alawiyun« 'Ali-Anhänger), isma'ilit. Gruppierung, die sich Ende des 11. Jh.s von den → Fatimiden abspaltete. Obwohl der Fatimidenkalif al-Mustansir, der 1094 starb, seinen Sohn Nizar als Nachfolger designiert hatte, musste dieser dem Schwiegersohn des Wesirs weichen und wurde in einer bewaffneten Auseinandersetzung mit den neuen Machthabern in Ägypten besiegt und getötet. Der Iraner Hasan-i Sabah sagte sich darauf von den Fatimiden los und gründete eine eigene isma'ilit. Bewegung, die unter dem Namen → Assassinen oder Nizarier bekannt wurde. Die Assassinen behaupteten, Nizar sei seinen Verfolgern entkommen und habe sich als verborgener → Imam auf der Assassinenburg Alamut versteckt gehalten. Nachdem die Macht der Assassinen gebrochen war, folgten die Anhänger in Syrien und im Iran je einem unterschiedlichen Zweig einer Sippe, die sich von den Imamen Alamuts herleiteten. Die A. Syriens, das dem Osmanenreich eingegliedert war, konnten abgesehen von einer ihnen auferlegten Sondersteuer unbehelligt ihre Religion ausüben, während im Iran die Anhänger verfolgt und zum großen Teil massakriert wurden. Der Imam Shah Tahir Dakani, der im 16. Jh. als alawit. Lehrer und Schüler Berühmtheit erlangte, wurde nach Kushan exiliert. So gelangte das A.tum nach Indien, Pakistan und Afghanistan, wo wie in der Türkei, in Syrien, im Libanon und Irak bis heute 'alawit. Gemeinden existieren, während die iran. A. in der → Sufik aufgingen. Kennzeichnend für die Alawiten ist ihre laxe Haltung zum islamischen Kultus und Gesetz; so sind sie nicht zu rituellen Waschungen verpflichtet, Alkoholgenuss ist ihnen erlaubt. → Isma'iliya

Lit.: H. Halm, Die islam. Gnosis, 1982.

Albigenser → Katharer

Alchemie, im Zusammenhang mit Bergbau und Metallurgie entstandene geheime Wissenschaft, die eng mit der esot. Tradition, insbesondere mit der → Naturphilosophie verbunden ist. Der Begriff geht wahrscheinlich auf das griech. »chemeia« (Lehre von den Säften) zurück, das ohne direkten inhaltlichen Zusammenhang mit ägypt. »keme« (schwarz) in Verbindung gebracht wurde. »al« ist der arab. bestimmte Artikel. Die antiken Quellen sprechen allerdings nur von »die Kunst«. Der Terminus A. gelangte im 9. Jh. durch Vermittlung der maur. Araber nach Europa. Das Streben der A. richtet sich auf Veredlung und schließlich Vergeistigung der Natur und des Menschen. Da nach esot. Anschauung die menschliche Seele in die Materie eingeschlossen ist, kann sie durch Umwandlung der Materie Befreiung erlangen. In der Praxis sucht der Alchemist die Vollendung der → Schöpfung zu beschleunigen, indem er aus dem Bauch der Erde die Steine und Metalle zutage fördert und ihrer höchsten Transmutationsstufe, dem Gold, zuführt. Im »Schwarzland« Ägypten sind die ältesten Wurzeln der islam. und abendländ. A. zu suchen; als ihr Begründer gilt → Hermes Trismegistos. Daneben entwickelte sich die A. auch in Indien und China.

Lit.: E. Ploss u.a., Alchimia. Ideologie u. Technologie, 1970. M. Eliade, The Forge and the Crucible: The Origins and Structures of Alchemy, ^{2}1978. C. Gilchrist, A., 1992. B. D. Haage, A. im MA., 2000.

Alevi (türk. »'Ali-Anhänger«), ein im 15. Jh. entstandener Zweig der Zwölfer → Shi'a, heute die größte religiöse Minderheit in der Türkei. Charakterist. sind für sie ein Gott, Mensch, und Natur umfassender Einheitsglaube und gegenüber dem exoter. Islam stark eingeschränkte kult. Verpflichtungen. A.-Gemeinschaften haben keine eigenen Moscheen, sondern treffen sich mindestens einmal jährlich in einem Gemeinschaftshaus (türk. »cemivi«). Bis in die 1960er Jahre lebten die A. weitgehend autark in eigenen Dörfern in entlegenden Landstrichen Anatoliens und assimilierten sich dabei auch nicht-islam. volksreligiöse Elemente. Eine traditionell enge Verbindung besteht zu dem → Derwisch-Orden der Bektashis.

Lit.: K. Kehl-Bodregi, Die Kizilbas/A. Untersuchungen über eine esot. Glaubensgemeinschaft in Anatolien, 1988. C. P. Baumann, A. Der andere Islam, 1994. K. Vorhoff, Zwischen Glaube, Nation u. neuer Gemeinschaft: Alevit. Identität in der Gegenwart, 1995.

Alexander von Lykopolis, oberägypt. Neuplatoniker. Er verfasste um 300 eine Streitschrift gegen die Manichäer, die unter seinen eigenen Schülern erfolgreich Mission trieben. Dabei ist seine Kritik rein philosophisch gefasst, enthält aber auch christl. Anklänge. Die Interpretation letzterer ist umstritten; möglicherweise handelt es sich um spätere Zusätze von christl. Benutzern der Schrift.

Lit.: P. W. van der Horst/J. Mansfield, An Alexandrian Platonist against Dualism: A.s »Critique of the Doctrines of Manichaus«, 1974. A. Villey, Contre le doctrine de Mani, 1985.

Alexandertechnik → Körpertherapien

Allegorese (von griech. »allegorein« bildlich oder anders reden), die Auslegung und Ausdeutung von Texten und Mythen durch die → Allegorie, denen man einen geheimen, hinter dem Wortlaut verborgenen Sinn unterstellt. Esoteriker interpretieren mithilfe der A. sämtliche Äußerungsformen der »offiziellen« oder exoter. Religion, d.h. Texte, Riten, Ämter und Institutionen.

Allegorie (von griech. »allegorein« bildlich oder anders reden), wichtiges esot. Auslegungs- und Darstellungsmittel, das abstrakte Sinngehalte in einer bildlichen Sprache, oft unter Zuhilfenahme von Personifizierungen, erklärt und so rational fassbar macht.

Lit.: W. Haug (Hg.), Formen u. Funktionen der A., 1979. G. Kurz, Metapher, A., Symbol, 1982. J. Whitman, Allegory, 1987.

Allogenes (NHC XI,3), sethian. Schrift aus dem 3. Jh., die die Seelenreise des gnost. Lehrers Allogenes beschreibt. Der Bericht enthält Einzelheiten des Aufstiegs sowie die Inhalte des Geschauten. Die Offenbarungen, die Allogenes empfängt, konzentrieren sich ganz auf den Aufbau der göttlichen Welt. Dieser entspricht in etwas abgewandelter Form der Kosmologie der → Sethian. Gnosis. An der Spitze der himml. Hierarchie steht »der dreifach mächtige unsichtbare Geist«, ihm bei- und dennoch untergeordnet ist die → Barbelo mit den drei Äonen Kalyptos, Protophanes und Autogenes, und bei bzw. unter diesen befindet sich eine Vielzahl von Lichtern und weiteren, niederen Wesenheiten. Die eigentliche kosmolog. Faszination des Textes ist keine myth., sondern eine philosophische und besteht in dem Verhältnis zwischen göttlicher Einheit, Dreiheit und Vielheit. Dieses bildet den Gegenstand zahlreicher Erläuterungen, die Allogenes vor seinem eigentlichen visionären Aufstieg erhält, der ihn nach solcher Vorbereitung schließlich die himml. Wesen selbst schauen lässt. In Ansätzen zeigt sich bei diesen Spekulationen ein kohärenter Monismus platon. Prägung, der den genuinen kosmolog. Dualismus der Gnosis allmählich überwindet. Auch der anthropolog. Dualismus ist in dieser Schrift ausgesprochen milde. Zwar ist ein Materie-Geist-Dualismus impliziert und gelegentlich auch direkt angesprochen, aber er steht nicht wie in der klass. Gnosis des 2. Jh. im Mittelpunkt des Interesses. Adressat der von Allogenes aufgezeichneten Offenbarungen ist Messos, an den der Auftrag ergeht, die empfangene Botschaft weiterzuverkünden. Dieser Missionsauftrag lässt darauf schließen, dass der Text den Seelenaufstieg als rituelle Praxis exemplifiziert, die in kleinen, um gnost. Lehrer gruppierten gnost.-esot. Zirkeln des 3. Jh. gängig war.

Ausg.: NHD. NHL. K. L. King, Revelation of the Unknowable God. With Text, Translation, and Notes to NHC XI,3 A., 1995.

Lit.: R. Valantasis, Spiritual Guides of the Third Century. A Semiotic Study of the Guide-Disciple-Relationship in Christianity, Neoplatonism, Hermetism, and Gnosticism, 1991.

Alta Major (von lat. »altus« hoch, und »major« größer), eine von Divo Köppen-Weber begründete Körpertherapie zur Aufrichtung der Wirbelsäule bei Patienten mit Rückenproblemen. Da nach esot. Auffassung der → Körper des Menschen Ausdruck seiner → Seele und seines → Bewusstseins ist, wird auch A. nicht nur als Haltungs- sondern auch als Bewusstseinsschulung interpretiert. Der A.-Punkt als oberstes Ende der Wirbelsäule und tiefster Punkt der Schädelbasis wurde bereits vor der Entwicklung dieser speziellen Therapieform von verschiedenen esot. Schulen, z. B. von der Theosophin → Bailey und von → Yogagananda als wichtiger Übergangspunkt im Körper gesehen; Bailey bezeichnete ihn als »Tor zu Licht und Wahrheit«, wo der materiell-körperliche direkt in den spirituellen Bereich übergeht.

Lit.: D. Köppen-Weber, A. – Innere u. äußere Hilfe bei Rückenschmerzen, 1998.

Alte vom Berge, Der, Bezeichnung der Kreuzfahrer für den → Assassinen-Führer Rashid al-din Sinan († 1192/94) in Syrien, der 1192 den König von Jerusalem, Konrad von Montferrat, ermorden ließ. Er machte sich vom assassin. Zentrum Alamut weitgehend unabhängig und ließ sich selber göttlich verehren.

Lit.: C. E. Nowell, The Old Man of the Mountain, in: Seculum 27, 1952.

Amarna-Religion. Die von dem im mittelägypt. Amarna residierenden Pharao Echnaton (1364–1347 v. Chr.) entwickelte radikale → Sonnentheologie ist die erste historisch greifbare Ausprägung des → Kosmotheismus auf der Grundlage einer Absolutsetzung der Sonnenscheibe Aton als einzig zu verehrender Gottheit. Dabei brach Echnaton mit den mythischen Konzeptionen, die sonst mit der Beobachtung des Sonnenlaufs verbunden wurden. Die absolute kosmische Macht der Sonne manifestierte sich nur noch in den abstrakten Prinzipien von Licht, Zeit, Strahlung und Bewegung.

Lit.: J. Assmann, Monotheismus u. Kosmotheismus, Sitzungsberichte der Heidelberger Akademie der Wissenschaften, Phil.-Hist. Klasse, 1993, 2.

Amerikanischer Transzendentalismus, philosoph.-poet. Strömung im Osten der USA im 19. Jh., die hauptsächlich durch »ozeanisches« All-Einheitsgefühl und universalist. Moral gekennzeichnet ist. Mensch, Natur und Moral werden als zusammengehöriger Ausdruck der »Oversoul«, eines universellen göttlichen Prinzips, gesehen. Dabei handelt es sich um eine neue Art von Universalismus, der weniger auf Einbettung einzelner Teile und Individuen in das große Ganze angelegt ist, als auf die Realisierung der universellen Grenzenlosigkeit und Unbeschränktheit des Ganzen im Einzelnen. Damit hatte der A. für die moderne → Geschichte der Esoterik eine einschneidende Bedeutung: Er verstand die traditionelle Theorie von → Makro- und Mikrokosmos nicht mehr im Sinne von Abbildung oder Spiegelung des ersten im letzteren, sondern verwischte die Grenzen zwischen beiden auf eine Weise, die nun gleichsam Gott und Natur im Menschen aufgehen ließ. Der A. erwuchs auf dem religiösen Hintergrund des Calvinismus, gegen dessen puritanist. Lehren von Erbsünde und Prädestination er vehement zugunsten der Freiheit und positiven Entwicklungsfähigkeit des Menschen und der Verhältnisse Stellung bezog. Wichtige Anstöße empfing er durch die Bewegung der Unitarier, die sich vom Calvinismus abgespalten hatten, weil sie das Trinitätsdogma verwarfen und Jesus nicht als Gott anerkannten. In gewissem Sinne ist der A. also eine Erneuerung des → Pietismus, dessen esot. Impetus sich in Europa im Kampf gegen die Aufklärung verbraucht hatte. Wichtigste Vertreter des A. sind William Henry Channing (1780–1842), Ralph Waldo Emerson (1803–82), Henry David Thoreau (1817–62),

Walt Whitman (1819–92) und Margret Fuller (1810–1850).

Lit.: P. Miller (Hg.), The Transzendentalists. An Anthology, 1950. A. D. Hodder, »Ex Oriente Lux«, Thoreau's Ecstasies and the Hindu Texts, in: Harvard Theological Review 86, 1993. A. Versluis, American Transzendentalism and Asian Religions, 1993. H. Friedl, Eine religiöse Kehre. Denken u. Dichten im A. von Emerson bis Dickinson, in: Literaturwissenschaftliches Jahrbuch 35, 1994.

Analogie, in allen Bereichen der Esoterik sehr wichtige Denk- und Mitteilungsform. Auf der Grundlage der Überzeugung, dass die Welt eine organische Ganzheit darstellt, nimmt die Esoterik innerhalb dieses Weltganzen auf verschiedenen Ebenen ähnliche, vom ihnen innewaltenden Prinzip her einander entsprechende Phänomene und Vorgänge wahr. Auf diesem Entsprechungsdenken und nicht wie in den positivist. Wissenschaften auf Kausalzusammenhängen gründen esot. Deutungs- und Handlungsmuster.

Lit.: N. Klein/R. Dahlke, Das senkrechte Weltbild. Symbol. Denken in astrolog. Urprinzipien, 1986.

Anderswelt, eine von der zeitgenöss. Esoterik aufgenommene Vorstellung aus der Mythologie der Inselkelten (→ Keltische Religion) über eine Weltgegend, in der Feen und andere mythische Wesen beheimatet sind. Ihr Beherrscher ist der irische Gott Dagda. Die A. ist Ursprung und Hort der Magie, Weisheit und dichterischen Inspiration. Sie zeichnet sich gegenüber der jederzeit sichtbaren Welt dadurch aus, dass sie in weit geringerem Maße der → Zeit unterworfen ist. A. und Alltagswelt sind jedoch nicht strikt voneinander getrennt, sie können jederzeit ineinander umschlagen. In zeitgenöss. esot. Literatur existieren zahlreiche Anleitungen, wie man in die A. gelangen kann.

Lit.: W. Y. Evans Wentz, The Fairy Faith in Celtic Countries, 1911 (versch. Nachdrucke). F. Hetmann, Die Reise in die Anderswelt, 1983. C. Matthews, The Celtic Book of the Dead. A Guide for your Voyage to the Celtic Otherworld, 1992.

Andreae, Johann Valentin (1586–1654), luther. Theologe, Begründer der → Rosenkreutzer, mit deren Wirken A. ein esoterisches Christentum herbeiführen wollte. A. selbst fühlte sich selbst zeitlebens als rechter Lutheraner, wurde aber von den kirchlichen Autoritäten immer mit Argwohn beobachtet. Er war einer der gebildetsten Theologen seiner Zeit und nahm unterschiedlichste Einflüsse auf. In Fragen der Kirchenzucht beeindruckte ihn der Calvinismus, den er während der Wanderjahre seiner Jugend kennenlernte, während er sich in seiner wissenschaftlichen Weltauffassung v. a. an → Paracelsus orientierte. Durch die Zusammenführung solch verschiedener Strömungen war A. einer der wichtigsten Wegbereiter des → Pietismus. Wahrscheinlich aus der enttäuschten Hoffnung heraus, dass die luther. Kirchenoberen seine Bemühungen um ein gleichzeitig verinnerlichtes und naturphilosoph. ausgerichtetes Christentum unterstützen würden, verbreitete A. die Rosenkreutzermanifeste und mit ihnen die Idee einer esot. christl. Bruderschaft, die nach seinem Idealbild eine auf uralte Quellen zurückgehende weisheitliche Wissenschaft mit christl.-luther. Frömmigkeit verband.

Ausg.: Ges. Schriften, 3 Bde, hg. von R. Edighoffer, 1996

Lit.: M. Brecht, Die Utopie einer christl. Gesellschaft. Leben u. Werk J. V. A.s (1586–1654), 1973. J. W. Montgomery, Cross and Crucible. J. V. A. Phoenix of the Theologians, 2 Bde., 1973.

Androgynie (griech. »Mannweiblichkeit«), nach platon. und hermet. Auffassung der zweigeschlechtliche, vollkommene Zustand des → Menschen vor seinem → Fall und Symbol seiner Wiedervereinigung mit dem Göttlichen. In mehrfacher Hinsicht kommt der A. in esot. Denken und manchmal auch in esot. Praxis eine Schlüsselfunktion zu. Sie ist der sinnfälligste Ausdruck der → coincidentia oppositorum, der Vereinigung der Gegensätze, die die Ureinheit des Göttlichen mit Mensch und Kosmos wiederherstellt. Alle myst. und esot. Bemühungen um Einswerdung mit Gott und Überwindung der Dualität wird in Bildern der Sexualität zwischen Mann und Frau dargestellt. Viele westliche Esoteriker stellen sich eine Union mit der göttlichen → Sophia vor, die die Braut des Urmenschen ist; in der hinduist. → Tantrik vereinigt sich der Adept mit seiner Shakti (→ Shakti-Kult), in der buddhist. mit einer Dakini. In vielen → Stammesreligionen sowie im → Schamanismus wird A. in Ritualen thematisiert, insbesondere bei der → Initiation. Bei → Paulus und sehr prominent in der → Gnosis ist sie das zentrale Symbol der Erlösung. Fraglich ist bei seiner Verwendung, inwieweit entsprechende Ideen durch Sexualpraktiken konkret umgesetzt wurden. Zwar wurde von häresiolog. Seite gegen zahlreiche esot. Bewegungen im Abendland immer wieder der Vorwurf des sexuellen Libertinismus' erhoben, aber eindeutige Belege für solche Praktiken wie im ind. und tibet. Bereich gibt es nicht. Allerdings haben Esoteriker wie → Böhme, → Arnold, → Swedenborg oder auch der Romantiker → Schlegel mit seiner Erzählung Lucinde (1799) die Ehe oder eine intime Zweierbeziehung mit ideell-religiösen Auffassungen unterlegt, wie sie dem symbol. Gehalt der A. entsprechen. Auch der Tristan-Stoff Gottfried von Straßburgs (um 1200) ist nicht frei von esot. Bezügen, die aus der Vorstellungswelt der A. herrühren. Seine Bearbeitung durch → Wagner macht dies besonders deutlich. Trotz dieser Tradition gibt heute die Esoterik zu einem gesamtgesellschaftlich feststellbaren Trend zu A. und Bisexualität keine wesentlichen Anstöße, sondern verhält sich zur bürgerl. Geschlechter-Konzeption weithin konservativ.

Lit.: F. Giese, Der romant. Charakter, Bd.1: Die Entwicklung des Androgynenproblems in der Frühromantik, 1919. E. Benz, Adam. Der Mythus vom Urmenschen, 1955. W. Meeks, The Image of the Androgyne: Some Uses of a Symbol in Earliest Christianity, in: History of Religions 13, 1974. E. Zolla, The Androgyne. Reconciliation of male and female, 1981. A. Aurnhammer, A. Studien zu einem Motiv in der europäischen Literatur, 1986. U. Prinz (Hg.), Androgyn. Sehnsucht nach Vollkommenheit, 1986. E. Badinter, Ich bin Du. Die neue Beziehung zwischen Mann u. Frau oder Die androgyne Revolution, 1987. F. Monneyron, L'Androgyne dans la littérature, 1990. Ders., L'Androgyne romantique, du mythe au mythe littéraire, 1994. Ders., L'Androgyne décadant. Mythe, figure, fantasmes, 1996. M. Eliade, Mephistopheles u. der Androgyn, 1999.

Anthroposophie (aus griech. »anthropos« Mensch und »sophia« Weisheit), von → Steiner begründete und auf seinen Schriften und schriftlich festgehaltenen Vorträgen beruhende, seit 1912/13 in der Anthroposoph. Gesellschaft organisierte christl.-esot. Bewegung. Die A. entstand als eine Abspaltung von der → Theosophie, die sich nach Steiners Auffassung zu stark von ind. Religiosität beeinflussen ließ. Den religiösen Kern anthroposoph. Lehren bildet eine eigenwillige Interpretation des Christentums, angereichert durch myth. und philosoph. Traditionselemente, die in europ. Esoterik seit jeher eine Rolle spielten. Das Wirken Christi auf Erden steht im Zentrum der Geschichtsentwicklung nach anthroposoph. Auffassung und hat ein Vordringen der Menschen in geist. Bereiche erst wieder möglich gemacht, nachdem diese unter Einwirkung der Versuchermächte (→ Teufel) von dem ihnen förderlichen Weg abgekommen waren. Mit der Theosophie verbindet die A. ein ausgeprägtes Systemdenken, das hier aber mit philosoph.-erkenntnistheoret. Positionen untermauert wird. D.h. Steiner selbst und weitere Vordenker der A. stützen ihre Einsichten nicht nur auf seherisch-intuitive Fähigkeiten, sondern machen genaue Angaben dazu, wie diese Qualitäten erlangt werden können und wie die geschauten geist. Realitäten mit den für jedermann wahrnehmbaren sinnlichen Erscheinungen in Beziehung stehen. Eine Schulung nach diesen Maßstäben, die alle Wissensgebiete umfasst und in der A. »Geisteswissenschaft« genannt wird, steht im Zentrum aller anthroposoph. Bemühungen. Daran schließt sich ein umfangreiches Engagement in vielen praktischen Bereichen des Lebens an, besonders in der → Waldorf-Pädagogik und → Biolog.-dynam. Landwirtschaftsweise. Träger dieser Tätigkeiten sind lokale Initiativen auf der ganzen Welt.

Lit.: T. Beltle, Die menschenwürdige Gesellschaft, 1974. W. Zeylman van Emmichhoven, Die Wirklichkeit in der wir leben. Menschheitsentwicklung aus anthroposoph. Sicht, 1977. W. Kugler, Rudolf Steiner u. die A., 1991.

Antike Mysterien, Sammelbezeichnung für eine Reihe von Einweihungsreligionen im Röm. Reich, die sich an bestimmte antike Kulte anschlossen. Ursprünglich handelte es sich um esot. Sonderformen des griech. Kultus, für die individuelle Initiationen erforderlich waren. Die ältesten A. waren die → Mysterien von Eleusis. Dem Bedürfnis nach persönlichen Frömmigkeitsformen Rechnung tragend, wurden seit hellenistischer Zeit immer mehr Mysterienkulte eingerichtet, deren Anhänger sich in privaten Kultvereinen organisierten. Mit allen Mysterienkulten verbanden sich religionsphilosophische Spekulationen (→ Mysteriosophie). Kultmotive der Mysterien beeinflussten die christl. Sakramente und viele Werke der Renaissance-Kunst.

Lit.: E. Wind, Heidn. Mysterien in der Renaissance, 1981. W. Burkert, A., 1987. H. Kloft, Mysterienkulte der Antike, 1999.

Antiklerikalismus → Soziologie der Esoterik

Antisemitismus, die Ablehnung der Juden bis hin zu ihrer Verfolgung und Ermordung aus rassist. Einstellung. Zur Begründung dieser Haltung werden in zweiter Linie auch religiöse Motive geltend gemacht. Mindestens seit hellenist. Zeit hat Judenfeindschaft in abendländ. esot. Denken eine Rolle gespielt. Die endgültige Ausformung des jüd. polit. Monotheismus während des Babylon. Exils sowie der neue jüd. Nationalismus seit Esra führte in der Zeit des Zweiten Tempels zu einer Absplitterung kleinerer heterodoxer Gruppierungen, die neben einer anders-jüd. auch eine gegenjüd. Tradition entwickelten. Einen Großteil ihrer eigenen religiösen Identität entwickelten diese Bewegungen aus der Ablehnung oder auch Radikalisierung jüd. Gesetze und Riten. Besonders in verschiedenen, vom Judentum herkommenden gnost. Strömungen wurden judenfeindl. Vorstellungen virulent. Die → Mandäer, die → Sethian. Gnosis und → Basilides entwickelten Genealogien, nach denen sie selbst von Lichtwesen wie → Adam oder → Seth, die Juden hingegen von einer Widersachermacht abstammten, die mit dem Gott des AT identifiziert wurde. Die jüd. Gemeinschaft wurde damit als eine prinzipiell andere, zu einer widergöttlichen Sphäre gehörige Rasse definiert. Einer solchen Definition bedient sich auch Jesus im gnost. beeinflussten Johannesevangelium, wo er die Juden zu Kindern des Teufels erklärt (Joh 8,44). Die meisten späteren Esoteriker gingen soweit freilich nicht; die vehemente Ablehnung des Monotheismus orthodox-jüd. Prägung wurde jedoch durch die gesamte Geschichte der Esoterik hindurch tradiert und hat sich besonders seit der → Romantik mit konkreteren Formen des Judenhasses verbunden, wie in der Kunstphilosophie → Wagners oder in der Tiefenpsychologie → Jungs, der die von seiner Interpretation der menschlichen Psyche ausgehende spirituelle Erneuerung gegen einen Zeitgeist propagierte, den er als materialist. und »jüd.« ansah. Jung war es auch, der gegen diesen »jüd.« bereits den »arischen« Geist geltend machte. Bei vielen Esoterikern der Vorkriegszeit, etwa bei → Steiner, finden sich ähnliche Argumentationen: Juden und Judentum werden schlechthin zu Protagonisten eines kalten, abstrakten Verstandesdenkens stilisiert und verkörpern das, was die Esoterik ablehnt. Auch das berüchtigte antisemit. Pamphlet »Die Protokolle der Weisen von Zion« wurde seit Anfang des 20. Jh.s durch esot. Kreise in ganz Europa verbreitet. Der Glaube an die Notwendigkeit der Bekämpfung alles Jüd. und an eine heilsgeschichtliche Mission der Deutschen wurde schließlich zu einem wichtigen Element in der

Ideologie des → Nationalsozialismus und führte zur Ermordung der europäischen Juden in der Shoa. In heutiger westlicher Esoterik ist A. ein sehr randständiges Phänomen, aber auch keineswegs völlig verschwunden. Außer in wenigen polit. motivierten neuheidn. Gruppierungen macht er sich in Spekulationen um die → Göttin bemerkbar, wo der patriarchale jüd. Monotheismus auf besonders starke Ablehnung stößt. Eine Einzelerscheinung ist bislang eine an den Lehren → Weors orientierte neugnost. Bewegung, die sehr weitgehend mit antisemit. Elementen durchsetzt ist und dabei Vorurteile gegen Juden aus verschiedensten Lagern kultiviert.

Lit.: L. Thieben, Das Rätsel des Judentums, 1930. M. Brumlik, Die Angst vor dem Vater. Judenfeindliche Tendenzen im Umkreis neuer sozialer Bewegungen, in: A. Silbermann/J. H. Schoeps (Hg.), A. nach dem Holocaust, 1986. P. Dittmar, Christl. Restauration u. Antijudaismus. Aspekte der Kunst der deutschen Romantik, in: R. Erb/H. A. Strauss (Hg.), A. u. Jüd. Geschichte, 1987. M. Brumlik, Die Gnostiker. Der Traum von der Selbsterlösung des Menschen, 1992. J. Iwersen, Rudolf Steiner: Anthroposophie u. A., in: Babylon 16–17, 1996. P. L. Rose, Richard Wagner u. der A., 1999.

Apokalyptik, Bezeichnung für eine chiliast. Strömung im Judentum und Christentum der Antike. Zu ihren wichtigsten literar. Zeugnissen gehören neben dem atl. *Buch Daniel* und der ntl. Johannesapokalypse die jüd. Apokryphen *4. Buch Esra,* die → *Sibyllin. Orakel,* das → *Äthiop. Henochbuch,* 2. und 3. *Buch Baruch,* die *Apokalypse des Abraham* und die *Himmelfahrt des Jesaja.* Diese Schriften beschäftigen sich mit der Endzeit, die nach Ansicht der Apokalyptiker nahe bevorstand oder bereits begonnen hatte. Die Ereignisse der letzten Tage, nach denen das Weltgeschehen seinen Abschluss finden wird und die Gerechten in das Gottesreich eingehen werden, schildern die Texte entweder als umfangreiche Vision oder in Form eines Dialogs zwischen einem himml. Lehrer und einem ird. Offenbarungsempfänger, dem dann pseudonym die Verfasserschaft der entsprechenden Texte zugeschrieben wird. Sehr oft wird in denselben Schriften eine → Seelenreise des Visionärs durch himml. und Unterwelten beschrieben. Die A. hat ihre Wurzeln in den Visionsberichten der atl. Prophetie, wobei deren ekstat. Züge verstärkt worden sind. Nach seiner Schau ist der Seher häufig sehr verängstigt, zittert oder fällt sogar in Ohnmacht. Weder über die Autoren entsprechender Texte noch über ihre Adressaten ist Hinreichendes bekannt. Allerdings ist anzunehmen, dass es sich um ein in sich sehr abgeschlossenes und in diesem Sinne esot. Milieu gehandelt hat. Während weder die rabbin. noch die kathol. Orthodoxie Spuren einer Beeinflussung durch Werke der A. aufweisen, die deshalb teils erst im 19. Jh. wiederentdeckt wurden, noch auch nur ein Interesse an ihnen zeigten, sind die → Kabbala, insbesondere die → Merkava-Mystik und der christl. → Chiliasmus des späten MA.s und der frühen Neuzeit von der A. histor. abhängig.

Lit.: W. Schmithals, Die A., 1973. K. Koch/J. M. Schmidt (Hg.), A., 1982. D. Hellholm (Hg.), Apokalypticism in the Mediterranian World and the Near East, 1983. U. H. J. Körtner, Weltangst u. Weltende. Eine theolog. Interpretation der A., 1988.

Apokryphe Apostelgeschichten, Berichte über Leben und Wirken der Apostel, die nicht in den bibl. Kanon mitaufgenommen wurden. Es handelt sich um volkstümliche, in vielen Fällen der → Gnosis nahestehende oder sogar in gnost. Kreisen entstandene Schilderungen, über die esot. Gedankengut auch in kirchliche Kreise hineingetragen wurden. Wichtig sind die → *Thomasakten, Johannesakten, Philippusakten* und *Die Taten des Petrus und der zwölf Apostel* (NHC V,6).

Lit.: A. F. J. Klijn, The Acts of Thomas. Introduction, Text and Commentary, 1962. R. Söder, Die A. u. die romanhafte Literatur der Antike, 1969. E. Hennecke/W. Schneemelcher, Ntl. Apokryphen, Bd. 2, [4]1971. F. Bovon, Les Actes de Philippe, in: ANRW 25,6, 1988.

Apollon, griech. Gott, dem v. a. die Bereiche Musik und → Mantik zugeordnet sind, der jedoch darüber hinaus umfassende Kompetenzen hat. Im Hinblick auf die Esoterik sind seine magisch-apotropäischen, heiler., kathart. und mant. Funktionen wichtig. Schon bei Homer ist A. als Verleiher der Sehergabe im Trancezustand bezeugt. Er gilt als Stifter zahlreicher im 6. Jh. entstandener Reinigungsriten und Weissagungsstätten, wie z. B. dem → Orakel von Delphi, wo der Gott selber durch die Pythia sprach. In diesen Eigenschaften hat A. eine besondere Beziehung zum Land der → Hyperboräer. → Abaris und → Aristeas gelten als A.priester; → Pythagoras wurde mit dem hyperbor. A. sogar identifiziert.

Apollonios von Tyana (1. Jh.), Prediger und Wundermann, dessen besonderes Bestreben es war, → Pythagoras nachzueifern. Er war ein Vertreter der → Sonnentheologie. A. beeindruckte die Zeitgenossen durch seine asketische Lebensführung und seine Wundertätigkeit. Sein Biograph Flavius Philostratos (um 200 n. Chr.) berichtete, dass A. sogar Tote wieder zum Leben erwecken konnte. Ferner werden ihm weite Reisen zugeschrieben, die ihn bis nach Babylonien und Indien geführt haben sollen. Die Wirkung des A. dauerte über seinen Tod hinaus an. Im röm. Kaiserhaus der Severer genoss er so hohe Verehrung, dass Caracalla ihm ein Heroon errichten ließ. Apologet. Heiden führten seine Gestalt als Beweis für die Mächtigkeit ihres Glaubens an und verglichen ihn mit → Jesus. Auch mit Moses und → Hermes Trismegistos wurde er auf eine Stufe gestellt. Von seinen eigenen Schriften sind nur Fragmente erhalten geblieben.

Lit.: E. L. Bowie, A.: Tradition and Reality, in: ANRW 16,2 (1978), 1652–1699.

Apophasis Megale (griech. »Große Darlegung«), von → Hippolyt überlieferte gnost. allegor. Lehre, sehr wahrscheinlich eine Spätform der simonian. Gnosis; von ihrer Struktur her handelt es sich um eine → Drei-Prinzipien-Lehre von Himmel, Erde und Geist. Die Ursache allen Seins ist das Feuer. Von ihm nehmen sechs Kräfte ihren Ausgang, als erste und zweite Himmel und Erde. In den sechs befindet sich eine siebte Kraft, »die Stehende« genannt und mit dem göttlichen Geist identifiziert, der am Beginn der bibl. Schöpfung über den Wassern schwebte. Die siebte Kraft durchzieht alles und liegt auch als »ungewordene«, ursprüngliche göttliche Substanz im Menschen. Allerdings bedarf sie der Ausbildung. Der Mensch muss ihre Entfaltung fördern und kann dadurch erlöst werden, andernfalls geht das Göttliche in ihm zu Grunde.

Lit.: J. Frickel, Die »A.« in Hippolyts Refutatio, 1968. B. Aland, Die A. u. die simonian. Gnosis, in: Theologie u. Philosophie 48, 1973.

Aranyakas, an die → Brahmanas angeschlossene und über weitere Werke der ved. Literatur verteilte ind. esot. Lehren, denen ein besonders gefährlicher Charakter zugeschrieben wurde. Grund dafür waren die in den Texten enthaltenen, nach spätved. Glauben besonders wirkmächtigen Opferlitaneien. In späterer Zeit wurden die A. wegen des sie umgebenden Geheimnisses mit dem Waldasketentum (sanskrit »aranya« = Wald) in Verbindung gebracht.

Ausg. in engl. Übers.: A. B. Keith, The Shankhayana Aranyaka, 1908. Ders., The Aitareya Aranyaka, 1909, Nachdruck 1969.

Lit.: H. Oldenberg, A., in: Kleine Schriften, 1967.

Archetypen (griech. »Urbilder«), nach → Jung die universalen und immer wiederkehrenden Bilder des → Unbewussten, in denen sich für die Menschen wichtige Aspekte und Konstellationen der Wirklichkeit ausdrücken.

Archonten, in der Gnosis die Beherrscher der Planetensphären und der materiellen Welt, deren oberster der → Demiurg ist. Nach einem Bericht des → Irenäus lauten die Namen der sieben A. → Ialdabaoth, → Iao, Sabaoth, Adoneus, Eloeus, Horeus und Astapheus.

Ariosophie, hauptsächlich von → Lanz von Liebenfels stammendes, sehr unebenes Ideenkonglomerat, das Elemente aus verschiedenen romant.-esot. Traditionen, besonders aus dem → völk. Denken, zu einer Lehre zusammensetzt, deren Hauptinhalt der notwendige Rassenkampf zwischen Ariern und Juden bildet. Der Ausdruck »Rassenurreligion«, der von den Anhängern der A. selbst verwendet wurde, ist phänomenolog. sehr zutreffend, denn tatsächlich fallen andere Komponenten als die Pflege eines idealisierten Germanentums, das v. a. an einer »arioheroischen Plastik« (Blondhaarigkeit und Hellhäutigkeit) festgemacht wurde, kaum ins Gewicht. Ein vager Pantheismus mit naturphilosoph. Anklängen vergöttlichte die »arische Rasse« zu einem kosm. Prinzip und setzte sie mit dem → Licht gleich. An dem Grad der Zugehörigkeit zu dieser Rasse entschied sich der Grad der Einweihung; es handelt sich also um eine Art biologist. Esoterik. Charakterist. für die A. sind auch Versuche in Richtung auf eine Germanisierung des Christentums. Esot. Strömungen des MA.s, wie insbesondere die Gralsbewegung, wurden mit Ideen vermischt, die sich im Umkreis der Mythologie des → Nordens herausgebildet hatten. Einen wesentlichen Beitrag leistete hierzu das Werk → Wagners, der mit Siegfried und insbesondere mit Parsifal Modelle für einen »arischen Christus« schuf. Der chiliast.-zerstörer. Zug der A. deutet sich ebenfalls bereits in Wagners Götterdämmerung an. Die Ariosophen hofften allerdings nach der Apokalypse auf das Erstehen eines neugerman. Reiches und die Ankunft des germ. Gottes Baldur als völk. Messias. Damit knüpften sie an die Edda-Überlieferung von Baldurs Tod an. Nach diesem Mythos wurde Baldur, der Sohn des germ. Götterpaars Odin und Frigga, durch den Asengott Hödr mit einem Mistelzweig getötet.

Die altnord. eschatolog. Vorstellungen (Ragnarök) waren durch ein zykl. Geschichtsdenken geprägt und erwarteten nach der Zerstörung der Welt eine neue Epoche, in der auch Baldur wiederkehren sollte.

Lit.: L. Poliakov, Der arische Mythos. Zu den Quellen von Rassismus und Nationalismus, 1993.

Aristeas von Prokonnesos (7./6. Jh. v. Chr.), griech. schaman. Wundermann mit Beziehung zu Kimmeriern und Skythen. Von A. wird berichtet, er habe seine Seele aus seinem Körper heraustreten und wieder zurückkehren lassen können. Er soll eine Theogonie geschrieben haben, die aber nicht überliefert ist.

Lit.: J. Pollard, Seers, Shrines and Sirens. The Greek Religious Revolution in the Sixth Century B.C., 1965.

Aristotelismus, die Philosophie in der Tradition des Aristoteles (384–322 v. Chr.). Esoteriker waren im Laufe der abendländ. Geschichte in der Regel antiaristotel. eingestellt; sie wandten sich gegen die aristotel. kausale Logik und Kategorienlehre und favorisierten stattdessen den stärker idealist. orientierten → Platonismus. In der ma.lichen Scholastik verhärtete sich der A. zu einem doktrinären Lehrgebäude, das esot. Anschauungen und Spekulationen von Grund auf ablehnend gegenüberstand und sie bekämpfte. Wichtig wurde für die Esoterik aber ein erkenntnistheoret. Grundsatz, der sich im Zuge der ma.lichen, neuplaton. beeinflussten Aristoteles-Rezeption ausbildete. Nach Aristoteles fallen Denken und Gedachtes insofern zusammen, als das Denken erst durch einen Gegenstand des Denkens ausgelöst und in Gang gehalten wird. Der ma.liche A. machte daraus die »adaequatio rei et intellectus« (Übereinstimmung der Sache und des Denkens). Esoterik und Mystik weiteten diesen Lehrsatz der Scholastik noch weiter dahingehend aus, dass nicht nur der Vorgang des Erkennens, sondern auch der Erkennende mit seinem Erkenntnisgegenstand gleichgesetzt wird. Auch die aristotel. Naturphilosophie enthält einige Elemente, die mit esot. Vorstellungen gut in Einklang gebracht werden konnte. Dazu gehört ihre Betrachtung des → Kosmos als einen hierarch. Stufenbau, ebenso wie ihn auch der kirchenkonforme systemat. Theologe Thomas von Aquin (ca. 1224–1274) in konsequenter Durchführung vertrat. Da für Thomas nach dem Prinzip der aristotel. Physik hinter jeder Bewegung in der Natur ein externer unbewegter Beweger stand, vertrug sich sein A. sehr gut mit Engelsvorstellungen. Die → Engel erscheinen so als Geistwesen, die physikal. Vorgänge und natürliche Phänomene bewirken. Der aristotel. Determinismus, der aus der Anschauung des Kosmos als ein geschlossenes System resultierte, beförderte einen Zeichen- und Wunderglauben, aus dem sich Verbindungen zur → Volksreligiosität ergaben. Von den der Esoterik zugeneigten Denkern der → Renaissance wurde der A. als tragende Säule der überwundenen Scholastik zumeist vehement abgelehnt; er vertrug sich v. a. nicht mit ihren Ideen von der Unendlichkeit und Unvollendetheit der Welt. Seitdem verlor der A. in den geistesgeschichtlichen Auseinandersetzungen um die Esoterik an Bedeutung; in der Neuzeit sind es in erster Linie die krit. Philosophie Immanuel Kants (1724–1804) und die erkenntnistheoret. Postulate von René Descartes (1596–1650), um deren Widerlegung sich Esoteriker bemühen.

Lit.: E. Tugendhat, Ti kata tinos. Eine Untersuchung zu Struktur u. Ursprung aristotel. Grundbegriffe, ^{4}1988. R. Sorabji, Times, Creation, and the Continuum, 1983.

Arkandisziplin, ein in den Konflikten der Nach-Reformationszeit entstandener Begriff für die Esoterik des frühesten Christentums, deren Existenz oder Nichtexistenz im 17. Jh. zur Streitfrage wurde. → Christentum und Esoterik.

Lit.: H. Clasen, Die Arkandisziplin in der Alten Kirche, 1956.

Arndt, Johann (1555–1621), bedeutender luther. Reformtheologe und Naturphilosoph, der zahlreiche Anregungen aus der → Mystik aufnahm. Seine *Sechs Bücher vom wahren Christentum* (1610) sind das wichtigste Erbauungsbuch protestant. Frömmigkeit. A. gilt als einer der Vorbereiter des → Pietismus und wirkte stark auf das sog. protestant. Schwärmertum (z. B. → Schwenckfeld), das esot. Züge aufweist.

Ausg.: J. A., Spiegel eines neuen Lebens. Gedanken über das wahre Christentum, 2000.

Lit.: W. Nigg, Heimliche Weisheit. Myst. Leben in der evangel. Christenheit, 1992.

Arnold, Gottfried (1666–1714), pietist.-esot. Theologe, Dichter und Kirchenhistoriker. Sein Hauptwerk, die *Unparteyische Kirchen- und Ketzerhistorie* (1699) erregte wegen ihres undogmatischen Standpunktes großes Aufsehen. A. ging so weit, einige von der Kirche verfolgte Ketzereien für »das wahre Christentum« zu erklären. Unter dem Einfluss der Werke → Böhmes verfasste er eine eigene → Sophiologie unter dem Titel *Das Geheimnis der göttlichen Sophia* (1700). In seiner *Theologia mystica* (1703) vertrat A. einen offenen religiösen → Eklektizismus.

Ausg.: Unparteiische Kirchen- u. Ketzerhistorie vom Anfang des NT bis auf das Jahr Christi 1688, Neudruck 1999.

Lit.: W. Nigg, Das Buch der Ketzer, 1949.

Aromatherapie, Heilung psychosomat. Störungen oder einfach Stärkung des allgemeinen Wohlbefindens mit Pflanzenessenzen, die entweder in Tropfenform eingenommen oder verdampft und dann eingeatmet werden.

Lit.: R. B. Tisserand, A. Heilung durch Duftstoffe, 1980.

Ars magna (»Große Kunst«), das in katalan. Sprache geschriebende esot. Hauptwerk von → Llull. Die erste Fassung erschien 1274 und wurde vom Autor mehrfach überarbeitet; schließlich wurde 1308 die endgültige Version unter dem Titel *Ars generalis ultima* vorgelegt. Die Schrift richtete sich gegen den arab. Aristoteliker Averroes und die aristotel. Scholastik. Neuplaton. und kabbalist. Ansätze zusammenführend beschreibt sie den Stufenbau des Kosmos. Dabei suchte Llull bewusst nach einem Ausgangspunkt, den den drei in Spanien auf engstem Raum nebeneinander existierenden Religionen Islam, Christentum und Judentum gemeinsam waren. Er fand ihn in den neun → Namen Gottes, denen jeweils eine kosmische Stufe sowie bestimmte moralische Handlungsprinzipien korrespondierten. Durch ein ausgeklügeltes Chiffrierungssystem soll der Leser ein Mittel an die Hand bekommen, sich auf jeder Seinsstufe zurechtzufinden und das Richtige zu tun. – Die A. ist ein Grundlagenwerk der Esoterik und war von weitreichender Wirkung.

Artus, -romane, Sagenkreis mit volksreligiös-esot. Motiven, der sich um die Figur des Königs Artus (Arthur) von Britannien rankt. Die große Bedeutung der Artusgestalt, die mit immer mehr mythischen Zügen ausgestattet wurde, erklärt sich aus der Tatsache, dass der (hist. kaum fassbare) Artus in der Zeit zwischen dem Abzug der Römer aus Britannien und der Eroberung durch die Sachsen Repräsentant einer britischen Eigenständigkeit war. In den frühesten Quellen erscheint Artus lediglich als ein Heerführer, der im frühen 6. Jh. gegen die Sachsen kämpfte. Walis. Erzählungen hoben bereits sein Christentum hervor, das ihn vorteilhaft von den heidnischen Sachsen absetzte. Artus wurde zum Prototyp des christl. Ritters (→ Rittertum), seine prachtvolle Residenz zum Inbegriff des höf. Gesellschaftsideals, mit dem sich im Hochmittelalter unabhängig von der Kirche eine eigene Ethik mit religiösen bzw. zeremonialen Aspekten entfaltete. Schließlich wurden die A. zu einem Sammelbecken nicht-klerikaler religiöser Vorstellungen. Die Erzählungen um Artus verbanden sich mit denen um → Merlin und den → Gral. Artus wurde in die Reihe der Neun Guten Helden integriert (als einer der drei vorbildhaften christl. Heroen gemeinsam mit Karl dem Großen und Gottfried von Bouillon). Mit der Tafelrunde erscheint das Element des durch gemeinsame Ideale vereinten Männerbundes, das viele esot. Gemeinschaften kennzeichnet.

Lit.: K. Langosch (Hg.), König Artus u. seine Tafelrunde, 1982. H. Ohff, Artus. Eine Biographie, 1993. J. Matthews, Der Artus-Weg, 1999.

Asasel, Name eines im AT (Lev 16,8. 10,26) nur kurz erwähnten Wüstendämons, später eine im Zusammenhang der frühjüd.-esot. Spekulationen über den Teufel erscheinende Gestalt v. a. der jüd.-apokryphen Literatur. Im *Ersten Buch Henoch* ist A. ein Botschafter → Satans. Im *Buch der Jubiläen* (10, 1–11) wird er mit Satan identifiziert und schließlich in der *Apokalypse Abrahams* auch mit der Schlange gleichgesetzt, die Adam und Eva verführte. Die Tradition fand später Eingang in die islam. Gnosis. Nach dem → *Umm al-kitab* war A. unter dem leicht angepassten Namen 'Azaz'il der Engel, der die göttliche Schöpfung imitierte und aufgrund seines Hochmuts gegenüber Gott am Ende den → Fall aus dem Paradies verursachte.

Asclepius (entst. Ende 2./Anf. 3. Jh. n. Chr.), lat. Übersetzung eines in der Originalsprache nur fragmentar. erhaltenen griech. Lehrgesprächs zwischen → Hermes Trismegistos und seinem Schüler Asklepios – Name des griech. Heilergottes – mit dem Titel *Der vollkommene Logos.* Der Traktat ist der umfangreichste unter den erhaltenen antiken hermet. Texten und behandelt alle Bereiche hermet. Spekulation; besonders bemerkenswert ist eine Apokalypse, die den bevorstehenden Untergang Ägyptens beklagt. Die Passage kann nur im Zusammenhang mit der Ausbeutung des Landes und besonders seiner Landbevölkerung durch die röm. Kolonisatoren interpretiert werden, was bedeutsame Rückschlüsse auf das Milieu und die soziale Funktion der → Hermetik zuläßt. Unter den in → Nag Hammadi gefundenen Schriften befindet sich ein Auszug aus dem mittleren Teil des A. in kopt. Sprache, der sich enger als der lat. Text an das griech. Original hält.

Ausg. des lat. Texts: A. D. Nock/A.-J. Festugière, Corpus Hermeticum, Bd. 2, 1960. C. Colpe/J. Holzhausen, Das Corpus Hermeticum Deutsch, Bd. 1, 1997. *Ausg. des kopt. Exzerpts:* J.-P. Mahe, Hermès en Haute-Égypte, Bd. 2, 1982.

Asiat. Kampfkünste; zu ihnen gehören Taiji Chuan, Karate, Tae Kwon Do, Thai Boxen, Ju Jitsu, Judo, Aikido u. a. Diese heute durch Medien und Sportclubs stark popularisierten Techniken entstanden zuerst in Indien und China auf der Grundlage sehr komplexer ved., taoist. und buddhist. Lehren über die Zusammenhänge und das Zusammenspiel von →

Körper und Bewusstsein. Die ind. Kriegerkaste der Kshatriyas entwickelte bereits aus dem Veda heraus eine Standesethik und militär. Trainingsmethoden. Aus Kerala (Südwest-Indien) ist unter der Bezeichnung »kalarippayatu« ein System bekannt, das Atemübungen, → Mantra-Rezitationen, rituelle Verehrung der Götter und Lehrer und → Yoga-Elemente einsetzte, um eine perfekte Koordination von Geist und Körper zu erreichen. Nachdem derartige ind. Techniken durch Bodhidharma (ca. 448–527) nach China gelangt waren und mit alten taoist. und neuen buddhist. Einsichten in die menschliche Konstitution in Einklang gebracht worden waren, entstand in den chines. Klöstern das Chuan Fa, d. h. das Gesetz (dharma) der Faust, das im Westen unter dem falschen Namen »Kung Fu« bekannt wurde; die japan. Übersetzung heißt »Kempo«. Es handelt sich dabei um eine bestimmte Disziplin von Meditationen und sie unterstützende Bewegungsübungen, die auch eine medizin. Funktion hatten. Ein Teil dieser Übungen, »Hsing« genannt, der mit dem Element Feuer verbunden wurde, diente der gewaltlosen Selbstverteidigung. Dies korrespondiert mit den Lehren der → Chines. Medizin, die zwischen inneren, d. h. emotionalen, äußeren, d. h. klimat., und anderen Krankheitsursachen unterscheidet. Zu letzteren gehören auch Angriffe durch feindliche Tiere oder Menschen, so wird die Selbstverteidigung im Rahmen der Gesundheitsvorsorge verstanden, die für die nach Unsterblichkeit strebenden Taoisten sehr wichtig war. Ebenso wie die → Mudras sind die Hsing besonders dazu geeignet, → Energie auf eine gewünschte Weise zu lenken. Der ursprüngliche Geist der A. besteht darin, die Energie eines Angreifers gegen diesen selbst zu richten und ihn dadurch unschädlich zu machen.

Lit.: E. Herrigel, Zen in der Kunst des Bogenschießens, 1951. J. I. Wong (Hg.), A Source Book in the Chinese Martial Arts, 2 Bde., 1978. D. F. Draeger, Classical Bujutsu, 1973. Ders., Classical Budo, 1973. Ders., Modern Bujutsu and Budo, 1974. Ders./R. W. Smith, Comprehensive Asian Fighting Arts, 1980. S. Nagaboshi Tomio, The Bodhisattva Warriors. The Origin, Inner Philosophy, History and Symbolism of the Buddhist Martial Art within India and China, 1994. T. Deshimaru, Zen in den Kampfkünsten Japans, 1994. J. Diepersloot, Warriors of Stillness: Meditative Traditions in the Chinese Martial Arts, 1997.

Assassinen (von arab. »hashishiyin« Haschisch-Süchtige, das frz. »assassin« heimtück. Mörder angeglichen wurde), von Hasan-i Sabah begründeter radikaler Zweig der → Isma'iliya und als solcher spezielle Ausprägung der → Alawiten, der sich Ende des 11. Jh.s in den Gebieten Nordsyriens und des nordwestlichen Iran als bewaffnete Revolte gegen das türk. Seldschuken-Sultanat formierte. Zentrum der Macht der A. war die Festung Alamut im Elburs-Gebirge, ihr Markenzeichen war der religiös-polit. Mord. Die assassin. Attentäter, die gegen führende Politiker oder religiöse Würdenträger ausgeschickt wurden, fanden in der Regel dabei selbst ebenfalls den Tod. Hasan-i Sabah stärkte die Stellung des → Imams, indem er ihn zu dem einzigen Medium erklärte, durch das Menschen göttliche Botschaften erfahren könnten, und dadurch, dass er betonte, der jeweilige Imam predige nur für seine eigene Zeit und sei folglich unabhängig von den Lehren seiner Vorgänger. Einer der Nachfolger Hasan-i Sabahs, Hasan 'ala Dikrihi, verkündete 1164 als Botschaft des verborgenen Imams, er selbst sei von ihm zum → da'i ernannt, seine Anhänger seien bereits zur Auferstehung geführt worden und nicht mehr an das religiöse Gesetz gebunden. Seitdem wurden Gesetzesübertretungen bei den A. rituell begangen. Die Namensbeilegung »hashishiyin« macht es wahrscheinlich, dass sich aufgrund von Haschischkonsum die A. tatsächlich als Auferstandene im Paradies wähnten. Aufgrund der instabilen Verhältnisse ihrer Region gelangten die A. im 12. und 13. Jh. zeitweise zu erheblicher Macht, die auch die Kreuzfahrer zu spüren bekamen. 1256 mussten sie sich jedoch den Mongolen ergeben.

Lit.: B. Lewis, Die A. Zur Tradition des religiösen Mordes im Islam, 1989. F. Daftary,

The Assassin Legends. Myths of the Isma'ilis, 1994.

Astrologie (von griech. »astron« Stern und »logos« Lehre), die Wissenschaft von den Sternen und ihren Einwirkungen auf Erde und Mensch. A. und Gestirnsglauben gibt es in unterschiedlichen Varianten in allen Kulturen, die abendländ. Form hat ihren Ursprung in Alt-Mesopotamien, entfaltete sich zu ihrer klass. Ausprägung in hellenist. Zeit und wird noch heute, nach der Entdeckung von in der Antike unbekannten Planeten, weiterentwickelt. Immer aber beruht die A. auf dem geozentr. Weltbild der Antike. Grundlage der A. ist die esot. Überzeugung, dass im Rahmen der → Makro- und Mikrokosmos-Lehre jedes Geschehen auf verschiedenen kosm. Ebenen Entsprechungen findet (→ Analogie). Die wichtigsten Elemente sind die Planeten und der Tierkreis oder Zodiakus. Beide sind kosm. Grundkräfte oder -energien, die Planeten, in der Alten Welt Göttern zugeordnet, die beweglichen, und die Zeichen des Tierkreises als Einteilung der Ekliptik die stationären, die von Erde und Planeten durchwandert werden. Über die mytholog. Bezüge des Tierkreises ist wenig bekannt. Den Planeten wie den Tierkreiszeichen sind einerseits mytholog. und symbol., andererseits physikal. Eigenschaften, Elemente und Temperamente zugeordnet. Aus den himml. Konstellationen zu einem bestimmten Zeitpunkt ermittelt die A. ein Hologramm von wirkenden Kräften, Einflüssen und Tendenzen, die in Bezug zum Menschen und ird. Vorgängen gebracht werden, für die derselbe Zeitpunkt eine wichtige Bedeutung hat, wie die Geburt, bei Pflanzen ein Saat- oder Wachstumsvorgang, bei Verläufen ein Entstehungs- oder Wendepunkt. Seit sich in der Neuzeit die Astronomie als exakte, mit mechanist.-naturwissenschaftlichen Gesetzlichkeiten arbeitende Disziplin endgültig von der A. gelöst hat, wird letztere immer wieder wegen falscher wissenschaftlicher Grundlagen angegriffen. Astrologen hingegen bezeichnen sie als bewährte »Erfahrungswissenschaft«. Auch bei Vertretern der Esoterik, die wesentliche Bestandteile des astrolog. Weltbildes mittragen, bestehen allerdings Zweifel an einem astrolog. Determinismus, der genaue Zukunftsvorhersagen treffen kann.

Lit.: F. Boll u. a., Sternglaube u. Sterndeutung: Die Geschichte u. das Wesen der A., [4]1977. W. Döbereiner, Astrolog. Lehr- u. Übungsbuch, 1978 ff. J.-C. Weiss, Horoskopanalyse, 2 Bde., 1984. F. Riemann, Lebenshilfe A. Gedanken u. Erfahrungen, [8]1984. T. Ring, Das Grundgefüge. Die Stellung des Menschen im Kosmos, 1986. T. Barton, Ancient Astrology, 1994.

Atem. Aufgrund ihres A.s, der sie am Leben erhält, haben Menschen und Tiere Anteil an der universellen kosm. → Energie. In vielen alten religiös-philosophischen Traditionen wurde deshalb für »A.« dieselbe Vokabel wie für die Lebensenergie (z. B. sanskrit »prana«, chines. »qi«) oder wie für → »Seele« bzw. einen Seelenteil verwendet (z. B. ägypt. »ka«, griech. »psyche«). Die Kontrolle des A.s, mit deren Hilfe die Lebensenergie im → Körper des Menschen auf eine bestimmte Weise gelenkt wird, spielen in vielen esot. Disziplinen, etwa im → Yoga und in taoist. Übungen eine große Rolle. Auch → Abulafia lehrte Atemtechniken als Vorbereitungen zur ekstat. Vereinigung mit dem Göttlichen. Heute werden esot. Erkenntnisse über Wesen und Funktion des A.s auch in ganzheitlichen → Körpertherapien angewendet.

Lit.: J. Selby, Atmen u. Leben. Ganzheitliche Gesundheit durch A.integration, 1987.

Atlantis, nach einer von → Platon in seinen Dialogen *Kritias* und → *Timaios* aufgenommenen Überlieferung ein myth. Urkontinent, der durch eine verheerende Naturkatastrophe im Meer versank. Der histor. Ursprung dieser Sage, die laut Platon aus → Ägypten stammt, konnte bislang nicht geklärt werden. → Theosophie und → Anthroposophie gaben den Spekulationen um A. im Rahmen ihrer → Zeitalter-Lehren eine eigene Deutung. Für → Steiner war A. ein auf dem Gebiet des Atlantik liegender Erdteil, auf dem die Menschen in früher Zeit eine Art techn. Zivilisation errichteten. Unter dem Einfluss der Widersachermächte, die die → Aura dieser Menschen nachhaltig schädigten, missbrauchten sie ihre Macht über die Naturkräfte und entfesselten dadurch Stürme und Überschwemmungen. Die meisten Atlantier kamen dabei ums Leben; eine kleine Gruppe konnte sich durch Auswanderung retten und legte den Grund für die heutige Nachatlant. Zivilisation.

Lit.: R. Steiner, Aus der Akasha-Chronik, 1975. M. Fresca, Das verlorene A., 1999.

Aufklärung, Esoterik in der → Geschichte der Esoterik

Augustinus von Hippo, Aurelius (354–430 n. Chr.), katholischer Kirchenpolitiker und Theologe mit stark neuplatonischer Orientierung. 373 war er Auditor bei den Manichäern geworden, die er nach neun Jahren wieder verließ und fortan heftig bekämpfte. Er disputierte mit mehreren Vertretern des nordafrikan. → Manichäismus und verfaßte Streitschriften gegen ihre Lehren, so *De utilitate credendi* (391), *Contra Faustum* (400) und *Contra Secuninum* (405).Trotzdem zeigt sich das Werk des A. in mehreren Aspekten auch positiv vom Manichäismus beeinflußt. Dazu gehören die dualistische Lehre von den zwei Reichen in Über den Gottesstaat (De civitate dei, 426) und die radikale Verabscheuung der Sexualität als Sitz der Sünde. In A.s Autobiographie *Confessiones* (ca. 400) spielen Elemente der manich. → Beichte eine Rolle. A. trug entscheidend zur → Objektivierung der in Gnosis und Manichäismus mythisch ausgedrückten Vorstellungen und ihrem Weiterleben in der christl. → Mystik bei. Die frühchristl. Esoterik wurde dagegen von A. nachhaltig bekämpft.

Lit.: A. Adam, Das Fortwirken des Manichäismus bei Augustin. Ders., Der manich. Ursprung der Lehre von den zwei Reichen bei Augustin, beides in: Ders., Sprache u. Dogma, 1969. G. G. Stroumsa, Milk and Meat: Augustine and the End of Ancient Esotericism, in: A. u. J. Assmann (Hg.), Schleier und Schwelle. Archäologie der literar. Kommunikation V,1, 1997, 251–262.

Aura (lat. »Ausstrahlung«) auch Äther- oder Astralleib genannt, nach modernen esot. Lehren eine den → Körper des Menschen umgebende feinstoffliche Hülle, die A.sehern als Licht- und Farbspektrum erscheint. Der auch außerhalb der Esoterik bekannte Heiligenschein ist eine besondere A. des Kopfes, die spirituell hochentwickelten Persönlichkeiten eigen sein soll.

Lit.: C. W. Leadbeater, Der sichtbare u. der unsichtbare Mensch, 1964.

Aura Soma (von lat. »Aura« Ausstrahlung, und Sanskrit »soma« ved. Opfersaft), eine von Vicky Wall (1918–91) entwickelte, an theosoph. Einsichten orientierte Therapie, bei der bestimmte Farbessenzen, die der Patient selber intuitiv auswählt, über die Haut in die → Aura eingebracht werden. Über Therapiezwecke im engeren Sinn hinaus kann A. über die sog. Meister-Quintessenzen auch spirituelle Fähigkeiten erwecken.

Lit.: V. Wall, A. Das Wunder der Farbheilung u. die Geschichte eines Lebens, 1998. I. Dalichow/M. Booth, Das A.-Praxisbuch, 1998. N. Waddington, A. Die Heilkraft der Quintessenzen u. Pomander, 1999.

Aurea Catena Homeri, 1723 anonym erschienene Schrift, die eine hermet.-alchemist. → Naturphilosophie enthält. → Goethe wurde durch sie beeinflusst.

Aurobindo = Aurobindo Ghosh (1872–1959), ind. Philosoph, der neohinduist. Gedankengut mit westl. Evolutionstheorien verband. Wegen der Häufigkeit des Familiennamens Ghosh wurde er unter seinem Vornamen A. bekannt. A. wurde in Kalkutta geboren, in England erzogen und war 1893–1906 Beamter in Baroda. Als Anhänger einer nationalen Revolution in Indien wurde er 1908/9 inhaftiert. Im Gefängnis erlebte er eine religiöse Erweckung. 1910 ließ er sich in Pondicherry im damaligen Frz.-Indien nieder und arbeitete dort lebenslang für seine Idee, einen umfassenden Einheitsgedanken in die alltägliche Praxis der Menschen umzusetzen. Ein besonderes Interesse hatte A. am

→ Yoga, da er hier einen Weg vorgezeigt sah, spirituelle Prinzipien auf der Ebene des Körpers materiell zu verwirklichen. A. gründete in Pondicherry eine Schule, in der auch die körperl. Ertüchtigung der Kinder und Jugendlichen eine große Rolle spielte. Damit war er derjenige, der den klass. Yoga zu einer Art Volkssport entwickelte, wie er heute in den meisten westlichen Ländern auch unabhängig von religiös-esot. Ideen praktiziert wird. Bezeichnend für A. ist ferner ein unter dem Einfluss des evolutiven Denkens stehender → Chiliasmus. Ähnlich wie → Teilhard de Chardin rechnet er damit, dass die Menschheit in naher Zukunft ein kosm. Bewusstsein erlangen wird, das alle Trennungen und Dualismen überwindet. 1920 kam Mira Richard (1878–1973) in den Ashram, dessen Leitung ihr 1926 übertragen wurde. Nach allgemeiner Ansicht erlangte sie, auch mit Hilfe der von A. gelehrten yog. Techniken, eine spirituelle Vervollkommnung, die das Ideal des übermenschlichen, kosm. Bewusstseins bereits realisierte. Sie wurde »die Mutter« genannt und stand bis an ihr Lebensende dem Ashram in Pondicherry vor. A.s Ideen und ihre Umsetzung durch »die Mutter« hatten großen Einfluss auf das → Newage.

Ausg.: Die Werke Aurobindos erscheinen im Selbstverlag in Pondicherry.

Lit.: O. Wolff, Sri A., 1967. R. C. Zaehner, Evolution in Religion, 1971. K. Gandhi, The Social Philosophy of Sri A. and the New Age, 1991. Satprem, Sri A. u. das Abenteuer des Bewusstseins, 1991. K. D. Sethna, The Vision and Work of Sri A., ^{2}1992.

Aurora oder Morgenröte im Aufgang (1612), unvollendete Frühschrift Jakob → Böhmes, Abhandlung in 26 Kapiteln über die Entstehung von Natur und Mensch. Die gesamte Schöpfung ging danach aus dualist. Spannungen (→ Dualismus) hervor und ist in → Analogie zur göttlichen Trinität triadisch geordnet.

Ausg.: J. Böhme, Sämtliche Schriften, Bd. I, 1955.

Außerirdische. Die Esoterik hat grundsätzlich eine kosmologische Orientierung; sie hält das gesamte Universum für belebt und infolge dessen die Existenz von a.n lebendigen Wesen für eine Selbstverständlichkeit. Seelenreisen in andere Sphären des Universums und die Begegnung mit den dort ansässigen Engeln gehören seit der Antike zu den Praktiken von → Theurgie und → Initiation. Vor diesem Hintergrund ist die Vorstellung, dass umgekehrt auch A. in sog. Unbekannten Flugobjekten (Ufos) die Erde besuchen, nur konsequent. Dabei gehen Esoteriker in der Regel davon aus, dass A. friedfertige Absichten und eine höher entwickelte Intelligenz als die Menschen haben. Nach manchen Theorien haben in früheren Zeitaltern Menschen selbst auf anderen Planeten gewohnt und von dort die ersten Anfänge der Zivilisation auf die Erde gebracht, nach anderen haben die ird. Einwohner von A.n wesentliche kulturelle Impulse empfangen.

Automatisches Schreiben, eine von Romantikern und Surrealisten geübte Technik der Niederschrift von Bewusstseinsinhalten, bei der die als kontrollierend und beschränkend empfundene Rationalität so weit wie möglich ausgeschaltet wird. Das bekannteste Werk, das auf diese Weise zustande kam, ist *Magnetfelder,* eine Sammlung aus Prosatexten, Aphorismen und Lyrik von André Breton und Philippe Soupault. Die jüngsten Esoteriker benutzen das A. weniger als kreative Technik, sondern hauptsächlich zur Mitteilung von Botschaften geistiger Wesen, denen sie dabei als Medien dienen. Das bekannteste Beispiel ist → Roberts.

Lit.: A. Breton / Ph. Soupault, Die Magnet. Felder, 1981.

Avatar (von sanskrit »avatara« Abstieg), im traditionellen Hinduismus Bezeichnung für Inkarnationen des Gottes Vishnu, heute für göttliche Inkarnationen generell. Sie zeichnen sich durch große mag. Kräfte aus. → Sai Baba, der der A. unserer Zeit genannt wird, bezeichnet es als die freiwillige Aufgabe solcher höchstentwickelten spirituellen Wesenheiten, den Menschen zu helfen und drohendes Unheil von der Welt abzuwenden.

Ayin → Nichts

Ayurveda (sanskrit »Wissen vom langen Leben«), die traditionelle ind. Medizin. Der A. gilt als Anhang zum Atharvaveda, dessen mag. Texte die frühesten Spuren der Heilkunde in Indien aufweisen. Nach der Legende handelt es sich um eine Offenbarung des höchsten ved. Gottes Indra an die leidende Menschheit. Der A. lehrt, dass der → Körper des Menschen durch drei »Säfte« (doshas), Wind, Schleim und Galle, erfüllt sei, die bei Veränderung ihrer Konsistenz und ihres Zusammenspiels Krankheiten bewirken. Die drei Säfte repräsentieren auf der materiellen Ebene die drei das Leben bestimmenden Kräfte der Erhaltung, Zerstörung und Schöpfung (als Götter: Vishnu, Shiva, Brahma). Krankheiten haben ihre Ursache im Ungleichgewicht der drei Säfte und können drei Formen annehmen, je nachdem welche Substanz überwiegt. Der A. wird heute von Anhängern → Maharishi Mahesh Yogis wieder belebt, die in vielen westlichen Ländern entsprechende Zentren und Praxen unterhalten.

Lit.: J. Jolly, Medicin, 1901. K. G. Zysk, Religious Healing in the Veda, 1985.

Az, iran. Dämon, der im → Manichäismus zur Dämonin bzw. zu einer weiblichen Finsternismacht wurde. A. personifiziert die Hyle (griech. »Materie«) und insbesondere die Begierde.

Lit.: H.-P. Schmidt, Vom awest. Dämon Asi zur manichäischen A., der Mutter aller Dämonen, in: R. E. Emmerick u. a. (Hg.), Studia Manichaica. IV. Internationaler Kongress zum Manichäismus, Berlin 14.–18. Juli 1997, 2000.

B

Ba, altägypt. theol. Begriff zur Bezeichnung sowohl der unsichtbaren Macht hinter einem sichtbaren Phänomen als auch umgekehrt der sichtbaren Manifestation einer unsichtbaren Macht. Der Terminus stammt aus dem königlichen Totenkult und geht mindestens bis auf das Alte Reich (ca. 2705–2180 v. Chr.) zurück. In den Sargtexten wurde er mit Bezug auf Götter verwendet und bezeichnete deren sichtbare Manifestation im Kosmos. So war beispielsweise der Wind der Ba des Luftgottes Schu. Der Ba-Begriff war somit von Anfang an ein Katalysator für die gerade in der Esoterik wichtige Idee, dass das Göttliche im Kosmos wirksam bzw. der Kosmos selbst göttlich sei (→ Kosmotheismus). Entsprechend wurde er besonders in der Ramessidenzeit (ca. 1300–1080) zum Instrument einer elaborierten Immanenztheologie. Mit seiner Hilfe konnte das Verhältnis des Göttlichen zur → Natur in einer Elementenlehre und zu allem kreatürlichen Leben einschließlich der Menschen monistisch gefaßt werden.

Lit.: J. Assmann, Monotheismus u. Kosmotheismus, Sitzungsberichte der Heidelberger Akademie der Wissenschaften, Phil.-Hist. Klasse, 1993, 2.

Baader, Franz von (1765–1841), Arzt, Geologe und esot. Denker katholischer, dabei aber vehement antipapistischer Provenienz. B. richtete sich gegen die Kantsche Trennung zwischen Wissen und Glauben, er leistete wichtige Beiträge zu einer esot. → Erkenntnistheorie, die Einsicht als Teilhabe am Göttlichen versteht. In allen Bereichen des Lebens und Denkens strebte B. nach einer neuen → Einheit von Mensch, Gott und Natur. Dabei spielte der Gedanke der → Androgynie für ihn eine zentrale Rolle; der Erotik legt er eine wesentliche religiöse Bedeutung bei. B. pflegte enge Beziehungen zur → Russischen Religionsphilosophie; seine Gedanken, insbesondere sein Kirchenverständnis, wurden von → Solowjew und → Berdjajew aufgenommen.

Ausg.: Sämtl. Werke, 1851–60. Neudr. 1963. *Lit.:* G. Wehr, B. Zur Reintegration des Menschen in Religion, Natur u. Erotik, 1985.

Bach-Blüten-Therapie, durch den brit. Arzt

und Naturwissenschaftler Edward Bach (1886–1936) begründete ganzheitliche Methode zur Heilung von Störungen, deren Ursachen im emotionalen Bereich liegen, mit 38 Blütenessenzen von Wildpfanzen. Diese werden für drei Stunden in Quellwasser eingelegt, das dann in sehr geringen Dosen in Tropfenform verabreicht wird.

Lit.: E. BACH/J.-E. PETERSEN, Heile dich selbst mit den B., 1998. B. ZENKER, Das B. Behandlungsbuch. Alle Krankheitsbilder von A-Z, 1999.

Baha'i, Mitte des 19. Jh.s durch Mirza Hasayn 'Ali Nuri (Beiname Baha'ullah = »Herrlichkeit Gottes«; 1817–92) begründete universalreligiöse Bewegung, die aus der iran. → Shi'a herauswuchs. Unmittelbare Vorläufer der B. waren die Babi, die Siyyid 'Ali Muhammad (1819–1850) als Bab (arab. wörtlich »Tor«), d. h. als neuen Propheten verehrten. Der junge Baha'u'llah hatte sich ihm angeschlossen, und nach seinem Tod wirkte er als Erneuerer der Bewegung des Bab, die von Anfang an blutig verfolgt wurde. Obwohl Baha'ullah die meiste Zeit seines Lebens in der Verbannung und in verschiedenen Gefängnissen des Landes zubrachte, war seine Mission über zahlreiche Sendschreiben ungemein erfolgreich. 1863 proklamierte er sich selber als die vom Bab und allen ihm vorausgegangenen Propheten verheißene »universale Manifestation Gottes«. Kern seiner Lehre war ein strenger Monimus. Der Eine Gott ist verborgen, teilt sich der Menschheit aber durch Offenbarungen mit und schickt ihr »Manifestationen«, d. h. Sendboten, die zwischen der göttlichen und der menschlichen Ebene vermitteln. Mit der unteilbaren Einheit Gottes korrespondierten die Einheit der Religionen und die Einheit der Welt. Nach Bahau'llah war und ist die Aufrechterhaltung von Trennungen unter den Menschen aufgrund von Rassen-, Klassen- und Religionszugehörigkeiten das grundlegende Übel in der Welt. Die unmittelbaren Nachfolger Baha'u llahs waren sein Sohn 'Abdu'l-Baha (1844–1921) und dessen Enkel Shoghi Effendi (1897–1957), die der B.-Religion zu internationaler Entfaltung verholfen. Sie hat heute eine nicht genau erfasste, auf ca. fünf Mio. geschätzte Zahl von Anhängern in über 120 Ländern der Erde. Im Iran bildet sie die größte religiöse Minderheit.

Lit.: P. SMITH, The Babi and Baha'i Religions, 1987. J. SHEPPHERD, The Elements of Baha'i Faith, 1997.

Bailey, Alice A. (1880–1949), aus einem christl. Milieu stammende Theosophin, die der hauptsächlich auf dem Werk → Blavatskys beruhenden Lehre entscheidende neue Anstöße gab und damit eine der zahlreichen Spaltungen der Theosoph. Gesellschaft provozierte. Dabei behauptete B. wie auch Blavatsky selber, dass ihre umfangreichen Bücher nicht ihre eigenen Auffassungen wiedergäben, sondern durch sie bloß vermittelte Botschaften verschiedener tibet. Meister darstellten. Jedenfalls bezieht sich dieses Schrifttum sehr viel stärker als das von Blavatsky auf astrolog. Vorstellungswelten und arbeitet mit einem entsprechenden Vokabular. Völlig neu ist die Lehre von den sieben Strahlen, die gleichzeitig kosm. Ebenen und Einweihungsgrade darstellen. Die Initiation der gesamten Menschheit auf diesen Strahlen war das besondere Anliegen der durch B. sprechenden Meister. Im Übrigen ist ein bei ihnen ein Chiliasmus prominent, der auf der Idee basierte, dass die spirituelle Evolution weit fortgeschritten sei, und dabei eminent christl. interpretiert wurde. B. erwartete in naher Zukunft die Wiederkunft Christi. Ihre Ideen erfuhren im → Newage eine Renaissance.

Ausg.: Die Werke B.s erscheinen im Association Lucis Trust, Genf.

Bannous (1. Jh.), Eremit und Gründer einer → Täufergemeinschaft, die seinem Beispiel folgend ein asketisches Leben führte und häufige Waschungen mit kaltem Wasser übte.

Baphomet, einen gold-silbernen Kopf mit Bart darstellendes Kultidol, das von den → Templern verehrt worden sein soll. Dahinter steckt nach Idries Shah sehr wahrscheinlich ein suf. Symbol, genannt ras al-fahmat (arab. Haupt der Erkenntnis). Der Abu-fihmat (Vater der Erkenntnis) als Ideal der höchsten Einweihungsstufe, im Dialekt des maur. Spanien »Bufihmat« ausgesprochen, wurde aber von den Sufis nicht bildlich dargestellt und schon gar nicht angebetet. Was die Templer angeht, die sehr wahrscheinlich zu esot. Gruppierungen des Orients Kontakt hatten, handelt es sich wahrscheinlich um eine verzerrte Darstellung, die ihrer Verfolgung einen Vorwand liefern sollte.

Lit.: Idries Shah, Die Sufis, 1976.

Barbelo, weibliche mytholog. Gestalt der → Sethian. Gnosis. Die Bedeutung des Namens ist ungeklärt, vielleicht ist er abgeleitet von kopt. »berber« = überfließen (B. Layton). B. ist eine Gegenfigur zu → Sophia und entspricht Idealen des Weiblichen, die sich seit dem 1. Jh. in der antiken Welt herausbildeten. Anfangs ist sie nachgeordnete Paargenossin des höchsten männlichen Gottes und steht ganz in seinem Schatten. Allerdings geht von ihr die Initiative zur Schaffung weiterer intelligibler Wesen aus. Ihre Zuständigkeit für die Erschaffung neuer myth. Figuren, bzw. – wie es in späteren sethian. Texten philosophischer ausgedrückt wird – die Bewerkstelligung der Vielfalt aus der Einheit, macht B. zu einer Verwandten der antiken Muttergöttinnen. Im *Johannesapokryphon* trägt sie die Titel »Mutterschoß von allem«, »Mutter-Vater« (griech. »metropater«), »der erste Mensch«, »der heilige Geist« (griech. → »pneuma«), »die dreifach-männliche«, »die dreifach Mächtige«, die »Dreinamige«, »die dreifach Empfangene«, »die Androgyne«. An der Gestalt der B. ist paradigmatisch der Bedeutungswandel abzulesen, dem die Muttergöttinnen in den ersten nachchristl. Jh. unterzogen waren; vieles verbindet sie bereits mit der christl. Maria. Die am häufigsten genannten Attribute der B. sind Jungfräulichkeit und Männlichkeit. Sie sind der antiken Vorstellung geschuldet, dass Frauen unvollkommene Männer seien, also durch Vervollkommnung, wie sie bei der Göttin erreicht ist, Männlichkeit erlangten. In dem Maße, wie das Fallmotiv der Sophia in den späten gnostischen Texten zurücktritt, wird B. gegenüber dem Vatergott aktiver und eigenständiger. Die → *Drei Stelen des Seth* enthalten eine ganze Reihe an sie gerichteter Hymnen, die ihre Verehrung durch die Sethianer bezeugen. B. wird hier als »erster Äon« und als »Dreifach Mächtige« angerufen, die aus sich die Vielfalt des → Pleromas emaniert habe. → Göttin

Barbelognosis, nach der Gestalt der → Barbelo genannter Gnosis-Typ, über den → Irenäus berichtet. Der Häresiologe muss für seine Beschreibung der B. eine Quelle benutzt haben, die dem ersten Teil des *Johannesapokryphons* ähnelte, wo sich fast dieselbe, nur in größerer Ausführlichkeit dargelegte Erzählung findet. Es handelt sich um einen kosmogon. Mythos: Aus dem höchsten Gott Vater tritt unvermittelt die → Ennoia hervor. Ennoia ist identisch mit Barbelo. Sie bittet den Vater um die Entstehung weiterer Hypostasen: »Erste Erkenntnis« (prognosis), »ewiges Leben«, »Wahrheit«. So entsteht eine himmlische Pentas (Fünfheit). Barbelo hat also einen ersten Schöpfungsvorgang eingeleitet, an dem sie allerdings nicht aktiv, sondern nur durch ihre Wünsche gegenüber dem Vater beteiligt ist. Später wird eine spirituelle Schwängerung der Barbelo durch den Vater beschrieben, die ein weiteres Lichtwesen, den »Eingeborenen«, hervorbringt. Für die folgenden, im *Johannesapokryphon* ausführlich beschriebenen Schöpfungsvorgänge in der Himmelswelt spielt die Barbelo keine Rolle mehr. Nach zahlreichen Äonen entstehen schließlich die vier Leuchter Armozel, Oriel, Daveithai und Eleleth und zwölf weitere Äonen, die auf die Leuchter verteilt werden. Einer dieser letzten Äonen ist die → Sophia. Sie gehört zum vierten Leuchter → Eleleth und wird in diesem Zusammenhang eher beiläufig erwähnt. Diese Figur, später als »Sophia der Epinoia« bezeichnet, wird dann aber wichtig für das erste Fallgeschehen. Ohne Zustimmung und Zutun ihres männlichen Paargenossen bringt sie durch ihren Gedanken ein Bild aus sich hervor, das zur Missgeburt gerät, ein unvollendetes Werk, das mit ihr selbst keine Ähnlichkeit hat. Diese Missgeburt ist Ialdabaoth, für die Barbelognostiker der »böse Gott« des AT. Damit die Unsterblichen der intelligiblen Welt das missratene Wesen nicht sehen, stößt Sophia es von sich ab und setzt es auf eine Lichtwolke. Von hier aus entfaltet Ialdabaoth sein unheilvolles Treiben, indem er sich vom vollkommenen All entfernt und sich eigene Äonen schafft. In der → Sethian. Gnosis wurde diese Kosmogonie der B. mit dem Abstammungs- und Geschichtsmythos der Sethianer verbunden. Die dadurch entstandene myth. Erzählung bildet das sog. »System der → Sethian. Gnosis«.

Lit.: W. FOERSTER (HG.), Die Gnosis. Zeugnisse der Kirchenväter, 1995.

Bardaisan (154–222), syr. Theologe und Dichter, bis zur röm. Einnahme der Stadt in Edessa wirkend, 216 begab er sich nach Armenien. Er hatte ein lebhaftes Interesse für andere Länder und Kulturen; Fragmente seiner Schrift über die Inder sind überliefert. 218 soll B. mit einer indischen Gesandtschaft zusammengetroffen sein, die sich auf dem Weg zu dem röm. Kaiser Elagabal befand. B.s Lehre war stark gnost. durchsetzt, weshalb Ephrem von Edessa als Repräsentant der Amtskirche ihn vehement verfolgte. Die Kosmogonie des B. ist eigenwillig; sie korrespondiert mit keinem der bekannten großen gnost. Systeme, weist aber eine gewisse Verwandtschaft mit der der *Paraphrase des Seem* auf. Das Weltgeschehen kommt durch eine Vermischung der → Elemente mit der Finsternis in Gang. Der Erlösungsvorgang begann für B. mit der → Schöpfung, was vielen gängigen Auffassungen der Gnosis widerspricht, möglich erscheint allerdings ein Zusammenhang mit der Lehre des → Hermogenes. Obwohl er sich gegen den astrologischen Determinismus wendete, ist B.s Lehre nicht frei von solchen Zügen; nach seiner Auffassung beeinflussten Sterne und Planeten die menschliche Seele. Die zentrale Erlöserfigur ist für B. → Christus. Wenn die Seele Erkenntnis erlangt, kann sie mit seiner Hilfe ihrer Vergangenheit in der bösen Materie entkommen und ins → Brautgemach aufsteigen. B. war Verfasser von 150 syr. Psalmen, die sehr volkstümlich wurden. Sein Sohn Hermosios führte seine Lehren fort und verstärkte die gnost. Züge. Ein Einfluss der Bardaisan-Anhänger auf → Mani gilt als wahrscheinlich.

Lit.: J. W. DRIJVERS, Bardaisan of Edessa, 1966.

Baruchbuch des Justin, eine bei → Hippolyt überlieferte → Drei-Prinzipien-Lehre. Als die drei Urkräfte existieren von Anbeginn »Der Gute«, Elohim, als Himmel oder Geist verstanden, und Eden, die als Frauengestalt mit Schlangenschwanz vorgestellt wurde und für die Erde oder die Seele stand. Elohim und Eden bringen zusammen 24 Engel hervor, von denen zwölf der Mutter und zwölf dem Vater gleichen. Der jeweils dritte Engel unter den zwölfen besitzt besondere Macht; der dritte mütterliche Engel heißt Naas, der dritte väterliche Baruch. Die Engel schaffen Menschen und andere Lebewesen. Nachdem Elohim und Eden sich aufgrund ihrer Wesensverschiedenheit entfremdet haben, trennen sie sich voneinander, und Elohim steigt mit den zu ihm gehörenden zwölf Engeln in den Himmel hinauf. Dort sieht er das Licht des Guten, des höchsten Gottes, und erkennt seine eigene Unterlegenheit. Er geht in das gefundene Lichtreich ein, kann seine Engel aber nicht mit sich nehmen. Als Eden erkennt, dass sie von Elohim verlassen worden ist, beginnt sie seine Engel, aber auch die Menschen, denen Elohim seinen Geist mitgeteilt hatte, zu verfolgen. Seitdem wütet der typisch gnost. Kampf zwischen Gut und Böse, indem der dritte Engel der Eden Naas, die Schlange, als Verführer von Adam und Eva eine wichtige Rolle spielt. Bibl. Traditionen und heidn. Mythologie werden von Justin in diesem Sinne allegor. ausgedeutet. Entscheidende Erlösungsfigur ist Jesus, der der Welt die Botschaft des Baruch bringt und den Verführungskünsten Naas' widersteht.

Lit.: M. MARCOVICH, Studies in Graeco-Roman Religions and Gnosticism, 1988. W. FOERSTER (HG.), Die Gnosis. Zeugnisse der Kirchenväter, 1995.

Basilides, ein in der Zeit zwischen 117–161 in Alexandria wirkender gnost. Lehrer, von dem → Irenäus und → Hippolytos Unterschiedliches berichten. Laut Irenäus bestand die Lehre des B. im wesentlichen aus einem kosmogon. Mythos: Aus dem Vater entsteht der → Nous, aus diesem der Logos, aus diesem die Phronesis (griech. »Besonnenheit«), aus dieser die → Sophia und aus ihr die Dynamis. Sophia und Dynamis bringen Kräfte, Engel und Mächte hervor, die »die Ersten« genannt werden. Sie stellen den »ersten Himmel« her. Aus den »Ersten« entstehen weitere Engel, die einen zweiten Himmel herstellen und aus jenen nochmals weitere Engel, die den dritten Himmel herstellen. Diese Reihe wird fortgeführt, so dass am Ende unzählige Engelwesen und 365 Himmel existieren. Der Führer der Himmel ist → Abraxas, der in der Magie dieser Zeit eine große Rolle spielte. Diejenigen Engel, die den letzten Himmel innehaben, stehen unter der Führung des Judengottes. Sie sind die Schöpfer der Welt mit allem, was in ihr ist. Teile der Erde und einige Völker werden von ihnen regiert. Auffällig ist in diesem Zusammenhang der → Antisemitismus des B. Das besondere Verhältnis zwischen Judengott und Juden wird folgendermaßen erläutert: »Da dieser (= der Gott der Juden) seinen Menschen, das heißt den Juden, die übrigen Völker unterwerfen wollte, hätten sich alle übrigen Mächte gegen ihn gewandt und ihm entgegengearbeitet. Darum hätten sich auch die anderen Völker von diesem Volk abgewandt.« Zur Befreiung von der Tyrannei des Judengottes, seiner Engel und seiner Menschen sendet der Vater seinen Sohn Nous, der an dieser Stelle mit Christus gleichgesetzt wird. Die wichtigste Botschaft des Mythos ist also, dass der jüdische Gott der untersten Schar von Engeln vorsteht, die nach einer langen Kette von Emanationen aus höheren weiblichen Wesen, Sophia und Dynamis, hervorgegangen sind. – Eine völlig andere Lehre, die möglicherweise von späten Anhängern des B. stammte, berichtet Hippolyt. Danach schuf ein nichtseiender Gott ohne Willen eine nichtseiende Welt. Aus seinem Samen enstanden drei Sohnschaften, von denen die erste sofort zurück zu Gott eilte, die zweite mit Hilfe des Hl. Geistes dorthin gelangte, die dritte jedoch nicht fortkam und nun der Erlösung bedurfte, in der Jesu und das Evangelium eine wichtige Rolle spielen. Am Ende kehrt alles unabsichtlich Entstandene in das Nichtseiende zurück.

Lit.: B. Layton, The Significance of B. in Ancient Christian Thought, in: Representations 28, 1989. W. A. Löhr, B. u. seine Schule, 1996.

Batiniya (arab. »Geheimlehre«), Bezeichnung für die → Isma'iliya, → Zahir und Batin.

Beausobre, Isaac de (1658–1738), hugenottischer Prediger und Gelehrter. De B.s zweibändige Kritische Geschichte der Manichäer und des Manichäismus in frz. Sprache (Amsterdam 1734–39) markiert den Beginn wissenschaftlicher Erforschung des → Manichäismus, der bis dahin ausschließlich in häresiolog. Perspektive wahrgenommen worden war. Das Werk steht in einer Tradition »unparteiischer Ketzergeschichten« (→ Arnold) die unter dem Eindruck des an sie selbst gerichteten Häresievorwurfs von protestantischen Kirchen- bzw. Religionshistorikern verfasst wurden.

Lit.: G.G. Stroumsa, Isaac de Beausobre Revisited: The Birth of Manichaean Studies, in: R. E. Emmerick u. a. (Hg.), Studia Manichaica. IV. Internationaler Kongress zum Manichäismus, Berlin 14.-18. Juli 1997, 2000.

Beelzebub, im NT erwähnter Name für den obersten der Dämonen. Sein Name geht vielleicht auf Baal-Zebul, den »Fiegen-Baal«, zurück, der von den Philistern in Ekron verehrt wurde (2. Kön 1). Eine andere Möglichkeit der Ableitung ist die vom hebräischen Wort »zibbul« = »Mist«.

Beelzebubs Erzählungen für seinen Enkel. *Eine objektiv unparteiische Kritik des Lebens der Menschen* (1950), esot. Roman von → Gurdjieff, in dem das Leben und Verhalten des Menschen aus der Perspektive von Beelzebub geschildert werden. Beelzebub wohnt auf einem fernen

Planeten außerhalb des Sonnensystems und erinnert sich mehrerer Besuche auf der Erde, deren Erfahrungen er nun für seinen Enkel niederschreibt. Erkennbare Absicht des Autors ist es, seinen Lesern einen Spiegel vorzuhalten und dabei zu zeigen, dass das Streben und disharmon. Treiben der Erdenbewohner einem Außenstehenden nur absurd erscheinen können. Besonders massiv werden in dem Roman die Kirchen und die modernen Naturforscher als Hüter religiöser und wissenschaftlicher Dogmen kritisiert. Die Darstellung hat abwechselnd Fabel- und Satirecharakter.

Ausg. in Übers.: 3 Bde., 1981.

Beichte. Das Sündenbekenntnis als Voraussetzung zur Sündenvergebung hatte bei den Manichäern eine große Bedeutung. Die Auditores beichteten jeden Sonntagabend den → Electi und wurden daraufhin von ihren Sünden gereinigt. Am Tag der Sündenvergebung im Rahmen des → Bemafests legten neben den Auditores auch die Electi eine B. ab. Umfangreiche Reste von manich. Beichtspiegeln sind überliefert. → Manichäismus

Bemafest, das höchste Fest im → Manichäismus, das im Anschluss an einen ganzen Monat des → Fastens jährlich im März gefeiert wurde. Über Details der Zeremonie besteht wegen der schwierigen Quellenlage weitgehende Unklarheit. Zentrales kultisches Element war die Anbetung Manis als → Paraklet auf dem Thron (griech. bema). Nachdem der Fastenmonat bereits von → Mani selbst initiiert worden war, wurde das B. als Gedenken an seinen Tod und den Aufstieg seiner Seele ins Lichtreich eingerichtet. Der → Seelenaufstieg wurde von der Gemeinde, wahrscheinlich auch von auf diesem Wege zu initiierenden Neumitgliedern, rituell nach- und mitvollzogen, wobei eine Handauflegung, vielleicht auch eine Ölung eingesetzt wurden. Im östl. Manichäismus gehörte auch eine Mahlfeier zum Bemafest

Lit.: H. Ch. Puech, in: Ders., Sur le manichéisme et autres essais, 1979. G. Wurst, Das B. der ägypt. Manichäer, 1995.

Berliner Codex Gnosticus, ein 1896 durch den Gelehrten C. Schmidt bekannt gewordener Papyrus-Band, den die Ägytische Abteilung des Berliner Museums in Kairo erworben hatte. Er enthält die drei gnost. Texte, → *Evangelium der Maria,* → *Johannesapokryphon* und → *Die Sophia Jesu Christi* sowie einen Ausschnitt aus der → apokryphen Apostelgeschichte *Die Taten des Petrus.*

Berdjajew, Nikolai Alexandrowitsch (1874–1948), russ.-orthodoxer Philosoph. Neben intensiver Beschäftigung mit nationalreligiösen Aspekten, die für die → Russ. Religionsphilosophie allgemein kennzeichnend sind, zielte B.s Denken anfangs auf eine Synthese von Marxismus und Idealismus. Nach der Oktoberrevolution verwarf er den Marxismus und wandte sich noch stärker esot. Ideen zu, insbesondere denen → Böhmes. Dabei interessierte ihn v. a. der Freiheitsbegriff, d. h. die menschliche Freiheit kann nach B. nicht einmal von Gott beeinflusst oder eingeschränkt werden. Die Schöpfung Gottes ist unfertig und benötigt zu ihrer Vollendung die aus dem → Ungrund stammende Freiheit. Letztere wird durch den → Fall des Menschen ermöglicht, der frei genug ist, die Liebe Gottes nicht zu erwidern. Als Folge verfeindet sich auch die Natur mit dem Menschen. Das Erlösungswerk Christi, d.h. sein Kreuzestod, bildet nun die Voraussetzung für eine Kreativität, durch die die Schöpfung vollendet werden kann. Die Materialität des Kosmos soll dabei aufgehoben werden, letztes Ziel der Schöpfung ist die Transfiguration alles Existierenden in ewig schöpferischen Geist.

Lit.: E. Klamroth, Der Gedanke der ewigen Schöpfung bei B., 1963.

Bes, altägypt. zwergwüchsiger Gott mit v.a. solaren Bezügen. An ihn knüpfte sich eine volkstüml. Form der → Sonnentheologie. In der späteren Antike wurde B. auch außerhalb Ägyptens als Allgottheit verehrt und erscheint als solche häufig auf → Mag. Gemmen.

Lit.: F. Ballod, Prolegomena zur Geschichte der zwerghaften Götter in Ägypten, 1912.

Besant, Annie (1847–1933), engagierte Sozialreformerin und Theosophin. Nach der Lektüre von → Blavatskys Hauptwerk Die Geheimlehre löste sich B. von ihrer angestammten christl. Tradition und wurde Mitglied der Theosoph. Gesellschaft. 1893 bereiste sie erstmals Indien und empfing dort Eindrücke, die ihre weitere spirituelle Arbeit prägten. In Madras traf sie auf den jungen Krishnamurti, den sie adoptierte und als großen Weltenlehrer proklamierte. Dieser hat sich allerdings später von der Theosophie abgewandt. 1907 wurde B. zur Präsidentin der theosoph. Gesellschaft gewählt. Sie machte es sich zur besonderen Aufgabe, westliche Esoterik und Hinduismus zusammenzuführen und wirkte in Indien als geschätzte Pädagogin und Schulgründerin.

Lit.: A. B., An Authobiography, 1893, [2]1980.

Besessenheit → Ekstase

Beuys, Joseph (1921–1986), deutscher Künstler und maßgeblich von → Steiner beeinflusster Esoteriker. B. setzte mit seinem erweiterten Kunstbegriff, den er durch seine Verwendung von »Plastik« im ursprünglichen Sinn des griech. Wortes als »schöpfer. Gestaltung« präzisierte, in der Kunst des 20. Jh.s neue Akzente. Jeder schöpfer. Prozess war für ihn »Kunst«, sodass in letzterer nach B.' Auffassung das gesamte organische Leben inbegriffen ist. Immer ging es dabei um die gestalter. Bewegung zwischen den beiden Polen Chaos (Ungeformtes) und Form. Bei der Form ist es wichtig, dass sie nicht erstarrt, der schöpfer. Prozess also nicht vollständig abgeschlossen wird. Schon vom Prinzip her konnte und sollte sein Schaffen deshalb nicht als museale Kunst im herkömmlichen Sinn verstanden werden. Gleichzeitig formulierte B. mit dem erweiterten Kunstbegriff einen eminent polit. Anspruch. Indem »Kunst« als lebensfördernde Tätigkeit definiert ist, rückt sie automatisch in einen Gegensatz zur westlichen industriellen Zivilisation, die das Leben bedroht und ihre zerstörer. Impulse mit einer unorgan., positivist. Wissensdogmatik untermauert. So kann auch polit. Handeln für ökolog. und soziale Ziele als »Kunst« verstanden werden. B. selbst gründete 1971 in Düsseldorf die »Organisation für direkte Demokratie durch Volksabstimmung e.V.« als Beitrag zur Umformung des Staatswesens in einen sozialen Organismus im Sinne der → Sozialen Dreigliederung nach Steiner. Er verstand dieses polit. Engagement als Fluxus, einer Anfang der 1960er Jahre aufgekommenen Form der Aktionskunst. Als Objektkünstler verwendete B. mit Vorliebe die organ., leicht formbaren Materialien Fett und Filz, deren Beschaffenheit seiner »plast. Theorie« entsprachen. Das Fett, welches in der indoeurop. Mythologie eine große Rolle spielt, ist dabei das plast. formbare, der Filz das wärme- und damit lebenserhaltene Prinzip. Wegen ihrer Wechselwirkung mit der vorhandenen Wärmeenergie hielt B. Fett und Filz auch für besonders geeignet, in Interaktion mit dem Betrachter des Kunstwerks zu treten, sodass damit die für Ausstellungskunst sonst typ. Subjekt-Objekt-Spaltung zumindest ein Stück weit aufgehoben wurde. Er hoffte, damit einen Reflexionsprozess in Gang zu setzen, der gegen die Gedankenverhärtungen des wissenschaftlichen Positivismus die intuitiven Kräfte im Menschen befreien würde (→ Intuition).

Lit.: TH. VISCHER, J. B. Die Einheit des Werkes. Zeichnungen, Aktionen, Plast. Arbeiten, 1991. W. ZUMDICK, J. B. u. Rudolf Steiner, 1995. L. SCHIRMER (HG.), J. B. Eine Werkübersicht. Zeichnungen u. Aquarelle, Drucksachen u. Multiples, Skulpturen u. Objekte, Räume u. Aktionen. 1945–1985, 1996. H. OMAN, J. B. Die Kunst auf dem Weg zum Leben, 1998.

Bewusstsein, der Mittelpunkt aller Bezüge menschlicher Wahrnehmung und Empfindung. Als Begriff der modernen Philosophie- und Psychologiegeschichte bezeichnet B. v. a. das Ich-Sein des Menschen, das ihn sich als abgesondert und herausgehoben unter anderen Lebenwesen erfahren lässt. Die Esoterik richtet ihr Augenmerk auf verschiedene Formen des B.s und auf seine Möglichkeiten zur Entwicklung bzw. Evolution (→ Evolutives Denken). Gemäß ihrer Überzeugung, dass der gesamte → Kosmos belebt und beseelt sei, schreibt sie B. durchaus nicht nur den Menschen zu, sondern ebenso Tieren, Pflanzen, Steinen und sogar Dingen. Ferner setzt sie die Existenz von Wesen mit einem »höheren« B. voraus, beginnend mit Heiligen oder → Gurus bis hin zu immateriellen »Meistern« mit Aufenthalt in himml. Sphären und Engeln. Auch das Göttliche, das Esoteriker in aller Regel nicht-theist. begreifen, ist letztlich eine Form von B., oft »reines B.« genannt, das der Bezugspunkt aller B.sentwicklung im Universum ist. Wenn es gelingt, die Grenzen des Ich, d. h. den Rahmen, innerhalb dessen es im Alltag agiert, zu transzendieren, erweitert sich das B., kann die Umwelt aus ungewohnten Perspektiven wahrnehmen und kann auch Inhalte des sonst → Unbewussten miteinbeziehen. Mittel zu diesem Zweck ist hauptsächlich die → Meditation. Drogen können dasselbe Ergebnis hervorbringen, werden von den meisten Esoterikern aber höchstens als einmalige Hilfe zur Aufbrechung besonderer Verhärtungen des B.s akzeptiert, da sie die B.serweiterung plötzlich und gewissermaßen künstlich bewirken und in gefährliche Abhängigkeiten mit entsprechenden körperlichen Nebenwirkungen führen.

Bhagwan → Osho

Bina (hebräisch »Einsicht«), als dritte Sefira (→ Sefirot) in kabbalist. Systemen die »Wurzel des Baumes«, in dem das Göttliche repräsentiert ist und den alle Sefirot zusammen bilden, oder die »Weltenmutter«. Im → *Sohar* steht sie für den Geist Gottes.

Biologisch-Dynamische Landwirtschaftsweise, in einem Kreis von Naturwissenschaftlern und Landwirten um → Steiner in den 1920er Jahren entstandene Bezeichnung für eine Landwirtschaft nach den Prinzipien der → Anthroposophie. Die B. verwendet keine Kunstdünger und keine chemischen Mittel zur Schädlingsbekämpfung. Bei der Methode des Anbaus hat sie den Bauernhof als ganzheitlichen Organismus und bei jeder einzelnen Pflanzenart ihre speziellen Bedürfnisse und Interaktionsweisen mit anderen Pflanzen, Tieren und Menschen im Auge. Beim Pflügen des Bodens, beim Säen und Ernten werden überdies nach einem eigenen Verständnis von → Makro- und Mikrokosmos die astronom.-astrolog. Konstellationen mit einbezogen. Mit ihren eigenwilligen Methoden der Bodenaufbereitung und Anregung des Pflanzenwachstums erzielen die mit der B. arbeitenden Höfe überraschend hohe Erträge und leisten dabei einen aktiven Beitrag zum Schutz der Natur.

Lit.: R. Steiner, Geisteswissenschaftliche Grundlagen zum Gedeihen der Landwirtschaft, 1979. H. Koepf u. a., Was ist biolog.-dynam. Landbau?, [3]1980, G. Grohmann, Die Pflanze als Sinnesorgan der Erde, [2]1981.

Bistami, Abu Yazid Tayur ibn ʿIsa ibn Sharushan al (777–848), iran. Sufi. B. selbst hat offenbar keine schriftlichen Werke verfasst, gilt aber als Begründer einer lichtmetaphys. Tradition in der → Sufik, die seine Schüler überlieferten. Er war auch der erste islam. Mystiker, der nach dem Vorbild von Muhammads Miʿrag den → Seelenaufstieg kultivierte. Charakterist. für B. waren ferner seine Demut gegenüber Gott und seiner gesamten Schöpfung, verbunden mit einer strengen Askese, die mit den Leidenschaften und Begierden das nicht-göttliche Eigenleben der → Seele auslöschen sollte.

Lit.: A. J. Arberry, Bistamia, in: Bulletin of the School of Oriental and African Studies 25, 1962. M. A. Rabb, Persian Mysticism: B.

Blake, William (1757–1827), engl. Dichter, Zeichner und Esoteriker. Sein poet.-religionsphilosoph. Werk ist stark an der Bibel, insbesondere an der at.lichen prophet. Tradition orientiert, deren Inhalte er im Geist von → Böhme und → Swedenborg aufnahm und neu interpretierte bzw. allegorisierte. Dabei schuf er eigenwillige Mythen, die verschiedene Zyklen von Schöpfung, → Fall und Erlösung als Restitution der kosm. Einheit beschreiben und an die Systeme der antiken → Gnosis erinnern. B.s Ziel war eine religiöse Erneuerung gegen die rationalist. und materialist. Entwicklungen des 18. Jh.s. Eine solche Erneuerung verstand er als Reintegration der zersplitterten Wirklichkeit zu einer Mensch und Kosmos umschließenden Ganzheit und Harmonie, die durch sich gegenseitig ausgleichende polare Kräfte zusammengehalten wird. Diese neue Totalität ist für B. identisch mit dem Göttlichen und gleichzeitig mit dem zur Vollkommenheit geführten → Menschen. Trotz Anknüpfung an die bibl. Schriftreligion betonte B. den Erfahrungscharakter des Religiösen, das nach seiner Auffassung dem Dichter eher zugänglich war als dem Priester. Er wurde damit zu einem Vordenker der → Romantik. B.s Religionsauffassung hat die moderne Esoterik nachhaltig bis in die Begrifflichkeit hinein beeinflusst. Nach den Studien C. Bochingers ist er der Schöpfer der Bezeichnung »New Age«. Werke u. a.: *Treatise Concerning Heaven and Hell* (1778), *Songs of Innocence and Experience* (1789–94), *Europe: A Propehcy* (1794), *The First Book of Urizen* (1794), *The Book of Los* (1795), *The Four Zoas* (1795–1814), *Jerusalem, Emanation of the Giant Albion* (1804–20).

Ausg.: W. B., Complete Poems, ed. G. Keynes, 1966. W. B., The Complete Illuminated Books, ed. The W. B. Trust/The Tate Gallery, 2000.

Lit.: K. RAINE, B. and Tradition, 2 Bde., 1966. DIES., W. B., 1970. Neudruck 1996. DIES., B. and the New Age, 1979. C. BOCHINGER, W. B. u. seine Wirkung, in: »New Age« u. moderne Religion. Religionswissenschaftliche Analysen, 1994. J. VAN MEURS, W. B. and his Gnostic Myths, in: R. VAN DEN BROEK/W. HANEGRAAF (HG.), Gnosis and Hermeticism. From Antiquity to Modern Times, 1998.

Blavatsky, Helena (1831–1891), aus Russland gebürtige Abenteurerin und Esoterikerin, Begründerin der modernen → Theosophie. Bereits als Kind soll B. Kontakte zur Geisterwelt gehabt haben. Nach dem Scheitern ihrer Ehe 1851 bereiste sie verschiedene Länder in fast allen Erdteilen, bis sie in Tibet Inspirationen empfing, auf deren Verbreitung in westlichen Ländern sich ihre lebenslangen Bemühungen richten sollten. Nach B.s eigenen Angaben wurde sie in Tibet von »Mahatmas« unterwiesen und traf schließlich ihren »Meister«, zu dem sie bereits vorher spirituellen Kontakt hatte. 1873 kam sie nach New York und war dort in esot. Kreisen aktiv, wo sie durch ihre Kritik an gängigen Glaubenssätzen und Praktiken anscheinend schnell die allgemeine Aufmerksamkeit auf sich lenkte. Sie traf hier auch auf Henry S. Olcott, mit dem sie 1875 die Theosoph. Gesellschaft begründete. B. begann zu schreiben und legte erstmals 1877 in *Isis entschleiert* einem größeren Publikum esot. Lehren vor, die sie von geistigen Mächten empfing. Ihre lediglich mediale Funktion bei der Verbreitung dieser Lehren war auch ihr entscheidendes Argument gegen Plagiatsvorwürfe. *Isis entschleiert* besteht aus zwei Teilen, von denen der erste mit »Wissenschaft«, der zweite mit »Theologie« überschrieben ist. In dem ersten Buch bereitet B. v. a. mag. Praktiken aus verschiedensten Traditionen so auf, dass sie mit Erkenntnissen der modernen Naturwissenschaft vereinbar scheinen. Dabei behandelt sie auch Phänomene wie den Paracelsismus und Mesmerismus. Das zweite Buch verurteilt deutlich den jüd. Monotheismus und die kirchliche Interpretation des Christentums und stellt beiden kabbalist., verschiedene indo-tebet. und schamanist. Auffassungen positiv gegenüber. Dieses Frühwerk B.s ist für die Genese der Theosophie besonders interessant, weil es sichtbar macht, wie ihre Lehren aus den verschiedenen religionsgeschichtlichen Stoffen geformt wurden. In der *Geheimlehre* (entst. 1888) liegen sie bereits in synthetisierter Gestalt vor. Die Autorin konzentriert sich hier auf die Entwicklung der theosoph. Alleinheitslehre, deren wichtigste Botschaft ist, dass Geist und Materie dasselbe Prinzip auf verschiedenen Ebenen repräsentieren. Alle Einzelseelen sind identisch mit der Allseele. Diese universelle Wahrheit offenbart sich nach B. immer authentischer mit der fortschreitenden Evolution von Welt und Menschheit. 1878 begab sich B. gemeinsam mit Olcott nach Indien und gründete die Zeitschrift *The Theosophist,* deren erklärtes Ziel es war, östliche Spiritualität mit westlicher Philosophie und Wissenschaft zu vereinigen. 1875 kehrte sie hauptsächlich aus gesundheitlichen Gründen nach Europa zurück, wo sie ihre publizist. Aktivitäten bis zu ihrem Tod fortführte. *Die Geheimlehre* wurde nochmals überarbeitet und erschien 1981 in Buchform.

Ausg.: Isis entschleiert. Ein Meisterschlüsel zu den Geheimnissen alter u. neuer Wissenschaft u. Theologie, 2 Bde., 1998. Die *Geheimlehre.* Die Synthese von Wissenschaft, Religion u. Philosophie, Neuausg. 1999. Ein Schlüssel zur Theosophie, 1995.

Lit.: K. Tingley, H. P. B. Ein Genius verändert die Welt, 1992.

Bo Yin Ra (1876–1943), Pseudonym von Joseph Anton Schneiderfranken, theosoph. Autor aus Aschaffenburg, der an die 50 Werke mit Aufzeichnungen der von einem verborgenen tibet. Meister empfangenen Lehren veröffentlichte. Dabei handelt es sich um ausgesprochen unsystemat. Erörterungen verschiedenster Themen auf der Grundlage der → Theosophie → Blavatskys, gegen die B. zuweilen auch Einwände erhob. Die mangelnde Strukturiertheit der Lehre, als deren Medium er sich sah, musste er selber zugeben, hielt aber dagegen, die Inhalte seien im eigentlichen nur der richtigen → Intuition zugänglich. Zu seinen Büchern gehören *Das Licht vom Himavat* (1914), *Worte der Meister* (1916), *Mehr Licht* (1921), *Mantra-Praxis* (1928).

Böhme, Jakob (1575–1624), visionär begabter Schustermeister in Görlitz (Schlesien), der zu den bedeutendsten Esoterikern zählt. Streng lutherisch erzogen, hatte B. zeitlebens Schwierigkeiten mit der rational verfestigten protestantischen Theologie seiner Zeit. Der Görlitzer Oberpfarrer Gregor Richter beschimpfte ihn, ließ ihn von den Magistraten verfolgen und unternahm alles in seinen Möglichkeiten Stehende, um die Verbreitung der Schriften B.s zu verhindern. 1610 hatte B. beim Blick in die Schusterkugel seine dritte und entscheidende Vision, die ihn befähigte, seine mystischen Eindrücke in einem Zusammenhang zu ordnen und in schriftliche Form zu bringen. Seine Schriften und Theosophischen Sendbriefe sollten an einer unmittelbar bevorstehenden geistig-moralischen Erneuerung des Menschen mitwirken. Ursprung allen Seins ist für B. der göttliche → Ungrund. Aus ihm kommen der theistisch gedachte Gott, die Natur und der Mensch, die alle durch eine dreifaltige Struktur bestimmt sind. B. war davon überzeugt, dass das Göttliche sich in der Natur offenbare, wobei das Prinzip der Dreifaltigkeit von einer dualistischen Konzeption überlagert wird. Gott manifestiert sich nämlich im Kosmos einerseits als Liebender, andererseits als Zürnender. Dieser Gegensatz ist Grundlage allen Lebens, wird aber stets innerhalb der göttl. und kosm. Einheit ausgetragen, so dass die Kosmologie B.s als ganze niemals in gnost. → Dualismus übergeht. Das kosmologisch orientierte Christentum B.s nahm jedoch viele gnost. Motive auf, wie insbesondere den Mythos vom androgynen Urmenschen Adam (→ Mensch) und die Spekulation über → Sophia.

Ausg.: Sämtl. Schriften, hg. von A. Faust/W.-E. Peuckert, 1955–61.

Lit.: D. Walsh, The Mysticism of Innerworldly Fulfillment. A Study of B., 1983.

Bogomilen, nach ihrem Gründer Bogumil benannte Bewegung des Mittelalters, die in der Tradition der dualist. → Gnosis stand. Sie entstand Anfang des 10. Jh. in Bulgarien und verbreitete sich von dort nach Konstantinopel und über Kleinasien, Thrakien, Makedonien und Serbien. Die B. waren zweifellos von der Bewegung der → Paulikianer beeinflusst, unterschieden sich aber von ihr wesentlich in der Lebensführung, die unkriegerisch, asketisch und weltflüchtig war. Fleisch- und Weingenuss waren verboten, sehr häufig wurde gefastet. Die einzige erhaltene Schrift, die bei den B. in Gebrauch war, ist die *Interrogatio Iohannis.* Sie enthält – wahrscheinlich in einer Kompilation – eine dualistische kosmogonische Erzählung. Die Seelen der Menschen waren danach ursprünglich Engel, die vom Teufel Sathanael verführt und in Körper gesperrt wurden. Die B. lehnten das gesamte AT sowie einige der Sakramente, insbesondere die Ehe und die → Taufe mit Wasser ab. Sie selber übten als Initiationsritus das → Consolamentum. Die B. verabscheuten die Bilderverehrung und übten radikale Kritik am Luxus und Prunk der byzantin. Kirche. Christus wurde als reines Geistwesen verehrt. Von den B. ging ein direkter Einfluss auf die → Katharer aus, die deshalb auch »Bulgari« genannt wurden.

Lit.: R. Manselli, L'eresia del male, 1980. W. Erbstösser, Ketzer im MA, 1984. St. Runciman, Häresie u. Christentum. Der ma.liche Manichäismus, 1988. J. und B. Hamilton (Hg.), Christian Dualist Heresies in the Byzantine World, 1998.

Boharas (»Kaufleute«, von gujarat. »vohorvu« handeln), Bezeichnung für die ind. → Tayyibiten.

Lit.: A. A. Engineer, The Bohras, 1980.

Bonaventura, Johannes Fidanza (1221–74), seit 1257 General des Franziskanerordens; 1492 heilig gesprochen. B. war Verfasser einer hagiograph. Biographie Franz von Assisis und mehrerer kontemplativer Schriften als Anleitungen für den myst. Weg, so in seinem Hauptwerk *Pilgerbuch der Seele zu Gott*. B.s Auslegungen der bibl. Schöpfungsgeschichte entwarfen eine Art franziskan. → Naturphilosophie. Wie die Bibel galt ihm die Natur als Buch, das entziffert werden müsse, wenn man Gott kennen wollte. – Ein unbekannter Autor der Frühromantik (Ernst August Klingemann?) schrieb unter dem Pseudonym B. den Roman *Nachtwachen* (1804), der gnost.-pessimist. Züge trägt.

Lit.: E. Gilson, Die Philosophie des hl. B., 1960. A. Gerken, Theologie des Wortes: Das Verhältnis von Schöpfung u. Inkarnation bei B., 1963. R. Guardini, Systembildende Elemente in der Theologie B.s: Die Lehren vom lumen mentis, von der gradatio entium u. der influentia sensu et motus, hg. von W. Dettloff, 1964.

Bon-po, ursprünglich Bezeichnung für die Opferpriester der vorbuddhist. Religion Tibets, in deren Zentrum ein Totenkult im Dienst der Könige stand. Spätestens seit dem 11. Jh. steht der Name B. für die Anhänger einer Religion, die auffällige Parallelitäten zu der buddhist. Schule der Nyingmapa aufweist. Sie trägt subversive Züge, die bis hin zur Ablehnung des Buddhismus Ausdruck erhalten. Die B. besitzen eine eigene Meditationsüberlieferung und eigene Klöster, in denen die Mönche in strengem Zölibat leben.

Lit.: G. Tucci/W. Heissig, Die Religionen Tibets u. der Mongolei, 1970. A. David-Neel, Liebeszauber u. Schwarze Magie, 1983. M. A. Nikolazzi, Mönche, Geister u. Schamanen. Die Bön-Religion Tibets, 1995.

Bosch, Hieronymus (ca. 1450–1516), niederländ. Maler, dessen Werk in Beziehung mit esot., möglicherweise chiliast. Strömungen der Vorreformationszeit steht. Einzelheiten sind in der Forschung ungeklärt. Sehr überzeugend sind die Argumente für eine Verbindung mit dem dualist. Weltbild der → Katharer. Daneben wurde die These aufgestellt, dass B.s Hauptauftraggeber der von ihm mehrfach porträtierte Hochmeister der »Brüder und Schwestern des freien Geistes« (→ Freigeist-Bewegung) Jacob von Almaengien gewesen ist. Diese Interpretationen brauchen sich gegenseitig nicht auszuschließen, da zu B.s Zeit die katharische Bewegung als solche ausgelöscht war und Reste ihres Glaubens in einem Milieu weiterlebten, zu dem die von der Häresiologie als → Adamiten beschimpften »Brüder und Schwestern des freien Geistes« mit Sicherheit gehörten. Eine noch weitergehende Schlussfolgerung, Almaengien habe mit bei B. in Auftrag gegebenen Bildern gegen libertinistische → Adamiten polemisieren wollen, hat im Rahmen eines solchen Interpretationsansatzes allerdings nichts für sich. Unabhängig von solchen Zusammenhängen dürften die fantast. Gestalten B.s durch Darstellungen auf den → Mag. Gemmen inspiriert sein, die nach der Plünderung Konstantinopels 1204 (am Ende des vierten Kreuzzugs) im Abendland bekannt wurden.

Lit.: W. Fraenger, B., 1975. L. Harris, Hieronymus B. u. die geheime Bildwelt der Katharer, 1996. M. Praz, Die »sonderbaren Erscheinungen« des H. B., in: Im Garten der Sinne, 1988.

Botticelli, Sandro (1445–1510), florentinischer Maler. Seine Primavera und Die Geburt der Venus, sind Umsetzungen hermet. Ideen, wie sie v.a. von → Ficino vertreten wurden. Auf vielen seiner Bilder synthetisierte B. christliche und heidnische Motive, wie es einer Grundidee der ital. → Renaissance entspricht.

Lit.: E. Wind, Heidn. Mysterien in der Renaissance, 1981.

Brahmanas, in Prosa gehaltene Handbücher für die ind. Priesterklasse der Brahmanen. Ihr Hauptgegenstand ist die Darlegung und Erklärung der ved. Opferrituale. Sie enthalten einzelne Ritualvorschriften, dogmat. Kommentare, Legenden und philosoph. Spekulationen über den Sinn des Opfers. Besonders repräsentativ ist das *Shatapathabrahmana.* Es handelt sich mit den B.s um die literar. Produkte einer für die altind. Religionsgeschichte sehr bedeutsamen Übergangszeit, in der sich die Anfänge – auch im Hinblick auf die Esoterik – wichtiger Strömungen herausbildeten. Durch die Stilisierung weniger des Opfers selber als des Opferwissens zu einer allwirksamen kosm. Macht festigten die Brahmanen einerseits ihre Stellung als höchste gesellschaftliche Kaste, andererseits schufen sie die Voraussetzungen für das allen von Indien ausgehenden Religionen so charakterist. Einheitsdenken. Viele B.s enden mit einem zusätzliches Geheimwissen enthaltenden → Aranyaka.

Ausg.: Shatapathabrahmana, ins Engl. übersetzt von J. Eggeling, 5 Bde., 1882–99, Neudruck 1966. *Aitareya u. Kaushitaki-B. ins Engl.* übersetzt von A. B. Keith, 1920.

Lit.: S. Lévi, La doctrine du sacrifice dans les B.s, 1898, 2 1966. H. Oldenberg, Die Weltanschauung der B.s, 1919. A. Minard, Trois énigmes sur les Cent Chemins, 2 Bde., 1949–56. J. Gonda, Vedic Literature, 1975. J. C. Heesterman, The Broken World of Sacrifice. An Essay in Ancient Indian Ritual, 1993.

Brautgemach (griech nymphon, koinon, seltener pastós), gnost. Ideenkomplex mit nicht näher bestimmbarem rituellen Vollzug. Religionsgeschichtliche Grundlage der gnost. Vorstellungen um das B. war die Heilige Hochzeit, die zwischen dem Gottkönig und einer die → Göttin repräsentierenden Priesterin in einem eigens für diesen Zweck eingerichteten Gemach in sumer. tempeln stattfand. Im AT wurde das Motiv in veränderter Form als Heilsgeschehen an den Abschluss eines Prozesses von Abfall und Rückkehr Israels von und zu Gott gesetzt. Im gnost. Seelenmythos wird derselbe Prozess als zwischen Gott und einer einzelnen Seele stattfindend geschildert. Nach ihrer Bekehrung (griech. metanoia) und Rettung vereinigt sich die Seele mit ihrem Erlöser-Bräutigam im himml. B. Gegenstand umfangreicher Spekulationen ist das B. dann im Valentinian. → *Philippusevangelium.* Deutlich ist die B.vorstellung hier auf die pleromat. → Syzygie bezogen, d. h. die Vereinigung des Gnostikers mit seinem Erlöser-Engel stellt einen idealen Zustand der Verbundenheit von jeweils einer männlichen und einer weiblichen Hälfte dar, wie er für die Ordnung des → Pleroma charakterist. ist. Das B. wird so zum Symbol der göttlichen → Einheit: Braut und Bräutigam sind nicht verschiedene Personen, sondern vielmehr Aspekte ein- und derselben Wesenheit. Dabei wird diese Vereinigung im spirituellen Sinn der weltlichen Hochzeit, die auch »Hochzeit der Befleckung« genannt wird, gegenübergestellt. Die Valentinian. Gnostiker betonen also, dass sie einen geschlechtlichen Vollzug der Hochzeit ablehnen. Möglicherweise wurde sie durch einen rituellen Kuss symbolisiert.

Lit.: H.-G. Gaffron, Studien zum kopt. Philippusevangelium unter besonderer Berücksichtigung der Sakramente, 1969.

Brief an Rheginos oder Abhandlung über die Auferstehung, kopt. Text aus Nag Hammadi (NHC I,4), Autor und Originaltitel unbekannt, entst. wahrscheinlich in der zweiten Hälfte des 2. Jh. Es handelt sich um eine christl.-gnost. Schrift mit deutlich valentinian. Zügen, in der der Autor Fragen seines Adressaten Rheginos beantwortet. Das auf diese Weise weitergegebene Wissen will er direkt von Christus bekommen haben. Kernthema des Briefes ist die Auferstehung. Voraussetzung für die pneumat. Auferstehung des Gnostikers ist sein Glaube an die Auferstehung Christi. Anders als nach großkirchl. Auffassung kann der → Pneumatiker, der die »Fesseln des Kosmos« bereits abgestreift hat, noch während er sich auf der Erde aufhält, sich seiner Auferstehung gewiss sein. Nach dem biolog. Tod trennen sich das phys. und das intelligible Wesen voneinander, letzteres erhält als Quasikörper ein Lichtgewand (→ Gewand).

Ausg.: NHL. NHD.

Brief des Ptolemaios an Flora → Ptolemaios

Bronté, vollkommener Nous (NHC VI, 2; 3/4. Jh.), Selbstoffenbarung der gnost. Göttin Bronté (»Donner«), die als Nachfolgerin von → Sophia und → Barbelo diese beiden Gestalten in sich vereint und so beispielhaft den spätgnost. Monosmus repräsentiert. In dem Text wechseln »Ich bin ...«-Reden, in denen die Göttin in paradoxen Sätzen ihre All-Natur beschreibt, und Ermahnungen an die Leser, sie auf die rechte Weise zu verehren, einander ab.

Ausg.: NHL. NHD. P.-H. POIRER, Le Tonnerre, Intellect Parfait, 1995.

Lit.: M. TARDIEU, Le titre du deuxième écrit du Codex VI, in: Muséon 87, 1974.

Brueghel der Ältere, Pieter (ca. 1525–69), fläm. Maler, der in einer nicht näher geklärten Beziehung zur Schule → Boschs stand. Einige Bilder B.s deuten darauf hin, dass er trotz seines stärker ausgeprägten Naturalismus Beziehungen zum selben esot. Milieu gehabt haben könnte, aus dem Bosch für viele Gemälde seine Inspiration bekam. Dazu gehören v. a. »Große Fische essen kleine Fische« und der Zyklus »Die Sieben Todsünden«.

Bruno, Giordano (1548–1600), ital. Naturphilosoph. B. wurde 1565 Dominikaner, musste aber den Orden wegen ketzerischer Ansichten wieder verlassen. Er war Gegner des christl. Theismus, der Trinität und der Heiligenverehrung. Ebenso lehnte B. die Wissenschaftsprinzipien des Aristoteles ab. 1585 verteidigte B. am Collège de Cambrai in Paris seine 120 Thesen gegen die aristotel. Philosophie und verursachte damit einen akadem. Skandal. Kern der Brunoschen Philosophie ist seine → Kosmologie: Das Universum ist unendlich, dabei wird es konsequent dezentralisiert aufgefasst. Nichts und niemandem, auch nicht dem Menschen kommt eine herausgehobene Stellung im Kosmos zu. Ohne dass der Mensch als Medium fungiert, ist das All von einer Seele erfüllt und damit belebt. Hieraus ergibt sich B.s Widerspruch gegen das personale Gottesverständnis der Kirche sowie seine Gewissheit, dass es auch auf anderen Planeten als der Erde Leben geben müsse. Zentrales Werk B.s ist *Von der Ursache, dem Prinzip und dem Einen* (1584), worin er sein Weltbild von der → Einheit Gottes mit dem Universum entwickelt. Die Schöpfung geschah aus einer inneren Notwendigkeit. Gott schuf als erste Ursache alles Seienden das Universum als lebenden Organismus. Dieser ist erfüllt von der alle Abläufe koordinierenden Weltseele. Den Urgrund aller Dinge bildet die Materie, aus der unter Einwirkung der Weltseele die pluralist. Formenwelt hervorgeht. In *Über die Unendlichkeit des Weltalls und der Welten* führt B. die sichtbare Vielfalt auf die Einheit im Wesen Gottes zurück. Er beschreibt das Universum als einen Organismus aus vielen Einzelwelten, die jeweils sein Ganzes im Kleinen widerspiegeln. Diese Einzelwelten nennt B. »Monaden«. Nach einem unsteten Leben und Wirken in verschiedenen Städten Europas wird B. am 17. Februar 1600 in Rom als Ketzer verbrannt.

Lit.: E. DREWERMANN, Giordano B. oder Der Spiegel des Unendlichen, 1992. A. EUSTERSCHULTE, Giordano B., 1997.

Buber, Martin (1878–1965), deutsch-jüd. Philosoph mit engen Beziehungen zum → Chassidismus, mit dem er über Freunde seines Großvaters Salomon Buber in Berührung kam. B. verlor früh seine Eltern und wuchs bei seinen Großeltern in Lemberg (damals Österreich) auf. Sein Großvater, ein wohlhabender Bankdirektor und Getreidehändler, war auch ein herausragender Talmudgelehrter und sorgte für eine gründliche Ausbildung B.s. Später studierte er in Wien und promovierte 1904 *Zur Geschichte des Individuationsproblems: Nikolaus von Cues und Jakob Böhme.* 1899 heiratete B. die Schriftstellerin Paula Winkler und lebte mit ihr zunächst in Wien, ab 1916 dann im hess. Heppenheim. Er entfaltete umfangreiche publizist. Aktivitäten, mit denen er v. a. einen Beitrag zur geistigen Erneuerung des deutschsprachigen Judentums leisten wollte, wobei er aber immmer auch den Dialog mit kathol. und protestant. Christen im Auge hatte. Zwischenzeitlich befasste er sich neben seinen intensiven jüd. Studien auch mit dem → Taoismus. 1923 erschien mit *Ich und Du* eines seiner wichtigsten Werke, an dem er viele Jahre gearbeitet hatte und das im Geist des Chassidismus eine Sozialphilosophie entwickelte. Nach B.s Auffassung wurzelte jede Gemeinschaft, mit anderen Menschen ebenso wie mit Gott, im Personsein des Einzelnen. Nur auf dieser Grundlage konnte sich ein »dialog. Prinzip« entfalten. Das Muster für eine solche ideale Gesellschaftbildung meinte B. in den um einen Zaddik gruppierten chassid. Gemeinden Osteuropas zu finden. Seit 1933 stand Buber dem »Freien Jüd. Lehrhaus« in Frankfurt am Main vor und betätigte sich als Pädagoge, floh dann aber gerade noch rechtzeitig mit seiner Familie vor der Verfolgung der Nationalsozialisten nach Palästina und ließ sich in Jerusalem nieder. An der Hebräischen Universität erhielt er einen Lehrstuhl für Sozialphilosophie. Er arbeitete weiterhin an seiner Übertragung des AT in ein zeitgemäßes, aber nahe am Urtext bleibendes Deutsch, die 1962 abgeschlossen wurde. Ferner engagierte er sich bis an sein Lebensende für einen Dialog zwischen Arabern und Juden. Im Hinblick auf die Esoterik ist in B.s Lebenswerk v. a. die Entwicklung und Anwendung einer Soziallehre bedeutsam, die sich auf eine esot. Lehre stützt. Seine Studien zum Chassidismus haben wesentlich zu dessen Bekanntheitsgrad besonders im deutschsprachigen Raum beigetragen.

Ausg.: Die Schrift. Verdeutscht von M. B. gemeinsam mit F. Rosenzweig, 4 Bde., 1953–62. M. B., Werke, 3 Bde., 1962–64. M. B., Das dialog. Prinzip, [5]1984.

Lit.: H. U. von Balthasar, Einsame Zwiesprache, 1958. G. Scholem, M. B.s Deutung des Chassidismus, in: Judaica, 1963. F. W. Grünfeld, Der Begegnungscharakter der Wirklichkeit in Philosophie und Pädagogik M. B.s, 1965. G. Schaeder, M. B. Hebräischer Humanismus, 1966. O. Roy, M. B. Der Wanderer und der Weg, 1968. L. Wachinger, Der Glaubensbegriff M. B.s, 1970. P. Vermes, Buber on God and the Perfect Man, 1980. M. Friedmann, M. B.s Life and Work, 3 Bände, 1981–83. G. Wehr, M. B. Leben, Werk, Wirkung, 1991.

Buch des Geheimnisses des Himmels und der Erde, äthiop. Apokalypse (14. Jh.), die von dem Mönch Yeshaq nach den Unterweisungen seines Lehrers niedergeschrieben wurde. Dabei handelt es sich ausdrücklich um esot. Inhalte, die nur an Eingeweihte weiterzugeben sind. Die Textgeschichte liegt weitgehend im Dunkeln, es können aber vier ungleiche Abschnitte voneinander unterschieden werden. Der erste Teil erzählt zuerst die Schöpfungs- und Urgeschichte nach bibl. Tradition und gibt dann eine fantast. Beschreibung des himml. Jerusalem. Im zweiten Teil legt der Autor die ntl. *Johannesapokalypse* aus; im dritten Teil behandelt er die trinitar. Zusammenhänge und die Gestalt Gottes. Der vierte Abschnitt beschäftigt sich mit zahlenmyst. Interpretationen bibl. Motive. Vorbilder der dargelegten Stoffe finden sich in bibl.-apokryphen, apokalypt. und auch kabbalist. Materialien, jedoch wird hier alles sehr eigenwillig in äthiop. Symbolsprache gestaltet.

Ausg.: E. A. W. Budge, The Book of the Mysteries of the Heavens and the Earth and other Works of Bakhayla Mika'el, 1935.

Buch der Heptade und der Schatten (arab. »Kitab al-haft wa al-azilla«), von ʿalawit. und isma'ilit. Gemeinden tradierte arab. Apokalypse. Ihre Abfassung wird Muhammad ibn Sinan aus Kufa zugeschrieben, der sie über Mufaddal ibn 'Umar als Offenbarung des Imams Gafar al → Sadiq erhalten haben soll. Inhalt der Schrift ist im wesentlichen ein gnost. Schöpfungs- und Erlösungsmythos mit vielen Anreden, die sich teilweise aus Mufaddal ibn 'Umars an den Offenbarer ergeben. Inhalt des Mythos ist folgender: Gott schafft mittels eines »schattenwerfenden Lichts« sieben Himmel und darunterliegende Paradiese. In den Himmeln und dann in den Paradiesen wohnen Geister in Lichtleibern, denen jeweils ein → Adam vorsteht. Um ihren Gehorsam zu prüfen, kündigt Gott den Geistern an, dass sie künftig auf der Erde leben sollen. Da sie dies nicht klaglos akzeptieren, werden sie wirklich auf die Erde versetzt und erhalten dort Körper aus Lehm. Unvermittelt kommt dann → Iblis ins Spiel. In Unkenntnis der Lichtnatur der Geister verweigert er, sich Adam zu unterwerfen. Dafür werden er und seine Gefolgschaft nun ebenfalls mit Lehmkörpern ausgestattet. Aus der Sünde der Teufel entstehen die Frauen, durch die endgültig das Böse in die Welt seinen Einzug hält. Alle Geister vergessen ihre Lichtnatur und ihre himmlische Herkunft, an die erst die → Imame sie wieder erinnern müssen. Durch deren Unterweisungen können sie nach und nach Stufe um Stufe in ihre ursprüngliche Heimat zurückkehren.

Übers. u. Lit.: H. HALM, Die islam. Gnosis. Die extreme Schia u. die 'Alawiten, 1982.

Buch der Klarheit (hebräisch »Sefer ha-bahir«), im 12. Jh. in der Provence entstandene Schrift der → Kabbala; es wird angenommen, dass sie auf wesentlich frühere Quellen zurückgeht. Über die ersten theosoph. Ansätze der → Merkava-Mystik und des → Buches der Schöpfung hinausgehend, wird hier durch Hypostasierung göttlicher Potenzen, kohot (hebräisch »Kräfte«), ma'amarot logoi (hebräisch/griech. »heilige Feuer«) oder middot (hebräisch »Attribute«) genannt, das erste kabbalist. System entwickelt. Die → Sefirot, die im *Buch der Schöpfung* als Zahlenwerte auftraten, werden als äon. Lichtwesenheiten personifiziert. In ihrer Gesamtheit ergeben sie das Bild des Weltenbaumes als charakterist. Erscheinungsform des Göttlichen.

Ausg.: Das Buch Bahir. Ein Schriftdenkmal aus der Frühzeit der Kabbala auf Grund der krit. Neuausgabe von G. SCHOLEM, ^{4}1989.

Buch der Schöpfung (hebräisch »Sefer Yezira«), kosmogon. Schrift der Kabbala. Sie stammt in der Endredaktion wahrscheinlich aus dem 9. Jh., wird von der kabbalist. Tradition aber ins 2. Jh. zurückdatiert. Beschrieben wird die Entstehung der Schöpfung aus den Zahlen eins bis zehn und den Buchstaben des hebräischen Alphabets. Dabei fungieren die Zahlen als die Grundkräfte allen Seins, die der Autor dann → Sefirot nennt; aus den Buchstaben hingegen entstehen unmittelbar die Elemente des Universums, indem Gott selbst sie auf »32 geheimen Wegen der Weisheit« bearbeitet und auf verschiedene Weisen anordnet. Jeder Buchstabe hat einen geheimen Sinn, der jeweils auf den drei verschiedenen Ebenen der Sternenwelt, des Menschen und der Zeit erläutert wird.

Ausg.: Sepher Jesirah. Das Buch der Schöpfung, hg., übers. u. eingel. v. *L. Goldschmidt,* 1969. Das Buch Jezira. In der Übers. v. J. F. VON MEYER hg. v. E. GOODMANN-THAU u. C. SCHULTE. Mit Nachworten von M. IDEL u. W. SCHMIDT-BIGGEMANN, 1993.

Lit.: G. SCHOLEM, Ursprung u. Anfänge der Kabbala, 1962.

Buch des Zoroaster, ein nicht überlieferter, aber im *Johannesapokryphon* als längerer Einschub zitierter esot. Text. Die erhaltene Passage ist astrolog. Inhalts und behandelt die Erschaffung des Urmenschen → Adam durch dämon. Himmelsmächte. Es sollen 365 Dämonen sein, die den Körper des Menschen bilden. Sie alle, so heißt es im *Johannesapokryphon,* seien im B. namentlich und in ihrer genauen Funktion aufgeführt. Die zitierte Passage berichtet – bei kompilatorischer Betrachtung der beiden Langfassungen des *Johannesapokryphons* – die Namen und Tätigkeiten von insgesamt 72 Dämonen, die die einzelnen Körperteile herstellen. Diese Zahl kann man mit altägyptischen astronomischen Lehren in Verbindung bringen, die mit 36 Sternbildern (Dekanen) arbeiteten. Die Dekane spielten auch in der hellenist.-römischen Astrologie eine große Rolle und wurden spätestens seit hellenist. Zeit mit dem ebenfalls altägypt. Konzept der Gliedervergottung in Zusammenhang gebracht, so dass nun jedem Dekan ein bestimmter Körperteil zugeordnet wurde. Mögliche Vorlage für das B. sind die sog. Salmeschiniaka, ein mutmaßlich aus hellenistischer Zeit stammendes astrologisches Werk, das wie der betreffende Passus im *Johannesapokryphon* 72 Dekane kennt, die ebenfalls mit Körperteilen in Verbindung gebracht werden. In der Gnosis erhalten diese Gestirnwesen negativen, dämonischen Charakter; sie sind Diener des bösen Weltschöpfers Jaldabaoth. Einflüsse dieses Vorstellungskomplexes finden sich auch in der → *Pistis Sophia* und im → *Unbekannten altgnost. Werk.*

Lit.: J. F. Quack, Dekane u. Gliedervergottung. Altägypt. Traditionen im Apokryphon Johannis, in: Jahrbuch für Antike u. Christentum 1995.

Buchstabenfolgen, in → mag. Papyri und auf → mag. Gemmen erscheinende Aneinanderreihungen gleich lautender Buchstaben, meistens Vokalen. Ihr genauer Zweck ist unklar, es scheint sich aber um die Aktivierung mehr oder weniger differenzierter kosm. Energien zu handeln.

Buchstabenmystik, im Alten Orient aufgekommene Vorstellungen über die myst.-mag. Wirkmächtigkeit der Schrift, die sich dann insbesondere im esot. Judentum auf der Grundlage des hebräischen Alphabets zu einem Deutungsmedium für die gesamte Wirklichkeit auswuchsen. Wie die gesamte Schrift, so haben auch die einzelnen Buchstaben eine exoter. und eine esot. Bedeutung, in letzterer erscheinen sie in der → Kabbala häufig als Äquivalente der → Sefirot; in islam. B. werden sie den → Engeln zugeordnet. Aus Buchstaben bestehen die → Namen Gottes ebenso wie das welthervorbringende Schöpfungswort. Das Alphabet ist insofern ein geistig-mysteriöses System, das auf einer anderen Ebene als der materiellen eine hör- oder lesbare Wirklichkeit manifestiert, die wiederum in der sichtbar-empir. Welt genaue Entsprechungen hat. Wie die → Sprache als Ganzes zwischen der göttlichen Ebene, die sie abbildet, und der kosm. Ebene, die sie vorwegnimmt, eine mit rationalen Mitteln kaum näher bestimmbare Zeichenhaftigkeit darstellt, so repräsentiert jeder einzelne Buchstabe einen oder mehrere Aspekte dieser Zeichenhaftigkeit. Hierauf beruht ihr mag. Potential. Die hellenist.-volkstümliche Magie, die mit griech. Buchstaben umging, hörte mag. Mächtigkeit besonders in den Vokalen und in vokal. Klangfolgen.

Lit.: F. Dornseiff, Das Alphabet in Mystik u. Magie, ²1925.

Buddhismus und Esoterik → Tibetischer Buddhismus → Vajrayana-Buddhismus

Bücher Jeu, *Erstes* und *Zweites Buch* Jeu aus dem Codex Brucianus, gnost. Texte aus dem 4. Jh., deren Rahmenhandlung aus Offenbarungsreden Jesu an seine Jünger besteht. Hauptgegenstand von 1 Jeu ist die Gottheit Jeu, offenbar eine von YHWH hergeleitete Gestalt vgl. → Iao), wobei aber nicht in typisch gnost. Manier der Gott des AT zum bösen Demiurgen umgewertet wird. Jeu ist eine Emanation des höchsten Gottes (dessen Name und nähere Charakterisierung wegen einer Lakuna wahrscheinlich ausgefallen sind) und wird auch in seiner extensiven Schöpfungsfunktion durchweg positiv verstanden. Durch Emanation bringt Jeu Myriaden von Wesen hervor, die die Lichtwelten, »Schätze« genannt, bevölkern. Verschiedene Aspekte und Potenzen Jeus sowie die Wesenheiten, die von ihm hervorgebracht werden, sind über die weiteste Strecke von 1 Jeu beschrieben und graphisch dargestellt. Darauf folgt ein unverbundener Hymnus, der die Einsetzung von Archonten, Dekanen und Liturgen in dreizehn Äonen, ebenfalls durch Jeu und auf Veranlassung durch das Erste Mysterium, thematisiert. In diesen Äonen sind die Glieder Jesu zerstreut. Hiermit handelt es sich offensichtlich um eine Variante der Gliedervergottung (→ *Buch des Zoroaster),* die in einer sehr ähnlichen Form dann auch in der manichäischen → Jesus-patibilis-Vorstellung zu finden ist. Am Ende des Hymnus ist ein Erlösungsvorgang beschrieben, darin bestehend, dass das »Erste Mysterium« die verstreuten Glieder Jesu wieder einsammelt und gleichzeitig damit die Äonenschöpfung wieder rückgängig macht. Im dritten Teil von 1 Jeu durchwandert Jesus mit den Aposteln die »Schätze«, d. h. die Lichtwelten. Der Durchgang wird jeweils durch → Siegel, Tore, Torwächter und Vorhänge erschwert, so dass magische Werkzeuge, die Kenntnis von Namen und Zahlen, vonnöten sind, um tatsächlich zu passieren. Jesus lehrt die Jünger einen übergeordneten Namen, der für alle Durchgänge gilt. Mitteilung bzw. Spende von Erlösungsmysterien bildet in der Hauptsache auch den Inhalt von 2 Jeu, das insofern sinnvoll an das Ende von 1 Jeu anschließt, obwohl die Adressaten der Lehre Jesu eine andere Gruppe darstellen als hier. Es geht in 2 Jeu ausschließlich um belehrende und zeremonielle Vorbereitung der Jüngerinnen und Jünger für die Reise durch die Äonen (→ Seelenreise). Die beiden Texte repräsentieren ein Spätstadium der antiken Gnosis, in dem der Mythos fast vollständig objektiviert worden ist und initiator. Mysterien die wichtigsten Inhalte der Lehre ausmachen.

Ausg.: C. Schmidt, Kopt.-gnost. Schriften Bd. 1: Die Pistis Sophia. Die beiden Bücher des Jeu. Unbekanntes altgnost. Werk, ^{3}1962. Neuedition u. engl. Übersetzung von V. MacDermot, The Books of Jeu and the Untitled Text in the Bruce Codex, 1978.

Bulgakow, Sergej Nikolejewitsch (1871–1944), einer der bedeutendsten Vertreter der → Russ. Religionsphilosophie. Er wurde in einer Provinzstadt in Südrussland als Sohn eines orthodoxen Priesters geboren und wurde schon früh für den Priesterberuf ausersehen. Nach einer religiösen Krise in jungen Jahren entschied er sich zunächst anders und studierte Ökonomie. Über die Ideale des Sozialismus, die er sich während seiner Studienjahre zu eigen machte, fand B. schließlich zum Christentum zurück und ließ sich 1918 zum Priester weihen. 1923 floh er auf Umwegen nach Paris und war dort bis an sein Lebensende Professor für Dogmatik am Orthodoxen Theologischen St. Sergius-Institut. B. leistete einen maßgeblichen Beitrag zur Interpretation der → Orthodoxie und engagierte sich in der ökumen. Bewegung. Sein besonderes Interesse galt der Mariologie und damit verbunden der Sophiologie. Unter dem Einfluss von Ideen → Solowjews und → Teilhard de Chardins entwickelte er eine Lehre von der Immanenz Gottes, die als erste Orthodoxe → Naturphilosophie gelten kann. Er betonte die Notwendigkeit der religiösen Erfahrung und erneuerte damit im 20. Jh. noch einmal das zentrale Anliegen des → Hesychasmus.

Lit.: H.-J. Ruppert, S. N. B. (1871–1944), in: H. Fries/G. Kretschmar (Hg.), Klassiker der Theologie, Bd. 2, 1983.

Bulwer-Lytton, Edward George (1803–73), engl. Politiker, Esoteriker und populärer Schriftsteller, der v. a. durch seinen histor. Roman *Die letzten Tage von Pompeji* (1834) bekannt wurde. B. pflegte Kontakte zu brit. und französ. esot. Zirkeln seiner Zeit und war Ehrenmitglied einer engl. Rosenkreutzervereinigung, die später im → Hermetic Order of the Golden Dawn aufging. Er schrieb mehrere unterhaltsame Romane über Einweihungsschicksale, verquickt mit gewöhnlichen Liebes- und Abenteuergeschichten. Besonders sein letztes Werk *The Coming Race (Das kommende Geschlecht;* 1871), wird noch heute in theosoph. und anthroposoph. Kreisen sehr geschätzt. Es erzählt von einer mächtigen, geheim im Inneren der Erde lebenden Zivilisation, die über die Energie → Vril verfügt.

Ausg.: Zanoni. Die sieben Stufen der Einweihung, der Liebe u. des Opfers, 1994. Das kommende Geschlecht, 1999. Das Lebenselixier, 2000.

Lit.: A. C. Christensen, E. B., 1976.

Bythos (griech. »Urgrund«, »Abgrund«, »Tiefe«), in einigen gnost. Strömungen, besonders in der → Valentinianischen Gnosis, Name der höchsten Gottheit.

C

Campanella, Tommaso (1568–1639), ital. dominikan. Dichter und Philosoph mit großer Nähe zu esot. Themen, so etwa in seiner Schrift *De sensu rerum et magia* über die Belebtheit und Empfindungsfähigkeit des gesamten → Kosmos. C. war ein bedeutender Erkenntnistheoretiker im Geist der → Renaissance und verfasste mehrere astrolog. Traktate; besonders bekannt wurde er mit seiner utop. Dichtung *Der Sonnenstaat* (1602), die von dem Gedanken einer natürlichen, im Sinne von gottgewollten und der Ordnung des Kosmos entsprechenden Einrichtung des Staatswesen geleitet ist.

Lit.: G. Bock, T. C. Polit. Interesse u. philosoph. Spekulation, 1974. F. Hiebel, C., ^{2}1980.

Cardano, Girolamo (1501–76), Mathematiker, Mediziner und Esoteriker der italien. → Renaissance, lehrte in Mailand und Bologna. Als Mathematiker verfasste er wertvolle Werke, die seiner Zeit weit voraus waren *(Practica arithmetica,* 1539, *De regulis algebraicis,* 1545). Sein besonderes Interesse galt jedoch der → Astrologie, die er unter dem Anspruch der wissenschaftlichen Genauigkeit und Nachprüfbarkeit weiterentwickeln wollte. Er beschimpfte deshalb die mannigfache Scharlatanerie auf diesem Gebiet, entwarf aber selber eine Charakterkunde auf der Grundlage, dass sich im Menschen als Mikrokosmos die Vorgänge in der Sternenwelt spiegeln. Berichte in seiner Autobiographie *De vita propria* (1575) sprechen dafür, dass C. eine visionäre Veranlagung hatte und die Planetensphären wie auf einer → Seelenreise erlebte.

Ausg. in Übers.: De vita propria, 1914.

Lit.: O. Ore, C. The Gambling Scholar, 1953. A. Grafton, C.s Kosmos. Die Welten u. Werke eines Renaissance-Astrologen, 1999.

Cardenal, Ernesto (* 1925), nicaraguan. Revolutionär, Befreiungstheologe und Dichter, 1979–90 Kulturminister der sandinist. Regierung. Nachdem C. 1959 nach seiner Teilnahme an dem gescheiterten Aufstand gegen das totalitäre Somoza-Regime nur knapp einer Verhaftung entgehen konnte, trat er in Kentucky/USA in das Trappistenkloster »Our Lady of Getsemani« ein, wo er Schüler von → Merton wurde. 1965 wurde er zum Priester geweiht und gründete 1966 auf einer Insel des Sees von Nicaragua die christl. Kommune Solentiname, die 1977 von den Nationalgardisten zerstört wurde. Bis zur nicaraguan. Revolution im Juli 1979 lebte er erneut im Exil. C.s Christentum ist einerseits durch eine sozialrevolutionäre, andererseits durch eine ökumen. und kosmolog. Ausrichtung gekennzeichnet und nähert sich sehr stark esot. Positionen an. Am deutlichsten wird dies in seinem Spätwerk *Cántico Cósmico* (Kosm. Gesang, 1989), von dem der Autor schreibt, die Erde habe ihn in ihm gesungen. Weitere wichtige Werke: *Salmos* (Psalmen 1964) *Homenaje a los indios americanos (Für die Indianer Amerikas,* 1970), *El Evangelio en Solentiname (Das Evangelium der Bauern von Solentiname,* 1976).

Ausg. in Übers.: E. C., Meditation u. Widerstand. Dokumentar. Texte u. neue Gedichte, 1970. E. C., Das poet. Werk, 9 Bde., 1985–89.

Castaneda, Carlos (* 1931 oder 1935), Ethnologe und Kultbuchautor, der in den 1970er Jahren mit romanhaften Berichten über seine Erfahrungen unter indian. Schamanen große Erfolge erzielte, vonseiten der Wissenschaft aber harsche Kritik erntete. Das große Interesse an seinen Werken beruht darauf, dass es C. gelingt, eine andere als die empir. wahrnehmbare und rational interpretierte Wirklichkeit überzeugend zu vermitteln. Ob seine Begegnungen mit den Indianern auf Tatsachen oder Fiktionen beruhen, ist dabei für Esoteriker eher zweitrangig.

Ausg.: Die Lehren des Don Juan. Ein Yaqui-Weg des Wissens, 1972. Eine andere Wirklichkeit. Neue Gespräche mit Don Juan, 1975. Die Reise nach Ixtlan, 1975. Der Ring der Kraft. Don Juan in den Städten, 1978. Der zweite Ring der Kraft, 1980. Das Feuer von innen, 1985.

Lit.: D. SILVERMAN, Reading Castaneda. A Prologue to the Social Sciences, 1975. R. DE-MILLE, C.'s Journey: The Power and the Allegory, 1980. H. P. DUERR (HG.), Authentizität u. Betrug in der Ethnologie, 1987.

Chakras (von sanskrit »Rad«), die sieben Zentren des Ätherkörpers (→ Aura), die mithilfe mentaler Techniken (→ Meditation) visualisiert werden können: Wurzelchakra (Muladhara, im Steißbeinbereich), Milzchakra, Nabelchakra (Manipura), Herzchakra (Anahata), Kehlkopfchakra (Vishudda), Stirnchakra (Ajna), Scheitelchakra (Sahasraha). In den C. manifestiert sich die kosm. Urenergie (→ Kundalini), d.h. sie stellen die Verbindung zwischen dem Mikrokosmos des phys. Körpers und dem Makrokosmos her. Über die C. wirken kosm. Kräfte, z.B. Planetenenergien, auf den menschl. Körper ein. Der Begriff stammt ursprünglich aus der → Tantrik, wurde von der → Theosophie aufgenommen und findet in heutiger Esoterik weithin Verwendung. Viele prakt. esot. Übungen, wie z.B. im → Yoga, zielen auf die »Erweckung« der C., wodurch über das Physische hinausgehend bzw. mit ihm verbunden Bewußtseinskräfte aktiviert werden.

Lit.: C. W. LEADBEATER, Die C., ^{7}1987.

Chaldäer, im engeren Sinn die Bewohner des antiken Südmesopotamien, das semit. Volk der Kaldu. Ihrer Priesterschaft wurden besondere wissenschaftliche Kenntnisse, v. a. in der Astronomie, und große mag. Kräfte nachgesagt. Da für die antiken Schriftsteller vornehmlich diese von Interesse waren, verschwimmen in den Quellen die Bezeichnung C. für ein ganzes Volk und für den spezif. Personenkreis der magie- und astrologiekundigen Priester. Man sah in ihnen ehrfurchtgebietende Weise aus einer uralten Tradition und verquickte sie dabei meist mit den pers. → Magi.

Chaldäische Orakel, Bezeichnung für eine Sammlung von in griech. Hexametern abgefassten Fragmenten, die Anleitungen für theurg. Rituale enthalten und sie philosoph. interpretieren. Diese Ausdeutungen gründen sich auf eine neuplaton. und gnost. Elemente enthaltende Kosmologie, die eine göttlich-intelligible und eine demiurg.-materielle Sphäre voneinander unterscheidet. Die wichtigsten spirituellen Wesenheiten sind der Erste Nous als ein Vatergott, in und mit ihm als Muttergöttin die → Hekate, die die → Weltseele entweder personifiziert oder sie hervorbringt, und schließlich ein demiurg. Nous, der die materielle Welt erschafft. Letztere wird als ein Gefängnis oder als Grab aufgefasst, aus dem die menschliche Seele zu entkommen versucht. Dazu bedarf sie theurg. Mittel, die sie in höhere, nicht-materielle Sphären aufsteigen lassen. Die genaue Herkunft der Fragmente ist unbekannt; möglicherweise stammen sie aus Darlegungen Iulianos', des. sog. Chaldäers, der aus antiken Quellen als Wundertäter bekannt ist und eine nicht erhaltene Schrift über Dämonologie verfasst haben soll.

Lit.: H. LEWY, Chaldaean Oracles and Theurgy: Mysticism, Magic and Platonism in the Later Roman Empire, 1978. S. I. JOHNSTON, Rising to the Occasion: Theurgic Ascent in its cultural Milieu, in: P. SCHÄFER/H. G. KIPPENBERG (HG.), Envisioning Magic, 1997.

Channeling (»Kanalisierung«), auch im deutschen Sprachraum verwendeter amerikan. Ausdruck für den Empfang von Botschaften aus den Bereichen des Geistigen und ihre Weiterleitung an andere Adressaten. Im Rahmen der zeitgenöss. Esoterik werden sie als umfangreiche Belehrungen nicht körperlich anwesender spiritueller Meister in Buchform zugänglich gemacht. Bereits die Verkünderinnen der → Theosophie gaben die durch sie vermittelten Inhalte als Lehren geistiger oder sich fernab in Tibet aufhaltender Wesenheiten aus. Das bekannteste neuere Beispiel ist → Seth mit → Roberts als Medium.

Chaostheorie, eine → Neue Wissenschaft, die davon ausgeht, dass die Prozesse in der Natur sich nicht voraussagbar stetig, sondern sprunghaft und damit chaotisch vollziehen. Hinter der Oberfläche des Chaos liegt jedoch eine verborgene Ordnung, die lediglich anderen als den gewohnten, d. h. cartes. Kriterien des alten, mechanist. Paradigmas der positivist. Wissenschaften genügt. »Chaos« ist danach nichts anderes als die nach dem derzeitigen Stand der Wissenschaft mögliche Wahrnehmung hochkomplexer synchroner Zusammenhänge, innerhalb derer Dualismen wie Subjekt und Objekt, Zeit und Raum nicht aufrecht erhalten werden können und die nur deshalb chaotisch erscheinen. Vertreter der C. sind dabei, neue Ordnungskriterien zu entwickeln, die einem neuen Bild der Wirklichkeit gerecht werden können.

Lit.: T. Schwenk, Das sensible Chaos. Strömendes Formenschaffen in Wasser u. Luft, 1962. 1997. J. Gleick, Chaos – die Ordnung des Universums, 1988. J. Briggs/D. F. Peat, Die Entdeckung des Chaos. Eine Reise durch die C., 1990. D. F. Peat, Der Stein der Weisen. Chaos u. verborgene Weltordnung, 1992. M. Mitchell Waldrop, Inseln im Chaos. Die Erforschung komplexer Systeme, 1993.

Chassidismus (von hebräisch »Chassid« Frommer), myst.-esot. Frömmigkeitsbewegung im aschkenas. Judentum; der ma.liche C. des 13. Jh.s konzentrierte sich auf Deutschland und Nordfrankreich, der des 18. Jh.s auf Polen und die Ukraine. Im Unterschied zur rabbin. Gelehrsamkeit und den theosoph. Spekulationen der iber. → Kabbala galt für den C. ein Gesinnungsideal. Der Chassid sollte danach streben, einen Zustand der Gleichmütigkeit zu erlangen. Zu diesem Zweck wurden besondere Kontemplationstechniken ausgebildet, → kavvana und → devekut spielten eine große Rolle. Während aber der frühe deutsche C. durch Gesetzeseifer, Askese und Gottesfurcht geprägt war, ging es dem Begründer des poln. C., dem Baal Shem Tov (ca. 1700–60; verkürzt auch Besht genannt) darum, eine freundliche und liebevolle Haltung gegenüber der Schöpfung und sogar den alltäglichsten Verrichtungen zu entwickeln. Auf diese Weise sollte jede Handlung wie ein Gottesdienst vollzogen werden. Um den Baal Shem Tov und seinen unmittelbaren Schüler R. Dov Baer von Messertitsch, den »großen Maggid«, bildeten sich zahlreiche Legenden, die von den segensreichen und wundersamen Auswirkungen einer solchen Gesinnung berichten. Hintergrund dieses Tugendideals war ein ausgesprochen optimist. Weltbild mit pantheist. Zügen. Nach der Lehre des Baal Shem Tov besteht zwischen der göttlichen und der menschlichen Welt lediglich ein äußerer Unterschied; beide sind engstens miteinander verbunden und beeinflussen sich gegenseitig. Die Natur gilt als Gewand der Gottheit, durch das sie den Augen der Menschen entzogen ist, obwohl sie stets inmitten ihrer Schöpfung weilt. Die Chassidim wollten diese Einsicht, die deutlich an die Kabbala anknüpft, aber ohne sich deshalb für ausgefeilte Kosmologien zu interessieren, unmittelbar in die Praxis umsetzen. Die wesentliche Rolle spielten nicht Theorie oder Spekulation, sondern die emotionelle Erfahrung ihrer Gottesanschauung. Wer die höchste Stufe chassid. Frömmigkeit erreichte, galt als Heiliger oder Zaddik (hebräisch »Gerechter«). Dieser war ein Bindeglied zwischen der göttlichen und der menschlichen Welt, da er den Schleier der Trennung durchbrechen konnte. Bei den Zaddiks, die sich auch durch mag. Fähigkeiten auszeichneten, war »die Lehre ganz in Persönlichkeit verwandelt« (G. Scholem). Durch ihre tiefe Verwurzelung in den ostjüd. Gemeinden entfaltete der C., der sich stets an das einfache Volk wandte, eine erhebliche Breitenwirkung.

Lit.: S. Dubnow, Der C., 2 Bde., 1931–32. M. Buber, Des Baal-Schem-Tow Unterweisung im Umgang mit Gott, 1933. Ders., Die chassid. Bücher, 1928. Ders., Der Weg des Menschen nach der chassid. Lehre, 1948. Ders., Gog u. Magog. Eine Chronik, 1949, ^{3}1978. Ders., Die Erzählungen der Chassidim, 1950, ^{12}1992. Ders., Die chassid. Botschaft, 1952. G. Scholem, Die jüd. Mystik in ihren Hauptströmungen, 1957, 1980. Ders., Zaddik; der Gerechte, in: Von der myst. Gestalt der Gottheit, 1962, 1977. I. G. Marcus, Piety and Society. The Jewish Pietists in medieval Germany, 1981.

Chessed, die vierte der → Sefirot. Sie repräsentiert die Liebe oder Gnade Gottes.

Chiliasmus (von griech. »chilioi ete« 1000 Jahre), die im Kontext der jüd.-christl. Apokalyptik entstandene Erwartung, dass am Ende der Geschichte ein 1000jähriges Gottesreich errichtet würde. Obwohl von den Kirchen verworfen, spielte und spielt der C. eine große Rolle in der abendländ. Kulturgeschichte und hat sich dabei immer wieder mit esot. Vorstellungen eng verbunden. Die Zahl 1000 hatte dabei eine mehr oder minder wichtige Bedeutung, sie konnte variiert werden, ohne dass die Hoffnung auf ein neues Goldenes oder zumindest besseres → Zeitalter Abbruch erlitt. Der einflussreichste Chiliast war → Joachim von Fiore, dessen Idee vom Anbruch der Zeit des Hl. Geistes in vielen religiösen und esot. Strömungen der Neuzeit Wirkung gezeigt hat. Auch die jüngste Esoterik steht mit dem Glauben an ein → Newage oder → Wassermannzeitalter im Zeichen des C.

Lit.: B. Brentjes, Der Mythos vom Dritten Reich. Drei Jahrtausende Traum von der Erlösung, 1997.

Chinesische Medizin, eine traditionelle Art der Diagnose und Therapie, die im Alten China in Übereinstimmung mit dem Welt- und Menschenbild des → Taoismus entwickelt wurde. Ihre theoret. Grundlage ist das *Huangdi Nei-jing (Der innere Klassiker des Gelben Kaisers),* dessen Texte zwischen 300 und 100 v. Chr. von unbekannten Autoren zusammengetragen wurden. Für die C. ist der → Mensch ein Mikrokosmos, in dem sich prinzipiell dieselben Vorgänge abspielen wie in der Natur. Der Organismus in seiner Gesamtheit sowie jedes einzelne Organ ist von der Lebensenergie Chi durchpulst, die alle körperlichen und geitigen Vorgänge gewährleistet. Letztere werden nach der Theorie von → Yin und Yang in ein System gebracht. Die C. betrachtet Krankheiten nie isoliert nach einzelnen Symptomen, sondern als eine Disharmonie des gesamten Organismus, deren Muster der Arzt ermitteln und danach seine Therapie ausrichten muss. Ein sich als Krankheit bemerkbar machendes Ungleichgewicht im körperlich-geistigen System des Menschen kann eine innere oder äußere Ursache haben. Die innere Ursache besteht in der Überlastigkeit einer der sieben Emotionen Wut, Freude, Traurigkeit, Kummer, Schwermut (→ Melancholie), Angst und Furcht. Sie sind den fünf Yin-Organen Herz, Leber, Lunge, Milz und Nieren zugeordnet und beeinträchtigen bei mangelnder Balance deren Funktionstüchtigkeit. Die äußeren Ursachen für Krankheiten sind Umweltfaktoren, die »lin-yin« (Die sechs Bösartigen Einflüsse) genannt werden: Wind, Kälte, Feuer oder Hitze, Feuchtigkeit, Trockenheit und Sommerhitze. Diese Einflüsse sind als klimat. Gegebenheiten der Natur zunächst neutral, sie schädigen den Organismus erst dadurch, dass dieser selbst in einer unangemessenen Beziehung zu ihnen steht. Die Therapie setzt am Meridian-System des Körpers an, den Leitbahnen (jing-luo). Sie sind das Verbindungssystem aller Organe und Substanzen des Körpers untereinander und stellen die Beziehung zwischen seinem Inneren und der Oberfläche her. Über die Meridiane führt der Arzt dem Patienten Heilkräuter zu, oder er behandelt bestimmte Reizpunkte des Leitbahnensystems durch Akupunktur, d.h. durch Einstechen feiner Nadeln, womit ein Ausgleich zwischen der Disharmonie und den Yin-Yang-Aspekten herbeigeführt wird. Die C. ist im heutigen China modernen, nach analytisch-naturwissenschaftlicher Methodik arbeitenden Behandlungspraktiken gleichgestellt und erfreut sich in westlichen Ländern als Alternative oder Ergänzung zur Schulmedizin wachsenden Zulaufs. Ihr ganzheitlicher Ansatz wird als besonders geeignet für die Behandlung psychosomat. Störungen angesehen. Das größte Gewicht legt die C. jedoch auf die Gesundheitsvorsoge, die rechtzeitige Ausbalancierung von Yin-Yang-Ungleichgewichten, bevor eine Krankheit ausbrechen kann. Auch damit kommt sie einem neuen, besonders in esot. Kreisen ausgeprägten Gesundheitsverständnis sehr entgegen.

Lit.: J. Needham, Wissenschaftlicher Universalismus. Über Bedeutung u. Besonderheit der chines. Wissenschaft, 1977. T. Williams, Was das Qi zum Fließen bringt. Grundlagen u. Methoden der Traditionellen C., 1996. T. J. KAPTCHUK, Das große Buch der C. Die Medizin von Yin u. Yang in Theorie u. Praxis, [13]1999.

Chlysten, im 17. Jh. entstandene ekstat.-volksreligiöse, häret. Bewegung in Russland. Der Name C. stammt von den Gegnern der Bewegung, die Anhänger selbst nannten sich »Gottesleute« (russ. Ljudi boschii). Ihre Lehre geht auf einen fahnenflüchtigen Soldaten namens Danila Philippowitsch zurück, der sich als ein von Gott Besessener gebärdete. Seine Offenbarungen galten deshalb als die Worte Gottes selbst, die die Hl. Schrift ersetzen sollten. Zwei seiner Anhänger aus dem Bauerntum, Iwan Suslow und Akulina Iwanowa, ernannte Danila zu Christus und der Gottesmutter. Nach Auffassung der C. nehmen Gott, die Propheten, Maria, Christus und die Apostel unter den Menschen immer neue Gestalt an. Jeder kann sich selbst vervollkommnen und dadurch göttliche Qualitäten erlangen. Im 19. Jh. wurden die Lehren durch Awwakum Kopylow modifiziert und systematisiert. Seitdem verwarfen die C. die Bibel nicht mehr grundsätzlich, sondern machten sie zum Gegenstand allegor. Auslegung. Die versprengten Gemeinden wurden nun stärker vereinheitlicht. Ihnen standen ein Christus, eine Gottesmutter, ein »Steuermann des Schiffes« und ein »Lehrer« vor. Gegenüber Nicht.-C. sollte absolute Geheimhaltung geübt werden. Höhepunkt der gemeindlichen Gottesdienste, die in weißen Gewändern begangen werden, war ein ekstat. Kreistanz. Eine Sonderbewegung der C., deren Herkunft und frühe Geschichte unbekannt sind, üben statt eines solchen Kultus eine rigorose Selbstkasteiung bis hin zur Kastration, da ihrer Auffassung nach Christus nur in einem gänzlich sündelosen Körper Wohnsitz nehmen würde. Nach 1905, als ein Toleranzedikt den Umgang mit Abweichlern von der russ.-orthodoxen Doktrin neu geregelt hatte, organisierten sich die C. unter Führung Wassilij Lubkows als »Neues Israel«. 1906 entstand der »Kurze Katechismus der wesentlichen Glaubensprinzipien der Neuen Israelit. Gemeinde«, der offiziell die Transzendenz Gottes und Christi grundsätzlich verneinte und beide in der menschlichen Seele verortete. Mit der rationalen Fassung des Immanenzgedankens verlor sich immer mehr die ekstat. Grunderfahrung im Leben der ursprünglichen C. Die mit der Reform errichteten übergemeindlichen Strukturen, die alle Anhänger des »Neuen Israels« in sieben Provinzen sammelte, denen jeweils ein Engel vorstand, wurden in der sowjet. Ära zerstört. Am Ende der Zarenzeit hatte mit dem aus einer sibir. Bauernfamilie gebürtigen Grigorij Jefimowitsch Rasputin (1864/65–1916) eine den C. nahestehende Persönlichkeit große histor. Bedeutung erlangt. Rasputins Lebenswandel schwankte zwischen Ausschweifung und Askese. Seine hypnot. Fähigkeiten trugen ihm die Anhänglichkeit der Zarenfamilie und den durchaus auf Gegenseitigkeit beruhenden Hass der Petersburger Gesellschaft ein. Da insbesondere die Zarin Alexandra Fjodorowna überzeugt war, Rasputin könne den bluterkranken Zarewitsch heilen, gewann er über ihr Vertrauen Einfluss auf die Politik, den er dazu benutzte, Russlands Teilnahme am Ersten Weltkrieg durch einen Separatfrieden zu beenden. Ende Dezember 1916 wurde Rasputin im Rahmen einer Verschwörung um den Fürsten Jussupow unter Beteiligung der brit. Botschaft ermordet. Noch sein Todeskampf, in dem Rasputin erst nach dreifachem Anschlag der Mörder unterlag, wurde als Zeugnis übernatürlicher Kräfte gesehen. Über Reste des C.tums in der heutigen Russ. Föderation ist nichts bekannt.

Lit.: K. K. GRASS, Die russ. Sekten, 2 Bde., 1907–13. F. C. CONYBEARE, Russian Dissenters, 1921. H. TROYAT, Rasputin. Eine Biographie, 1999.

Chochma (hebräisch »Weisheit«), die zweite der kabbalist. → Sefirot oder Attribute Gottes. Die C. steht am Beginn der Diesseitsentfaltung der Gottheit. Sie wird deswegen auch als die die ganze Welt durchwirkende göttl. → Energie aufgefasst.

Christengemeinschaft, von → Steiner und seinem Anhänger Friedrich Rittelmeyer

(1872–1938) begründete christl.- esot. Gemeinschaft, deren Glaubensgrundsätze auf den christl.-theolog. Inhalten der → Anthroposophie fußen. Den Kultus, der 1922 eingesetzt wurde und als »Menschenweihehandlung« bezeichnet wird, empfing Steiner nach eigenen Angaben direkt aus der geistigen Welt. Er hat Ähnlichkeit mit der altkathol. Messe und wird täglich zelebriert. Auch die Sakramente der Taufe, Konfirmation, Beichte, Ehe, Priesterordination, Sterbeweihe und Kommunion sind kathol. Brauch angeglichen. Das herkömmliche christl. Kirchenjahr mit den Schwerpunkten Weihnachten, Passion, Ostern und Pfingsten ist um die Johannizeit im Frühjahr, die dem Täufer, und die Michaelszeit im Herbst, die dem Erzengel Michael gewidmet ist, erweitert worden. Die Priesterschaft ist hierarch. aufgebaut, wobei auf jedem ihrer Grade Frauen gleichberechtigt vertreten sind.

Lit.: F. Rittelmeyer, Meine Lebensbegegnung mit R. Steiner, 1928.

Christentum und Esoterik. Wie in anderen Religionen sind auch innerhalb des Christentums seit jeher esot. Positionen entwickelt worden. Dem haben die westlichen Großkirchen meistens Widerstand entgegengesetzt, und dies führte zu der Konfiguration von »Religion« auf der einen und »Esoterik« auf der anderen Seite, wie sie heute in den traditionell vom Christentum dominierten westlichen Gesellschaften noch besteht. Die gesamte gesellschaftliche Diskussion um die Esoterik wird noch heute durch den Antagonismus von Esoterik und Kirche bestimmt. Hingegen haben die Ostkirchen esot. Elemente sehr weitgehend integriert. – Sowohl in der Jesusüberlieferung als auch bei → Paulus sind esot. Haltungen fassbar; allerdings gibt es Anzeichen dafür, dass die Verfasser dieser frühesten Quellen des Christentums der Auffassung waren, mit Christi Wirken sei das religiöse Wissen, das vorher nur in der Abgeschiedenheit des Tempels oder innerhalb eingeweihter Zirkel weitergegeben worden war, für die gesamte Menschheit zugänglich, also exoterisch geworden. Das stärkste Symbol hierfür ist der Riss des Jerusalemer Tempels unmittelbar nach dem Kreuzigungstod (Mt 27,51; Mk 15,38, Lk 23,45). In den ersten nachchristl. Jh.en gab es zahlreiche sich als christl. verstehende Bewegungen mit esot. Zügen oder sogar esot. Grundlage; die gilt v. a. für die verchristlichte → Gnosis, die im NT und in der frühen Kirchengeschichte deutliche Spuren hinterlassen hat. Bei → Clemens und → Origines gibt es Hinweise darauf, dass es im 2. Jh. eine christliche → Arkandisziplin gegeben hat, die jedoch von führenden Vertretern der entstehenden Großkirche, besonders vehement von → Augustinus, erfolgreich bekämpft wurde. Eine gewöhnlich mit äußeren Ritualen verbundene Esoterik konnte fortan, d. h. das ganze Mittelalter hindurch, nur noch als verinnerlichte → Mystik weiter bestehen. Erst mit vereinzelten naturphilosoph. Ansätzen seit dem 9. Jh. und dem Einsickern kabbalist. Vorstellungen in christl. Gedankenwelten seit dem 12. Jh. kam es zu erneuten Verbindungen von C. Innerhalb des → Rittertums bildeten sich Vorstellungen heraus, die christliche Tugenden mit Idealen aus der heidn. Heldenepik verschmolzen. Der seit der Antike erste Vertreter eines christlich-esot. Systems, → Llull, verfasste auch ein sehr erfolgreiches Buch über das christliche Rittertum *(Libre del ordre de cavalyria)*. In diesem Zusammenhang ist die Gralsbewegung (→ Gral), zu sehen, die aus dem ritterl. Kämpfer vollends einen christlichen Sucher machte. Die sich hier abzeichnende Öffnung des Christentums für die Esoterik wurde allerdings von dem Albigenserkreuzzug und der Zerschlagung des → Templerordens zunichte gemacht. Im Glauben der → Katharer und ihrer kaum zu überschätzenden religiös-kulturellen Ausstrahlung kulminierten die esot. Ideen dieser Zeit und wurden zu einer Bedrohung für die Macht der Kirche, die sie entsprechend bekämpfte. Der Esoterik wurde so ein Rückschlag versetzt, der sie erneut auf Jh.e von der herrschenden Religion entfernte und entfremdete. Der Aufschwung des → Platonismus und der Wiederentdeckung der → Hermetik in der Renaissance änderte an der Opposition von C. kaum etwas, da zwar einzelne Renaissance-Esoteriker bewusst christl. Vorstellungen mit einbanden, insgesamt aber die christl. Sphäre weiterhin von der Scholastik beherrscht blieb, die mit esot. Denken nicht vereinbar war. Die Kultur der Renaissance ermöglichte immerhin ein Nebeneinander von C., nicht aber eine wirkliche Symbiose. Eine Esoterik, in der das christliche das beherrschende Element war, entwickelte sich erst wieder seit der Reformation. Die protestantische Opposition gegen den Katholizismus bewirkte bei Theologen wie etwa → Arnold und → Beausobre ein Überdenken des Ketzerbegriffs, historische Korrekturen bei der Einschätzung häret. Bewegungen und eine neue Würdigung ihrer religiösen Ideen. Damit wurde die Esoterik innerhalb des Christentums hoffähig. Der → Pietismus bereitete den Boden für eine Blütezeit der christl. Esoterik seit dem ausgehenden 17. Jh. Mit den → Rosenkreutzern entstand eine zeitweise in ganz Westeuropa sehr einflussreiche konspirative Idee, deren Ziel eine Synthese zwischen lutherischem C. war. Diese Bewegungen hatten manchmal mit erheblichem Widerstand vonseiten der Evangelischen Kirchen zu kämpfen, konnten sich aber behaupten. Nachdem im 19. Jh. mit der → Theosophie ein esot. System entwickelt worden war, das sich hauptsächlich auf außerchristl. religiöse Traditionen berief, schuf → Steiner die eminent christl. → Anthroposophie, die heute die Hauptträgerin christl. Esoterik ist. Neben der Anthroposophie, aber fast immer von ihr inspiriert, formierten sich seit Anfang des 20. Jh.s esot. Gedankensysteme, in denen der kosmische → Christus die zentrale Rolle spielt. Auf ihnen aufbauend entwickelte Fox in den 1980er Jahren sein Konzept einer neuen, den ökolog. Problemen des ausgehenden 20. Jh.s angemessenen → Schöpfungsspiritualität. Im Zeichen einer Zusammenführung von Christentum und Naturfrömmigkeit, um die sich bereits die Esoteriker der → Romantik bemüht hatten, kommt es zu fruchtbaren Verbindungen zwischen Befreiungstheologie, feministischer Theologie, christl.-myst. Traditionen und Esoterik. Dennoch gehen auch heute noch viele Esoteriker zum Christentum bewusst auf Distanz. Besonders deutlich manifestiert sich eine kritische Haltung im Bereich des → Neuheidentums, wo die christl. Religion als naturfeindlich gilt und deswegen insgesamt abgelehnt wird.

Lit: R. Steiner, Das Christentum als myst. Tatsache u. die Mysterien des Altertums, 1902. J. Needleman, Lost Christianity. A Journey of Rediscovery to the Centre of Christian Experience, 1980. M. Fox, Original Blessing, 1983. W. Schmithals, NT u. Gnosis, 1984. F. Capra/D. Steindl-Rast: Wendezeit im Christentum, 1991. J. Drane, What is the New Age saying to the Church?, 1991. P. Spink, A Christian in the New Age, 1991. G. G. Stroumsa, Savoir et Salut, 1992. P. Perkins, Gnosticism and the NT, 1993. G. Wehr, Esot. Christentum. Von der Antike bis zur Gegenwart, 1995. G. G. Stroumsa, Hidden Wisdom: Esoteric Traditions and the Roots of Christian Mysticism, 1996.

Christus (griech. »Gesalbter«). Während die offizielle kirchliche Dogmatik in den zahlreichen christolog. Debatten der Geschichte die Auffassung vertreten hat, → Jesus C. sei in einer Person gleichermaßen Gott und Mensch, sieht die esot. Tradition in C. ein göttliches und rein geistiges Wesen, das sich entweder während der Taufe im Jordan mit dem Menschen Jesus verbunden hat (Zwei-Naturen-Lehre) oder in der Gestalt Jesu nur mit einem Scheinleib angetan war (Doketismus). In der christl. Esoterik spielt Jesus eine untergeordnete Rolle, und Christus ist die zentrale Heilsfigur. Es gibt hier enge Berührungen mit der → Orthodoxie, deren monophysit. Anschauung ebenfalls das Göttliche in C. betont. Die platonisierende christl. Philosophie des 3. und 4. Jh.s entwickelte das Konzept des kosm. C., das in heutiger christl. Esoterik von zentraler Bedeutung ist. Für die antiken christl. Platoniker war C. der → Logos, das die gesamte Welt durchwaltende göttliche Ordnungs- und Vernunftprinzip. Entsprechend sahen sie die menschliche Inkarnation dieses Prinzips, Jesus C., in erster Linie als Weisheitslehrer an. Eine eigenständige esot. Lehre von C. entwickelte

→ Steiner, der im Gegensatz zur platonist. Tradition im Kreuzestod C. eine zentrale Bedeutung erkennt. Mit dem »Mysterium von Golgatha« sei in der Entwicklung der von Widersachermächten bedrohten Menschen auf der Erde eine Zeitenwende herbeigeführt worden. Der Opfertod C. habe dem Menschen, der bereits weit ins Materielle hinabgesunken war, die Möglichkeit gegeben, sich durch Beschreiten eines esot. Schulungsweges erneut dem Geistigen zu öffnen. Steiner prophezeite für das Ende des 20. Jh.s ein Wiedererscheinen C. in der Äthersphäre, wo ihn zunächst nur wenige Eingeweihte, nach und nach aber eine immer größere Zahl von Menschen wahrnehmen könne. Anders war für → Teilhard de Chardin C. weniger eine eigenständige Figur als das Zukunftsprinzip einer Menschheit, in der die vormaligen Individuen zu einer Überpersönlichkeit verschmolzen sind. Nach der Anschauung Teilhards vollendet dieser Prozess die Evolution. Diese Idee beeinflusste die Anfänge des Newage; sie wurde von → Ferguson und → Spangler aufgenommen. Für die meisten christl. Esoteriker von heute geht es darum, über den kosm. C. die kosmologische Dimension des Christentums wiederzugewinnen und dergestalt eine christl. → Weisheit für den Umgang mit der beschädigten → Natur (wieder)zugewinnen. – Außerhalb der erklärtermaßen christl. Esoterik wird die Bedeutung C. der anderer Heilsbringer in den verschiedenen Religionen gleichgeordnet. In manchen ind. Bewegungen wird er als → Avatar verehrt.

Lit.: E. Schuré, Die grossen Eingeweihten, 1909. R. Steiner, Von Jesus zu C., 1911. E. Bock, Die drei Jahre, 1946. P. Teilhard de Chardin, Wissenschaft u. C., 1970. D. Spangler, Reflections on the C., 1978. A. Grillmeier, Jesus der C. im Glauben der Kirche, 1979 ff. (nicht abgeschlossen). G. Strachan, C. and the Cosmos, 1985. J. Pelikan, Jesus C. Erscheinungsbild u. Wirkung in 2000 Jahren Kulturgeschichte, 1986. M. Fox, The Coming of the Cosmic C., 1988. G. Wehr, Der C. ist der Geist der Erde, 1989. M. Franzmann, Jesus in the Nag Hammadi Writings, 1996.

Chymische Hochzeit Christiani Rosencreutz, Eine angebl. 1459 unter dem Namen des Christian → Rosenkreutz verfasste Schrift → Andreaes, die 1616 in Straßburg erschien. Sie erzählt in allegorischer und manchmal satirischer Form den Einweihungsweg des vermeintlichen Verfassers und begründete einen Mythos, der die Geschichte der Esoterik in der Neuzeit entscheidend mitgestalten sollte. Nach Jahren der Meditation wird der gealterte Held von einem Engel besucht und erhält von ihm einen Brief mit der Einladung zur »Hochzeit des Königs«. Nachdem ein Traum ihm bestätigt hat, dass er durch Gottes Gnade auf Erlösung hoffen darf, macht sich Rosencreutz auf den Weg. Geheimnisvolle Zeichen, die den Weg zum Schloss als hermetischen Einweihungsweg verschlüsseln, leiten ihn. Am Schloss angekommen, trifft Rosencreutz viele andere Gäste. Alle werden zunächst auf ihre Würdigkeit geprüft, in einen Orden unter dem Zeichen des Goldenen Vlieses aufgenommen zu werden. Die Auserwählten, unter ihnen der Erzähler, werden auf sieben Schiffen zu einer Insel gebracht und dort Zeugen komplizierter alchemist. Operationen. Auf der Rückfahrt wird den Adepten gezeigt, dass die Zeit für eine endgültige Erlösung, d. h. eine Überwindung des Materiellen und der fleischlichen Lüste, noch nicht gekommen ist. Rosencreutz lernt am Ende den jungen König kennen und darf den Eingang zum Schloss bewachen, es aber selber nicht betreten. Die letzten fünf Seiten der Erzählung gibt der Autor als verschollen aus.

Clemens von Alexandria (ca. 145–ca. 217), sog. Kirchenvater, als solcher aber ein christl. Esoteriker, der seine Theologie in völliger Unabhängigkeit von kirchlichen Ansprüchen entwickelte und dem sich entwickelnden Priestertum der Amtskirche mit völliger Gleichgültigkeit gegenüberstand. Sein Idealbild eines Christen war das des »Erkennenden«, eines Gnostikers im engeren Sinn des Wortes. C. vertrat dabei die Auffassung, dass die Wahrheit des Christentums sich nicht einfach lehren lasse, sondern erfahren werden müsse. Insofern ist die Erkenntnis in seinem Sinne nicht lediglich über Bücher zu gewinnen, sondern bedarf der Person eines charismat. Lehrers, der seine mündlichen Unterweisungen auf die Fähigkeit und Bereitschaft des Schülers abstellt. Die Lehre des C. war unsystemat. Natur. Er hat sie hautsächlich in Vorträgen, wie sie in seinem Hauptwerk *Stromaeis* (griech. »Teppiche«) überliefert sind, entwickelt.

Lit.: W. Völker, Der wahre Gnostiker nach Clemens Alexandrinus, 1952. G. G. Stroumsa, Clement, Origin, and Jewish Esoteric Traditions, in: A. u. J. Assmann, Schleier u. Schwelle, Bd. 2, 1998.

Codex Askewianus, nach dem brit. Arzt und Handschriftensammler Askew benannte, heute im Britischen Museum (London) befindliches Manuskript der → *Pistis Sophia.*

Codex Brucianus, von dem Schotten J. Bruce erworbene kopt. Handschrift der gnost. Texte → Pistis Sophia und → Bücher Jeu. Sie befindet sich heute in der Bodleian Library in Oxford.

Codex Jung, Bezeichnung für NHC I, der eine auf eine Initiative des niederländ. Kirchenhistorikers Gilles Quispel durch Vermittlung → Jungs und mit Hilfe des Schweizer Mäzens G. H. Page im Mai 1952 für das C. G. Jung-Institut in Zürich erworben werden konnte.

Coincidentia oppositorum (lat. »Zusammenfall der Gegensätze«), wichtiges Theorem des Einheitsdenkens in der philosoph. Mystik und apophat. Theologie; es findet sich bei → Dionysios Areopagites, → Cusanus, → Bruno, → Schelling u.a. Inhaltlich meint die C., dass die Gottheit qualitätslos ist, weil auf der Ebene ihres Seins alle in der für die menschliche Alltagserfahrung wahrnehmbaren Unterschiede in ihr aufgehoben und damit ungültig und nichtig werden.

Comenius (Komensky), Jan Amos (1592–1670), böhm. Pädagoge und Denker in der Tradition der → Pansophie. Er bekämpfte energisch den mechanist. Ansatz Descartes' und die unorganische Faktenanhäufung bei den Enzyklopädisten. C. selber sah menschliches Wissen als untrennbar von göttlicher Weisheit an, entsprechend weit waren auch seine Begriffe von schulischem Lernen angelegt. Sein Unterrichtswerk *Orbis sensualium pictus (»Die sinnliche Welt in Bildern«,* 1658) bringt den Kindern die Phänomene der sichtbaren Welt in ganzheitlichen Lebenszusammenhängen nahe. Wichtige Bestandteile seines Bildungsideals waren die Friedens- und die ökumenische Erziehung. C.' Erbe wird heute weniger in esot. Kreisen als in Bildungsdiskussionen der Evangelischen Kirchen gepflegt.

Ausg. seines pamoph. Hauptwerkes von 1681: Pforte der Dinge. Janua rerun, hg und übers. von E. Schadel, 1989.

Lit.: V.-J. Dieterich, Johann Amos C., 1991. K. Goßmann/H. Schröer (Hg.), Auf den Spuren des C., 1992. V.-J. Dietrich, J. A. C., ^{3}1999.

Consolamentum (lat. »Tröstung«), die Geisttaufe bei den → Katharern und in einer weniger entwickelten Form bereits bei den → Bogomilen. Es handelte sich um einen komplexen initiator. Ritus mit Übergabe und siebenmaliger Wiederholung des Vaterunsers, am Ende wurde ein offenes Johannesevangelium dem Adepten auf den Kopf gelegt, darüber erfolgte eine Handauflegung durch alle vollwertigen Gemeindemitglieder. Während dieser Handlung erschien dem Täufling der → Paraklet. Durch das C. wurde ein kathar. Gemeindemitglied zum perfectus. Ihm ging dann eine Probezeit mit einjährigem Fasten voraus. Daneben hatte das Ritual aber auch andere Funktionen. In mythischen Erzählungen sowie in der rituellen Praxis der Katharer wurde das C. zur Reinigung der Menschen und u. a. auch als Sterberitual eingesetzt. Dabei spielten auch → Beichte und Absolution eine wichtige Rolle. Das C. befreite vom Bösen und stellte die Heimkehr zu Gott sicher.

Cordovero, Moses ben Jakob (1520–70), in Safed wirkender Kabbalist, dem es v.a. um eine Systematisierung vorhandener theosoph.

Lehren ging. Sein wichtigstes Werk ist ein umfangreicher Kommentar zum → Sohar. Die entscheidende spekulative Frage war für ihn die Natur der → *Sefirot,* zu der es verschiedene Auffassungen gab. C. versuchte, diese zu vereinheitlichen, indem er feststellte, die Sefirot seien einerseits Gefäße des Göttlichen, gleichzeitig aber selber von göttlicher Substanz.

Corpus Hermeticum → Hermet. Literatur

Croll, Oswald (ca. 1560–1609), in Hessen gebürtiger erfolgreicher Mediziner in paracels. Tradition. Seit 1597 unterhielt er eine Praxis in Prag, wurde Leibarzt des Fürsten Christian I. von Anhalt-Bernburg und auch von Kaiser → Rudolf II. wiederholt konsultiert. Wichtigste Werke: *Basilica chymica* (1629), *De signaturis internis rerum (Über die innere Signatur der Dinge,* 1609).

Crowley, Aleister (1875–1947), engl., betont antichristl. Esoteriker, der sich besonders für mag. Praktiken interessierte. C. wurde von seinen Eltern, die einer strengen evangelikalen Gemeinschaft angehörten, sehr autoritär erzogen, was seine lebenslange heftige Abneigung gegen das Christentum einerseits und gegen jede Art von Bevormundung andererseits zumindest teilweise erklären kann. Bereits seine Mutter soll den rebell. Jungen als »the beast« bezeichnet haben. »Tu, was du willst, dies sei das ganze Gesetz« wurde zu seinem Leitspruch. Bereits als Kind hatte C. spiritist. Neigungen und unterzog sich selber parapsycholog. Experimenten. 1898 trat er unter dem Einfluss von Cecil Jones dem → Hermetic Order of the Golden Dawn bei, was ihm wohl half, seine bis dahin gewonnenen Erfahrungen einzuordnen und zu systematisieren, ihn aber nicht entscheidend prägte. Zum wichtigsten Wegweiser wurde ihm die Offenbarung des Geistes Aiwaz, die er 1904 während eines Aufenthalts in Kairo empfing. Aiwaz gab sich als Botschafter der pseudoägypt. Dreifaltigkeit Ra-Hoor-Kult zu erkennen, die das gerade angebrochene »Zeitalter des Horus« beherrschte. Dieses löst nach C. das »Zeitalter des Osiris«, des sterbenden Gottes – offenbar eine Chiffrierung der christl. Religion –, ab. Horus, der ägyptische Falkengott, der Stärke und Macht des Pharao repräsentierte, bringe nun eine neue Ära, in der individueller Wille und Selbstentfaltung nicht mehr gering geschätzt würden. Aiwaz verlieh C. aufs neue den Namen, bei dem ihn bereits seine Mutter genannt hatte: »das Tier 666«, den des Antichristen der ntl. *Johannesapokalypse.* Ferner gab er ihm das »Buch des Gesetzes«, nach dem jeder Mensch ein Stern sei, dem es als oberstes Gebot obliege, seinen eigenen Willen zu befolgen. Da der → Golden Dawn Cs. Offenbarung nicht akzeptierte, gründete C. 1905 seinen eigenen Orden »Astrum Argenteum« (lat. »Der Silberne Stern«), in dem haupsächlich mit an ägypt.-hermet. Material angelehnten Invokationen gearbeitet wurde. In der Zwischenzeit wandten sich Cs. Interessen aber stärker ind. Disziplinen (Yoga und Tantrik) zu, was wahrscheinlich der Grund dafür war, dass er sich von seiner eigenen Gründung ab- und erneut anderen esot. Orden zuwandte, darunter auch dem → Ordo Templi Orientis, dessen Vorsitz er 1922 übernahm. Anfang der 1920er machte C. in Sizilien von sich reden, wo er die sog. Abtei Thelema eingerichtet hatte, in der sexuelle Orgien gefeiert worden sein sollen. 1923 wurde er von der italien. Regierung des Landes verwiesen. In der Folgezeit verstrickte er sich v. a. in Machtkämpfe innerhalb der verschiedenen Sektionen der O. T. O. Gegner C.s wehrten sich gegen die Einführung von Sexualpraktiken. Seinen vielleicht wesentlichsten Beitrag zur Esoterik des 20. Jh.s leistete C. im letzten Jahr seines Lebens mit der Entwicklung eines → Tarot-Karten-Sets, das heute neben seiner Vorlage von Raider-White zu den meistbenutzten gehört. Ansonsten täuschen C.s schillernde, exzentrische Persönlichkeit und die damit zusammenhängende, faktisch keineswegs besonders gesicherte Skandalchronik leicht darüber hinweg, dass sein Einfluss und damit seine Bedeutung in der Geschichte der Esoterik vergleichsweise gering ist. Den eigentlich originären Beitrag in Gestalt der Offenbarung Aiwaz, auf die er auch in der letzten Phase seines Schaffens wieder zurückgreift, hat er für lange Zeit ruhen lassen, um sich einem in der Hauptsache von den Theosophen getragenen ind. Trend anzuschließen.

Lit.: J. Symonds, A. C.. Das Tier 666. Leben u. Magick, ²1999.

Cudworth, Ralph (1617–88), engl. Universalgelehrter und Dichter, wichtigster Vertreter der platon. Schule von Cambridge. C. arbeitete an einer atomist. Theorie, die die naturwissenschaftl. Erkenntnisse seiner Zeit mit der bibl. Theologie in Einklang bringen sollte. Die Ursprünge des Atomismus meinte er bis zu Mose zurückverfolgen zu können. C. beteiligte sich auch an der Erforschung der wiederentdeckten hermet. Texte, in denen er ägypt. Mysterienweisheit zu finden glaubte.

Hauptwerk: *The true intellectual System of the Universe,* 1687.

Cusanus, Nicolaus (1401–64), aus Kues an der Mosel gebürtiger Jurist und philosoph. Mystiker mit Neigung zu einem esot. Weltbild, das v. a. von neuplaton. Anschauungen getragen wurde. Bemerkenswert ist seine eigenständige geistig-spekulative Durchdringung dieses Weltbildes, mit der C. wie kaum ein anderer seine innere Logik gezeigt und nachvollziehbar gemacht hat. Die für C. charakterist. Form des Einheitsdenkens fand Ausdruck in der Formel von der → coincidentia oppositorum. Außerdem entwickelte er eine sehr originelle Erkenntnislehre, in der er seine Neigung zur Naturwissenschaft einerseits und zur myst. Theologie andererseits verband und eine Alternative zur aristotel. Logik der Scholastiker entwickelte. C. unterschied zwischen der menschlichen Ratio, der die Erfassung der gegenständlichen Welt obliegt, und dem Intellekt, durch den der Mensch am göttlichen Geist teilheit und in dem sich die coincidentia oppositorum als Gotteserkenntnis vollzieht. Diese wird allerdings in erster Linie negativ verstanden. C. spricht von einer »belehrten Unwissenheit«, d. h. dass ganz im Sinne der negativen Theologie der Mensch das Göttliche nicht kennen kann, jedoch weiß, dass er unwissend ist. Das genaue Wissen um die Unwissenheit transzendiert die menschliche Erkenntnisfähigkeit und wird zum Ausgangspunkt der myst. Erfahrung oder Schau. C. geht dabei über die Mystik des MA.s, die durch individuelle Gefühlsmomente getragen war, hinaus, indem er auch für den Inhalt der myst. Erfahrung noch eine philosoph. Formel findet, nämlich die von Gott als dem »Nicht-Anderen«. Auf diese Weise ist ein Weg zur Transzendierung der in der menschlichen Ratio angelegten Objektivierung des Erkenntnisgegenstandes aufgezeigt: »Wer einsieht, wie aufgrund dessen, dass das Nicht-Andere sich selbst definiert, das Nicht-Andere nichts anderes ist als eben das Nicht-Andere und wie aufgrund dessen, dass es alles und jegliches Einzelne definiert, es alles in allem und jegliches Einzelne in jeglichem Einzelnen ist, der sieht auch ein, dass das Nicht-Andere das Andere des Anderen ist und dass es dem Anderen nicht entgegengesetzt ist. Das ist ein Geheimnis, das seinesgleichen nicht hat.« Bei all dem waren Philosophie und Theologie keineswegs das Hauptbetätigungsfeld des C. Er war unermüdlich als päpstlicher Legat unterwegs, der sich für kirchliche Reformen und den ökumen. Gedanken einsetzte. Wichtigste Werke: *De docta ignorantia (Über die wissende Unwissenheit,* 1440), *De visione dei (Über die Gottesschau,* 1543), *De ludo globi (Über das Spiel der Welt,* 1464).

Ausg.: N. C., Die philosoph.-theolog. Schriften, lat.-deutsch, hg. von L. Gabriel, 3 Bde., 1989.

Lit.: K. Jaspers, C., 1964. J. Hopkins, Nicholas of Cusa's Dialectical Mysticism. Text, Translation, and interpretative Study of De Visione dei, ²1988. J. Stellmach, Ineinsfall der Gegensätze u. Weisheit des Nichtwissens. Grundzüge der Philosophie des C., 1990.

D

Dämonen (verfremdet von griech. »daimon« geistiges Ich, Seele), böse und gefahrbringende Geister. D.glaube entsteht immer da, wo eine jüngere Religion eine ältere histor. überlagert und deren Götter zu minderwertigen Geistwesen abwertet. In einem dualist. Kontext werden die D. zu Repräsentanten des → Teufels. Die monotheist. Religionen und insbesondere das Christentum interpretierten alle religiösen Kräfte, die nicht in ihr theolog. System übernommen werden konnten oder sollten, als widergöttlich. Auf diese Weise wurden nichtchristl. Götter, Geister oder Engel zu D. und Magiekundige zu Teufelspaktierern (→ Faust) oder → Hexen. Die Esoterik tendiert dazu, D.glauben zu überwinden und die entsprechenden geistigen Wesen und Kräfte in ihren universalen Einheitsglauben zu (re)integrieren.

Lit.: F. E. BRENK, Demonology in the Early Imperial Period, in: ANRW 16/3, 1986.

Da'i (arab. »Werber«), Bezeichnung für einen Propagandisten oder Missionar in der → Isma'iliya und bei den → Ghulat.

Dakinis (sanskrit »Himmelswandlerinnen«), im → Vajrayana-Buddhismus göttliche Botschafterinnen und spirituelle Führerinnen für die Initianten. Ihr Kontakt zu den Schülern wird oft in erot. Bildern dargestellt.

Lit.: H. W. SCHUMANN, Buddhist. Bilderwelt. Ein ikonograph. Handbuch des Mahayana- u. Tantrayana-Buddhismus, 1986. G. W. ESSEN/ T. T. THINGO, Die Götter des Himalaya, 2 Bde., 1989. J. CAMPBELL, Göttinnen, D. u. ganz normale Frauen. Weibliche Identität im tibet. Tantra, 1996.

Dalai Lama → Tibet. Buddhismus

Dante Alighieri (1265–1321), italien. Dichter, Philosoph und Mystiker. Seine Werke sind durch den Anspruch gekennzeichnet, theolog. Wissen in poet. Form zu vermitteln. Seine entscheidende myst. Erfahrung symbolisierte er als Begegnung mit einer Frau, Beatrice, von der nicht klar ist, ob sie leibhaftig exisiert hat und wenn ja, wer sie gewesen ist. Diese Begegnung und D.s Verehrung für Beatrice sind Gegenstand seiner frühen Minnedichtung. Beatrice soll 1290 gestorben sein, ihre Figur blieb aber die entscheidende Inspiration für sein Dichten und Denken. 1293 entstand *Das neue Leben,* eine Art Autobiographie mit wichtigen Reflexionen über das Wesen der Dichtung, die D. von ihrem ma.lichen Stigma zu befreien suchte und die er Philosophie und Theologie gleichstellte. Berühmt ist D. v. a. wegen seiner *Göttlichen Komödie* und der Begründung einer italien. Nationalliteratur. Die *Göttliche Komödie* (1307–21) trug zu D.s Lebzeiten zuerst den Titel »Heiliges Gedicht«. Sie beschreibt eine Jenseitsreise, die den Dichter gemeinsam mit Vergil zuerst in die Hölle, dann auf den Läuterungsberg und schließlich an die Schwelle des Paradieses führt. In die Darstellung dieser Welten legt D. das gesamte theolog. und astronom. Wissen seiner Zeit. Die ganze Welt ist nach zahlensymbol. Kriterien angeordnet, wobei die Drei als Ausdruck der christl. Trinität eine besondere Rolle spielt. D. stand sowohl Franziskanern als auch Dominikanern nahe, und seine Beschreibung des Weltgebäudes empfing entscheidende Anstöße durch das Werk Thomas von Aquins. Ob er über eine myst. Grundstimmung hinaus Impulse aus esot. Strömungen aufnahm, ist wenig erforscht. Für → Guenon war D.s Werk eine wichtige Quelle der von ihm proklamierten Esoterik auf einer traditionalist. Basis. Überlegungen von Arthur Schult lassen eine Verbindung D.s zu den → Templern möglich erscheinen.

Lit.: R. GUENON, L'ésotérisme de Dante, 1925. A. SCHULT, D.s Divina Commedia als Zeugnis der Tempelritter-Esoterik, 1979.

De signatura rerum *oder Von der Geburt und Bezeichnung aller Wesen* (1635), Schrift → Böhmes zur esot. → Erkenntnistheorie. Da alles auf der Welt aus einem göttlichen Ursprung entstanden und damit Manifestation des Göttlichen ist, geben bereits die Bezeichnungen der existierenden Lebewesen und Materie ontologischen Aufschluss. Die Dechiffrierung der Natursprache muss dem Menschen daher ein heilsgeschichtliches Anliegen sein. → Sprache.

Ausg.: J. Böhme, Sämtliche Schriften, Bd. VI, 1957.

Dee, John (1527–1608), bedeutender Vertreter der engl. Renaissance-Esoterik. Sein besonderes Interesse an der Mathematik verband er mit kabbalist. Spekulationen und entwickelte mit der *Monas Hieroglyphica* eine komplizierte Kosmologie. Als Astrologe und Wissenschaftler stand er bis zum Tode Elisabeths I. im Dienst der Tudors. Aufsehen erregte Dee, unterstützt durch seinen in besonderer Weise medial veranlagten Assistenten Edward Kelly, mit seinen Engelbeschwörungen, die von kirchlichen Autoritäten als Dämonenbeschwörungen ausgelegt wurden. D. bereiste viele Städte Europas. In Prag, wo zu seiner Zeit → Rudolf II. residierte, erregten seine magisch-alchemist. Fähigkeiten Bewunderung, er geriet aber auch hier in Konflikt mit der Amtskirche. Als der engl. Thron 1603 an Jacob I. überging, verlor D. die Unterstützung des Königshauses und fiel in allgemeine gesellschaftliche Ungnade. Er starb in bitterer Armut in Mortlake. Sein Werk wurde verfemt und geriet in Vergessenheit, bis sich geraume Zeit später die → Rosenkreutzer und der → Golden Dawn dafür interessierten.

Komm. Ausg.: A. Klein (Hg.), Die »Monas-Hieroglyphica« von J. D. aus London, 1982.

Lit.: C. Kiesewetter, John D. Ein Spiritist des 16. Jh.s, 1893. G. Meyrink, Der Engel vom westlichen Fenster, 1927. N. Clulee, J. D.s Natural Philosophy: Between Religion and Science. F. A. Yates, Die okkulte Philosophie im Elisabethan. Zeitalter, 1991.

Delphine wurden bereits in der Antike als ein Sinnbild der Meereskräfte besonders verehrt. Alte Sagen aus verschiedenen Teilen der Welt lassen darauf schließen, dass sie als Freunde der Menschen empfunden wurden. In jüngster Zeit vermutet man aufgrund physiolog. Besonderheiten, insbesondere der Gehirngröße, dass es sich bei D. um sehr intelligente Tiere handelt, und hat angefangen, ihr hochentwickeltes Kommunikationssystem zu untersuchen. Die D.forscher, die ihren Gegenstand als eine → Neue Wissenschaft betreiben, hoffen, durch Dechiffrierung der D.sprache eine bessere Verständigung mit den Tieren herzustellen und sich damit einer dem Element Wasser verbundenen Form des → Bewusstseins zu nähern.

Lit.: J. Lilly, Communication between Man and Dolphin, 1978. L. Szilard, Die Stimme der D., 1981. J. McIntyre (Hg.), Der Geist in den Wassern. Ein Buch zu Ehren des Bewusstseins der Wale u. D., 1982. H. Williams, Delphin, 1991.

Demiurg (griech. »Schöpfer«, »Urheber«), der Bildner der Welt in Platons → *Timaios* und in der → Gnosis. In letzterer ist der D. ein Geschöpf der → Sophia und und bringt seinerseits die böse Materie oder Stofflichkeit (Hyle) hervor.

Derwische (von farsi »darvish« Armer, Bettler), Angehörige der suf. Orden sowie asket. lebende Wandermönche, die sich oft an Heiligengräbern oder -schreinen aufhalten und eine große Rolle im Volksislam spielen. Sie sind vielfach mit mag. Praktiken wie Zukunftsdeutung und der Herstellung von → Amuletten befasst. Besonderes Aufsehen erregten die tanzenden D. des türk. Mevlevi-Ordens, der 1925 von Atatürk verboten wurde. Dem von einem der bedeutendsten Sufis, Galal al-Din Rumi (1207–1273), eingeführten D.tanz liegt eine ausgeklügelte Symbolik zu Grunde. Er verschafft den Ausführenden ein ekstatisches Erleben der von Gott gestifteten kosm. Ordnung.

Lit.: R. Feild, Ich ging den Weg des Derwisch, 1976. G. Schweizer, Die D. Heilige u. Ketzer des Islam, 1980. J. Frembogen, D. Gelebter Sufismus, 1993.

Devas (von sanskrit »deva« = »Himmelsbewohner«), im Hinduismus und in der vorzarathustr. Religion Irans Geistwesen, die v.a. unpersönliche Mächte und Kräfte, darunter auch Naturphänomene, darstellen. Der Zoroastrismus wertete sie zu → Dämonen ab, die dem bösen Gott Angra Mainyu unterstanden. In → Newage-Kreisen wurde die Bezeichnung in ihrer früheren Bedeutung für → Naturgeister und andere zu konkreten Erscheinungen in Beziehung stehende geistige Wesenheiten wieder aufgenommen.

Lit.: D. Maclean, Du kannst mit Engeln sprechen, [2]1985. W. Bloom, D.s, Fairies and Angels, 1986.

Devekut (hebräisch »Anhangen« an Gott), Bezeichnung für die jüd. Form der myst. Erfahrung, d.h. der Vereinigung mit dem Göttlichen (→ unio mystica), und zwar nicht nur kurzzeitig, sondern in Form einer ständigen Verbundenheit. Die Mittel dazu können verschiedene sein, vom Leben nach den göttlichen Geboten, Torastudium und Gebet bzw. Meditation (→ Kavvana) bis hin zu außerordentlichen ekstat. Bewusstseinszuständen und zur → Theurgie. Fast immer schließt die D. gemeinschaftliche Ideale mit ein; ihr Schwerpunkt liegt darauf, die Gemeinschaft mit Gott innerhalb des alltäglichen Lebens in den jüd. Gemeinden zu verwirklichen. Bei → Luria hat die D. auch eine kosm. Bedeutung: sie unterstützt den Restitutionsprozess in der Welt der → Sefirot und des → Adam kadmon.

Lit.: M. Idel, Kabbalah. New Perspectives, 1988.

Dharanis, im tantr. Buddhismus verwendete rituelle Formeln, die entweder den Inhalt einer bestimmten Lehre oder eine Gottheit »festhalten« und dem Weg des Mysten dienstbar machen sollen.

Diagramm der Ophianer, graph. Darstellung mit erläuternden Beschreibungen, die in einem Disput zwischen dem christenfeindlichen Neuplatoniker Kelsos (2. Hälfte des 2. Jh.s n. Chr.) und dem gnosisnahen Christen → Origines festgehalten ist. Es skizziert den Weltenaufbau nach der Lehre der → Ophiten und hatte eine meditative oder auch die Stationen der gnost. → Seelenreise verdeutlichende Funktion. In der Mitte des in konzentr. Kreisen aufgebauten D.s befindet sich der »Baum der Erkenntnis und des Lebens«, zu dem der kontemplierende Gnostiker gelangen möchte. Dafür muss er zunächst in dämon. Welten hinabsteigen, die von den tiergestaltigen → Archonten beherrscht werden. An der Innenseite der den Kosmos umschlingenden Weltenschlange Leviathan befindet sich zunächst der Herrschaftsbereich des → Ialdabaoth, die planetar. Sphäre des Saturn. Auf ihn folgen auf dem Weg in das Zentrum des Kreises die Welt des → Iao (Jupiter), Sabaoth (Mars), Adonai (Merkur oder Sonne), Astaphaios (Venus), Ailoaos (Sonne oder Merkur) und Horaios (Mond). Um diese Sphären unbeschadet durchqueren zu können, muss der meditierende bzw. seelenreisende Myste die mag. Formeln kennen, mit denen er die Archonten und die ihnen unterstehenden Engel bzw. Dämonen beschwört. Unterhalb der Gegend des Paradiesbaumes liegt noch der von Behemon beherrschte, durch den Schwanz der Weltenschlange symbolisierte Tartaros (die griech. Unterwelt), in die es den Mysten möglicherweise verschlagen kann, wenn er die Meditation zu einem ungeeigneten Zeitpunkt abbricht. In das von Leviathan umschlossene Diagramm ist eine eigenständige, sehr schemat. Abbildung der in christl.-trinitar. Sinne verstandenen pneumat. Äonenwelt, der eigentlichen Heimat des Gnostikers, eingefügt.

Lit.: H. Leisegang, Die Gnosis, [5]1985. B. Witte, Das Ophitendiagramm nach Origines' Contra Celsum VI 22–38, 1993.

Dianetik → Scientology

Dikr (arab. »Gedenken«), suf. → Meditation, verbunden mit besonderen Sitzhaltungen und Atemtechniken, in der die → Namen Gottes eine Rolle spielen. Oft handelt es sich um die rhythm. Rezitation eines Koranverses, in dem einer der 99 Namen Allahs vorkommt. Als Konzentrationshilfe kann ein Rosenkranz verwendet werden. Anders als die islam. Gebete ist die Praxis des D. überall und jederzeit erlaubt. Die Techniken des D. werden nur über eine → Initiation vom Sufi-Meister an die Schüler weitergegeben.

Dialog des Erlösers, kopt.-gnost. Schrift aus → Nag-Hammadi (NHC III,5) mit deutlich christlicher Prägung, entst. wahrscheinlich im 2. Jh. Dialog zwischen dem nicht namentlich genannten Jesus mit den Schülern Judas, Maria und Matthäus sowie den zwölf Jüngern als Gesamtheit. Der Inhalt der Gespräche ist uneinheitlich; es werden verschiedenste Fragen wie Kosmogonie, Wesen und Aufbau der himml. Welt, die Rolle des Weiblichen, Eschatologie und Erlösung behandelt. Dabei verwendet der Text in abgewandelter Form zahlreiche aus der Bibel bekannte Motive.

Ausg.: S. Emmel (Hg.), Nag Hammadi Codex III,5. The Dialogue of the Savior, 1984.

Din, anderer Name für → Gebura

Dionysios Areopagites, um 500 in Syrien wirkender anonymer Verfasser myst.-esot. Schriften, der sich selbst als der in Apg 17,17–34 erwähnte Gerichtsherr und spätere Paulus-Anhänger ausgab. Tatsächlich erreichten seine Schriften dann eine kanon. Autorität, wie er sie durch das Pseudonym beansprucht hatte. D. Anliegen war es, die vom christlichen Theismus postulierte absolute Transzendenz Gottes mit der esot. Anschauung von der weltbegründenden göttlichen Immanenz zu verbinden. Zentrales Thema ist die → Einheit Gottes, die jeder Vielheit und Unterscheidbarkeit vorausgeht. Die Gottheit ist also Urheberin alles Seienden, das hierarchisch um sie gruppiert ist. Weil der Eine Gott unerkennbar ist, verharrt er in einer mystischen Dunkelheit und Nichtigkeit (→ Nichts); er ist nicht im Sinne des aus ihm hervorgegangenen Seienden und darum auch nicht in diesem Sinne erkennbar. In einer Dialektik von Erkennbarkeit und Unerkennbarkeit, d.h. in einer Art »Über-Unerkennbarkeit« kann er vom Suchenden dennoch erfasst werden. Die menschliche Bemühung um Gotteserkenntnis ist dabei ganz im esot. Verständnis als Auf- und Abstiegsbewegung gedacht. Die Schriften des D. dokumentieren den Übergang von der Esoterik zur → Mystik in der frühchristlichen Theologie und inspirierten beide Strömungen gleichermaßen.

Lit.: W. Völker, Kontemplation und Ekstase, 1958. J. Vanneste, Le mystère de dieux, 1959. P. Rorem, Pseudo-Dionysius. A Commentary on the Texts and an Introduction to their Influence, 1993.

Divination (lat. wörtl. »Vergöttlichung«), Begriff aus der röm. Religion für Weissagungs- und seherische Fähigkeiten. Er spielt in der → Mantik und → Theurgie der späteren Antike eine wichtige Rolle.

Dionysosmysterien, an den offiziellen orgiastischen Kult des Dionysos angeschlossene privat ausgerichtete Feiern in der späteren Antike, über deren Details kaum etwas bekannt ist. Myth. Grundlage der Rituale, bei denen der Weingenuss bei gemeinsamen kult. Mahlzeiten eine große Rolle gespielt haben muss, war die Geschichte des Gottes der Wildnis, wie er von Hera verfolgt und auf ihren Befehl hin von den Titanen in Stücke gerissen und gegessen, dann aber von olymp. Göttern wieder lebendig gemacht wurde.

Djwal Khul, Name des Meisters, von dem → Blavatsky die Lehren der →Theosophie empfangen haben will.

Domedon Doxomedon, (griech. »Herr des Hauses«, »Herr der Herrlichkeit«) myth. Wesen im → *Ägypterevangelium,* das aus »dem Schweigen« hervorkommt. Es handelt sich um eine Kollektivfigur, die die höchsten Gottheiten des gnost. → Pleroma zusammenfasst. Damit zeichnet sich im *Ägypterevangelium* eine für den Übergang von Gnosis in Esoterik sehr wichtige Entwicklung ab: Während über den höchsten Gott als Ursprung aller Wesen nichts ausgesagt werden kann, herrscht unter ihm eine zweite Gottheit, die als Herr des Alls kaum noch dämon. Züge trägt. Der theolog. Dualismus der Gnosis wird hier aufgebrochen und besteht nur noch der Form nach.

Dositheos, erscheint auch unter den Namen Dusis oder Theodosius, antiker Esoteriker unklarer Identität. Er gilt einerseits als Begründer der sog. → Samaritan. Sekten und andererseits als einer der ersten Gnostiker. Als solcher soll er nach häresiolog. Berichten ein Schüler von → Simon Magus gewesen sein. Diese Nachrichten sind allein schon aus chronolog. Gründen nicht miteinander zu vereinbaren. Möglicherweise handelt es sich um zwei verschiedene Personen desselben Namens.

Lit.: J. Bowman, Samaritan. Probleme, 1967. S. J. Isser, The Dositheans, 1976. T. Caldwell, D. Samaritanus, in: F. Dexinger/R. Pummer (Hg.), Die Samaritaner, 1992.

Dreigestaltige Protennoia, Die (NHC XIII,1), sethian. Text (3. Jh.), der eine Offenbarung der Ersten → Ennoia (= Protennoia) wiedergibt. Diese Figur ist eine Ausgestaltung der → Barbelo; an einer Stelle wird sie ausdrücklich mit Barbelo gleichgesetzt. Dennoch unterscheidet sie sich von dieser durch ihre Rolle als Erlösergottheit. Protennoia ist selbst der befreiende → Ruf, der an die Gnostiker ergeht. Als Bringerin von → Taufe, → Gnosis und → Erlösung steigt die Protennoia selbst in die Unterwelt – die Schlechtigkeit oder das Chaos – hinab, um die Gnostiker, die hier in typ. sethian. Manier als diejenigen definiert werden, die aufgrund ihres Lichtsamens die Göttin erkennen, zu befreien. Die Schrift zehrt eklekt. von Elementen der sethian. Mythologie (→ Sethian. Gnosis), präsentiert aber das sethian. System nicht als solches, sondern setzt seine Kenntnis voraus. Die von Protennoia verkündete und gleichzeitig durch sie verkörperte Theologie nimmt sehr weitgehend monistische Züge an. So ist die Göttin präexistent, waltet in der Gesamtheit des Alls und wohnt sogar niederen Wesen wie Dämonen und Hylikern inne. Obwohl die Präexistenz der Göttin »vor dem All«, in dessen Gesamtheit sie waltet und mit dem sie sogar gleichgesetzt ist, betont wird, bleibt in der Schrift die entscheidende Schöpferfunktion einem männlichen Agenten, nämlich Christus-Logos vorbehalten. Dennoch ist Protennoia ihm deutlich übergeordnet; er hat erst von ihr seine Herrlichkeit empfangen. Die aktive Rolle der Protennoia besteht in der → Gestaltung des Alls, wobei dies in gnost. Texten immer mit einem Erlösungs- und nicht mit einem ursprünglichen Schöpfungsakt im Zusammenhang steht.

Ausg.: NHL. NHD. Y. Janssens, La Protennoia Trimorphe, 1978. G. Schenke, Die Dreigestaltige Protennoia (NHC XIII), 1984.

Drei-Prinzipien-Lehren, von W. Foerster geprägter Sammelbegriff für eine Reihe gnost. Kosmologien, von denen die meisten nicht im eigentlichen Sinne Syteme bilden, weil durch philosoph. Kommentierung bzw. Ausdeutung die myth. Elemente, auseinandergerissen, überformt und verfremdet werden. Sie beschreiben einen Kreislauf, in dem sich zwischen einem vollkommenen Guten und einem Besonderen, Vereinzelten ein »aus sich selbst Entstandenes« hin und her bewegt und dadurch das Weltgeschehen erzeugt. Die Informationen über solche Lehren stammen hauptsächlich von → Hippolytos und repräsentieren ein Spätstadium der → Gnosis im 3. Jh. Zu ihnen gehören die → *Apophasis Megale,* die → Naassener und → Peraten. Allerdings findet sich im frühen → *Baruchbuch* des Justin eine Mythologie, die strukturell den D. vergleichbar ist. Das deutet darauf hin, dass diese Form der Semi-Gnosis bereits im 1. Jh. existierte und – wie andere gnost. Mythologien auch – im 3. Jh. durch philosoph. Spekulationen objektiviert wurde. → Objektivierung des gnost. Mythos.

Lit.: W. Foerster (Hg.), Die Gnosis. Zeugnisse der Kirchenväter, 1995.

Drei Stelen des Seth (NHC VII,7, 3. Jh.), gnost. Schrift von stark liturgischem Charakter. Sie besteht im wesentlichen aus sieben Hymnen auf Geradamas und → Barbelo. Der Text der Stelen wird auf → Dositheos und in letzter Instanz auf → Seth zurückgeführt. Ein nicht weiter spezifizierter Mittelsmann zwischen Dositheos und den Sethianern will ihn oftmals gesprochen haben und dadurch visionärer Schau teilhaftig geworden sein. Die Adressaten des Textes sind die Sethianer. Sie sollen mit den Hymnen die himml. Wesenheiten anrufen und erhalten indessen die Möglichkeit, sich auf eine → Seelenreise zu begeben.

Ausg.: NHL. NHD.

Dreiteiliger Traktat (3.Jh.), valentinian. Text in kopt. Sprache aus → Nag Hammadi (NHC I,5). Die Schrift hat eine monist. Tendenz, wodurch sie den valentinian. Mythos – entweder den des → Ptolemäus oder eine ursprüngliche Version des Valentinus selber – ansatzweise objektiviert (→ Objektivierung und Hypostasierung). Nur noch wenige myth. Wesen sind namentlich genannt, besonders auffällig ist das gänzliche Zurücktreten weiblicher Figuren. Alle Schöpfungen werden ultimativ auf das oberste göttliche Wesen, den Vater, zurückgeführt. Sogar die niedere Welt, durch den → Logos hervorgebracht, entsteht nach dem Willen des Gott-Vaters. Für ihre Unvollkommenheit wird keinerlei Erklärung gegeben. Anschließend wird die Selbsterlösung des Logos beschrieben: Er bekehrt sich zum Guten, teilt sich in zwei Hälften, und die bessere von beiden steigt ins → Pleroma auf. Danach zeugen die Äonen des Pleroma in gemeinsamer Harmonie den Erlöser, der sich nun der außerhalb verbliebenen Hälfte des Logos und den von ihm hervorgebrachten fehlerhaften Wesen annimmt. In der nichtpleromat. Welt setzt der Erlöser Archonten und über sie einen Oberarchonten ein. Unterdessen vollbringt der nunmehr vollkommene Logos eine glücklichere Schöpfung als die vorige hervor, die ebenso wie eine frühere Zeugung von Vater und Sohn »Kirche« genannt wird. – An diesen kosmolog. ersten Teil der Schrift schließt inhaltlich unverbunden eine wesentlich kürzere Anthropologie in Form einer Auslegung von Gen 1–3 an. Sie beschreibt die Schöpfung Adams durch den pneumat. Logos, den → Demiurgen und seine Engel. Die Seele des → Menschen ist trichotomisch; sie erhält vom Logos ihren pneumat., vom Demiurgen und den »rechten« Engeln den psych. und von den »linken« Engeln den hyl. Anteil. – Im dritten, soteriolog. Abschnitt des Traktats wird dargelegt, dass die jeweilige Reaktion eines Menschen auf die Offenbarungen des Erlösers den Ausschlag dafür gibt, ob er insgesamt in die pneumat., psych. oder hyl. Kategorie gehört.

Ausg.: NHD. NHL.

Drewermann, Eugen (* 1940), kathol. »abtrünniger« Theologe mit ausgeprägter Neigung zur Esoterik. D. strebt eine spirituelle Erneuerung des Christentums an, das auf einem symbol.-tiefenpsycholog. Verständnis der Bibel beruht und daneben offen ist für die Botschaften anderer Religionen. An die Stelle des klerikalen Theologen, der einer dogmat. Tradition verhaftet ist, muss nach D. heute der Therapeut oder Heiler rücken, dessen Funktionen der eines Schamanen (→ Schamanismus) entsprechen. Nach mehreren bibelexeget. Arbeiten im Sinne seines Konzepts veröffentlichte D. 1989 mit dem Buch *Kleriker. Psychogramm eines Ideals* eine scharfe Kritik an der Ämterhierarchie der Kathol. Kirche und verlor daraufhin seine kirchliche Lehrbefugnis sowie sein Priesteramt. Seither erzielt er mit öffentlichen Vorträgen über seine Auffassung von einer zeitgemäßen Spiritualität eine große Breitenwirkung. Er nennt drei wesentliche Erfordernisse einer Religiosität, die zeitgenöss. Erfordernissen gerecht werden soll: Die Integration der Natur in das religiöse Weltbild (statt Herrschaft über die Natur), die Integration des Inneren bzw. der Psyche (statt der Verdrängung des Unbewussten) und Toleranz im interreligiösen Gespräch (statt Fundamentalismus).

Ausg.: Strukturen des Bösen. Die jahwist. Urgeschichte in exeget., psychoanalyt. u. philosoph. Sicht, 3 Bde., 1977–78. Der Tödliche Fortschritt. Von der Zerstörung der Erde u. des Menschen im Erbe des Christentums, 1981. Tiefenpsychologie u. Exegese, 2 Bde., 1984–85. Kleriker. Psychogramm eines Ideals, 1989. Worum es eigentlich geht. Protokoll einer Verurteilung, 1992.

Lit.: G. Fehrenbacher, D. verstehen, 1991. A. Sobel, E.-D.-Bibliographie. Primär- u. Sekundärliteratur, Rezensionsverzeichnis, Bibliographie zum Fall D., Einführung, 1992.

Dritte Auge, Das (The Third Eye, 1956; deutsch 1957), von dem Engländer Cyril Henry Hoskin unter dem Pseudonym Lobsang Rampa verfasster romanhafter Erlebnisbericht eines tibet. Lamas. Es handelt sich um eine den Anschein einer Autobiographie erweckende Schilderung von Rampas Werdegang als hoher Geistlicher bis zur Besetzung Tibets durch das kommunist. China. Besondere Aufmerksamkeit erfahren die übernatürlichen Fähigkeiten der Lamas. Teils werden sie auf die Aktivierung eines besonderen Organs im menschlichen Gehirn, das »Dritte Auge«, zurückgeführt. In der Frühzeit der Menschheit soll es Allgemeingut gewesen sein, schloss sich dann aber infolge eines Sündenfalls. Seither haben nur noch wenige die Anlage zu hellseher. Fähigkeiten, die durch eine operative Öffnung des Dritten Auges zur Vollkommenheit ausgebildet werden kann. Trotz anhaltender Kritik renommierter Tibetologen und Anthropologen, die den Autor des Schwindels bezichtigten, erfreut sich das Buch großer Popularität in esot. interessierten Kreisen.

Lit.: A. Bharati, Mundus vult decipi. Falsche Lamas, ein Märchentibet u. vermischte Esoterica, in: H. P. Duerr (Hg.), Authentizität u. Betrug in der Ethnologie, 1987.

Druiden (von gäl. »drui«), kelt. Priester höheren Ranges. In späterer Zeit, d.h. im mittelalterlichen Irland, wurde die Bezeichnung D. auch auf niedere Priester ausgedehnt. Seit jeher wurden der mächtigen Priesterkaste der Kelten außerordentliche Qualitäten zugeschrieben. Caesar berichtet im Gallischen Krieg, die D. hätten eine lange Ausbildungszeit durchlaufen; sie hätten an die Unsterblichkeit der Seele und ihre Wanderungen durch verschiedene Körper geglaubt. Die antiken alexandrin. Schriftsteller, bei denen esot. Anschauungen eine Rolle spielten, verglichen die D. mit → Pythagoras. Von der kelt. Nationalbewegung wurden sie romantisiert und seit dem 17. Jh. mit der Errichtung von Stonehenge und anderen → Steinkreisen in Verbindung gebracht. Esoteriker des 20. Jh.s sehen die D. als Vertreter eines spirituellen Weltbildes an, die schon die Werte der röm. Zivilisation ablehnten und heute eine Alternative zum jüd.-christl. Erbe des Abendlandes bieten. Besonderes Interesse finden die D. im Rahmen des → Neuheidentums.

Lit.: S. Piggott, The D., 1968. J. Markale, Die D., 1989. A. A. Schwarz/R. P. Schweppe/W. M. Pfau, Wyda. Die Kraft der D., 1989. R. Nichols, The Book of Druidry, 1990. P. Berresford Ellis, The D., 1994.

Drusen, isma'ilit. Religionsgemeinschaft, die 1017–19 als schismat. Bewegung unter den → Fatimiden in Ägypten entstand. Der sechste Fatimidenkalif al-Hakim (996–1021), der sich durch einen ungewöhnlichen Regierungsstil auszeichnete, wurde 1017 durch einige Abweichler zu dem von den Fatimiden für die Endzeit erwarteten → Qa'im erklärt. Die Epoche der Auferstehung (arab. »qiyama«) sei angebrochen, so dass sich der Erlöser nun offenbare. Kurz darauf wurde der Anführer dieser Bewegung, Hasan al-Ahram, ermordet. Die Idee, dass mit dem Kalifat al-Hakims die Parusieerwartung der Fatimiden nun eingelöst sei, wurde jedoch i.J. 1019 durch Hamza ibn 'Ali, den eigentlichen Begründer des Drusentums, erneuert. Hamza verbreitete über später im sog. D.kanon zusammengefasste Sendschreiben eine aus isma'ilit. und ghulat-Elementen gemischte Lehre, die aus der angenommenen Göttlichkeit al-Hakims folgerte, dass Kult und Gesetz aufgehoben seien. Hamza nahm den isma'ilit. Mythos in seiner älteren Gestalt, d.h. ohne die neuplaton. Überformungen, wieder auf und übertrug einige der myth. Figuren auf seine Anhänger. Benannt wurde diese auch in Gebiete außerhalb Ägyptens verbreitete neue Verkündigung nach dem besonders eifrigen da'i al-Dar(a)zi, der Hamza anfangs ergeben war, sich später aber teilweise selbständig machte. Als der von den D. vergöttlichte Kalif al-Hakim im Februar 1021 auf rätselhafte Weise verschwand – wahrscheinlich wurde er Opfer einer Palastverschwörung –, bestärkte dies die D. noch in ihrem Glauben. Sie waren der Auffassung, al-Hakim habe sich wegen seiner schlechten Aufnahme bei den Menschen erneut verborgen. Die Verfolgungen durch die Fatimiden sorgten bald dafür, dass die druz. Ideen in Ägypten keine Zukunft mehr hatten; sie halten sich bis heute in gebirgigen Gegenden Syriens und des Libanon. Der revolutionäre Impetus der D. spielte bis in die jüngste Geschichte dieser Gebiete hinein eine Rolle.

Lit.: K. M. Firro, A History of the Druzes, 1992. B. Schäbler, Aufstände im D.bergland. Ethnizität und Integration einer ländlichen Gesellschaft Syriens vom Osman. Reich bis zur staatlichen Unabhängigkeit, 1996.

Dualismus, eine innerhalb des Esoterik tragende Konzeption, die nach drei Spielarten unterschieden werden muss: (1) Der komplementäre D. nimmt zwei Urprinzipien an, die sich auf allen Ebenen des Seins manifestieren, wie etwa Tag–Nacht, Licht–Dunkel, Aktivität–Passivität, männl.–weibl., Leben–Tod usw. Die Paare werden als einander gleichwertig aufgefasst; sie ergänzen und bedingen sich gegenseitig. Dieser D. ist also Voraussetzung für den Monismus und umgekehrt, was esot. Anschauung entspricht. (2) Im eth. D. erfahren die beiden Urprinzipien eine unterschiedliche Bewertung und werden als einander bekämpfend interpretiert. Dieser Dualismus ist der Gnosis eigen, wobei berücksichtigt werden muss, dass das »gute« Prinzip stärker ist als das »böse« und dass oft dem »bösen« kein eigenes Sein zuerkannt wird. Auch in den meisten gnost. Systemen entsteht das Böse durch einen »Fall« aus dem Guten. Wichtig für den gnost. D. ist eine soziolog. Komponente. Solange eine Gruppierung sich durch Ablehnung von außen dazu gezwungen sieht, eine eigene Identität zu entwickeln, grenzt sie sich ihrerseits von der Umwelt ab und entwickelt dualist. Denkmuster, die der Konstellation »eigene Gruppe versus Außenwelt« entspricht. Allen dualist. gnost. Systemen ist ein Monismus inhärent, der bei Stabilität der sozialen Situation das Übergewicht gewinnt. Dieser Übergang markiert auch die Transformation der Gnosis in Esoterik im engeren Wortsinn. Wird zusätzlich auch der anthropolog. D. der Gnosis überwunden, entsteht → Mystik. (3) Eine Variante des eth. D. und doch ein eigenes Problem ist der Leib-Seele-D., der den der Esoterik eng verbundenen → Platonismus kennzeichnet. Da der Geist (bzw. die geistig aufgefasste Seele) ewig und die Materie nur eine seiner vorübergehenden Manifestationen ist, scheint die Abwertung letzterer nahe zu liegen. In der griech. Kultur des 6. Jh.s, der ein pessimist. Zug eigen war, entwickelte sich die Vorstellung, der Körper halte die Seele gefangen. Die ideengeschichtlichen Ursachen für diese Entwicklung sind ungeklärt.

Im Laufe der antiken Geistesgeschichte verstärkte sie sich noch und prägte in entscheidender Weise insbesondere den → Platonismus, über den sie immer wieder die Geschichte der Esoterik mitgestaltete. Führende Esoteriker von heute arbeiten an der Überwindung des D.

Dynamis → Energie

Dynamische Meditation, eine von → Osho entwickelte moderne Meditationsform, bei der der eigentlich meditativen Phase eine dynam. vorausgeht. Sie beruht auf dem Prinzip, die Aktivität der ersten Phase durch schnelles Atmen, Laufen, Schlagen (auf Kissen), Schütteln und Tanzen soweit zu steigern, dass sie dialektisch ins Gegenteil umschlägt und Körper und Geist vollständig zur Ruhe kommen. Nach Osho dringt diese auf die Bedürfnisse des unter großen gesellschaftlichen Zwängen stehenden modernen Menschen eingestellte Art der Meditation bis in unterbewusste Bereiche vor, anstatt wie herkömmliche Formen nur oberflächlich das Bewusstsein zu beruhigen.

Lit.: Osho, Dynamisch Meditieren, 1990.

E

Edelsteine, Symbole der kosm. Lichtnatur. E. sind nach esot. Anschauung besondere Energieträger, die die menschliche Konzentration verstärken und so als Hilfsmittel bei der → Meditation und → Mantik eingesetzt werden können. Ferner werden jeder E.art bestimmte Heilwirkungen zugeschrieben. Das Tragen von E.n als Schmuck oder ihre Plazierung in Wohn-, Arbeits- und Schlafräumen dient dazu, bestimmte Energien zu sammeln und besser verfügbar zu machen.

Lit.: W. Cloos, Kleine E.kunde, im Hinblick auf die Geschichte der Erde, 1965. G. Hertzka/W. Strehlow, Die E.medizin der hl. Hildegard, 1985. S. Golowin, E.-Kristallpforten zur Seele, 1986.

Ego → Ich und Selbst

Einheit ist das grundlegende Prinzip esot. Weltanschauung. Sie liegt in und hinter der Vielfalt der Erscheinungen. Das bedeutet, dass jedes Lebewesen, jeder Gegenstand und jeder Aspekt des Lebens in seinem Bezug auf das Eine Ganze gesehen werden muss. Am anschaulichsten und konsequentesten wurde die esot. Lehre von der E. der Existenz (arab. wahdat al-wujud) von → Ibn 'Arabi formiliert: Alle Phänomene haben eine offenbare und eine geheime Wesensart. Indem der Philosoph oder Mystiker von der Oberfläche ins Innere des Seins dringt, wird er der E. gewahr. Die zeitgenöss. Esoterik gebraucht für E. häufig den Terminus »Holismus«, der zusätzlich zu traditionellen E.lehren besagt, dass das Ganze der E. mehr und von anderer Qualität ist als die Summe seiner einzelnen Bestandteile. In der E. wird alles Vereinzelte und Individuelle auf eine höhere Seinsebene gehoben.

Einweihung → Initiation

'Eiyn Sof (hebräisch »das Endlose«), kabbalist. Bezeichnung für das ausschließliche Selbstsein Gottes in der → Verborgenheit, auch 'ayin (→ Nichts) genannt.

Eklektizismus, d. h. das Zusammentragen und Zusammenstellen verschiedener Ideen zu Systemen, mit denen sie unmittelbar nichts zu tun hatten, ist kennzeichnend für die Esoterik. Der esot. E. resultiert einerseits aus dem integrativen Universalismus des → esot. Monotheismus, andererseits aber auch aus einem sich besonders in der späteren Antike und im ausgehenden 20. Jh. bemerkbar machenden Partikularismus, der das Einzelne für sich in einer Absolutheit und nicht innerhalb eines spezif. religiös-kulturellen Kontexts wahrnimmt, dabei jedoch die Relativität aller Anschauungsweisen, insbesondere ihre Abhängigkeit von Gefühlslage und Betrachtungsweise des Urteilenden einräumt. Der E. der Esoterik ist eine entscheidende Grundlage für die von ihr vertretene Auffassung der → Einheit allen Seins. Häufig wird für E. noch der von christl. Häresiologen eingeführte Terminus Synkretismus (griech.-neulat. Vermischung von Religionen) verwendet. Er ist erstens histor. vorbelastet, zweitens erweckt er den Eindruck, als geschehe die »Vermischung« religiöser Traditionen rein willkürlich. »E.« ist von dem lat. Verb »legere« = »sammeln« hergeleitet und genügt so besser dem Tatbestand, dass Esoteriker relig.-philosoph. Lehren »sammeln«, um sie dem von ihnen postulierten Einheitsprinzip ein- und unterzuordnen.

Ekstase (ntl.-griech. ekstasis »Außersichgeraten«, »Verzückung«), Bewusstseinszustand, der die Grenzen des Ich transzendiert und ein Gefühl der Einheit mit dem Weltganzen herstellt. Oft führt E. zur Besessenheit, d. h. das Zurücktreten des Ich hat zur Folge, dass der Ekstatiker oder die Ekstatikerin sein Sprechen und Handeln von → Geistern bestimmt sieht. E. ist eine notwendige Voraussetzung für alle medialen Aktivitäten wie → Channeling. Der ultimative ekstat. Zustand ist die → Erleuchtung.

Lit.: I. M. Lewis, Ekstatic Religion. A Study of Shamanism and Spirit Possession, 1989.

Elben → Naturgeister

Elchasai (aramäisch »verborgene Kraft«; Anf. 2. Jh.), charismat. Religionsstifter und Urheber eines Offenbarungsbuches, über dessen genaue Umstände und Lehren nur unzureichende und z. T. widersprüchliche Nachrichten existieren. Jedenfalls verkündigte es für das dritte Regierungsjahr des röm. Kaisers Trajan (100/101) eine neue generelle Sündenvergebung in Form einer Taufe. Für das dritte Jahr nach Trajans Unterwerfung der Parther wurde eine große apokalypt. Schlacht zwischen den »Engeln des Nordens« angedroht, die die ganze Welt in Mitleidenschaft ziehen sollte. Besonders auffällig sind die proiran. Untertöne der Schrift, was sie möglicherweise in einen Zusammenhang mit den jüd. Aufständen gegen die Römer stellt, die wiederum auch gegen die iran. Parther kämpften. Wirkungsgebiet E.s war wahrscheinlich das nördliche Mesopotamien. Nach E. benannte sich eine → Täufergemeinschaft, in der → Mani aufwuchs, der E. als einen prophet. Vorläufer seiner selbst ansah. Die Elchasaiten betrieben eine aktive Mission; sie drangen von Syrien aus östlich ins Partherreich und westlich bis nach Rom vor.

Lit.: W. Brandt, E., ein Religionsstifter u. sein Werk, 1912. G. P. Luttikhuisen, The Revelation of E., 1985.

Eleleth, das *aktivste der vier Lichter* oder Erleuchter in der barbelognost. Kosmologie bzw. in der Sethianischen → Gnosis. E. fungiert als Offenbarer und Erlöser. Im → *Ägypterevangelium* veranlaßt er die Entstehung des Weltenherrschers → Saklas.

Elemente, die Grundbausteine des Weltganzen und damit die Basis jeglicher traditioneller → Naturphilosophie. Fast alle westlichen Konzeptionen beruhen auf der Annahme von vier Elementen: Feuer, Wasser, Luft, Erde, denen nach dem Prinzip der → Analogie auf kosmolog. Ebene die Planeten und auf anthropolog. Ebene die vier Temperamente zugeordnet sind. Als »Stoff« der intelligiblen Welt kommt als ein Quasi-Element der → Äther hinzu. Eine vom abendländ. System abweichende, sehr differenzierte und praxisbezogene Fünf-Elemente-Lehre von Holz, Feuer, Erde, Metall, Wasser wurde in China entwickelt. Sie findet in vielen Bereichen der zeitgenössischen Esoterik Anwendung, insbesondere in der → Chines. Medizin und Ernährung. Die Kosmologie der heutigen Esoterik wird hingegen kaum noch durch die E. bestimmt. Die klassische, von den → Vorsokratikern begründete Lehre wird durch Themen der jüngsten Naturwissenschaft, wie → Quantenphysik und → Chaostheorie, abgelöst. Eine Ausnahme macht die → Anthroposophie, die die E. nach wie vor ins Zentrum ihrer Naturerkenntnis stellt. Auch die vier Temperamente, die den E.n zugeordnet werden (Feuer/Choleriker, Luft/Sanguiniker, Wasser/Phlegmatiker, Erde/Melancholiker) spielen in Anthroposophie und → Waldorfpädagogik eine Rolle.

Elfen → Naturgeister

Emanation (lat. »Ausfluss«), das Hervorgehen des Universums aus der göttlichen Einheit. Die Vorstellung von der E. ist ein entscheidendes Element in der esot. Denken prägenden Vorstellung von der Aufgehobenheit der Vielheit in der → Einheit, die räumlich gesehen zu einer Abstiegs- und Wiederaufstiegsbewegung gerät. Sie wurde besonders durch einige gnost. Lehren und den → Neuplatonismus entwickelt, hat aber bereits Vorbilder in altägypt. Kosmogonien, die verschiedene Götterordnungen – wobei viele der einzelnen Götter und Göttinnen für kosm. oder natürliche Prinzipien stehen – aus der Urflut Nun hervorgehen lassen.

Emblematik, die durch Andreas Alciatus (1492–1550) begründete, Textliches und Graphisches kombinierende Sinnbildkunst, die in der europäischen Kultur der Renaissance und des Barock eine große Bedeutung hatte. Die Wurzeln der E. liegen in der Nachahmung antiker Sinnbilder wie denen des Horapollon (5. Jh.), die ihrerseits von der als Trägerin esot. Wissens geltenden altägypt. Hieroglyphenschrift inspiriert waren. Die besonderen Ausdrucksmöglichkeiten der Embleme bestehen darin, dass sie Darstellung und Deutung in einem sind bzw. dass die Bedeutung eines Bildes per definitionem über das unmittelbar Dargestellte hinausgeht und dann in einem beigefügten kurzen Text erläutert wird. Das sich in der E. niederschlagene Wirklichkeitsverständnis, nach dem der tatsächliche Gehalt eines Gegenstands oder Vorgangs immer über das empir. Wahrnehmbare hinausgeht, deckt sich mit dem der Esoterik, die denn auch gleichzeitig mit der E. eine ihrer größten Blütezeiten hatte.

Lit.: A. Henkel / A. Schöne (Hg.), Emblemata. Handbuch zur Sinnbildkunst des XVI. u. XVII. Jh.s, 1967/1996.

Empedokles von Akragas (ca. 495–435 v. Chr.), Arzt und vorsokrat. Philosoph (→ Vorsokratiker). Sein Leben war schon in der Antike von Legenden umrankt, insbesondere schrieb man ihm wundersame Heilungen zu. E. ist Autor von zwei überlieferten, in Hexametern abgefassten Schriften: *Über die Natur* und → *Katharmoi*. Die → Naturphilosophie des E. ging anders als die der meisten Vorsokratiker von vier präexistenten Wesenheiten aus, die er »Wurzeln« nannte: Feuer, Luft, Erde und Wasser. Diese Urelemente sind unvergänglich, befinden sich aber in keinem statischen Zustand, sondern sind in ständiger Bewegung und können sich mischen. Sowohl die Begrifflichkeit von Wurzeln als auch die Vorstellung ihrer Mischung wird später unter anderen Vorzeichen in einigen Strömungen der → Gnosis und im → Manichäismus prominent. Bei E. wird die Bewegung und Vermischung der Wurzeln von den antagonist. psycholog. Kräften → Liebe (philotes) und Streit (neikos) verursacht, die zwischen den physikal. Elementen jeweils anziehend bzw. abstoßend wirken. Auf dieser Grundlage entfaltet E. eine mythische Kosmogonie, deren pessimistischer Grundton einer reinen Zyklenlehre eigentlich widerspricht. Sie scheint zumindest oberflächlich von der griech. → Zeitalterlehre beeinflußt. Der Idealzustand des Kosmos ist der einer Kugel (griech. »sphairos«) und wird dann erreicht, wenn die Wurzeln allein durch Liebe geordnet sind. In den *Katharmoi* wird die Liebe als höchste Gottheit hingestellt.

Lit.: J. Bollack, Empédocle, 4 Bde. 1965–69. G. S. Kirk u.a., Die vorsokrat. Philosophen, 1994. P. Kingsley, Ancient Philosophy, Mystery, and Magic. E. and the Pythagorean Tradition, 1995. A. Martin/O. Primavesi, L' E. de Strasbourg, 1999.

Engel (von hebr. mal'ach, griech. angelo »Bote«), eine in Judentum, Christentum und Islam entwickelte Vorstellung von guten → Geistern als Gehilfen Gottes, die um seinen → Thron versammelt sind. Ihre älteste Funktion ist das Überbringen von Botschaften. Die Mittlerposition zwischen göttlicher und menschlicher Sphäre wurde im hellenist. Judentum kosmolog. ausgestaltet. Unter dem Einfluss griech. Anschauungen von den Sternen als belebte Wesen, wurden die E. mit diesen identifiziert. Diese Tradition der Engelslehren blieb in allen drei monotheist. Religionen weitgehend außerkanonisch, bildet aber ein Herzstück der westlichen und islam. Frömmigkeit, → Volksreligion und Esoterik. Im Mittelalter beschäftigten sich bedeutende christl. Theologen mit den E., und in der → Orthodoxie treten sie sogar in den Kirchenliturgien auf. Die E. bilden die himml. Hierarchien, wie sie in zahlreichen esot. Systemen beschrieben werden. Die früheste ausführliche Darlegung über die E.welten findet sich im → *Äthiop. Henochbuch*, wobei hier die Erzählung vom → Fall der E. eine besondere Bedeutung hat. E.spekulationen sind zentral in der → Merkava-Mystik; in der späteren → Kabbala werden die E. durch die → Sephirot abgelöst. Bei → Augustinus sind die E. mit dem Licht und mit der Erkenntnis des göttl. Schöpfungswerkes verbunden; sie manifestieren sich in kosm. Erscheinungen wie den Tageszeiten. → Dionysios Areopagites teilt die E.welt in drei Ordnungen, die wiederum aus drei Chören bestehen, so dass wir es insgesamt mit neun Hierarchien zu tun haben. Areopagitess Schrift Über die himml. Hierarchien bildete die Grundlage der Angelologie des gesamten christl. Mittelalters bis hin zu den E.visionen → Hildegard von Bingens. Noch Luther und Calvin maßen dem Werk eine große Bedeutung bei. Eine protestant. Angelologie findet sich v.a. in der Schilderung des Paradiesgeschehens bei Milton (1674). – Die E. versehen in den kosm. Sphären mit ihrem Lobpreis Gottes und der Schöpfung einen quasikult. Dienst, hierin ein Vorbild für die Menschen. Indem Menschen es den E. gleichtun, können sie selber zu E. werden. In gnost. beeinflussten Traditionen sind die E. selber Schöpfungsmächte, werden allerdings in diesem Zusammenhang oft negativ gedeutet, womit sie sich den Dämonen annähern. In einem positiven Sinne lebendig geblieben ist eine solche Vorstellung bis heute in der → Anthroposophie, die den Bau der Schöpfung E.n zuschreibt. – Im Rahmen der → Sufik nehmen E.lehren eine zentrale Stellung ein. Die islam. E. werden grundsätzlich als rein intelligible Wesen verstanden, sie sind stärker als in der christl. Tradition mit den göttlichen Attributen verbunden. – Ihre kosmolog. Funktionen sind ein Grund, warum die E. in der Esoterik von heute nach wie vor einen wichtigen Platz einnehmen. Nach zeitgenöss. Anschauung verkörpern sie verschiedene Qualitäten der kosm. Intelligenz (→ Kosmotheismus). Im → Monismus des → Newage verbindet sich die E.vorstellung wieder stärker mit einem allgemeineren Glauben an → Geister, dem sie histor. auch entsprungen sind. Dorothy Maclean bezeichnet Pflanzengeister ausdrücklich als E. Eine Ausweitung des E.sbegriffs hat auch im Hinblick auf abstrakte Qualitäten und Fähigkeiten stattgefunden. In der → Findhorngemeinschaft wurde ein Set von E.skarten entwickelt, mit dem man sich der Hilfe eines E. vergewissert, dessen Eigenschaft man in einer bestimmten Lebenssituation bedarf. Auch die Kommunikation mit der besonderen Spezies der Schutze. spielt heute eine große Rolle. So wie die kosm. E. die Belebtheit des Kosmos symbolisieren, verkörpern die Schutzengel die spirituellen Potenzen des jeweiligen Menschen, dem sie als persönliche Begleiter und Helfer beistehen.

Lit.: C. D. G. Müller, Die E.lehre der Kopt. Kirche, 1959. G. Tavard, Die E., 1968. H.-W. Schroeder, Mensch u. E. Die Wirklichkeit der Hierarchien, 1982. F. A. Newhouse, Lichtwesen, 1984. D. Maclean, Du kannst mit E.n sprechen, ²1985. W. Bloom, Devas, Fairies and Angels. A modern Approach, 1986. H. C. Moolenburgh, E. als Beschützer u. Helfer des Menschen, ²1986. S. Murata, The Angels, in: S. H. Nasr (Hg.), Islamic Spirituality. Foundations, 1991. M. Godwin, E. Eine bedrohte Art, ²1992. M. Mach, Entwicklungsstadien des jüd. E.glaubens in vorrabbin. Zeit, 1992. M. Fox/ R. Sheldrake, E. Die kosm. Intelligenz, 1998. H. Krauss, die E., 2000. Vgl. a.: P. Schäfer, Rivalität zw. Engeln und Menschen. Unters. zur rabbin. E.svorstellung, 1975.

Enneaden (griech. »Neunheiten«), Sammeltitel für eine Reihe philosph. Aufsätze → Plotinos', die von seinem Schüler Porphyrios zusammengestellt und in festgelegter Anordnung herausgegeben wurden. Thema der Schriften ist die emanative Entfaltung des Einen in mehreren Stufen bis hin zu den sichtbaren Erscheinungen. Die emanative Struktur des Kosmos korrespondiert mit verschiedenen Bewusstseinsstufen. Höchstes Bewusstsein bedeutet die Vergegenwärtigung der alle Vielheit ein- und umfassenden → Einheit. Die menschliche Seele erlangt diesen Zustand in einer myst. Ekstase unter Aufgabe ihrer eigenen Selbstigkeit.

Enneagramm (griech. »Neunerzeichen«), ein neunzackiger Stern als Symbol für eine Methode der Persönlichkeitsanalyse, die von → Gurdjieff in die westliche Esoterik eingeführt wurde. Sie wird auf eine mündliche Tradition der → Sufik zurückgeführt. Das E. steht für neun Charaktertypen, die mithilfe seiner Symbolik erkannt und höheren Entwicklungsstufen zugeführt werden sollen.

Lit.: H. Palmer, Das E., Sich selbst u. andere verstehen lernen, 1991.

Energie, wichtiger Begriff der zeitgenöss. Esoterik, der aber Vorbilder in der taoist. Tradition mit der Bezeichnung »Qi« und in der → Tantrik mit der Vorstellung der Shakti als E. hat. Auch das griech. Wort »dynamis«, ebenfalls = E., wird im NT und in der antiken → Magie in ähnlicher Weise verwendet. Ferner gibt es auch Parallelen zum melanes. Mana-Begriff. E. ist in erster Linie göttliche E. und als solche ganz allgemein die Lebenskraft, die sich in unterschiedlichen Formen manifestiert. Jedes Lebewesen, jedes Ding, jede Emotion oder Stimmung und jeder Geisteszustand ist oder hat eine spezifizierte E., die einen Aspekt der universellen E. darstellt oder ausdrückt. Insbesondere die Magie arbeitet mit den E.n, d. h. versteht sie in die von dem Magier gewünschten Richtungen zu lenken. Sehr wichtig ist die Arbeit mit E. auch im medizin. und körpertherapeut. Bereich, wo sie besonders über den → Atem und die Meridiane (→ Chines. Medizin) beeinflussbar ist.

Ennoia (griech. »Gedanke«), einer der zahlreichen Namen, unter denen in der → Gnosis die Paargenossin des höchsten Gottes firmiert.

Entsprechungen → Analogie

Ephesech oder **Esephech,** in der → sethian. Gnosis Name eines Himmelswesens, das dem Seelenreisenden als mystagog. Führer bei seinem Aufstieg hilft.

Epiphanios von Salamis (ca. 315–403), Theologe und langjähriger Klostervorsteher in Eletheropolis in Judäa. 367 wurde er zum Erzbischof von Zypern gewählt. Seine entschiedene Ablehnung heidn.-philosoph. Gelehrsamkeit und seine Polemik gegen nichtkirchliche Glaubenslehren trugen E. den Titel »Patriarch der Orthodoxie« ein. In seinem Hauptwerk *Panarion* (griech. »Arzneikasten«) stellte er die Häretiker und ihre Lehren als giftige Schlangen und andere abscheuerregende Tiere dar, die die Rechtgläubigen zu verletzen drohen oder es schon getan haben. E. will mit seiner Schrift eine Arznei gegen die Häresien anbieten. Das *Panarion* ist eine polemische und teilweise wirre Zusammenstellung von 80 »Häresien« verschiedener Provenienz, die z.T. esot. Gedankengut vertraten. Dennoch enthält es streckenweise wichtige Informationen, so E.s angeblichen Augenzeugenbericht über die → Barbeloiten sowie Exzerpte aus Originalschriften von sog. Häretikern. Die Authentizität solcher Berichte ist gleichwohl ungesichert.

Ausg.: F. Williams, The Panarion of E., 2 Bde, 1994 (engl. Übers.).

Eriugena, Johannes Scotus (ca. 810–ca. 877), irischer Herkunft, Lehrer der artes liberales am Hof Karls des Kahlen (840–77) und v. a. bekannt durch sein Werk → *Periphyseon* der entscheidende Erneuerer der Esoterik im MA. E. übersetzte → Dionysius Areopagita ins Latein. und begründete eine neue Tradition neuplaton.-naturphilosoph. Denkens im westl. Christentum, dessen Glaubenswahrheiten er in der Vernunft begründet wissen wollte.

Lit.: H. Gsänger, Irland. Insel des Abel. Das christl. Irland u. seine Klosterschulen, 1970. W. Beierwaltes, Denken des Einen. Studien zur neuplaton. Philosophie u. ihrer Wirkungsgeschichte, 1985. J. Streit, Sonne u. Kreuz, Irland zwischen Megalithkultur u. frühem Christentum, [2]1986. W.-U. Klünker, J. S. E., Denken im Gespräch mit dem Engel, 1988. U. Rudnick, Das System des J. S. E. Eine theolog.-philosoph. Studie zu seinem Werk, 1990.

Erkenntnistheorie der Esoterik. Entsprechend ihrer spezifischen Weltauffassung bedient sich die Esoterik eigener Denkformen, die in vielen, aber nicht allen Hinsichten mit mit denen eines vorwissenschaftlichen Denkens übereinstimmen. Esot. Erkenntnis gründet nicht wie die moderne naturwissenschaftliche auf Analyse, sondern auf Anschauung des Erkenntnisgegenstandes, wie er in ganzheitliche Lebenszusammenhänge eingebettet ist, und hat von daher immer sinnliche Aspekte. Die Erforschung mechanist. Kausalzusammenhänge unter Laborbedingungen wird als lebensfeindlich abgelehnt. Dem berühmten Diktum Roger Bacons, die Natur müsse auf der Folterbank dazu gezwungen werden, ihre Geheimnisse preiszugeben, steht das des Esoterikers → Goethe gegenüber, was sich lebendiger Anschauung entziehe, sei es nicht wert, gewusst zu werden. Der Erkenntnissuchende ist immer in den Erkenntniszusammenhang eingebunden, d. h. er stellt sich nicht als Subjekt dem Erkenntnisgegenstand als Objekt gegenüber, sondern Subjekt und Objekt werden im Erkenntnisprozess aufgehoben und bilden eine höhere Einheit. Esot. Erkenntnisgewinnung stellt also keine eindimensional-kausalen, sondern relationale Beziehungen her, die dann besonders gut im → Symbol ausgedrückt werden können. Auch die Bildersprache des → Mythos ist für esot. Einsichten ein bevorzugtes Medium. Esot. Erkenntnis zielt niemals auf abstrakt formulierte allgemeine (Natur-)gesetze, sondern auf eine Erklärung für einen individuellen Vorgang, wobei diese Erklärung nicht beansprucht, die einzige und unter allen Umständen richtige zu sein. Ihr situativer Ansatz verbindet die E. mit der → Weisheit, und der Verzicht auf Verallgemeinerungs- und Absolutheitsansprüche verleiht ihr einen skept. Zug, den auch alte Weisheitstraditionen des öfteren angenommen haben. Ein eindrucksvolles Beispiel für esot. Skepsis bietet → Agrippas Werk *De incertitudine et vanitate scientarum* (lat. »Über die Unsicherheit und Nichtigkeit der Wissenschaften«). Sofern begriffliche Erkenntnis angestrebt wird, erhalten die Begriffe den Charakter von Hypostasen und damit wiederum von Bildern; sie sind eigene Wesenheiten aus den geistigen Welten. Assoziation und → Intuition haben einen hohen Stellenwert. Dennoch haben Esoteriker durchaus lehrhafte Methoden des Erkennens entwickelt, die in den einzelnen Schulen tradiert werden. Das Erkenntnisbemühen richtet sich dabei ebenso auf die sinnlichen Erscheinungen wie auf übersinnliche Wesenheiten und ethische, oftmals lebenspraktische Fragen. Der Wissensbegriff ist ein dynam.-organ., im Gegensatz zur Starrheit positivistischer Wissenschaft. Die Esoterik verzichtet auf kausale Ableitungen und orientiert sich stattdessen am Prinzip der → Analogie (→ Senkrechtes Weltbild). Auch zieht sie synchron. Denken dem histor. vor. Die E. setzt voraus, dass es neben der Quantität auch eine Qualität von Wissen gibt, die mitberücksichtigt sein will. Wissen kann nicht als Selbstzweck verstanden werden, sondern dient der Entwicklung des → Bewusstseins. Erkenntnis im esot. Sinne verbindet Mensch und Natur mit ihrem göttlichen Ursprung und Ziel.

Lit.: J. W. GOETHE, Naturwissenschaftl. Schriften. Mit Einleitungen und Erläuterungen im Text, hg. von R. Steiner, 5 Bde., 1883–1897. Neudruck ⁴1982. R. STEINER, Grundlinien einer Erkenntnistheorie der Goetheschen Weltanschauung, 1886. DERS., Wie erlangt man Erkenntnisse der höheren Welten, 1904/5. DERS., Die Stufen der höheren Erkenntnis, 1905–08. G. KÜHLEWIND, Die Wahrheit tun. Erfahrungen und Konsequenzen des intuitiven Denkens, 1978. G. BÖHME, Alternativen der Wissenschaft, 1980. N. KLEIN/R. DAHLKE, Das senkrechte Weltbild, Symbol. Denken in astrolog. Urprinzipien, 1986. M. JONGEN, Das Wesen spiritueller Erkenntnis. Eine Reise ins Innere des Geistes, 1988. S. H. NASR, Die Erkenntnis u. das Hl., 1990. M. SCALIGERO, Die Logik als Widersacher des Menschen. Der Mythos der Wissenschaft und der Weg des Denkens, 1991.

Erleuchtung, die Einswerdung mit dem göttlichen → Licht oder seine Realisation im eigenen → Bewusstsein. In Permanenz wird ein solcher Bewusstseinszustand von vielen ind. Religionslehrern, angefangen mit Buddha, beansprucht.

Erlösung bedeutet für Esoteriker entweder → Erleuchtung oder im Sinne ind. Lehren die Befreiung aus dem Kreislauf der Wiedergeburten und die Auflösung des Ich im buddhist. Nirwana oder → Nichts.

Erste Apokalypse des Jakobus (NHC V,3), kopt.-gnost. Dialog zwischen Jesus und seinem Bruder und Schüler Jakobus über Passion, Martyrium und die Gefahren der → Seelenreise.

Ausg.: A. BÖHLIG/P. LABIB, Kopt.-gnost. Apokalypsen aus Codex V von Nag Hammadi im Kopt. Museum zu Alt-Kairo, 1963. NHL. NHD.

Esalen-Institute, 1962 von Michael Murphy und Richard Price auf einem ehemaligen indian. Kultplatz in Bir Sur (Kalifornien) gegründetes Zentrum für → Newage-Ideen und experimentelle Seminare. Im Mittelpunkt seiner Aufmerksamkeit stehen die Evolution des menschlichen → Bewusstseins und mit dieser Thematik verbundene neue psycholog. Theorien und Techniken.

Esoterik, kultur- und traditionsübergreifende Religion und gleichzeitig religionssoziolog. Kategorie. Sowohl in bezug auf diese Klassifizierung als auch auf ihre Inhalte ist die E. mit der → Mystik vergleichbar, mit der sie sich in einem ständigen Austausch befindet. Kernstück und Ausgangspunkt der E. westlicher Prägung ist der → »esot. Monotheismus«. Dieser bildet einen Gegenpol zum bibl. »polit. Monotheismus« und ist eine Reaktion auf die »mosaische Unterscheidung« (J. Assmann), die im altägypt. Bereich kurzfristig von Echnaton (→ Amarna-Religion), im jüd.-christl.-islam. Bereich langfristig von Mose eingeführt wurde. In diesem Sinne ist E. eine Gegenreligion. In Kulturen, die von der mosaischen Unterscheidung unberührt geblieben sind, ist jedoch ein Gegensatz allgemeingültiger und esot. Religion nie mit solcher Schärfe ausgebrochen wie im Judentum, Christentum und Islam. Entsprechend hat die E. in Hinduismus, Buddhismus und heidnischen Traditionen einen weniger starken Eigencharakter als in den sog. monotheist. Religionen. Am ausgeprägtesten ist die Tendenz zur Eigenentwicklung der E. im Wirkungsbereich von Kirchen, die als dogmat. Institutionen auch mit polit. Macht ausgestattet sind. – Wie alle Religionen muss auch die E. mit ihren spezifischen Merkmalen zunächst aus ihrer Geschichte verstanden werden, in deren Verlauf sie vielen Veränderungen unterworfen war und immer wieder neue Strömungen von außen aufgenommen hat. Esot. Denken entstand aus einer Dialektik zwischen der → Einheit des als solcher verborgenen All-Gottes und der Vielheit seiner sichtbaren kosm. Manifestationen. Sie ist erstmals in der ägypt. Ramessidenzeit greifbar (ab Ende des 2. Jt.s v. Chr.). Das Bemühen, die göttliche Einheit in Relation zu ihren Erscheinungen als Vielfalt zu denken, begegnet dann bei den → Vorsokratikern und in der → Orphik im Griechenland des 6. Jh.s v. Chr. und gewinnt an Bedeutung in der multikulturellen Atmosphäre im Röm. Weltreich. → Antike Mysterien, volkstümliche → Magie, → Platonismus, → Gnosis, → Merkava-Mystik und → Hermetik gingen zahlreiche Verbindungen ein und schufen ein Konglomerat aus Glaubensvorstellungen, das sich auf die Überzeugung gründete, dass mit den vielen verschiedenen Spielarten religiöser Praxis dasselbe göttliche Prinzip verehrt würde. Nach dem Siegeszug der Großkirche und der Abschaffung der christl. → Arkandisziplin internalisierte sich diese Tradition und erschien seit dem 5. Jh. im Gewand der Mystik. Das bedeutete, dass sich die E. ihrer → Kosmologie entkleidete und die Entfaltung des Göttlichen, die sie sonst in kosm. Bildern beschrieb, in die menschl. Seele hineinverlegte. Die → Naturphilosophie des Mittelalters bewahrte einige esot. Züge, aber erst mit der Wiederentdeckung der hermet. Schriften in der → Renaissance begann sich die E. wieder in ihrer ursprünglichen Gestalt zu etablieren und konnte sich eigenständig weiterentwickeln. Der wichtigste Einschnitt in ihrer weiteren Geschichte war die Entwicklung der modernen Naturwissenschaften und ihres mechanist. Weltbildes, das die organ. Anschauungen der E. bis heute zu untergraben versucht. – Um E. phänomenologisch von anderen Religionsformen zu unterscheiden, ist besonders ihr Bezug zur Natur von Wichtigkeit. Da nach esot. Auffassung das Göttliche in der Natur zu finden ist, spielt für sie Naturerkenntnis eine besondere Rolle. Die gesamte, auch die anorgan. Natur gilt in der E. als beseelt, was einen umfangreichen Geisterglauben mit sich bringt. Diesen wiederum kann die E. eng mit der → Volksreligion in Verbindung bringen. Als religiöser Weg des Denkens bietet die E. eine Alternative zur Metaphysik.

Während die Metaphysik das Göttliche hinter den Dingen sieht, findet die E. es auch in den Erscheinungen. Folglich hat sie einen engen Praxisbezug, der sich aber vom kultischen Leben anderer Religionen wesentlich unterscheidet. Oft wird der Kult spiritualisiert, in der Regel jedoch nicht grundsätzlich abgelehnt. Daneben entwickelt die E. eigene Organisiationsformen, in denen initiatorische Unterweisungen des Adepten durch einen Meister große Bedeutung haben. Entsprechend ihrer Theorie der Korrelation von → Makro- und Mikrokosmos hat die E. zahlreiche Übungen und Techniken entwickelt, die das Göttlich-Geistige über den Körper erfahrbar machen. Wichtig ist dabei der Entwicklungsgedanke. Bei aller Verehrung, die sie der Natur entgegenbringt, ist die E. der Auffassung, dass der göttliche Schöpfungs- bzw. Evolutionsprozess noch nicht oder überhaupt niemals abgeschlossen ist, sondern durch permanente → Transformation höheren Stufen des → Bewusstseins zugeführt wird. Die esot. Übungswege und die → Meditation spielen dabei eine wesentliche Rolle. E. versteht sich aber nicht nur als eine Methode des Wissens und der religiösen Übung, sondern v. a. auch als ein Weg zu gesundem und glücklichem Leben. Zu ihrem durch die Überzeugung des esot. Monotheismus bedingten Eklektizismus gehört, dass die E. in multikulturellen Milieus, die einen religiösen und philosophischen Pluralismus mit sich bringen, besonders gut gedeiht. So entfaltete sie sich in den Epochen der röm. Kaiserzeit, des hochmittelalterlichen Spanien, der toleranten Aufgeschlossenheit während der → Renaissance, unter den Bedingungen des Kolonialismus und schließlich in der heutigen Epoche der → Globalisierung. Je stärker seit dem ausgehenden 20. Jh. lokal-institutionelle Organisationen der Religion und Frömmigkeit an Bedeutung verlieren, umso mehr Breitenwirkung entfaltet die E. und ersetzt zunehmend den traditionellen Begriff der Religion insbesondere in seinen dogmatischen Interpretationen.

Lit.: T. Detlefsen, Schicksal als Chance. Das Urwissen zur Vollkommenheit des Menschen, 1979. T. Ring, Das Grundgefüge. Die Stellung des Menschen im Kosmos, 1986. W. Bloom, First Steps. An Introduction to Spiritual Practice, 1993. A. Faivre, Access to Western Esotericism, 1994. H.-D. Leuenberger, Das ist E., ⁸1999. A. Faivre/J. Needleman, Modern Esoteric Spirituality, 1995. J. Iwersen, Was ist Newage? – Was ist E., in: ZRGG 52, 2000.

Esoterischer Monotheismus, von Jan Assmann geprägter Begriff zur Bezeichnung einer in Ägypten entwickelten Religionsform, die den »politischen Monotheismus« der Bibel kontrastiert. Im Gegensatz zum politischen Monotheismus, der die Verehrung nur eines Gottes zulässt, hat der E. keine Probleme mit dem Polytheismus, erkennt aber hinter den vielen Göttern das Wirken eines einzigen Prinzips, das der unmittelbaren Anschauung verborgen ist (→ Verborgenheit Gottes).

Lit.: E. Hornung, Der Eine u. die Vielen, [5]1993. J. Assmann, Moses der Ägypter, 1998.

Esoterisch-therapeutische Strömungen. Die Esoterik hat, sehr alten religiösen Traditionen folgend, in denen die Priester oder Schamanen gleichzeitig Ärzte waren, häufig Bezüge zur Heilkunst. Seit in Europa Formen der Schul- und Gerätemedizin etabliert wurden, gerieten (Quasi-)Esoteriker wegen alternativer Vorstellungen mit ihr in Konflikt. Das bekannteste Beispiel ist → Paracelsus, der mit der → Pansophie eine ganze esot. Bewegung nach sich zog. Im 18./19. Jh. kam es nochmals zu ähnlichen Bewegungen, in denen ein esot. oder spiritualist. Weltbild mit prakt.-therapeut. Erfolgen verknüpft wurde. Dazu gehören der von → Mesmer begründete Heil-Magnetismus, die Christliche Wissenschaft Mary Baker Eddys (1821–1910) und die Neugeist-Bewegung, die in den 1920er Jahren ihre Blütezeit erlebte. Die beiden sahen in der göttlichen Liebe das universale Prinzip, dessen die Menschen nur innewerden müssen, um ihr empir. Realität zu verleihen. Dieser Prozess bedeutet auf der geistigen Ebene → Erlösung, auf der körperlichen Heilung. Später nahmen E. in erster Linie dadurch Gestalt an, dass sie sich Erkenntnisse der Tiefenpsychologie zu Eigen machten und sie mit einem esot. Weltbild in Verbindung setzten. Moderne Esoteriker bemühen sich um die Wiederbelebung alter medizin. Traditionen und entwickeln zahlreiche neue Therapien, darunter auch reine → Körpertherapien, die dennoch, auf dem Hintergrund der → Makro- und Mikrokosmos-Theorie und der esot. Anschauungen über den → Körper des Menschen, auf geistige Bereiche wirken sollen.

Lit.: S. Zweig, Heilung durch den Geist, 1931. K. Hutten, Der Ruf nach Heilung des Lebens, in: Seher, Grübler, Enthusiasten. Das Buch der traditionellen Sekten u. religiösen Sonderbewegungen, [12]1982.

Essener, eine Gruppierung innerhalb des Judentums in hellenist. Zeit, die im Zuge der Funde von → Qumran auch aus Originalquellen bekannt wurde und über deren Ort in der jüd.-christl. Religionsgeschichte in esot. Kreisen viel spekuliert wird. Die E. waren besonders fromme Juden und auch durch ihre Spiritualität angezogene Proselyten, deren Hauptanliegen es war, die Gesetze der Tora gewissenhaft zu erfüllen; manche atl. Gesetze wurden auch radikalisiert, so konnten die strengen Vorschriften für ehelichen Sexualverkehr bis zu einem generellen Keuschheitsgebot für den inneren Kreis der E. gesteigert werden. Angeführt wurde die ordensähnlich organisierte Gemeinschaft durch einen Mann priesterlicher Abstammung. Die augenscheinliche Nähe der E. zu esot. Auffassungen ergibt sich zum einen aus ihrer klosterähnlichen Lebensweise, zum anderen schreiben schon die antiken Berichterstatter ihnen besondere Heilkünste und mag. Fähigkeiten zu. Ihr Gottes- und Weltbild war ein dualistisches und hat eine Tendenz zur → Gnosis.

Lit.: H. Stegemann, Die E., Qumran, Johannes der Täufer u. Jesus. Ein Sachbuch, [3]1994.

Eugnostosbrief (NHC III,2/V,1), kopt.-gnost. Schrift aus Nag Hammadi mit kosmolog. Inhalt. Am Anfang des Textes werden die kosmogon. Theorien dreier antiker Philosophenschulen widerlegt, danach entwickelt der Autor eine eigene Kosmogonie: Der oberste unerkennbare Gott schafft in Verbindung mit dem weiblichen Himmelswesen Arche (griech. »Anfang«) den androgynen → Menschen, der den männlichen Namen → Nous und den weiblichen → Sophia trägt. Aus Nous, Sophia und ihren Kindern entstehen weitere intelligible Wesen. Kurz und unvermittelt wird ein »Mangel des Weiblichen« erwähnt, was einen → Fall andeutet, das Motiv wird jedoch nicht ausgeführt. Mit der *Sophia Jesu Christi* liegt eine christl. Überarbeitung der Schrift vor.

Ausg.: M. Krause in W. Foerster (Hg.), Die Gnosis. Kopt. u. Mandäische Quellen, 1995.

Lit.: D. Good, Reconstructing the Tradition of Sophia in Gnostic Literature, 1987.

Eurhythmie, die von → Steiner entwickelte Bewegungskunst, die im Tanz rein religiös.-ästhet. Ausdruck findet oder zu Heilzwecken eingesetzt wird. Jeder wahrgenommene Laut löst nach Steiner im Inneren des menschlichen Körpers eine Bewegung aus, die in der E. nach außen sichtbar wird. Die dargestellten Formen entsprechen solchen in der → Natur, Steiner beruft sich dabei auf Goethes Beschreibungen der pflanzlichen Metamorphosen. E. entsteht also unmittelbar aus der Verbindung des Menschen mit kosm. Kräften. Diese selbst, die ansonsten verborgen sind, können durch die eurythm. Gebärdensprache zum Ausdruck gebracht werden.

Lit.: R. Steiner, Was ist u. will die neue Bewegungskunst E.? 1979. Ders., E. als sichtbare Sprache, 1990. T. Göbel, E. als erlebte, gestaltete u. wirksame Gebärde, 1999.

Eva kommt in der in bibl. Traditionen wurzelnden Esoterik eine ähnlich prototyp. Rolle wie → Adam als erstem Menschen zu. E. ist die erste Frau und als solche Trägerin und Verwalterin der → Weisheit und der → Gnosis. Sie ist die Vorläuferin der → Sophia, die seit der hellenist. Antike die prominentere Figur ist, im Kern aber lediglich die Qualitäten der E. übernommen hat. Das Gleiche gilt für die shi'it. → Fatima. Im Zuge der Übernahme ihrer ursprünglichen Eigenschaften durch eine andere myth. Frauenfigur wird E. gewöhnlich abgewertet.

Lit.: C. Meyers, Disvovering Eve. Ancient Israelite Women in Context, 1988.

Evagrius Ponticus (345–399), Mönch und origineller frühchristl. Mystiker, der in Entsprechung zu den einzelnen Stufen des Gebets eine eigene Kosmologie entwarf.

Lit.: G. Bunge, Das Geistgebet, 1987.

Evangelium der Maria, gnost. Schrift aus dem Berliner Codex, die aus zwei ursprünglich selbständigen Teilen zusammengesetzt ist. Der erste Teil ist ein Dialog zwischen dem auferstandenen Jesus und seinen Jüngern über die Natur der Sünde. Jesus erklärt sie als ein kosmolog. Prinzip, das am Ende der Zeiten wieder zu seiner Wurzel, der Materie, zurückkehren wird. Durch Entmischung aus dem Geist verliert sie ihren bedrohlichen Charakter. Im zweiten Teil der Schrift, ebenfalls dialog. gehalten, werden Maria Magdalena durch Jesus nur für sie allein bestimmte Offenbarungen zuteil. Leider ist eine längerere Passage der Unterhaltung verloren gegangen. Soweit noch erkennbar, handelte sie von der Fähigkeit der Seele zur Erleuchtung durch ihren Aufstieg aus den Kräften der Materie. Bemerkenswert ist der Niederschlag eines Konflikts in dem Text zwischen → Maria Magdalena auf der einen und den Aposteln Petrus und Andreas auf der anderen Seite. Die beiden letzteren zweifeln an dem Wert einer esot. Offenbarung, die von einer Frau empfangen wurde. Maria Magdalena betont dagegen, dass Jesus von allen seinen Anhängern sie am meisten geliebt habe.

Ausg.: NHL. A. Pasquier, L'Evangile selon Marie (BG 1): Texte établi et présenté, 1983.

Lit.: A. Marjanen, Mary Magdalene in the Nag Hammadi Library and Related Documents, 1996.

Evangelium der Wahrheit (NHC I,3/XII,2), kopt.-gnost. Predigt mit stark meditativem Charakter, von manchen Forschern → Valentinus zugeschrieben. Die Schrift ist ohne Titel überliefert und wurde nach ihren Eingangsworten benannt. Ihr Hauptthema ist die Erlösung. Der Erlöser ist der → Logos, der den vormals Unwissenden Erkenntnis bringt. Es folgen Überlegungen zur Herkunft des Irrtums, der nicht durch ein Verschulden des Vaters entstanden sein kann. Von hier ausgehend wird eine Lehre vom Offenbarer und Erlöser → Jesus entfaltet. Er ist einerseits der »innere Gott«, andererseits das »Buch der Lebenden«, das die Wissenden zu sich ruft. Der Logos des Vaters sammelt die Erwählten um sich, die sich von der Materie und dem Irrtum befreien. In Bildern und Parabeln wird die Gemeinschaft des Vaters, des Sohnes und der Gnostiker, seiner Kinder, beschrieben.

Ausg.: NHD. NHL. Gnosis II.

Evola, Giulio (1898–1974), populärer, stark eklekt. Esoteriker mit Nähe zum ital. Faschismus. 1927 gründete er die »Gruppe von Ur«, die sich selber mit chaldäischen Feuermythologien in Verbindung brachte. E. fand hauptsächlich aufgrund seiner Zusammenführung verschiedenster esot. Traditionen Interesse, die er mit neuheidn., scharf antisemit. Vorzeichen versah. Ein eigener Beitrag zum esot. Denken seinerseits ist ansonsten nicht erkennbar.

Ausg.: Heidn. Imperialismus, 1933. Erhebung wider die moderne Welt, 1935. Das Mysterium vom Gral, 1955. Metaphysik des Sexus, 1962. Magie als Wissenschaft vom Ich, 1985. Über das Initiatorische, o.J.

Evolutives Denken ist nicht erst seit der Berührung mit der Evolutionstheorie Darwins der Esoterik eigen. Mit der esot. Auffassung des → Kosmos als einer Entfaltung des Göttlichen mit der dazugehörigen Möglichkeit der Wiedereinfaltung ist bereits eine Prozesshaftigkeit angelegt, die, sobald sie zweckhaft und moral. bewertet wird, sogleich in E. einmündet. Die Rückkehr der geschöpflichen Vielfalt in die göttliche → Einheit ist als Ziel der Esoteriker bereits in der Antike formuliert worden, und zwar besonders deutlich im Neuplatonismus → Plotinos. In der meditativen Versenkung vollzieht der Einzelne eine geistige Wiedervereinigung mit dem göttlichen Ursprung, aus dem alles Sein durch → Emanation hervorgegangen ist. Dem korrespondieren die → Seelenreisen in der hellenist.-spätantiken → Magie und in der → Merkava-Mystik. Auch hier ist der Aufstieg der menschlichen Seele die Gegenbewegung zum vorherigen Abstieg des Göttlichen, der nach vielen Interpretationen durch einen mehr oder weniger unvorhergesehenen → Fall tiefer geriet als beabsichtigt. Der Seelenaufstieg aber, sei er rituell oder meditativ vollzogen, ist ein Fortschritt hinsichtlich der spirituellen Entwicklung des Menschen und insofern Gegenstand E.s. Das Schema von Abstieg und Aufstieg ist also der westlichen seit den ersten nachchristl. Jh.en und islam. Esoterik, die ebenfalls die der Antike beerbte, von Anfang an inhärent. In Verbindung mit den heilsgeschichtlichen Ideen von → Apokalyptik und → Chiliasmus war es seit jeher ein wichtiger Motor für jegliche esot. Anstrengung. Auch das moderne Fortschrittsdenken stammt letztlich aus diesen Quellen, sodass es falsch wäre, das E. in der Esoterik der jüngeren Zeit von jenem herzuleiten. Sogar der Gedanke der Vollendung der von Gott begonnenen, aber dann teilweise verhinderten → Schöpfung ist bereits Gegenstand der ma.lichen → Kabbala. Er wurde seit der Zeit der → Romantik auch von anderen esot. Strömungen aufgenommen und war dann als solcher Teil des E., das seit dem ausgehenden 19. Jh. für alle geistes- und naturwissenschaftlichen Bereiche beherrschend wurde. Es erfasste auch den → Neohinduismus, der in Indien auf reichere meditative, das menschliche → Bewusstsein zur Einheit führen wollende Traditionen zurückblicken konnte als das Abendland und entsprechend auf den Westen zurückwirkte. Im Rahmen dieser Konstellation bildete sich die Idee der kosm., alle Lebewesen und nach manchen Versionen sogar die → Materie einbeziehenden spirituellen Evolution heraus, die maßgeblich die → Newage-Bewegung hervorbrachte. Nach diesem chiliast. Aufbruch ist die Dynamik, die das E. in die → Geschichte der Esoterik im 20. Jh. gebracht und zu ihrer → Globalisierung geführt hatte, vorläufig wieder abgeebbt.

Exegese über die Seele, Die (NHC II,6, entst. Ende des 1. Jh. n. Chr.). Die Schrift war vor dem Nag Hammadi-Fund (1947) gänzlich unbekannt, d.h. andere Versionen des Textes als diese kopt. gibt es bislang nicht. Die Schrift besteht im wesentlichen aus einer – wahrscheinlich frühen – Version des gnost. → Seelenmythos; sie erzählt die Geschichte vom Fall der Seele aus ihrer anfänglichen Einheit mit Gott und von ihrem Wiederaufstieg (→ Abstieg und Aufstieg). Im ersten Satz wird die Seele ausdrücklich als Frau vorgestellt und dies damit bekräftigt, da sie sogar eine Gebärmutter habe. Die zahlreichen Schilderungen weiblicher Körpervorgänge im Verlauf der Erzählung lassen eine weibliche Verfasserin vermuten. Zuerst ist die Seele in zugleich jungfräulichem und androgynen Zustand »allein beim Vater«, dann fällt sie unvermittelt »hinunter in einen Körper«, womit ihr Leidensweg beginnt. Wehrlos ist sie »Räubern und Frevlern« ausgesetzt, die sie verführen und zu einer Hure machen. Als Folge ihrer Hingabe an die Buhlen gebiert sie blinde und kranke Kinder. Nachdem die Freier sie verlassen haben, bereut die Seele tief ihre Verfallenheit und bittet ihren Vater im Himmel, sie zu retten. Dieser erbarmt sich ihrer, hilft ihr, sich von der Hurerei zu lösen, und sendet ihren Bruder-Bräutigam, den sog. → Erstgeborenen, zu ihrer Befreiung herab. Die Seele reinigt sich, wird wieder jungfräulich und erwartet nun im → Brautgemach ihren Bräutigam zur spirituellen Hochzeit. Eingeflochten in diese Darstellung des Seelenmythos sind Zitate aus dem atl. Buch Hosea und aus der Odyssee, die im Sinne des Erzählverlaufs allegorisch (→ Allegorie) interpretiert werden. Der Text enthält Elemente der → simonian. und der → valentinian. Gnosis.

Ausg.: M. Scopello, L´exégèse de l´ame, 1985. NHD. NHL. Gnosis II.

F

Fakire (von arab. »faqir« Armer), ind. → Derwische, die suf. Praktiken mit hinduist. mischen und deshalb im Islam als heterodox gelten. In Ausdehnung des Begriffs werden auch hinduist. Yogis, Heilige und Magier F. genannt.

Fall. An eine kurze Erwähnung in Gen 6,2.4 anschließend, wo erzählt wird, dass die Söhne des kanaanäischen Gottes El auf die Erde herabkamen, um sich mit den schönen Töchtern der Menschen zu vermählen, entwickelte sich im Volksglauben und später in apokrypher biblischer Literatur eine reiche Mythologie, die in der westlichen Esoterik eine tragende Rolle spielt. Aus den Elssöhnen wurden Engel, und aus ihrem Herabstieg ein Sturz oder Fall, der in den dualist. Weltdeutungen des Frühjudentums und der → Gnosis zur Erklärung für die Entstehung des Bösen diente. Diese Interpretation hat insofern durchaus eine einleuchtende Verbindung mit dem atl.ichen Kontext, als unmittelbar nach dem Abstieg der Söhne des El die Erzählung über die Sintflut folgt, die Gott wegen der Schlechtigkeit der Menschen veranlasst hatte. – Neben der jüd. Tradition vom F. der Engel steht ein griech. Mythos vom Fall der Seele, der wahrscheinlich aus der → Orphik stammt. Platon überliefert im *Phaidros* einen Mythos vom F. der Seele, die im Bild von mehreren geflügelten Pferden gestellt ist, die von einem Wagenlenker geführt werden. Da es in der intelligiblen Welt viele Seelen gibt, geschieht es, dass Pferde zusammenstoßen und dabei ihre Flügel beschädigen. So können sie sich nicht mehr von der Luft tragen lassen, sondern sinken herab und lassen sich schließlich auf festerer Materie nieder. Dort bekommen sie einen irdischen Körper. In der jüd.-hellenist. Religionsbegegnung sind die beiden verschiedenen Traditionen vom F. miteinander verbunden worden, was sich insbesondere in der Mythologie der → Gnosis niederschlug. Am Anfang steht der gnost. → Seelenmythos, der den F. der Seele aus der göttlichen Einheit und im Ansatz auch daraus entstehende kosmogon. Konsequenzen beschreibt. Wichtig ist hier, dass der F. im Bereich des Göttlichen und im Einklang mit dem göttlichen Willen geschieht. Spätere gnost. Mythen, deren Tradition bis hin zu → Böhme und der → russischen Religionsphilosophie reicht, erklären den F. damit, dass Geschöpfe Gottes einen eigenen Willen entwickeln und sich dadurch seinem unmittelbaren Einfluss entziehen. Der F. kann somit als eine notwendige Voraussetzung der menschlichen Freiheit interpretiert werden.

Lit.: F. Dexinger, Sturz der Göttersöhne oder Engel vor der Sintflut? 1966.

Falun Gong, moderner chines.-buddhist. Übungsweg, begründet durch Li Hongzhi (* 1951 oder 1952), der von seinen Anhängern als Reinkarnation des Buddha Shakyamuni (des histor. Buddha) verehrt wird. F. besteht im wesentlichen aus einer Anleitung zu bewegungsmeditativen Übungen, ähnlich dem → Taiji und → Qigong, die jeden Tag durchgeführt werden sollen. Dadurch wird die universelle → Energie Qi im menschlichen Körper zum Fließen gebracht und so das Individuum mit dem Kosmos und seinen Gesetzen verbunden. Die Übenden werden in den Stand versetzt, das sog. Dafa (»Goßes Gebot«, als Entsprechung zum buddhist. Dharma und zum taoist. Tao, → Kosm. Ordnung) verstehen und in seinem Sinne handeln zu können. F. hat eine betont eth. Komponente. Der Erwerb der moral. Qualitäten Zen (Wahrhaftigkeit), Shan (Barmherzigkeit) und Ren (Nachsicht), die als »höchste Eigenschaften des Kosmos angesehen werden, sind das entscheidende Ziel der F.-Praxis.

Lit.: H. Li, F. Der Weg zur Vollendung, 1998. Ders., Das Lebensgeheimnis nach F., 2000.

Fantasy-Literatur, Bezeichnung für moderne und postmoderne längere Texte, meistens Romane, die Helden- und Abenteuergeschichten in ein einem an → Märchen erinnernden archaischen Ambiente erzählen. Die Themen ähneln stark solchen aus der ma.lichen Ritterepik (Kampf gegen das Böse, Suche nach dem

Wunderbaren, Streben nach innerer Reifung und einer an religiösen Idealen orientierten Weltordnung) mit vielen mag.-myth. Akzenten. Die F. ist heute durch ihr Aufzeigen alternativer Gegenwelten zur modern-postmodernen Gesellschaft und ihren Zwängen ein wichtiges Transportmittel esot. Ideen auf einer unterhaltenden, oft, aber keineswegs notwendig auch trivialen Ebene. Das bekannteste Werk der F. ist die Trilogie *Der Herr der Ringe* (1954–55) von John R. R. Tolkien.

Lit.: H. PESCH, Fantasy: Theorie u. Geschichte einer literar. Gattung, 1982.

Farben sind die Brechungen des göttlichen → Lichts und als solche Symbole der Vereinzelung seiner Aspekte und seine Konkretionen als verschiedene Kräfte oder Energien. Dabei variieren farbsymbol. Interpretationen in verschiedenen Kulturen erheblich. In Psychotherapien mit esot. Bezügen werden häufig F. eingesetzt, um den Patienten mit Energiefeldern in Kontakt zu bringen, mit denen er sonst in seinem Leben zu wenig Berührung hat.

Lit.: I. RIEDEL, F. in Religion, Gesellschaft, Kunst u. Psychotherapie, 1983. A. SCHÖNE, Goethes F.theorie, 1987. J. GAGE, Kulturgeschichte der F. Von der Antike bis zur Gegenwart, 1997.

Fatima, die Tochter des Propheten Mohammed von seiner Lieblingsfrau Khadija, an der er besonders gehangen haben soll. Sie war ferner die Ehefrau 'Alis, des ersten Imams, der nach Auffassung der Shi'iten der Nachfolger Mohammeds hätte werden müssen, sich aber gegen Abu Bakr nicht durchsetzten konnte und von dessen Anhängern umgebracht wurde. Ihre Söhne mit 'Ali, Hassan und Hussain, starben ebenfalls als shi'it. Märtyrer. So wurde F. zu einer Art Mater Dolorosa der Shi'iten, in dieser und auch in anderen Hinsichten ähnelt sie Jesu Mutter Maria, die auch im Islam sehr geachtet wird. Muhammad, F., 'Ali, Hassan und Hussain sind »die Leute des Hauses« (arab. ahl al-bait) des Propheten, in dem F. als Frau und Mutter eine herausragende Rolle zukommt. Das Haus wird in »Hand der F.« symbolisiert, die im islam. Volksglauben als Schutzamulett gegen den Bösen Blick weit verbreitet ist. In der Zwölfer-Shi'a erfährt F. eine Verehrung, die der der → Imame gleichkommt, und ist wie sie Gegenstand einer vielfältigen Mythologie, in der sie als Himmelslicht eine kosmolog. Bedeutung erhält, und zahlreicher volkstümlicher Legenden.

Lit.: L. MASSIGNON, Der gnost. Kult der F. im shiit. Islam. DERS., La Mubahala de Médine et L'hyperdulie de F., in: Oera Minora, 1963. A. SCHARIATI, F. ist F., 1981. AL-BALAGH FOUNDATION, Glimpses of the lives of the Messenger Muhammad and His Household, 1999.

Fatimiden, der → Isma'iliya anhängende Kalifenfamilie, die vom 10.–13. Jh. in Nordafrika herrschte. Ihr Zentrum war zuerst Raqqada bei Kairouan (Tunesien) und später Kairo. Die Geschichte der F. beginnt mit Maymun al-Qaddah, der nach häresiolog. Berichten ein Anhänger der Lehren des → Bardaisan und dann der → Hatabiten gewesen sein soll. Wie genau die Verbindung seiner Umtriebe zu shi'it und isma'ilit. Kreisen zustande kam, ist histor. nicht mehr zu klären, aber einige isma'ilit. Gemeinden sahen ebenso wie die F. Maymoun und nicht einen Nachkommen 'Alis als ihren Gründer an. Sein Sohn 'Ubayd Alla vollzog ca. 899 den Bruch mit der Siebener Shi'a, indem er Isma'ils Sohn Mohammed das Imamat bestritt und sich stattdessen selbst als → Mahdi ausrief. Einige führende da'is der Isma'iliten glaubten seiner Erklärung, Isma'il und Muhammad ibn-Isma'il seien bloß Decknamen gewesen und er selbst sei Nachfahre von Ga'fars früh verstorbenem bzw. entrücktem Sohn 'Abd Allah, der nun als Mahdi wiederkehre. 'Ubayd Allah führte selber die militär. Expedition an, die zur Gründung des F.reiches führte und eine Imam-Dynastie als Herrscherhaus etablierte. Die F. kultivierten eine eigene Rechtstradition, die im wesentlichen vom Qadi al-Nu'man ibn Muhammad al-Tamimi († 974) ins Werk gesetzt wurde. Die Befolgung der Gesetze wurde anders als in anderen isma'ilit. Strömungen, etwa bei den → Nizariern, für obligatorisch erklärt, bis die Ära des → Qa'im anbrechen würde. Durch deren Ankündigung bewahrten die F. das eschatolog. Element der Isma 'iliya, ohne das seine Erfüllung den herrschenden Imamen oblag. Das revolutionäre Potential des frühen isma'ilit. Mythos wurde entschärft, indem fatimid. Ideologen, v. a. → Kirmani, die Methode der → Pers. Schule der Isma'iliya übernahmen und die myth. Figuren zu philosoph. Begriffen umformten. Während die F.kalifen gegenüber anderen isma'ilit. Führern teilweise erhebliche Legitimationsschwierigkeiten hatten, verhielten sie sich gegen die in ihren Herrschaftsgebieten lebenden Sunniten wie auch gegen die Juden und Christen ausgesprochen tolerant, alle konnten ihre angestammte Religion frei ausüben. Innerhalb der fatimid. Bewegung aber setzten sich die schismat. Dynamik der Isma 'iliya fort. Die Abspaltung der → Drusen und der Nizariten schwächte das fatimid. Kalifat, das i. J. 1171 von einer sunnit. Herrschaft in Ägypten endgültig abgelöst wurde.

Lit.: B. LEWIS, The Origins of Isma'ilism: A Study of the historical background of the Fatimid Caliphate, 1946. P. J. VATIKIOTIS, The Fatimid Theory of State, 1957. C. CAHEN, Der Islam I. Von den Ursprüngen bis zu den Anfängen des Osmanenreiches, 1968. H. HALM, Die F., in: U. HAARMANN (HG.), Geschichte der arab. Welt, 1987. DERS., Das Reich des Mahdi. Der Aufstieg der F. (875–973), 1991.

Faust, Georg oder Johann Dr. (1480–1540), süddeutscher Zauberer und Wahrsager, der bereits zu Lebzeiten Berühmtheit erlangte und um dessen Gestalt nach seinem Tod viele Legenden gesponnen wurden. Er habe, um noch größeres Wissen und mag. Kräfte zu erlangen, dem Teufel seine Seele eingetauscht. Die Sage verfolgt F.s Weg, bis er nach seinem Tod für seine Anmaßung, ein Wissen erlangen zu wollen, das allein Gott zukommt, mit der Hölle bestraft wird. In der Faustdichtung → Goethes wird F. von dem Teufel Mephisto durch alle Bereiche der Welt geführt und erlangt die gewünschte Erkenntnis. Jedoch bleibt trotzdem seine Seele am Ende nicht dem Teufel überlassen, sondern wird in einem erfolgreichen Kampf gegen Mephisto von den Engeln in den Himmel getragen (»Wer immer strebend sich bemüht/Den können wir erlösen«). Frances Yates interpretierte die F.-Figur als eine Verzerrung des Renaissance-Magiers, die ein Ergebnis des im Laufe des 17. Jh.s wiedergewonnenen Primats der Kirche über den Zeitgeist sei. Vor diesem Hintergrund wurden nun die Erkenntnisbemühungen der gegenüber der Magie positiv eingestellten Renaissance-Wissenschaftler als Pakt mit dämon. Mächten dargestellt.

Lit.: K. VÖLKER (HG.), F. Ein deutscher Mann, 1975. F. YATES, Die okkulte Philosophie im Elisabethan. Zeitalter, 1991.

Faustus von Mileve († um 400), in Numidien gebürtiger manichäischer Lehrer und Bischof. 383 besuchte er die manichäische Gemeinde in Karthago, wo → Augustinus seinen Vorträgen zuhörte und daraufhin gegen die Lehren des F. eine Streitschrift *Contra Faustum* verfasste, die eine manichäische Lehre in gänzlich unmytholog. Form wiedergibt. In seinen späten Jahren antwortete F. mit einer Apologie gegen den Katholizismus.

Lit.: A. BRUCKNER, F. Ein Beitrag zur Geschichte des abendländ. Manichäismus, 1901.

Feldenkrais → Körpertherapien

Feng Shui (chines. »Wind Wasser«), sich auf altchines. Traditionen berufende Lehre zu Hausbau, Wohnungs- und Büroeinrichtung, Garten- und Landschaftsgestaltung auf der Grundlage natürlicher Energiefelder in der Umgebung und vorgegebener Veranlagungen der betreffenden Person.

Lit.: CHAO-HSIU CHEN, F., 1996.

Fidus, Künstlername des norddeutschen völk.-esot. gesonnenen Jugendstilzeichners Hugo Höppener (1868–1948). Nach der Trennung von seinem ersten Lehrer Karl Wilhelm Diefenbach (1851–1913), der einem neopaganen Sonnenkult huldigte und mit dem F. die lebensreformer. Anschauungen über Naturverbundenheit, Nudismus und → Vegetarismus teilte, fand F. in München Aufnahme bei Wilhelm Hübbe-Schleiden (1846–1916). Dieser hatte 1884 die theosophisch-ariosophische Loge »Germania« gegründet und führte F. in ihre Gedankenwelt ein. F. war vor 1933 als Illustrator von Büchern, Zeitschriften und Kalendern sehr populär. Sein eigentliches Streben aber galt einer Großkunst im Sinne des Wagnerschen Gesamtkunstwerks, die er in der gewünschten Form nie verwirklichen konnte. Er hielt die Kunst für die zu seiner Zeit »wirksamste Offenbarung von Religion«. Seit den 1890er Jahren arbeitete er bildnerisch und gedanklich seine Ideen zu einer ganzheitlichen Tempelkunst für eine neue Religion aus, die ein Leben im Einklang mit der Natur und im Dienst der Schönheit propagierte. 1903 versuchte er im schweizer. Kanton Zürich, unterstützt von einer kleinen Schar Anhänger und Gleichgesinnter, ein derartiges Projekt zu realisieren. Es zerbrach an inneren Streitigkeiten der Gruppe und in Ermangelung genügender finanzieller Mittel. Schließlich unterhielt der Künstler ab 1907 das selbst erbaute Fidushaus in Woltersdorf als Zentrum einer lebensreformer. Gemeinschaft mit ständig wechselnden Mitgliedern. Von den Nationalsozialisten wurde F. trotz seiner Sympathien für ihre Ideen als anspruchsvoll-künstler. Schwärmer gemieden. Eine unbedachte Äußerung zum Begriff des »Völkischen«, den F. ablehnte, trug ihm das Misstrauen des Reichsministers für Volksaufklärung und Propaganda, Joseph Goebbels (1897–1945), ein. Dies vereitelte F.' Hoffnungen, unter den Nationalsozialisten endlich seine Pläne für ein Großschaffen verwirklichen zu können. Nach dem Zweiten Weltkrieg geriet sein Werk in Vergessenheit und wird in größerem Umfang erst seit Mitte der 1990er Jahre wieder entdeckt.

Lit.: R. Y., F., der Tempelkünstler. Interpretationen im kunsthistor. Zusammenhang mit Katalog der utop. Architekturentwürfe, 1985. J. FRECOT U.A., F. 1868–1948. Zur ästhet. Praxis bürgerlicher Fluchtbewegungen, Neuaufl. 1997. W. DE BRUYN, F. Künstler alles Lichtbaren, 1998. M. SCHUSTER, F. – ein Gesinnungskünstler der völk. Kulturbewegung, in: U. PUSCHNER U.A., Handbuch zur »Völk. Bewegung« 1871–1918, 1999.

Fihrist (arab. »Katalog«; 988), ein enzyklopäd. Werk über die islam. Kultur im MA, das auch deren Randerscheinungen ausführlich berücksichtigt. Es enthält in den Kapiteln VIII–X wertvolle, histor. zuverlässige Informationen über esot. Aktivitäten und Gemeinschaften im islam. Kulturkreis, so über Magie, Alchemie, die Manichäer und die Sabier. Verfasst wurde das Werk von Ibn an-Nadim al-Warraq (ca. 935–1047), der Shi'it war und auch zu häret. eingestuftem Gedankengut eine gewisse Nähe erkennen lässt. Seine Zugehörigkeit zu den Gulat konnte allerdings nicht erwiesen werden.

Ausg.: B. DODGE, The F. of al-Nadim, 2 Bde., 1970.

Findhorn-Gemeinschaft, eine 1962 von Eileen und Peter Caddy und Dorothy Maclean an der Nordostküste Schottlands (bei Inverness) gegründete Lebensgemeinschaft, die sich zu einem der bedeutendsten Zentren des → Newage entwickelte. Bekannt wurde die F. v. a. durch die erfolgreiche Kommunikation mit den dort → Devas genannten → Naturgeistern, wodurch in dem sandigen Boden der Umgebung und unter der zusätzlichen Erschwerung durch starken Windeinfall ein blühender Garten mit außergewöhnlichen Erscheinungen entstand. In den 1970er und 80er Jahren hatte die F. großen Zulauf von Newagetouristen aus aller Welt und wurde mit vielen kreativen Projekten zum Experimentierfeld einer neuen Lebensweise, die → Spangler als »planetarische Kultur« bezeichnete. Im deutschsprachigen Raum ist die Greuth-Hof-Lebensgemeinschaft in Kimmratshofen (Allgäu) eng an den Prinzipien der F. ausgerichtet.

Lit.: P. HAWKEN, Der Zauber von Findhorn, 1980. FINDHORN-GEMEINSCHAFT, Der Findhorn-Garten. Ein neues Zukunftsbild: Mensch u. Natur im Einklang, 1981. E. MAYNARD (HG.), Leben in Findhorn. Modell einer Welt von morgen, ^{2}1983.

Finsternis → Nacht

Fludd, Robert (1574–1637), engl. Arzt, Naturphilosoph und ausgesprochen produktiver Autor unter dem Einfluss verschiedener esot. Strömungen, insbesondere paracels. Zirkel und der → Rosenkreutzer. In seiner zweibändigen Schrift History of the Macrocosm and Microcosm (1917–20) entwarf er eine eigene Kosmologie, die die Harmonie zwischen Mikro- und Makrokosmos betont. Daneben bediente er sich einer Lichtmetaphorik mit gnost.-dualist. Zügen.

Lit.: J. Godwin, R. F. Hermetic Philosopher and Surveyer of two Worlds, 1991.

Fortlaufende Offenbarung, ein wichtiges Prinzip in der Esoterik, nach dem religiöses Wissen nie für alle Zeit festgeschrieben, sondern stets erneuerbar ist. Esoteriker akzeptieren weder ein einziges Buch, noch einen einzigen Propheten als Träger einer ewig geltenden Wahrheit, sondern sind der Überzeugung, dass die durch sie gebrachten Offenbarungen nicht die letzten sind und Entfaltung und Entäußerungen des Göttlichen weitergehen, bis die Schöpfung an ihr Ziel, der Wiedervereinigung mit Gott, angelangt ist.

Franck, Sebastian (1499–1542), schwäb. Esoteriker im Umfeld der → Freigeist-Bewegung und des Paracelsismus (→ Paracelsius). Kennzeichnend für ihn sind besonders ein ausschließlich allegor. Schriftverständnis und die Überzeugung, die bestehende Institution Kirche habe das wahre Christentum veruntreut und sei bereits durch eine rein spirituelle, unsichtbare Kirche abgelöst worden. Diese repräsentiere nach drei im wesentlichen gescheiterten Reformationen, der luther., der zwinglian. und der täufer., den nun gültigen »vierten Glauben«.

Lit.: W.-E. Peuckert, S. F. Ein deutscher Sucher, 1943. W. Nigg, Heimliche Weisheit. Myst. Leben in der evangel. Christenheit, 1959. 1992.

Frank, Jakob (1726–91) → Sabbatianismus

Franziskaner, von Franz von Assisi (ca. 1181–1226) gegründete Ordensbewegung, die mit der Esoterik einige Berührungspunkte aufweist. Franz von Assisi pflegte eine mit der Esoterik im Einklang stehende Naturfrömmigkeit bei gleichzeitiger Distanz zum Wissenschaftsmodell der mittelalterlichen Scholastik. In seinem *Sonnengesang* sprach er die → Elemente als Geschwister an. Damit legte er den Grund für die bedeutende franziskan. → Naturphilosophie, die platon. und augustin. Erkenntnisprinzipien kultivierte und breits etwas von der Weltauffassung der → Renaissance vorwegnahm. Diese vorhandene Tendenz wurde unterstützt durch den Einfluss → Robert Grossetestes, der 1229 bei den engl. Franziskanern Lektor wurde. Bedeutende Vertreter der von F. getragenen Wissenschaftserneuerung waren Alexander von Hales (ca. 1170–1245), → Bonaventura, Roger Bacon (ca. 1214–ca. 1292) mit seinem großen Interesse an der → Alchemie, Duns Scotus und William von Ockham (ca. 1285–1349). Noch enger mit der Esoterik verbunden sind die F. → Giorgi und der wenig bekannte Paulus von Taranto, der gegen Ende des 13. Jh.s einen esot. Traktat verfasste, den er als Übersetzung einer Schrift von → Geber ausgab. Über → Llull existiert eine Nachricht, nach der er am Ende seines Lebens F. geworden sei. Die besonders observanten franziskan. Spiritualen, die mehrfach unter Ketzereiverdacht gerieten, rezipierten die Schriften → Joachim von Fiores, den sie gleichsam zum Propheten ihres Ordens machten. Unter Bezugnahme auf das Armutsideal übten insbesondere die italien. Fraticelli heftige Kritik an der Kathol. Kirche und verständigten sich mit noch stärker esot. und freigeistig gesinnten Gruppierungen.

Lit.: D. L. Douie, The Nature and the Effect of the Heresy of the Fraticelli, 1932. D. Rotzetter, Die weltzugewandte Spiritualität des Franz von Assisi – Provokation für heute, in: Diakonia 7 (1976), 30–37. H. Feld, Franziskus von Assisi u. seine Bewegung, 1994.

Frauen spielen in der Esoterik keine grundsätzlich andere Rolle als in Religionen,

Kulturen und Gesellschaften unter den Bedingungen des Patriarchats allgemein. In einigen esot. Strömungen wie in den → Antiken Mysterien, in einigen gnost. Gruppen und in der → Tantrik sind sie auffällig prominent vertreten, allerdings nur in den seltensten Fällen als Hauptrepräsentantinnen spiritueller Lehren. Meistens sind sie besonders devote Anhängerinnen von männlichen Lehrern. In vielen → Geheimen Gesellschaften ist dagegen die Mitgliedschaft von F. ausdrücklich verboten. Auch als Figuren in esot. Mythologien sind F. Gegenstand ganz unterschiedlicher, oft ambivalenter Wertungen, wie man an der Gestalt der → Sophia besonders gut sehen kann. In esot. Strömungen, in denen → Liebe und Erotik eine wichtige Rolle spielen, erfahren F. in der Theorie große Wertschätzung, die sich in der gelebten Praxis aber auch als Missbrauch niederschlagen kann. Noch immer weitgehend ungeklärt ist die tatsächliche, histor. Rolle von F. im → Hexenwesen der Frühen Neuzeit. Möglicherweise tritt hier eine »weibliche Esoterik«, die wesentlich durch einen »weiblichen → Schamanismus« bestimmt sein dürfte, in Erscheinung. Die zeitgenöss. Esoterik arbeitet mit der Figur der → Göttin an der Entwicklung neuer Paradigmen für eine spezif. weibliche Esoterik, hat diese aber in Unkenntnis der Religionsgeschichte nicht an den ältesten, sondern an hellenist. Vorstellungen modelliert, die eindeutig patriarchal sind.

Freigeist-Bewegung, Sammelbezeichnung für eine Reihe verwandter esot. Strömungen vom 12. Jh. bis in die Vorreformationszeit. Die F. wurde hauptsächlich von religiösen Laien getragen; sie war pantheistisch, antihierarchisch und lehnte die kirchlichen Sakramente ab. Ihr ausgeprägter Spiritualismus trug gnost. Züge, insofern das Bewusstsein der eigenen Gotteskindschaft bereits eine Gewissheit des Heils bedeutete. Mit Sicherheit bestand eine Verbindung zur Lehre Joachim von Fiores (ca. 1130–1202), der nach einem Zeitalter des Vaters (A.T.) und des Sohnes (N.T.) den Anbruch der Geist-Zeit verkündete, die kirchliche und sakramentale Heilsvermittlung überflüssig mache. Allerdings gibt es Hinweise auf ein Liebesmysterium, wohl ähnlich dem des gnost. → Brautgemachs, was den Gegnern der F. als Anlass diente, ihren vermeintlichen → Libertinismus zu attackieren (→ Adamiten). Die bedeutendsten Strömungen innerhalb des F. waren die der Amalrikaner – benannt nach Amalrich von Bena (Bène bei Chartres; † ca. 1206) – und die »Brüder und Schwestern des freien Geistes«, die sich seit Mitte des 13. Jh.s von Schwaben besonders über Südwestdeutschland und die Niederlande ausbreiteten. Zu beiden gibt es nur spärliche histor. Nachrichten.

Lit.: R. Guarnieri (Hg.), Il Movimento del Libero Spirito, 1965. H. Grundmann, Religiöse Bewegungen im MA, ⁴1977. W. Nigg, Das Buch der Ketzer, 1949. W. Erbstösser, Ketzer im MA, 1984.

Freimaurer, Mitglieder einer Geheimen Gesellschaft, die seit der Aufklärungszeit histor. greifbar ist, deren Urspünge aber im Dunkeln liegen und weit älter sein dürften. Die F. haben zur Esoterik nur einen ungefähren Bezug. Sie vertreten die geist. Werte der Aufklärungsepoche, verbinden diese in der Praxis aber mit einem Ritualismus und einer Symbolik, die der Sphäre der Esoterik angehören und dazu noch uralte Wurzeln haben müssen. Neben vielen Einzelheiten gehört v.a. das Zusammenspiel dieser beiden Elemente, des Aufklärungsdenkens und des esot. Gebarens, zu den Ungereimtheiten des F.tums. Die unmittelbaren histor. Ursprünge sind nur bis zum Beginn des 18. Jh.s zurückzuverfolgen, als die ersten Großlogen in Großbritannien (1917) und dann weitere in Kontinentaleuropa entstanden. Dennoch gilt es als unstrittig, dass die rituelle Tradition der F. auf die Bauhütten, d.h. die Zunftgemeinschaften der Steinmetze, Maurer und Zimmerleute im MA. zurückgeht. Diese wiederum sind im Zusammenhang eines teilweise beruflichen, anderenteils laienreligiösen → Vereinswesens zu sehen. Möglicherweise handelt es sich bei den F.n um die mehr oder weniger bewussten Anhänger einer Art Berufsreligion von Gewerbeangehörigen, die mit der Errichtung sakraler Bauten befasst waren. Denkt man dabei an die Megalithkultur in Alteuropa oder an die ägypt. → Pyramiden, so lässt sich solch eine Tradition bis in früheste kulturgeschichtliche Epochen hinein nachweisen. In dieses Bild passt auch die bei den F.n auffällige, insgesamt für Esoteriker aber ungewöhnliche Nähe zur polit. Macht bzw. ihren Trägern. Viele europäische Königshäuser hatten und haben noch heute engste Verbindungen zu den F.n, ihnen gehörten (nach Informationen aus esot. Kreisen) auch fast alle der us-amerikan. Präsidenten an. Da die großen Bauaufträge stets Sache der Herrschenden gewesen sind, ist auch dieser Zug der F. aus ihrer Verbindung mit ganz bestimmten Berufsgruppen zu verstehen. Im späteren MA. gehörten die Handwerker zu den aufstrebenden bürgerlichen Kräften; vor diesem wirtschafts- und sozialgeschichtlichen Hintergrund ist auch die besondere Verbindung mit der Aufklärung und ihren Idealen der Vernunft, Humanität, Frieden und Eigenverantwortung begreifbar. Umstritten sind zusätzliche Zusammenhänge der F. mit den → Templern. Nach Legenden sollen einige wenige Templer, die sich vor der Verfolgung in Frankreich nach Schottland geflüchtet hatten, dort die erste F.-Loge gegründet haben.

Lit.: G. Schenke, Die F. im Licht der Religions- u. Kirchengeschichte, 1926. H. Reinalter (Hg.), F. u. Geheimbünde, 1983. H. Biedermann, Das verlorene Meisterwort. Bausteine zu einer Kultur- u. Geistesgeschichte des F.tums, 1986. D. Stevenson, The First Freemasons. Scotland's early Lodges and their Members, 1988. H. Reinalter, Die F., 2000.

Fromm, Erich (1900–1980), Psychoanalytiker und Sozialphilosoph deutsch-jüd. Herkunft. Sein Großvater war ein gelehrter chassid. Rabbiner, nach eigener Aussage wurde F. durch dessen Lebenswelt in seiner Kindheit tief geprägt. Später wandte er sich jedoch vom Judentum ab, da er die Erfüllung der Tora-Gesetze als bloße Äußerlichkeit empfand. In verschiedenen religionspsycholog. Arbeiten, darunter *Die Entwicklung des Christusdogmas* von 1930, untersuchte Fromm die gesellschaftlichen Bedingtheiten institutionalisierter Religiosität. F. arbeitete zunächst in Deutschland, emigrierte 1933 in die USA und wirkte seit 1951 auch in Mexiko, wo er an der Nationalen Autonomen Universität in Mexiko-Stadt junge Psychoanalytiker ausbildete und 1956 eine Gesellschaft für Psychoanalyse nach seinen eigenen Vorstellungen gründete. 1974 ging er nach Europa zurück und verbrachte seinen Lebensabend im Tessin. Während seines gesamten Lebens als praktizierender Psychoanalytiker und Sozialforscher suchte Fromm nach Möglichkeiten, die materialistisch orientierte kapitalistische »Haben«-Gesellschaft über die Selbstfindung der einzelnen Menschen zu verändern. Dies machte ihn offen für Religionsformen, in denen nicht klerikale Autorität und die äußerliche Befolgung einer bestimmten Lebensweise im Mittelpunkt standen, sondern die Konzentration auf das eigene »Sein«. Er strebte nach humanitäterer statt autoritärer Religiosität. Seit seiner Begegnung mit D. T. Suzuki und der von ihm gelehrten Form des → Zen-Buddhismus sah er in diesem einen Weg religiöser Erfahrung, der mit der durch Psychoanalyse ausgelösten Selbsterfahrung große Ähnlichkeiten aufwies. F. selbst begann, regelmäßig zu meditieren. Dabei ging es ihm jedoch niemals um theologisch-metaphysische Fragen, sondern um eine bestimmte Lebenspraxis und die dadurch herbeizuführende Transformation der gesellschaftlichen Kultur. Die Bedeutung der F.schen Ideen für die moderne Esoterik liegt in der Zusammenführung von freudianisch-marxistischer Gesellschaftskritik und östlichen religiösen Praktiken. In den 1960er Jahren engagierte F. sich konsequent in der Friedenspolitik und für Belange der Studentenbewegung. Allerdings deutet sich in seinem Werk die Verwandlung des revolutionären Potentials dieser Zeit in die introvertierten esoterischen Bewegungen der 1970er und 80er Jahre bereits an. 1976 erschien sein Hauptwerk *Haben oder Sein*, in dem F. Bilanz aus der Summe seiner Erfahrungen zog und spirituellen Kräften vor gesellschaftlich-revolutionären klare Priorität einräumte.

Ausg.: E. F., Gesamtausgabe in zehn Bänden, 1980–81.

Lit.: R. FUNK, E. F., 1983. J. HARDECK, Religion im Werk von E. F. Eine religionswissenschaftliche Untersuchung, 1990.

Fünf Tibeter, fünf sehr einfache, als »Riten« bezeichnete körperliche Übungen, durch deren regelmäßige Praxis eine lange Jugend versprochen wird. Peter Kelder, der die F. 1939 mit seinem Buch *The Eye of Revelation* in den USA bekannt machte, berichtet, er habe diese Übungen von einem brit. Colonel erfahren, der in einem nicht genauer bezeichneten Kloster im ind. Himalaya von Lamas unterwiesen worden sei.

Lit.: Die F., 1989.

Futuwwa → Rittertum

G

Gabir ibn Hayyan, Pseudonym von Al-Hasan ibn an-Nakid, der im späteren 9. Jh. eine Reihe alchemist.-gnost. Traktate verfasste und ältere Schriften desselben Genres redigierte. Auf diese Weise schuf er das berühmte *Corpus Gabiranum* als Grundlage der islam. Esoterik. Es verband aus der Antike überkommene esot. und Wissenschaftstraditionen mit der entstehenden Isma'iliya. G. beruft sich bei seinen Ausführungen auf seinen Lehrer Ga'far as-Sadiq, einen bekannten Geheimwissenschaftler und Vater des Siebten → Imams.

Lit.: P. KRAUS, Jabir ibn Hayyan. Contribution à l'histoire des idées scientifiques dans l'Islam, 2 Bde., 1942–43.

Gaia-Hypothese. Gaia ist der Name einer urtümlichen griech. Erdgöttin. Die mit ihrer Gestalt verbundene Vorstellung von der Erde als lebendes Wesen diente dem Klimatologen Jim Lovelock und der Mikrobiologin Lynn Margulis als Ausgangspunkt für ihre auf Erkenntnissen der → Neuen Wissenschaft in ihren Bereichen fußende These, dass die Erde ein selbstregulierendes, intelligibles System sei. Die G. steht im Einklang mit der esot. Auffassung des → Kosmos.

Lit.: J. LOVELOCK/L. MARGULIS, The Gaia Hypothesis – A New Look at Life on Earth, 1979.

Geber, latinisierte Form von Gabir ibn Hayyan. Unter dem Namen G. kursierte im lat. MA. eine Reihe alchemist. Schriften, als tatsächlicher Autor hat sich der ital. → Franziskaner Paulus von Taranto erwiesen, der offenbar Wert darauf legte, anonym zu bleiben. Wichtigstes Werk des G. ist die *Summa perfectionis magisterii* (lat. »Die höchste Vollendung des Meisterwerks«) mit der Theorie, dass das Quecksilber den Hauptbestandteil der Metalle bilde.

Ausg.: W. R. NEWMAN, The »Summa perfectionis« of Pseudo-Geber. A Critical Edition, Translation and Study, 1991.

Lit.: C. DARMSTÄDTER, Die Alchemie des G., 1922.

Gebet des Apostels Paulus, Das (NHC I,1), kurzes kopt.-gnost. Gebet mit valentinian. anmutender Terminologie. Die Diktion hat große Ähnlichkeit mit Gebeten im Corpus Hermeticum und mit mag. Invokationen.

Ausg.: NHL. NHD.

Gebser, Jean (1905–1973), der modernen Esoterik nahestehender philosoph. Schriftsteller, der ähnlich wie die → Anthroposophie die Epochen der Religionsgeschichte einer fortschreitenden Entwicklung des menschlichen → Bewusstseins zuordnete.

Ausg.: J. G., Gesamtausgabe, 7 Bde., 1986.

Gebura oder **Din**, die fünfte der kabbalist. → Sefirot. Sie repräsentiert die göttliche Macht, die sich in Gericht und Strafe niederschlägt. Verselbständigt sich G. innerhalb des kabbalist. Systems und wird nicht genügend durch → Chessed in der → Tif'eret ausgeglichen, entsteht Böses, das also in der kabbalist.-theosoph. Lehre in der Gottheit selber angelegt ist und auf der Vereinzelung oder Abtrennung ihrer Attribute beruht.

Geheime Gesellschaften, Zusammenschließungen innerhalb einer größeren, gewachsenen Gesellschaft, die entweder ihre ganze Existenz oder bestimmte ideolog. Grundsätze und Praktiken gegenüber Nicht-Mitgliedern geheimhalten. Die Mitglieder treten entweder freiwillig einer G. bei oder werden von ihr ausgewählt, häufig handelt es sich um eine Kombination zwischen beiden Möglichkeiten. Die Aufnahme erfolgt in aller Regel durch eine → Initiation und soll für das Leben des Einzelnen als bedeutsamer Übergang verstanden werden. Ihr Bestehen begründen die G. sowohl mit der Notwendigkeit gegenseitiger Hilfeleistungen der Mitglieder im Bereich ihrer individuellen Entfaltungsmöglichkeiten sowie ihres sozialen und wirtschaftlichen Fortkommens, als auch mit einer gesellschaftlichen Vorreiterrolle. G. ist ein elitäres Bewusstsein eigen, das sich einerseits in ihrem Bewusstsein ausdrückt, eine »ideale« Gesellschaft darzustellen und anstehende gesellschaftliche Reformen vorwegzunehmen, andererseits durch streng hierarch. und autoritäre Strukturen, die auf der Basis verschiedener Einweihungsgrade festgeschrieben sind. Die G. sind in der → Geschichte der Esoterik von einiger Bedeutung, wobei aber festgestellt werden muss, dass wesentl. geistige Errungenschaften historisch immer nur an den Werken von Einzelpersonen, niemals aber im Wirken solcher Organisationen festgemacht werden können. Im Hinblick auf die Soziologie der Esoterik lässt sich an den G. eins ihrer wesentlichsten Merkmale beobachten, nämlich die Ansiedlung und Ausrichtung zwischen dem religiösen und säkularen Bereich. Bekannte G. sind der Orden des → Pythagoras, → Templer, → Rosenkreutzer und → Freimaurer. Heute sind die Theosophische und noch stärker die Anthroposophische Gesellschaft nach ihren Mustern organisiert.

Lit.: C. W. HECKETHORN, The Secret Societies of all Ages and Countries, 2 Bde., 1875–97. Nachdruck 1965. G. SIMMEL, das Geheimnis u. die G., in: Soziologie. Untersuchungen über die Formen der Vergesellschaftung, 1908. 1992. H. SCHREIBER/G. SCHREIBER, Geheimbünde von der Antike bis heute, 1993. G. SCHUSTER, G., Verbindungen u. Orden, [4]1997.

Geheimer Brief des Jakobus (NHC I,2), ein dem Bruder Jesu und Haupt der Jerusalemer Urgemeinde zugeschriebener kopt. Brief christl.-gnost. Provenienz. Er handelt von Offenbarungen des Erlösers, die nicht von allen zwölf Aposteln, sondern nur Petrus und Jakobos mitgeteilt werden sollten. Der Inhalt dieser Lehren ist stark asketisch und zielt v. a. auf die Überwindung des Bösen.

Ausg.: NHD. NHL.

Geheimes Markusevangelium, nicht überlieferte Schrift, von der in einem durch den US-amerikan. Bibelwissenschaftler Morton Smith entdeckten Brief des → Clemens von Alexandria an Theodoros berichtet und ein Fragment zitiert wird. Sorgfältige Prüfungen des Manuskripts durch Smith u. a. Spezialwissenschaftler ergaben, dass der esot. Text vor 125 in Ägypten verfasst worden sein musste. Das von Clemens zitierte Fragment enthält eine Variante der ntl. Erzählung von der Auferweckung des Lazarus, die im »offiziellen« Markusevangelium allem Anschein nach absichtlich ausgelassen worden ist. Der Inhalt weist auf eine esot. Praxis Jesu im Zusammenhang mit der → Taufe hin. Smith konnte aus seinen Befunden weitgehende Folgerungen über die Handhabung eines initiator. Seelenaufstiegsrituals durch Jesus und seine vertrautesten Schüler ableiten. Aus dem Clemensbrief geht hervor, dass auch die gnost. → Karpokratianer das G. kannten und benutzten.

Lit.: M. SMITH, Clement of Alexandria and a Secret Gospel of Mark, 1973. DERS., Auf der Suche nach dem histor. Jesus. Entdeckung u. Deutung des geheimen Evangeliums im Wüstenkloster Mar Saba, 1974.

Geheimnis und Geheimhaltung sind für die Esoterik inhaltlich wie strukturell und organisator. bedeutsam und stehen dabei immer in gegenseitiger Wechselwirkung zueinander. Die »Wahrheiten« der Esoterik sind per definitionem innerseitige (esoterische) und damit im Sinne von verborgenen »geheime« Wahrheiten, d. h. sie sind nicht für jedermann offensichtlich und erkennbar. Dieser zunächst rein phänomenolog. Tatbestand gewinnt nun zusätzlich eine soziolog. Dimension dadurch, dass Esoteriker, die diese Wahrheiten einmal erkannt und einem engen Schülerkreis mitgeteilt haben, sie absichtlich vor allen, die nicht zu dieser Gruppe gehören, geheimhalten. Auch innerhalb der esot. Gemeinschaft wird die Lehre meist noch einmal in mehrere Grade hierarchisiert und nur stufenweise zugänglich gemacht. Die Begründung hierfür lautet in der Regel, das esot. Wissen sei für nicht zu seinem Empfang Bereite oder Nicht-Eingeweihte gefährlich. Die esot. »Wahrheit« soll vor dem Zugriff derjenigen geschützt werden, die der oder die Anführer der Gruppe für unbefugt halten, umgekehrt werden aber auch die Unbefugten vor dem Einblick in Hintergründe bewahrt, mit denen sie angebl. nicht zurechtkommen würden. Abgesehen von der Feststellung, dass die typisch esot. Grundstruktur, in der Wahrheitssuchende Wahrheitswissenden gegenüberstehen, für alle unschönen Seiten der Machtausübung anfällig ist, sind die wissenssoziolog. Zusammenhänge, auf denen ein solches Konstrukt beruht, bisher ungenügend erforscht. Georg Simmel hat darauf hingewiesen, dass G. immer ein Ergebnis von fortgeschrittener Individualisierung in einer Gesellschaft sind und diese weiter fördern. Je komplexer und differenzierter ein Gemeinwesen geworden ist, desto mehr Möglichkeiten hat das Individuum, seine unterschiedlichen Anlagen und Bedürfnisse in verschiedenen in sich und voneinander abgeschlossenen Unterorganisationen der Gesellschaft auszuleben. Da Esoterik stets eine gewisse Distanz zu der die gesamtgesellschaftlichen Werte bestimmenden offiziellen Religion mit sich bringt, empfiehlt sich von selber, Lehren, die eine solche offizielle Funktion nicht erfüllen können und wollen, zumindest eine Zeitlang geheimzuhalten. In dem Moment, wo Esoterik exoterisch wird, wie histor. bisher nur zweimal geschehen, nämlich in der italien. → Renaissance und am Ende des 20. Jh.s, geht dies mit einem grundlegenden, alle Bereiche der Gesellschaft einbeziehenden Wertewandel einher.

Lit.: G. Simmel, Das Geheimnis u. die Geheimhaltung, in: Soziologie. Untersuchungen über die Formen der Vergesellschaftung, 1908. 1992. J. Kramer/D. Alstad, Die Guru Papers. Masken der Macht, 1995. H. G. Kippenberg/G.G. Stroumsa, Secrecy and Concealment. Studies in the History of Mediterranean and Near Eastern Religions, 1995. J. Westerbarkey, Das Geheimnis. Die Faszination des Verborgenen, 1998.

Geheimwissenschaft, eine in → Theosophie und der frühen → Anthroposophie gebräuchliche Bezeichnung für die durch ihre Systeme vollzogenen Synthesen esot. Denkens. → Steiner verwendete später, nach seiner endgültigen Trennung von der Theosophie, für seine eigene Lehre lieber den Begriff »Geisteswissenschaft«. Die G. umfasst im wesentlichen eine Theologie, die die Einheit des Göttlichen auf einer nicht-anthropomorphen Grundlage postuliert, eine Kosmologie, die als die Manifestation dieses Göttlichen verstanden wird, und eine Anthropologie mit Lehren über die körperliche und geistig-seel. Beschaffenheit des → Menschen und seine Lebensformen in dieser und jener Welt. Der Mensch ist Makro- und Mikrokosmos in einem und der hauptsächliche Mittler zwischen geistiger und materieller Welt, weshalb auf die Grundbedingungen seiner Existenz und insbesondere auf seine Möglichkeiten, Erkenntnisse über das Übersinnliche zu erlangen, besondere Aufmerksamkeit verwendet wird.

Lit.: H. P. Blavatsky, Die Geheimlehre, Neuausg. 1999. R. Steiner, Die G. im Umriss, 1910. ^{29}1977.

Gehirnwäsche ist ein verzerrender, polem. Ausdruck moderner kirchl. Häresiologie für den Konversionsvorgang bei Anhängern esot. und Neuer Religiöser Bewegungen. In der empir. religionswiss. Forschung fehlen jegliche

Hinweise auf einen solchen Vorgang. → Metanoia.

Lit.: J.-G. MELTON/M. INTRNIGUE (Hg.), G. und Sekten, 2000.

Geist und Natur → Naturphilosophie

Geister, übernatürliche Wesen; der Begriff steht für Manifestationen der Lebensenergie, die weder als Gott noch als Mensch oder Tier kategorisiert werden können oder sollen. Viele, aber nicht alle G. sind unsichtbar. Es gibt gute (→ Engel) und böse G. (→ Dämonen, → Teufel). Am häufigsten repräsentieren G. entweder die Seelen Verstorbener (Ahneng.) oder Naturkräfte und -elemente (→ Naturg.). Daneben gibt es die Hausg., die sich wohl aus den Ahneng. entwickelt haben, die sich nach den indoeurop. Traditionen an den häuslichen Herdfeuern aufhalten. Religionshistor. lässt sich G.glaube häufig dadurch erklären, dass ältere Religionen in jüngeren aufgingen und die Götter der ersteren zu G.n degradiert wurden.

G.glaube gehört zu den klass. Ausprägungen der Volksfrömmigkeit und wird von dort in die Esoterik übernommen. Ihre Zwischenposition unterhalb der göttlichen und oberhalb der natürlichen Welt macht die G. zu Bevölkerern eines in Volksreligion und Esoterik gleichermaßen als belebt verstandenen Kosmos bzw. zu Repräsentanten seiner Kräfte. Viele Esoteriker bemühen sich um Kontakte zu G.n, oft um Informationen über Bereiche zu erhalten, die anderweitig nicht zugänglich sind. Die monist. Tendenzen und die ausgeprägte Naturreligiosität heutiger Esoterik führen zu einer Nivellierung des im Laufe langer ideengeschichtl. Entwicklungen herausgebildeten Unterschieds zwischen Engeln und Dämonen und sieht alle G. im allgemeinen als positive Mächte und Kräfte an. → Magie.

Lit.: W. Y. EVANS WENTZ, The Fairy Faith in Celtic Countries, 1911. D. APPELBAUM, Everyday Spirits, 1993. K. HENTSCHEL, G., Magier u. Muslime. Dämonenwelt u. Dämonenaustreibung in Islam, 1997. C. LECOUTEUX, Das Reich der Nachtdämonen, 2001.

Geisteswissenschaft → Geheimwissenschaft

Gelassenheit, ein Ausdruck aus der → deutschen Mystik, besonders von → Meister Eckhart und → Tauler gebraucht. G. bezeichnet einen Geisteszustand, in dem der Mensch alles, was geschieht, Gott überlässt. Gemeint ist damit weder Passivität noch Gleichgültigkeit nach herkömmlichem Sprachgebrauch, sondern ein aktives Nicht-Wollen, das zu Gotteserkenntnis oder → Erleuchtung führt. Durch das »Lassen« der eigenen Konditioniertheit in Vorstellungswelt, Willen und Handlung wird der Mensch der Unbedingtheit des Göttlichen gewahr, die nun in ihm Realität werden kann. → Heidegger, der den Begriff aufnahm, sieht in der G. sogar eine Voraussetzung für »Denken«, das seiner Auffassung nach etwas grundsätzlich anderes ist als »Wollen«. G. besteht also in der Öffnung des Menschen für eine Realität, die sonst durch sein Eigensein und -handeln verdeckt wird. Mit G. darf jedoch auch kein aktives Warten auf die Ankunft Gottes im eigenen Innern verbunden sein. In letzter Konsequenz heißt G. auch das Von-Gott-Lassen, die Aufgabe myst. Strebens: »Das Höchste und das Äußerste, was der Mensch lassen kann, das ist, dass er Gott um Gottes willen lasse« (Eckhart). Es handelt sich also um eine Überwindung der Mystik, die selbst mystisch ist.

Lit.: M. HEIDEGGER, G., 1959. H.-J. SIMM (HG.), Von der G., 1997. W. SCHIRMACHER, Technik und G. Zeitkritik nach Heidegger, 1983.

Geschichte der Esoterik. Die Bezeichnung → »Esoterik« für eine bestimmte Form religiöser Überzeugung und religiöser Praxis ist eine Neuschöpfung des 19. Jh.s. Soweit bekannt, wurde sie erstmals von Eliphas → Levi verwendet, der unter diesem Begriff eine Reihe verschiedener Traditionen, v. a. kabbalist. Und hermet. sowie Elemente aus den → Antiken Mysterien bündelte. Älter als das Substantiv »Esoterik« ist das Adjektiv »esoterisch«, das im Griechischen (»esoterikos«) einfach etwas Inneres im Gegensatz zum Äußeren – ohne wortimmanente religiöse Konnotationen – bezeichnet. Dennoch kannte die griech. Religion einige Lehren und kult. Verrichtungen, die nicht offiziell im Sinne philosoph. Schulung oder öffentlichem Kultus', sondern nur einem Kreis von Eingeweihten zugänglich gemacht wurden. Dazu gehörten die → Mysterien von Eleusis, der Orden des → Pythagoras und nach einigen Berichten auch ein innerer Kreis von Anhängern der platon. Philosophie, der in diesen Quellen tatsächlich als »esoterikos« bezeichnet wurde. Die Existenz religiöser Lehren aber, die wir heute als esoterisch kennzeichnen, lässt sich in noch weit frühere Zeiten zurückverfolgen, und zwar als Ergebnis einer spezif. Religionsentwicklung, die JAN ASSMANN die »mosaische Unterscheidung« genannt hat. Nach der bibl. Tradition begründete Mose den exklusiven Anspruch eines bestimmten Glaubens, wie er bis heute von den monotheist. Religionen in ihrer jeweiligen Form vertreten wird, nämlich dass der von ihr definierte Gott mit anderen Göttern auf keinen Fall gleichzusetzen oder gar durch einen oder mehrere von ihnen zu ersetzen sei. Vor Mose hatte hatte mit viel weitergehender Radikalität der ägypt. Pharao Echnaton den Sonnengott Aton absolut gesetzt und in seinem Herrschaftsbereich alle anderen Kulte verboten (→ Amarna-Religion). Nach dem Scheitern dieser religiösen Revolution, die ihren Urheber nicht überlebte, war die Versöhnung der vielen Götter mit dem Einen (E. HORNUNG) den altägypt. Theologen ein besonderes Anliegen. Hier liegt das Herzstück der esot. Tradition und auch ein wesentlicher klar belegbarer Ursprung esot. Denkens für den antik-abendländ. Bereich. Unter den Umständen jh.elanger Kolonialisierung Ägyptens durch die griech.-makedon. Ptolemäer und später durch die Römer nahm die Esoterik im Ägypten der ersten nachchristl. Jh.e mit der → Hermetik ein eigenes Gepräge an. Ob nach der Einführung des bibl. Monotheismus durch Mose bei den Israeliten eine ähnliche Entwicklung stattfand, ist nicht genau nachweisbar, aber recht wahrscheinlich. Eine frühe Form der Kabbala, die → Merkava-Mystik, sowie zahlreiche semijüd. Splittergruppen mit esot. Ideen traten jedenfalls gleichzeitig mit der Hermetik in Erscheinung. Diese westlichen Formen der Esoterik entwickelten bereits in den ersten Jh.en n. Chr. die Merkmale, die bis heute für sie kennzeichnend sind: die Verbindung von Theologie und Kosmologie, den religiös-philosoph. Universalismus, der religiöse und mag. Praktiken mühelos integriert, und die analog. Betrachtungsweise der sinnlichen Erscheinungswelt. Alle diese Elemente waren in der späteren Antike voll ausgebildet, und verschiedene Stränge esot. Anschauung wurden auch miteinander verbunden, wie die entsprechende Literatur (Hermetica, Zauberpapyri, Hekhalot- und gnost. Texte, Chaldäische Orakel u.a.) deutlich erkennen lässt. Diese esot. Religiosität, deren Hauptmerkmal darin besteht, dass sie die Idee der Einen Gottheit durchaus kultiviert, daneben aber bereit ist, das Göttliche in vielfältigen Formen anzuerkennen und zu verehren, führte in der Geschichte des Judentums, Christentums und des Islam ein unter- und hintergründiges Dasein und wurde nicht selten auch verfolgt, was allerdings auch einige bedeutende Vertreter »orthodoxer« Religiosität nicht hinderte, sich mit esot. Gedankengut zu beschäftigen und in ihre eigenen, von der Orthodoxie anerkannten und geschätzten Systeme aufzunehmen. Wo die Esoterik mit den sich institutionalisierenden Formen von Judentum und Christentum, später auch des Islam, oder auch mit mächtigen nicht-religiösen Welterkärungen auf Schwierigkeiten stieß, schlug sich dies periodisch in stark dualist. gefärbten Anschauungen nieder, die das besondere Kennzeichen der → Gnosis darstellen. Solche dualist. Systeme sind dem genuin monist. Impuls der Esoterik eigentlich entgegengerichtet. Sie erklären sich jedoch aus der besonderen Notwendigkeit, gegen die Übermacht der jeweils vorherrschenden Ideologie eine eigene gemeindebildende Identität zu entwickeln. Das Grundmuster für derartige Vorgänge findet sich in den Abspaltungsprozessen sektierer. Gruppierungen vom Judentum, wie z. B. der → Mandäer und der → sethian. Gnosis. Als Antwort auf ihre halb freiwillige, halb erzwungene Loslösung vom Frühjudentum, das sich nach der Rückkehr aus dem Babylon. Exil um den Zweiten Tempel und später um die Rabbinen organisierte, entwickelte sich innerhalb der westlichen Esoterik ein virulenter Antijudaismus, der → Antisemitismus genannt werden kann, da er bisweilen protorassist. Züge annimmt, indem die Juden als Abkömmlinge des Teufels (siehe Joh 8,44) definiert werden. Dieses antisemit. Potential ist in Verbindung mit einem kosmolog.-anthropolog. → Dualismus der westlichen Esoterik inhärent und hat sich im Laufe ihrer Geschichte immer wieder bemerkbar gemacht – bis hin zur Ideologie des → Nationalsozialismus, die unter beträchtlichen esot. Einflüssen entstand. Im Großen und Ganzen sind jedoch monist. Ausprägungen in der Esoterik vorherrschend; und dualist. Formen pflegen nach einiger Zeit wieder in monist. überzugehen. Der Monismus der Esoterik hat gewöhnlich myth. Züge und ist in den allermeisten Fällen mit kosmolog. Vorstellungen verbunden. Religionphänomenolog. ist die Esoterik damit zwischen Gnosis und → Mystik anzusiedeln; mit ersterer teilt sie die Tendenz zur Mythologie, mit letzterer den Monismus. Die Übergänge zwischen Gnosis, Esoterik und Mystik sind fließend: Wo die Gnosis ihre unbedingte Notwendigkeit zu Identitätsstiftung und Gemeindebildung verliert, entwickelt sie sich zur Esoterik, die an die Stelle der Abstammungsideologie (Abstammungsmythen) ein durch Schulung, Unterweisung und rituelle und kontemplative Praxis erwerbbares Wissen von den göttlichen Welten setzt. Die Weitergabe dieses Wissens geschieht durch Initiationen – meist in mehreren Stufen –, die die Zugehörigkeit zum esot. Kreis besiegeln. Die Bildung solcher Sondergrüppchen mit eigenen Hierarchien und Autoritätsstrukturen (→ Soziologie der Esoterik), die sich den Vertretern der »offiziellen Religion« oft als überlegen dünkten, musste insbesondere den Interessen der kathol. Kirche zuwiderlaufen. Entsprechend versuchte diese, die Esoterik zu unterminieren. Dennoch schufen sich im MA. esot. Gedanken sogar innerhalb der Kirche Bahn, und zwar in einer transformierten Gestalt, die wir als Mystik nezeichnen. Das bedeutete, dass die myth.-kosmolog. Komponente in ihrer Bedeutung erheblich reduziert und der in der Esoterik der Antike ritualisierte Weg des Mysten durch die Sphären (→ Seelenreise) als ein rein innerlicher beschrieben wurde. Die Stufen des Kosmos wurden in einem abstrakteren Sinn die Stufen der Nähe zu Gott. Ein anderer wichtiger Träger der Esoterik war bereits während des europäischen MA der → Platonismus mit der durch ihn bestimmten frühen → Naturphilosophie. Im → Rittertum, das sich seit dem 10. Jh. zu einer bedeutenden sozialen und kulturellen Macht in der ma.lichen Ständegesellschaft aufschwang, verbanden sich Reste german.-held. Mythologie mit christl. Tugenden und sehr wahrscheinlich auch mit esot. Überlieferungen aus dem islam. Bereich. Durch seine weitgehende Unabhängigkeit vom Klerus brachte das Rittertum ebenso wie die Zünfte (→ Vereinswesen) in die Kultur des MA esot. Komponenten ein und entwickelte diese weiter, wie sich insbesondere in der Legendenbildung um den → Gral und in der → Minne zeigte. In Verbindung mit polit. Separationsbestrebungen Okzitaniens erreichte im 13. Jh. mit den → Katharern auch die dualist. Esoterik, die über das Balkangebiet eingedrungen war, nochmals einen Höhepunkt. Das langsame Einsickern hermet. Traditionen durch arab. Quellen, die über das maur. Spanien das christl. Abendland erreichten, sowie die span. Kabbala taten ein Übriges, den großen Aufschwung mit vorzubereiten, der der Esoterik in der Zeit der → Renaissance beschieden war. Mit den blutigen Glaubenskriegen des 17. Jh.s und dem darauf folgenden Siegeszug der exakten Naturwissenschaften, der eine rein mechanist. Weltauffassung heraufbeschwor, war das Projekt der Renaissance, d. h. ihr Streben nach einer Sythese aller überlieferten und irgendwie erreichbaren Wissensformen, gescheitert. Im Gefolge von Reformation und Aufklärung nahm die Esoterik in der Neuzeit ein anderes Gepräge an, das sich v. a. mit der Organisation von vermeintlichen (→ Rosenkreutzer) oder tasächlichen (→ Freimaurer, → Illuminaten) →

Geheimgesellschaften bemerkbar machte. Allerdings schuf die protestant. Mystik, der → Pietismus, einen geeigneten Nährboden die Wiederbelebung einer klass.-mytholog. Form der Esoterik, für die v. a. das Werk → Böhmes steht. Sie sollte in der Epoche der → Romantik in ganz Europa noch einmal eine große kulturelle Wirkung entfalten. Der Einfluss der Aufklärung auf die Esoterik wird oft unterschätzt, weil erstere in kultur- und philosophiegeschichtlich unzulässiger Weise einseitig mit der Durchsetzung des mechanist. Paradigmas bei Descartes und Newton gleichgesetzt wird. Zur Aufklärung gehören aber auch der naturnahe Sensualismus, der gerade in der zeitgenöss. Esoterik mit ihren ökolog. Bestrebungen und zahlreichen Körpertheapien eine große Rolle spielt, ein glaubenstoleranter Universalismus, mit dem sich der → esot. Monotheismus leicht verbinden lässt, und ein Fortschrittsoptimismus, der sich nicht in erster Linie auf technische und naturbezwingende Entwicklungen, sondern auf die Möglichkeiten menschlicher Erkenntnis bezieht. Der Antiklerikalismus der Aufklärung unterstützte ein Grundanliegen der westlichen Esoterik, indem er die institutionelle Autorität der Kirche durch die Vernunft und das Gewissen des Einzelnen ersetzen wollte und die Vereinbarkeit von Religion und Vernunft postulierte. Im 19. Jh. setzte, sowohl von aufklärer. als auch romant. Bestrebungen vorangetrieben, ein Prozess der Verständigung zwischen westlicher und östlicher Esoterik ein. Auch wenn bereits die antike Esoterik Berührungen mit ind. Gedankengut aufweist, machte erst die genauere Kenntnis religiöser Texte Asiens eine intensive Auseinandersetzung möglich, die nun sowohl vonseiten der Romantik und → Theosophie als auch des → Neohinduismus stattfand. Die asiat. Religionen weisen insgesamt eine größere Affinität zur Esoterik auf als die von der bibl. Tradition ausgehenden, weil ihr genuiner Polytheismus dem esot. Gottesbegriff weit entgegenkommt. Die bedeutendsten esot. Strömungen Asiens sind die → Tantrik, die sich in ihrer buddhist. Form als → Vajrayana-Buddhismus niederschlug, und der → Taoismus. Beide haben eine vom Monismus beherrschte Wirklichkeitsauffassung, die mit der der westlichen Esoterik fast deckungsgleich ist. Sie wurden im 20. Jh. im Westen sehr stark rezipiert und erreichten den Höhepunkt wechselseitiger Durchdringung in den 1980er Jahren. Seither ist in der Entwicklung der Esoterik weltweit ein Nachlassen des synthet. Impulses zu beobachten. Die Orientierung von Esoterikern wird wieder stärker partikular und bemüht sich häufiger um eine gezielte Wiederbelebung der jeweils einheim. Traditionen, ohne dass im Grundsätzlichen die globale Perspektive aufgegeben würde.

Lit.: A. Faivre, Access to Western Esotericism, 1994. Ders./J. Needleman, Modern Esoteric Spirituality, 1995. R. van den Broek/C. van Heertum (Hg.), From Poimandres to Jacob Böhme: Hermetism, Gnosis and the Christian Tradition, 2000. J. Iwersen, Was ist New Age? – Was ist Esoterik? in: ZRGG 52/1, 2000.

Gestaltlosigkeit und Gestaltung sind Chiffren für Unerlöstheit und Erlösung in der antiken Gnosis, insbesondere bei den Valentinianern. Die Thematik ist eng verbunden mit valentinian. Spekulationen über die → Grenze.

Gewand, in der Gnosis **Lichtgewand,** als esot. Symbol eine Bekleidung der Seelen, die ihren gottgefälligen Zustand zum Ausdruck bringt. Nach dem → Sohar weben die Seelen während ihres Erdenlebens an einem myst. G., das sie nach dem Tode des Körpers in den himml. Welten tragen werden. sündige Seelen hingegen gehen nackt in das Gottesreich ein und bezeugen dadurch ihren niederen Status.

Ghulat (arab. »Übertreiber«, Pl.) häresiolog. Bezeichnung für die sog. extreme → Shiʿa, die seit dem 7. Jh. im vorderoriental. Raum entstanden ist. → Shahrastani definiert sie folgendermaßen: »Die G. sind diejenigen, die den Rechtsanspruch ihrer Imame so weit übertrieben, dass sie sie die Grenzen der Geschöpflichkeit überschreiten ließen und ihnen Göttlichkeit zuschrieben: bald machten sie einen von den Imamen gottähnlich, bald machten sie Gott den Geschöpfen ähnlich.« In die Theologie der G. ist viel Gnostisches miteingeflossen, wie insbesondere die Mythologien im → *Buch der Heptade und der Schatten* und im *Umm al-kitab* zeigen. Zu den G. zählen: die Kaisaniten (Vierer-Shi'iten); verschiedene Splittergruppen um selbsternannte Imame, die die Nachfolge des fünften Imams Muhammad al-Baqir, den sie Baqir al 'ilm (arab. »Öffner der Erkenntnis«) nannten, beanspruchten und zum großen Teil unter den Abbasiden als Ketzer verbrannt wurden; die → Hatabiten; kleine Grüppchen um den neunten bis zwölften Imam, die über Kufa u. a. irak. Gebiete hinaus auch in Qom im Iran zu wirken begannen, und die → Nizarier.

Lit.: H. Halm, Die islam. Gnosis. Die extreme Schia u. die 'Alawiten, 1982.

Gichtel, Johann Georg (1638–1710), deutscher Mystiker und wichtiger Vertreter der → Sophiologie in der Tradition Böhmes.

Lit.: W. Nigg, Heimliche Weisheit. Myst. Leben in der evangel. Christenheit, 1959. 1992.

Gilgul, kabbalist. Reinkarnationslehre, die insbesondere von der Schule → Lurias in Safed (Obergaliläa) entwickelt wurde. Die Idee des G. erfuhr hier besondere Aufmerksamkeit, taucht aber schon in der früheren → Kabbala auf, so im → *Buch der Klarheit* und im → *Sohar*. Nach lurian. Auffassung haben die menschlichen Seelen nur so lange ein individuelles Dasein, wie sie sich noch nicht im Sinne des Tikkun, der Restitution der ursprünglich beabsichtigten Schöpfung, vervollkommnet haben. Solange sind sie auch dem Gesetz des G. unterworfen und müssen in der Welt umherwandern. Wenn die Einzelseele aber alle göttlichen Gebote erfüllt hat, entbürdet sie sich ihrer Individualität, die bei Luria als ein Gleichnis für das Exil des jüd. Volkes gesehen wird, und vereinigt sich mit der Urseele des → Adam kadmon.

Lit.: G. Scholem, Von der myst. Gestalt der Gottheit. Studien zu Grundbegriffen der Kabbala, 1962.

Ginza (mandäisch »Schatz«), wichtigstes Werk der mandäischen Literatur, auch *Sidra Rabba* (*Großes Buch*) genannt; es besteht aus zwei Teilen, dem Rechten und dem Linken G. Der Rechte G. ist eine Sammlung unterschiedlicher Texte mytholog. oder moral. Inhalts. Der Linke G. enthält eine Liturgie zum Seelenaufstieg.

Ausg.: M. Lidzbarski, G. Der Schatz oder das große Buch der Mandäer, 1925. Neudruck 1979.

Giorgi, Francesco (1466–1540), → Franziskaner und Esoteriker aus Venedig, der christl. Überzeugungen unter Anwendung der → Kabbala zu beweisen versuchte. G. konnte selber gut Hebräisch und stand mit vielen jüd. Gelehrten seiner Zeit in Verbindung. In seiner Schrift *De harmonia mundi* (1525) untersuchte er die Gesetzmäßigkeiten, durch die Mikro- und Makrokosmos miteinander verbunden sind, und entwarf unter Rückgriff auf kabbalist. Zahlensymbolik ein monist. System der Welt. G. war überzeugt, dass ein Zeitalter der Eintracht bevorstünde, in dem auch alle Differenzen zwischen den Religionen beseitigt würden. Seine Gedanken wurden in der engl. → Renaissance besonders einflussreich.

Lit.: F. A. Yates, Die okkulte Philosophie im elisabethanischen Zeitalter, 1991.

Globalisierung, der Prozess des Zusammenwachsens der Welt und der mit ihm verbundene Austausch zwischen den Gesellschaften, Wirtschaften und Kulturen. Die G. ist für die Esoterik mit ihrem über die einzelnen Religionen und ihre jeweiligen histor. Voraussetzungen hinausgehenden Universalstreben von großer Bedeutsamkeit. Esot. Denken entfaltet sich in besonderer Weise immer dann, wenn verschiedene Kulturen und Religionen aufeinandertreffen und sich gegenseitig füreinander öffnen. Bereits in der späteren Antike erlebte die westliche Esoterik ihre erste Blütezeit unter genau diesen Umständen, als im röm. Kaiserreich verschiedene Kulte einander assimiliert und parallel dazu ein verschiedenste philosoph. Traditionen harmonisierender →

Platonismus eine religiöse Synthese antiken Denkens vollzog, die auch als spekulativer Überbau zum kult. Leben herangezogen wurde (→ Mysteriosophie). Eine ähnliche Situation lag im ma.lichen Spanien vor, wo Islam, Judentum und Christentum aufeinander trafen und um gegenseitiges Verständnis bemüht waren, wenn auch oft mit missionar. Absichten. Seit den europäischen Entdeckungsreisen und der Kolonialzeit erweisen sich in der sich zunehmend globalisierenden Kultur von heute geradezu als unvermeidbar, um religiösen Pluralismus unter einer gemeinsamen Gesellschaftsnorm lebbar zu machen. Dieser Punkt ist es, der am Ende des 20. Jh.s eine für viele unerwartete Aktualität der Esoterik herbeigeführt hat.

Lit.: R. Robertson, Globalization. Social Theory and Global Culture, 1992. P. Beyer, Religion and Globalization, 1994. M. Walters, Globalization, 1995.

Gnosis (griech. »Erkenntnis«, »Einsicht«), eine charakterist. Metamorphose esot. Denkens, bei der der für die Esoterik typische Monismus in → Dualismus umschlägt und der Kosmos nicht das Göttliche, sondern das Böse repräsentiert. Als histor. Religion entstand die G. im 1./2. Jh. n. Chr. am Rande des sich unter der Führerschaft der Rabbinen neu formierenden Judentums. Die hellenist. Kultur (mittelmeer. Epoche von ca. 300 v.–200 n. Chr.) war durch eine allgemeine Lockerung traditioneller staatl. und sozialer Bezüge gekennzeichnet. Auch an Religion und religiösen Ritualen beteiligten sich die Menschen nicht mehr in erster Linie, damit das Wohl des Gemeinwesens gewährleistet war, sondern um individuelle Transzendenz- und Heilserfahrungen zu machen. Die Dominanz einer persönlichen Frömmigkeitspflege führte dazu, dass verschiedene Götter und Kulte aus den unterschiedlichen Traditionen des Mittelmeerraumes einem monist. Anspruch untergeordet wurden und miteinander verschmolzen, was insbesondere das Judentum vor polit.-religiöse Identitätsprobleme stellte. In Palästina wollte die überwiegende Mehrheit der Juden an dem politischen Monotheismus, wie er im Babylon. Exil ihre Gemeinschaft stabilisiert hatte, trotz aller heidn. Einflüsse festhalten. Diese Situation gab Anlass zu erheblichen Spannungen sowohl zwischen Judentum und Heidentum als auch zwischen den verschiedenen jüd. Gruppierungen. – Da in der hellenist. Epoche im gesamten Mittelmeerraum religiöse und soziale Bindungen nicht mehr automatisch kongruent waren, entstanden Glaubens- und Kultgemeinschaften, die unter Einsatz einer abgrenzenden Symbolik ein ihnen eigenes soziolog. Profil ausbildeten, d. h. sie entwickelten Strategien, durch die sowohl die hl. Sphäre der Gemeinschaft als auch die ihr zugehörigen Personen von allem ihr nicht Zugehörigen unterschieden werden konnten. Die wichtigsten Elemente solcher Symbolsysteme waren Reinigungsriten und die → Geheimhaltung von Kulthandlungen und/oder hl. Schriften. In diesem ambivalenten Klima großer geist. Offenheit einerseits und der Ausbildung grenzziehender Strukturen andererseits sind gnost. Tendenzen erstmals zu verorten. Sie äußern sich als zunehmende Mythisierung der Kategorien von »rein« (der religiösen Gemeinschaft zugehörig) und »unrein« (der Gemeinschaft nicht zugehörig), die dann im 2. Jh. zu einer Vielzahl verschiedener Systeme auswuchert. Die gnost. Mythologien haben zwei Hauptthemen, nämlich erstens die Kosmogonie und zweitens die Abstammungsmythen und eine mit ihnen verbundene Anthropogonie. Diese können unverbunden, in mehr oder weniger gelungener kompositor. Verknüpfung, oder auch ineinander verschmolzen entwickelt werden. An Kosmogonien gibt es wiederum zwei Grundtypen: die auf der Auf- und Abstiegsthematik aufgebauten, emanativen Systeme und die mit einem Mischungsprinzip arbeitenden, konsequent dualist. Systeme. Bei letzteren sind Systeme mit drei ursprünglichen Prinzipien von solchen zu unterscheiden, die nur zwei ursprüngliche Prinzipien zugrunde legen. In der Regel ist in den einzelnen gnost. Mythen einer der kosmogon. Typen vorherrschend. Innerhalb der Gruppe emanativer Kosmogonien einerseits und Mischungskosmogonien andererseits lässt sich abermals nach verschiedenen Bewegungsarten, die die Entstehung der niederen Welt verursachen, unterteilen: Bei den emanativen Typen gibt es einen (z. B. den des → Basilides nach Irenäus), der einfach eine ursachenlose stete Abwärtsbewegung mit einhergehender Qualitätsminderung annimmt; einen weiteren (z. B. den der → Ophiten), der die Abwärtsbewegung einem Lichtüberfluss des obersten geistigen Prinzips zuschreibt; und einen dritten – mit simonian., sethian. und valentinian. Texten am besten belegten – nach dem der → Fall einer weiblichen Figur für die Entstehung des Kosmos verantwortlich gemacht wird. Bei den Mischungstypen ist es entweder die Bewegung eines mittleren Prinzips, die einen perpetuierenden Kreislauf in Gang setzt, oder die Finsternis greift das Licht an, wie im → Manichäismus. Weder zum emanativen noch zum Mischungstypus gehören die ältesten Kosmogonien der → Mandäer, die also eine eigene Kategorie bilden. Hier erschaffen ausschließlich finstere Mächte eine ausschließlich finstere Welt, während die Lichtwelt von diesem Geschehen vollkommen unberührt bleibt. Mit den Kosmogonien verbunden werden anthropogon. Abstammungsmythen, die die Herkunft der Gnostiker aus dem Lichtreich postulieren. Im Zuge des kosmogon. Geschehens haben sich die Lichtmenschen in der Materie verfangen, wo sie von Widersachermächten verfolgt und vielfachen Versuchungen ausgesetzt werden. – Als erzählende Ätiologie konnte der gnost. Mythos religiöse Identität, aber keine religiöse Erfahrung vermitteln. Daraus erklärt sich die Abnahme seiner Bedeutung als Hauptmedium der gnost. Religiosität, die seit dem 2. Jh. an einer ganzen Reihe von Texten konstatiert werden kann. Philosoph.-myst. Spekulation sprengte nach und nach den erzählerischen Rahmen des Mythos. Beherrschendes Motiv der spätgnost. Texte ist die von einem Mystagogen geführte Himmelsreise des Eingeweihten, die ihn den Aufbau der intelligiblen Lichtwelten und das Wesen ihrer Bewohner schauen lässt. Dabei wurde die Welthaltung der G. versöhnlicher, ihre Kosmologien bewegten sich nun in eine monist. Richtung. Sie weist in diesem Stadium sehr enge Beziehungen zu → Hermetik, neuplaton. Philosophie und → Merkavah-Mystik auf. Nachdem die G. sich in ihren myth. Ausprägungen des 2. Jh.s nicht als eigene Religion hatte etablieren können, verschwand sie im 3. Jh. hinter den Kulissen der christl. Großkirche und des rabbin. Judentums. In ihrer veränderten, monist. ausgerichteten Form bildete sie die Grundlage der abendländ. Esoterik. Die G. des 3. Jh.s wurde nur kleinen Kreisen von Eingeweihten zugänglich gemacht, wobei die entscheidende → Initiation durch ein Seelenaufstiegsritual vorgenommen wurde. Zwischen Gnostikern, nun im Sinne von »Eingeweihten« verstanden, und Nicht-Gnostikern wurde streng getrennt, was sich in der Tatsache spiegelt, dass die Anthropologie der Spättexte dualistisch blieb, während die Kosmologie, die nun nicht mehr die Herkunft der Gnostiker erklären musste, eine monist. Wendung bekam. Der → Dualismus, wie er besonders die G. des 2. Jh.s kennzeichnet, wurde in der Geschichte der Esoterik mehrmals virulent, und zwar immer dann, wenn esot. Religiosität sich mit dem Wunsch oder der Notwendigkeit einer sozialen Abgrenzung vom Herkunftsmilieu verband. Umgekehrt ist zu beobachten, dass der Dualismus sich abschwächte, wenn die entsprechende Gruppierung zu einer eigenen Identität und sozialer Sicherheit gefunden hatte.

Lit.: H. Jonas, G. u. spätantiker Geist, 2 Bde., 1934–94. K. Rudolph, Die G. Wesen u. Geschichte einer spätantiken Religion, 1977, [3]1990. G. Filoramo, L´Attesta della Fine storia della Gnosi, 1983. E. Pagels, Versuchung durch Erkenntnis, 1987. M. Brumlik, Die Gnostiker. Der Traum von der Selbsterlösung der Menschheit, 1992. J. Iwersen, G. u. Geschichte, 1994. G. Casadio, Vie gnostiche all´immortalità, 1997.

Gnosis und spätantiker Geist (Teil 1, 1934; Teil 2, 1994), wissenschaftl. Grundlagenwerk über die → Gnosis von → Jonas. Nachdem die Gnosisforschung sich in den historischen Fragestellungen der Religionsgeschichtlichen

Schule festgefahren hatte, legte Jonas mit dem 1. Teil von G. einen anderen Ansatz vor. Er untersuchte nicht den historischen, sondern den existentiellen Ursprung des gnostischen Weltgefühls und entwickelte ein neues Verständnis seiner spezifischen Konturen. Laut Jonas kristallisierte sich in der Gnosis ein »neues, totales und autonomes Prinzip der Seinssicht«, das den gesamten Zeitgeist der Spätantike prägte. Er beschreibt dieses Prinzip mit dem existentialphilosophischen Terminus der »Geworfenheit« des Menschen in die Welt, die den Gnostikern erstmals bewusst gewesen sei. Im Zuge der Entfaltung dieses Gedankens legte Jonas eine große Synthese der Gnosis und Gnosisforschung auf dem Stand der damaligen Zeit vor. Jonas selbst hat den 2. Teil seiner Studie nicht mehr vollenden können. Die vorhandenen, z.T. fragmentarischen Arbeiten, die Jonas hierzu verfasste, wurden von K. Rudolph kommentiert herausgegeben. Auch damit hat Jonas für die weitere Forschung über die Gnosis noch wertvolle Beiträge geleistet. Dies gilt besonders für seine These von der → Objektivierung der mytholog. in philosoph. Gnosis, die für die Erforschung der Zusammenhänge zwischen Gnosis und Esoterik von eminenter Bedeutung ist.

Lit.: A. D. Nock, Rezension über: Hans Jonas, Gnosis und spätantiker Geist I, 1936, in: K. Rudolph (Hg.), Gnosis und Gnostizismus, 1975, 374–386.

Goethe, Johann Wolfgang (1749–1832), deutscher Dichter, Schriftsteller und Naturforscher. G. kam bereits während seiner ersten Studienjahre in Leipzig in engere Berührung mit pietist. Kreisen (→ Pietismus), deren Gedankenwelt er zeitlebens in gewisser Weise verbunden blieb, so in den »Bekenntnissen einer schönen Seele« im sechsten Buch von *Wilhelm Meisters Lehrjahre*. In der Krisenzeit seiner Jugend (1768–69) begann G., sich intensiv mit dem esoterischen Weltbild zu beschäftigen. Die Lektüre von → Arnolds *Unparteiischer Kirchen- und Ketzergeschichte* brachte ihn dauerhaft auf Distanz zum kirchlichen Christentum. Am Ende des 8. Buches von *Dichtung und Wahrheit* schildert G., wie er sich nun eine eigene Religion zurechtlegte. Selbige veranschaulichte er durch einen → Mythos, der ganz klar den gnostischen Mythen nachgebildet war: Die höchste Gottheit hat den Wunsch nach Vervielfältigung, wodurch zwei weitere göttliche Wesen als ihre Ebenbilder hervorgebracht werden. Als dann noch eine vierte Gestalt entsteht, kommt es zu der in gnostischen Mythen wohlbekannten Störung: Dieser vierten Gottheit, von G. → Luzifer genannt, wird alle weitere Schöpfung übertragen, und dadurch verliert sie, übermütig geworden, das Bewusstsein ihrer eigenen Geschöpflichkeit. Um die Folgen des Falles Luzifers wieder aufzuheben, wird der → Mensch geschaffen. Seine Aufgabe ist es, die gesamte Schöpfung zu erlösen, indem er ihre ursprüngliche Verbindung mit der Gottheit wiederherstellen soll. Der esot. Einfluß auf G. spiegelt sich in vielen seiner Werke, z. B. in dem Gedicht *Eins und Alles* und im → *Faust*, besonders aber in seinen naturwissenschaftlichen Schriften. G. betrieb eine dem konkret Anschaulichen verpflichtete ganzheitliche Naturforschung auf vielen Einzelgebieten und wehrte sich gegen die zu seiner Zeit sich endgültig durchsetzende mechanistische und analytische Betrachtung der Naturerscheinungen mit ihrer experimentellen Methodik (→ Mechanistisches Paradigma). G.s wiss. Ansätze wurden später von → Steiner und der → Anthroposophie aufgenommen.

Lit.: R. C. Zimmermann, Das Weltbild des jungen Goethe, 2 Bde. 1969–80. A. Muschg, »Im Wasser Flamme« – Goethes grüne Wissenschaft, in: Ders., Goethe als Emigrant, 1996. H. Schipperges, G. – Seine Kunst zu leben, 1996. O. Krätz, Goethe und die Naturwissenschaften, 1998. P. Raabe, Separatisten, Pietisten, Herrnhuter. G. u. die Stillen im Lande, 1999.

Goetheanum, das geisteswissenschaftliche Zentrum der → Anthroposophie in Dornach, Schweiz.

Göttin, Chiffre für einen zeitgenöss. feminist. esot. Monotheismus, in dem die weibl. Funktion der Fruchtbarkeit und Lebensspendung die zentrale Rolle spielt. Die Verehrung der G. habe die Religion des Neolithikums gekennzeichnet und sei mit dem Heraufkommen des Patriarchats unterdrückt worden. Dieser angenommene histor. Prozess wird von heutigen Esoterikerinnen dahingehend interpretiert, dass die Götter des Patriarchats, insbesondere aber der Gott des AT, im Gegensatz zur G. für eine Religion stehen, die Kriege und Naturausbeutung legitimiert. Die alte Religion der G. lebte in der esot.-myst. Tradition fort und machte sich periodisch bemerkbar. Prominent war sie in den → Mysterien von Eleusis, wo der Fruchtbarkeitsaspekt eschatolog. Bedeutung gewann. Noch stärker trug in der Antike der Kult der phryg.-anatol. G. Kybele, die auch »Magna Mater« (lat. »Große Mutter«) genannt wurde, Züge einer G.religion nach heutiger Vorstellung. Im MA lebte nach weitverbreiteter Meinung die Religion der G. im sog. Hexenkult wieder auf. → Hexen. Der esot. Bezug der G. heute ergibt sich aus einer feminist. Interpretation des → Newage, die das Neue Zeitalter v. a. durch die Rückkehr der G. markiert sieht. Betont wird die Möglichkeit der Identifikation mit der G., wodurch Frauen nach der langen Zeit patriarchaler Unterdrückung ein neues Selbstbewusstsein erlangen. Die fast ausschließliche Konzentration auf die mütterlichen Qualitäten von Frauen wie G.en erweist sich dabei allerdings als Problem. → Gott.

Lit.: A. Dieterich, Mutter Erde. Ein Versuch über Volksreligion, 1905. U. Winter, Frau u. G., [2]1987. E. C. Whitmont, Die Rückkehr der G. Von der Kraft des Weiblichen in Individuum u. Gesellschaft, 1989. H. Uhlig, Am Anfang war Gott eine G. Eine Weltreligion des Weiblichen, 1992. C. Matthews, Die G., 1992. V. Zingsem, G.en großer Kulturen, 1995. M. Gimbutas, Die Zivilisation der G., 1996. Dies., Die Sprache der G, 1996. J. Campbell, G.en, Dakinis u. ganz normale Frauen. Weibliche Identität im Tibet. Tantra, 1997. R. Faber/S. Lanwerd (Hg.), Kybele-Prophetin-Hexe: Religiöse Frauenbilder u. Weiblichkeitskonzeptionen, 1997. Starhawk, Die Kraft der Großen G., 1999.

Golden Dawn → Hermetic Order of the Golden Dawn

Golem (hebräisch »Ungestaltetes«, »Formloses«), nach einer jüd. Legende ein von Rabbi Yehuda Löw Ben Betsal'el (ca. 1520–1609) unter Verwendung der → Namen Gottes geschaffener künstlicher → Mensch aus Lehm. Löw ließ ihn für sich arbeiten und wollte mit seiner Hilfe die Gemeinde vor einem Pogrom schützen, entzog ihm aber jede Woche einmal mit dem Sabbatbeginn das Leben. Nachdem er es bei einer Gelegenheit vergessen hatte, begann der G. gegen ihn zu wüten. Daraufhin wurde er nie wieder belebt. Mit dem G. hat das volkstümliche Ostjudentum eine Thematik wieder aufgenommen, die in der antiken → Gnosis eine große Rolle spielte: eine Gott nachahmen wollende Schöpfung, die misslingt und Unheil bringt. In gnost. Traditionen wird → Adam von Engeln geschaffen, beseelt werden kann er aber nur von einem noch höher stehenden Wesen aus der den höchsten Gott unmittelbar umgebenden pneumat. Welt. Gestaltlosigkeit ist das Zeichen von Hervorbringungen, die ohne Willen und Einverständnis des Höchsten geschehen und nun der Gestaltung bedürfen. Die Legende vom G. verknüpft dieses alte Motiv mit dem Aspekt des Missbrauchs von mag. bzw. techn. Fähigkeiten. Die Gestalt hatte ein reiches literar. Nachleben im *Zauberlehrling* von → Goethe, Mary Shelleys *Frankenstein,* in Karel Čapeks »Roboter«, in seinem Drama *R.U.R.* und schließlich in → Meyrinks Roman *Der Golem.*

Lit.: C. Bloch, Der Prager G., 1929. G. Scholem, Die Vorstellung vom G. in ihren tellur. u. mag. Beziehungen, in: Zur Kabbala u. ihrer Symbolik, 1960.

Gott ist in der Esoterik in erster Linie das nicht-qualifizierbare, unpersonifizierte Göttliche und als solches identisch mit der Welt und allem Sein. Eine Personifizierung der Gottheit in Gestalt eines G.es ist möglich und zulässig, kann aber der unendlichen Natur des Göttlichen niemals vollständig gerecht werden. Ein persönlicher G. ist eine Hilfskonstruktion zugunsten des menschlichen Fassungsvermögens und wird meistens auch in einem panentheist. Sinne aufgefasst, d.h. der betreffende G. wird stellvertretend für eine Vielzahl von Göttern verehrt und angebetet, die in ihrer Gesamtheit das verborgene eine Göttliche als seine manifest gewordenen Gestaltungen, im Rahmen der monotheist. Religionen als seine Attribute oder Namen repräsentieren.

Gral (von altfrz. graal »Schüssel«), im Hochma. Gegenstand religiöser Suche. Das Motiv vom G. erscheint erstmals im *Perceval* des Chrétien de Troyes um 1188. Der G. wird hier als golden leuchtende, edelsteinbesetzte Schale beschrieben. → Parzival sieht den G. während einer Prozession auf der Burg, wohin ihn ein Fischer eingeladen hat, als er sich auf der Suche nach seiner Mutter befindet. Anschließend wird ein exot. Kulinarium beschrieben, dessen Quelle offenbar der G. ist; er erscheint hier also zunächst als Behälter materieller Fülle. Später allerdings – in einem Lehrgespräch des Eremiten mit Parzival – heißt es, dass aus dem G. eine geistliche Speise komme, von der sich der Fischerkönig nähre. Nur wenig später brachte Robert de Boron in seinem *Roman de l'Estoire dou Graal* den G. mit der apokryphen Legende von Joseph von Arimathia und mit Jesu Kreuzigung in Verbindung. Der G. sei das Gefäß, das beim letzten Abendmahl verwendet worden sei, und in demselben habe Joseph unter dem Kreuz das Blut Christi aus der Speerwunde (Joh 19,34) aufgefangen. Nachdem Joseph von den Juden eingekerkert worden war, sei ihm Christus im Gefängnis erschienen und habe ihm das Gefäß überreicht, das in diesem Zusammenhang erstmals »graal« genannt wird. Joseph wird über Jahre im Gefängnis durch die Kraft des G.s am Leben erhalten. Nach seiner Befreiung gründet er die sog. Gralsgemeinde, zu der auch Josephs Schwester und ihr Mann Hebron gehören. Die Gralsgemeinde zieht nach Avalon. Diese Legende wurde dann mit dem → Artusroman verbunden; auf welchen Wegen dies geschah, ist unklar. Robert de Boron kündigt am Ende seines Romans eine Fortsetzung an, von der aber nicht sicher ist, ob er sie je geschrieben hat; auf jeden Fall ist sie nicht überliefert. Verschiedene frz. Prosaerzählungen haben die Verbindungen zwischen dem Sagenkreis um Artus und den G. ausgestaltet. Die ältere G.stradition von Chrétien wurde von Wolfram von Eschenbach um 1200 aufgenommen, um- und weitererzählt. Ursprung und Herkunft der zusätzlichen Quellen, die Wolfram heranzog, sind nicht geklärt. Der G. erscheint bei ihm nicht als Kelch oder Schüssel, sondern als Stein mit verwandelnder Kraft, der Leben verbrennt und neu schenkt. – Die Vorlagen und Einflüsse, die für das G.sthema in Betracht kommen, sind vielfältig: 1) Der kelt. Kessel in breton. Volkserzählungen war ein bronzenes Gefäß, dem nicht nur praktische, sondern auch bereits sakrale Bedeutung innewohnte. Die Kessel spielten eine wichtige Rolle in den Festhallen der kelt. Könige und Fürsten, wenn große Mengen an Essen gekocht und Bier gebraut wurden. Von daher waren sie Symbole der Fülle und der von den Kelten sehr geschätzten Gastfreundschaft. Sie waren wertvolle Geschenke und Attribute der höchsten Götter, insbesondere des irischen Dagda. Ein mögliches Vorbild für des G.shüter ist der kelt. Held Bran, der ebenso wie der Fischerkönig durch eine Wunde unfruchtbar wird, so dass sein Land verödet, der aber im Besitz eines wundertätigen, lebensspendenden Kessels ist. Das altwalis. Gedicht *Preidu Annfwn* (»Beraubung der Anderswelt«) berichtet von einer Expedition des Artus in die → Anderswelt, von wo er den mag. Kessel der Fülle rauben wollte. 2) Die walis. Sagengestalt Peredur, sehr wahrscheinlich ein Vorläufer des Parzival, wird im Haus seines Onkels Zeuge einer Prozession, bei der ein abgeschlagener Kopf und eine blutende Lanze auf einer Platte vorbeigetragen werden. 3) Im vierten hermet. Traktat ist die Rede von einem Gefäß (griech. krater), in dem sich der → Nous befinde. 4) Ein goldenes Trinkgeschirr gehört zu den Attributen der → Isis, wie sie Lucius in Apuleius' Roman Der goldene Esel im Traum erscheint. 5) Von modernen Esoterikern wird eine Verbindung des G.s zu den → Katharern hergestellt. Im Zusammenhang mit der Mythologie der Katharer wird der G. als Stein interpretiert, der vom Himmel fiel, als → Luzifer von Gottes Thron verstoßen wurde. – Das Interesse an den Legenden des MA.s in der → Romantik führte zu einer Wiederbelebung der G.slegende im 19. und 20. Jh. Im Anschluss an → Wagners Aufnahme des G.sstoffes, dessen lichtsymbol. Inszenierung auf der Bayreuther Festspielbühne auf die Zeitgenossen gewaltigen Eindruck machte und die Künstler des → Symbolismus beeinflusste, bildete sich in Frankreich in den 1890er Jahren eine G.sbruderschaft. In der modernen G.sbotschaft von Abd-ru-shin (Oskar Ernst Bernhardt, 1875–1941) gilt der G. als rein spirituelles Symbol, das die höchste Stufe esot. Wissens repräsentiert. Abd-ru-shins christl.-esot. Lehren werden heute durch die internationale G.sbewegung/Stiftung G.sbotschaft verbreitet, die in vielen Ländern Niederlassungen hat.

Lit.: O. Rahn, Kreuzzug gegen den G. Die Geschichte der Albigenser, 1933; überarb. Neuausgabe ²1989. Abd-ru-shin, Im Lichte der Wahrheit. G.sbotschaft, 3 Bde., ²1984. D. Welz, G.sromane, in: V. Mertens/U. Müller (Hg.), Epische Stoffe des MA.s, 1984. G. von dem Borne, Der G. in Europa. Wurzeln u. Wirkungen, 1987. J. Matthews, Der G., 1992. R. Baumstark/M. Koch, Der G. Artusromantik in der Kunst des 19. Jh.s, 1995.

Gregor von Nyssa (ca. 335–ca. 395), einer der bedeutendsten frühchristl. Mystiker, wurde 371 Bischof von Nyssa in Kappadokien. G. hatte vielseitige Interessen, neben analog.-allegor. Schriftauslegung und Theologie im engeren Sinne beschäftigte er sich umfassend mit hellenist.-spätantiker Philosophie und Rhetorik, mit Naturwissenschaften und Medizin. Hauptthema seiner Schriften war der Aufstieg der individuellen Seele zu Gott, die G. als Angleichung an das Göttliche, nicht als Vereinigung mit ihm verstanden wissen wollte. Die göttliche Absolutheit ist unerkennbar; als letzte Stufe seines Seelenaufstiegs schaut der Mensch Gott in der → Nacht, d.h. er wird der Unbestimmbarkeit und damit der Unerkennbarkeit des Göttlichen gewahr. Die Wirkungsgeschichte G.s ist weithin unerforscht; auf jeden Fall war er einer der wichtigsten Übermittler antiker esot. Traditionen einschließlich der christl. → Arkandisziplin bei → Clemens und → Origines an das MA. im allgemeinen und an die → Orthodoxie im besonderen. Noch der → Hesychasmus weist Einflüsse seiner Gedankenwelt auf.

Lit.: J. Daniélou, Platonisme et Theologie mystique. Doctrine spirituelle de saint Grégoire de Nysse, ²1954. E. von Ivánka, Plato Christianus, 1964. E. Mühlenberg, Die Unendlichkeit Gottes bei G. G.s Kritik am Gottesbegriff der klass. Metaphysik, 1966. M. N. Esper, Allegorie u. Analogie bei G., 1979. M. Figura, Myst. Gotteserkenntnis bei G., in: M. Schmidt (Hg.), Grundfragen christl. Mystik, 1987.

Grenze erfährt in der Esoterik eine ambivalente Bewertung. Einerseits verstellt sie den Blick auf das unbegrenzte und qualitätslose Göttliche, andererseits ist sie unbedingt notwendig, damit ein Individuum das Unbegrenzte als solches erkennen kann. Im Mythos des valentinian. Gnostikers → Ptolemaios ist die G. mit dem griech. Namen Horos (»G.«) belegt als Erlöserfigur, die die → Gestaltung des → Pleroma und der einzelnen pleromat. Wesenheiten gewährleistet. Allerdings ist hier die G. eine Notwendigkeit nur für die göttlichen Gestalten unterhalb des obersten absoluten Prinzips → Bythos, das ausdrücklich außerhalb der pleromat. G. verortet wird. Deutlich ist auch, dass diese G. für die Pleroma-Bewohner die absolute Gotteserkenntnis verhindert, letztere aber umgekehrt den intelligiblen Individuen ihr Eigensein nehmen würde. Dieselbe Problematik findet sich in den Spekulationen der modernen Esoterik über → Ich und Selbst, wo die ambivalente Rolle der G. vom → Ego eingenommen wird. Der Grenzerfahrung, d.h. die Erfahrung der eigenen Begrenztheit, wird im → Newage eine entscheidende Funktion zugeschrieben: das Gewahrwerden der eigenen G. ist der erste Schritt zu ihrer Transzendierung und einer Erweiterung des → Bewusstseins.

Griechische Magische Papyri, eine aus dem röm. besetzten Ägypten stammende Sammlung von Papyri, die in griech. Sprache Invokationen, Beschwörungen von Göttern oder Geistwesen, Sprüche und Formeln zu verschiedenen Zwecken des Nutz- oder Schadenszaubers und sogar die genaue Beschreibung einer → Initiation enthält. Hintergrund der Texte ist das esot. Weltbild der späteren Antike, in dem griech., ägypt. und jüd. Traditionen zusammenlaufen und das hier in all seinen Facetten greifbar wird. Unter den G. befinden sich auch liturg. Texte, die im Tempelkult der ägypt. Spätzeit verwendet wurden.

Ausg.: Papyri Graecae Magicae, hg. von K. PREISENDANZ u. a., ²1973–74. The Greek Magical Papyri in Translation. Including the Demotic Spells. Bd. 1: Texts, hg. von H. D. BETZ, ²1992.

Griscom, Chris (* 1942), zuerst als spirituelle Lehrerin → MacLaines bekannt gewordene populäre → Newage-Repräsentantin. Sie leitet in New Mexico ein »Lichtzentrum« und arbeitet mit verschiedenen therapeut. Methoden, die ihren Anhängern den Weg zu ihrem höheren Selbst weisen sollen.

Ausg.: Zeit ist eine Illusion (¹⁰1986), Die Angst ist eine Lüge – Heilung der Gefühle, 1991. Der Weg des Lichts, 1992. Der Quell des Lebens, 1995.

Grof, Stanislav → Psychologie und Esoterik

Grosseteste, Robert (ca. 1175–1253), engl. Theologe und Naturphilosoph, ab 1235 Bischof von Lincoln. In die Nähe der Esoterik rücken ihn seine Spekulationen über das → Licht. G. stellte sich vor, dass das Universum aus einem von Gott geschaffenen Lichtpunkt entstanden sei, das in einem bestimmten Radius verteilt wurde. Das Licht spielt auch eine Rolle im Erkenntnisprozess, indem es den Erkennenden erleuchtet.

Guénon, René (1886–1951), frz. esot. Denker, dessen persönlicher Weg symptomatisch für die → Geschichte der Esoterik im 20. Jh. ist. 1904 verließ G. seinen Geburtsort Blois und ging zum Studium der Mathematik und Philosophie nach Paris. Dort verkehrte er bereits in esot. Zirkeln und fühlte sich besonders zur Freimaurerei hingezogen. 1912 wurde er erstmals mit Lehren der Sufik bekannt und beschäftigte sich in der Folgezeit v. a. mit oriental. und östlichen spirituellen Traditionen. 1930 reiste er nach Ägypten und lebte dort für den Rest seines Lebens als Muslim unter dem Namen ʿAbd al-Wahid Yahya, sogar der Ehrentitel »Shaykh« wurde ihm zuerkannt. G. war ein origineller esot. Denker und ein äußerst produktiver Schriftsteller. Er publizierte zu verschiedenen religiös-esot. Lehren und Themen, beschäftigte sich intensiv mit der Bedeutung religiöser Symbole und übte Kulturkritik an der materialist. Zivilisation der modernen westl. Welt. Obwohl in Ägypten lebend, fand er im Laufe der Zeit seinen Weg zurück zum Christentum in einer viel von der → Hermetik aufnehmenden esot. Interpretation und wurde sogar zu einem ausgesprochenen Traditionalisten. Dabei hat G. diesen Werdegang in bedeutsamer Weise reflektiert: Seiner Auffassung nach war eine vorübergehende Orientierung an oriental.-östl. Spiritualität notwendig, um die urprüngliche Gestalt des Christentums wiederfinden zu können. Die Wurzeln des christl.-abendländ. Denkens werden von ihm im Sinne der → Philosophia perennis interpretiert. Ohne Kenntnis und Verwurzelung in dieser Tradition hält G. eine spirituelle Neubesinnung im Westen für unmöglich. Wichtige Werke: *Le roi du monde* (1927), *Le symbolisme de la croix* (1931), *Aperçus sur L'initiation* (1946), *Aperçus sur l'ésotérisme* (1954), *Symboles fundamenteux de la science sacré* (1962), *Formes traditionelles et cycles cosmiques* (1970).

Lit.: R. ALLEAU/M. SCRIABINE (HG.), R. G. et l'actualité de la pensée traditionelle, 1982. P.-M. SIGAUD, R. G., 1984. J. BORELLA, R. G. and the Traditionalist. School, in: A. FAIVRE/J. NEEDLEMAN, Modern Esoteric Spirituality, 1995.

Gurdjieff, Georgij Iwanowitsch († 1949), aus dem Kaukasus stammender einflussreicher

Esoteriker, der in Russland, Westeuropa und den USA tätig war und viele Schüler um sich sammelte. Über seine Biographie ist wenig bekannt. J. G. Bennett, einer seiner bekanntesten Schüler, nimmt an, dass G. in seiner Kindheit und Jugend maßgeblich von verschiedenen iran. und türk. Sufitraditionen beeinflusst wurde, die sich mit vielfältigen Überresten anderer und teilweise wesentlich älterer Religionen Vorder- und Mittelasiens vermischt hatten. Seine Eltern waren allerdings orthodoxe Christen, die Mutter Armenierin, der Vater Grieche, und nach einigen Angaben soll G. eine Ausbildung zum orthodoxen Priester erhalten haben. Sicheres über seinen Werdegang ist erst seit 1913 bekannt, als er in Moskau als völlig eigenständiger spiritueller Lehrer auftrat und auf die dortige Intelligenzija einen großen Eindruck machte. 1917 ging er mit seinen Schülern in den Kaukasus, dann nach Istanbul und schließlich nach Frankreich. In Paris gründete er 1922 ein Institut für die harmon. Entwicklung der Menschheit. Seit 1924 hielt er Vorträge in New York, und seine Bewegung fand auch in den USA schnell Anhänger. G.s Lehren sind zusammengenommen in kein bekanntes System einzuordnen. Er nahm an, dass die Menschen sich wie in einer Art Schlafzustand durch die Welt bewegten und überhaupt nichts über sich selber wussten. Ein wesentlicher Teil seiner Unterweisungen zielte deswegen darauf ab, sie mit unorthodoxen und teilweise rabiaten Methoden aus ihrem Alltagsbewusstsein herauszureißen und ihre bisherigen Wertmaßstäbe in Frage zu stellen. Sehr intensiv arbeitete G. in den Bereichen von Musik und Tanz. Er komponierte selbst und versuchte, alte Tänze, die er aus verschiedenen Traditionen sammelte, zu neuem Leben zu erwecken. Damit wollte er die religiöse Bedeutung und therapeut. Wirkung bestimmter Bewegungsabläufe erkunden. Ferner war G. ein begnadeter esot. Schriftsteller (→ *Beelzebubs Erzählungen für seinen Enkel).*

Ausg.: G. I. G., Begegnungen mit bemerkenswerten Menschen, 1978. Gespräche mit seinen Schülern, 1982. Das Leben ist nur dann wirklich, wenn »Ich bin«, 1985.

Lit.: J. de Salzmann, G.: An annotated Bibliography, 1984. J. Needleman, G. I. G. and His School, in: A. Faivre/J. Needleman, Modern Esoteric Spirituality, 1995.

Gut und Böse sind nach esot. Auffassung nach dem Prinzip der → Polarität in einer höheren → Einheit aufgehoben. Ebenso wie das Gute hat auch das Böse für den Menschen eine bestimmte, am Ende positive Funktion. Böses und Sünde gelten als Konsequenz von Abtrennungen aus ihnen resultierenden → Grenzen, die ein Individuum setzt, um mehr Erkenntnis zu gewinnen. Letztere ist nur dadurch zu ermöglichen, dass der Einzelne sich von der unbewussten Einheit des Göttlichen ausgrenzt und ihm damit objektivierend gegenüberstehen kann. Als Gutes hingegen wird das Wieder-Verbindende wahrgenommen, wie es aber eben erst als Konsequenz und als Gegensatz des Bösen möglich wird. Gut und Böse bedingen sich also gegenseitig.

Lit.: G. Esot. Texte, ausgewählt von T. Detlefsen, 1989.

Guru (Sanskrit »Lehrer«), Bezeichnung für spirituelle Meister in ind. Traditionen.

H

Hände sind Mittler der → Energie, die zu rituell-sakralen oder therapeut. Zwecken durch Handauflegung übertragen wird.

Hahn, Michael (1758–1819), deutscher Uhrmacher und Theosoph mit Orientierung an → Böhme und → Oetinger. Seine Erleuchtungserlebnisse beschreibt er als »Zentralschau«.

Lit.: J. Trautwein, Die Theosophie M. Hahns u. ihre Quellen, 1969. W. Nigg, Heimliche Weisheit. Myst. Leben in der evangel. Christenheit, 1959. 1992.

Hamann, Johann Georg (1730–1788), Schriftsteller und Philosoph. Mit pietist. Hintergrund aufgewachsen, betätigte sich H. anfänglich als Denker und Schriftsteller im Sinne der Aufklärung. Im März 1758 hatte er während der Bibellektüre ein entscheidendes religiöses Erlebnis, das ihn für den Rest seines Lebens zum äußerst streitbaren Vertreter eines esot. Christentums machte. H. vollzog eine scharfe Wende gegen die rationalist. Positionen der Aufklärung. Die bibl. Offenbarungen waren ihm Grundlage zur Erkenntnis der Einheit des trinitar. Gottes mit der Weltwirklichkeit, die im Laufe eines heilsgeschichtlichen Prozesses im allgemeinen Bewusstsein wiederherzustellen sei. H. entwickelte eine am Konkreten und Individuellen orientierte sinnliche Erkenntnistheorie, in der die → Sprache eine zentrale Funktion einnimmt. Er war ein bedeutsamer Vorreiter der → Romantik. Obwohl sein Stil als dunkel und unverständlich galt, hatten viele seiner Gedanken eine erhebliche Wirkung, z. B. auf → Goethe, Hegel und Kierkegaard.

Ausg.: J. G. H., Sämtliche Werke, 6 Bde., 1949–57, Nachdr. 1999.

Lit.: J. Nadler, J. G. H. 1730–1788. Der Zeuge des Corpus mysticum, 1949. R. Wild (Hg.), Johann Georg H., 1978. O. Bayer, Johann Georg H. Zeitgenosse im Widerspruch, 1988. I. Berlin, Der Magus im Norden, 1995.

Haran Gawaita (mandäisch *»Innerer Haran«*), eine mandäische Legende, in der von Verfolgung und Vertreibung der Gemeinde aus Jerusalem berichtet wird. Dass sie einen histor. Kern enthält, ist unbewiesen, aber wahrscheinlich. Es könnte sich um eine Auseinandersetzung jüd. Gruppen mit den Mandäern handeln, die die Auswanderung letzterer ins Ostjordanland zur Folge hatte.

Ausg.: E. S. Drower (Hg.), The Haran Gawaita and The Baptism of Hibil Ziwa, 1953.

Hare-Krishna-Bewegung, offizieller Name »International Society for Krishna-Consciousness«, eine nur bedingt der Esoterik zuzurechnende, vishnuit. Gruppierung. Sie verehrt Krishna als Inkarnation Vishnus in ekstat. Tänzen und Gesängen mit dem Ziel, sich mit ihm zu vereinigen. Die Gesänge wiederholen v. a. immer wieder den Namen Krishnas und verbinden ihn in versch. Mantras. Auch yog. Techniken werden geübt. Die H. geht auf eine im 15. Jh. in Bengalen entstandene Strömung zurück, deren Leitfigur Caitanya wurde. In ihrer heutigen Erscheinung wurde die Bewegung von A. C. Bhaktivedanta Swami Prabhupada begründet. Sie erreichte in den 1970er Jahren in westlichen Ländern einen hohen Bekanntheitsgrad, und ihr »Hare, Hare, Krishna, Krishna« fand sogar in die Popmusik Eingang.

Lit.: J. McDaniel, The Madness of the Saints, 1989. Die H. gibt eine ganze Reihe eigener Bücher und Schriften heraus, die gegen Spende abgegeben werden. Die meisten wurden von A. C. Bhaktivedanta Swami Prabhupada verfasst.

Harmonie, Ausdruck der kosm. → Einheit und als solche das ästhetische Grundprinzip der Esoterik. → Pythagoras und seine Schüler untersuchten die Gesetzmäßigkeiten der Musik und fanden die dabei gefundenen Zahlenverhältnisse in den geometrischen Figuren der Erscheinungs-Welt wieder. So entstand die Vorstellung, dass der geordnete Aufbau des Kosmos als H. der Sphären tonal wahrzunehmen sei. Entsprechend ist die gesamte Kosmogonie von Klängen begleitet. Durch Lobgesänge auf die Schöpfung bringen sich → Engel und Menschen mit ihr in Einklang. Im alten Griechenland wurde die H. als Nymphe oder Grazie verehrt. Bei dem Epiker Nonnos von Panopolis (um 400) erscheint sie als allbeherrschende, welterhaltende Göttin (Dionysiaka, 41,277). Später wurde die H. nicht mehr personifiziert, spielte aber eine wichtige Rolle in den → Makro- und Mikrokosmos-Theorien der Renaissance, insbesondere bei → Giorgi und → Fludd. Zeitgenössische Esoteriker beschäftigen sich mit der H. v. a. im Rahmen des Tanzes.

Lit.: H. Schavernoch, Die H. der Sphären, 1981. J. Brauers, Gott und die H. Das universal wirkende Prinzip im Plan der Schöpfung, 1997.

Hatabiten, Anhänger der extremshi'it. Lehre des Abu al-attab, eines Zeitgenossen des sechsten Imams Ga'far al-Sadiq, den er göttlich verehrte. Um die mit dem Imamat verbundenen polit. Ansprüche Ga'fars mit Gewalt durchzusetzen, führte al-Hattab ca. 754 einen bewaffneten Aufstand gegen den kufischen Gouverneur an, der jedoch scheiterte.

Als kult. Besonderheit verschoben die H. das Sonnenuntergangsgebet in die Zeit der Dunkelheit.

Lit.: H. Halm, Die islam. Gnosis. Die extreme Shi'a und die 'Alawiten, 1982.

Hazrat Inayat Khan (1882–1927), der aus Baroda in Nordwestindien stammende Begründer der modernen Sufi-Bewegung. Er wurde in der Tradition des suf. Chishti-Ordens erzogen, in dem die Musik eine wichtige Rolle spielt, und wuchs in einer toleranten multireligiösen Atmosphäre auf. Bereits früh begann er zu reisen und ließ sich in Religion und Gesang von verschiedenen Lehrern unterweisen. Mehrere von ihnen sollen prophezeit haben, dass H. eine spirituelle Mission im Westen erfüllen würde. Nach dem Tod seiner Eltern brach er 1910 in Begleitung eines seiner Brüder nach New York auf. Von dort führten ihn weitere Reisen nach Russland und Westeuropa. Er trat zunächst viel als Sänger auf, opferte dann aber seine Passion für die Musik, um sich mit voller Kraft der Verbreitung seiner bes. Auffassung der → Sufik widmen zu können, von der er glaubte, dass sie entscheidend zu Frieden und Harmonie in der Welt beitragen würde. Um die fremde Tradition den westlichen Menschen verständlich zu machen, erläuterte H. seine Lehren häufig anhand von Vergleichen mit naturwissenschaftlichen Erkenntnissen über das Universum und die Stellung des Menschen in der Natur. Auch sonst nahm er in vieler Hinsicht die Anliegen der → Newage-Bewegung vorweg. Insbesondere betonte er immer wieder die Notwendigkeit des inneren für den äußeren Frieden und den Beitrag der Esoterik, die die Einheit aller Religionen postuliert, für eine in der göttlichen Liebe begründete menschliche Weltordung. Das Werk H.s wird heute von seinem Sohn Pir Vilayat Khan fortgesetzt.

Lit.: W. D. Begg, The Holy Biography of Hayrat Khwaja Muin-du-Din Chishti, 1960. S. van Stolk/D. Dunlop, Memories of a Sufi Sage, 1967. E. de Jong-Keesing, Inayat Khan: a Biography, 1974. H. J. Witteven, Universal Sufism, 1997.

Heidegger, Martin (1889–1976), deutscher Philosoph, dessen Denken gegen die abendländ. Philosophie u. Wissenschaft in der metaphys. Tradition von → Platon und Aristoteles zielt. Zeugen des »Denkens« im eigentlichen Sinn, d.h. nicht in der Art der späteren Schulphilosophie, waren für H. hingegen die → Vorsokratiker. Außerdem fand er alternative Möglichkeiten der Weltwahrnehmung und -beschreibung bei Mystikern und Dichtern. Er suchte nach einer grundsätzlich neuen Art des philosoph. Fragens, das er als »Frömmigkeit des menschlichen Geistes« definierte. Dieses Fragen bedeutete für ihn, in eine harmon. Übereinstimmung mit dem Gefragten zu treten. Damit überwindet H. sowohl die Subjekt-Objekt-Spaltung des aristotel. Denkens als auch die Idee-Abbild-Theorie, auf der die Metaphysik des → Platonismus beruht. Er verlangte auch im Hinblick auf das Erkennen eine neue Demut des Menschen vor dem »Sein«, d.h. Erkennen soll eine Öffnung für »das Sein« und nicht ein Akt zur Beherrschung des »Seins« sein, durch den es bisher verhüllt statt erkannt worden sei. Das Sein des Menschen ist »in-der-Welt-Sein« und als solches immer ein »mit-Sein« und gibt damit dem Menschen eine »Sorge« für »das Sein« auf. Das Dunkle in H.s Ausführungen, für das er von Gegnern seines Philosophierens vielfach kritisiert wird, hat George Steiner daraus erklärt, dass er sich in einer »Schattenzone zwischen rationaler Rede und ›etwas Anderem‹« bewege. H.s Theorie hat offensichtliche Bezüge zur Esoterik und über seine Rezeption der → Mystik auch histor. Zusammenhänge mit ihr. Gänzlich neu ist allerdings der bewusste Verzicht auf die Metaphysik und damit verbunden die Verwerfung des Platonismus, der in der abendländ. Tradition ein wichtiger Träger der Esoterik gewesen ist. Ebensowenig finden sich bei H. Anklänge an die → Magie. Sein Denken ist der erste Versuch, das Verhältnis zwischen dem absoluten »Sein« und dem endlichen »Dasein« des Menschen rein philosophisch von letzterem her zu denken. Werke u. a. *Sein und Zeit* (1927), *Über den Humanismus* (1947).

Lit.: W. J. RICHARDSON, H.: Through Phenomenology to Thought, 1963. B. MERKER, Selbsttäuschung u. Selbsterkenntnis. Zu H.s Transformation der Phänomenologie Husserls, 1988. G. STEINER, H., 1989. H.-P. HEMPEL, H. und Zen, [2]1992. O. PÖGGELER, Der Denkweg M. H.s, [4]1994.

Heilung (engl. Healing), Sammelbezeichnung für alle nicht-medikamentös vorgehenden ganzheitlichen Heilmethoden in Alternative zur Schulmedizin. → Körpertherapien.

Lit.: E. BACH, Heal Thyself. An explanation of the real cause and cure of disease, 1931. Neudruck 1988. L. MALIN, Die schönen Kräfte. Eine Arbeit über Heilen in verschiedenen Dimensionen, 1986.

Heimarmene, das griech. Wort für »Schicksal«. Es spielt eine wichtige Rolle in der antiken → Gnosis, die die H. als durch feindliche Mächte bestimmte Macht erlebt.

Lit.: H. JONAS, Gnosis u. spätantiker Geist, Bd. 1, [4]1988.

Hekate, griech. Göttin, die nicht zu den zwölf Olympiern gehörte, deren Macht aber bereits in archaischer Zeit der des Göttervaters Zeus gleichkam. Sowohl Herkunft als auch mytholog. Hintergründe der H. sind ungeklärt. Seit dem Hellenismus wurde sie als geheimnisvolle, zaubermächtige Allgöttin verehrt und mit der → Weltseele gleichgesetzt. Sie spielte eine große Rolle in → Magie und → Theurgie der späteren Antike.

Lit.: T. KRAUS, Studien zu Wesen u. Bild der Göttin, 1960. S. I. JOHNSTON, H. Soteira. A Study of H.'s Roles in the Chaldaean Oracles and Related Literature, 1990. DIES., Restless Dead, 1999. R. VON RUDLOFF, H. in Ancient Greek Religion, 1999.

Hekhalot-Texte, die Literatur der → Merkava-Mystik. »Hekhalot« ist die hebr. Bezeichnung für die Paläste der Himmelswelt, die der Myste bei seinem Aufstieg zum göttlichen Thron (hebr. »yored merkava«) durchquert. Die H. beschreiben die Paläste und ihre Bewohner, sie berichten von Himmelsreisen und den mit ihnen verbundenen magischen Praktiken.

Ausg.: P. SCHÄFER, Übers. der Hekhalot. Lit., 4 Bde, 1986–1991.

Hellenismus, Kulturepoche der Antike, deren polit. Voraussetzungen im Niedergang der griech. Stadtstaaten der klass. Zeit und der Errichtung von griech.-makedon. Großreichen auf zum großen Teil oriental. Gebieten nach dem Alexanderfeldzug liegen. Religionsgeschichtlich ist der H. durch eine Individualisierung des Religiösen bzw. seine Loslösung von übergreifend gesellschaftlich-polit. Erfordernissen gekennzeichnet. Durch die Berührung griech. mit oriental. Kulten kam es zu einer eklekt. religiösen Szenerie, zu der die griech. Philosophenschulen eine Art weltanschaulichen Überbau bildeten (→ Mysteriosophie). Der H. ist ein anschauliches Beispiel für die Aktivierung esot. Denkens durch → Globalisierung.

Lit.: C. SCHNEIDER, Kulturgeschichte des H., 2 Bde. 1967–1969. DERS., die Welt des H. Lebensformen in der spätgriech. Antike, 1975.

Henoch, im AT der Sohn Kains oder Jereds. Wegen seines gottgefälligen Wandels wurde er zu Lebzeiten entrückt (Gen 5,18–24), was Anlass zu einer umfangreichen Legendenbildung um diese Gestalt gab. In der Literatur der jüd. → Apokalyptik spielt H. eine große Rolle als Empfänger von esot. Offenbarungen. → Dee nannte die Sprache, in der die → Engel mit ihm durch ein Medium kommunizierten, das »Henochische«. Mitglieder des → Hermetic Order of the Golden Dawn versuchten, diese henochische Sprache zu erforschen, und entwickelten aus Dees Methode der Geisterbeschwörungen eine »henochische Magie«. In bäuerlichen Milieus in Russland trat um 1900 eine apokalypt. Bewegung unter dem Namen »H.leute« auf.

Heraklit von Ephesos (um 500 v. Chr.), griech. Philosoph, einer der sog. Vorsokratiker. Kernstück seiner Lehre war die Einheit der Gegensätze, die er in prägnanten → Paradoxa zum Ausdruck brachte. Die den vielen Antagonismen in der Welt zugrunde liegende → Einheit identifizierte H. mit dem Göttlichen, von ihm als kosmisches → Feuer oder auch als → Logos bezeichnet. Die typisch esot. Anschauung, dass die Erkenntnis der eigenen Seele für das Wissen von der Struktur des Kosmos relevant sei, wird in einigen Fragmenten H.s erstmals explizit historisch greifbar. Die menschliche → Seele ist göttlich und repräsentiert im Menschen das kosm. Feuer. H. war davon überzeugt, dass das Leben der Menschen mit der Natur und dem gesamten Kosmos verbunden sei, und entwickelte folglich eine Ethik, die mit seiner → Naturphilosophie eng verbunden war.

Lit.: G. S. Kirk u. a., Die vorsokrat. Philosophen, 1994.

Hermeneutik (griech. »Vermittlung«, »Erklärung«, »Deutung«), ein der Esoterik nahestehender erkenntnistheoret. Ansatz. »H.« steht etymolog. mit dem griech. Gott Hermes in Verbindung, dessen Hauptaufgabe die Vermittlung zwischen verschiedenen Sphären und Bereichen des Lebens war. Das Wort scheint anfangs als Terminus technicus für die in erster Linie sprachliche Vermittlung zwischen Griechen und anderen Völkern gewesen zu sein, also für Dolmetschen. In der philosoph. Tradition, insbesondere bei → Platon, wurde H. dann zur Erklärungs- und Auslegungskunst, also ein Mitteilen auf der Basis etwas bereits Gegebenen, das näherer Erläuterung bedurfte. Auch in der Stoa, die vornehmlich allegor. Auslegungen älterer Texte wie der homer. Epen pflegte, spielte die H. eine wichtige Rolle. Während des MA.s wurde sie dann durch die auf dem Aristotelismus beruhende Scholastik vollständig zurückgedrängt und erst im Späthumanismus wieder entdeckt, der sich von der Scholastik und der von ihr weitgehend vorgegebenen Bibelinterpretation zu lösen versuchte. Bei dem Philosophen Wilhelm Dilthey (1833–1911) wurde die H. zu einem die Metaphysik ersetzenden erkenntnistheoret. Konzept der Geisteswissenschaften, das es im Gegensatz zu ihr möglich macht, geschichtliche Entwicklungen in den Verstehensprozess bewusst mit einzubeziehen. Schließlich hat → Heidegger Bedeutung und Funktion noch einmal erweitert, indem er sie nicht nur zum Mittel des Verstehens, sondern als »Schon das Bringen von Botschaft und Kunde« erklärte. Das Ziel von der heideggerschen »hermeneut. Phänomenologie« ist es, die Aspekte des »Daseins« auszulegen, die der empir. Wahrnehmung »verborgen« bleiben oder aufgrund des Einflusses der Metaphysik geschichtlich »vergessen« worden sind. In jüngster Zeit tritt die H. v. a. im Werk des US-amerikan. Philosophen Richard Rorty (* 1931) in Erscheinung, das »Wahrheit« immer im Kontext eines Gesprächszusammenhangs (Diskurses) sieht.

Lit.: W. Dilthey, Die Entstehung der H., 1900. J. Wach, Das Verstehen. Grundzüge einer Geschichte der hermeneut. Theorien im 19. Jh., 3 Bde., 1926–33. M. Heidegger, Unterwegs zur Sprache, 1959. H.-G. Gadamer, Wahrheit u. Methode, 1960. C. Zöckler, Dilthey u. die H., 1975. R. Rorty, Der Spiegel der Natur, 1981. J. Grondin, Einführung in die philosoph. H., 1991.

Hermes Trismegistos (griech. »Dreifach Großer Hermes«), mythischer Stifter der Esoterik, Begründer der → Alchemie, Hüter aller Wissenschaften und Urheber der → hermetischen Literatur der Antike. Im fünfzehnten Traktat des *Corpus Hermeticum* wird H. als ein ägypt. Weiser beschrieben, der vor den Pharaonen lebte. Die Gestalt beruht auf einer Gleichsetzung des griech. Hermes mit dem ägypt. Weisheitsgott Thot, die erstmals in den *Historien* des Herodot von Halikarnassos (um 450 v. Chr.) belegt ist. Die arab. Hermetik identifizierte H. mit → Henoch und mit Idris, der nach dem Koran (XIX 57/58; XXI 85–86) ebenfalls in den Himmel erhoben worden war. Im → *Fihrist* wird berichtet, H. habe als einer der sieben Planetenwächter das Haus des Merkur bewacht. Später sei er nach Ägypten gegangen und liege dort mit seiner Frau in den beiden großen Pyramiden begraben. In jüngeren westlichen Traditionen wurde H. als Enkel des Abraham angesehen.

Lit.: M. Plessner, H. and Arab Science, in: Studia Islamica 2 (1954), 45–59. A. Faivre, The Eternal H. From Greek God to Alchemical Magus, 1995.

Hermetic Order of the Golden Dawn, 1888 von Wynn Westcott, William Woodman und McGregor Mathers gegründeter esot. Orden. In seiner hauptsächlichen Ausrichtung auf → Magie bildet der H. eine Art Ergänzung zur spekulativen → Theosophie. Die Verbindung zwischen beiden manifestierte sich in der engen Freundschaft Westcotts zu → Blavatsky. Den Mitgliedern des H. selbst galt die theosoph. → Kabbala als religionsphilosoph. Grundlage. Den zehn → Sefirot entsprachen zehn Ordensgrade, deren Höchster der des »Magiers« war. Für alle Mitglieder galt das Gebot strengster Geheimhaltung. Die Organisation zerbrach jedoch bereits kurz nach der Jahrhundertwende an inneren Streitigkeiten. Der weitreichende Einfluss des H. auf die englische Kulturgeschichte Ende des 19. und in der ersten Hälfte des 20. Jh.s steht allerdings in keinem Verhältnis zur kurzen Dauer seines Bestehens und zur Originalität seiner Ideen. Einzelheiten seiner direkten inhaltlichen Wirkung auf zahlreiche brit. Intellektuelle, von denen → Yeats der bekannteste ist, sind wenig erforscht. Alles in allem scheint der H. hauptsächlich ein Sammelbecken esot. Interessen und Strömungen seiner Zeit gewesen zu sein.

Lit.: F. I. Regardie, The Golden Dawn, 4 Bde., 1937 (deutsch 1987). E. Howe, The Magicians of the Golden Dawn, 1972.

Hermetik, ein Konglomerat von Lehren ägypt. Provenienz, die auf dem → esoterischen Monotheismus basieren. Dabei gibt es enge Berührungen mit Neuplatonismus, Gnosis, Kabbala und Magie. Die Grundauffassung der H. ist die → Einheit allen Seins. Allerdings macht sich in einigen der antiken Texte eine deutliche Spannung bemerkbar zwischen derjenigen theolog. Position, die in Gott den guten Schöpfer des Alls und der Natur sieht, und einer anderen, die die Mittlermächte der Schöpfertätigkeit gegen den höchsten Gott gewendet sehen und damit das Schöpfungswerk degradieren. Einige der hermet. Traktate nehmen in dieser Frage polemisch aufeinander Bezug. Ein genereller Monismus bleibt dadurch bestehen, dass auch bei eher negativen Einschätzungen der eigenen Situation oder Epoche ein Optimismus vorhanden ist, dass verlorene Einheit wiederherstellen zu können. Auf der Grundlage der Ansicht, dass mit der Natur auch das Göttliche erkannt werde, zeigt die → hermet. Literatur ein starkes Intersse an der → Naturphilosophie. Zur H. gehört unabdingbar auch eine prakt.-rituelle Seite. → Theurgie und → Magie spielen eine wesentliche Rolle. – Die H. ist ein genuin ägypt. Phänomen. Ihre Wurzeln liegen in der Religionsphilosophie der Ramessidenzeit, in der die → Sonnentheologie von Amarna entradikalisiert und mit dem traditionellen ägypt. Polytheismus versöhnt wurde. In der multikulturellen Szenerie der hellenist.-röm. Epoche wurden in diesen Polytheismus auch außerägypt. Gottheiten miteinbezogen, in die Religionsphilosophie wurden Elemente aus den griech.-hellenist. Schulen (→ Platonismus, → Stoa) integriert. Nach dem Siegeszug des dogmat. Katholizismus im Westen des Röm. Reiches wurde die H. wie alle heidn. Religiosität unterdrückt, die hermet. Weltanschauung verfiel. Nachweislich kursierte aber um 600 n. Chr. noch hermet. Schrifttum im syr. Raum und konnte hier von der entstehenden islam. Kultur aufgenommen werden. Sie regten die Produktion arab. hermet. Traktate an, von denen einige im Abendland rezipiert wurden. Die → Renaissance brachte einen Aufschwung der H. im Westen. Um 1460 brachte der Mönch Leonardo da Pistoria eine griech. Handschrift des Corpus Hermeticum nach Florenz. 1462/63 übersetzte → Ficino die Texte ins Lateinische. → Pico della Mirandola verband die Weltanschauung der ägypt. H., wie sie nun erneut zugänglich geworden war, mit der theurg. → Kabbala. Damit begann die Geschichte der modernen H., die ebenso wie die antike ausgesprochen eklektisch verfuhr. Alle bekannten und zugänglichen geistigen Strömungen, die mit dem Grundsatz des esot. Monotheismus vereinbar waren oder schienen, wurden miteinander kombiniert und verschmolzen. Wichtig und kennzeichnend für die H. aber blieb gegenüber anderen Elementen der Esoterik der wissenschaftliche Impetus. Fast alle Esoteriker der Renaissance verstanden sich in erster Linie als Wissenschaftler. Nachdem die in der Renaissance entwickelten hermet. Methoden durch die modernen Naturwissenschaften widerlegt oder überholt worden waren, lebten die Ideen der H. nur noch in der Naturphilosophie fort, die im 18. und 19. Jh. mehr spekulativ als experimentell verfuhr. Die praktisch-rituelle Seite der H., manchmal »Vulgär-H.« genannt, fand eine Fortsetzung im → Okkultismus des 19. Jh.s. Zeitgenöss. Esoterik nimmt nur sehr selten auf die H. Bezug, was damit zu erklären ist, dass die Grundlagen antiken Wissenschaftsdenkens nach verbreiteter Auffassung heute keine Geltung mehr beanspruchen können.

Lit.: M. Sladek, Fragmente der hermet. Philosophie in der Naturphilosophie der Neuzeit, 1984. G. Fowden, The Egyptian Hermes. A historical Approach to the late pagan Mind, 1986. R. van den Broek/W. J. Hanegraaff, Gnosis and Hermeticism from Antiquity to modern Times, 1998.

Hermetische Literatur, antike und arab. Schriften, deren Inhalte auf → Hermes Trismegistos zurückgeführt werden. Das Alter der H. lässt sich nicht genau bestimmen. Der griech. Geograph und Historiker Strabo von Amaseia erwähnt H. bereits in seinen Aufzeichnungen über einen Ägypten-Besuch i.J. 24–20 v. Chr. Charakteristisch für die H. ist die Form eines Dialogs zwischen Meister und Schüler. Sie hat ihr Vorbild in der ägypt. Weisheitsliteratur, insbesondere in der *Weisheit des Ani* (um 1500 v. Chr.).

1) Das *Corpus Hermeticum* (CH) ist eine Sammlung hermet. Schriften, die in der Zeit vom 1.–3. Jh. verfasst wurden und irgendwann zwischen 500 und 1100 n. Chr. zusammengestellt wurden. Es enthält achtzehn Traktate in griech. Sprache, wobei die ursprüngliche Zugehörigkeit des letzten zu der Sammlung umstritten ist. *CH I* unter dem Titel Hermes Trismegistos: → *Poimandres* enthält einen Mythos über die Weltentstehung. CH II ist naturphilosoph. Inhalts. Der Raum, in dem sich der Kosmos bewegt, wird mit Gott identifiziert. CH III ist sehr schlecht erhalten und enthält ein Lobbericht des Hermes über die göttliche Schöpfung. In CH IV wird ein hermet. Ritual beschrieben, bei dem ein mit Geist gefüllter Mischkrug eine Rolle spielt. CH V enthält einen erkenntnistheoret. Teil und ein Lob der Schöpfung in → Mikro- und Makrokosmos. CH VI hat einen pessimist. Einschlag, indem zwar der Schöpfer als gut, die Schöpfung aber als schlecht charakterisiert wird. In eine ähnliche Richtung geht CH VII, das von der Verderbtheit der Materie und des menschlichen Körpers handelt. CH IX thematisiert die erkenntnistheoret. Prämissen, die durch das Wesen des Denkens und der Wahrnehmung vorgegeben sind. CH X und CH XI geben eine umfassende Darstellung des hermet. Weltbildes. Wichtigstes Thema von CH XII ist das → Schicksal. CH XIII behandelt die Wiedergeburt. An das Lehrgespräch angeschlossen ist ein an den gesamten Kosmos gerichtetes Dankgebet. CH XIV wägt verschiedene schöpfungstheolog. Positionen gegeneinander ab. CH XV ist eine Ausführung über Hermes Trismegistos. CH XVI enthält eine an der Gestalt des »Götterkönigs Amun« aufgehängte → Sonnentheologie, verbunden mit einer myth. Kosmologie, in der Dämonen eine große Rolle spielen. Dies zeugt von einem ausgeprägten ägypt. Selbstbewußtsein gegenüber dem »Wortgetöse« der griech. Philosophie. CH XVII bringt die hermet. All-Einheits-Theolo-

gie mit heidn.-polytheist. Kultpraktiken zusammen. CH XVIII enthält Ausführungen über den rechten Lobpreis. 2) → *Asclepius*. 3) Die Bibliothek von → Nag Hammadi enthält neben einer kopt. Abschrift von einem Teil des *Asclepius* 21–29 (NHC VI,6) ein hermet. Gebet (NHC VI,7), das dem am Ende des *Asclepius* ähnelt, und den hermet. Dialog *Über die Achtheit und die Neunheit*, der Parallelen zu CH XIII aufweist. Diese Schrift gibt ein initiator. Lehrgespräch zwischen einem Mysten und seinem Mystagogen wieder, bei dem nichts dagegen spricht, dass es sich auf konkret-historischer Ebene abspielt. Dennoch kommen eindeutig dem Lehrer göttliche Qualitäten zu, er wird sowohl mit Thot-Hermes als auch mit dem Nous gleichgesetzt, den der Schüler im Laufe der Handlung schaut. Lehrer und Schüler reden sich mit Vater und Sohn an. Daneben äußert sich die Intimität ihrer Verbindung im Gebrauch von Metaphern aus dem Bereich der Sexualität. So erscheint die Mitteilung spiritueller Inhalte kodiert als Umarmung zwischen Lehrer und Schüler als »Geben« und »Empfangen« der göttlichen Kraft. Der Schüler wird durch die im Text beschriebene Initiations-Handlung, die ihn die höchsten Sphären des Kosmos, den achten und den neunten Himmel, schauen lässt, in eine Gemeinschaft Auserwählter, die er »Brüder« nennt, aufgenommen. Alle »Brüder« gelten als vom Vater »Gezeugte« indem der Lehrer ihre innere Kraft geboren hat, »so wie Kinder geboren werden«. Die Schrift gibt damit wichtige Auskünfte über die Strukturen hermet. Gemeinschaften. 3) Zitate aus H. finden sich bei einer Reihe von antiken Philosophen und Kirchenvätern. Am umfangreichsten sind die Exzerpte des Johannes Stobaios aus dem frühen 5. Jh. n. Chr. Sie behandeln die ganze Bandbreite hermet. Themen. 4) Die arab. Hermetiker haben antike H. in großem Umfang gekannt und und ihre eigenen Lehren daran angeknüpft. Diese arab. H. ist bis heute nahezu völlig unerforscht. Gut bekannt sind lediglich einige lat. Übersetzungen, die seit dem 12. Jh. im Westen kursierten, insbesondere das *Liber de causis* mit einer → Apollonius von Tyana zugeschriebenen Passage über die Geheimnisse der Schöpfung, → *Picatrix* und die → *Tabula smaragdina*. 5) Die Wiederentdeckung der antiken H. in der Renaissance eine eigene hermet. Produktion an, die oft pseudonym als antik ausgegeben wurde. Zu letzteren Werken gehörten insbesondere die → Lazarellis. Alle Esoteriker der Renaissance waren entscheidend von der H. beeinflusst.

Ausg. u. Lit.: D. Nock/A.-J. Festugière, CH, 4 Bde., ²1954–60. J.-P. Mahe, Hermès en Haute-Égypte, 2 Bde., 1978–82. B. P. Copenhaver, Hermetica. The Greek CH and the Latin »Asclepius« in a new Engl. Translation, with Notes and Introduction, 1992. C. colpe/J. Holzhausen, Das CH Deutsch, 2 Bde., 1997.

Hermogenes (2. Jh.), Gnostiker, der zunächst in Antiochia, später in Karthago wirkte. Er ist bekannt durch eine von Tertullian gegen ihn verfasste Streitschrift Adversus Hermogenem sowie eine kurze Notiz in → Hippolyts Refutatio. H. vertrat eine sehr originelle gnost. Lehre: Die Materie ist böse, aber ungeschaffen und ewig. Sie wurde von Gott teilweise zum Kosmos gestaltet. Die menschliche Seele entstammt der Materie und ist deshalb sterblich.

Hermotimos von Klazomenai (7./6. Jh.), legendärer schaman. beeinflusster Philosoph, der v. a. für seine Fähigkeit bekannt war, die → Seele aus seinem Körper heraustreten und frei im All schweifen zu lassen.

Herr der Größe, ein Name Gottes bei den → Mandäern, mit dem auch ein Novize den ihn belehrenden Priester bezeichnen kann.

Herzensgebet, eine in der ostkirchl. Tradition, besonders im → Hesychasmus praktizierte verinnerlichte Form des Betens, bei dem die entscheidende Aktivität nicht vom Betenden ausgeht, sondern von der in seinem Herzen wirksamen göttlichen Kraft bzw. vom Hl. Geist. Das Herz »hört das Gebet schlagen«, sodass also nicht nur die geistige, sondern auch die körperliche Ebene des Menschen in das Gebet mit einbezogen ist. Um das Gebet in sich einwohnen zu lassen, trifft der Beter – oft unter Anleitung eines geistlichen Seelenführers – bestimmte Vorbereitungen, die ihn stufenweise an das Erwachen des Geistes in seinem Inneren heranführen. Dazu gehören die Abkehr von der Sünde (→ Metanoia) und die Überwindung des → Schlafes. Wenn das Licht oder Feuer des Hl. Geistes dann in seinem Herzen erwacht ist, gelangt der Mensch in einen Zustand des immerwährenden Gebets, in dem ihn die ständige Zwiesprache mit Gott auch in besonderer Weise zur Nächstenliebe befähigt.

Lit.: J. Lafrance, Das H., 1988. M. Baumotte (Hg.), Kleine Philokalie. Betrachtungen der Mönchsväter über das H., 1997.

Hesse, Hermann (1877–1962), deutscher Schriftsteller mit großer Nähe zu esot. Themen; H. beschreibt meistens Selbstfindungsprozesse vor dem Hintergrund der spezif. Situation des Individuums im europäischen 20. Jh., die dabei auch auf weit zurückliegende Zeiten und entfernte Kulturen projiziert wird. Motive abendländ. Esoterik, ind. und chines. religiöser Traditionen werden von H. so umgearbeitet, dass sie auf Problemstellungen der Moderne anwendbar sind. H. war einer der meistgelesenen Autoren des 20. Jh.s und inspirierte maßgeblich die Gegenkulturen der 1970er und 80er Jahre. Werke u. a.: *Demian* (1919), *Siddharta* (1922), *Der Steppenwolf* (1927), *Die Morgenlandfahrt* (1932), *Das Glasperlenspiel* (1943).

Ausg.: Gesammelte Werke, 12 Bde., 1970. 1987.

Lit.: A. Hsia, H. H. u. China. Darstellung, Materialien u. Interpretation, 1974. G. Quispel, H. H. and Gnosis, in: B. Aland (Hg.), Gnosis. Festschrift für H. Jonas, 1978. G. Mayer, Der Heilspfad der Seele – Christentum u. asiat. Mystik im Werk H. H.s, in: W. Böhme (Hg.), Zu dir hin. Über myst. Lebenserfahrung von Meister Eckhart bis P. Celan, 1987.

Hesychasmus, asket.-myst. Strömung in der → Orthodoxie des 12. bis 16. Jh.s, die aber über diese Zeitspanne hinaus von Bedeutung ist, weil sie bereits auf frühchristl. Quellen zurückgeht und im 20. Jh. als Neoh. noch einmal eine Erneuerung erfuhr. Es geht dem H. im wesentlichen um eine Wiederaufnahme altchristl.-mönch. Ideale, insbesondere Bußfertigkeit und Gebetskultur. Charakterist. für ihn ist eine spezielle Gebetspraxis, die einige Mönche vom Berg Athos überliefert haben. Sie beklagten das Fehlen guter Gebetslehrer und Seelenführer in ihrer Zeit und gaben deshalb selber Anleitungen an ihre Mitbrüder weiter. Der Mönch sollte in seiner Zelle mit gesenktem Kopf sitzend das Jesusgebet (»Herr Jesus Christus, Sohn Gottes, erbarme dich meiner des Sünders«) sprechen, sich dabei auf seinen Atem konzentrieren und das Gebet seinem Rhythmus anpassen. Er gelangt dadurch zur Anschauung göttlichen → Lichts und der damit verbundenen Glaubenserfahrung. Dieses Licht sollte dieselbe Qualität haben wie das, in dem nach ntl. Überlieferung der Auferstandene seinen Jüngern erschienen war. Auf der Grundlage dieser Gebetspraxis entwickelte Gregorius Palamas (1296–1358) eine Art hesychast. Theologie, die zwischen dem Sein Gottes in der → Verborgenheit und seinem Wirken als den Kosmos durchziehende → Energie unterschied. Der Mensch war nach Palamas von dieser Energie nicht automat. mitbetroffen, sondern konnte ihrer nur durch die göttliche Gnade und eigene asket. Anstrengungen teilhaftig werden. Palamas' Lehren waren von weitreichender Wirkung im gesamten ostkirchlichen Bereich und besonders in Russland, wo der H. sehr volkstümlichen Charakter annahm. Er prägte die Religiosität der Starzen, älterer Mönche, die nach langen Jahren der Erfahrung mit dem Jesusgebet jungen Novizen und auch Laien als Seelenführer dienten. Das Starzentum erreichte seine Blütezeit im 19. Jh. und spielt eine große Rolle in der russ. Literatur dieser Zeit. Als eine Art »alternatives Christentum« stoßen die Betonung der spirituellen Erfahrung und die die körperliche Ebene mit einbeziehende Gebetspraxis des H. unter zeitgenöss. Esoterikern auf Interesse, wie überhaupt die → Orthodoxie in westlichen Ländern heute viel Zuspruch erfährt.

Lit.: I. SMOLITSCH, Russ. Mönchtum – Entstehung, Entwicklung u. Wesen 988–1917, 1953. DERS., Leben u. Lehre der Starzen. Der Weg zum vollkommenen Leben, 1988.

Hexen, magiekundige Frauen und – seltener – Männer, die einem vorchristl. alteuropäischen Religionssubstrat anhingen. Dieses Substrat war in der Frühen Neuzeit, als die Hexerei im öffentlichen Bewusstsein besonders präsent war und grausam verfolgt wurde, durch die lange währende Vorherrschaft des Christentums bereits in diesem Sinne überformt. Die Glaubensvorstellungen, die dem H.kult zugrunde lagen, sind deshalb schwierig zu ermitteln. Aufschlüsse geben jedoch immer wieder Vergleiche mit Vorstellungen und Praktiken des → Schamanismus. Dazu gehören insbesondere der mag. Flug unter Einsatz bestimmter Drogen und die Inanspruchnahme von Hilfsgeistern durch Hexen ebenso wie durch Schamanen. Demnach lässt sich der H.glaube als dämonologisch verzerrte Wahrnehmung schaman. Umtriebe im Europa der Frühen Neuzeit verstehen. Weniger befriedigend kann die Frage nach der speziellen Rolle von Frauen als H. gelöst werden. Der Nachweis eines »weiblichen Schamanismus«, der eher auf Bedürfnisse einer agrarischen Kultur eingestellt ist als der üblicherweise in Jägerkulturen beheimatete »männliche Schamanismus«, ist unsicher. Jedoch belegen schon Zeugnisse aus der Antike eine Furcht vor weiblichem die Ernte bedrohenden Schadenszauber. Dieser war auf die Verbindung der H. zu antiken Göttinnen zurückzuführen, die aber ebenso gut auch für das Gedeihen der Feldfrüchte angerufen werden konnten. Entscheidend war, ob der entsprechende Akt als »gute« oder »schlechte« → Magie einzuordnen war, und nur danach wurde er in der Antike beurteilt. Die spätma.liche Ketzerhysterie, die sich v. a. gegen die → Katharer richtete, führte zusammen mit einem in dieser Zeit ebenfalls intensivierten Glauben an den → Teufel zu einer rein dämonologischen Bewertung heidn.-volkstümlicher Religiosität. Dessen ungeachtet entstand im 20. Jh. zuerst in England eine neue H.bewegung, die sich selber als Urreligion Europas versteht. Ihr zentrales Element ist die Verehrung der alles Leben spendenden → Göttin.

Lit.: J. C. BAROJA, Die H. u. ihre Welt, 1967. H. BIEDERMANN, H., 1974. C. GINSBURG, Die Benandanti. Feldkulte u. H.wesen im 16. u. 17. Jh., 1980. STARHAWK, Der Hexenkult als Ur-Religion der Großen Göttin. Mag. Übungen, Rituale u. Anrufungen, 1983. H.-P. DUERR, Traumzeit. Über die Grenze zwischen Wildnis u. Zivilisation, 1984. W. BEHRINGER, Hexen. Glaube, Verfolgung, Vermarktung, 1998. C. LECOUTEUX, Das Reich der Nachtdämonen, 2001.

Hieroglyphen → Ägypten

Hildegard von Bingen (1098–1179), Klostergründerin und Äbtissin von Rupertsberg, visionäre Theologin, Predigerin und Naturkundlerin. Verfasserin von Traktaten, Hymnen und Gebeten sowie musikal. Kompositionen. Kennzeichnend für H. ist außerdem ihre große polit. Durchsetzungskraft. Papst Eugen III. setzte sich persönlich für sie ein; sie wechselte Briefe mit Kaiser Friedrich Barbarossa. H. hatte seit früher Kindheit Offenbarungen, in denen sie Lichtvisionen hatte, den Aufbau des Kosmos einschließlich der übernatürlichen Sphären schaute und eine göttliche Stimme hörte. H. gibt eins der wenigen Beispiele dafür, wie ma.liche → Mystik in Esoterik umschlägt. Ihre Visionen gehen mit einem Aufstieg in himml. Regionen einher, und sie beschreiben nicht eine für Mystiker typische Einheitserfahrung, sondern ihr Gegenstand sind kosm. Zusammenhänge. Sie blieb im Rahmen des Christentums ihrer Zeit eine Einzelerscheinung, möglicherweise hatte sie Verbindungen zur jüd. Mystik. Zu Lebzeiten berühmt, geriet H. bald nach ihrem Tod in Vergessenheit. Sie wird heute von der zeitgenöss. Esoterik wiederentdeckt.

Lit.: H. LIEBESCHÜTZ, Das allegor. Weltbild H.s, 1930. H.-J. KOTZUR (HG.), H., 1998.

Hippies, Anhänger bzw. Mitgestalter der Flower-Power-Bewegung, die in den 1960er Jahren in Kalifornien entstand. H. waren zumeist junge Leute, die ihre Kritik an den polit. und gesellschaftlichen Verhältnissen in der westlichen Welt mit einer spirituellen Suche verbanden. Angesichts des religiösen Vakuums, das mit der Säkularisierung und der Vorherrschaft des kapitalist. Materialismus in der westlichen Kultur entstanden war, wandte man sich östlichen Heilslehren zu, die in den 1960er und 70er Jahren verstärkt von ind. → Gurus in die USA transportiert wurden. In Verbindung mit experimentellem LSD-Konsum und psychedel. Popmusik enstand eine Atmosphäre der Offenheit für esot. Religiosität. Die H. waren die entscheidenden Vorbereiter der → Newage-Bewegung.

Hippolyt von Rom (2./3. Jh.), christl. Presbyter und Schriftsteller, der v. a. wegen seiner antihäretischen Werke bekannt ist. Zum größten Teil erhalten ist seine *Widerlegung aller Häresien* (lat. *Refutation omnium haeresium*), die aus verschiedenen Quellen ungeklärter Herkunft schöpft. Kennzeichnend für H.s Darstellung sog. »Irrlehren« ist ihre Zurückführung auf die heidnische Philosophie. Um zu zeigen, dass die christl. Häretiker und namentlich die Gnostiker griech. heidnische → Mysteriosophie und Magie lediglich kopiert haben, enthält seine Refutatio besonders im Mittelteil umfangreiche Darlegungen über heidn. Lehren, die H. aber aus gnost. Quellen überhaupt erst kennengelernt zu haben scheint. Da die hellenist. Bildung des Autors äußerst mangelhaft war, scheiterte sein Projekt an den eigenen Vorgaben. Dennoch ist die Refutatio eine wichtige Quelle für die antike Gnosis.

Ausg.: Des Heiligen H. Widerlegung aller Häresien, übersetzt von K. Preysing, o.J. Hippolytus Refutation omnium haeresium, ed. by. M. Markovich, 1986.

Lit.: K. Koschorke, H.s Ketzerbekämpfung u. Polemik gegen die Gnostiker, 1986.

Hiram von Tyrus und **Hiram-Abi**. Der phönizische König H. (973–942 v. Chr.) war ein Handelspartner → Salomos (1 Kön 9, 26–28), er lieferte an Israel große Mengen Bauholz und stellte ihm sachkundige Bauarbeiter zur Verfügung. H. hatte einen Berater (hebr. »abi«) gleichen Namens, der die bronzenen Säulen am Eingang des Salomon. Tempels baute (1 Kön 7, 13–18). Der Gründermythos der → Freimaurer knüpft an diese Gestalt an.

Hod, als achte Sefira die göttliche Majestät oder ihr Glanz.

Hohes Lied, Buch des AT, die luther. Wiedergabe des hebräisches Titels, der wörtlich »Lied der Lieder« lautet. Dabei handelt es sich um eine Sammlung von ca. 30 sehr kunstvoll gestalteten Liebesliedern, die ursprünglich rein weltlichen Zwecken bei Hochzeitsfeiern dienten und die Liebe zwischen Braut und Bräutigam besingen. Bereits in nt.licher und frührabbin. Zeit wurden die Lieder jedoch allegor. auf die Liebe zwischen Gott und Israel oder der einzelnen gläubigen Seele gedeutet. Es wurde zur Grundlage der jüd.-christl. Liebesmystik, die auch in der Esoterik eine wichtige Rolle spielt. → Liebe

Ausg. mit Kommentaren: Song of Songs. A New Translation with Commentary by M. H. Pope, 1977. O. Keel, Das H., 1986.

Lit.: U. Küsters, Der verschlossene Garten. Volkssprachl. H.-Auslegung und monast. Lebensform im 12. Jh., 1985.

Holismus → Einheit

Homöopathie, von dem sächs. Arzt Samuel Hahnemann (1755–1843) entwickeltes natürliches → Heilungs-Verfahren, das auf dem sog. Simile-Prinzip beruht. Hahnemann hatte herausgefunden, dass eine Substanz, die beim gesunden Menschen bestimmte Krankheitssymptome hervorruft, einen Menschen, der von ebendieser Krankheit befallen ist, heilen kann. Voraussetzung ist, dass die Substanz sehr stark mit Wasser verdünnt wird. Bei hochpotenzierten homöopath. Mitteln ist sie chem. nicht mehr nachweisbar, wobei allerdings die Wirkung, die mit der Tinktur erreicht wird, um so stärker ist. Die Aufgabe des homöopath. Arztes besteht darin, ein holographisches

Symptombild der Krankheit eines Patienten zu erstellen und auf dieser Grundlage die richtige Heilsubstanz in der richtigen Potenz zu ermitteln. Es wird immer ausschließlich mit einer Substanz und ausschließlich auf dieser naturchem. Basis behandelt. Heute kombinieren allerdings Ärzte, die mit der H. arbeiten, diese oft mit anderen Methoden der → Heilung.

Lit.: R. Tischner, Geschichte der H.,1939. Nachdruck 1998. G. Vithoulkas, Medizin der Zukunft, ³1979. K.-H. Gypser, H. Grundlagen u. Praxis, 1998.

Huna, ein von dem US-Amerikaner Max Freedom Long konstruiertes esot.-mag. System, das auf Elemente der traditionellen Religion Hawaiis zurückgeführt wird. Es geht dabei um die Bewusstmachung »universeller Gesetze und Prinzipien« sowie besonders um die lebensprakt. Umsetzung dieses Wissens. Auf der Grundlage einer psycholog. Theorie von Unterem Selbst (entspricht dem → Unbewussten oder Unterbewussten, Mittlerem Selbst (entspricht dem Wachbewusstsein) und Hohem Selbst (einer mit dem Menschen verbundenen spirituellen Entität) werden unter Rückgriff auf hawaiian. Kulthandlungen techn. Anweisungen zur Lenkung der → Energie (hier: »Mana«) gegeben. Dadurch soll eine weitgehende Kontrolle des eigenen Lebensweges einschließlich der spirituellen Entwicklung, hier gleichgesetzt mit der Kontaktherstellung zum Hohen Selbst und seiner Integration als Teil der eigenen Persönlichkeit, ermöglicht werden. Eine wichtige Rolle spielen Gebetshandlungen. Die durch H. erlangten Fähigkeiten gleichen denen eines Schamanen. Der H.-Kundige kann Wunder vollbringen, reinigen und heilen. Serge Kahili King breitete die H.-Lehren für das Leben in modernen Großstädten auf und prägte so den Begriff des »Stadt-Schamanen«. Verfechter von H. erben mit der Auffassung, H. sei mit allen Religionen vereinbar bzw. in ihnen enthalten, einen universellen Anspruch.

Lit.: M. F. Long, Geheimes Wissen hinter Wundern, 1962. Ders., The H.-Code in Religions, 1971. H. Krotoschin, H.-Praxis: Bewusste Lenkung des Schicksals, 1990. S. K. King, Der Stadt-Schamane, 1999.

Hurufi (von arab. »huruf« Buchstaben), von Fadlallah Astarabad Ende des 14. Jh.s in Chorassan gegründete esot. Bewegung, in der shi'it. und kabbalist. Gedankengut miteinander verbunden wurden und die → Buchstabenmystik eine große Rolle spielte. Die H. wurde grausam vefolgt und viele von ihnen als → Ketzer hingerichtet, aber ihre Ideen beeinflussten die volkstümliche türk. Mystik, insbesondere den suf. Bektashi-Orden.

Hyperborea. Die griech. Mythologie kennt ein Volk der Hyperboreer »jenseits des Nordwinds«, das ein heiteres, unbeschwertes Leben führte und den Tod nicht kannte. Die Lokalisierung von H. ist nach den griech. Quellen (v.a. Herodot und Pindar) unklar, die meisten Hinweise deuten nach Thrakien oder Skythien. Im 19. Jh. wurde der Mythos ohne weitere inhaltliche Bezüge zu den antiken Vorstellungen zunächst lediglich in die → Zeitalter-Lehre → Blavatskys aufgenommen, wo nun die Hyperboreer als Bewohner eines prähistor. Kontinents in der Polargegend beschrieben werden. Als »erste Wurzelrasse« besaßen sie noch keinen materiellen Körper. Von → Guénon wurde diese Idee weiter ausgesponnen und das Land H. schließlich mit Thule gleichgesetzt. Auf diese Weise verband Guénon H. mit dem entstehenden Ariermythos, obwohl nach Blavatsky die Arier erst als »fünfte Wurzelrasse« in Asien erschienen.

Hypostase der Archonten, Die (2. Jh.), kopt.-gnost. Schrift aus Nag Hammadi (NHC II,4), die aus zwei Teilen zusammengesetzt wurde. Der erste Abschnitt ist in der dritten Person Singular gehalten, der zweite in der ersten Person Singular. Die einzige inhaltliche Verbindung zwischen den zwei Teilen der Schrift besteht darin, dass in beiden → Norea eine wichtige Rolle spielt. Davon abgesehen werden vollständig unabhängig voneinander zwei verschiedene Kosmologien dargeboten, im ersten Abschnitt eine nach dem Muster der → Ophiten, dann, als eine Offenbarung → Eleleths an Norea die des → Sethianischen Systems.

Ausg.: M. Krause, in: W. Foerster (Hg.), Die Gnosis. Kopt. u. mandäische Q.n, 1995.

Hypostasierung → Objektivierung und Hypostasierung

Hypsiphrone (griech., wörtlich »Hochbesonnene«; NHC XI,4), sehr fragmentar. gnost. Offenbarung, die einer sonst unbekannten Göttin Hypsiphrone zuteil wird.

Ausg.: NHL, NHD.

I

I Ching (auch »I Ging« transkribiert, chines. »Buch der Wandlungen«), auf den myth. Gelben Kaiser zurückgeführtes altchines. Orakelbuch. Es besteht aus 64 Zeichen in Hexagrammform mit ihren Deutungen. Die Hexagramme sind Kombinationen aus durchgehenden und unterbrochenen Strichen, wobei erstere das Yang- und letztere das Yin-Prinzip symbolisieren (Yin und Yang). Ihre Zusammensetzungen erfassen die Wandlungstypen im Weltgeschehen. Demjenigen, der das Orakel mittels Schafgarbenstengeln oder Münzen befragt, zeigt es die Art bevorstehender Wandlungen an und gibt ihm Hinweise, was er tun kann. Bereits im Alten China fand das I. zahlreiche Kommentatoren und nahm über seine Orakelfunktion hinaus den Charakter eines Weisheitsbuches an. Es wirkte stark auf die Weltanschauung des → Taoismus. Die Rezeption durch westliche Esoteriker begann mit → Jung, der im I. seine → Archetypenlehre bestätigt fand. Eine wesentliche Rolle spielten die Anschauungen des I. für die Ausrufung des → Newage als → Wendezeit.

Ausg.: R. Wilhelm, I. Text u. Materialien, 1973.

Lit.: F. Fiedeler, Die Monde des I. Symbolschöpfung u. Evolution, 1988.

Ialdabaoth, eine abgewandelte Form des hebr. Gottesnamens YHWH, zusammengesetzt mit Sabaoth, der gräzisierten Form von hebräisch Zebaoth = Heere. I. heißt in der Gnosis der → Demiurg und oberste der → Archonten.

Iamblichos von Chalkis († ca. 325), Neuplatoniker, Schüler des → Porphyrios, mit dem er sich später zerstritt und gegenüber dessen Werk er sehr bemüht war, Eigenständigkeit zu beweisen. Dennoch ist I. als Fortsetzer von Tendenzen, die bereits bei Porphyrios festzustellen sind, unverkennbar. Er verband die neuplaton. Philosophie unabdingbar mit → Theurgie, → Mantik und → Magie; solche religiösen Praktiken waren seiner Auffassung nach notwendig dafür, dass die Seele Einheit mit dem Göttlichen erlange. Mehr als bei → Platon und → Plotinos fand er diese Ansicht bei → Pythagoras vorgezeichnet, was ihn mit den Neupythagoreern verband. Teile seiner Kompilation pythagoreeischer Lehren sind erhalten. Daneben entwickelte I. auf eigenwillige Weise die platon. Lehren weiter und schuf ein mit den drei hermeneut. Ebenen der Physik, Metaphysik und Ethik operierendes Interpretationssystem für die platon. Schriften. I. schrieb eine Reihe von Platon- sowie Aristoteleskommentaren und einen Kommentar zu den Orakeln, der vollständig verloren ging. Sein eigentliches Hauptwerk → Über die ägyptischen Geheimlehren wurde pseudonym verfasst.

Iao, gräzisierte Form einer Abwandlung des hebräischen Gottesnamens YHWH, die oft in den → Griech. Mag. Papyri und auf → mag. Gemmen erscheint, hier oft mit der bildlichen Darstellung eines Wesens mit Hahnenkopf, schlangenartigen Beinen, menschlichem Körper und Armen, in der einen Hand eine Peitsche, in der anderen einen Schild haltend. Der Name I. wurde als Zauberformel verwendet, häufig in Verbindung mit anderen Gottesnamen oder zauber. → Buchstabenfolgen, und erfuhr schon in der Antike unterschiedliche Interpretationen. Nach Varro soll I. in Mysterien der → Chaldäer verehrt worden sein und »intelligibles Licht« bedeuten, in der → Pistis Sophia deutet Jesus den Namen von seinen einzelnen Vokalen her: »Iota, weil das All entstand; Alpha, weil es wiederkommen wird; Omega, weil die Vollendung aller Vollendungen geschehen wird.

Iblis, ein Name des → Teufels im Islam, wahrscheinlich eine Kontraktion des griech »diabolos«. Bereits im Koran erscheint I. als Engel, der sich weigert, auf Gottes Anweisung dem → Adam Verehrung zu erweisen. In der → Isma'iliya ist er ein Geschöpf → Kunis, das → Qadar nicht gehorcht.

Lit.: P. J. Awn, Satan's Tragedy and Redemption: I. in Sufi Psychology, 1983.

Ibn 'Arabi (1165–1240), aus Murcia in Spanien stammender arab.-islam. Esoteriker mit umfangreicher schriftstellerischer und dichterischer Produktion. Seine Werke weisen beträchtliche Einflüsse aus → Gnosis, → Hermetik und Neuplatonismus auf. Während seiner Ausbildungszeit in Sevilla traf er die Hl. Fatima von Cordoba, die ihn in die → Sufik einführte. Aufgrund einer Vision verließ I. 1201 Spanien und besuchte zunächst Mekka. Dort kam er mit der Frömmigkeit der → Shia in Berührung, die ihn für den Rest seines Lebens beeinflussen sollte. Außerdem verliebte er sich in die Tochter seines Gastgebers, Nizam, die ihn zu dem Gedicht Übersetzer glühender Leidenschaften inspirierte, worin sie zur göttlichen Weisheit (→ Sophia) stilisiert wurde. Im folgenden entwickelte I. seine esot. Lehre, die auf seiner philosoph.-hermeneut. Methode der »ta`wil« aufgebaut war. Danach fand I. hinter der äußeren Bedeutung von Koranversen oder Hadith-Überlieferungen ihren esot. Sinn. Ein weiteres wichtiges Erkenntnisprinzip I.s ist fana', das Verschwinden des Ich-Bewusstseins gegenüber dem Objekt des Erkennens, wodurch sich die All-Einheit des Welt offenbart. Die Weltanschauung I.s war konsequent monistisch. Seine Kosmologie basierte auf einer Klassifizierung der Namen Gottes, die das Grundmuster für die korrelative Organisation des Kosmos abgeben. Hauptwerke I.s sind → *Mekkanische Offenbarungen* und → *Ringsteine der Weisheit.*

Lit.: W. C. Chittik, The Sufi Path of Knowledge. I.s Metaphysics of Imagination, 1989. Ders., I. and His School, in: S. H. Nasr (Hg.), Islamic Spirituality, Bd. 2, 1991. Ders., The Self-Disclosure of God: Principles of I.s Cosmology, 1997.

Ich, nach → Steiner und der → Anthroposophie der Wesenskern des Menschen. Auch Tier, Pflanzen und Minerale haben ein Ich, doch bleibt dieses in den geistigen Welten. Einzig bei Menschen ist das Ich auf der Erde inkarniert.

Ich und Selbst, Chiffre für die Dialektik zwischen einem begrenzten und einem unbegrenzten Aspekt menschlichen Seins, die der engen Verbindung von → Psychologie und Esoterik in der zweiten Hälfte des 20. Jh.s entstammt. Dabei handelt es sich um eine dualist. Anthropologie, die im einzelnen Menschen zwei sich widerstreitende Pole der Persönlichkeit wahrnimmt. Das Ich wird häufig auch »Ego« genannt, es regiert das Alltagsbewusstsein und verstellt den Blick auf die Ideale einer höheren Sphäre, die nur dem »Selbst« oder auch »höheren Selbst« offen sind. Der innere Wachstumsprozess zielt in der Regel auf die Elimination des Ich, d. h. es gibt zwischen Ich und Selbst keine vermittelnde Instanz.

Illuminaten (lat. »Erleuchtete«), 1776 von Adam Weishaupt (1748–1830) gegründete → Geheime Gesellschaft mit einem typ. Profil der Epoche des aufgeklärten Absolutismus. Personell wie institutionell gab es sehr enge Verbindungen mit den → Freimaurern, die zeitweise in der Organisation der I. aufgegangen zu sein scheinen. Die I. verfolgten das Ziel einer »Aufklärung von oben«, das sie durch die Gewinnung der polit. wie der intellektuellen Elite für ihre Vereinigung zu erreichen suchten. Sie strebten nach Erkenntnisfindung in natürlichen und übernatürlichen Dingen jenseits der kirchlichen Dogmatik, beriefen sich dabei v.a. auf die Ideale des Humanismus sowie der aufklärer. Naturphilosophie und orientierten sich in der Theorie vage an den antiken Philosophenschulen. Es schwebte ihnen eine Art Akademie vor, in der die Mitglieder die Wissenschaften studierten und sich darüber hinaus zu menschlicher Vollkommenheit ausbildeten. Tatsächlich aber war der von Weishaupt angeführte I.orden mit seiner autoritär hierarch. Struktur in verschiedenen Graden und Hochgraden der Societas Jesu nachempfunden, zu der er auch das entscheidende Gegengewicht bilden sollte. 1784 wurde die Organisation, durch Verrat von Abtrünnigen aufgeflogen, in Bayern verboten. In Norddeutschland hatte Adolph Freiherr von Knigge (1752–1796), der 1780 zu den I. gestoßen war, ihre Organisation liberalisiert und ihre Ideenwelt stärker für esot. Elemente aus Pietismus und Rosenkreutzertum geöffnet. Nach der Französ. Revolution wurden die I. verdächtigt, an ihren Vorbereitungen maßgeblich beteiligt gewesen zu sein und einen derartigen Umsturz der Herrschaftsverhältnisse auch in Deutschland zu forcieren. Der Orden zerbrach bald darauf an äußeren Verfolgungen und inneren Zwistigkeiten.

Lit.: L. Engel, Geschichte des I.-Ordens. Ein Beitrag zur Geschichte Bayerns, 1906. R. van Dülmen, Der Geheimbund der I. Darstellung – Analyse – Dokumentation, 1975. N. Schindler, Der Geheimbund der I.. Aufklärung, Geheimnis und Politik, in: H. Reinalter (Hg.), Freimaurer u. Geheimbündler, 1983.

Imam (arab. »Führer«, »Meister«). Während der I. im sunnit. Islam als religiös legitimiertes Oberhaupt der Gemeinschaft in der Hauptsache ein Funktionsträger ist, erlangt er in der → Shi'a oftmals göttliche Qualitäten. Die größte Gruppierung innerhalb der Shi'a, die sog. Zwölfer-Shi'a, ist nach ihrer Anerkennung von zwölf I.en benannt: 1) 'Ali ibn Abi Talib († 661); 2) al-Hasan ibn 'Ali († 669); 3) al-Husayn ibn 'Ali († 680); 4) ' Ali ibn al-Husayn, Zayn al-'Abidin († 714); 5) Muhammad al-Baqir († 733); 6) Ga'far al-Sadiq († 765); 7) Musa al-Kazim († 799); 8) 'Ali al Rida († 818); 9) Muhammad Gawad at-Taqi († 835); 10) 'Ali an-Naqi († 868); 11) al-Hasan al-'Askari († 874); 12) Muhammad al-Mahdi. Den I.en werden übernatürliche Kräfte bzw. Fähigkeiten und viele Wunder zugeschrieben. Sie zeichnen sich durch ihre genaue Kenntnis sowohl der exoter. als auch der esot. Bedeutung des Korans aus. Der zwölfte I. lebt nach dem Glauben der Zwöfershi'iten bis heute im Verborgenen als Führer der spirituellen Welt und kann besonders frommen Menschen in Visionen erscheinen. Wenn Ungerechtigkeit und Unterdrückung auf der Welt ihren Höhepunkt erreichen, wird er aus der Verborgenheit hervorkommen, das göttliche Gesetz wiederherstellen und die Geschichte ihrem Ende zuführen. – Im Laufe der shi'it. Geschichte sind außer den genannten zwölf zahlreiche weitere I.e aufgetaucht, die eine Gemeinde um sich versammeln konnten und dadurch innerhalb der Shi'a Spaltungen herbeiführten. Naturgemäß hat der jeweilige I. in der um ihn versammelten schismat. Gruppierung eine noch größere Bedeutung als in der Zwölfer-Shi'a. In der Isma'iliya ist meistens ein I. ständig präsent und leitet die Gemeinde. Manchmal hielt er sich jedoch im Verborgenen (arab. »gaiba«) auf und wurde durch einen → da'i vertreten. Frühe, d.h. vorfatimid. isma'ilit. und auch andere Ghulat-Gruppen haben die I.vorstellung in besonderer Weise kosmolog. eingekleidet.

Indianer → Stammesreligionen

Indien und seine religiösen Traditionen (→ Neohinduismus, → Vajrayana-Buddhismus, → Tantrik) spielen eine große Rolle in der religiösen Vorstellungswelt des Abendlandes und insbesondere in der der Esoterik. In verschiedenen geistesgeschichtlichen Epochen, die man grob in spätere Antike, Hochmittelalter, Romantik und Newage einteilen kann, entwickelte man in Europa verschiedene Idealbilder von Indien mit religiös-esot. Bezug: Die antike Phantasie wurde besonders durch Geheimwissen und Askesepraktiken in Indien inspiriert. So wurden im *Alexanderroman* und von da ausgehend verstärkt im 1. und 2. Jh. n. Chr. Legenden um Begegnungen mit brahman. Lebensweise gesponnen. Das Indienbild des Mittelalters ist geprägt von den Geschichten um den Apostel → Thomas, der das Christentum nach Indien gebracht haben soll, und von den Sagen um den → Presbyter Johannes. Von diesem Johannes wurde erzählt, er regiere in Indien (von dem man nur unklare geographische Vorstellungen hatte) ein reiches christl. Land, d. h. ein Reich, in dem ganz im Gegensatz zum Europa zur Zeit des Mittelalters religiöse und staatl. Gewalt harmonisch vereint waren. Diese Vorstellung gewann besondere Bedeutung vor dem Hintergrund der Kreuzzüge, da man vom Priesterkönig Johannes auf Hilfe gegen die »sarazenische Bedrohung« hoffte. Im Indienbild der Romantik äußerten sich Kritik am Christentum, am Judentum und am europ. Konzept von Religion überhaupt, ferner aber auch quasi-religiöse nationalist. Mythen. So wurde Indien zum Land des arischen Ursprungs und in seiner religionsgeschichtlichen Bedeutung gegen Israel ausgespielt. Für die frühe Phase des → Newage stand Indien für eine spirituelle Weltauffassung, die vom sog. westl. Materialismus diametral verschieden ist und demzufolge undogmat. Alternativen zur institutionalisierten und funktionalisierten Religion des Westens bietet. Einflüsse des → Neohinduismus haben Newage ganz wesentlich mitgeprägt.

Lit.: H. Gregor, Das Indienbild des Abendlandes, 1964. J. Drew, India and the Romantic Imagination, 1987. V. A. R. Raj, The Hindu Connection, 1995. M. Kämpchen (Hg.), »Von der Freiheit der Phantasie…« Indien in der deutschsprachigen Literatur (1900–1999), 1999. W. Baum/R. Senoner, I. u. Europa im MA., 2000. J. Hahn (Hg.), Alexander in I. 327–325 v. Chr., 2000.

Individuation, bei → Jung die innere Reise des Menschen zu seinem Selbst.

Initiation (von lat. »initium« Eingang, Anfang), Einweihung in esot. Lehren und Gemeinschaften. Das Prinzip der I. ist weit verbreitet und wird auch außerhalb und unabhängig von der Esoterik eingesetzt, so v. a. in Stammeskulturen, um den Übergang von der Kindheit zu einem mündigen Mitglied der Stammesgesellschaft zu markieren. Zu einer I. gehören Riten und mündliche Unterweisungen, die dazu dienen, die einzuweihende Person im Hinblick auf ihr religiöses Bewusstsein und oft auch auf ihren hierarch. Status innerhalb eines esot. Gesellschaft radikal zu transformieren. Sie besteht aus mehreren Stadien: einer vorbereitenden Einsamkeit bei Abschluss vom profanen, alltäglichen Leben, verschiedenen initiator. Prüfungen, deren Höhepunkt ein myst. Tod bildet, der Wiederauferstehung aus diesem Tod und Neukonstitution der Persönlichkeit, der Annahme eines neuen Namens und der Offenbarung der esot. Lehren. Ein hiervon etwas abweichendes Muster findet sich in schaman. I.en, die nicht durch eine esot. Gemeinschaft vorgenommen werden, sondern durch Geistwesen. I.en beginnen mit einer psycholog. Krise des Initianden und phys. Krankheiten. Der angehende Schamane legt seinen alten Körper ab, Organe und Blut werden erneuert. Dann tritt er eine Reise in die Unterwelt an, wo er von Geistern und den Seelen verstorbener Schamenen Instruktionen erhält. Mit diesem Wissen kann er die Reise in den Himmel antreten (→ Seelenreise). Seine Rückkehr auf die Erde schließt seine I. ab. Er besitzt nun alle Fähigkeiten, die den Schamanen oder die Schamanin auszeichnen. In der Geschichte der Esoterik ist die I. zuerst deutlich für die → antiken Mysterien belegt. Die spätere Antike liefert viele Zeugnisse für I.en in apokalypt.-jüd. und gnost. sowie in manichäischen Gemeinschaften. Zu ihrem Vollzug gehörte die → Seelenreise des Initianten unter Anleitung eines Mystagogen. Vertreter des frühesten Christentums, insbesondere → Clemens von Alexandria, scheinen eine → Arkandisziplin mit initiator. Praktiken gekannt zu haben, die jedoch bald aus dem von der Kirche bestimmten christl. Gemeindeleben verdrängt wurden. Dennoch gibt es im Christentum wie in allen anderen Religionen i.sähnliche Rituale wie die Priesterweihe. Die ma.liche Gesellschaft in Europa kannte I.en im Zusammenhang mit dem Eintritt in eine Zunft oder Gilde sowie im Ritterritual der Schwertleite. Beide sind im Hinblick auf die Geschichte der Esoterik von Bedeutung und liefern sehr wahrscheinlich Vorbilder für die Organisation vieler → Geheimgesellschaften der frühen Neuzeit, insbesondere der → Freimaurer. → Goethes Bildungsroman *Wilhelm Meisters Lehrjahre* (1796 abgeschlossen) hat das I.thema literarisch verarbeitet, desgleichen einige Erzählungen der → Romantik, wie *Aurelia* (1855) von Gérard de Nerval. Über die I.sriten in der → Sufik und in der → Tantrik ist wegen der ausschließlich mündlichen Überlieferung fast nichts bekannt. Zeitgenöss. Esoteriker sprechen von I. bei der Vermittlung spezieller Techniken, etwa → Reiki oder bestimmter Meditationsarten.

Lit.: E. Haich, Einweihung, 1984. M. Eliade, Das Mysterium der Wiedergeburt. Versuch über einige I.typen, 1988. M. Guilmot, Les initiées, 1991. H. Kraft, Über innere Grenzen. I.en in Schamanismus, Kunst, Religion u. Psychoanalyse, 1995.

Inneres Kind → Kind

Interpretation der Gnosis, Die (NHC XI,1), valentinian. Schrift, sehr wahrscheinlich eine Predigt, die an eine in sich zerstrittene Gemeinde gerichtet ist und diese über die Prinzipien gnost.-valentinian. Gemeindelebens belehren soll. Die Gemeinschaft bildet eine göttlich inspirierte Gesamtheit, aber die verschiedenen Gemeindemitglieder sind mit unterschiedlichen Geistesgaben ausgestattet. Sie sollen sich deswegen aber nicht gegenseitig beneiden, wie es in der adressierten Gemeinde geschieht, sondern sich als gleichwertige Glieder des Ganzen fühlen. Das gleiche gilt für die Pneumatiker der Gemeinde, die die höchsten Geistesgaben besitzen, dies aber nicht zum Anlass nehmen sollen, auf andere herabzusehen. Ihre Funktion in der vollkommenen Gemeinschaft besteht darin, Minderbemittelte an ihrem Pneuma teilhaben zu lassen. Vorbild für dieses Harmoniestreben, das der Prediger anmahnt, ist die vollkommene Gemeinschaft der Äonen im Pleroma. Diesem Valentinianer schwebt die Umsetzung paulin. Vorstellungen über die christl. Gemeinschaft, die von Campenhausen als »geistigen Organismus« beschrieb, »dessen Glieder mit ihren vielfältigen und gegeneinander abgestuften Gaben in einem Verhältnis wechselseitigen Gebens und Nehmens stehen«.

Ausg.: NHL. NHD. U. K. Plisch, Die Auslegung der Erkenntnis (NHC XI,1), 1996.

Lit.: H. von Campenhausen, Kirchliches Amt und geistliche Vollmacht in den ersten drei Jh.en, ²1963. K. Koschorke, Eine neugefundene gnost. Gemeindeordnung, in: Zeitschrift für Theologie u. Kirche 76, 1979.

Intuition, die plötzliche, nicht durch rationales Abwägen gewonnene Erkenntnis. Die Fähigkeit zur I. wird durch → Meditation und andere esot. Übungen gestärkt. Sie ist das Ergebnis eines für die geistigen Welten offenen Zustands des Bewusstseins.

Irenäus von Lyon (2. Jh., seit 177 Bischof von Lyon), der erste bewusste Schrifttheologe der christl. Kirche, er war klerikal und unphilosophisch-bibelwortgläubig eingestellt. Konsequent sagte er anderen Auffassungen von christl. Lehre in der → Gnosis den Kampf an, dem sein auf Griechisch abgefasstes Hauptwerk (lat. *Adversus haereses)* gewidmet ist. Obwohl es unsystemat. angelegt und in der Darstellung oft verworren ist, was zeigt, dass I. seinem Stoff nicht gewachsen war, ist es eine der Hauptquellen für die Erforschung der antiken Gnosis.

Ausg.: Des heiligen I. fünf Bücher gegen die Häresien. Übersetzt von E. Klebba, 2 Bde., 1912. Adversus haereses, hg. von W. W. Harvey, 2 Bde., 1857. Neudruck 1965. Gegen die Häresien, 4 Bde., 1993–95 (Fontes Christiani).

Isis, ägypt. Göttin, deren Name in gräzisierter Form den Thron des Pharao bezeichnet. Seit ältesten Zeiten verkörperte I. als Erdgöttin den fruchtbaren Nilschlamm. Daneben erschien sie als regenbringende Himmelsgöttin und als Totengöttin. Prominent war I. außerdem als Göttin der Zauberkunst. Der Mythos von I. und Osiris hatte große Bedeutung in der Magie. Er erzählt die Geschichte des Kampfes zwischen dem Gott des Nilwassers Osiris und seinem Zwillingsbruder Seth, dem Gott der Wüste. Seth – oder, nach einer jüngeren Version der Drache Typhon – schneidet den Leichnam des Osiris in Stücke und wirft diese in den Nil. Nachdem I. zusammen mit Nephthys, der Frau des Seth, die Überreste gefunden hat, setzt sie sie wieder zusammen. Sie erweckt seinen Phallus und gebiert das Götterkind Horus. Im Neuen Reich (ab ca. 1550 v. Chr.) setzte man I. mit der kuhgestaltigen Himmelsgöttin Hathor gleich und übertrug auf sie deren Attribute. In hellenist. Zeit wurde I. Schutzgöttin der Seefahrt und Göttin des Hafens von Alexandria. → Plutarch sah in ihr eine Mondgöttin. In der Spätantike wurden auf I. zunehmend die Züge der All-Einen Weltgottheit übertragen, die zugleich verborgen und kosmisch manifest war. Als solche erscheint sie in den sog. *I.-Areatologien*. König Ptolamaios Soter (367 – 308 v. Chr.) stiftete in einem Akt gewollter Synkretisierung griech. und ägypt. Religion den Kult von Serapis, einer Zusammensetzung von Osiris und dem stiergestaltigen Gott Apis, in dem I. der Osiris-Mythologie entsprechend eine wichtige Rolle spielte und bald sogar den Serapis an Bedeutung weit hinter sich ließ. Wahrscheinlich wurden im Zuge dessen auch die bald im ganzen Röm. Reich verbreiteten I.-Mysterien eingerichtet, wenngleich die griech. Historiographen selbigen ein weit höheres Alter zuschrieben. Über die I.-Mysterien berichtet Apuleius (2. Jh.) in seinem Roman *Der Goldene Esel*, der Myste werde im Traum von der Göttin zur Einweihung berufen. Die dazu nötigen Geräte musste er selber besorgen. Der → Initiation gingen eine zehntägige Fastenzeit und ein Reinigungsbad voraus. Nachdem der Myste eine Nacht im Tempel verbracht hatte, muss die eigentliche Mysterienhandlung nach den Andeutungen des Apuleius in einer todesähnlichen Erfahrung und einer Führung durch die kosm. Sphären einschließlich der Unterwelt bestanden haben. Höhepunkt war eine myst. Identifikation mit der höchsten Gottheit, während der der Myste selbst als Sonnengott erstrahlte.

Lit: J. Bergmann, Ich bin I. Studien zum memphit. Hintergrund der griech. I.-Areatologien, 1968. R. E. Witt, I. in the Ancient World, 1971.

Isis entschleiert → Blavatsky, Helena

Isma'iliya, eine Strömung der → Shi'a mit ausgeprägter Neigung zur Esoterik. Sie erhielt ihren Namen von dem als siebten → Imam designierten Isma'il, der dann aber vor seinem Vater Ga'far al-Sadiq i. J. 765 starb. Die Isma'iliten hielten entweder seinen Tod nur für scheinbar oder sie sahen seinen Bruder Muhammad als Imam an; jedenfalls weigerten sie sich, den achten Imam der Shi'a zu akzeptieren. Die frühe Geschichte der I. ist weitgehend unbekannt; im 9. Jh. erscheint sie jedoch als gut organisierte, kämpferische Gruppierung mit einem quasi-gnost. Mythos als Glaubensgrundlage. Der höchste Gott, das nicht-wissbare absolute Eine, erschafft durch seinen Willen zuerst das weibliche Licht → Kuni und dann durch sie Qadar, an deren Namen sich eine umfangreiche → Buchstabenspekulation anschloss. Beide zusammen bestehen aus sieben arab. Buchstaben, die für die sieben Propheten der I. stehen: k = → Adam; u = Noah; n = Abraham; y = Mose; q = → Jesus; d = Mohammed; r = → Qa'im, dessen Stellvertreter der isma'ilit. Imam ist. Kuni und Qadar bringen jeweils eigene Wesen, Cherubine und Geister hervor, die die spirituellen Hierarchien bilden. Eine besondere Rolle spielen → Gadd, → Fath und → Hayal, die mit Kuni und Qadar die himml. Pentade bilden und zwischen der spirituellen und materiellen Welt, die schließlich ebenfalls durch Emanation aus Kuni und Qadar entsteht, als Mittler fungieren. Der kosmogon. Mythos gehört zur esot. Lehre der I., die sich auf ein kompliziertes System zykl. Offenbarungen beruft. Hauptträger der Offenbarung sind die sieben Sprecher-Propheten (arab.

»natiq«), deren Erscheinen je ein Gesandter (arab. »wasi«) vorausgeht. Die isma'ilit. Imame sind die Vorankündiger der Propheten-Gesandten, wobei der letzte Imam zum natiq des nächsten Geschichtszyklus aufsteigt. Seit dem 10. Jh. zerfiel die I. in verschiedene Bewegungen. Die Ausrufung 'Ubaid Allahs zum Mahdi teilte sie zunächst in → Fatimiden und → Qarmaten. Der transoxan. da'i Muhammad ibn Ahmad führte einige Neuerungen in der Lehre ein. In seinem Kitab al-mahsul (arab. Buch des Ertrags) gab er den isma'ilit. Mythos in der Sprache neuplaton. Begrifflichkeit wieder. So wurden beispielsweise Kuni und Qadar zu Intellekt und Seele. Diese philosoph. Überarbeitung der isma'ilit. Theologie wurde trotz Widerständen in der Folgezeit vorherrschend. Seit Anfang des 11. Jh. wurde sie auch von den Fatimiden rezipiert (→ Kirmani). Die Tayyibiten entwickelten diese Form der Lehre weiter und brachten sie schließlich nach Indien, wo sie bis heute das Gepräge der I. bestimmt.

Lit.: H. Halm, Kosmologie u. Heilslehre der frühen Isma'iliya. Eine Studie zur islam. Gnosis, 1978. H. Corbin, Cyclical Time and Ismaili Gnosis, 1983. A. Nanji, Isma'ilism, n: S. H. Nasiz (hg.), Islamic Spirituality Foundations, 1987. F. Daftary, The Isma'ilis: their history and doctrines, 1990. Ders. (Hg.), Medieval Isma'ili History and Thought, 1996.

J

Jemen (arab. al-yaman, lat. arabia felix), in esot. Überlieferung ein Ort, an dem sich die göttliche Urweisheit in besonders reiner Form erhalten hat. Islam. Lichtmetaphysiker sahen die »jemenit. Weisheit« (arab. »hikmat-i yamani«) als neuen Erkenntnisweg an, der auf unmittelbarer Erfahrung beruht, und konfrontierten sie mit der »griech. Weisheit« (arab. »hikmat al-yunani«), die durch Rationalisierung den göttlichen Ursprung des Wissens bereits verfälscht habe. Die → Sabier, aus deren Lehren seit der Antike esot. Traditionen gespeist wurden, wurden im J. lokalisiert. Noch bei den → Rosenkreutzern spielt die Symbolik des J. eine wichtige Rolle: → Rosenkreutz wird von Weisen aus Arabia felix gerufen und vertieft seine Kenntnisse während eines Studiums in der jemenit. Stadt Dacar.

Jesus wird in der Esoterik als eine von → Christus verschiedene Wesenheit angesehen. Sein Wirken gehört der ird. Sphäre an, wie hingegen Christus das Kosmische repräsentiert. Über das Leben J. gibt es zahlreiche esot. Sondertraditionen bzw. moderne Legenden, die sowohl von den Kirchen als auch von der textkrit. Forschung abgelehnt werden. Dazu gehören J.' Verbindung mit den → Essenern, in deren Gemeinde in → Qumran er aufgewachsen sein und eine esot. Schulung durchlaufen haben soll, J.' Aufenthalt in → Indien während der im NT nicht dokumentierten Zeit zwischen seinem zwölften und dreißigsten Lebensjahr. Die histor. J.-Forschung des US-amerikan. Neutestamentlers Morton Smith sieht aber J. als einen Esoteriker in einer rabbin. Sondertradition an. Smith förderte im Kloster Mar Saba im Umkreis von Jerusalem mit einem längeren Zitat aus dem → *Geheimen Markusevangelium* einen esot. antiken Text zu Tage, nach dem Jesus selbst an seinen vertrautesten Schülern sowie an den Kranken, die er heilte, Einweihungshandlungen vorgenommen hat. Naheliegend ist nach diesen Befunden, dass J. in Verbindung mit der → Taufe mag. Techniken für den Seelenaufstieg schauen ließ. Für besonderes Aufsehen in einer breiten Öffentlichkeit sorgten die Thesen von Lincoln/Baigent/Leigh, nach denen J. die Kreuzigung überlebt und die Dynastie der Merowinger begründet haben soll. Die genannten Autoren fügten aus vielen Mosaiksteinen esot. Überlieferungen, insbesondere solchen, in denen der → Gral als Symbol des Blutes J. eine Rolle spielt, ein in sich durchaus schlüssiges Bild zusammen, nach dem die abendländ. Esoterik auf J. zurückgeht. Eine geheime »Bruderschaft von Zion« soll heute dieses Erbe verwalten. Eine ganz eigene Jesuologie besitzt die →

Anthroposophie, die die zwei unterschiedlichen Stammbäume Jesu im NT damit erklärt, dass es tatsächlich zwei verschiedene J.knaben gegeben habe, von denen der nathan. (nach Lk) die Potenz der Liebe und der salomon. (nach Mt) die der Weisheit der gesamten Menschheitsentwicklung verkörperte. Als die beiden Jungen zwölf Jahre alt waren, vereinigten sich ihre Seelen im Körper des Knaben aus der nathan. Linie, während das salomon. Kind bald darauf starb. Eine wichtige Rolle spielt J. auch in → Shia und → Sufik. Während die Zuständigkeit des Propheten Mohammed von Muslimen oft auf die Bereiche Dogma und Gesetz beschränkt wird, ist J. besonders im volkstümlichen Islam ein Muster an Frömmigkeit. Da im Koran (Sure 4, 158) berichtet wird, J. sei von Gott entrückt worden, ranken sich um ihn eschatolog.-messianist. Vorstellungen: J. werde vor dem Endgericht auf einem Minarett der damaszen. Omayyadenmoschee erscheinen und die Christen zur Abkehr vom Trinitätsglauben und Schweinefleischgenuss bekehren. Nachdem er den Antichristen vernichtet und die Christen mit den Muslimen vereinigt haben werde, werde er heiraten, am Ende eines natürlichen Todes sterben und neben Mohammed begraben werden. Eine besonders enge Verbindung zur Gestalt J. hat die seit 1889 existierende ind.-islam. Ahmaddiya-Bewegung. Ihr Gründer Mirza Gulam Ahmad gab sich als → Mahdi und Vertreter J. aus, der sich vor dem Kreuzestod nach Kashmir gerettet habe und dort in hohem Alter gestorben sei.

Lit.: R. Steiner, Von J. zu Christus, 1911. E. Bock, Kindheit u. Jugend J.', 1939. M. Smith, Auf der Suche nach dem histor. J. Entdeckung u. Deutung des geheimen Evangeliums im Wüstenkloster Mar Saba, 1974. H. Krause-Zimmer, Die zwei J.knaben in der bildenden Kunst, ²1977. M. Smith, J. der Magier, 1981. H. Kersten, J. lebte in Indien, 1983. M. Baigent u. a., Der Heilige Gral u. seine Erben, 1984. D. Cannon, J. and the Essenes. Fresh Insights into Christ's Ministery and the Dead Sea Scrolls, 1992. A. Schimmel, Jesus und Maria in der islamischen Mystik, 1996. R. Heiligenthal, Der verfälschte Jesus Eine Kritik moderner J.bilder, ²1999.

Jesus patibilis, der »leidende Jesus« ist im → Manichäismus Symbol für die in der Finsternis gefangenen Lichtteile. Die Vorstellung beruht auf einer Angleichung der bibl. Leidensgeschichte Jesu mit dem manichäischen Mythos vom Leiden des Lichts, das sich mit der Finsternis vermischt hat. J. steht damit auch für die Anteile in der Natur, die die Manichäer als lichthaft ansahen.

Joachim von Fiore (ca. 1135–1202), italien. Zisterziensermönch, der v. a. durch die christl. → Zeitalterlehre von den Drei Reichen, dem vergangenen des Vaters, dem gegenwärtigen des Sohnes und dem zukünftigen des Hl. Geistes Bedeutung erlangte. J. entwickelte eine spezif. Lesart der Bibel, aufgrund derer er genaue Entsprechungen des N.T. zum A.T. herausfand und daraus schloss, dass von daher und unter besonderer Zuhilfenahme der Voraussagen in der *Johannesapokalypse* auch exakte Voraussagen auf das kommende Zeitalter möglich seien. Seine Erwartungen für dieses Geist-Zeitalter waren sehr stark an der Spiritualität des → *Johannesevangeliums* orientiert, die er im Mönchtum bereits verwirklicht sah. Die am Leitstern Petrus ausgerichtete kirchliche Hierarchie würde verschwinden und die ecclesia activa zu einer ecclesia spiritualis umgeformt. Die Sakramente würden als äußerliche Riten an Bedeutung verlieren und zu reiner Geistigkeit verwandelt werden. Diese Überzeugungen J.s von der Entwicklungsfähigkeit und -notwendigkeit der Kirche waren ein wichtiger Vorläufer für die Kirchenkritik und Spiritualismus verbindenden esot. Bewegungen der Neuzeit. Insgesamt wurden seine Ideen besonders von Franziskanern aufgenommen und weitergetragen.

Lit.: E. Benz, Ecclesia spiritualis, Kirchenidee u. Geschichte der franziskan. Bewegung, 1934. Ders., Creator spiritus. Die Geistlehre des J., in: Eranos Jahrbuch 25 (1956). G. Wendel-Wessley, Gott u. Geschichte. J. u. die Hoffnung der Christenheit, 1974. Delno C.

WEST (HG.), J. and Christian Thought, 2 Bde., 1975. M. REEVES, J. and the Prophetic Future, 1976. H. MOTTU, La manifestation de L'Esprit selon J., 1977.

Johannes Presbyter → Presbyter Johannes

Johannesapokryphon, der → sethian. Gnosis zugerechneter Text, der in vier kopt. Abschriften erhalten (NHC II,1; III,1; IV,2; BG 8502,2) und zudem in seinem ersten Teil bei → Irenäus bezeugt und damit der am besten belegte gnost. Originaltext ist, der bislang zur Verfügung steht. Es gibt zwei längere und zwei kürzere Fassungen, wobei deutlich ist, dass die Langfassungen durch Überarbeitungen und Erweiterungen der Kurzfassungen entstanden sind. Die Rahmenhandlung besteht in einer Offenbarung Jesu an Johannes, den Sohn des Zebedäus, der von einem Pharisäer mit Namen Ahrimanius bedrängt wird. Inhalt der Offenbarung ist eine barbelognost. Kosmogonie (→ Barbelognosis), die mit dem → Abstammungsmythos der Sethianer (→ sethian. Gnosis) verbunden wird. Johannes soll das ihm Offenbarte aufschreiben und als esot. Lehre an die Gnostiker weitergeben.

Ausg.: M. WALDSTEIN/F.WISSE, The Apokryphon of John, 1995. NHL. NHD.

Johannesevangelium (um 100), das höchstwahrscheinlich in Syrien, nach anderen Hypothesen in Westkleinasien entstandene vierte Evangelium des NT. Die Schrift trägt deutlich gnost. Züge, wobei unklar bzw. umstritten ist, ob diese auf eine gnost.-doket. Haltung des Evangelisten oder auf sich nur einer gnost. Begrifflichkeit bedienende antignost. Absichten zurückzuführen ist. Versuche, die komplizierte Textgeschichte zu rekonstruieren, legen nahe, dass der Grundevangelist eine frühe christliche Gnosis vertrat, die sich noch nicht vom Judentum gelöst hatte. Diese Grundschrift wurde später in kirchlichem Sinne überarbeitet. Wegen seiner esot. Bezüge war das vierte Evangelium seit jeher das Lieblingsevangelium der → Ketzer. Für → Schelling repräsentierte die Schrift die höchste Stufe des Christentums, das hier zur »reinen Menschheitsreligion« erhoben werde. Die Wirkungsgesch. ist in der Esoterik bis heute beträchtlich, was sich in immer neuen Auslegungen von esot. Seite niederschlägt. Bes. fasziniert zeigen sich Esoteriker vom Prolog des Evangeliums, der die Inkarnation des mit → Christus gleichgesetzten göttl. → Logos beschreibt, wodurch dem Wirken Jesu auf Erden eine kosm. Dimension verliehen wird.

Kommentar: R. BULTMANN, Das Evangelium nach Johannes, [21]1986.

Lit.: L. SCHOTTROFF, Der Glaubende u. die feindliche Welt. Beobachtungen zum gnost. Dualismus u. seiner Bedeutung für Paulus u. das Johannesevangelium, 1970. W. LANGBRANDTNER, Weltferner Gott oder Gott der Liebe. Der Ketzerstreit in der johanneischen Kirche, 1977. WHITE EAGLE, Die verborgene Weisheit des Johannesevangeliums, [3]1990. W. SCHMITTHALS, Johannesevangelium u. Johannesbriefe. Forschungsgeschichte u. Analyse, 1992. RAVI RAVINDRA, Myst. Christentum. Das Johannesevangelium im Licht östlicher Weisheit, 1996. R. NORDSIECK, Johannes. Zur Frage nach Verfasser und Entwicklung des vierten Evangeliums, 1998.

Jung, Carl Gustav (1875–1961), schweizer. Tiefenpsychologe, dessen Theorien über die Struktur des Unbewussten und seine Beziehungen zu den religiös-mythischen Überlieferungen der Menschheit zu den Fundamenten zeitgenöss. Esoterik gehören. Anders als sein Lehrer Sigmund Freund, der das Unbewusste hauptsächlich auf die Gefahren hin betrachtete, die für eine zivilisierte Gesellschaft von ihm ausgingen, sah J. gerade hier das Göttliche wirksam. Einen großen Teil seiner Arbeit widmete er der Deutung von →Symbolen, die sich den Menschen in ihren Träumen und Fantasien aus dem Unbewussten offenbaren. Diese verglich J. mit den Mythologien vieler Kulturen und fand in beiden eine gemeinsame Sprache. Seine Interpretation der Bilderwelten von Mythen und Unbewusstem verdichtet sich in seinem umfangreichen Werk zu einer religiösen Psychologie, in der die Therapie zur spirituellen Selbst- und Gottsuche wird. Eine solche Enthistorisierung und Subjektivierung von Religion lässt sich mit esot. Vorstellungen, nach denen die individuelle Gotteserfahrung über die göttliche Essenz des eigenen Selbst führt und die Religion ihrer gesamtgesellschaftlichen und politischen Funktionen weitgehend entkleidet wird, besonders gut in Einklang bringen, weshalb sich J. auch mit solchen Traditionen, darunter → Alchemie, → Astrologie, → Gnosis und → Taoismus, intensiv beschäftigte. Das Ziel seiner Bemühungen richtete sich auf die Entwicklung einer ganzheitlichen, möglichst viele Aspekte des Erlebens und Verhaltens integrierende menschliche Persönlichkeit.

Lit.: J. G. JUNG U.A., Der Mensch u. seine Symbole, 1968. C. WILSON, Herr der Unterwelt. C. G. J. u. das 20. Jh., 1987. M. BRUMLIK, C. G. J. zur Einführung, 1993. V. CROWLEY, Jungian Spirituality, 1998.

K

Kabbala (von hebräisch »qabbala« = Tradition), Sammelbezeichnung für jüd. Esoterik und Mystik, die beide noch schwieriger als im christl. und islam. Bereich voneinander zu trennen sind. Grundlegend kann man innerhalb dieses gesamten Komplexes drei verschiedene Strömungen voneinander unterscheiden. Am bekanntesten ist die theosoph. K. mit ihren Konzepten des Göttlichen einerseits als verborgenes → ‘Eiyn Sof und andererseits als manifestes System der → Sefirot, dessen Entstehung als vollkommene Inkarnation der Gottheit durch einen → Fall unterbrochen und gestört wird und so einen gleichzeitig einsetzenden Restitutions- oder Erlösungsprozess, genannt »tikkun«, notwendig macht. Diese Form der K. wurde v. a. im → Sohar (13. Jh.) und durch → Luria (16. Jh.) geprägt. Weitgehend, aber nicht völlig unverbunden neben ihr steht die prophet. oder ekstat. K., in erster Linie repräsentiert durch → Abulafia (13. Jh.), der sich um die sefirot. Theosophie nicht kümmerte, sie sogar ablehnte und sich statt dessen ganz auf bestimmte Gebetstechniken (→ kavvana) konzentrierte, die durch Einfluss auf ihre Geistesverfassung die Menschen Gott näher bringen sollten (devekut). Es handelt sich hier also um eine der Mythologie entkleidete Esoterik, die man am besten als → Mystik bezeichnet. Zwischen theosoph. und ekstat. steht die chassid. K., die die theosoph. Theorien zur Kenntnis nimmt und ihr Welt- und Gottesbild durch sie beeinflussen lässt, ihre hauptsächliche Kreativität aber auf Gebet und Meditation verwendet. Im osteuropäischen → Chassidismus wird aus dem Andachtsideal eine Lebensweise, die die ständige Anwesenheit des Göttlichen auch in den alltäglichsten Handlungen vergegenwärtigt. – Die Geschichte der K. mit den Wechselwirkungen der einzelnen Strömungen und histor. Wechselwirkungen ist noch wenig erforscht. Man muss davon ausgehen, dass über weite Strecken die Überlieferung ausschließlich eine mündliche gewesen ist, sodass die für die auf schriftliche Quellen angewiesene Religionsgeschichte ganz plötzlich aus dem Dunkel der Unerforschbarkeit auftauchenden Zeugnisse eine lange, nur noch in Ansätzen nachvollziehbare Tradition haben. Legenden führen die Entstehung der K. bis auf Moses und Abraham zurück. Histor. Greifbar werden die Anfänge der K. erst richtig ab dem 2. Jh. n. Chr. mit der → Merkava-Mystik und mit ihr gleichzeitigen jüd. oder erkennbar jüd. beeinflussten esot. Strömungen (→ Apokalyptik, → Gnosis, → Hermetik u. a.). Möglicherweise hat der mittlere → Platonismus Wurzeln in Gedanken des esot. Judentums, die in hellenist. Zeit über → Philon und den jüd. Platoniker und Pythagoreer Numenios (2. Hälfte des 2. Jh.s) transportiert wurden. Das esot. Christentum hat seit seiner ersten Entstehung bei → Clemens und → Origines aus jüd.-esot. Quellen geschöpft. Es ist auch sehr wahrscheinlich, dass die K. die entstehende → Sufik beeinflusste und sich dann in einer Wechselbeziehung mit ihr entwickelte. Im Frühma. wurden kabbalist. theosoph. Lehren im → *Buch der Schöpfung* und im → *Buch der Klarheit* niedergelegt, die ebenso wie später der *Sohar* in den von der arab.-islam. Kultur beeinflussten Gebieten von Spanien und Südfrankreich entstanden. Beziehungen zur okzitan. Bewegung der → Katharer sind ebenfalls naheliegend. Aber erst seit der → Renaissance begannen christl. Gelehrte in aller Offenheit, Hebräisch zu lernen und sich mit kabbalist. Schrifttum auseinanderzusetzen. In dieser Zeit entstand die sog. »Christl. K.«, die in der jüd.-esot. → Buchstabenmystik und → Zahlenmagie den Schlüssel zum Verständnis der Schöpfung und in der Sefirot-Lehre versteckte Anspielungen auf das Werk des christl. Messias fanden. Auch der → Pietismus, → Böhme und viele der Romantiker waren der K. verpflichtet. Ende des 19. Jh.s begann ihr Einfluss ab- und der fernöstlicher Religionen auf die abendländ. Esoterik zuzunehmen, er ist aber bis heute wirksam geblieben. Im Werk → Bubers verbanden sich kabbalist. mit sozialphilosoph. Ideen und inspirierten so eine der wenigen esot. Sozialethiken des 20. Jh.s.

Lit.: G. Scholem, Die jüd. Mystik in ihren Hauptströmungen, 1957, 1980. E. Benz, die christl. K., 1958. G. Vajda, Recherches sur la philosophie et la Kabbale dans la pensée juives du Moyen Age, 1962. G. Scholem, Ursprung u. Anfänge der K., 1962. F. Secret, Les Kabbalistes Chrétiens de la Renaissance, 1964. G. Scholem, Zur K. u. ihrer Symbolik, 1973. R. Goetschel, La Kabbale, 1985. M. Idel, K. New Perspectives, 1988. Z. ben Shimon Halevi, Der Weg der K., 1993. D. C. Matt, The Essential K., The Heart of Jewish Mysticism, 1995. L. Fine (Hg.), Essential Papers on K., 1995. G. G. Stroumsa, Clement, Origin and Jewish Esoteric Traditions, in: A. Assmann (Hg.), Schleier u. Schwelle II, 1998.

Kabiren → Mysterien von Samothrake

Kaisaniten → Shi'a

Kandinsky, Wassily (1866–1944), russ. Jurist, Maler und Kunsttheoretiker. K. wuchs in Moskau und dann in Odessa auf, nachdem seine Familie bis 1861 in Ostsibirien gelebt hatte. 1889 unternahm er im Rahmen seiner Studien zum Bauernrecht eine Expedition in die Provinz Wologda zum finno-ugr. Volk der Syriener. Die dort gemachten Erfahrungen beeinflussten tiefgreifend seine Kunst und sein Verständnis des Künstlers. Die US-amerikan. Kunsthistorikerin Pegg Weiss erwies K.s Beschäftigung mit folklorist. Themen und den bei den Syrienern noch lebendigen Überresten der schaman. Religion der sibir. Stämme als ein durchgängiges Motiv seines ansonsten in sehr unterschiedliche Perioden zerfallenden künstler. Schaffens. 1896 lehnte K. einen Ruf an die Universität von Dorpat ab und ging nach München, wo er ein Studium der Malerei aufnahm. Er beschäftigte sich in dieser Phase intensiv mit Jugendstil und → Symbolismus sowie mit den Ideen der → Theosophie und → Anthroposophie. In seinen Bildern dominierte die Farbe; die Kompositionen *I-V* kennzeichnet eine fortschreitende Auflösung des Gegenständlichen. Auseinandersetzungen innerhalb der Künstlerszene Münchens führten zur Trennung K.s und einiger Gleichgesinnter aus der »Neuen Künstlervereinigung« und 1911 zur ersten Ausstellung des »Blauen Reiters«, dessen Wortführer K. war. Die von ihm verfasste Programmschrift des Blauen Reiters *Über das Geistige in der Kunst* beschrieb die Notwendigkeit einer spirituellen Besinnung und die diesbezügliche Vorreiterrolle der Künste, die gemeinsam ein neues Weltbild erarbeiten müssten. K. und neben ihm v.a. Franz Marc nahmen bei ihren Erörterungen zu der anstehenden geistigen Wende, die ein materialist. Zeitalter ablösen sollten, Rekurs auf die Prophezeihungen → Joachims von Fiore. In diesem Zusammenhang verstand K. die Kunst seines Kreises, in den auch die neue, atonde Musik integriert wurde, als Heilung für eine zerrissene Welt. Der Ausbruch des Ersten Weltkrieges 1914 machte den Optimismus des Blauen Reiters im Hinblick auf eine Zeitenwende zunichte; K. verließ München und ging zurück nach Moskau. Hier entwickelte er seine in *Das Geistige in der Kunst* dargelegten Grundgedanken über die Rolle von Form und

Farbe in der abstrakten Malerei weiter. Seine spirituelle Ausrichtung entfremdete ihn alsbald von den stärker konkret-politisch motivierten Vertretern der Russ. Avantgarde und führte ihn 1922 erneut nach Deutschland. Am Bauhaus in Weimar gelangte K. nun als Folge seiner intensiven Auseinandersetzung mit den gestalter. Formen in *Punkt und Linie zu Fläche* (1926) zu einem geometr. Stil. Im Zuge dessen unterzog er auch die Farbenlehre einer strengen Analyse nach Wirkungsprinzipien. Ende 1933 floh K. vor den Nationalsozialisten nach Paris. Sein abstrahierender Ansatz verband sich hier mit Formen aus der Natur. K. wandte sich nun gegen die Abstraktion als Prinzip und nahm für sich den Begriff der »konkreten Kunst« auf, die eben keine sinnentleerte Formensprache, sondern eine aus inneren geistigen Welten schöpfende Inhaltlichkeit darstelle. Als von den Nationalsozialisten stigmatisierter »entarteter Künstler« konnte K. in seinen letzten Lebensjahren im besetzten Frankreich keine durchschlagende Wirkung mehr erzielen. Er starb vor Ende des Krieges an Arteriosklerose.

Lit.: H. Düchting, W. K., 1992. P. Weiss, K. and Old Russia, The Artist as Ethnographer and Shaman, 1995. N. de Palezieux, Der geometr. Punkt ist ein unsichtbares Wesen. W. K. u. A. Schönberg, 1998.

Karma (von sanskrit »karman« wörtlich »Tat«), nach ind. Lehren ein universelles Gesetz, das postuliert, dass jede Handlung Konsequenzen hat. K. ist Teil des kosm. Ordnungsprinzips und als solcher religionsgeschichtlich in der Philosophie der → Upanishaden beheimatet. Die Deutung im einzelnen wurde dann in den unterschiedlichen hinduist. und buddhist. Strömungen sowie im Jainismus jeweils etwas variiert. Ihren Ursprung hat die Lehre vom K. jedoch in der ved. Ritualistik. Es bezeichnete zunächst die Opferhandlung und das aus ihr zu erwartende Resultat. Mit der Spiritualisierung des Opfers und der Verselbständigung der religiös-philosoph. Spekulation, die in den Upanishaden ihren Höhepunkt erreicht, wurde auch das K. vom Opfer abgelöst und erlangte seine spätere Bedeutung. Im Zuge des kulturellen und religiösen Austausches mit → Indien hat die westliche Esoterik die Vorstellung vom K. übernommen und wendet sie, den christl.-abendländ. Auffassungen über Sünden und gute Taten angenähert, v.a. auf der persönlichen Ebene an. Demnach ist K. entweder ein Kapital oder auch Ballast im Hinblick auf die nächste Wiedergeburt. → Reinkarnation.

Lit.: H. von Glasenapp, Die Lehre vom K. in der Philosophie der Jainas, 1915. R. Steiner, Die Offenbarungen des K., 1956. T. G. Kalghatgi, K. and Rebirth, 1972. W. Doninger O'Flaherty (Hg.), K. and Rebirth in Classical Indian Traditions, 1980. C. F. Keyes/E. V. Daniel (Hg.), K.: An Anthropological Inquiry, 1983.

Karpokratianer, eine gnost. Gruppierung des 2. Jh.s, in der nach den antiken Berichten Frauen besonders prominent vertreten waren. Ihre Beziehung zu einem gnost. Lehrer mit Namen Karpokrates ist ungewiss. Iremäus beschreibt die K. in erster Lineie als Libertinisten.

Lit.: H. Liboron, Die karpokratian. Gnosis, 1938. H. Kraft, Gab es einen Gnostiker namens Karpokrates?, in: ThZ 8, 1952.

Katharer (von griech. »katharoi« Reine), religiöse Bewegung des MA.s, die sich seit dem 11. Jh. v.a. in Oberitalien u. Okzitanien ausbreitete. In ihrem Glauben und ihrer Ethik verbanden sich das hochmittelalterliche religiöse Armutsideal und gnost.-dualist. Tradition, deren Kanäle nicht mehr exakt zu ermitteln sind. Sicherlich spielte die Vermittlung entsprechender Ideen durch die → Bogomilen eine wichtige, aber nicht die einzige Rolle. In Südfrankreich konnten die K. dank für sie günstiger polit. Umstände eine Art Gegenkirche gründen, die sich einer wachsenden Anhängerschaft und eines weitreichenden kulturellen Einflusses erfreute. Die geistige Wirkung des Katharismus dauerte auch nach der grausamen Verfolgung der K. durch die Inquisition an, die in einem eigens ausgerufenen Kreuzzug Ende 1244 die Bewegung als solche ausrottete. Aufgrund des Fehlens von Dogmen war der Katharismus keine einheitlich festgelegte Lehre, sondern bestand in vielfältigen Ausprägungen. Die K. besaßen kein eigenes durchstrukturiertes Glaubenssystem, sondern bedienten sich einer eklektischen Mythologie. Während das AT größtenteils von vielen K.n als Werk des widergöttlichen Schöpfers der Welt verworfen wurde, waren ihnen das → *Johannesevangelium* und die *Johannesapokalypse* als Grundlage dualist. Allegorisierungen besonders wichtig. Ferner zogen sie apokryphe Überlieferungen heran. Die Lehren der K. zeichneten sich durch einen mehr oder weniger radikalen → Dualismus aus: Gott erschuf das Reich des Geistigen, der → Teufel die diesseitige Welt. → Christus wurde als ein »reiner Engel«, von manchen K.n auch als eine Emanation Gottes angesehen, nicht jedoch als zentrale Erlösergestalt. Der Kreuzigungsgedanke und jedwede Verehrung des Kreuzes wurden strikt abgelehnt. Allerdings wurde durch Christus das entscheidende heilsspendende Sakrament, → Consolamentum, eingesetzt. Eschatolog. Spekulationen nahmen bei den K.n breiten Raum ein. Nach manchen sollte die Welt im Endgericht mit Feuer und Schwefel verbrannt werden, nach anderen bestand sie in Ewigkeit fort, was bedeutete, dass der Kampf zwischen Gut und Böse niemals beendet werden würde. Kathar. Gemeinden teilten sich in zwei Gruppen: die der perfecti (lat. »Vollkommene«) und die der credentes (»Gläubige«). Die perfecti mussten sich aller tier. Speisen enthalten und regelmäßig fasten. Sexuelle Betätigung war ihnen absolut untersagt. Nach der weißen Tracht der perfecti, die ihre Reinheit symbolisierte, wurden die K. auch Albigenser genannt. Dagegen waren die credentes noch stärker mit Weltlichem behaftet. Sie hatten noch kein consolamentum empfangen und mussten den perfecti Ehrerbietung erweisen. Die Möglichkeit, dass ein Katharer auch nach Empfang des consolamentums einmal sündigte, wurde eingestanden. Er konnte sich dann einer Bußregel, dem apparellamentum, unterziehen. Da die K. an eine geschlechtslose Seele glaubten, genossen Frauen in ihren Gemeinden in mancher Hinsicht eine Gleichstellung. – Die Bedeutung der K. für die Geschichte der Esoterik ist kaum zu überschätzen. Die Bewegung war ein Sammelbecken altchristl. esot. Strömungen, die unterird. und histor. nach dem 5. Jh. im Abendland kaum mehr fassbar die unumschränkte Geistesherrschaft der Großkirche überdauert hatten, wie etwa die Lehren des → Priscillian und des westlichen → Manichäismus. Besonders interessant, aber wenig erforscht ist die Verbindung der K. mit der eher weltlichen Kultur der Troubadours im Languedoc, deren Tugendkatalog und Liebesauffassung einige erstaunliche Überscheidungen mit kathar. Ideen aufweisen. Die esot. Tradition verbindet die K. mit dem → Gral und dem → Templerorden.

Lit.: O. Rahn, Kreuzzug gegen den G. Die Geschichte der Albigenser, 1933; überarb. Neuausgabe ²1989. H. Grundmann, Religiöse Bewegungen im MA., ⁴1977. E. Le Roy Ladurie, Montaillou. Ein Dorf vor dem Inquisitor, 1980. G. Rottenwöhrer, Der Katharismus, 3 Bde. 1982–90. W. Erbstösser, Ketzer im MA, 1984. St. Runciman, Häresie u. Christentum. Der ma.liche Manichäismus, 1988. L. Bayer, Die große Ketzerei. Verfolgung u. Ausrottung der K. durch Kirche u. Wissenschaft, 1984. J. Markale, Die K. von Montségur. Das geheime Wissen der Ketzer, 1990. A. Borst, Die K., ²1991. P. des Vaux-de-Cernay, Kreuzzug gegen die Albigenser, 1997. W. F. Veltman, Sänger u. Ketzer. Troubadourkultur u. Katharertum in der provenzal. Welt des MA.s, 1997. H. Lambert, Geschichte der K., 2001.

Katharmoi (griech. *»Reinigungen«* entst. Anf. des 5. Jh. v. Chr.), nur fragmentar. erhaltene, in Hexametern abgefaßte Schrift des → Empedokles über das Schicksal der Seelen (griech. »daimones«) ursprünglicher Götter, die versch. Inkarnationen durchlaufen müssen. Unter der Voraussetzung, dass sie die sonst von der → Orphik und den Lehren des → Pythagoras her bekannten rituellen Vorschriften einhalten, insbesondere sich jeder Form von Blutvergießen – genannt werden Tieropfer, Fleischverzehr (→ Vegetarismus) und mittelbar auch

Kriegshandlungen – enthalten, werden sie aber schließlich erlöst und erlangen ihre Göttlichkeit zurück. Den Hintergrund dieser Vorstellung bildet die im archaischen Griechenland verbreitete zyklische → Zeitalterlehre, nach der am Anfang der Menschheitsgeschichte ein »goldenes Zeitalter« bzw. laut Empedokles ein Zeitalter der Liebesgöttin Aphrodite stand, das durch zunehmend schlechtere Perioden abgelöst wurde, irgendwann aber wieder erlangt werden wird.

Ausg.: G. S. KIRK U. A., Die vorsokrat. Philosophen, 1994.

Kavvana (hebräisch »Intention«), die Gebetsmystik der → Kabbala, d. h. eine → Meditation über den Wortlaut des Gebets, während dieses gesprochen wird; besonders im deutschen → Chassidismus entwickelt. Die K. ist das wichtigste Mittel zur → Devekut; sie leitet zum myst. Seelenaufstieg zu Gott und wird deshalb auch mit der von der Erde bis zum Himmel reichenden Jakobsleiter verglichen. Die Gebetsworte werden auch zahlenspekulativ ausgedeutet und dann zu Toraversen mit demselben Zahlenwert und zu den → Namen Gottes und der → Engel in Beziehung gesetzt. Nach → Luria beeinflusst der Betende mit seiner K. die geistigen Welten, die er währenddessen durchschreitet, und trägt wesentlich zu ihrer Restitution (tikkun) nach dem Bruch der Gefäße bei.

Keltisches Christentum, die früheste Form des Christentums in Groß-Britannien, besonders in Irland, bereits vor der planmäßigen Christianisierung durch Patrick in der ersten Hälfte des 5. Jh.s. Die Existenz eines brit. Christentums wird bereits für das 3. Jh. von den Kirchenvätern Origines und Tertullian bezeugt. Wahrscheinlich gelangte eine gnost., auf jeden Fall aber eine stark asket. Form des Christentums von Nordafrika aus über Spanien und Gallien nach Irland und wurde dort der einheim. druid. Tradition assimiliert. Eine apokryphe Überlieferung, die sich aus dem *Nikodemusevangelium* entwickelte, schreibt die Missionierung Irlands Joseph von Arimathia zu und führt das ir. Mönchtum auf den Einfluss ägypt. Heiliger zurück, die in Irland selbst gewirkt haben sollen. Im Unterschied zur Kath. Kirche war das K. dezentral organisiert, es kannte keine einer Großkirche ähnlichen übergeordneten Strukturen. Das K. war durch eine strenge asket. Zucht gekennzeichnet, insgesamt aber vom Prinzip der Toleranz und Freiwilligkeit getragen. Weitere Merkmale des K. sollen die aktive Mitgestaltung der Gottesdienste durch Frauen und v. a. seine Naturverbundenheit gewesen sein.. Letztere ist der wesentliche Katalysator einer Wiederbelebung des K. in Groß-Britannien heute, wobei sich enge Berührungen zur zeitgenöss. Esoterik ergeben. In den alten Zentren Iona und Lindisfarne sind heute wieder aktive Gemeinden ansässig.

Lit.: F. MACLEOD, Iona, 1910. L. MENZIES, Saint Columba of Iona, 1920. I. H. ELDER, Celt, Druid and Culdee, [4]1986. P. BROWN, Das Evangeliar von Kells, 1980. J. STREIT, Sonne und Kreuz. Irland zwischen Megalithkultur und frühem Christentum, 1986. S. TOULSON, The Celtic Alternative. A Reminder of the Christianity we lost, 1987. P. O. SCHOLZ, Christlicher Orient und Irland, in: DERS./R. STEMPEL (HG.), Nubia et Oriens Christianus, 1988. R. FERGUSON, George Macleod. Founder of the Iona Community, 1990. J. P. MACKEY (HG.), An Introduction to Celtic Christianity, 1989. I. BRADLEY, The Celtic Way, 1993.

Keltische Religion, künstlich zusammenfassender Terminus für die bei antiken Schriftstellern belegten religiösen Vorstellungen kelt. Stämme, archäolog. nachweisbare Kulte auf kelt. Gebiet und Aufzeichnungen kelt. Mythen. Im Rahmen zeitgenöss. Esoterik spielt die K. als → Naturreligion in neuheidn. Strömungen eine große Rolle. Insbesondere die → Druiden gelten als Hüter eines esot. Wissens, das für die heutige Zeit wieder fruchtbar gemacht werden soll. Wichtig ist dabei die Verehrung der Kelten für Bäume und bestimmte Tiere, ferner finden die kelt. Geschichten von der → Anderswelt besondere Beachtung. Auch für die zeitgenöss. esot. Vorstellungen um die

→ Göttin ist die K. von Bedeutung, seitdem Marion Zimmer Bradleys Roman *Die Nebel von Avalon*, eine spirituell-feminist. Interpretation des Sagenstoffes um König Artus die matriarchalen Elemente in der K. verarbeitet und auf diese Weise besonders populär gemacht hat.

Lit.: L. Lengyel, Das geheime Wissen der Kelten, 1976, [7]1991. M. Zimmer Bradley, Die Nebel von Avalon, 1982, dt. 1983. G. Ashe, Kelten, Druiden u. König Artus. Mythologie der Brit. Inseln, 1992.

Kenosis → Nichts

Kephalaia (um 400), umfangreiche Sammlung von → Mani zugeschriebenen Lehrvorträgen in kopt. Sprache aus → Medinet Madi. Es handelt sich um Übersetzungen aus dem Syrischen, die historisch tatsächlich von Mani und seinen unmittelbaren Nachfolgern stammen müssen. Da alle möglichen Themen der manichäischen Lehren und Bräuche berührt werden, bieten die Texte ein regelrechtes Kompendium des ägypt. → Manichäismus.

Ausg.: I. Gardner, The K. of the Teacher. The edited Coptic Manichaean Texts in Translation with Commentary, 1995.

Kerdon, syr. Gnostiker, der sich um 140 in Rom aufhielt. Häresiolog. Berichten zufolge soll er der Lehrer → Marcions gewesen sein. Er vertrat die unbedingte Entgegensetzung des NT als Botschaft des »guten« Gottes zum AT als Lehre des »bösen« Weltschöpfers.

Kerinth (erste Hälfte des 2. Jh.s), christl. Gnostiker aus Kleinasien. Er lehrte den unbekannten Gott, der die Welt erschaffen habe, und war der früheste histor. fassbare Vertreter des → Doketismus, mit dem sich eine strikte Ablehnung der Jungfrauengeburt Jesu verband. Die Lehre K.s wurde verschiedentlich mit dem → Johannesevangelium in Verbindung gebracht, indem einerseits behauptet wurde, *Joh* sei gegen K. und zwecks seiner Widerlegung geschrieben worden, andererseits, dass K. selber der Verfasser des *Joh* gewesen sei.

Kerner, Justinus Andreas Christian (1786–1862), schwäb. Arzt, Esoteriker und Schriftsteller mit betont antiaufklärer. Impetus. Seit seiner Einsetzung als Oberamtsarzt im würtemberg. Weinsberg betrieb K. systemat. Studien in Parapsychologie und Spiritismus. Zu dem Fall seiner an Nervenschwäche leidenden und dabei von Geistervisionen heimgesuchten Patientin Friederike Hauffe aus Prevorst veröffentlichte K. 1829 in Romanform *Seherin von Prevorst. Eröffnungen über das innere Leben des Menschen und über das Hereintragen einer Geisterwelt in die unsere*. Daneben machten ihn wissenschaftliche Studien zu Besessenheit, Somnambulismus und Mesmerismus weithin berühmt.

Ausg.: Sämtliche Werke, 8 Bde, 1903.

Lit.: Straumann, J. K. u. der Okkultismus, 1928. O. J. Grüsser, J. K. 1786–1862, 1987. B. Gruber, Die Seherin von Prevorst. Romant. Okkultismus als Religion – Wissenschaft – Literatur, 1999.

Keter (hebräisch »Krone«), die erste der → Sefirot in der → Kabbala, »Krone« des → Adam Kadmon, auch »Denken«, »Erkenntnis« oder »Wurzel der Wurzeln« genannt. K. ist wichtig für das Verständnis des Übergangs von der in sich selbst beschlossenen göttlichen Einheit (→ 'Eiyn Sof) zu ihrer ersten Manifestation, die also im Denken Gottes ihren Ausgang findet.

Ketzer, haeresiolog. Bezeichnung für die Anhänger sog. Irrlehren sehr oft esot. Inhalts. Die Etymologie des Wortes »K.« ist ungeklärt, möglicherweise handelt es sich um eine Ableitung von → »Katharer«.

Lit.: H.-G. Beck, Vom Umgang mit K.n. Der Glaube der kleinen Leute und die Macht der Theologen, 1993. G. Lüdemann, K. Die andere Seite des frühen Christentums, 1995.

Khunrath, Heinrich (1560–1606), Arzt und Esoteriker aus Leipzig, der große Verehrung in paracels. Kreisen genoss. Sein bedeutendstes Werk ist das *Amphitheater der ewigen einzig wahren Weisheit* (vollständig 1609), in dem verschiedene Traditionen zu einer alchemist.-

christl. Lehre verbunden wurde, wobei Jesus Christus mit dem → Stein der Weisen und dem → Lebenselixier gleichgesetzt wurde.

Kind, religiös-esot. Symbol für die Gestaltwerdung Gottes oder für das Göttliche überhaupt. Die früheste religionsgeschichtliche Ausprägung dieser Idee ist die Geburt des Horuskindes durch → Isis, nachdem diese das Werk des Bösen rückgängig gemacht und den zerstückelten Osiris wieder zusammengesetzt hat. Einen ähnlichen Mythos gibt es von → Dionysos. Sowohl über Buddha als auch über → Jesus existieren zahlreiche K.heitslegenden. In einigen gnost. Quellen wird allerdings nicht der menschgewordene, sondern der auferstandene Christus als kleines K. beschrieben. Ein »Dreifach-männliches K.« erscheint als hohe göttliche Gestalt im → *Ägypterevangelium*. In der Symbollehre → Jungs wird K. als das → Selbst und eine Bezeichnung für die spontanen, emotionalen und spirituellen Anteile in der menschlichen Persönlichkeit interpretiert. Die Beschäftigung mit dem »Inneren K.« ist ein in der zeitgenöss. Esoterik populärer therapeutischer Ansatz der Persönlichkeitsintegration.

Lit.: E. Norden, Die Geburt des K.es, 1924. C. G. Jung/K. Kereny, Einführung in das Wesen der Mythologie, Nachdruck 1982. P. Schwarzenau, Das göttliche K. Der Mythos vom Neubeginn, 1984. E. J. Chopich/M. Paul, Aussöhnung mit dem Inneren K., [5]1998.

Lit.: J. Godwin, Athanasius K., 1994.

Kirche wird in der Esoterik zu einer Hypostase. Die → Valentinian. Gnosis sah sie als einen der → Äonen in der pneumat. Welt angesiedelt. In der → Russ. Religionsphilosophie ist sie spirituelle Entität und gleichzeitig ein lebendiger Organismus, der die Freiheit des Individuums garantiert. Die esot. K. ist damit ein Gegenbild zu den autoritären Amtskirchen.

Kircher, Athanasius (1602–1680), deutscher Jesuit und Universalgelehrter, der die unterschiedlichsten religiösen und wissenschaftl. Themen bearbeitete und sich dabei wiederholt in die Nähe esot. Positionen begab. In seinem *Itinerarium exstaticum* (1656) beschreibt K. eine Trancereise durch kosm. Sphären. Er bemühte sich um eine Synthese des gesamten verfügbaren Wissens seiner Zeit und sammelte unermüdlich neue Informationen. Seine vergleichenden Untersuchungen der Religionen ließen ihn zu der für die Esoterik typischen Auffassung kommen, dass sie alle denselben Ursprung hätten. Die gemeinsame Wurzel aller Kulturen, Sprachen und Religionen war K.s Überzeugung nach im → Alten Ägypten zu suchen. In seinem Werk *Oedipus Aegyptiacus* (1654) brachte K. alle ihm bekannten religiösen Überlieferungen in einem umfassenden theolog. und kosmolog. System zusammen.

Kirmani, Hamid al-Din al- (9./10. Jh.), isma'ilit. Philosoph. Wahrscheinlich iran. Herkunft, verbrachte er die längste Zeit seines Lebens als da'i der → Fatimiden in Kairo und im Irak. Sein umfangreiches Schrifttum dokumentiert K.s Bemühen, die isma'ilit. Doktrin nach der Konsolidierung der fatimid. Herrschaft in Nordafrika auf einer gemäßigten Linie zu halten. In diesem Sinne griff er auch um die Auseinandersetzungen um die Göttlichkeit des Fatimidenkalifen al-Hakim ein, die am Ende zur Abspaltung der → Druzen führten. Sein bedeutendstes Werk *Rahat al-aql* (arab. »*Ruhe des Intellekts*«) ist eine Summe nicht-mytholog. interpretierten isma'ilit. Denkens, das K. von der → pers. Schule übernahm und weiterentwickelte. Es beschreibt die Entfaltung des Einen Göttlichen auf jeweils sieben Wegen der verschiedenen Ebenen der Schöpfung.

Lit.: D. DeSmet, La Quiétude de l'intellect: Neoplatonisme et gnose inmaélienne dans l'oeuvre de K., 1995. P. E. Walker, K. Ismaili Thought in the Age of al-Hakim, 1999.

Knorr von Rosenroth, Christian (ca. 1636–89), christl. Kabbalist, der Teile des → Sohar unter dem Titel *Kabala Denudata* ins Latein. übersetzte. Er betätigte sich außerdem als Alchemist, der viele Arzneien erfunden haben soll, und als Dichter geistlicher Lieder.

Koan → Paradox

Kölner Mani-Codex, ein völlig unerwartet in Köln aufgetauchter griech. Papyruskodex, der unter dem Titel *»Über das Werden seines* (=Manis) *Leibes«,* die Jugend Manis in einer → Täufergemeinschaft, seine Verselbständigung gegenüber ihrer esot. Religion, die Gründung seiner eigenen Bewegung und die frühe Zeit der manichäischen Mission schildert.

Ausg.: A. Henrichs / L. Koenen, Der K., 1988.

Körper des Menschen, Der, ist für die Esoterik ein Abbild des → Kosmos. Nach alten jüd. und gnost. Überlieferungen wurden die einzelnen Körperteile und Organe von Engeln oder Planetengeistern gebildet und werden von diesen beherrscht. Im K. manifestieren sich also geistige Energien, entsprechend sind die Funktionen und auch die Dysfunktionen, d. h. Krankheiten, Ausdruck geistiger Gegebenheiten und Prozesse. Das Leben im K. wird in erster Linie durch den → Atem gewährleistet, ferner durch das Blut und andere Körperflüssigkeiten, die im besonderen Träger der göttlichen Lebensenergie sind. Nach der → chines. Medizin ist der K. von einem Meridiansystem durchzogen, über das die → Energie transportiert und verteilt wird. Der materielle K. ist von einer oder mehreren Schichten übersinnlicher oder Geistk. umgeben (→ Aura), die sich bei bestimmten Bewusstseinszuständen, z. B. in der → Ekstase oder im Schlaf, von ihm ablösen und dadurch seine Lebenskräfte erheblich reduzieren. So wie im Körperlichen stets das Geistige wirksam ist, kann umgekehrt auch das Geistige über den K. beeinflusst werden. Im → Yoga beispielsweise, das ganz besonders die Einheit von Geist und K. postuliert, wird über Körperhaltungen und -übungen die geistige Energie gelenkt. Aus der engen Verbundenheit von Geist, Seele und K., über die in der ind., chines. und in der jüngeren westl. Esoterik viele detaillierte Lehren im Umlauf sind, ergibt sich die große Bedeutung der → Körpertherapien im Rahmen zeitgenöss. esot. Angebote.

Lit.: K. Dychtwald, Körperbewusstsein. Eine Synthese der östlichen u. westlichen Wege zur Selbst-Wahrnehmung, Gesundheit u. persönlichem Wachstum, 1981. H. Schipperges, Kosmos Anthropos. Entwürfe zu einer Philosophie des Leibes, 1981. T. Detlefsen / R. Dahlke, Krankheit als Weg. Deutung u. Bedeutung der Kranheitsbilder, 1983. D. G. White, The Alchemical Body. Siddha Traditions in Medieval India, 1996.

Körpertherapien, Methoden zur Regeneration des Körpers, zur → Heilung und langfristigen Vorbeugung von Krankheiten. Auf der Grundlage der verschiedenen esot. Theorien zum Zusammenspiel und zur gegenseitigen Beeinflussung des materiellen → Körpers des Menschen und aller übersinnlichen Bereiche des Lebens dienen K. ebenso der körperl. Gesundung wie der spirituellen Entwicklung. Dies erklärt die große Bedeutung der K. innerhalb der esot. Szenerie von heute. Zu ihnen zählen verschiedene Massagetechniken wie das von → Osho entwickelte Rebalancing, eine Tiefengewebsmassage, Shiatsu, eine japan. Druckmassage, die mit dem Meridiansystem der traditionellen → Chines. Medizin arbeitet, oder die Lockerungsmassage Rolfings. Ähnlich wie Massage arbeitet die angewandte Kinesiologie des »Touch for Health«, die ebenfalls durch bestimmte Berührungen die Körperenergien ausbalanciert. Andere bekannte K. sind die Alexander-Technik, die körperliche Fehlhaltungen korrigiert, der verhaltensphysiolog. Ansatz nach M. Feldenkrais oder → Alta Major.

Lit.: L. Lidell u. a., Massage. Anleitung zu östlichen u. westlichen Techniken, 1984. G. Leibold, Körpertherapie. Einklang von Körper, Geist und Psyche, 1986. A. Holdway, Kinesiologie. Der goldene Schlüssel zur Weisheit des Körpers, 1996.

Konversion → Metanoia

Kosmos (griech. »Ordnung«), das Weltall oder Universum, das nach esot. → Emanation und / oder Manifestation des Göttlichen ist. Der K. ist also die göttliche Ordnung oder Anordnung des Seins und als solcher ein Ausdruck der göttlichen Vollkommenheit, der als belebtes Ganzes erfahren wird. Erde und Mensch sind in diese Ordnung harmon. eingebettet, wobei die Erde meist in geozentrischer Anschauung als Einwirkungsfeld der kosm. Kräfte und der Mensch als ein K. im Kleinen (→ Makro- und Mikrok.) gesehen wird. Die nicht-monotheist. Religionen und alle esot. Strömungen besitzen Kosmogonien, die die Entstehung des K. als Übergang einer ursprünglichen geistig-göttlichen Einheit in die materielle Vielheit beschreiben. Die Erkenntnisse über den Aufbau des K. werden in Kosmologien festgehalten. Regiert wird der K. durch ein kosm. Gesetz, das im Alten Ägypten »ma'at« hieß, in China »tao«, in Indien meist »dharma«, im Alten Griechenland »dike«. Im Rahmen der monotheist. Religionen wird die Rolle des kosm. Gesetzes von den Gottes offenbarten Willen repräsentierenden hl. Schriften übernommen. Dabei geraten die monotheist. Religionen mit der Kosmologie häufig in Konflikt, weil sie sehr stark die Transzendenz des Einen Gottes betonen, wodurch der K. rationalisiert wird und ihn belebende göttliche Wesen in ihm kein Platz mehr zugewiesen werden kann. Die Esoterik vermag jedoch auf myth. Kosmologien nicht vollständig zu verzichten, die sie durch allegor. Auslegung der Schriften und durch Hypostasierung von Ideen oder auch menschlicher Personen, die in der jeweiligen Religion eine wichtige Rolle spielen, wiedergewinnt. Religionen im allgemeinen und die Esoterik im besonderen finden ihre Hauptaufgabe darin, das kosm. Gesetz zu kennen und in seinem Sinne zu handeln.

Kosmotheismus, Begriffsprägung von L. de Malesherbes in seinem Kommentar zu Plinius' *Naturgeschichte* 1782 für eine Religion, die das Universum als göttlich ansieht. F. H. JACOBI verwandte den Terminus als Kritik an der Philosophie Spinozas im Sinne von »Weltvergötzung«. Die Zeitgenossen nahmen dann allerdings die Bezeichnung positiv auf. J. ASSMANN hat die Religionsform, die mit der Chiffre »K.« umschrieben wird, auf theolog. Entwicklungen im alten Ägypten zurückgeführt. Er definiert K. als »ein auf der Übersetzung von der Göttlichkeit des Kosmos beruhendes Weltverständnis, das diese Göttlichkeit zunächst und auf natürliche Weise als Vielheit erfährt, aber dabei die Einheit des Kosmos immer mitdenkt und sie schließlich sogar als das dominierende Prinzip ins Zentrum rücken kann«. Zum K. gehört auch die Auffassung, dass allem Geschehen Ordnung und Sinn innewohnen. Diese Weltsicht ist deckungsgleich mit der der Esoterik.

Lit.: J. ASSMANN, Monotheismus u. Kosmotheismus. Ägypt. Formen des »Denkens des Einen« und ihre europ. Rezeptionsgeschichte, 1993. DERS., Moses der Ägypter, 1998.

Kraftplätze, Orte auf der Erde, an denen die göttlich kosm. → Energie sich in besonderer Weise bündelt. K. sind hl. Plätze, auf ihnen werden religiöse Bauwerke (Megalithen, Tempel, Kathedralen u. a.) errichtet. Mit Mitteln der → Radioästhesie kann an diesen K. eine besondere Dichte von Erdstrahlen gemessen werden. Esot. Reiseführer, die im Handel erhältlich sind, führen zu den K.n hin und berichten über ihre Geschichte.

Lit.: B. MERZ, Points of Cosmic Energy, 1987. Reihe »Mag. Reisen« im Goldmann-Verlag.

Krishnamurti, Jiddu (1895–1986), aus einem kleinen Dorf des Distrikts Cjittur im Bundesstaat Andhra Pradhesh gebürtiger ind. Heiliger, der schon in frühem Kindesalter von Mitgliedern der Theosophischen Gesellschaft als der von → Blavatsky prophezeihte Weltenlehrer → Maitreya propagiert wurde. Die Theosophen nahmen sich seiner Erziehung an und brachten ihn nach England; von → Besant wurde er adoptiert. 1911 gründete sich innerhalb der Theosophischen Gesellschaft der »Orden des Sterns im Osten« mit K. selbst als Oberhaupt. Nach zeitgenössischen Berichten seiner Anhänger besaß K. eine intensive Ausstrahlung, aber er hatte auch Gegner, die seinetwegen mit der Theosophischen Gesellschaft brachen. Zu ihnen gehörte u. a. → Steiner, der in der Folge in Deutschland die → Anthroposophie in betont christl. Tradition begründete. K. beschäftigte sich von Jugend an auch aus eigenem Willen eindringlich mit spirituellen Themen und machte dabei lang andauernde ekstat. Erfahrungen, lehnte aber 1929 die ihm zugedachte Maitreya-Rolle ab. Seit diesem Zeitpunkt wandte er sich nachdrücklich gegen alle gewachsenen religiösen Traditionen und Weltanschauungen und lehrte die bedingungslose Entkonditionierung als alleiniges Ziel spiritueller Entwicklung des Menschen. Damit meinte er die Ablösung von allen sekundär erlernten Idealen und Verhaltensmustern und das dadurch ermöglichte Offenwerden für die spontane Wahrnehmung der Einen → Energie jenseits des Ich. Jegliches Bewusstsein von Individualität und somit einer Trennung vom kosm. Ganzen ist nach K. eine verfälschende Illusion, der das Bewusstsein aufgrund konditionierender Mechanismen des Denkens anhängt. Auch vorgezeichnete religiös-esot. Schulungswege wurden von K. explizit abgelehnt. Er widmete der Entwicklung einer nicht-konditionierenden, freiheitlichen Pädagogik einen großen Teil seiner Aufmerksamkeit, ohne dass den von ihm gegründeten K.-Schulen in Indien, den USA und England ein lang anhaltender Erfolg beschieden war. Für ihn selbst unerwartet und unverständlich erkrankte K. an Krebs, dem er schließlich erlag. – So wenig sichtbar unmittelbare Auswirkungen der Lehren K.s waren, so groß war ihr Einfluss auf die esot. Szenerie der späteren 1970er und 1980er Jahre, die die Zwänge traditioneller Religiosität und Esoterik abzulegen versuchte und die Erfahrungen des Einzelnen ohne Berufung auf außerhalb dieser Erfahrung stehende Lehren und Autoritäten absolut setzte.

Lit.: R. Mehta, J. K. and the nameless Experience, 1989. P. Michel, Liebe u. Freiheit, 1992. Ders., Die großen Weg-Weiser. K., 1997. V. Gunturu, K. Leben u. Werk, ²1999.

Kristalle → Edelsteine

Kundalini Shakti (sanskrit »Schlangenkraft«), in der → Tantrik Symbol für die weiblich vorgestellte kosm. → Energie, die wie eine Schlange eingerollt im untersten → Chakra liegt. Durch yogische Techniken (Kundalini-Yoga) wird sie erweckt und vereinigt sich dann mit dem höchsten Prinzip, personifiziert im Gott Shiva.

Lit.: A. Avalon, Die Schlangenkraft. Die Entfaltung schöpfer. Kräfte im Menschen, ⁴1988. Satya Singh, Das K. → Yoga Handbuch, 1990.

Kuni, in der mytholog. → Isma'iliya der Schöpfungsbefehl Gottes (arab. femininer Imperativ: »Sei!«), der daraufhin als erste Hypostase Gestalt annahm. Da aus K. alle weiteren Wesen hervorgingen, hielt sie sich später ähnlich wie der gnost. → Demiurg für die Schöpferin des Weltalls.

Kurs in Wundern, ein von der US-Amerikanerin Helen Schucman als Offenbarung Jesu empfangener Kurs, der erstmals 1976 in den USA unter dem Titel *A Course in Miracles* veröffentlicht wurde und seither unter Esoterikern auf großes Interesse stößt. Schucman und ihr Vorgesetzter William Thetford arbeiteten als Psychologen an der medizin. Fakultät der Columbia-Universität in New York und litten dort beide unter den unmenschlichen Arbeitsbedingungen. Nachdem sie sich darüber verständigt hatten, begannen sich bei Schucman lebhafte Träume, Visionen und Eingebungen Jesu einzustellen, die sie mit Unterstützung Thetfords seit 1965 niederschrieb. Daraus erwuchs in den folgenden sieben Jahren der K. Seit 1972 nahm sich der Psychologe Kenneth Wapnick des Werkes an, der sich zu dieser Zeit auf einer spirituellen Suche befand, eigentlich in ein Kloster eintreten wollte, aber dann in dem K. die Weisung zu seinem spirituellen Weg fand. Er wurde einer der engsten Vertrauten Helen Schucmans und gründete in der Nähe von New York die auf dem K. basierende Lehreinrichtung »Foundation for *A Course in Miracles*«. Der K. besteht aus drei Teilen: Textbuch, Übungsbuch und Handbuch für Lehrer. Sein zentrales Thema ist die Gewinnung des inneren Friedens, der bei allen Menschen in erster Linie die Bereitschaft zur Vergebung notwendig macht. Der K. leitet dazu an, einen Bewusstseinszustand zu entwickeln, durch den die aus Angst, Stress und Aggressivität resultierenden Teufelskreise, in die viele Menschen sich verstrickt haben, durchbrochen werden können. Die »Wunder«, die der K. verspricht, beziehen sich ausschließlich auf die inneren Veränderungen, die durch sein Studium hervorgerufen werden. Im deutschsprachigen Raum bemüht sich v. a. der Greuth-Hof, eine nach den Prinzipien der → Findhorn-Gemeinschaft organisierte Lebensgemeinschaft, um die Vermittlung und Verbreitung des K.

Ausg.: Ein Kurs in Wundern, [4]1999.

Kushta, bei den → Mandäern die hypostasierte Heilswahrheit. Sie wird durch Handschlag mit der Rechten auch im mandäischen Kult dargestellt.

Lit.: W. Sundberg, K., 1953.

Kyber, Manfred (1880–1933), aus Riga gebürtiger deutschsprachiger Schriftsteller, der von der → Anthroposophie beeinflusst wurde. Er verfasste eine Reihe von Kunstmärchen esot. wie sozialkrit. Inhalts sowie eine Einführung in den → Okkultismus (1923). Durch seine Tiergeschichten vertrat er vehement die Recht der Tiere und den → Vegetarismus.

Ausg.: M. K., Gesammelte Tiergeschichten, 1934. Gesammelte Märchen 1935. Das M. K. Buch, 1971.

Kybernetik, eine → Neue Wissenschaft, die sich sowohl auf natur- als auch auf gesellschaftswissenschaftlicher Basis mit der Beschreibung und Erklärung selbstregulativer Systeme befasst. Die K. vertritt insbesondere die Auffassung, dass die Welt aus Zusammenhängen und nicht aus isolierten Einzelwesen und -dingen besteht. Sie erklärt die Krisen der heutigen Welt mit dem zur Gewohnheit gewordenen eindimensionalen Denken, das grundlegenden Naturgesetzen zuwiderlaufe.

Lit.: F. Vester, Neuland des Denkens. Vom technokrat. zum kybernet. Zeitalter, [11]1999.

L

Lama → Tibet. Buddhismus

Lanz von Liebenfels, Jörg (1874–1954), aus Wien gebürtiger Zisterziensermönch und Publizist, dessen Biographie viele Rätsel aufgibt. Als einflussreichster Vertreter der → Ariosophie war er seit 1907 Herausgeber und alleiniger Autor des Monatsmagazins Ostara und gründete im selben Jahr den → Ordo Novi Templi. Die von L. verkündete ariosoph. Religion war eine german. »Rassenurreligion«, die er dem got. Bibelübersetzer Wulfila (ca. 311–383) und den Arianern zuschrieb, was aber jeder histor. Grundlage entbehrt. Auch dass die → Templer und die Legenden zum → Gral von L. als Quellen für seine Auffassungen bemüht werden, gibt keinerlei Auskunft über die tatsächliche Herkunft seiner Lehre. Neben den weitläufigen völk. und rassist. Milieus um die Wende vom 19. zum 20. Jh. ist hierfür v. a. an den → Antisemitismus gnost. Prägung zu denken. L. schuf einen dualist. Mythos vom Kampf der »blonden Rasse« gegen die dunkelhäutigen Tschandalen, in dem man einen transformierten gnost. Abstammungsmythos erkennen kann. L.' Beziehung zu Hitler ist umstritten.

Lit.: W. Daim, Der Mann, der Hitler die Ideen gab, [2] 1985. E. Hieroymus, J. L., in: U. Puschner u. a. (Hg.), Handbuch zur »Völk. Bewegung« 1871–1918, 1999.

Lazarelli, Ludovico (15./16. Jh.), Hermetiker, Herausgeber der sechzehnten Schrift des Corpus Hermeticum (1507) und Verfasser eigener hermet. Schriften, des *Crater Hermetis* (1549) und der *Epistola Enoch*. Letztere Abhandlung befasst sich mit der illustren Figur des Mercurio da Corregio, der 1484 in Rom und 1496 in Florenz als → Poimandres aufgetreten war, den L. gleichzeitig mit Christus identifizierte.

Leade, Jane (1623–1704), bedeutende engl.

christl. Esoterikerin. Sie war begeisterte Anhängerin der Lehren → Böhmes und hatte selbst Visionen der → Sophia. L.s Werk ist noch wenig erforscht. Bemerkenswert gerade im Hinblick auf die Geschichte der Esoterik ist, dass bei ihr bereits der Gedanke der kosm. Evolution in moderner Form auftritt. Als besonders wichtiges Ziel erachtete sie in diesem Rahmen die Wiedervereinigung der christl. Kirchen zu einer myst. Brüderschaft. Werke u. a. *The Heavenly Cloud Now Breaking* (1681), *A Revelation of the Everlasting Gospel Message* (1697).

Lebenselixier, das Trinkgold (lat. Aurum potabile), das die Alchemisten als Medizin herzustellen versuchten, die immerwährende Gesundheit verschaffen sollte.

Lebensphilosophie, im 19. und 20. Jh. eine philosoph. Strömung, die sich gegen die Verkümmerung des Lebens unter gesellschaftlichen Konventionen und die fortschreitende Rationalisierung wandte. Sie betont → Intuition und unmittelbare Anschauung gegenüber festen und oft starren Denksystemen. Die L. ist Teil desselben in vieler Hinsicht »antimodernen« umfassenden geistesgeschichtlichen Zusammenhanges, in dem auch die Esoterik eine Rolle spielt. Bedeutende Vertreter der L. sind Wilhelm Dilthey (1833–1911), Friedrich Nietzsche (1844–1900) und José Ortega y Gasset (1883–1955).

Leere → Nichts

Leukipp von Milet (* ca. 480 v. Chr.), griech. Philosoph, einer der sog. → Vorsokratiker. Für die Esoterik ist L. besonders im Hinblick auf erste Ansätze zur Entwicklung von Negativitätsvorstellungen (→ Nichts) bedeutsam. L. nahm ausdrücklich ein Nichtseiendes als etwas Bestehendes an, und zwar als leeren Raum. Diese Leerheit wird dann von Atomen ausgefüllt, die den unzerstörbaren Urstoff der Welt darstellen,. Ferner ist von L. ein Satz überliefert, der im Bereich der Esoterik eine verbreitete Doktrin darstellt, nämlich dass alles Geschehen aus Notwendigkeit herbeigeführt werde. L.s Schüler, Demokrit von Abdera, entwickelte seine Lehren weiter.

Lit.: G. S. Kirk u. a., Die vorsokrat. Philosophen, 1994.

Lévi, Eliphas (1810–75), Pseudonym des frz. esot. Schriftstellers Alphonse Luis Constant. L. war kathol. Geistlicher, wurde aber wegen seiner unorthodoxen Ansichten der kirchlichen Ämter verwiesen. Sozialist. Agitation brachte ihn 1841 für ca. ein Jahr ins Gefängnis. Dort erhielt er durch die Lektüre → Swedenborgs entscheidende Anstöße für seine Beschäftigung mit dem Außer- und Übersinnlichen, denen er dann in Verbindung mit einem auf entsprechende Gebiete gerichteten Sammlertrieb nachging. Er interessierte sich insbesondere für die spätantike, mit dem hermet. Weltbild in Verbindung stehende → Magie. Seine Berühmtheit und Bedeutsamkeit in der → Geschichte der Esoterik verdankt er weniger einer philosoph.-theolog. Originalität, als der maßgeblich von seiner Person durchgeführten Zusammenschau verschiedener esot. Traditionen auf der Grundlage des im 19. Jh.s vorhandenen Wissens um diese Bereiche. Anders als die Vertreter der → Theosophie, für die seine Bücher wichtige, aber meist ungenannte Quellen waren, besaß L. ein histor. Differenzierungsvermögen, und sein → Eklektizismus war ein reflektiert-absichtsvoller. Sein Hauptbeitrag bestand darin, dass er die theosoph. → Kabbala deutlicher, als es in der → Renaissance geschehen war, in ein hermet.-mag. System abendländ. Esoterik mit einband. Auf dieser Grundlage gab er dem → Tarot eine neue, mit dem kabbalist. Baum der → Sefirot korrelierende Deutung, die in England vom dortigen → Hermetic Order of the Golden Dawn rezipiert wurde. Hauptwerke: *Dogme et Rituel de Haute magie* (1854–56), *Le Cléf de Grand Mysteres* (1861).

Ausg.: Das Dogma u. Ritual der Hohen Magie, 2 Bde., 1927. Der Schlüssel zu den großen Mysterien, 1966. 1981. Einweihungsbriefe in die Hohe Magie u. Zahlenmystik, 1977.

Lit.: C. McIntosh, E. L. and the French Occult Revival, 1972. A. Mercier, E. L. et la pensée magique au XIXe siècle, 1974.

Libavius, Andreas (ca. 1550–1616), deutscher Arzt und Alchemist. Er stand paracels. Kreisen nahe, deren Umgang mit dem Erbe ihres Meisters er allerdings scharf kritisierte.

Lit.: B. T. Moran, Medicine, Alchemy, and the Control of Language: Andreas L. versus the Neoparacelsians, in: O. P. Grell (Hg.), Paracelsus. The Man and His Reputation, His Ideas and Their Transformation, 1998.

Licht, zentraler Begriff im esot. Denken, der seine Bedeutsamkeit hauptsächlich aus der Dichotomie und Dialektik von L. und Finsternis gewinnt. Das L. steht für die Ordnung der → Schöpfung im Gegensatz zum Chaos oder für das Sein überhaupt im Gegensatz zum Nichtsein. Oft ist L. eine Metapher für Transparenz und für Wahrheit, Erkennen und Bewusstsein. Rituelle Verehrung des L.s äußert sich in Sonnenkulten (→ Sonnentheologie). Wer sein → Bewusstsein mit dem göttlichen vereinigt hat, gilt in der Esoterik als »erleuchtet«. Nach vielen alten Schöpfungsmythen ist das L. aus der Finsternis hervorgegangen, also letzterer gegenüber sekundär; andererseits kämpft es gegen die Finsternis als gegen die Unwissenheit. In vielen esot., besonders in gnost. Strömungen ist dieser Kampf von zentraler Bedeutung für das gesamte Weltverständnis, das durch eine rigorose eth. Interpretation der L.-Finsternis-Dichotomie dualist. geworden ist. Dagegen gilt der → Kabbala das Url. (ʻEiyn Soph Aur) als erstes göttliches Prinzip, und auch → Patrizi bezeichnete den Anfang des Alls als Url., das über → Emanation zur Substanz des Raumes sowie aller Seelen und Körper wird. Ähnliche Formen von L.mystik, in denen allerdings das dialekt. Verhältnis zur Finsternis ein größeres Gewicht hat, kennt die → Sufik. Nach → Suhrawardi ist es das Ziel suf. Lebens, das ewige L. des göttlichen Urzustandes wiederzuerlangen. L. ist das wichtigste Attribut der in den antiken → mag. Papyri angerufenen Gottheiten. In der → hermet. Literatur wird L. mit Geist gleichgesetzt. Das L. als göttl. Ursubstanz bricht sich in den → Farben, die dann seine einzelnen Aspekte symbolisieren können.

Lit.: G. Mensching, Die L.symbolik in der Religionsgeschichte, in: Studium Generale 10 (1957), 422–433. T. Izutsu, The Paradox of Light and Darkness in the Garden Mysteries of Shabastari, in: Ders., Creation and the Timeless Order of Things. Essays in Islamic Mystical Philosophy, 1994.

Lichtkreuz, eine in → Gnosis und → Manichäismus geläufige kosmogon.-kosmolog. Vorstellung. Sie knüpft hauptsächlich an die platon. Lehre von der Weltenseele an, die in Kreuzesform über den Kosmos gespannt ist, und nimmt daneben Aspekte der christl. Erlösungsfunktion des Kreuzes auf. Das L. ist in der gnost. Mythologie ein gestaltendes Element, es befreit gefallene Wesen von ihrem amorphen Dasein und bringt so den Kosmos wieder notdürftig in Ordnung. Dagegen repräsentiert für die Manichäer das L. selbst die beschädigte und durch in sie eingedrungene Finsterniselemente gequälte Natur, die der Erlösung bedarf. – In jüngster Zeit haben Esoteriker vermehrt L.e gesichtet, die als Heilsbotschaften aus dem All interpretiert werden.

Lit.: A. Böhlig, Zur Vorstellung vom L. in Gnostizismus u. Manichäismus, in: B. Aland (Hg.), Gnosis. FS für Hans Jonas, 1978. R. Bremer, Zeichen einer Neuen Zeit. Eine Fülle von Wundern – Zeugen eines Neubeginns?, 1999.

Liebe. Aufgrund ihrer Gegensätze überwindenden, vereinigenden und fruchtbringenden Kraft, konkreter auch wegen ihrer Fähigkeit zur Wiederherstellung der ursprünglichen → Androgynie des → Menschen ist die L. im esot. Denkmuster von größter Bedeutung. Wie in der Kultur- und Religionsgeschichte knüpft auch hier die Reflexion über die L. an die Urerfahrung der Sexualität an. Im alten Orient wurde die gelebte Sexualität sakralisiert. Die Vereinigung zwischen dem Gott-König und einer die → Göttin repräsentierenden Priesterin wurde als ritueller Akt im → Brautgemach des Tempels vollzogen. In Griechenland war das Thema der »Heiligen Hochzeit« in Form kult. Feiern von Götterhochzeiten, insbesondere der von Zeus und Hera, präsent. Das im Altertum weitverbreitete Motiv der Vereinigung zwischen Himmel und Erde fand in Fruchtbarkeitszaubern analoge Umsetzung als sexueller Akt zwischen zwei menschlichen Partnern. Im AT wurden solche Riten zur bloßen Metapher und stark spiritualisiert. Israel erscheint als die Braut Gottes, und die Trennung und (Wieder-)vereinigung beider war ein Schlüsselthema bei Hos und Jer. Bei Hos allerdings findet es noch einmal spiegelbildliche Entsprechung auf der menschlichen Ebene, indem der Profet von Gott aufgefordert wird, eine Hure zu heiraten. Daneben steht die at.liche Tradition der Hl, einer Sammlung profaner Liebes- und Hochzeitslieder aus der salomon. Zeit. Sowohl christl. als auch rabbin. Interpreten sahen später im Hl ein Gleichnis der L. zwischen Gott und der menschlichen → Seele. Im gnost. → Seelenmythos wird die prophet. Symbolik, die den Abfall der Seele von Gott als Hurerei und ihre Bekehrung als Rückerlangung der Jungfräulichkeit beschreibt, am deutlichsten wiederaufgenommen. Die L. zwischen der Seele und Gott bzw. einem göttlichen Erlöser-Bräutigam soll als eine absolut keusche verstanden werden, ist aber gleichwohl mit sexuellen Bildern belegt. Die Frage, ob einige gnost. Gruppen sexuelle Riten als Vollzug der Gottesliebe kannten, ist offen. Von häresiolog. Seite wurden ihnen libertinist. Praktiken immer wieder unterstellt. Dies gilt auch für die ma.lichen → Katharer, deren Wechselbeziehungen zur provenzal. Kultur des 12. bis 14. Jh.s, in der der Minnesang der Troubadoure eine herausragende Rolle spielte, ungeklärt bleiben. Auch die Troubadoure kannten und besangen sowohl derbere Formen von fleischlicher L. als auch ihre sublimste Vergeistigung. L. wird durchaus mit sexuellen Aspekten gesehen, aber oft sollen diese nur bildlich bleiben. Diese Ambivalenz hat das Verhältnis zur L. also seit jeher geprägt. Nur vereinzelt vertreten esot. Gruppierungen, und zwar insbesondere solche, die in der Tradition der → Tantrik stehen, gelebte Sexualität als Mittel zur Erleuchtung und besitzen entsprechende Lehren über sexuelle Praktiken. → Minne

Lit.: D. De Rougement, L' Amour et l' occident, 1940. D. Scheludko, Über die Theorien der L. bei den Trobadors, in: R. Baehr (Hg.), Der provenzal. Minnesang, 1967. N. Luhmann, L. als Passion. Zur Codierung von Intimität, 1982. W. Schubart, Religion u. Eros, 1989. J. R. Haule, Heilige Verzauberung. Archetypen u. Stadien der Romant. L., 1991. E. Heller/H. Moshabi, Hinter den Schleiern des Islam. Erotik u. Sexualität in der arab. Kultur, 1993. M. Camille, Die Kunst der L. im MA., 1998. G. Baumann, L. u. Gewalt, Die Ehe als Metapher für das Verhältnis JHWH-Israel, 2000.

Lilith, in jüd. Legenden die Gegengestalt zu → Eva. Sie war die erste Frau Adams und ihm gegenüber unbotmäßig besonders dadurch, dass sie sexuelle Gleichberechtigung verlangte. Das AT nennt sie nur an einer Stelle als Wüstendämonin. Im Frühjudentum und auch bei den → Mandäern war L. als Zauberin gefürchtet, die besonders Frauen im Kindbett bedrohte. Sie war Vorbild für verschiedene negativ gezeichnete –weibliche Figuren in → Gnosis und → Manichäismus (vgl. → Sophia, → Ruha, → Az), avancierte aber in jüngster Zeit zu einem Idol der jüd. Frauenbewegung.

Lit.: J. Bril, L. ou la mère obscure, 1984. W. Fauth, L.s u. Astarten in aramäischen, mandäischen u. syr. Zaubertexten, in: Welt des Orients 17, 1986.

List, Guido von (1848–1919), Wiener Ariosoph und Ordensgründer, dem besonders an einer Verbindung von → völk. Denken und Esoterik gelegen war. Die Esoterik der Arier, der seine schriftsteller. Tätigkeit gewidmet war, offenbarte sich ihm durch Schauungen in die german. Frühzeit. Hauptwerke: *Das Geheimnis der Runen* (1908), *Die Religion der Ario-Germanen in ihrer Esoterik und Exoterik* (1910).

Llull, Ramon (ca. 1232–1316), Theologe, Philosoph und Dichter aus Katalonien. L. war der bedeutendste Esoteriker des MA.s, dabei engagierter Christ und Kreuzritter. Nach seiner ersten, sehr weltlichen Lebensphase wurde er 1263 von Christusvisionen heimgesucht und widmete fortan sein Leben v.a. der Verkündigung der christl. Botschaft, für die er allerdings eine sehr eigenwillige, sehr wahrscheinlich von der span. → Kabbala beeinflusste Auslegung fand. Aus dem Impuls heraus, Juden und Muslime zum Christentum zu bekehren, suchte er nach einer gemeinsamen Grundlage aller drei Religionen. Er fand sie in den Bemühungen um Erkenntnis der göttlichen Namen und Qualitäten, die er in seinem Hauptwerk, der → Ars Magna, kombinator. ausgestaltete. Das hier entwickelte System einer esot. Logik systematisierte er noch einmal extra in einer Logica nova *(»Neue Logik«)*. L.s Missionierungsversuche hatten keinerlei Erfolg, sondern kosteten ihn wahrscheinlich sogar das Leben. Nach nicht restlos beweiskräftigen Zeugnissen wurde L. während eines missionarischen Auftritts in Tunis von erbosten Muslimen gesteinigt. Dagegen waren seine schriftstellerischen Werke von großer Ausstrahlungskraft, obwohl die Dominikaner 1376 eine ganze Reihe von ihnen indizierten. Sein Libro de cavayleria (»Buch des Rittertums«) war ein Manifest des → Rittertums. Nach seinem Tod wurden zahlreiche, insbesondere alchemist. Abhandlungen unter L.s Namen herausgegeben.

Lit.: E.-W. Platzeck, R. L., 2 Bde., 1962–64.

Logos (griech. »Rede«, »Beleg«). Ursprünglich die sich vom → Mythos weitgehend ablösende Rationalität bezeichnend, ist der L. in der antiken Esoterik als selbst myth. Kraft relevant. Bei → Heraklit und später in der → Stoa ist der L. die alle Gegensätze vereinigende Weltvernunft. Wichtig ist dabei, dass diese Weltvernunft der Materie (griech. physis) innewohnt, nicht aber von ihr abgelöst ist. Im Mittelplatonismus wird der L. aus dem → Nous hervorgehend gedacht. → Philon beschrieb den L. als Sohn Gottes und der → Sophia, aber auch als unmittelbar aus Gott hervorgehend; dabei stilisierte er ihn zu einer Art männlichen Gegenfigur zur Sophia, deren positive Attribute ihm zugeschrieben werden, während Sophia selbst fällt und von einer Göttin zur Dämonin degradiert wird. Der L. heißt bei Philon auch der »zweite Gott« und ist das entscheidende Medium göttlicher Präsenz in der Welt. Immer wird seine Immanenz betont, jedoch kannte Philon noch nicht den Gedanken einer Inkarnation des L., wie er im → Johannesevangelium erscheint. Der Johannesprolog beschreibt den L. als personal und präexistent. Er ist Vermittler von → Licht und Leben und wird ausdrücklich mit Gott selbst identifiziert. Im Zuge des gnost. → Dualismus wurde im 2. Jh. der Geist durch den L., die Materie durch die Sophia repräsentiert. Bei → Origenes ist der L. ausdrücklich mit Gottes → Weisheit gleichgesetzt, hat also im Rahmen der christl. Interpretation die Sophia endgültig abgelöst.

Lit.: A. Aall, Geschichte der L.idee in der griech. Philosophie, 2 Bde., 1896–99. B. L. Mack, L. und Sophia. Untersuchungen zur Weisheitstheologie im hellenist. Judentum, 1973.

Luria, Isaak (1534–72), charismat. Lehrer der → Kabbala, der in einem relativ kleinen Schülerkreis in Safed (Galiläa) jüd.-esot. Denken eine neue Richtung gab. Obwohl L. selbst ausschließlich mündlich und in recht unsystemat. Form lehrte, waren seine Ideen von weitreichender Wirkung. L. war Urheber des Denkmodells vom → zimzum, durch das er kabbalist. theosoph. Konzeptionen mit einer theist. Gottesauffassung in Einklang bringen konnte. Im Anschluss an diese Theorie der Zurückziehung Gottes in sich selbst, durch die ein freier Raum für die Schöpfung entsteht, lehrte L. einen kosmogon.-anthropogon. Mythos, der entsprechenden Erzählungen in der Gnosis gleicht. Als erste Manifestation des göttlichen Lichts, das strahlenförmig in den Weltenraum emaniert, entsteht der Urmensch Adam kadmon. Aus seinem Gesicht sprühen die Lichter der → Sefirot, wobei sie in den Augen eine differenzierte Punktform annehmen, die nun sie behausender Gefäße bedürfen. Die für die drei höchsten Sefirot bestimmten Gefäße nehmen die Lichter auf, aber die unteren Sefirot brechen mit ihnen gleichzeitig hervor, sodass sie von den weiteren Gefäßen nicht gehalten werden können und die Gefäße zerbersten. Ihre Scherben fallen in die Tiefe des von Gott geschaffenen Raumes und bilden dort fern von ihrem eigentlichen Bestimmungsort die Gegenwelten des Bösen, die sich dann überall verbreiten. An den Scherben haftet noch das göttliche Licht, das sich im Zuge des Falls mit den widergöttlichen Elementen vermischt hat. Als Erlösungsvorgang, d. h. als Heilung des erfolgten Bruches und auch als Vollendung des begonnenen Schöpfungswerks, setzt dann der Prozess des tikkun ein: Aus der Stirn des Adam kadmon quillt ein neuer Lichtstrahl, der die ungeordneten Sefirot zu verschiedenen Konfigurationen (hebräisch »parsufim«) zusammengefasst, die jeweils einen Aspekt der Gottheit darstellen. Zum tikkun gehört auch die menschliche Geschichte und als ihr Zentrum die Geschichte Israels. Das Exil der Juden auf der Ebene der ird. Geschichte symbolisiert das Exil aller Wesen auf der Ebene des im Göttlichen beschlossenen Kosmos; die letzte Station auf dem Weg zur Erlösung ist das Kommen des jüd. Messias.

Lit.: G. Scholem, Die jüd. Mystik in ihren Hauptströmungen, 1957. 1980.

Luzifer (von lat. »lucifer« lichtbringend, Attribut der Mondgöttin, als Substantiv auch der Morgenstern), jüd.-christl. Teufelsgestalt. Im nachexil. Judentum spielten Spekulationen über die Herkunft des → Teufels eine große Rolle. In diesem Kontext entstand die im *Äthiop. → Henochbuch* ausführlich festgehaltene apokryphe Erzählung vom höchsten Erzengel, dessen Stolz so groß war, dass er am zweiten Tag nach der Schöpfung dieselbe Anbetung wie Gott für sich beanspruchte. Inspiriert wurde diese Geschichte anscheinend durch eine Passage in *Jes 14*, die im Rahmen einer Unheilsprophezeihung an den König von Babel und Tyrus diesen als »Glanzstern« vom Himmel fallen sieht. Hes schildert den Fürsten von Tyrus mit myth. Zügen als Cherub, der im Streben nach Schönheit und Glanz seine Weisheit aufs Spiel setzt und daraufhin von Gott von seinem Berg »aus der Mitte der feurigen Steine« herabgestürzt wird. *Luk 10,19* schließlich berichtet abermals im Kontext der Sündhaftigkeit von Tyrus und Sidon von einem → Fall → Satans. Diese gesamte vielschichtige Tradition wurde nach der lateinischen Übersetzung des »Glanzsterns« in Jes 14,12 auf eine Gestalt namens L. übertragen, die ihrerseits mit Satan gleichgesetzt wurde. L. war also ein ursprünglich gottgefälliges Wesen, das wegen seines Hochmuts aus der göttlichen Welt herabstürzte. Seither ist er der oberste Regent der → Dämonen.

M

MacLaine, Shirley (* 1934), bekannte US-Schauspielerin, die in den 1980er Jahren auch als Esoterikerin auf sich aufmerksam machte. Ihre Bücher, in denen sie ihre spirituelle Suche beschrieb, insbesondere ihre Autobiographie Zwischenleben (1984), wurden Weltbestseller.

Märchen finden als Medien volksreligiöser Vorstellungen bei Esoterikern immer wieder Interesse. Die literar. Gattung der M. ergibt sich in Abgrenzung einerseits zur Sage, die an histor. Personen, Örtlichkeiten oder Geschehnisse anknüpft, wohingegen das M. in einer zeitlosen Welt spielt, und andererseits zum → Mythos, von dem sich das M. dadurch unterscheidet, dass es nichts vom Numinosen oder von Göttern weiß. Die ältesten erhaltenen M. stammen aus → Ägypten und reichen bis Anfang des 2. Jahrtausends v. Chr. zurück. Am bekanntesten sind das *M. von den zwei Brüdern und das M. von der Blendung der Wahrheit*. Die ältesten M. Chinas stammen ebenfalls aus dem 2. vorchristlichen Jahrtausend. Für spätere Zeiten sind die ind. Epen und Erzählzyklen besonders wichtig: Mahabharata (500 v. Chr.), Pancatantra (300 v. Chr.) Kathasarisagara (11. Jh.). Die bekannten europ. Volksm. finden sich bereits in den Zyklen von G. Straparola (Le piacevoli notte, 1550–53) und G. Basile (Il Pentamerone, 1634–36). Die größte Popularität aber erreichten seit Anfang des 18. Jh.s in Europa die arab.sprachig überlieferten, aber aus verschiedenen oriental. Traditionen zusammengestellten Märchen aus Tausendundeiner Nacht. Unter den europ. Sammlungen wurde die deutsche der Brüder Grimm (1812–15) berühmt. Charakterist. für M. ist eine bestimmte Art der Wirklichkeitsauffassung, in der Fakt.-Sinnliches und Imaginativ-Übersinnliches zwanglos ineinanderfließen. Eine Reihe der im M. Ausdruck findenden religiösen Vorstellungen sind mag. und stammesreligiöser Natur. Dazu gehören die Nachtodgestalten und Helfenden Toten, Namenszauber (der Glaube, dass mit Kenntnis eines Namens Macht über die ihn tragende Person gewonnen werden könne), totemist. Anschauungen, die sich in engen Beziehungen zwischen Menschen und Tieren niederschlagen, Reste eines Ahnenkults, erhalten aus besonderer Achtung den Alten gegenüber, Initiationsriten als schwere Proben für junge Leute, die sich in Isolation von Familie und Alltagswelt zu bewähren haben. Seit dem 19. Jh. im Zuge der → Romantik werden bis heute Kunstmärchen verfasst, die neben der → Fantasy-Literatur besonders geeignet erscheinen, esot. Inhalte zu formulieren und zu transportieren.

Lit.: V. Propp, Morphologie des M.s, 1972. Ders., Die histor. Wurzeln des Zauberm.s, 1987. M. Lüthi, M., [8]1990. W./M. Woeller, Es war einmal. Illustrierte Geschichte des M.s, 1990.

Magi (lat.; griech.: magoi), nach dem ältesten Bericht des griech. Geschichtsschreibers Herodot (5. Jh.) ein med. Volksstamm, bei dem Magie, Astrologie und Traumdeutung besonders gepflegt wurden. Die → Magie hat von ihnen ihren Namen. Im späteren hellenist. Kulturbereich wurde »M.« zu Bezeichnung für die Priesterschaft des Alten Iran, wobei ihr Verhältnis zum Zoroastrismus unklar ist. Die M. galten als Hüter einer uralten Weisheit mit wundersamen Fähigkeiten und wurden dabei meistens mit den → Chaldäern vermischt.

Lit.: E. M. Butler, The Myth of the Magus, 1948. Neuaufl. 1993.

Magie, eine der Esoterik eng verwandte Auffassung der Welt und des in ihr waltenden Göttlichen, mit der unmittelbar praktische Umsetzungen verbunden werden, die einen natürlichen und/oder myth. gefassten Vorgang auf der menschlichen Ebene rituell nachvollziehen und dadurch wiederum seine stete Wiederholung gewährleisten. Grundlage jeder mag. Handlung ist die Überzeugung einer Allverbundenheit, der Sympathie und/oder Analogie jedes Wesens und Elements des → Kosmos mit jedem anderen. Die das kosm. Geschehen in Gang haltende → Energie kann durch M. beeinflusst werden. Die antike Überlieferung spricht von mag. »Künsten« (lat. artes magicae), wobei Kunst im Sinne von Wissenschaft zu verstehen ist. In ihrem Zugang, der Erkenntnisse über den Weltverlauf mit selbstgestaltenden, oft manipulativen Eingriffen in selbigen verbindet, ist die M. durchaus den Naturwissenschaften und der Technik vergleichbar. Dies gilt insbesondere für die vom 15. bis 17. Jh. populäre magia naturalis (natürliche M.), die sich mit Naturkräften wie Elektrizität und Magnetismus beschäftigte. Diese Spielart der M. ist jedoch im Rahmen der Esoterik, die eher zur → Gelassenheit gegenüber dem Naturgeschehen als zu seiner aktiven Beeinflussung neigt, weniger bedeutsam. Sehr viel wichtiger ist die → Theurgie. Allerdings ist von Gegnern der Esoterik die theurg. Beschwörung von Geistwesen, durchgeführt zum Zweck der → Divination, als »schwarze M.« ausgelegt und so diskreditiert worden. Erst im 20. Jh. traten Vertreter der M. wieder selbstbewusst in Erscheinung. → Crowley bezeichnete die Gesamtheit seiner Lehren als »Magick«. Heute wird M. hauptsächlich in Kreisen des → Neuheidentums gepflegt.

Lit.: E. E. Evans-Pritchard, Witchcraft, Oracles and Magic among the Azande, 1937. C. Lévi-Strauss, Das wilde Denken, 1968. H. G. Kippenberg/B. Luchesi (Hg.), M. Die sozialwissenschaftliche Kontroverse über das Verstehen fremden Denkens, 1978. L. Pet-

ZOLDT (Hg.), M. und Religion, 1978. P. SCHÄFER/H.G. KIPPENBERG (Hg.), Envisioning Magic, 1997. A. CROWLEY, Magick, o.J. 1991???

Magische Gemmen, hauptsächlich in Ägypten gefundene Amulette mit bildlichen Darstellungen, oft mytholog. Szenen oder besonders zauberkundigen einzelnen Gottheiten, daneben auch Zauberformeln und kurzen Sprüchen. Sie sind interessante Zeugnisse hellenist. und spätantiker prakt. Esoterik und Magie und stehen zu fast allen esot. Lehren und Gruppierungen der Antike in irgendeiner Verbindung. Viele der M. sind noch unpubliziert.

Lit.: C. BONNER, Studies in Magical Amulets, chiefley Graeco Egyptian, 1950. A. DELATTE/P. DERCHAIN, Les intailles magiques grécoégyptienne, 1964. S. MICHEL U.A., M. im Brit. Museum, 2000.

Maharishi Mahesh Yogi (* 1917), seit 1959 hauptsächlich im Westen lehrender → Guru, der mit seiner transzendentalen → Meditation viele Anhänger fand. M. entwickelte einfache Techniken, die dem Bewusstsein einen »vierten Zustand«, den er als den des »reinen Seins« beschrieb, eröffnen sollen.

Lit.: M. M. Y., Die Wissenschaft vom Sein und die Kunst des Lebens, 1966.

Mahavairocana (sanskrit »der Große Erleuchter«), mit der Sonne gleichgesetzte universale Buddha-Gestalt, die den gesamten → Kosmos, seine Essenz und seine Manifestationen auf allen Ebenen des Seins repräsentiert. Die meisten Spielarten des tantr. Buddhismus verehren M. als zentrale Gottheit.

Mahdi, von shi'it. Gemeinschaften erwarteter Heilsbringer, der als rechtmäßiger Nachfolger des Propheten Mohammed am Ende der Zeiten erscheinen und die Muslime leiten wird, so dass Kult- und Gesetzesvorschriften überflüssig sein werden und aufgehoben werden können. In der Geschichte der → Isma'iliya und →Gulat-Gruppen ist wiederholt die Ankunft des M. proklamiert worden.

Maimonides (Mose ben Maimon, 1135–1204), jüd. Arzt, Schriftgelehrter und Philosoph. Die Familie des M. floh 1148 aus Cordoba vor der Verfolgung durch islam. Fundamentalisten, die dem multikulturellen Leben der Stadt unter den Almoravidenherrschern ein Ende machten. Nach längeren Aufenthalten in Fez (Marokko) und Palästina ließen sie sich schließlich 1172 in Kairo nieder, wo M. als Arzt am Hof der Abbasiden wirkte und Vorsteher der jüd. Gemeinde wurde. Sein spezielles Anliegen wurde es, die jüd. Glaubenslehren mit der aristotel. Naturwissenschaft in Einklang zu bringen. M. entwickelte eine Methode der allegor. Schriftauslegung, die eine entsprechende sinnbildliche Deutung des bibl. Schöpfungsberichts zuließ. Hinter der »äußeren«, exoterischen Gestalt des Judentums mit seinen Vorschriften und kult. Verrichtungen im Sinne des Gesetzes, die M. niemals antasten wollte, sah er eine esot. Bedeutung. Seine philosoph. Theologie stand der → Kabbala nahe und ist möglicherweise für ihre Entfaltung im → *Sohar* eine entscheidende Anregung gewesen. Von den arab. Aristotelikern übernahm er die Lehre vom Intellekt, in dem der Erkennende mit dem Gegenstand des Erkennens im Erkenntnisprozess zusammenfällt. Der Mensch vermag nach M. diesen Einheitszustand nur kurzzeitig, prozesshaft und period. herzustellen, während er durch Gott statisch repräsentiert wird. Gott versagt sich gegenüber menschlichen Erkenntnismöglichkeiten jeglicher Definition und kann deshalb nur auf dem Wege negativen Denkens (→ Nichts) erfasst werden.

Lit.: M. IDEL, Maimonide et la mystique juive, 1991. M.-R. HAYOUN, M. Arzt u. Philosoph im MA., 1999. H./M. SIMON, Geschichte der jüd. Philosophie, 1999.

Maitreya, Name des in diesem Weltalter (→ Zeitalterlehren) erwarteten Heilsbringers, der nach einer mahayanabuddhist. Tradition eine Reihe von fünf verschiedenen Buddhagestalten abschließen soll. Durch den Theosophen Benjamin Creme wurde die buddhist. M.-Vorstellung ausgeweitet und ein zukünftiger → Avatar M.-Christus angekündigt. Einige zeitgenöss. Gruppierungen glauben, der M. habe sich 1977 in London inkarniert und bereits zu vielen Menschen gesprochen. Sie betrachten M. als neuen Propheten aller Weltreligionen. Unter dem Titel Share International erscheint zehnmal im Jahr eine englischsprachige Monatszeitschrift, die über das Wirken M.s berichtet.

Lit.: A. Sponberg/H. Hardrace, M., 1986. B. Creme, M.-Christus und die Meister der Weisheit, 1997. Ders., Botschaften von M., dem Christus, 1997.

Makro- und Mikrokosmos. Die Anerkennung korrelativer Entsprechungen zwischen allen Erscheinungen des Kosmos, der → Natur und des → Menschen, gehört zu den Kernstücken esot. Weltanschauung. Nach dieser Anschauung wird ein bestimmter göttlich-kosm. Bauplan mit all seinen inneren Gesetzmäßigkeiten auf verschiedenen Ebenen jeweils wiederholt. Thematisiert wird insbesondere die Stellung des → Menschen als Abbild (Mikrokosmos) des Kosmos. Die begriffliche Erfassung des Zusammenhanges zwischen M. wird zum ersten Mal bei Aristoteles (Phys. VIII,2,252 b) ausgedrückt, wo der Mensch als »mikros kosmos« (griech. kleiner Kosmos) erscheint. Auch bei Platon (Tim. 73 b) besteht der Mensch aus denselben → Elementen wie der Kosmos, nämlich aus Feuer, Luft, Wasser und Erde. Der Ursprung dieser Vorstellung einer substanziellen Einheit von Mensch, Natur und Kosmos bieten wahrscheinlich die frühen Weltentstehungsmythen, in denen die Welt aus den Gliedern eines getöteten Urwesens hervorgeht (etwa Tiamat in Babylonien, Purusha in den Veden, P'an-ku in China, Ymir bei den Germanen). Nach der M.-Lehre ist die menschliche → Seele ein gleichzeitig kosm. und individuelles Prinzip, was Anlass zu teilweise sehr ausgefeilten Spekulationen zu Herkunft und Funktion einzelner → Wesensglieder gibt.

Malkhut (hebr. »Königreich«), in der → Kabbala die unterste der → Sephirot, auch → Shechina genannt.

Mandäer, gnost. → Täufergemeinschaft, die um die Zeitenwende entstand und heute noch in den Gebieten des südlichen Irak und in Huzistan (Iran) zwischen 15000 und 30000 Anhänger zählt. Eine sehr verworrene Quellenlage macht es schwierig, die Genese ihres Weltbildes zu rekonstruieren. Unzweifelhaft sind die M. jüd. Herkunft. Wahrscheinlich haben sie sich im Zuge der Restitution des nachexil. Judentums um den Zweiten Tempel von ihrer Mutterreligion abgespalten. Die mandäische Legende *Haran Gawaita (»Innere Offenbarung«)* berichtet eine blutige Verfolgung von M.n in Jerusalem und ihre Auswanderung nach Medien. Wenn diese Hinweise überhaupt als historische zu werten sind, muss es sich um Vorgänge im Zusammenhang mit dem jüd./röm. Krieg (70/71 n. Chr.) handeln. Grundlage des mandäischen Weltbildes ist ein strenger → Dualismus zwischen einer göttlichen Licht- und einer teuflisch-dämon. Finsterniswelt. Dieser wurde in späterer Zeit monist. überformt. In der älteren mytholog. Schicht entstehen Licht- und Finsterniswesen unabhängig voneinander. Erstes Lichtwesen ist das »Leben«; der Beherrscher der Finsternis wird entweder von der Dämonin → Ruha oder vom »schwarzen Wasser« hervorgebracht. Später wurde ein emanatives Mythenmodell entwickelt, bei dem aus dem »Großen Leben« bei zunehmender Verunreinigung bzw. materieller Verdichtung das Zweite (Joshamin), Dritte (Abatur) und Vierte Leben (Ptahil) hervorgehen. Ptahil, der mandäische → Demiurg und eine Verfremdung des bibl. Schöpfergottes, erschafft dann Tibil, die Welt. Zu dieser gehört der Körper des Ersten → Menschen, der durch den Demiurgen und die Planeten gebildet wird, während seine Seele, auch »verborgener Adam« genannt, aus der Lichtwelt stammt. Aus dem Urpaar Adam und Eva, von dem die M. sich selbst herleiten, entstehen die Lichtboten Hibil (Abel), Shitil (→ Seth) und Anosh (Enosch). Die bösen Mächte versuchen, die M. durch die drei Katastrophen des Schwertes, des Feuers und des Wassers zu verderben, sie werden jedoch erlöst. Bereits bei dem Urmenschen setzt ein fortlaufender Erlösungsprozess ein, in dem Licht- und Finsterniselemente wieder voneinander getrennt werden. Wichtigste Erlösergestalt ist Manda dHaije, die »Gnosis des Lebens«. Im mandäischen Gemeindeleben spielt der Kult eine sehr wichtige Rolle. Sein Vollzug liegt in den Händen einer eigenen Priesterschaft. Am wichtigsten sind wiederholte Taufen, die komplexe Riten darstellen. Die Taufe (mandäisch masbuta) besteht aus einem dreimaligen völligen Untertauchen in fließendem Gewässer, einer dreimaligen Wasserzeichnung der Stirn, einem dreimaligen Wassertrunk, einer Myrtenzweigbekränzung, einer Handauflegung, einer Stirnsalbung, einer Kommunion mit Wasser und Brot und schließlich einer Versiegelung (→ Siegel) zur Sicherung gegen böse Geister. Die gesamte Handlung ist von Gebeten und Rezitationen begleitet; ein Handschlag mit der Rechten zwischen Priester und Täufling symbolisiert die hergestellte Verbindung mit der Lichtwelt. Mit der Seelenmesse, mandäisch »masiqta« (Aufstieg) genannt, begleitet die Gemeinde verstorbene Mitglieder auf ihrer 45-tägigen Reise ins Lichtreich. Zur masiqta gehören Rezitationen aus dem Linken → Ginza, Waschungen, Ölsalbungen, Myrtenzweigbekränzungen und Totenmahle.

Lit.: K. Rudolph, Die M., Bd. 1: Das M.problem, 1960; Bd. 2: Der Kult, 1961. Ders., Theogonie, Kosmogonie u. Anthropogonie in den mandäischen Schriften, 1965. Ders., Mandäische Quellen, in: W. Foerster (Hg.), Die Gnosis. Kopt. u. mandäische Quellen, 1995.

Mandala (sanskrit »Kreis«), komplexe symbolhafte Zeichnungen, deren geometrischer Aufbau die All-Einheit repräsentieren soll, und zwar sowohl auf kosm. als auch auf psych. Ebene. Das erste Vorbild der M.s war der ved. Opferaltar. Seine geometr. Anlage solle den gesamten Kosmos in die rituelle Handlung miteinbeziehen. Als externe Projektionen von innerlich zu realisierenden Prozessen, wie sie durch → Initiationen angestoßen werden, dienen M.s v. a. als Meditationshilfe, indem sie den Übenden anleiten, unter Einbeziehung kosm. Prozesse seine Gedanken auf einen im Innersten liegenden Ruhepunkt zurückzuführen. In dieser Funktion spielen sie im tantr. Ritual eine große Rolle. Zwei M.s nehmen in der chines.-japan. Tradition des → Vajrayana-Buddhismus einen zentralen Platz ein: Das sog. Uterus-M. und das M. der Diamant-Welt. Das Uterus-M. besteht aus zwölf Höfen, die von insgesamt 414 Gottheiten bewohnt werden. In der Mitte, im ersten Hof, thront der kosm. → Mahavairočana. Er repräsentiert die zentrale Erkenntnis als Einheit, während die um ihn herum gruppierten Gottheiten nur Fragmente des Wissens verkörpern. Im M. der Diamant-Welt sind sogar 1461 Gottheiten versammelt und zu neun Gruppen zusammengefasst, die jeweils eigene M.s. innerhalb der Gesamtkonstruktion bilden. Diese zwei M.s werden als externe Projektionen einer Realität verstanden, zu der der Meditierende über die sog. drei Mysterien (des Körpers, der Sprache und des Intellekts) vordringen kann. Von → Jung wurden die M.s als Chiffren des nach Integration strebenden → Unbewussten in seinen Therapien herangezogen und sind heute in der esot. Szene weit verbreitet.

Lit.: T. Ryujun, Les deux grands Mandalas et la doctrine de l'ésotérisme Shingon, 1959. A. Macdonald, Le mandala du Manjushrimulakalpa, 1962. M. Anesaki, Buddhist Kosmotheism and the Symbolism of Ist Art, in: Buddhist Art in Ist Relation to Buddhist Ideals, Neudruck 1978. G. Tucci, Geheimnis des M., 1972.

Mani (216–276), Stifter des → Manichäismus. M. war vornehmer iran. Herkunft, möglicherweise stammten die Eltern aus dem Königsgeschlecht der Arsakiden. Er wuchs seit seinem vierten Lebensjahr in der Gemeinde der Elchasaiten (→ Elchasai) auf, der sich sein Vater Pattek angeschlossen hatte, nachdem ihn in einem heidn. Tempel eine göttliche Stimme aufforderte, sich des Fleisches, des Weines und sexueller Betätigung zu enthalten. Mani wurde von den Elchesaiten stark geprägt; laut Ausführungen im → *Kölner Mani Kodex* wurde er dort von Engeln betreut und belehrt. Möglicherweise empfing er von der Elchasaitengemeinde die entscheidenden Impulse für die später von ihm ins Werk gesetzte Weltmission. Seine Anknüpfung an die Urväter des AT (Adam, → Seth, Enosch, → Henoch, Sem), eine Reihe, der dann noch → Jesus, Elchasai und schließlich M. angeschlossen wurden, wird ebenfalls darauf zurückzuführen sein, dass M. in einer judenchristl. Tradition aufwuchs. Im Alter von zwölf und von 24 Jahren begegnete M. seinem himmlischen Ebenbild, dem → Zwilling, von dem er entscheidende Weisungen empfing. Im Zuge seiner allmählichen Ablösung von den Elchasaiten öffnete er sich den Einflüssen der Theologien von → Bardaisan und → Marcion. Seine religiöse Eigenständigkeit begann mit Versuchen, die Elchasaiten zu reformieren. Er kritisierte die rituelle Verwendung ungesäuerten Brotes, besonders aber die ständigen Waschungen mit dem Argument, sie würden die grundsätzliche Schlechtigkeit des Leibes noch verstärken. Den Gemeindemitgliedern sei kein solches Ritual, sondern die Gnosis (griech. Einsicht) über die Natur des Körpers vonnöten. Nach dem Scheitern seiner Reformbemühungen und der zweiten Begegnung mit seinem Zwilling im Alter von 24 Jahren löste sich M. endgültig von den Elchasaiten und begab sich zunächst auf eine Missionsreise nach Nordindien. Besonders wichtig war seine Begegnung mit dem Buddhismus. Laut manichäischer Hagiographie war M. in Indien sehr erfolgreich, die → Kephalaia dagegen berichten von Schwierigkeiten. Er ging zurück in den Iran, wo die Familie König Shapurs (242–273) ihn und seine neue Religion unterstützte. M. schickte Missionare nach Syrien, Ägypten und Ostiran. Mit dem Regierungsantritt Barams verlor er die Gunst des Königshauses und wurde Opfer des Hasses der zoroastrischen Priesterkaste, die der Ausbreitung des Manichäismus Einhalt gebieten wollten. M. starb im Frühjahr 276 im Gefängnis von Gundeshapur.

Lit.: L. Koenen / C. Römer (Hg.), M. Auf den Spuren einer verschollenen Religion, 1993.

Manichäismus, die von → Mani gestiftete Weltreligion, die von Anfang an mit dem Anspruch auftrat, alle Religionen ihrer Zeit miteinander zu vereinigen. Der M. vermittelte ganzheitliches und dabei sehr detailliertes Verständnis vom Aufbau des → Kosmos und der → Natur sowie der Geschichte der Menschen. Mit den entsprechenden Lehren wurde ein geradezu enzyklopäd. Wissen ausgebreitet, z. B. über die Bewegung der Sterne, die Ursprünge von Naturerscheinungen wie dem Feuer oder über verschiedene Spezies des Lebendigen. Für → Augustinus ließ der M. sich in der Formel »Von den zwei Prinzipien und den drei Zeiten« zusammenfassen: Die zwei Prinzipien sind → Licht und Finsternis; die drei Zeiten sind Anfang (die Finsternis weiß nichts vom Licht), Mitte (Mischung von Licht und Finsternis) und Ende (Sieg des Lichts über die Finsternis). Dabei war der M. von außerordentlicher dogmat. Stringenz. Manichäisches Denken vollzog sich in konsequent durchgehaltenen Strukturen. Seine Grundlage war ein dualist. Mythos vom Kampf zwischen dem Reich des → Lichts und dem der Finsternis. Er wird ausgelöst durch einen Angriff der Finsternis. Das höchste Lichtwesen, der »Vater der Größe«, bringt mithilfe der → Mutter des Lebens den Ersten → Menschen hervor. Dieser nimmt den Kampf auf und verstrickt sich dabei in die Finsternis. Zu seiner Erlösung steigt der »Geliebte der Lichter«, auch »Großer Baumeister« oder »Lebendiger Geist«, aus dem Lichtreich herab. Zusammen mit der Mutter des Lebens besiegt er die Archonten und gestaltet aus ihren Leibern den → Kosmos. Zehn Himmel und acht Erden werden geschaffen, und der Lebendige Geist bringt zusätzlich noch fünf Söhne hervor. Nach einem erneuten Angriff des Lebendigen Geistes auf das Finsternisreich erhalten diese fünf Söhne Teile des Kosmos zur Bewachung zugewiesen. Verbliebene Finsterniskräfte werden auf die Erde gefegt oder am Himmel angeheftet. Damit gelten die Sterne im M. als Finsterniskräfte, während Sonne und Mond jedoch vom Lebendigen Geist aus ausgeläutertem Licht geschaffen werden. Der »Dritte Gesandte« und »Jesus der Glanz«, weitere wichtige manichäische Erlöserfiguren, versuchen, die immer noch in der Finsternis gefangenen

Lichtelemente zu befreien, indem sie die Archonten zu sexueller Begierde verführen. Daraufhin geben diese die in ihnen verfangenen Lichtelemente frei, die sich aber nun erneut mit der entstandenen Begierde vermischen. Ein Teil der mit dem Ausstoß der männlichen Archonten vermischten Begierde fällt ins Meer und erwächst zu einem Ungeheuer, ein anderer Teil fällt auf die Erde und wird zu Pflanzen. Die »Geburten« der weiblichen Archonten fallen auf die Erde und essen von den Bäumen. Sie nehmen dadurch Hyle (griech. »Materie«) zu sich. → Saklas und Nebroel, die an der Spitze der Archonten stehen, erschaffen Adam und Eva und andere Menschen. Diese haben nun die Lichtteile in sich, die weiter ausgeläutert werden müssen. Die Ausläuterung des gefangenen Lichts steht im Mittelpunkt aller Bemühungen der manichäischen Gemeinde. Da das → Lichtkreuz (die Weltenseele) durch Arbeit, schädliche Emotionen und Lügen beschädigt wird, müssen Manichäier sich derselben enthalten. Dies war natürlich nicht vollständig möglich, wurde aber für einen privilegierten Teil der Gemeinde, die sog. Electi (lat. »Auserwählte«) dadurch gewährleistet, dass er sich mit Menschen von einem geringeren Reinheitsgrad, den Credentes oder Katechumenen (lat. bzw. griech. »Gläubige«) umgab und von ihnen versorgen ließ. Der Stand der Electi war in sich streng hierarchisch gegliedert. Zu seinen Lebzeiten stand Mani selbst an ihrer Spitze, später ein sog. »Archegos« (griech. »Führer«). Ihm unterstanden zwölf Lehrer, 72 Bischöfe und 360 Presbyter. Zu den kultischen Verrichtungen der Manichäer gehörten in erster Linie häufiges Beten mit Schriftrezitationen, Psalmengesängen und Fasten. Den Brauch eines ganzen Fastenmonats hatte Mani wahrscheinlich bereits von den Täufersekten übernommen, später wurde daran das → Bemafest als Gedenken an Manis Tod angeschlossen. Im Rahmen des Bemafestes und auch sonst spielten Buße und Beichte eine große Rolle. Abendliche sakramentale Mahlzeiten der Electi sollten durch das Essen von Lichtelementen in bestimmten Gemüsen, insbesondere Gurken, deren Aufstieg ins Lichtreich ermöglichen. – Als Staatsreligion im iran. Sassanidenreich am Widerstand der zoroastr. Priester zunächst gescheitert, griff Manis Lehre im Lauf der langen Zeit vom 3. bis zum 16. Jh. weit in den Mittelmeerraum und nach Zentralasien bis nach China aus. Der außerordentliche missionar. Erfolg des M. ist v. a. auf die Anpassungsfähigkeit zurückzuführen, mit der die manichäische Terminologie an die des jeweiligen Missionsgebietes angeglichen wurde. Manis Schüler Addas gelangte als Missionar über Syrien bis nach Alexandria und weiter nach Nordafrika. Die Wüstenstadt Palmyra wurde zu einem besonderen Stützpunkt der Manichäer, weil Addas auf seinem Weg hier zusammen mit Mani, der ihm aus der Luft zu Hilfe gekommen sein soll, die Schwester der Königin Zenobia von einer schweren Krankheit heilte. Von Nordafrika aus, wo nach Addas Fortunatus Felix und Secundinus unter starker Durchsetzung des M. mit christl. Elementen intensive Mission betrieben, gelangten die Manichäer nach Spanien, wo sie mit den Anhängern → Priscillians verwechselt wurden, was in den Quellen des öfteren zu Undurchsichtigkeiten führt. Ferner gelangte der M. auch nach Rom, Gallien, in den Balkanraum sowie nach Kleinasien. Hier entstand im 7. Jh. die neumanichäische Bewegung der → Paulikianer. Ihre Anhänger wurden von Byzanz verfolgt und um 970 massenhaft nach Europa deportiert. Sie verursachten zunächst in Bulgarien die Entstehung der → Bogomilen, die wiederum über Kroatien und Oberitalien ihren Einfluss bis nach Südfrankreich (→ Katharer) nahmen. Ostwärts missionierte zuerst Manis Schüler Mar Ammo. Er kam nach Chorasan und predigte in Sogdien. Von diesen Gebieten im nordöstlichen Iran aus gelangten Manichäer – manchmal als Diplomaten im Dienst der Herrschenden – um 700 nach China. Der M. schloss hier eine enge Verbindung mit dem → Taoismus, und die Manichäer genossen unter den Herrschern der T'ang-Dynastie einen besonderen Ruf als Zauberer und Astrologen. Während seiner Tätigkeit als Söldnerführer für die T'ang-Kaiser um 762 lernte der Uigurenfürst Bögü Chan den M. schätzen und machte ihn in der Folgezeit zur Staatsreligion seines Reiches in Zentralasien. Nach dem Zusammenbruch des Uigurenreiches unter den Kirgisen um 840 und dem Untergang der T'ang in China 906 hielt sich der M. noch länger im Staat von Chotscho bei Turfan (ca. 850–1250), an der Seidenstraße bis ins 14. Jh. und in südchines. Randgebieten sogar bis ins 16. Jh. Die Gründe für seinen schließlichen Untergang in den östlichen Verbreitungsgebieten sind nicht dokumentiert.

Lit.: K. M. Woschitz u. a., Das manichäische Urdrama des Lichts. Studien zu kopt., mitteliran. u. arab. Texten, 1989. S. Lieu, Manichaeism in the Later Roman Empire and Medieval China, [2]1992. A. Böhlig, Die Gnosis. Der M., 1995. S. Lieu, Manichaeism in Central Asia and China, 1998.

Mantik (von griech. »mainomai« rasend werden, verzückt sein), Wahr- und Weissagerei, von der man sich oft vorstellt, dass ein Gott oder Geist durch eine in → Ekstase befindliche Person spricht. Mittels der M. werden Auskünfte über den Willen höherer Mächte oder über das → Schicksal eingeholt. Sie spielt in der Esoterik eine wichtige Rolle.

Mantra (Sanskrit »Spruch«, »Opferformel«) Begriff aus den ind. Religionen für Laute, Wörter, Buchstaben, Sätze und ganze Formeln, die symbol. Bedeutung im Blick auf spirituelle Wesenheiten haben, d. h. als tonale Manifestationen von kosm. → Energien gelten. M.s werden zu liturg. Zwecken oder als Behelf zur → Meditation eingesetzt. Sie spielen auch in der → Tantrik eine große Rolle. Eingeschrieben in → Yantras und → Mandalas oder imaginativ sogar in den eigenen Körper des Meditierenden, dienen sie der Vergegenwärtigung des Göttlichen.

Lit.: A. Padoux, Recherches sur la symbolique et l'énergie de la parole dans certains textes tantriques, 1963.

Marcion von Sinope († ca. 160), christl.-gnost. Theologe. Ca. 139 kam M. nach Rom und schenkte der dortigen christl. Gemeinde einen großen Teil seines Vermögens, über das er als Schiffseigner verfügte. Er trat mit einer eigenen Lehre in Erscheinung, die den at.lichen Schöpfergott in einem schroffen Widerspruch zur christl. Botschaft sah. Entsprechend verwarf M. das AT, vom NT wollte er nur die Briefe des → Paulus und eine purgierte Form des Lk, das er ebenfalls für paulin. hielt. Der »gute«, »fremde« Gott des Christentums hatte nach M.s Lehre → Christus in einem Scheinleib (→ Doketismus) auf die Erde geschickt, um seine Güte zu verkünden. Unerkannt wurde das Phantasma, wie M. den Scheinleib Christi nennt, durch den Schöpfergott gekreuzigt, und Christus stieg in die Unterwelt herab, um dort die Verdammten des AT, wie Kain, die Sodomiten, die Ägypter sowie alle Heiden zu befreien. Nachdem seine Auffassungen von einer röm. Synode 144 abgelehnt wurden, gründete M. seine eigene Kirche. Er missionierte erfolgreich, sein Einfluss wurde von der Orthodoxie beklagt. Die Marcioniten, die zuletzt Anfang des 4. Jh. im Hauran (Südsyrien) bezeugt sind, fielen jedoch bald der staatlichen Ketzerverfolgung zum Opfer.

Lit.: A. von Harnack, M. Das Evangelium vom fremden Gott, [2]1924, Neudruck 1996.

Maria Magdalena, nach dem Zeugnis des NT eine Jüngerin Jesu. Sie gehörte zu den Frauen, die nach der Kreuzigung sein Grab leer fanden. Bei Lk erscheint sie als »Sünderin«, die Jesus um Vergebung bittet, woraus die spätere christl. Überlieferung resultiert, M. sei als Gegenpart zur Mutter Jesu, die als Jungfrau verehrt wird, eine Hure gewesen. Die Tradition des → esot. Seelenmythos wird hier erkenntlich, dabei das eine Schicksal der Seele aber auf zwei komplementäre Figuren aufgeteilt. In der → Gnosis gab es dagegen eine Tradition, nach der M. eine besondere Vertraute Jesu gewesen ist, gegen deren Bevorzugung vonseiten anderer seiner Anhänger opponiert wurde. An der ambivalenten Beurteilung der M. ist das schwierige Verhältnis der Esoterik zur erot. → Liebe abzulesen.

Lit.: M. Warner, Die reuige Sünderin, in: Maria. Geburt, Triumph, Niedergang – Rückkehr eines Mythos?, 1982. H.-G. HELD, M. Die Heilige Sünderin. Ein Lesebuch, 1988. A. MARJANEN, The Woman Jesus loved. Mary Magdalene in the Nag Hammadi Library and related Documents, 1996.

Markos der Magier, (Ende 2. Jh.) in Kleinasien wirkender valentinian. Lehrer, über den → Irenäus berichtet. Seine Grundlage war der Mythos des → Ptolemaios, dem er inhaltlich nichts hinzufügte, sondern über den er kontemplierte. Anhand zahlreicher Analogien, die er entweder aus der sinnlichen Anschauungswelt oder aus bibl. Texten bezog, versuchte M. die Gültigkeit dieses Mythos' zu beweisen oder ihn mindestens plausibel zu machen. Dabei gilt allerdings seine Aufmerksamkeit nicht dem Fallgeschehen und der dadurch in Gang gesetzten dramat. Handlung, wie sie für gnost. Mythen typ. ist. Vielmehr richtet sich M.' spekulatives Interesse auf eine geheimnisvolle, in Zahlen- und Buchstabenwerten ausdrückbare Qualität der pleromat. ebenso wie der ird. Zeugungen. Als eigentlicher Anlass seiner weitschweifigen Explikationen wird berichtet, dass M. eine Offenbarung der pleromat. Tetras (d. h. Bythos, Ennoia, Nous und Aletheia) zuteil wurde, die ihn über Buchstaben- und Zahlensinn der valentinian. Mythologie belehrte. Für die Erfassung des mythologischen Geschehens in Zahlen war durch Ptolemaio bereits der Grund gelegt worden, indem die Äonen abgezählt und ansatzweise nach Zahlenwerten zusammengefaßt wurden, insbesondere als Tetra (Vierheit) und als Ogdo (Achtheit) zu nennen sind. M. nimmt diese Ansätze auf und benutzt nun nicht mehr wie andere Gnostiker vor ihm den Mythos, um eine Befindlichkeit der Welt bzw. in der Welt ätiologisch zu begründen, sondern er bedient sich der Zahlen- und Buchstabenspekulation, um den nunmehr vorausgesetzten Mythos zu veranschaulichen. Z. B. verweist er auf die jedermann erfahrbaren vier Elemente als Abbild der pleromatischen Tetras, oder er sucht mit recht willkürlicher Auslegung geläufigen autoritativen Texten dem Mythos kongruente Aussagen abzugewinnen. So findet er hier die Tetras im ersten Satz der Genesis wieder, in dem von vier Dingen die Rede sei, von Gott, dem Anfang, dem Himmel und der Erde. Auf diese Weise entsteht ein überbordendes Analogiensystem, das den Mythos als über- und gleichzeitig innerkosmisches Ordnungsprinzip auf verschiedenen Ebenen immer neu vergegenwärtigen und somit erfahrbar machen kann. Dabei wird der für die Gnosis des 2. Jh. typ. Dualismus allmählich aufgelöst. Durch die Analogien wird die Kluft zwischen Pleroma und Kosmos erstens nicht mehr eigens thematisiert und zweitens deutlich verringert. Der radikal-gnostische Typ des Dualismus wird zum platonischen Typ abgemildert. So ist der Kosmos nicht mehr grundsätzlich böse und nicht einmal mehr die »Mißgeburt« eines gefallenen weiblichen Wesens, sondern als Abbild des Pleromas, das in ihm anschaulich wird, ist er lediglich von geringerer Qualität als jenes. Die Aussage, dass der Schöpfergott nicht der höchste Gott sei, sondern »eine Frucht des Mangels«, wird dabei gleichwohl aufrechterhalten. In alldem wird bei M. wird die Übergang von einer gnost.-dualist. Denkstruktur in eine esot.-monist., wie sie das 3. Jh. kennzeichnet, besonders anschaulich. Irenäus berichtet über M. ferner eine besonde Praxis der Eucharistiefeier, in der seine eigenen mag. Fähigkeiten eine wichtige Rolle spielten. Er soll damit seine in erster Linie weibliche Anhängerschaft sehr beeindruckt haben.

Lit.: Gnosis I., C. MARTESCHIES, Valentius Jusianus?, 1992.

Marsanes (NHC X, 1; 3. Jh.), sehr fragmentar. erhaltener sethian. Text mit starken platon. Einflüssen. Der Kosmos, die himmlische Welt und die menschliche Seele werden jeweils in Stufen konzipiert. Die dreizehn kosmologischen Stufen werden als »Siegel« bezeichnet und reichen von der Materie bis hinauf zur höchsten Gottheit, »Schweigender« genannt; es gibt also keinen scharfen Bruch zwischen Kosmos und → Pleroma wie sonst oft in der Gnosis. Einige wenige sethian. mytholog. Namen, wie → Barbelo und → Kalyptos, sind in diese Stufenkonzeption eingebaut worden. M.

enthält wie → Zostrianos und → Allogenes die Erzählung eines Seelenaufstiegs. Um die höheren Seinsstufen nach und nach zu erklimmen, benötigt der Myste die Kenntnis verschiedener Buchstabenkombinationen, deren Ausspruch ihm offenbar den jeweiligen Zugang eröffnet. Wie in vielen Texten der späteren Gnosis herrscht in M. die Vorstellung, dass der Aufbau des Kosmos in Buchstaben- und Zahlenwerten erfasst werden könne und dass die Kenntnis dieser Werte der Erlösung förderlich sei. Neben platon. Einfluss zeigen die Gnostiker hinter dieser Schrift eine Vertrautheit mit orientalisch-hellenistischer Astrologie, wie sie auch bei → Markos und in der Verwendung des → *Buches des Zoroaster* zutage tritt.

Ausg.: NHL. NHD.

Lit.: B. Pearson, Gnosticism as Platonism: With special Reference to M., in: HTR 77, 1984.

Masbuta, die → Taufe bei den Mandäern, mit der die Verbindung zur Lichtwelt rituell gefestigt wird.

Masiqta, bei den → Mandäern die Zeremonie des Seelenaufstiegs, die die Gemeinde für die Toten abhält.

Massage → Körpertherapien

Maximus Confessor (580–662), byzantin. Mystiker in der Tradition des → Dionysios Areopagites. Im Hinblick auf esot. Denken zusätzlich bedeutsam ist M.s Deutung der ostkirchlichen Liturgie als → Seelenaufstieg.

Lit.: W. Völker, M. als Meister des geistlichen Lebens, 1965. D. Staniloe, Le genie de l'Orthodoxie, 1985.

Medinet Madi, Fundort von sieben Codices kopt.-manich. Texte, die in der Ruine eines alten Hauses in M. in Mittelägypten südwestlich der Fayoum-Oase entdeckt wurden. Die Schriften datieren auf etwa 400 n. Chr. Sie sind Übersetzungen syr. Originale, die entweder von → Mani selbst oder von seinen unmittelbaren Nachfolgern verfasst wurden. Darunter befinden sich die *Kephalaia*, Briefe des Mani, eine Geschichte des Mani und seiner frühen Gemeinde und das *Kopt.-manich. Psalmbuch*. Die Texte, die 1933 in Europa bekannt wurden, befinden sich heute teilw. in Berlin, teilw. in Dublin (Chester Beatty Coll.).

Meditation (von lat. »meditatio«, wörtl. Nachdenken über), traditionell in Indien beheimatete Formen religiöser Übung, bei denen der Meditierende sich in sich selbst versenkt und sich dadurch für die ganze Dimension seines Daseins öffnet. Zur M. gibt es verschiedenste Techniken, die v. a. dazu dienen, den Geist zur Ruhe zu bringen. Dazu gehören → Mandalas, → Mantras, → Mudras und die Visualisierung von Gottheiten. Die einzelnen hinduist., buddhist. u. jainist. Schulen u. jeder einzelne → Guru lehren ihre eigenen Methoden der M.

Meister Eckhart (ca. 1260–ca. 1327), aus Thüringen gebürtiger Dominikaner, volkstümlicher Prediger und philosoph. Mystiker von hohem theolog. Rang in einer Person. M.s Bestreben ging einerseits dahin, den bibl.-christl. Glauben philosoph. zu begründen, andererseits das Verhältnis von Gott und Schöpfung neu zu definieren. Dabei griff er auf den im Johannesprolog angelegten und im Neuplatonismus entfalteten Gedanken von einer Ausgießung Gottes in die Schöpfung zurück. Da Gott das Sein ist, ist seine Schöpfung göttlich bzw. Gott selber, und sofern sie nicht göttlich ist, ist sie nichts. Es gibt kein anderes Sein als das Sein Gottes. Dieser Gedanke einer notwendigen Einheit von Gott und Welt rückt E. in die Nähe der Esoterik. Die immanente Erfahrbarkeit Gottes liegt hauptsächlich im Erkennen, denn Erkenntnis ist das innerste Wesen des Göttlichen und damit sogar über das Sein erhoben. Auch die Schöpfung ist zuallererst ein Akt des Erkennens. In Christus und in den Menschen erkennt Gott sich selbst.

M. entging nur durch seinen Tod einem 1326 gegen ihn eröffneten Inquisitionsprozess. 26 seiner Predigtsätze wurden wegen Häresieverdächtigung kirchlich verurteilt.

Lit.: K. Albert, M.s These vom Sein, 1976.

Melampus (7./6. Jh.), ältester Seher, Heiler und Sühnepriester des alten Griechenlands, seine Geschichtlichkeit lässt sich nicht eindeutig beweisen. Nachdem ihm als Kind die Ohren von Schlangen gesäubert worden waren, verstand er die Stimmen der Vögel und konnte mit ihrer Hilfe weissagen. Melampus heilte insbesondere Frauen durch Zaubermittel und Reinigungen. Er war mit der dionysischen Bewegung eng verbunden (→ Dionysos-Mysterien).

Melancholie, als eines der vier mit den → Elementen verbundenen Temperamente zunächst eine schwermütige, eher negativ bestimmte Charakterveranlagung. Die antike Medizin sah in der M. eine Disposition, die physisch auf der Produktion von schwarzer Galle beruhte. Die Weiterentwicklung aristotel. Naturphilosophie verband die M. mit platon. Vorstellungen über die mania, den göttlich inspirierten Wahnsinn. Die M. wurde als ein Gemütszustand modifiziert, der die großen, überragenden Persönlichkeiten wie Heroen, Dichter und Philosophen kennzeichnete. Diese besondere körperlich-geistige Verfassung befähigt einerseits zu großen Leistungen, bringt andererseits aber auch Gefahren mit sich; Melancholiker gelten als begabte, aber auch unglückliche Menschen, ständig schwankend zwischen Selbstüberhebung und Verzweiflung. Die Kirchenväter nannten die M. »acedia« (lat. »Trübsinn«) und erklärten sie als eine Heimsuchung durch Dämonen, insbesondere den Mittagsdämon. Die nachmittelalterliche Dichtung sah in der M. das Zeichen einer gesteigerten Selbstwahrnehmung und → Selbsterkenntnis, wodurch sie umso stärker in einen esot. Kontext gerückt wird. Vollständig entwickelt wurde ein neuer, für die Esoterik bedeutsamer M.-begriff durch → Ficinos Abhandlung *De vita triplici* (lat. *Über das dreifache Leben*). Im Dienste einer Zusammenschau aller über die M. umgehenden Spekulationen auf medizin., mag. und philosoph. Gebiet verband der Autor sie eng mit dem Einfluss des Planeten Saturn und interpretierte den besonderen Gemütszustand des Melancholikers als geistig-göttl. Kontemplation, die für schöpfer. Leistungen notwendig sei. Bei → Agrippa von Nettesheim wird die M. als eine der Inspiration durch höhere Wesen besonders förderliche Bewusstseinsbefindlichkeit beschrieben. Auch → Böhme nahm die esot. Ideen über M. auf und beschrieb sie als Weg, der entweder zum Teufel oder zum Heil führen konnte. In der → Romantik gingen die mit der M. verbundenen Gedanken im Geniebegriff auf. Das Genie gilt als von überird. Kräften inspirierter schöpfer. Mensch, der sich herkömmlichen Beurteilungsmaßstäben entzieht.

Lit.: R. Burton, Anatomie der Melancholie Über die Allgegenwart der Schwermut, ihre Ursachen und Symptome sowie die Kunst, es mit ihr auszuhalten, 1988. R. Kibanskiy u.a., Saturn u. M. Studien zur Geschichte der Naturphilosophie u. Medizin, der Religion und der Kunst, 1990.

Melchisedek (NHC IX,1; 2./3. Jh.), sethian. Text ganz eigener Art, für den ein judenchristliches Milieu angenommen wird. Melchisedek, der geheimnisvolle Priesterkönig aus der Frühzeit Jerusalems, wird wie im nt.lichen *Hebräerbrief* mit Christus gleichgesetzt und als »Hohepriester« bezeichnet. Die inhaltliche Klassifizierung der Schrift wirft große Probleme auf, schon deshalb weil der Text schlecht erhalten bzw. streckenweise total zerstört ist. Auch weist er nicht erkennbar eine geschlossene Form auf, sondern zerfällt, was seine rekonstruierbare inhaltliche Logik angeht, in drei lose bis überhaupt nicht zusammenhängende Abschnitte. Es handelt sich dabei um Offenbarungen aus der himmlischen Welt an M., die im Mittelteil durch einen Bericht in der 1. Person unterbrochen werden. Die Offenbarer an M. sind jedoch im ersten und dritten Abschnitt verschiedene. Die Zielrichtung des Textes ist zumindest in Teilen eine polemische. Auf den ersten Seiten von M. wird eindeutig die sethian. Mythologie vorausgesetzt. Der Offenbarer im ersten Teil, der Engel Gabriel oder Gamaliel, sagt von sich selbst, er sei zur Gemeinde des Seth ausgesandt worden, die sich hoch oben in der Äonenwelt aufhält. Er ruft mehrere in der sethian. Mythologie prominente Gestalten: Barbelo, Doxomedon, die vier Leuchter und Pigeradamas an. Kurz darauf werden die Gnostiker als »Geschlecht des Hohepriesters«, bezeichnet. Inkantationen sethian. myth. Figuren enthält auch die abschließende Passage des kult. geprägten zweiten Abschnitts. Weiter im ersten Teil berichtet der Engel eine kurze mythische Theogonie, die sonst in der Gnosis unbekannt ist. Es geht um eine emanative Schöpfung aller Götter, Engel, Menschen und der gesamten Materie (griech. »physis«) – der in den Himmeln, der über und der unter der Erde – aus dem höchsten Prinzip, Vater des Alls genannt. Darauf folgt ein Stück über den »wahren Adam« und die »wahre Eva«, das sich an die ophitische Mythologie anlehnt. Dieser Abschnitt unterscheidet dualistisch zwischen den Nachkommen Adams und Evas, die durch Essen vom Lebensbaum die Gnosis erworben haben und folglich den Archonten (hier: Cherubim und Seraphim) abschwören, einerseits, und denen, die selbst durch die Archonten gezeugt wurden, andererseits. In einer eschatolog. Passage, mit der die erste Offenbarung abschließt, wird dieser Dualismus wieder aufgenommen. Den Erwählten wird hier zwar vielfaches Leiden, aber dennoch endgültiger Sieg vorausgesagt. Dabei enthält der Text einen Hinweis auf die realen Gegner dieser sethian. beeinflußten Melchisedekianer. Sie werden als Doketen beschrieben, die den Glauben an eine körperliche Existenz des Erlösers ablehnen. Die Träger dieser Schrift sind also antidoketische Gnostiker, die sich mit doketischen Gnostikern in einen Lehrstreit verwickeln. Im Text ist ein anthropolog. Dualismus prominent, der seinen Impuls vor allem aus diesem Lehrstreit erfahren haben dürfte. Auf seine kosmologische Begründung aber wird weitgehend verzichtet. Gleichwohl wird ein kosmisches Gegenprinzip vorausgesetzt. Es scheint seine Bedeutung in dieser Schrift vor allem dadurch zu haben, dass es gegen das gnostische Geschlecht opponiert und für die Kreuzigung des Heilands verantwortlich ist. Auf letztere rekurriert nach einer Andeutung auf das Sterben des Erlösers gleich im Anschluß an die Eingangsformel der Schrift der letzte, stark fragmentarische Abschnitt von im Rahmen des für die Zukunft vorhergesagten apokalypt. Geschehens. Hinter der Schrift, die eine eindeutig polem. Zielrichtung hat, ist eine Gruppierung zu vermuten, die Züge einer bei → Epiphanios erwähnten, sich »Melchisedekianer« nennenden Gruppierung mit Sethianischem kompiliert hat.

Ausg.: NHL. NHD.

Memphitische Theologie, (entst. ca. 2040 v. Chr.), theogon. System des ägypt. Alten Reiches, nach dem die Schöpfung mit Ptah-Nun und Ptah-Naunet, der männlichen und weiblichen Personifikation des Urwassers, beginnt. Ptah-Nun, der männliche Part, bringt nicht durch einen sexuellen Akt, sondern allein durch sein Denken und sein Wort die Götterpaare Atum-Tefnut, Geb-Nut, Osiris-Isis und Seth-Nephthys hervor. Diese Mythologie nimmt das Prinzip gnost. Kosmogonien wie auch der jüd.-platon.-christl. Lehre vom → Logos vorweg.

Menander (1. Jh.), ein aus Samaria stammender, in Antiochia wirkender Gnostiker, den die Häresiologen als Schüler des → Simon Magus beschreiben. Er soll seine Anhänger v. a. durch Zauberkünste beeindruckt und ihnen mittels der von ihm erteilten Taufe Unsterblichkeit versprochen haben. Ferner erwähnt → Irenäus eine Lehre M.s, nach der die von der → Ennoia hervorgebrachten Engel die Welt geschaffen hätten.

Mensch. Esot. Anthropologie kreist um die Vorstellungskomplexe von der Entstehung eines vollkommenen Urm.en aus dem Element Erde, Zutaten von den verschiedenen Planeten und dem göttlichen Lebensfunken, vom → Fall dieses Urm.en und dem Verlust seiner ursprünglichen Göttlichkeit und von den Möglichkeiten zur Wieder- oder Neuerlangung von Gotteseigenschaften. Bezüglich der histor. Genese dieser Ideen lassen sich zwei Grundelemente voneinander unterscheiden: 1) Substrate eines Urm.-Mythos', wie sie in mehreren indoeuropäischen Traditionen zu finden sind (Purusha bei den Indern, Gayomard bei den Iranern, Ymir bei den Germanen). Aus der Zerstückelung dieses Urm.en entstand der → Kosmos. 2) Spekulationen um die Schöpfungserzählungen im bibl. Buch *Gen* (1,26 und 2,7), die sich im Bereich des hellenisierten Judentums der späteren Antike mit astrolog. Gedanken verbanden. Wie genau der Zusammenhang zwischen diesen Grundelementen entstand, kann nicht mehr ermittelt werden. Jedenfalls entspricht dem indoeuropäischen Mythos in frühjüd. Quellen, dass man den ersten Adam für riesengroß hielt, ihm einen besonderen Anteil an der Schöpfung zusprach und in ihm ein Sinnbild des gesamten Kosmos sehen wollte. Platon. Einfluss auf die allegor. Exegese der verschiedenen Erwähnungen der Menschenschöpfung in Gen hat wahrscheinlich zu der Auffassung geführt, dass die Schöpfung eines Ideen-M.en nach dem Ebenbild Gottes aus Erde bzw. Materie vom Vorgang der Beseelung dieses M.en zu trennen sei. Der → Dualismus der → Gnosis interpretierte das so vorgebildete Motiv weitergehend dahin, dass die Schaffung des materiellen M.en und seine Beseelung verschiedenen Göttern zuzuschreiben sei. Die frühen Sethianer spitzten die Dichotomie sogar soweit zu, dass sie von der Existenz zweier völlig unterschiedlich gearteter M.entypen ausgingen. Die meisten Gnostiker aber nahmen an, dass alle M.en sowohl aus materiell-dämon. als auch aus göttlichen oder Licht-Anteilen bestünden. In einer Reihe von Texten wird die Erschaffung des materiellen Menschen in vielen Einzelheiten beschrieben, wobei neben dem → Demiurgen als Schöpferengel auch die Planeten an der Bildung seines Körpers beteiligt sind. Hierin wird die Vorstellung ausgedrückt, dass der M. als Mikrokosmos die gesamte Welt im Kleinen repräsentiere. In kabbalist. Traditionen, die nicht in dem Maße wie die Gnosis vom Dualismus bestimmt sind, ist der Urm., Adam Kadmon, der höchste Gott selbst in seiner Eigenschaft als Schöpfer. Die Qualitätsminderung in seinem Wesen gegenüber dem in sich verharrenden → Ain Sof geschah durch eine Art Unfall, indem die zum Auffangen des Schöpferlichts bestimmten Gefäße zerbrachen. Eine andere Version vom Fall des vollkommenen göttlichen M.en entwickelte die → Hermetik. Der hermet. Mythos → *Poimandres* berichtet, der Urm. habe sich in die bereits vom → Logos verlassene Natur verliebt, sei zu ihr herabstiegen und habe sich dadurch in die finstere Materie verstrickt. Nach den Mythen des → Manichäismus wurde der M. erst geschaffen, um die Lichtwelt gegen den Angriff der Finsternis zu verteidigen. In der → Isma'iliya wird der himml. M. durch → Qadar repräsentiert, dem der → Teufel → Iblis den Gehorsam verweigerte. Gnostiker, Hermetiker und Manichäer vollzogen seit dem 3. Jh. ihre Wiedervereinigung mit der göttlichen Welt im Ritual des → Seelenaufstiegs. Über → Paulus von Tarsos gelangten esot. Vorstellungen von der ursprünglichen Göttlichkeit des M.en in die christl. → Mystik. Der Interiorisierung entsprechend, die beim Übergang esot. und gnost. Motive in die Mystik allgemein zu beobachten ist, erscheint hier der göttliche M. als innerer M. (homo interior); genauso verhält es sich mit dem Lichtm. der → Sufik. Die Renaissance stellte mit dem Aufschwung der hermet. Wissenschaften die kosm. Bezüge des M.en wieder her. → Böhme erneuerte noch einmal den Mythos vom M.en., wenngleich auch er im Sinne der Mystik postuliert, dass sich das myth. Geschehen der Rückkehr des Urm.en in seine lichtweltliche Heimat sich in der Seele jedes Einzelnen vollziehen müsse. Der Weg zum Neuen M.en, der den göttlichen Urzustand wieder herstellt, ist der meditative *Weg zu Christo*. Dennoch bezieht Böhme in sein Bild vom M.en ausdrücklich dessen Leiblichkeit mit ein, indem er besonders die → Androgynie als Ausdruck der Vollkommenheit betont. Unter den Romantikern inspirierte der Urm.-Mythos v.a. → Blake. In der hermet. Tradition vom M.en als Mikrokosmos ist bei Blake der Urm. direkt verbunden mit seiner Vision vom Neuen Jerusalem. – Zum Begriff des M.en gehört in der Esoterik, dass dieser Sinnbild der gesamten Schöpfung ist und dass durch seinen Fall die Vollendung der Schöpfung nach dem anfänglichen göttlichen Plan aufgehalten wurde. Damit obliegt dem M.en als Mikrokosmos die Aufgabe, durch seine Selbstvervollkommnung auch den Makrokosmos dem eigentlichen Schöpfungsziel zuzuführen. Entsprechend werden esot. Entwürfe vom M.en oft mit → Zeitalterlehren verbunden. Besonders detailliert geschieht dies in der → Anthroposophie, die annimmt, dass sich in jeder geschichtlichen Epoche ein neues → Wesensglied des M.en herausbildet, das seine Möglichkeiten, spirituelle Realitäten wahrzunehmen, verändert und im Hinblick auf den Endpunkt der gesamten Entwicklung verbessert. Auch das → Newage geht von einer fortschreitenden Evolution des M.en aus, in deren Verlauf am Ende des 20. Jh.s ein Sprung zu verzeichnen sei. Aufgrund des Einflusses der Lehre → Jungs, die ganz ähnlich wie die Mystik alle religiös-esot. Entwicklungsprozesse in das Innere des M.en verlegt, tritt in der Esoterik des 20. Jh.s der myth.-gegenständliche Aspekt des M.enbildes sehr stark zurück. Dabei besteht die Auffassung, dass der M. schlechthin vollkommen sei und sich dessen nur bewusst werden müsse parallel zu der, dass die Wieder- oder Neuerlangung der menschlichen Vollkommenheit nur auf einem esot. → Schulungsweg erlangt werden könne.

Lit.: E. Benz, Der vollkommene M. nach Jakob Böhme, 1955. H. Schlier, Der Mensch im Gnostizismus, in: H. J. Bleeker (Hg.), Anthropologie réligieuse, 1955. H.-M. Schenke, Der Gott »M.« in der Gnosis. Ein religionsgeschichtlicher Beitrag über die paulin. Anschauung von der Kirche als Leib Christi, 1962. Satprem, Der M. hinter dem M.en, 1985. H. Corbin, Die smaragdene Visison. Der Licht-M. im pers. Sufismus, 1989. J. Hozhausen, Der »Mythos vom M.en« im hellenist. Ägypten, 1994.

Merkava-Mystik (hebräisch »Thronmystik«) Bezeichnung für die im 2. und 3. Jh. n. Chr. prominente früheste Form der → Kabbala. Ihr Gegenstand ist der Aufbau jener himml. Welten, die um den göttlichen Thron gruppiert sind und in deren Palästen die → Engel wohnen. Ausgangspunkt für die M. waren die at.lichen Visionsberichte des Jesaja (Jes 6) und des Ezechiel (Ez 1. 10,1), die von einer ihnen plötzlich zuteil gewordenen Schau Gottes selbst, seines Thrones, seines Gewandes und der höchsten Engel, der Cherubim und Seraphim, berichten. Der Zugang zu einer solchen Vision wurde von der M. ritualisiert; er vollzog sich stufenweise im Laufe einer Himmelsreise. Damit der Myste, der »yored merkava« (»Absteigender zum Thron«), diese erfolgreich besteht, werden ihm Gebetsformeln, Hymnen und → Siegel als mag.-theurg. Mittel an die Hand gegeben, mit denen er Engel beschwören und seinen Zwecken dienstbar machen kann. Sehr wichtig für seinen Seelenaufstieg ist auch die Kenntnis der → Namen Gottes. Sie wurden in kleinen esot. Kreisen von Lehrer zu Schüler weitergegeben. Die Engel spielen als Träger des Thrones und Torwächter der sieben Paläste (hebräisch »hekhalot«) in der Thronwelt eine große Rolle. Zu ihren wichtigsten Aufgaben gehört das Preisen der Gottheit. Nachdem der Myste alle Paläste durchquert hat, sieht er Gott selbst oder die → Shekhina als seine äußere Gestalt.

Manche Texte enthalten sogar Beschreibungen des göttlichen Körpers (→ Shi'ur Koma).

Lit.: G. Scholem, Jewish Gnosticism, Merkabah Mysticism and Talmudic Tradition, 1965. I. Gruenwald, Apocalyptic and Merkava Mysticism, 1980. J. Dan (Hg.), Early Jewish Mysticism, 1987. P. Schäfer, Der verborgene u. offenbare Gott: Hauptthemen der frühen jüd. Mystik, 1991. N. Deutsch, The Gnostic Imagination, 1995.

Merlin, legendäre Figur aus der walis. Überlieferung, dort unter dem Namen Myrddin: Berühmter Dichter und Seher im Gefolge des Königs Gwenddolen fab Ceidiaw. Nach den *Annales Cambriae* fochten beide in der großen Schlacht von Arfderydd (nördlich von Carlisle), die 573 zwischen verfeindeten kelt. Fürsten ausgetragen wurde. Gwenddolen starb im Kampf, M. wurde verrückt. Vor einem Gegner seines toten Königs floh er in die schott. Wälder und erlangte dort in der Einsamkeit die

Gabe der Weissagung. Weithin bekannt wurde M. durch seine Aufnahme in die *Historia Regum Britannicae* (12. Jh.) des Geoffrey von Monmouth. Dabei wurde die walis. M.-Gestalt mit einer Figur der *Historia Brittonum* (9. Jh.), dem jugendlichen Seher Ambrosius, verschmolzen. Er galt als Sohn eines gefallenen Engels und einer Klosterfrau, der sich sogar vor → Druiden durch seine ungewöhnliche Sehergabe auszeichnete. Als Wahrsager und geistlicher Führer wurde M. eng mit König → Artus verbunden. Ebenso wie seine Geburt war auch sein Tod ein außergewöhnlicher: Nach einer letzten großen Offenbarung wurde er durch einen Zauber seiner Geliebten in die Erde gebannt.

Lit.: F. Schlegel, Romant. Sagen des MA.s, 1986. J. Markale, M. Priest of Nature, 1995.

Merton, Thomas (1915–1968), US-Amerikan. Dichter, Zisterziensermönch und einer der bedeutendsten modernen Mystiker, der eine vom Christentum ausgehende, dann aber zunehmend interreligiöse Spiritualität mit sozialpolit. Engagement verband. Seine Autobiographie *The Seven Storey Mountain* (engl. *Der siebenstufige Berg*, 1948), in der er sein von inneren Krisen heimgesuchtes Leben schildert, das er durch einen kontemplativen Weg ins Gleichgewicht zu bringen versuchte, traf offenbar einen Nerv seiner Zeit und erregte viel Aufsehen. M. starb völlig unerwartet in Bangkok bei einem Autounfall, der durch einen seiner engsten Freunde als Selbstmord interpretiert wurde.

Ausg./Lit.: Th. Merton, Keiner ist eine Insel, 1997. Ders., Der Berg der sieben Stufen, 2000.

Mesmer, Franz Anton (1734–1815), deutscher Arzt, der der Auffassung war, dass das gesamte Universum und alle Lebewesen von feinsten magnet. Strömungen durchpulst würden. Auf dieser Grundlage erklärte M. Krankheiten als magnet. Stauungen im Körper, die durch Abstreichen oder -leiten, vorzugsweise unter Zuhilfenahme metall. Gegenstände, gelöst werden könnten. Er hatte mit dieser Methode einige aufsehenerregende Erfolge, und die Patienten machten während der Heilbehandlung quasi-religiöse Erfahrungen. M.s Lehre, die den → esot.-therapeut. Strömungen des 18./19. Jh.s zuzurechnen ist, beeinflusste die romant. → Naturphilosophie.

Lit.: E. Benz, F. A. M. (1734–1815) u. seine Ausstrahlung in Europa u. Amerika, 1976. Ders., F. A. M. u. die philosoph. Grundlagen des animal. Magnetismus, 1977. H. Schott (Hg.), F. A. M. u. die Geschichte des Mesmerismus: Beiträge zum internationalen wissenschaftlichen Symposium anlässlich des 250. Geburtstages von M., 1985. G. Wolters (Hg.), F. A. M. u. der Mesmerismus: Wissenschaft, Scharlatanerie, Poesie, 1988.

Metanoia (griech. »Umkehr«), im hellenist. Judentum, im NT und in der → Gnosis die Erfahrung, die aus einer inneren Einsicht zu einer grundsätzlichen Änderung der Gewohnheiten und zu einem neuen, gottgefälligen Leben führt. Eine moderne Vokabel, die denselben, für die Hinwendung zu esot. Lehren und Gruppierungen ebenfalls sehr zutreffenden Vorgang beschreiben würde, fehlt bislang. M. wird heute meistens mit dem lat. Pendant »Konversion« wiedergegeben, das aber auch für rein formale Glaubensübertritte verwendet wird.

Lit.: H. G. Schönfeld, M. 1970. L. R. Rambo, Understanding Religious Conversion, 1993.

Metatron, in der → Merkava-Mystik der Name des nach seiner Entrückung zum Engelfürsten erhöhten → Henoch. Sein Thron steht am Eingang des siebten Palastes, den der Myste auf seiner Seelenreise durchquert, bevor er unmittelbar zum Thron Gottes gelangt. M. ist ein »Kleiner YHWH« mit 70 Namen, die eine ähnlich wichtige Bedeutung haben wie die → Namen Gottes. Der erste Name ist Yahoel, d.i. ein in apokryph-jüd. Traditionen, besonders in der *Abrahamsapokalypse*, auftretender Engel, dessen Züge in den → Hekhalot-Texten auf M. übertragen worden sind. Im Unterschied zur späteren Kabbala hat die →

Merkava-Mystik die göttliche Welt beschrieben, ohne im Zusammenhang damit den → Fall eines Himmelswesens zu thematisieren und und ein problemat. Verhältnis zur Entstehung des Kosmos zu entwickeln.

Meyrink, Gustav (1868–1932), eigentlich G. Meyer, aus Wien gebürtiger Schriftsteller, der mehrere Romane über esot. Themen verfasste, darunter *Der Golem* (1915), *Der Engel vom westlichen Fenster* über → Dee und *Das grüne Gesicht.* Der Protestant M. konvertierte 1927 zum Buddhismus.

Milarepa (1052–1135) → Tibet. Buddhismus

Minne (alt- und mittelhochdeutsch »Liebe«) bezeichnete im MA eine literarisch stilisierte Form der Beziehung zwischen den Geschlechtern mit z. T. sowohl esot. als auch religiösen Konnotationen. → Liebe.

Lit.: P. DINZELBACHER U.A., Liebe, in: Lexikon des MA, Bd. V, 1991; U. SCHULZE, Minne, ebd., Bd. VI, 1993.

Mithrasmysterien, an den altiran. Kult des Gottes Mithra angeschlossene → Antike Mysterien mit ausgeprägt kosmolog. Bezügen. Der Gott Mithras, der bereits im Alten Iran auch mit der Sonne gleichgesetzt wurde, stand ursprünglich für die Regelung der Beziehungen zwischen den Menschen und damit für den Aufbau der Gesellschaft iran. »mithra« (= Vertrag). Im Mittelpunkt seines Kultes stand ein Stieropfer. Ihren Ursprung hatte die Verehrung dieser Gottheit wahrscheinlich in Männerbünden, die nach einer erfolgreichen Jagd gemeinsam die Beute verzehrten. Die kosmolog. Komponente der Stiertötung bestand darin, dass nach einem altiran. Mythos aus einem ursprünglichen Stieropfer des Mithra die Welt entstand. Diesen iran. Anschauungen wurden später Elemente aus dem hellenist. Gestirnsglauben hinzugefügt. Wie aus dem Kult, dem unter den Achämeniden ein nationaler Status zugemessen wurde, die M. als Geheimreligion entstand, ist unbekannt; eine bewusste Stiftung ist nicht auszuschließen. Die M. kannten sieben Weihegrade mit jeweils fester Verbindung zu den sieben Planeten. Hieran schloss sich eine komplexe Symbolik mit Spekulationen über die Sphären des Kosmos und die Zustände der menschlichen Seele an. Die → Initiation wurde in höhlengestaltigen Heiligtümern vollzogen, den sog. Mithraeen; über den genauen Hergang können vermittelst archäolog. Zeugnisse nur Vermutungen angestellt werden. Eine große Rolle spielten die M. besonders in Militärkreisen des Röm. Reiches.

Lit.: R. MERKELBACH, Mithras. Ein pers.-röm. Mysterienkult, 1998. D. ULANSEY, Die Ursprünge des Mithraskultes. Kosmologie u. Erlösung in der Antike, 1998.

Moderne Kunst. Die Bildende Kunst hat als Trägerin bildlicher Symbolwerte zur Esoterik wie zur Religion überhaupt eine enge Verbindung. Mit der grundsätzlichen Ablösung von »wirklichkeitsgetreuen« Darstellungsformen, wie sie sich zuerst mit dem Impressionismus und dann besonders seit dem Symbolismus vollzog, gewinnt sie zu den Ideenwelten der Esoterik eine besondere Nähe. Die M. wandte sich von allen kulturellen Strömungen seit der → Romantik mit der größten Konsequenz von einem positivistischen Realitätsbegriff ab und wollte bewusst andere Wahrnehmungsebenen bildlich darstellen. In diesem Sinne gilt für sie das Diktum Paul Klees (1879–1940): »Kunst gibt nicht das Sichtbare wieder, sondern macht sichtbar«. Die Esoteriker → Steiner und → Ouspensky erläuterten die Rolle des Künstlers als Seher. Die Geschichte der Modernen Malerei beginnt mit der Brechung des herkömmlichen Raumbegriffs durch die nach- oder spätimpressionistischen Werke Vincent van Goghs (1853–1890) und dann insbesondere durch Paul Cézanne (1839–1906) und Georges Seurat (1859–1891). Die Tiefenperspektive wird weitgehend aufgelöst und die → Farbe zum formgebenden Prinzip erhoben. Seurat und sein Schüler Paul Signac (1863–1935) erreichten den Anschein einer Atomisierung des Raumes durch ihre Technik der Tupfenmalerei, den sog. Pointillismus. Damit war der Weg zur Ablösung der gegenständlichen Darstellung, wie sie in den Jahren vor dem I. Weltkrieg von den Avantgardekünstlern v.a. in Russland und Deutschland konsequent vollzogen wurde, beschritten. Was die Spätimpressionisten über Veränderung der künstler. Technik erzielten, wurde von den sog. Symbolisten ab ca. 1885 inhaltlich thematisiert. Im Symbolismus wurden Traumfiguren und andere, immer subjektiv verstandene Äußerungen des Unbewussten zu den wesentlichen Motiven von Dichtung und Malerei. Hinzu kamen, insbesondere durch den Einfluss Paul Gauguins (1848–1903), eine Integration des Naiven und folkloristischer Elemente in die Sphäre der Hochkunst. Der innovative Einsatz der Farbe und die neue thematische Orientierung von der objektiven Alltagswelt im Impressionismus zur subjektiven Erfahrungswelt im Symbolismus verbanden sich in den ersten beiden Jahrzehnten nach 1900 zu den in einer noch wenig erforschten Wechselwirkung mit der zeitgenössischen Esoterik stehenden Stilen des Kubismus, Futurismus und Expressionismus. Für diese Künstler verlor der dreidimensionale Raum endgültig seine Funktion als tragendes Kriterium bildnerischer Gestaltung. Die Kubisten (Picasso, Georges Braque u.a.) zerlegten Raum und Gegenstände in geometr. Struktureinheiten und erreichten so eine Multiperspektive; den Futuristen (Umberto Bocioni, Giacomo Balla u.a.) ging es zusätzlich um die Darstellung von Bewegungsphasen. Eine futuristische Sonderentwicklung war der Rayonnismus der Moskauer Avantgardisten Michail Larionow (1881–1964) und Natalia Gontscharowa (1881–1962), die ihre Gegenstände in Form reiner Energie darstellten und damit eine besondere Affinität zu esot. Vorstellungen aufwiesen. Hier zeigt sich die Wirkung von Theorien über Strahlen als primäre Erscheinungen der kosm. → Energie, wie sie im Anschluss an die Entdeckung der Röntgenstrahlen 1895 und radioaktiver Elemente durch Marie Curie 1898 in theosoph. Kreisen und von → Ouspensky vertreten wurden. Ferner dürften auch die zeitgenöss. esot. Spekulationen über die → Vierte Dimension eine Rolle gespielt haben, die man durch die neuen naturwiss. Erkenntnisse bestätigt sah. Auch viele Expressionisten, die mit ihren Darstellungen subjektiv erlebter Trieb- und Gefühlswelten sowie Natur- und Landschaftsphänomenen durch eine großflächig angelegte Farbigkeit Effekte erzielten, standen unter unmittelbarem Einfluss der zeitgenöss. Esoterik. Zu ihnen gehörten insbesondere → Wassily Kandinsky (1866–1944), der mit seiner Schrift Über das Geistige in der Kunst das Format eines eigenständigen esot. Theoretikers hatten und Franz Marc (1880–1916), der seine Inspiration noch aus der → Romantik empfing und besonders mit der indisch-buddhist. Mitleidsethik (→ Ahimsa) sympathisierte. In gegenläufigem Bemühen zum Expressionimus ging es Piet Mondrian (1872–1944) und anderen Konstruktivisten sowie auch den Suprematisten um Kasimir Malewitsch um die Objektivierung der Abstraktion, in der die sinnliche Erfahrung der Gegenständlichkeit aufgehoben sein sollte. Während in den genannten Strömungen die Esoterik durchaus ernst genommen und als bewusste Alternative zum bürgerlichen Realismus kultiviert wurde, zielte der nur wenig später aufkommende → Surrealismus in erster Linie auf eine totale Zerstörung der gängigen Wahrnehmungs-, Ordnungs- und Denkmuster, die die verdrängten Kräfte des → Unbewussten befreite, ohne gleichzeitig ein konstruktives Programm zu entwerfen. Der spätsurrealistischen Kunst der sog. Wiener Schule (Rudolf Hausner, Ernst Brauer u.a.) schienen die Widersprüche zwischen einer subjektiven Innen- und einer als solche wieder anerkannten objektiven Außenwelt unauflösbar. – Tendenzen zu einer optisch-bildnerischen Auflösung des Materiellen bestanden Anfang des 20. Jh.s auch im Bereich der Architektur und Plastik. Als wichtiges Vorbild der Raumüberwindung in der Architektur galt die gotische Kathedrale. Vermieden wurde eine strenge Linienführung, gern imitierten die Künstler Naturformen wie Steine und Kristalle (→ Edelsteine), Sträucher und Muscheln. Die Ansätze Steiners und der ausgeprägte Eklektizismus im Baustil des Katalanen Antoni Gaudí

(1852–1926) wurden nach einer Phase reiner Funktionalität von der → Postmoderne wieder aufgenommen. Deren repräsentativster Vertreter in der Architektur war Friedensreich Hundertwasser (1928–2000).

Lit.: G. RICHTER, Ideen zur Kunstgeschichte, 1983. R. STEINER, Kunst u. Kunsterkenntnis. Grundlagen einer neuen Ästhetik, ³1985. R. GOLDWATER, Primitivism in Modern Art, Neuaufl. 1986. M. TUCHMANN/J. FREEMAN, Das Geistige in der Kunst. Abstrakte Malerei 1890–1985, 1988. SCHIRN KUNSTHALLE FRANKFURT (HG.), Okkultismus und Avantgarde. Von Munch bis Mondrian 1900–1915, 1995. K. JÜNGLING/B. ROSSBECK, Franz und Maria Marc, 2000.

Mögling, Daniel (ca. 1595–1636), Pseudonym Theophilus Schweighart, als Leibarzt des Landgrafen Philipp von Hessen-Butzbach tätiger Mediziner und Pansoph (→ Pansophie), der vehement gegen die Zersplitterung des Wissens in Einzelwissenschaften Stellung bezog. Er schuf das Bild des »arbor pansophiae« (lat. Baum der Pansophie), bei dem sich wie im theosoph. System der → Kabbala das Eine in verschiedenen Aspekten zeigt, die nur als seine Manifestationen und in ihren gegenseitigen Bezügen sinnvoll betrachtet werden können. M. war ein Freund → Andreaes und setzte sich für die Verbreitung der → Rosenkreutzer-Idee ein.

Möwe Jonathan, Die, kurzer parabelhafter Roman des US-Amerikaners Richard Bach, der seit seinem ersten Erscheinen in englischer Sprache 1970 besonders in esot. Kreisen große Popularität genoss. In einer klaren, realistischen Sprache erzählt er die Erlebnisse einer Möwe, die über die ihrer Art gesetzten Grenzen hinaus nach Höherem strebt und bei ihren außergewöhnlichen Flugerfolgen zu höheren Daseinsebenen vorstößt. Am Ende verzichtet sie auf die eigene weitere Ausbildung, um andere, hinter ihr zurückgebliebene Möwen dasselbe zu lehren, und erreicht dadurch höhere Vollkommenheit.

Ausg.: R. BACH, M., ¹³2000.

Monismus, die Lehre von der → Einheit

Monoimos der Araber (ca. 3. Jh.), verkündete eine gnost. → Drei-Prinzipien-Lehre, die nach dem unvollständigen Bericht → Hippolyts Elemente enthielt, wie sie sich auch bei den → Naassenern und in der → *Apophasis Megale* finden.

Lit.: W. FOERSTER, Die Gnosis. Zeugnisse der Kirchenväter, 1995.

Morgenstern, Christian (1871–1914), deutscher Lyriker. In den meisten seiner Werke (z. B. *Galgenlieder*, 1905; *Palmström*, 1910) stellte er die ihm sinnlos erscheinende Welt in grotesk-phantast. Szenen und Bildern dar. Zeitlebens war M. jedoch auf der Suche nach einer spirituellen Sinngebung, die er vorübergehend im Buddhismus und schließlich in der Lehre → Steiners fand. In *Wir fanden einen Pfad* (1914) und *Stufen* (1919) beschrieb er den anthroposoph. Weg in Gedichtform.

Ausg.: Sämtliche Dichtungen, 18 Bde., 1971–80.

Lit.: R Meyer, Chr. M. in Berlin, 1959. F. HIEBEL, Chr. M., 1987.

Morphologie, bereits in Theophrasts Abhandlungen über die Pflanzenwelt (um 300 v. Chr.) erscheinender, von K. F. Burdach um 1800 aufs neue eingeführter Begriff der Entwicklungsbiologie, der in → Goethes Metamorphose der Pflanzen und den Naturwissenschaftl. Schriften vertieft und schließlich in der Anthroposophie → Steiners in steter Auseinandersetzung mit den materialist. Anschauungen der Evolutionstheorie Ernst Haeckels (1834–1919) weiterentwickelt wurde. Der M. liegt eine organ.-monist. Auffassung zugrunde. Sie beschreibt Bau und Form der Lebewesen sowie ihrer einzelnen Organe und führt sie vergleichend auf wenige Grundformen zurück, hinter denen sich schließlich die undifferenzierte Eine Lebenskraft verbirgt. Besonders die Anthroposoph. Naturforschung kultiviert heute die M. als Alternative zu den mechanist. Anschauungen der Schulwissenschaften.

Moses ben Shemtov de León († 1305), span. Kabbalist, der sehr wahrscheinlich den → *Sohar* verfasste. Weitere seiner Schriften sind bisher nicht ediert.

Mudra (sanskrit »Zeichen«, »Siegel«), Hand- und Fingerhaltungen der hinduist. und buddhist. Gottheiten, die auch in ind. Tempeldiensten und im Tanz Verwendung finden. Sie besiegeln die rituellen Handlungen und die dabei eingesetzten → Mantras. Mit derselben Funktion werden sie in der tantr. Meditation eingesetzt. Eine zentrale Rolle spielen sie im → Vajrayana-Buddhismus.

Lit.: T. Horyu, Si-do-in-dzou: Geste de l'officiant dans les cérémonies mystiques des sectes Tendai et Shingon, 1899.

Mündlichkeit, wichtiges Prinzip traditioneller Esoterik. Besser als die schriftliche Übermittlungsform ist sie für esot. Lehren geeignet, weil sie erstens nur einen ausgewählten Kreis von Adressaten erreicht und zweitens nicht zum Dogma werden kann.

Musik und Esoterik. Aufgrund ihrer Ausdrucksmöglichkeiten auf einer nicht-sprachlichen, d. h. unmittelbaren Ebene stehen M. in einem inneren Zusammenhang. → Energie äußert sich auf direktestem Wege als Klang. Nach → Pythagoras' Lehre von der → Harmonie der Sphären ist der ganze Kosmos ein System tönender Schwingungen, dessen Ordnungen sich in musikal. Tonleiter u. Harmonielehre spiegeln und somit vergegenwärtigen. Allerdings sind, was konkrete musikal. Werke angeht, kaum bewusste Reflexionen dieser Zusammenhänge festzustellen. Möglich erscheint, dass Johann Sebastian Bach (1685–1750) mit kabbalist. → Zahlenspekulation und rosenkreutzer. Gedankengut vertraut war und beide entsprechend in seine Kompositionen einfließen ließ. Mozarts Beziehung zu den → Freimaurern kann zwar u. a. im Libretto der → *Zauberflöte* verortet werden, nicht aber explizit in der Partitur. Auch der Aufschwung, den Kunst- und Musikphilosophie in der Romantik und in den theoret.-mathemat. Ansätzen der Neuen Musik genommen haben, hat Komponisten nicht dazu veranlasst, über das Wesen ihrer musikal. Inspiration substantielle Angaben zu machen. Es scheint, dass die Inhalte der Musik und damit auch ihre Kommensurabilität mit der Esoterik auf außermusikal. Wege nicht erfassbar sind.

Lit.: F. Stege, Musik – Magie – Mystik, 1961. C. M. Schmidt (Hg.), Brennpunkte der Neuen Musik, 1977. R. Steiner, Das Wesen des Musikal. u. das Tonerlebnis im Menschen, 1981. K. D. Muthmann (Hg.), Musik u. Erleuchtung. Der Weg der großen Meister. Ein Lesebuch mit Texten u. Zitaten zur Kunst, 1984. J.-E. Berendt, Nada Brahma. Die Welt ist Klang, 1985. C. Caspers, Mysterium Musik. Die abendländ. Tradition aus spiritueller Sicht: von Bach bis Messiaen, 1991. S. von Gleich, Über die Wirkung der Tonarten in der Musik, 1993. J. Godwin, Music and the Occult: French Musical Philosophies 1750–1950, 1995. T. de Leeuw, Die Sprache der Musik im 20. Jh. Entwicklung, Strukturen, Tendenzen, 1995. G. Steiner, Errata. Bilanz eines Lebens, Kap. 6, 1997. F. Berger, Der okkulte Bach. Zahlengeheimnisse in Bachs Leben u. Werk, 2000.

Mutter, Die → Aurobindo

Mutter des Lebens, mytholog. Figur des Manichäismus. Sie hat Bezüge zu → Eva und ähnelt der gnost. → Barbelo.

Mysterien von Eleusis, älteste der → Antiken Mysterien mit exemplar. Charakter in ihren zwei tragenden Bedeutungsaspekten: 1) Fruchtbarkeits- und Lebensspendung; 2) eschatolog. Hoffnung und Vorerleben des Lebens nach dem Tode im Mysteriengeschehen. Grundlage der Mysterienhandlung ist der Mythos von der Kornmutter Demeter und ihrer Tochter Persephone. Persephone-Kore wird vom Unterweltsgott Hades, der sie zur Frau haben wollte, entführt. Ihre Mutter Demeter sucht sie vergeblich und zieht sich dann in Trauer zurück. Als Folge bleibt das Land unfruchtbar, und die Menschen ernten kein Getreide mehr. Der Göttervater Zeus muss eingreifen und handelt einen Pakt aus, nachdem Persephone vier (nach anderen Versionen des Mythos sechs) Monate des Jahres bei ihrer Mutter bleibt und den Rest der Zeit bei Hades in der Unterwelt verbringt. Wichtigste Person bei den Weihehandlungen war in histor. Zeit der Hierophant (griech. »Hohepriester«). Ihm stand eine Priesterin aus dem Geschlecht der Philleiden zur Seite, deren Stellung im Kult möglicherweise die älteste ist. Wichtige Funktionen hatten ferner die Fackelträger (Daduchoi) und ein »Priester des Altars«. Die M. wurden nach einem komplizierten Zeremoniell in zwei Hauptetappen vollzogen: Die erste, die sog. Kleinen Mysterien in Agrai bei Athen, die Großen Mysterien sechs Monate später mit einer zehntägigen Prozession von Eleusis bis zum Fuße der Akropolis. Mittelpunkt der Kleinen Mysterien war ein Opfer an Demeter und Kore. Die Großen Mysterien begannen am Tag vor dem nächsten Vollmond. Dann traten die Mysten nach einer Reinigung erstmals in das Eleusinium ein. Am zweiten Tag zogen sie zum Meer, reinigten sich darin abermals und opferten ein Schwein, dessen Asche verstreut wurde. Zurück in der Stadt nahmen die Initianten an Opfern von Kuchen aus Weizen und Gerste teil und tranken den Kykeon-Trunk aus Getreide und Minze, dem manche Interpreten der M. eine berauschende Wirkung zuschreiben. Am 19. Boedromion (dem ersten Monat des athen. Jahres) wurden die hl. Kultgegenstände (hiera) in einer feierlichen Prozession nach Eleusis gebracht, wobei an der Spitze des Zuges eine Statue des Dionysosknaben Iakchos mitgeführt wurde. Auf dem Wege wurden einzelne Stationen des Demeter-Persephone-Mythos nachempfunden. In der Halle der Einweihung (Telesterium) brachten die Mysten den beiden Göttinnen abermals ein Opfer. Dann begann die → Initiation, über deren Einzelheiten wegen der Geheimhaltungspflicht kaum etwas bekannt ist, ebensowenig wie über die drei verschiedenen Weihegrade (Neophyt, Myste, Epopte). Den Mysten wurden die hiera enthüllt, die vielleicht Werkzeuge zur Getreideverarbeitung waren, nach anderen Auffassungen Nachbildungen der menschlichen Geschlechtsorgane. während der drei Tage im Telesterion wurden die Mysten möglicherweise Zeugen einer Offenbarung der Persephone-Kore. Der Hierophant gab während der ganzen Zeit mündliche Unterweisungen und zeigte am Ende eine einzelne Kornähre. Zum Abschluss der Feiern gehörten ein großes Gastmahl, an dem die Eingeweihten in besonderen Gewändern teilnahmen, und ein Gedenken an die Toten.

Mysterien von Samothrake, seit ca. 550 v. Chr. nachweisbarer Mysterienkult der Kabiren, rätselhafter chthon. Gottheiten aus vorgriech. Zeit. Über die hl. Handlungen ist wenig bekannt, jedoch gab es offensichtlich Beziehungen zur Schmiedekunst. In den M. wurden Eisenringe verwendet. Ferner scheint es Verbindungen zu Demeter (→ Mysterien von Eleusis) und zu → Orpheus gegeben zu haben. In späterer Zeit war die Schutzfunktion der Kabiren gegen die Gefahren der Seefahrt besonders wichtig. Der deutsche Altphilologe und Mythenforscher Georg Friedrich Creutzer (1771–1858) interpretierte die den M. zu Grunde liegende Mythologie als eine Emanationslehre der Kabiren. Diese Auffassung wurde von → Schelling in seinem Vortrag *Über die Gottheiten von Samothrake* (1815) abgewandelt und im Sinne romant. Vorstellungen ausgeweitet. → Steiner griff aus Schellings Interpretationen zurück und setzte die Emanation der Kabiren zu seiner eigenen Lehre von den menschlichen Wesensgliedern in Beziehung.

Lit.: F. Schelling, Schriften von 1813–1830, 1968. B. Hemberg, Die Kabiren, 1950. S. G. Cole, Theoi Megaloi. The Cult of the Great Gods at Samothrake, 1983. H. Ehrhardt, Samothrake, 1985.

Mysteriosophie, von Ugo Bianchi gepägte Bezeichnung für das hellenist.-spätantike Ideenkonglomerat aus → Orphik, → Platonismus, Pythagoreismus, → Stoa und → Gnosis, das eine Verbindung mit den initiator. Kulthandlungen der → Antiken Mysterien einging.

Lit.: U. Bianchi, Selected Essays on Gnosticism, Dualism and Mysteriosophy, 1978.

Mystik, Teil- oder Unterströmung der Religion, die in ihren Grundanschauungen und Zielen für den Weg des Menschen mit der Esoterik nahezu identisch ist. Besonders für das Judentum werden die Bezeichnungen »Esoterik« und »M.« synonym verwendet. Wie die Begriffe gebraucht und inwiefern beide inhaltlich unterschieden werden, hat sowohl dogmat. als auch wissenschaftsgeschichtliche Gründe. Zumindest im Rahmen des Christentums erlaubt der religionsgeschichtliche Verlauf eine klare Differenzierung: Das weitgehend mytholog. Weltbild der antiken Esoterik und insbesondere der jüd.-christl. → Gnosis wurde durch kirchliche Theologen internalisiert, d.h. seiner kosmolog. Züge beraubt. Dadurch entstand die christl. M. als innerer Weg des Menschen zu Gott. Sowohl Esoterik als auch M. betonen die Einheit von → Gott und → Mensch, unterscheiden sich aber hinsichtlich ihres Verhältnisses zur Welt der sichtbaren Erscheinungen, die von der M. gänzlich vernachlässigt, im Rahmen der esot. Wissenschaften dagegen als Manifestation des Göttlichen aufmerksam studiert wird. Was in der Esoterik ojektive Erfahrung des kosm. Stufenbaus ist, ist in der M. subjektives Seelenempfinden. Allerdings konnte bereits während des MA.s M. durch mytholog. und insbesondere kosmolog. Ausweitungen (wieder) zu Esoterik werden, wie etwa bei → Dionysius Areopagita oder Hildegard von Bingen. Mit jedem Aufschwung der → Naturphilosophie und ihrer Verknüpfung mit der christl. Tradition gehen M. und Esoterik wechselseitig ineinander über. Im 20. Jh. ist wiederum eine starke Annäherung der M. an die Esoterik zu konstatieren. – In soziolog. Hinsicht neigt die M. anders als die Esoterik nicht zur Organisation in → Geheimgesellschaften, sondern bleibt Angelegenheit eines vereinzelten Strebens. Auch neigt sie zu keinem anthropolog. → Dualismus.

Lit.: E. Underhill, M. Entwicklung des religiösen Bewusstseins des Menschen, 1928. G. Scholem, Die jüd. M. in ihren Hauptströmungen, 1957. U. King, Towards a new Mysticism, Teilhard de Chardin and Eastern Religions, 1980. A. Schimmel, Myst. Dimensionen des Islam. Die Geschichte des Sufismus, 1985. W. Böhme (Hg.), Zu dir hin. Über myst. Lebenserfahrung von Meister Eckhart bis Paul Celan, 1987. G. Wehr, Die Deutsche M. Myst. Erfahrung u. theosoph. Weltsicht, 1988. J. Sudbrack, M., ^{3}1992. Ders., M. im Dialog. Christl. Tradition, ostasiat. Tradition, vergessene Traditionen, 1992. B. Borchert, M. Das Phänomen. Die Geschichte. Neue Wege, 1994. K. Albert, Einführung in die philosoph. M., 1996. A. M. Haas, M. als Aussage. Erfahrungs-, Denk- und Redeformen christl. M., 1996.

Mythos (griech. »Erzählung«), Überlieferung kosmogon. Ereignisse, Götter- und Heldengeschichten, die meist in lange zurückliegende Zeiten verlegt werden. Kennzeichnend für myth. Berichte sind eine symbol. Sprache und Redundanz. Der M. ist so angelegt, dass er immer wieder erzählt und dabei ausgeschmückt und verändert wird. Seine erzähler. Funktion ist in der Regel die Ätiologie, seine soziale Funktion die Identitätsfindung oder -stärkung einer ethn. oder Religionsgemeinschaft. Für die Esoterik ist der M. v.a. in zweierlei Hinsicht bedeutsam: 1) Die Symbolsprache des M. scheint geeignet, religiöse Wahrheiten auszudrücken, die auf einer anderen Ebene liegen als Faktenwissen, und für überhistor., allegor. Deutungen offen sind. 2) Die identitätsstiftende und sozial bindende Funktion des M. ist für esot. Gemeinschaften, die oft sehr kurzfristig als Splittergruppen breiterer religions- und kulturgeschichtlicher Strömungen entstehen, besonders relevant. Nachdem die Gemeinschaft dann mittels eines M. gefestigt ist, lässt sich oft ein Übergang zu nicht-myth. Denkstrukturen beobachten.

N

Naassener (von hebräisch »nachash«, gräzisiert »naas« Schlange), Anhänger einer zu den → Drei-Prinzipien-Lehren zählenden Richtung der → Gnosis, von der ausschließlich → Hippolytos berichtet. Sie selbst nannten sich »Gnostiker«, die Fremdbezeichnung N. rührt von der Verehrung der → Schlange in Gen 3 als Erkenntnisbringerin her. Gegenstand umfangreicher Spekulationen ist der → Mensch als Mikrokosmos (→ Makro- und Mikrokosmos), der in sich die drei Prinzipien des Vorher-Seienden, des Selbstentstandenen und des Chaos birgt. Unverbunden daneben besteht die Vorstellung, ein Demiurg-Gott Esaldaios habe die Welt geschaffen und die Seele aus den oberen Anteilen des Menschen in sie hinabgestoßen. Die N. versuchten durch zahlreiche allegor. Auslegungen in heidn. Mythologie und Mysterientheologie sowie in bibl. Material Bestätigungen ihrer Lehren zu finden, als deren Urheber sie den Apostel → Jakobus ausgaben.

Lit.: H. Leisegang, Die Gnosis, [5]1985. W. Foerster (Hg.), Die Gnosis, 1995.

Naassenerpredigt, in *Hippolytos' Refutatio* 5,7,3ff. überlieferte gnost. Interpretation eines Hymnus' auf den phryg. Gott Attis.

Naassenerpsalm, in *Hippolytos' Refutatio* 5,10,2ff. überlieferter Hymnus der → Naassener, der das unglückliche Schicksal der Seele und daran anschließend das Erlösungswerk Jesu beschreibt.

Lit.: M. Marcovich, The Naassene Psalm in Hippolytos, in: Ders., Studies in Graeco-Roman Religions and Gnosticism, 1988.

Nabel, Mittelpunkt des → Körpers und Sitz des dritten Chakras. Nach dem Volksglauben verbindet der N. den Menschen mit der Erde und spielt deshalb eine besondere Rolle bei mag. Praktiken. Im → Yoga und besonders im → Hesychasmus wird meditative Konzentration durch die Fixierung des N.s erreicht.

Lit.: W. H. Roscher, Omphalos. Eine philolog.-archäolog.-volkskundliche Abhandlung, 1913. H. V. Herrmann, Omphalos, 1959.

Nachmanides, Moses (1195–1270), berühmter span.-jüd. Gelehrter, der darum bemüht war, exoter. rabbin. mit esot. Kabbalist. Schriftdeutungen in Einklang zu bringen. Besonders wichtig ist im Hinblick auf die Geschichte der → Kabbala seine Rezeption des → Buches des Schöpfung. Daneben spielte N. auch eine vermittelnde Rolle in der Kontroverse um die Philosophie des Maimonides (1138–1204). I.J. 1263 forderte der vom Judentum zum Christentum konvertierte Fra Pablo Christiani Nachmanides zu einer Disputation über die Wahrheit des Christentums auf, bei der auch der aragon. König Jakob anwesend sein sollte. Obwohl man ihm vorher das Recht auf freie Rede zugesichert hatte, wurde Nachmanides wegen seiner Äußerungen der Lästerung angeklagt und verbannt. Er starb 1270 in Akkon (Palästina).

Ausg.: C. D. Chavel (Hg.), Ramban (N.), Commentary on the Tora, 5 Bände, 1971–76. Ders. (Hg.), Ramban (N.), Writings and Discourses, 2 Bde., 1978.

Nacht, als myth. Kathegorie → Ungrund der Welt vor allem gestalthaften Sein, das aus ihr hervorgeht, sich aber immer wieder auch gegen sie behaupten muss. Die N. kann die Lichtwesen verschlingen und ist insofern ein Gefahrenherd. In ihren bedrohlichen Aspekten erscheint sie als Finsternis in gnost. und manichäischen Mythen. Andererseits ist die N. eine Brücke zwischen Diesseits und Jenseits, zwischen Bewusstem und Unbewusstem und als solche eine wichtige Quelle der Inspiration. Dadurch, dass sie den Mächten der Geisterwelt offensteht, schafft sie die geeignete Atmosphäre für schaman. Jenseitsreisen und für mag. Handlungen und Anrufungen, insbesondere bei Mondenschein. Die → Mystik sieht in der N. das die Seele umfangende Dunkel, in dem sich die Gegenwart Gottes ankündigt. Sie kann dabei als Leidenszeit verstanden werden, die die Seele in Erwartung des → Lichts durchlebt, aber auch paradox als »Überlichtes Dunkel«, wie bei → Dionysios Areopagites. Eine eigene Bedeutung gewann die N. bei vielen Romantikern. → Novalis besingt sie in seinen *Hymnen an die N.* als Hort der Vereinigung mit der Geliebten und mit Christus.

Lit.: D. Turner, The Darkness of God. Negativity in Christian Mysticism, 1995.

Nag Hammadi, oberägypt. Ortschaft, nach der eine im Dezember 1945 gefundene Handschriftensammlung in kopt. Sprache benannt ist. Ein einheimischer Fellache war auf der Suche nach Weichdung bei einem zum Jabal al-Tarif gehörigen Felsblock zufällig auf einen im Sand vergrabenen Krug gestoßen, der die Papyrusblätter barg. Auf abenteuerlichen Umwegen gelangte die Sammlung schließlich ins Kopt. Museum in Kairo, wo sie heute aufbewahrt wird. Sie besteht aus dreizehn Codices mit insgesamt 51 (teilweise fragmentar.) Texten zumeist gnostischer Provenienz. 39 dieser Schriften waren bis zu dem bedeutenden Fund von N. völlig unbekannt. Es handelt sich um kopt. Übersetzungen und Abschriften von Originaltexten aus dem Griech., in einzelnen Fällen möglicherweise auch aus dem Syr. Die N.-Codices stammen aus der ersten Hälfte des 4. Jh., die durch sie bezeugten Werke sind aber größtenteils älter. Ansonsten sind die Umstände, unter denen die Schriften kopiert und zusammengestellt wurden, unbekannt. Der Grund dafür, dass sie vergraben wurden, war wahrscheinlich die Furcht des Besitzers oder der Benutzer, während einer kirchlichen Ketzerverfolgung als Häretiker entlarvt zu werden. Durch die N.-Texte konnte die bis dahin weitgehend von den oft polem. und inhaltsverzerrenden Berichten der Kirchenväter abhängige Gnosisforschung auf eine sicherere histor. Basis gestellt werden.

Lit.: The Facsimile Edition of the N. codices. Published under the Auspices of the Department of the Antiquities of the Arabic Republic of Egypt in Conjunction with the UNESCO, 1972–1984. A. Khosroyev, Die Bibliothek von N. Einige Probleme des Christentums während der ersten Jh., 1995. S. Emmel, Religious Tradition, Textual Transmission, and the N. Codices, in: J. D. Turner/A. McGuire (Hg.), The Nag Hammadi Library after Fifty Years. Proceedings of the 1995 Society of Biblical Literature Commemoration, 1997.

Nahtoderlebnisse, Bewusstseinserfahrungen im Zustand des medizin. festgestellten sog. klin. Todes. Menschen, die nach ihrem klin. Tod wider Erwarten wieder zum Leben erwachen, berichten, sie hätten wie durch einen Tunnel ein stark strahlendes → Licht gesehen und dorthin gelangen wollen. Solche Berichte von N.n werden von Esoterikern als Beweis dafür interpretiert, dass der → Tod kein Ende, sondern einen Übergang bedeutet, und dass mit ihm v. a. positive Erfahrungen verbunden sind. Sie sind eine Hilfe für die Überwindung der Angst vor dem Tod und für ein bewussteres Sterben.

Lit.: R. A. Moody, Leben nach dem Tod. Die Erforschung einer unerklärten Erfahrung, 1975.

Namen Gottes, die Seine Eigenschaften bezeichnen, sind häufig Ausgangspunkt esot. Systeme und Gegenstand der Meditation. Sie stehen in der Esoterik für die Ausfaltung Gottes und bilden als Hypostasen die Grundelemente der Welt. → Dionysios Areopagites schrieb unter dem Titel *De divinis nominibus* (lat. *Über die göttlichen Namen*) einen dreizehn Kapitel umfassenden Traktat, der das Wesen Gottes über die ihm beigelegten Namen zu erklären versucht. Während das Erkennen Gottes selbst bei Dionysios ganz im Zeichen der Negativen Theologie (→ Nichts) steht, offenbart er Aspekte seiner Totalität über seine Namen. In der → Kabbala erscheinen die N. als → Sefirot.

Nationalsozialismus. Die Ideologie des den faschist. Bewegungen zugehörenden Nationalsozialismus bezog wesentliche ihrer Bestandteile aus der Esoterik. Dabei müssen eine inhaltliche und eine strukturelle Komponente zunächst getrennt voneinander betrachtet werden. Inhaltlich entscheidend ist das aus Teilen der deutschen Spätromantik entwickelte → völk. Denken in Deutschland und Österreich, das sich bereits im ausgehenden 19. Jh. mit Anschauungen der → Theosophie vage verbunden hatte. Die verschärfte dualist. Struktur der nationalsozialist. Weltanschauung aber, die die gesamte Wirklichkeit im Zeichen des Gegensatzes zwischen Ariern und Juden interpretierte, ist aus der Theosophie überhaupt nicht und aus dem völk. Denken auch nur teilweise ableitbar. Diese Struktur hat ihr Vorbild in den gnost. → Abstammungsmythen des 2. Jh.s, die die Juden zu Abkömmlingen der Finsternismacht erklärten. Eine Verbindung von german.-völk. Inhalt und gnost. Struktur ist bereits für die → Ariosophie festzustellen. Die genauere Untersuchung der Genese des nationalsozialist. → Antisemitismus mit seinen chiliast. Aspekten unter diesen Gesichtspunkten und ihre Bedeutung im Zusammenhang mit biograph. bzw. psychograph. Besonderheiten Hitlers steht noch aus.

Lit.: E. R. Carmin, »Guru« Hitler. Die Geburt des N. aus dem Geiste von Mystik u. Magie, 1985. N. Goodrick-Clarke, The Occult Roots of Nazism. Secret Aryan Cults and their Influence on Nazi Ideology, 1985. E. Howe, Uranias Kinder: Die seltsame Welt der Astrologen und das Dritte Reich, 1995. H. Strohm, Die Gnosis u. der N., 1997. M. Ley/J. H. Schoeps (Hg.), Der N. als polit. Religion, 1997. Y. Karow, Deutsches Opfer. Kult. Selbstauslöschung auf den Reichsparteitagen der NSDAP, 1997.

Natiq (arab. »Sprecher«, »Redender«), in der → Isma'iliya Bezeichnung für jeden der sieben Propheten und Offenbarer einer Gesetzesreligion: → Adam, Noah, Abraham, Moses, → Jesus, Mohammed sowie den erst noch kommenden → Mahdi.

Natur. Für die esot. Weltanschauung ist die Beobachtung der N. und das Leben nach ihren Gesetzen von besonderer Bedeutung, denn in der N. manifestiert und offenbart sich das Göttliche. Dies kann entweder so verstanden werden, dass die Welt der Erscheinungen aus dem Absoluten emaniert und somit dessen Abbild ist, oder die N. wird ohne jede Einschränkung mit Gott oder dem Geist gleichgesetzt. Letztere Vorstellung wurde besonders von der → Naturphilosophie der → Romantik kultiviert und hat heute im Bereich des → Neuheidentums viele Anhänger.

Lit.: J. Hemleben, Diesseits. Vom Lesen im Buche der N., 1980. R. Groh/D. Groh, Weltbild u. N.aneignung. Zur Kulturgeschichte der N., 1991. P. C. Mayer-Tasch (Hg.), Die Zeichen der N., 1998.

Naturgeister, im → Volksglauben vielfach bezeugte Wesenheiten, die mit der Elementar- und Pflanzenwelt in Verbindung gebracht werden. Zu ihnen zählen die Elben oder Elfen, Gnome, Feen, Kobolde, Zwerge, Trolle, Undinen u. v. a. In alten Mythen und Volkserzählungen spielen sie die unterschiedlichsten Rollen und können den Menschen entweder dienstbar oder hinderlich und sogar feindlich gesonnen sein. Das offizielle Christentum erklärte sie zu Ausgeburten des → Teufels. Esoteriker haben dagegen bereits seit der Antike solche volkstümlichen Vorstellungen positiv aufgenommen, die N. genauer klassifiziert und sie den Vier → Elementen zugeordnet, dies allerdings in sehr uneinheitlicher Weise, so gibt es die verschiedensten Angaben dazu, was für eine Art Körper den N.n eigen sei. Die Tradition esot. Beschäftigung reicht von → Iamblichos über → Agrippa von Nettesheim und → Paracelsus, der den N. eine eigene Schrift widmete (*De nymphis, sylphis, pygmaeis et salamandrius*), bis hin zu → Steiner. Die zeitgenöss. Esoterik betrachtet die N. v. a. unter dem Aspekt eines neuen ökolog. Bewusstseins. Entsprechend spielt die Kommunikation mit N.n eine wichtige Rolle in → Naturreligion und → Neuheidentum.

Lit.: D. van Gelder, Im Reich der N., o. J. N. Arrowsmith, Die Welt der N. Handbuch zur Bestimmung der Wald-, Feld-, Wasser-, Haus-, Berg-, Hügel- und Luftgeister aller europ. Länder, 1984. W.-D. Storl, Von Heilkräutern u. Pflanzengottheiten, [2]1993. T. Andrews, Enchantment of the Fairie Realm.

Communicate with Nature Spirits and Elementals, 1994.

Naturphilosophie, eine Art der Naturforschung, die bewusst über die empir., experimentelle Methode hinausgeht oder ihr auch ganz widerstrebt. Gegenstand naturphilosoph. Spekulationen sind die wechselseitigen Beziehungen zwischen → Gott, dem Universum und den Lebensformen auf der Erde. Dabei ist der Ausgangspunkt jedoch stets die konkrete Natur, die für die N. aus lebendigen Strukturen besteht. Zu ihren wichtigsten Forschungsgegenständen gehört das Wesen des → Lichts. Der Begriff »philosophia naturalis« wird erstmals in der → Stoa verwendet, trifft aber inhaltlich bereits auf die Forschungsweise der → Vorsokratiker zu, die gegenüber der Natur eine nicht- bzw. vorkategoriale Haltung einnahm und Materie und Geist, Seele und Körper noch nicht im Sinne einer Subjekt-Objekt- Spaltung einander gegenüberstellten. Ein Grundgedanke esot. N. ist, dass die Anschauung der Natur und die Spekulation über sie der Natur selbst zu einem höheren Dasein verhelfe. N. dient damit immer auch einer Erlösung der Natur aus ihrem materiellen Schwerezustand.

Der Beitrag des → Platonismus zur N. bestand v.a. im → *Timaios*, wo der Kosmos als »zoon« (griech. »Lebewesen«) bezeichnet wird. Ansonsten ist jedoch die platon. Metaphysik den Bestrebungen der N. eher entgegengerichtet, weil sie dazu neigt, das Materielle gegenüber dem Ideellen abzuwerten. Anders als der Platonismus lehnte die Stoa rein spekulatives Wissen ab und suchte das Überirdische mit dem Irdischen harmonisch zu verbinden. Die → Hermetik ging dann in einigen Teilen so weit, dass sie behauptete, Geist und Natur bildeten eine Einheit und Gotteserkenntnis sei nur über den Weg der Kontemplation über die sichtbare Welt zu erreichen. Der Ursprung dieser Lehre hat seine Wurzeln im → alten Ägypten, wo der → Kosmotheismus in der Theologie der Ramessidenzeit erstmals greifbar ist. Einflussreichster naturphilosoph. Text des MA.s war das → *Periphyseon des* → Eriugena. Arab. Wissenschaftler nahmen hermet. Gedankengut auf und unterlegten aristotel. Texte mit myth.-mag. Interpretationen, in welcher Form sie dann über das maur. Spanien das christl. Europa erreichten. Seit dem 12. Jh. erfuhren kosmolog. Themen aus der griech.-röm. Antike im Abendland einen Aufschwung, der zunächst von der → Schule von Chartres, im 13. Jh. dann hauptsächlich von den → Franziskanern getragen wurde. Während der Renaissance blühte mit allen anderen Zweigen der Esoterik auch die N., und die hermet. Auffassung, dass Naturerkenntnis eine Möglichkeit zur Gotteserkenntnis sei, wurde die vorherrschend Idee der neuzeitl. N. bis zur → Romantik. Entscheidend wurde der Einfluss des → Paracelsus, der über Jh.e in ganz Europa zu spüren war. In Deutschland erwuchs die Bewegung der → Pansophie, die in ihrem universalist. Anspruch noch weiter ging als die herkömmliche N. Sie wirkte sehr stark auf die → Rosenkreutzer sowie auf → Böhme, bei dem sich bereits ein Übergang von N. in → Theosophie erkennen lässt. Ihren letzten Höhepunkt erreichte die N. in der europ. Romantik und zeitgleich im → Amerikan. Transzendentalismus. Beide postulierten die Identität von Geist und Natur. Das spekulative Element überwog jedoch immer stärker das konkret-beobachtende, wobei sich bereits im 18. Jh. deutlich abgezeichnet hatte, dass der aus antiken Traditionenen erwachsenen N. der Anschluss an die modernen Naturwissenschaften nicht gelingen würde. Folglich zog sich die N. immer mehr auf nicht-empir. Bereiche zurück. Nachdem sie seit dem Ausgang der Romantik nahezu bedeutungslos geworden war, zeichnet sich am Ende des 20. Jh. eine Erneuerung der N. ab, wobei ihre Träger Naturwissenschaftler, insbesondere Physiker sind. Sie verbinden jüngste naturwissenschaftliche Einsichten, wie → Quantenphysik oder → Chaostheorie mit Lehren aus östlichen Religionen und aus der Esoterik. In der zeitgenöss. populären Esoterik ist dagegen die Selbsterkenntnis gegenüber der Naturerkenntnis das beherrschende Ziel aller praktischen Bemühungen.

Lit.: S. Sambursky, Natur u. Geist: Stufen der Entfremdung, in: A. Portmann/R. Ritsema

(HG.), Der Sinn des Unvollkommenen (Eranos-Jb. 46), 1977. G. BATESON, Geist u. Natur. Eine notwendige Einheit, 1987. H.- P. DÜRR/W. C. ZIMMERMANN (HG.), Geist u. Natur. Über den Widerspruch naturwissenschaftlicher Erkenntnis u. philosoph. Welterfahrung, 1989. K. GLOY, Das Verständnis der Natur II. Die Geschichte des ganzheitlichen Denkens, 1996.

Naturreligion, neuer Sammelbegriff für Religionen und religiöse Strömungen, die Naturerscheinungen verehren und/oder die Natur als Ganzes zum Gegenstand religiösen Denkens und zum Bezugspunkt ihrer Ethik machen. Ausgangspunkt ist die Beschädigung und Ausbeutung der Natur durch die Lebensweise der Industriegesellschaften. Obwohl diese ökolog. Perspektive sehr modern anmutet, sind erste Ansätze der N. bereits in der antiken Esoterik verankert. So beklagen hermet. und gnost. Texte aus dem röm. kolonisierten Ägypten des 3. und 4. Jh.s den Verfall des Landes durch Naturzerstörung, die auf die ausbeuterische Agrarpolitik der Römer zurückzuführen war. Im selben Zusammenhang dürften Passagen in der manichäischen Literatur aus Kellis in der ägypt. Dakhle-Oasis stehen, unter denen sich – sehr auffällig angesichts des manichäischen Dualismus – sogar eine Anrufung an den »Herrn der Natur« (griech./kopt. physis) findet. Sehr viel später hat dann der respektlose Umgang mit der Natur sicherlich zu den Ideen der romant. → Naturphilosophie beigetragen. In der zeitgenöss. N., die eklektisch aus vielen Quellen schöpft, spielt neben neuheidn. Anschauungen der → Ahimsa-Gedanke eine wichtige Rolle.

Lit.: C. L. ALBANESE, Nature Religion in America. From the Algonkian Indians to the New Age, 1990. R. S. GOTTLIEB (HG.), This Sacred Earth. Religion, Nature, Environment, 1996.

Neohinduismus, aus der Begegnung des traditionellen Hinduismus mit westlichem Christentum und abendländ. Zivilisation erwachsene esot. Bewegung, die sich von Indien ausgehend auch in den USA und Europa ausgebreitet hat. Obwohl der Hinduismus ein Begriff für zahlreiche verschiedene Einzelkulte ist, postuliert der N. seine spirituelle Einheit. Er kann sich dabei bereits auf die ältesten Schriften des Hinduismus, die Veden, die vor und über der hinduist. vielgestaltigen Götterwelt ein allumfassendes, unpersönliches Absolutes annimmt, berufen. Im Vedanta, insbesondere in der Advaita (Sanskrit »Nicht-Zweiheit«) -Philosophie Shankaras († ca. 820) wurde dieser Gedanke weiter ausgeführt. Er wird vom N. übernommen und auch um Inhalte nicht-hinduist. Religionen erweitert. Dabei konnten seine Verfechter eine Haltung einnehmen, wie sie unter westlichen Esoterikern auch bezüglich des Christentums besteht, dass nämlich die angestammte hinduist. Religion der am höchsten entwickelte Weg zum gemeinsamen Ziel der Einheit aller Religionen sei. Auf der anderen Seite aber strebte der N. in Indien Reformen sozialer Missstände, z.B. des Kastenwesens und der Witwenverbrennung, an. PAUL HACKER definierte den N. als einen kulturellen Nationalismus der Inder, die nach der Übernahme bestimmter westlicher Normen zu neuem Selbstbewusstsein erwacht seien und nun mit einer religiösen Mission Indiens im Westen aktiv würden. Die ersten neohinduist. Zentren in westlichen Ländern gründete → Vivekananda. In den 1970er und 80er Jahren erreichte die Tätigkeit neohinduist. Gurus in den USA und Westeuropa einen Höhepunkt; seitdem geht ihr Einfluss zurück.

Lit.: P. HACKER, Der Dharma-Begriff des Neohinduismus. DERS., Aspects of Neo-Hinduism as Contrasted with Surviving Traditional Hinduism, in: Kleine Schriften, 1978. M. VON BRÜCK, Einheit der Wirklichkeit. Gott, Gotteserfahrung u. Meditation im hinduist.-christl. Dialog, 1986. J. FIGL, Die Mitte der Religionen. Idee u. Praxis universalreligiöser Bewegungen, 1993.

Netzwerke, die Organisationsstruktur des → Newage und großer Teile des → Neuheidentums. Nicht zuletzt dank neuer, weitgehend über Personalcomputer ermöglichter Informationstechnologien dienen N. der Verständigung zwischen Gleichgesinnten, ohne dabei hierarch. Strukturen aufzubauen. Sie stellen aus vielfältigen Entwürfen eine flexible Einheit her, durch die insbesondere die Esoterik in der westlichen Welt in den 1980er Jahren gekennzeichnet war, während seit Mitte der 1990er Jahre Differenzierungen wieder stärkere Betonung erfahren. → Soziologie der Esoterik

Lit.: M. York, The Emerging Network: A Sociology of the New Age and Neo-Pagan Movements, 1995.

Neue Wissenschaften, Sammelbezeichnung für Wissenschaften, die den → Paradigmenwechsel vollzogen, sich vom cartes.-newtonschen Weltbild gelöst haben und auf neuen Grundlagen ganzheitlicher Prinzipien und Anschauungen arbeiten. Zu ihnen gehören u. a. die → Kybernetik, die → Quantenphysik und die → Chaostheorie.

Lit.: P. Davies, Der Plan Gottes. Die Rätsel unserer Existenz u. die Wissenschaft, 1995.

Neuheidentum, die Wiederbelebung vorchristl. europäischer und nordamerikan. Religionen in der Moderne bzw. Postmoderne. An solchen heidnischen Glaubenssystemen werden die polytheist. Toleranz und die Orientierung an den Gesetzen und Erfordernissen der Natur positiv hervorgehoben. Oft lehnt das N. jüd.-christl. Gedankengut unter den Vorwürfen des Dogmatismus und der Naturfeindlichkeit ausdrücklich ab. N. vollzieht eine Synthese aus Elementen indian., kelt., nord. und antiker Religionen und pflegt bewusst entsprechende Rituale. Große Bedeutung wird dem → Schamanismus beigemessen. Nationalist. Tendenzen, die in der späteren → Romantik und in den 1920er Jahren das Erscheinungsbild des N.s prägten, sind heute nur noch vereinzelt anzutreffen.

Lit.: R. Faber/R. Schlesier (Hg.), Die Restauration der Götter. Antike Religion u. Neo-Paganismus, 1986. W. Dommer (Hg.), Wie die alten Götter weiterleben, 1990. S. von Schnurbein, Göttertrost in Wendezeiten. Neugerman. Heidentum zwischen New Age u. Rechtsradikalismus, 1993. V. Crowley, Phoenix from the Flame. Pagan Spirituality in the Western World, 1994.

Neuplatonismus → Platonismus

Newage, millenarist. esot. Bewegung der Gegenwart, die ihren Höhepunkt in den 1980er Jahren erreichte. Mit dem Übergang vom Fische- ins → Wassermannzeitalter sahen die Anhänger des N. eine neue religigiöse Epoche heraufziehen, in der die Dogmatik der christl. Kirchen durch eine für alle Traditionen offene Spiritualität abgelöst wird. Wortführer der Bewegung verkündeten die Offenlegung vormals nur im Verborgenen weitergegebener religiöser Lehren für eine große Allgemeinheit, die jetzt herangereift sei, diese Botschaft zu empfangen und zu verstehen. Ferner wird mit dem N. ein → Paradigmenwechsel der Weltwahrnehmung von analyt. zu ganzheitlichen Zugangsweisen verbunden. Die Ursprünge des N. reichen zurück bis zur → Hippiebewegung, deren religiöse Komponente v. a. auf den Lehren ind. Gurus beruhte, die seit den ausgehenden 1960er Jahren in den USA tätig wurden. Der Physiker Fritjof Capra verband in seinen populären Büchern neue naturwissenschaftliche Erkenntnisse mit östlichen religiösen Lehren. Mit dieser Infiltration westlicher Suche nach gesellschaftlicher Veränderung und spiritueller Erneuerung mit asiat. Praktiken wie → Yoga und → Meditation verband sich die Entstehung spirituell ausgerichteter Lebens- und Arbeitsgemeinschaften, die für die neue Gottes- und Weltanschauung als Experimentierfelder fungierten. Gegenüber anderen Formen von Esoterik zeichnet sich N. durch ein hohes Maß an Eklektik aus, indem es in einem globalen Rahmen an religiösen Traditionen aller Kulturen und religionsgeschichtlicher Epochen partizipiert. In den Mittelpunkt der praktischen Bemühungen wird jedoch die Entwicklung des eigenen → Selbst gestellt. Seit Mitte der 1990er Jahre ist innerhalb der neuen esot. Szenerie ein Nachlassen der synthet. Impulse, die das N. kennzeichnen, und eine stärkere Aufsplitterung in kleinere, fester an eine bestimmte Tradition gebundene Gruppierungen zu beobachten.

Lit.: M. SCHAEFFER/A. BACHMANN, Neues Bewusstsein – Neues Leben. Bausteine für eine menschliche Welt, 1988. I.-M. GREVERUS, Neues Zeitalter oder verkehrte Welt. Anthropologie als Kritik, 1990. J. R. LEWIS/J. G. MELTON (HG.), Perspectives on the N., 1992. D. S. FERGUSON, New Age Spirituality. An Assessment, 1992. C. BOCHINGER, »N.« u. moderne Religion, 1994. C. STEYN, Worldviews in transition: an Investigation into the N. Movement in South Africa, 1994. M. YORK, The Emerging Network: A Sociology of the N. ans Neo-Pagan Movements, 1995. P. HEELAS, The N. Movement: The Celebration of the Self and the Sacralization of Modernity, 1996. W. HANEGRAAFF, N. Religion and Western Culture. Esotericism in the Mirror of Secular Thought, 1996. J. IWERSEN, Einige religionssoziolog. Überlegungen zu N., in: Zeitschrift für Religions- u. Geistesgeschichte 49, 1997. DIES., Phenolenology, Sociology, and History of the N., in: Numen 46, 1999.

Newage-Musik, mit dem → Newage verbundene Richtung der Pop-Musik, die im wesentlichen auf einer Verbindung von Jazz und Rock aufbaut. Hinzu kommen synthet. Klangformen, Nature Sounds (z. B. Vogelstimmen, Delfin-Gesänge, Wellenrauschen) sowie Einflüsse aus außereurop. Musiktraditionen. Die N. bildet einen eigenen kommerziellen Sektor; sie wird bevorzugt als Hintergrundmusik bei spirituellen Seminaren, Meditationen oder Selbsterfahrungsgruppen eingesetzt.

Nezach, siebte der Sefirot. Sie steht für die »beständige Dauer« Gottes.

Nichts, in Esoterik und Mystik die innerste Seinsweise des Göttlichen bezeichnendes philosophisch-theolog. gewendetes Konzept der myth. → Nacht. Im christl. Bereich ist die myst. Negativität bereits in einer vorpaulin. Quelle des Philipperbriefes (Phil 2,6 ff.) angedeutet durch den Gedanken der Kenosis (griech. »Leere«) Christi. Christus negiert nach dieser Theologie seine göttliche Macht und damit sich selbst als subjektive Person, um das Leiden aller Menschen und der ganzen Welt auf sich zu nehmen. Nach esot. Lehren ist »N.« die Seinsweise Gottes vor der Entstehung der Welt. Am Beginn des Johannesapokryphons wird der höchste Gott in diesem vorschöpfer. Zustand als Monade mit zahlreichen negativen Epitheta beschrieben. Diese Tradition der via negativa, die die Natur Gottes nur über Verneinungen umschreibt und zu fassen versucht, wurde dann insbesondere durch den Neuplatoniker → Proklos kultiviert. Sowohl in der jüd. als auch in der christl. esot. Tradition ist die via negativa fest verankert. Sie ist sowohl ein Weg der Erkenntnis Gottes als auch der myst. Vereinigung mit ihm. Da Gott nicht Objekt menschlichen Wissens sein kann, bedeutet das Wissen von ihm immer auch Einheit mit ihm. Indem Gott als N. bestimmt wird, wird seine Absolutheit als Transzendenz alles positiv Existierenden bejaht. Diesem Bedeutungsgehalt des N. korrespondierend entwickelte der Mahayana-Buddhismus das Konzept der Leere (sanskrit »shunyata«). So wie das N. für Totalität steht, ist die Leere eine kreative Fülle; sie enthält als Unendlichkeit alle endlichen Möglichkeiten.

Lit.: F. J. STRENG, Emptiness – A Study in Religious Meaning, 1967. H. WEINRICH (HG.), Positionen der Negativität, 1975. K. NISHITANI, Was ist Religion?, ^{2}1986. K. TSULTRIM GYAMTSO RIMPOCHE, Progressive Stages of Meditation on Emptiness, ^{2}1988. D. T. SUZUKI, Shunyata. Die Fülle in der Leere, 1991. P. L. SWANSON, The Spirituality of Emptiness in Early Chinese Buddhism, in: T. YOSHINORI (HG.), Buddhist Spirituality I: Indian, Southeast Asian, Tibetan, Early Chinese, 1994. D. C. MATT, Ayin: The Concept of Nothingness in Jewish Mysticism, in: L. FINE (HG.), Essential Papers on Kabbala, 1995. D. TURNER, The Darkness of God. Negativity in Christian Mysticism, 1995. L. LÜTKEHAUS, N., 1999.

Nikolaiten, gnost. Gruppierung, die sich auf den Jerusalemer Apostel Nikolaos zurückführte. Ihre Gemeinde in Thyatira (Lydien/Kleinasien) wurde von einer Prophetin namens Isebel angeführt. Über ihre Lehren ist nichts Näheres bekannt; die Kirchenväter werfen den N. Libertinismus vor.

Lit.: N. Brox, Nikolaos und die N., in: Vigiliae Christianae 19, 1965.

Nizarier → Alawiten

Noema (NHC VI,4), mit vollständigem Titel *Der Gedanke* (= noema) *unserer großen Kraft*, eine gnost. Geschichtsoffenbarung, die den in der → Sethian. Gnosis vorgebrachten gleicht.

Ausg.: NHL. NHD.

Nollius, Henricus (ca. 1590–1626), Philosphieprofessor und Pansoph (→ Pansophie), der wegen häret. Ansichten seines Amtes enthoben wurde. Er war der Verfasser des *Naturae sanctuarium ... in undecim libris tractata* (lat. Heiligtum der Natur in 11 Büchern; 1619), einer → Naturphilosophie auf hermet. Grundlage, die ihre Erkenntnisse mit den Offenbarungen des Christentums in Einklang zu bringen suchte.

Norden als myth. Landschaft spielt bereits in der → Romantik und dann in der völk.-esot. Szene Deutschlands und Österreichs in der ersten Hälfte des 20. Jh.s eine große Rolle. Der Kontinent → Hyperborea oder die Insel Thule, beide in der Nähe des Polarkreises gelegen, galten als Hort eines paradies. Urzustandes einer durch die Arier repräsentierten frühen Menschheit. Auf den N. richteten sich auch die chiliast. Erlösungshoffnungen der → Ariosophie, die das Nordvolk der Germanen durch den ebenso plakativ-symbol. verstandenen Süden bedroht sahen.

Lit.: H. J. Lutzhöft, Der nord. Gedanke in Deutschland 1920–1940, 1971. R. Steiner, Die Mission einzelner Volksseelen im Zusammenhang mit der herman.-nord. Mythologie, [5]1982. H. Mändl, Vom Geist des N.s. Studien zur skandinav. Volksseelenkunde, [2]1991. J. Godwin, Arktos. The Polar Myth in Science, Symbolism, and Nazi Survival, 1996. J. Zernack, Anschauungen vom N. im deutschen Kaiserreich, in: U. Puschner u. a., Handbuch zur »Völk. Bewegung« 1871–1918, 1999.

Norea (von griech. horaia und hebr. Naama »Lieblichkeit«; bei den → Mandäern heißt sie Nurah), nach gnost. Traditionen eine Tochter Evas und Gemahlin entweder → Seths oder Noahs. In der *Hypostase der Archonten* (NHC II,4) wird sie »Helferin für alle Menschengeschlechter« genannt. N. erscheint in mehreren Nag-Hammadi-Texten als Offenbarungsempfängerin und Erlöserin. Die *Ode über N.* (NHC IX,2) erzählt in hymn. Form, wie N. auf der Flucht vor den → Archonten, die sie vergewaltigen wollen, eine Offenbarung → Eleleths über ihre wahre Herkunft aus dem Lichtreich zuteil wird.

Lit.: B. A. Pearson, The Figure of N. in Gnostic Literature, in: G. Widengren (Hg.), Proceedings of the International Colloquium on Gnosticism, Stockholm, August 20–25, 1973. Ders., Revisiting N., in: K. L. King (Hg.), Images of the Feminine in Gnosticism, 1988.

Nostalgie, der → Melancholie verwandt, als sehnsüchtig zurückschauende Haltung besonders seit dem 19. Jh. vielen westlichen Esoterikern eigen. N. ist bereits in den antiken → Zeitalterlehren angelegt, die in Geschichte und Kultur einen steten Fortgang vom Besseren zum Schlechteren konstatieren. Die Esoterik der Renaissance hingegen war von Optimismus erfüllt und trotz ihrer Bewunderung für die vergangene Kultur der Antike frei von N. Mit dem Durchbruch des → mechanist. Paradigmas und der Industriellen Revolution wurde die N. zu einem festen Bestandteil esot. Denkens in Europa und den USA bis heute. Sowohl die → Romantik als auch der → amerikan. Transzendentalismus setzten voraus, dass ihre eigenen Wertvorstellungen in früheren Gesellschaften einmal verwirklicht gewesen seien. Da die Übertragung eigener Ideale auf eine vermeintliche Realität in der Vergangenheit oft ziemlich wahllos geschieht, geht mit der N. ein → Eklektizismus einher, dessen vorläufiger Höhepunkt im 20. Jh. erreicht wurde.

Lit.: V. Fischer, N. Geschichte u. Kultur als

Trödelmarkt, 1980. R. ROBERTSON, Globalization and the Nostalgic Paradigm, in: DERS., Globalization. Social Theory and Global Culture, 1992.

Nostradamus (1503–66), eigentlich Michel de Nostre-Dame, in der frz. Provence geborener und wirkender Mediziner und berühmter Visionär, der die Zukunft der Menschheit vorausgesagt haben soll. Seine Prophezeihungen schrieb er in vierzeiligen Versen und einer verschlüsselten Sprache nieder. Sie sollen auf astrolog. Deutungen beruhen, auch kabbalist. Bezüge erscheinen möglich. Die Interpretation des nostradam. Werkes ist äußerst umstritten.

Ausg. in Übers.: E. RÖSCH (HG.), Das Schicksalsbuch der Weltgeschichte. Die Prophezeihungen des Nostradamus, 1850. 1922. 1994.

Lit.: F. R. SCHECK, N., 1999.

Nous, komplexer griech. philosoph. Begriff für »Geist« oder »Seele« sowie für von diesen ausgehende Fähigkeiten, so etwa »Verstand«, »Gedanke«, »Absicht«, »Gesinnung«. In den frühen Belegen bezeichnet N. eine bestimmte Auffassung von »Seele« bzw. eine von mehreren Seelen des Menschen. Der → Vorsokratiker Anaxagoras (ca. 500–428 v. Chr.) benannte die Weltenseele als N. und führte so den N. als erstes abstrakt philosoph. Prinzip ein. Bei → Platon und Aristoteles ist N. der höchste, weil denkende und vernünftige, der drei Seelenanteile sowie der stofflose, reine Geist selbst, der auch mit Gott identifiziert wird. Diese Auffassung wurde von der antiken → Hermetik übernommen. Einige gnost. Gruppen, insbesondere die → Valentinianer, sehen dagegen ebenso wie der Neuplatonismus den hypostasierten N. nicht als das höchste, sondern das zweithöchste Prinzip an. Als solches ist N. der einzige, dem eine vollständige Erkenntnis des unpersönlichen Gottes möglich ist. Im → Manichäismus ist der N. sowohl kosmolog. als auch anthropolog. Element.

Lit.: A. TANGERLOO, The Manichaean N. Proceedings of the International Symposium Organized in Louvain from 31 July to 3 August 1991, 1995.

Novalis (1772–1801), mit bürgerlichem Namen Friedrich Freiherr von Hardenberg, Dichter, Philosoph und Naturwissenschaftler, einer der bedeutendsten Vertreter der → Romantik. N. stammte aus einem pietist. Elternhaus in Oberwiederstedt in Sachsen. Im Anschluss an ein Philosophie- und Jurastudium ließ er sich an der Bergakademie in Freiburg ausbilden und wurde 1798 Salinenassessor. Diese prakt. Tätigkeit verband sich bei N. mit einem dichterischen sowie theoretisierend-philosoph. Werk, in dem er eine eigenwillige esot. Religiosität entfaltete. Die *Geistlichen Lieder und die Hymnen an die Nacht* (beide um 1800) sowie das Romanfragment *Heinrich von Ofterdingen* (postum 1802) haben initiator. Charakter. Das Erlebnis des Todes von N.' Geliebter Sophie wurde ihm Anlass zur Spekulation über die verschiedenen Ebenen des Daseins. Leben und Tod, Licht und Nacht bedingen sich gegenseitig und gehen immer aufs Neue ineinander über, wobei sie die Perspektive des Betrachters weiten und vertiefen. In *Die Lehrlinge zu Sais* (postum 1802) arbeitet N. an einem poet. Bild der → Natur. Dichter zu sein bedeutete für ihn in erster Linie, die Zeichen der Natur zu chiffrieren und zu dechiffrieren. Durch die Anschauungsweise des Dichters, der die Naturerscheinungen in Sprache umsetzt und dadurch ihre korrelativen Beziehungen aufzeigt, entsteht → Magie. Diese Poetisierung der Natur ist gleichzeitig ihre Moralisierung, ihre »Kultivierung und Entwilderung durch die menschlichen Künste«. Der Mensch als der Messias der Natur führt diese ihrer eigentlichen Bestimmung zu. So verband sich das auf dem Wege einer poet.-symbol. Behandlung der Wissenschaften entstandene Naturdenken des N. mit der Utopie einer (Wieder-)Vereinigung von Mensch und Natur in einem Goldenen Zeitalter.

Ausg.: Novalis, Gedichte und Prosa, hg. von H. UERLINGS, 2001.

Lit.: T. HAERING, N. als Philosoph, 1954. J. STIEGHAHN, Mag. Denken in den Fragmenten Friedrich von Hardenbergs, 1964. F. HIEBEL, N. Deutscher Dichter, europ. Denken u. christl. Seher, [2]1972. W. JENS/H. KÜNG, Dichtung u. Religion, 1988. Forschungsstätte für Frühromantik/N.-Museum Schloss Oberwiedstedt, N. Geheimnisvolle Zeichen. Alchemie, Magie, Mystik u. Natur bei N., 1998.

Nyingmapa → Tibet. Buddhismus

O

Objektivierung und Hypostasierung, die Dynamik zwischen Entmythologisierung und Remythisierung, zwischen Gnosis und Mystik oder Religionsphilosophie, innerhalb derer sich Esoterik bewegt und die ihr wichtige Rahmen setzt. Objektivierung steht für die Erfassung des Myth. in Begriffen, Hypostasierung personifiziert die Begriffe zu Hypostasen und leistet so wieder der Mythologie Vorschub. In dem Kreislauf von O. ist die Esoterik gefangen, weil sie weder uneingeschränkt begrifflich denkt, noch ein rein mythisches Weltbild vertritt. Wo der Mythos vorherrscht, streben Esoteriker danach, ihm einen geheimen Sinn zu unterlegen, den sie begrifflich und mithilfe der Buchstaben- und Zahlensymbolik formulieren, wo aber die Begriffe die Betrachtungsgegenstände zu stark voneinander isolieren, trachtet sie nach der Herstellung neuer Verbindungen. In den seltensten Fällen ist es Esoterikern gelungen, O. in einem wirklichen Gleichgewicht zu halten. Vielleicht ist dies am besten in Korrespondenz zur Rolle der Esoterik in der Religionsgeschichte zu sehen, die sich immer eher durch das Aufbrechen bestehender als durch die Etablierung neuer Muster gekennzeichnet war. Die der Esoterik zur Verfügung stehenden Methoden ebenso wie ihre grundsätzlichen Anschauungen sind möglicherweise ungeeignet, und ihre Vertreter auch nicht willens, langfristige Strukturen aufzubauen. Dies gilt für die im allgemeinen wenig haltbaren esot. Institutionen ebenso wie für ausformulierte Lehren und Gedanken.

Ode über Norea (NHC IX,2) → Norea

Oden Salomos, eine Sammlung von 42 Hymnen und Gebeten in syr. Sprache aus dem 2. Jh. Von einigen Abschnitten existieren kopt. Abschriften. Die O. repräsentieren ein gnostisierendes Judenchristentum. Autor und Träger sind unbekannt, ebenso wie der Grund dafür, dass die O. König Salomon zugeschrieben wurden. Verwandtschaft besteht zum Schrifttum aus → Qumran, zu dem der → Mandäer, zum → *Johannesevangelium* sowie zu einigen Texten aus → Nag Hammadi.

Ausg.: O. Deutsch, übersetzt u. eingeleitet von M. Lattke, 1995.

Oetinger, Friedrich Christoph (1702–1782), bedeutender Vertreter der → Naturphilosophie und einer christl. Esoterik. Von seinem Elternhaus her war O. pietistisch beeinflusst (→ Pietismus), später beschäftigte er sich mit der → Kabbala und rezipierte das Werk → Böhmes. Im Zentrum von O.s Denken steht ein organischer Begriff des Lebens als Einheit und Zusammenspiel der verschiedenen natürlichen Kräfte und Potenzen. Gott repräsentiert dieses Leben in der Unauflöslichkeit seiner Komponenten. Auf diese Weise sind Gott und Natur eng miteinander verbunden, wobei nur der Natur die Auflöslichkeit der Kräfte als Möglichkeit innewohnt. Der → Mensch wurde ausgesandt, um die Natur zu erhöhen und so die Schöpfung Gottes zu vollenden, aber durch seinen → Fall verletzte er die Unauflöslichkeit des Lebens, dessen Kräfte in Verwirrung gerieten. Damit sind nun Mensch und Natur gleichermaßen unvollkommen. Offenbarte sich vor dem Fall die Wahrheit in der Natur, so muss nach dem Fall die Schrift, d. h. die Bibel, als Hilfsmittel hinzutreten. Nach O.s Auffassung enthält sie in verschlüsselter Form die Deutung der Natur ebenso wie der Geschichte. Das entscheidende Erlösungswerk aber wird der wiederkommende → Christus mit der Errichtung eines »güldenen Reiches« vollziehen.

Lit.: M. Weyer-Menkhoff, Christus, das Heil der Natur. Entstehung u. Systematik

Friedrich Christoph Oetingers, 1990; DERS., Friedrich Christoph Oetinger, 1990.

Okkulten, Die (1923), eine polem. Auseinandersetzung des Philosophen Ernst Bloch (1885–1977) mit → Steiner und den Anhängern seiner Lehren. Dabei dominiert Blochs generelles Unverständnis gegenüber der ihm gänzlich unzeitgemäß erscheinenden Anthroposophie. Er hält sie für ein monströses »religiöses Großunternehmen«, bei dem trotz einer gelegentlichen »bedeutenden Perle« kleinbürgerlicher Kitsch und »niveaulose Dummheit« überwiegen. Einzelheiten werden nicht erläutert. Die Breitenwirkung theosoph. und anthroposoph. Umtriebe ist nach Blochs Ansicht einer geistigen Öde und dem Untergang allgemein verbindlicher Werte im Bürgertum geschuldet.

Ausg.: F. DIECKMANN/J. TELLER (HG.), E. BLOCH, Viele Kammern im Welthaus. Eine Auswahl aus dem Werk, 1994.

Okkultismus (von lat. »occultum« Geheimnis, geheimer Gedanke), Synonym zu »Esoterik«. Versuche, den von → Lévi eingeführten Kunstbegriff O. auf bestimmte, zumeist mag. Praktiken zu beschränken, während die Bezeichnung »Esoterik« dem dazugehörigen philosoph.-theolog. Überbau vorbehalten bleibt, sind historisch nicht haltbar. Seit den frühesten Zeiten der Esoterik in → Ägypten und in der vorklass. Antike (6. Jh. v. Chr.) sind Theorie und Praxis der Esoterik ineinander verschränkt.

Lit.: M. KYBER, Einführung in das Gesamtgebiet des O. Vom Altertum bis zur Gegenwart, 1994. R. TEGTMEIER, Magie u. Sternenzauber. O. im Abendland, 1995. S. RINK/H. LÖSCH, Stichwort O., ^{2}1996.

Om, die als heiligstes → Mantra verwendete Sanskritsilbe aum (O. entsteht aus einer Kontraktion des Doppelvokals) spielte schon in der ved. Periode der ind. Religionsgeschichte eine zentrale Rolle. O. stand am Anfang und am Ende aller Veda-Rezitationen und Gebete. In den → Upanishaden wird O. zum Gegenstand der monist. Spekulationen, es wird in der Taittiriya Upuanishad schließlich mit dem alleinen Göttlichen Brahman und mit dem Kosmos gleichgesetzt. Nach der Mundaka-Upanishad ist O. der Bogen, auf dem der Pfeil des Atman (Selbst) in das Brahman geschossen wird. In diesem Sinne wird das O. in der Meditation eingesetzt. Auch die Yoga-Tradition betrachtet O. als Einheitssymbol, hier mit Betonung auf der Einheit des Übenden mit dem Absoluten. Die erweiterte tibet. Form »O. mani padme hum« ist seit dem 1. Jh. n. Chr. belegt und steht für die absolute Einheit, die den göttlichen Lotus trägt; dieser symbolisiert seinerseits die gesamte Welt und den Werdegang alles Lebendigen. O. und hum kennzeichnen Anfang und Ende, »mani padme« als Anrufung »O du Juwel im Lotus« bezieht sich auf die Immanenz des Absoluten. »O. mani padme hum« ist auch die Invokation der transzendenten Erlöserfigur Buddha Avalokiteshvara, des »Herrn der sechs Silben«.

Omphalos, griech. Vokabel für → Nabel, in der Theosophie der Sitz des dritten Chakras. Auf diesen Mittelpunkt des Körpers konzentrierten sich die Hesychasten bei ihrem Gebet und wurden deshalb auch Omphalopsychiker genannt.

Ophiten, Anhänger einer gnost. Lehre, die drei uranfängliche göttliche und vier uranfängliche materielle Wesen, nämlich Wasser, Finsternis, Abyssos (griech. »Abgrund«) und Chaos, kennt. Dem göttlichen Bereich zugehörig sind das männliche Urlicht, auch Urmensch genannt, → Ennoia, die hier männlich aufgefasst wird und dem Menschensohn oder Zweiten Menschen entspricht, und der weibliche Hl. Geist. Nach dem kosmogon. Mythos der O. entsteht aus der Verbindung dieser drei zunächst Christus oder der Dritte Mann. Dieser wird zusammen mit dem Hl. Geist in einen unvergänglichen Äon, die Kirche, hineingezogen. Der Hl. Geist aber, jetzt »die Mutter« genannt, kann das Licht nicht in vollem Umfang aufnehmen, so dass Teile von ihm auf der linken Seite herunterfallen. Diese »Linke« erhält nun die Beinamen → »Pruneikos«, → Sophia und »Mannweib«. Im Wasser nimmt sie einen Körper an, der sie dann daran hindert, zurück zu ihrer Mutter zu gelangen. Mithilfe des Lichtes, das sie kräftigte lässt Sophia den Himmel entstehen und kann sich ihres Körpers wieder entledigen. Sie bekommt einen Sohn → Ialdabaoth, der sich eine eigene Welt schafft. Als die Mächte gegen ihn aufbegehren, hält Ialdabaoth sie an, den Menschen zu bilden, dem er dann mit Unterstützung seiner Mutter Sophia den göttlichen Lebenshauch einbläst. Es folgt die Paradiesgeschichte aus Gen in gnost. Deutung: Die Menschen sind sich des Lichtanteils in ihnen nicht bewusst und verstoßen gegen das Gesetz des Schöpfergottes, die Früchte vom Baum des Paradieses zu essen. Dank des Ratschlags der → Schlange erlangen sie Erkenntnis (griech. »gnosis«). Daraufhin werden sie von Ialdabaoth aus dem Paradiesgarten vertrieben und mit der Sintflut verfolgt. Zu ihrer Rettung kommt schließlich Christus herab, verbindet sich mit Sophia, inkarniert sich während der Taufe in Jesus und wirkt unter den Menschen. Vor der Kreuzigung steigt er mit Sophia wieder in den Himmel hinauf. Neben dem Bericht des → Irenäus (*Adversus haereses* 1,30,1–15) finden sich Versionen dieses ophit. Mythos' in den Nag-Hammadi-Schriften *Die Hypostase der Archonten* und → *Vom Ursprung der Welt*. → Epiphanius berichtet in seinem insgesamt sehr polemisch gehaltenen → *Panarion* (37,5,6–8) über eine bei den O. übliche Mysterienfeier, in deren Zentrum die kult. Verehrung einer gezähmten Schlange steht.

Ophitendiagramm → Diagramm der Ophianer

Opus Mago-Cabbalisticum et Theosophicum (entst. 1708–21), berühmtes alchemist. Werk Georg von Wellings mit umfangreichen naturphilosoph.-theolog. Ausführungen und kabbalist. Erläuterungen. Das Buch ist entsprechend den drei Grundelementen der paracels. Alchemie Salz (symbol für Christus), Sulphur und Mercurio in drei Teile geteilt. Der erste handelt über die Entstehung der himml. und ird. Welten des Kosmos, der zweite über die mit dem Element Sulphur verbundenen kosm. und individuellen Auflösungserscheinungen mit umfangreichen Lehren über die Welt der → Naturgeister, der dritte eine an der nt.lichen Johannesapokalypse orientierte Heilsgeschichte. Das Wer übte großen Einfluss in pietist. und frühen Rosenkreutzerkreisen aus.

Orakel von Delphi. Die Stadt Delphi in Mittelgriechenland war bereits in myken. Zeit ein bedeutsamer Kultort der Erdgöttin Ge und besaß ein Orakelstätte, wo mit Steinchen geweissagt wurde. Seit dem 9. Jh. v. Chr. wurde hier → Apollon verehrt. Das von ihm eingesetzte Orakel machte Delphi zum unbestrittenen Mittelpunkt im religiösen Leben der archaischen Epoche. Apollon weissagte durch die sog. Pythia, eine Frau, die auf einem Dreifuß saß und in Trance verfiel, sodass der Gott selbst durch sie sprechen konnte. Die Fragen, die die Pythia beantwortete, scheinen in der Regel Entscheidungs- (ja/nein-)fragen gewesen zu sein. Über das Auswahlverfahren des Mediums ist nichts bekannt. Für die Zeit ihrer Tätigkeit am Orakel hatte die Pythia sexuelle Enthaltsamkeit zu üben und galt als Jungfrau. Das O. hatte sehr wichtige polit. Funktionen für ganz Griechenland, insbesondere bei der Gesetzgebung. Es regelte Mordprozesse ebenso wie die Einführung von Kultstätten auch für andere Götter als Apollon. Darüber hinaus stand es sogar in dem Ruf, die gesamte griech. Kolonisation koordiniert zu haben.

Lit.: H. W. Parke/D. E. W. Wormell, The Delphic Oracle, 2 Bde., 1956. J. Fontenrose, The Delphic Oracle. Its Responses and Operations with a Catalogue of Responses, 1978. G. Sissa, Greek Virginity, 1990. V. Rosenberger, Griech. Orakel, 2001.

Ordenswesen, im Rahmen der christlichen Religionsgeschichte die »andere Seite der Kirche« (W. Dirks) und Einrichtung mit den in inhaltlicher wie soziolog. Hinsicht größten Affinitäten zur Esoterik. Die enge Beziehung zu dem Ordensgründer als Meister des jeweiligen Frömmigkeitsideals, das Streben nach individueller spiritueller Entwicklung und die Ansicht des gesamten Lebens als Dienst am Göttlichen rücken bei aller Bindung an die Dogmen der Kirche das O. in eine gewisse Nähe zu esot. Idealen. Das O. entstand aus der altchristl. Askese, die im ursprünglichen Sinn des griech. Wortes »askesis« ein Übungsprogramm zur tieferen Durchdringung der Lehren Jesu und Verwirklichung einer apostol. Lebensweise verstanden wurde. Seine geistlichen Praktiken haben Ähnlichkeiten mit esot. → Schulungswegen und stehen vielfach mit jenen in gegenseitigem kulturgeschichtlichen Austausch.

Lit.: W. Dirks, Die Antwort der Mönche, 1952. W. Nigg, Vom Geheimnis des Mönchtums, 1953. K. Suso Frank (Hg.), Askese u. Mönchtum in der Alten Kirche, 1975. P. Dinzelbacher/J. L. Hogg (Hg.), Kulturgeschichte der christl. Orden in Einzeldarstellungen, 1997.

Ordo Novi Templi, 1907 durch → Lanz von Liebenfels gegründete ariosoph. Geheimgesellschaft, deren Regeln vermeintliche Ideale der → Templer, Gralsmystik, Naturschutz und Rassismus, miteinander verbanden. Für die Zugehörigkeit und den Weihegrad, den Mitglieder innerhalb des Ordens erlangen konnten, war eine »german.« bzw. »arioheroische« äußere Erscheinung ausschlaggebend.

Ordo Templi Orientis (O. T. O.), Anfang des 20. Jh. im Umfeld der → Theosophie gegründeter esot. libertinist. Orden mit mehreren Weihegraden. Bereits in der Anfangsphase spielten yog. und tantr. Praktiken eine große Rolle. Besonders bekannt aber wurde der O. durch die Großmeisterschaft → Crowleys. Seit 1912 ist die Vereinigung, bzw. mehrere Gesellschaften, die den Namen O. für sich beanspruchen, stark durch dessen Lehren geprägt.

Origenes von Alexandria (ca. 185–254), einflussreicher frühchristl. Theologe mit engen Beziehungen zu → Gnosis und Neuplatonismus (→ Platonismus). O. war kein Kleriker und bewahrte zeitlebens seine geistige Unabhängigkeit. Diese verursachte ihm Konflikte mit dem alexandrin. Bischof Demetrios, die schließlich dazu führten, dass O. ca. 230 Ägypten verlassen musste. Er fand Zuflucht in Caesarea (Palästina), wo er den Rest seines Lebens als erfolgreicher Lehrer zubrachte O. war Hörer der Neuplatonikers Ammonios Sakkas und beschäftigte sich mit den hermeneut. Methoden und dem gesamten Schrifttum des antiken Judentums. Im Mittelpunkt seiner Bemühungen stand Erkenntnis als erfahrbare Vergegenwärtigung der christl. Glaubensverkündigungen. Die Bibel verstand er als »Meer von Geheimnissen«, die er in zahlreichen allegor. Schriftauslegungen zu erfassen und darzulegen versuchte. O. unterschied drei Schriftsinne, den materiell-histor., den psych.-moral. und den pneumat. In seinem frühen Hauptwerk *Peri Archon* bietet O. seine Sicht von Gott, dem Christusgeschehen und dem menschlichen Werdegang in Form eines objektivierten gnost. Mythos dar: Aus Gott gehen zuerst → Logos und Geist hervor; alle zusammen bilden die göttliche Trinität. Dann schafft Gott die freien Geister, die der Gottesschau überdrüssig werden, sich von ihm entfernen und sich so in Finsternis und Stofflichkeit begeben. Zu ihrer Erlösung sendet Gott den Logos Christus herab, der dafür sorgt, dass alle Geister am Ende geläutert werden und in sein Reich zurückkehren. Die Theologie des O. wirkte tiefgreifend auf die Entstehung der christl. → Mystik.

Ausg.: Vier Bücher von den Prinzipien, Griech. bzw. Lat./Dt., ^{3}1992.

Lit.: P. Nautin, Origène. Sa vie et son oevre, 1977. H. Jonas, Gnosis u. spätantiker Geist, Bd. 2, 1993. G. G. Stroumsa, Clement, Origin, and Jewish Esoteric Traditions, in: A. u. J. Assmann, Schleier u. Schwelle, Bd. 2, 1998.

Orpheus. Kulturheros der griech. Mythologie, hinter dem wahrscheinlich ein historischer, stark vom thrak. → Schamanismus beeinflußter Gründer einer → Mysterienreligion (→ Orphik) stand. Die zahlreichen Legenden um seine Gestalt beschreiben O. v. a. als begnadeten Musiker, dem nicht nur Menschen, sondern auch Tiere, Bäume und die Elemente wie verzaubert Gehör schenkten. Mit seinem Gesang und Saitenspiel gelang es ihm sogar, die Herrscher der Unterwelt zu erweichen, in die er hinabstieg, um seine Geliebte Eurydike wiederzugewinnen. Die Hadesfahrt (Jenseitsreise) erweist O. als jemanden, der den Tod besiegen kann. In der esot. Überlieferung gilt O. als einer der großen → Eingeweihten.

Lit.: E. Schuré, Die großen Eingeweihten, 1909. K. Ziegler, Art. »Orpheus«, in: PW 35, 1939, 1200–1316. – W. K. C. Guthrie, Orpheus and Greek Religion, ²1952.

Orphik. Sammelbecken esot. Strömungen in der Antike, als deren Begründer → Orpheus gilt; ihre Geschichte erstreckt sich vom 6. Jh. v. Chr. bis ins 6. Jh. n. Chr. In ihrer Frühzeit hatte die O. Verbindungen zu den → Mysterienreligionen, insbesondere zu den → Mysterien von Eleusis und zum Denken der → Vorsokratiker, später war sie von nachhaltigem Einfluß auf → Platon und den → Platonismus, die Gedankenwelt des hellenist. Judentums und des → Christentums. Im Gegensatz zu den Pythagoreern (→ Pythagoras), mit denen sie ansonsten viel Gemeinsames hatten, besaßen die Orphiker hl. Bücher. In ihren Lehren wird der breiteste Raum von Kosmogonien eingenommen, deren Grundstruktur folgende ist: Der erste Schöpfungsakt geschieht durch das Urprinzip Chronos (Zeit), der im Äther ein Ei bildet. Aus diesem entsteht der Androgyn Phanes oder Eros und zeugt zusammmen mit seiner Tochter Nyx (Nacht) Uranos (Himmel) und Gaia (Erde). Letztere setzen eine Theogonie in Gang, die in Griechenland auch außerhalb der O. geläufig war. Sie findet einen vorläufigen Abschluß damit, dass Zeus die Herrschaft über die Götter gewinnt, indem er seinen Vater Chronos entmachtet. Mit diesem Vorgang wird in den orph. Mythen die Idee einer Neuschöpfung verbunden: Zeus verschlingt Phanes und mit ihm die ganze bis dahin existierende Welt. So birgt also Zeus, der höchste Gott, das gesamte Universum in sich; diese Szene unterstreicht den → Monismus der O., der auch durch ein Fragment aus dem 3. Jh. belegt ist: »Es ist ein Gott«. Zeus läßt nun die Götter in verjüngter Gestalt aus sich emanieren. Daraufhin zeugt er mit seiner Mutter Rhea bzw. Demeter Persephone-Kore. Letztere wird von Zeus vergewaltigt und gebiert das Dionysos-Kind, dem Zeus die Herrschaft über die Götter zuspricht. Entweder aus Eifersucht oder auf Anstiftung der Zeusgemahlin Hera lauert das Göttergeschlecht der Titanen Dionysos auf und zerreißt ihn in sieben Teile, die sie kochen und verzehren. Durch Eingreifen des Zeus, der die Titanen mit seinem Blitz erschlägt, und mit Hilfe der Göttin Athena kann Dionysos jedoch wiederbelebt werden. Aus den verbrannten Gliedern der Titanen erschafft Zeus das gegenwärtige Menschengeschlecht, das den titanischen, d.h. zerstörerischen Trieb in sich trägt. Da jedoch die Titanen von Dionysos gegessen hatten, ist den aus ihren Überresten entstandenen Geschöpfen auch Dionysisches eigen. Den Menschen obliegt damit die ethische Aufgabe, das Dionysische in sich zu pflegen und das Titanische zu bekämpfen. Der orph. Mythos ist also eine Ätiologie der menschlichen Situation. Im Mittelpunkt der O. stand das jeweils individuelle Bemühen um Erlösung. Ihre Anhänger pflegten eine Lebensweise, die die Reinheit der Seele gewährleisten sollte; dazu gehörten insbesondere der Verzicht auf Fleisch und auf wollene Kleidung. Auch bestimmte Riten wurden durchgeführt, die wahrscheinlich den Mysterienkulten verwandt waren, im einzelnen aber unbekannt sind, wie die meisten Aspekte orph. Gemeinschaftslebens. – Eine eigenwillige späte Rezeption fand die O. im sog. Orphismus, einer zwischen Kubismus und Expressionismus stehenden Kunstrichtung des frühen 20. Jh.s. Die orph. Bilder Robert Delaunays (1885–1941) erscheinen durch ihre abstrakte Farbenrhythmik wie traumhafte Visionen, in denen das → Licht eine große Rolle spielt. Die Impulse des Orphismus spielten bei den Künstlern des »Blauen Reiters« eine große Rolle.

Lit.: W. K. C. Guthrie, Orpheus and Greek Religion, ²1952. R. Eisler, Orphisch-dionysische Mysteriengedanken der christl. Antike, 1966. M. L. West, The Orphic Poems, 1983.

Orthodoxie, die Theologie, → Spiritualität und liturg. Praxis der Ostkirchen. Neben Einzelheiten in christolog. Fragen bestimmen v. a. der altertümliche Kultus mit zahlreichen Hymnengesängen und Bilderverehrung und die große Bedeutung des Mönchtums den Unterschied zu den westlichen Kirchen. Rationalist. Anschauungen, die mit dem Aristotelismus bereits innerhalb des Katholizismus Gestalt gewannen, konnten sich im Bereich der Orthodoxie niemals durchsetzen. Vom in sich geschlossenen ganzheitlichen Glaubensweg in den Ostkirchen geht heute für viele Esoteriker eine Faszination aus, die sie hier nach verschütteten Wurzeln christl. Spiritualität suchen lässt. Eine wichtige Rolle spielen dabei die mönch. Gebetstechniken.

Lit.: I. Fleischhauer (Hg.), Russ. Christentum. Ein Lesebuch, 1988. G. Galitis u. a., Glauben aus dem Herzen. Eine Einführung in die O., ^{2}1988. J. Needleman, Lost Christianity. A Journey of Rediscovery to the Centre of Christian Experience, 1988.

Osho (1931–90), einer der bekanntesten → Gurus des 20. Jh.s und Gründer einer Bewegung, deren Anhänger sich Sannyasins nennen und die heute ihr Zentrum in Poona hat. Mit bürgerlichem Namen hieß er Rajneesh Chandra Mohan, nannte sich aber die meiste Zeit seines Lebens Bhagwan Shree Rajneesh. O. wuchs bei seinen Großeltern in einem Dorf in Madhyar Pradesh auf. Bereits während seiner Kindheit soll er als rebell. Geist Aufsehen erregt haben. Mit neunzehn Jahren ging er nach Jabalpur, um Philosophie zu studieren. Nach eigenen Angaben wurde diese Zeit für ihn zu einer schweren Lebenskrise, weil er in seinem Studium nicht fand, wonach er eigentlich suchte. Er verbrachte viel Zeit in der Meditation, die ihm aber ebenfalls keine Befriedigung brachte. Nachdem er daraufhin beschlossen hatte, alle Bemühungen aufzugeben, wurde er nach eigenen Angaben am 21. März 1953 erleuchtet. Die ihm zuteil gewordene Erfahrung beschrieb er später folgendermaßen: »In jener Nacht öffnete sich mir die Tür zu einer anderen Wirklichkeit, eine neue Dimension tat sich mir auf. Plötzlich war sie da – die andere Wirklichkeit oder wie immer man es nennen mag. Nenne es Gott … nenne es Wahrheit. In jener Nacht wurde ich leer und wurde ich voll. Ich wurde nichtexistentiell und wurde die Existenz. In jener Nacht starb ich und wurde wiedergeboren.« 1957 machte O. Examen, ging als Dozent an das Sanskrit-College in Raipur und begann eine umfangreiche Lehrtätigkeit, die ihn auf Vortragsreisen durch ganz Indien führte. 1966 wurde er Professor für Philosophie. Er fiel durch seine Kritik der Politik Gandhis und an den Wertvorstellungen des institutionalisierten Hinduismus unangenehm auf und beschloss, fortan nur noch zu einem ausgewählten Schülerkreis zu sprechen. Seine Anhänger, die er landesweit gewonnen hatte, unterwies er nun auch in der Meditation. 1970 bis 1974 lebte und arbeitete er in Bombay, danach ließ er sich in Poona nieder, wo sich seine Anhängerschaft, darunter auch ein großer Teil seiner Familie, um ihn in einem Ashram versammelte. Während dieser ganzen Zeit litt O. bereits unter zahlreichen Krankheitsbeschwerden. Sein schweres Rückenleiden bewog ihn 1981, mit seinen engsten Schülern in die USA zu fliegen und sich dort behandeln zu lassen. Die Sannyasins gründeten eine spirituell-ökonom. Kommune in Oregon und bereits ein Jahr später eine ganze Stadt, Rajneeshpuram, die jahrelang großen Zulauf hatte und sehr erfolgreich wirtschaftete. Probleme mit der örtlichen Bevölkerung und dann auch mit den Behörden, die polit. Einflussnahme der wachsenden Sannyasin-Bewegung befürchteten, führten schließlich zu gerichtlichen Auseinandersetzungen. Parallel dazu kam es innerhalb der Kommune zu Machtkämpfen, in denen Sheela Silverman, O.s Privatsekretärin, die Hauptrolle spielte. Im Nachhinein wurde ihr vorgeworfen, in Rajneeshpuram besonders autoritäre Verhältnisse eingeführt zu haben, die das Gemeinschaftsleben belasteten. Zu dieser Zeit hatte die Sannyasin-Bewegung bereits Anhänger in vielen westlichen Ländern. 1985 verhafteten die amerikan. Behörden sowohl Sheela als auch O. selbst, der sich bereits auf der Flucht befand, und erzwangen die Auflösung der Kommune in Oregon. O. kam gegen Kaution frei und ließ sich nach einer weltweiten Odyssee, in deren Verlauf er sich erfolglos bemüht hatte, irgendwo in Lateinamerika oder Europa eine langfristige Aufenthaltsgenehmigung zu bekommen, erneut in Indien, zunächst in Bombay, nieder. Nachdem sich das allgemeine Klima um die Oregon-Affäre beruhigt hatte, stand er in seinen letzten Lebensjahren wieder einem Ashram in Poona vor. O.s Lehre war vorsätzlich unsystematisch und besteht im wesentlichen aus Vorträgen an seine Schüler ohne feste Thematik. Am wichtigsten war und ist auch nach seinem Tod für seine Anhänger, was er verkörperte: »Ich suche nun nicht mehr, suche nichts. Die Existenz hat mir all ihre Türen geöffnet. Ich kann nicht einmal sagen, dass ich der Existenz angehöre; denn ich bin einfach eins geworden mit ihr… Wenn eine Blume aufblüht, blühe ich mit ihr auf. Wenn die Sonne aufgeht, gehe ich mit ihr auf. Das Ego in mir, das die Menschen davon abhält, ist nicht mehr. Mein Körper ist Teil der Natur, mein Sein ist Teil des Ganzen. Ich bin kein losgelöstes Wesen.« O. vertrat einen absoluten Monismus, der vollkommene Glückseeligkeit zur Folge habe. Die Voraussetzung zur Erlangung dieses Zustandes ist die Auflösung persönlicher Blockaden, die am Ende idealerweise zur Auslöschung des sog. Ego (→ Ego und Selbst) führen. Zu diesem Zweck entwickelte O. zahlreiche Meditationstechniken und Körpertherapien. Neben einer gewissen Trivialität, die darin besteht, alles Negative und Schmerzvolle aus dem menschlichen Erfahrungsbereich ausblenden zu wollen, zeichnete sich O. durch einen zyn. Zug aus. Er äußerte sich z. B. darin, dass er bisweilen seine Anhänger dafür verhöhnte, sich ihm angeschlossen zu haben. Hervorzuheben ist ferner sein uneingeschränkter Relativismus. Auch seinen eigenen Äußerungen schrieb Bhagwan Shree Rajneesch höchstens einen situationsbedingten Wert zu.

Ausg.: Die Vorträge O.s erscheinen in Buch- und Videoform im O.-Verlag. Darunter die Kassiker »Das orangene Buch« u. »Mein Weg der weißen Wolke«.

Lit.: A. Thoden/I. Schmidt, Der Mythos um Bhagwan, 1987.

O. T. O. → Ordo Templi Orientis

Ouroboros → Schlange

Ouspensky, Pjotr Demianowitsch (1878–1947), aus Moskau gebürtiger, später in den USA lebender Mathematiker, Naturwissenschaftler und Esoteriker; zeitweilig arbeitete er mit → Gurdjieff zusammen. Obwohl er jede Art von Universitätswissenschaft kategor. ablehnte, eignete sich O. umfassende Kenntnisse verschiedenen Wissenschaftsgebiete an. Sein Ziel war insbesondere eine Erneuerung der Philosophie, die mittels einer Erweiterung des menschlichen Raum- und Zeitbewußtseins über die von Kant aufgezeigten Beschränkungen wieder hinausführen sollte. Durch die Entwicklung der schöpfer. Intuition sollte das menschl. Bewusstsein in die »Vierte Dimension« erweitert werden. Wichtig erschien O. dabei auch die Einbeziehung der von der modernen Psychologie entwickelten Erkenntnisse. In seinem frühen theroret. Hauptwerk *Tertium Organum* legt O. seine Grundlagen für ein esot. Weltbild dar. Sein bekanntestes Buch Auf der Suche nach dem Wunderbaren schildert O.s eigenen spirituellen Weg bis zu der entscheidenden Begegnung mit Gurdjieff, von dem er sich allerdings 1918/19 wieder trennte. Danach rückte er, obwohl im Exil lebend, sein Wirken stärker in die Tradition der → Russ. Religionsphilosophie ein, wie insbesondere sein Roman *Das seltsame Leben des Iwan Osokin* erkennen lässt. Die Rezeption O.s spielte eine wichtige Rolle in der Russ. Avantgarde.

Ausg.: Tertium Organum, ^{3}1988. Auf der Suche nach dem Wunderbaren, ^{9}1997. Der vierte Weg, 1983. Das seltsame Leben des Iwan Osokin, 1984.

P

Padmasambhava → Tibet. Buddhismus

Pan, griech. Gott aus Arkadien, der → Dionysos nahesteht; Sohn des Hermes und einer Nymphe, nach anderer Überlieferung des Apollon und der Penelope. P. personifiziert die Urenergie des Lebens. Er ist am ganzen Körper behaart und mit Ziegenhörnern und -beinen ausgestattet. Sein besonderes Kennzeichen ist ferner die Hirtenflöte, die er sich selbst aus mit Wachs verbundenen Schilfrohren verfertigt hat, um zum Frühlingsfest des Dionysos zu spielen. Als mytholog. Gestalt ist P. der einzige griech. Gott, der zu ird. Zeit stirbt. Der Matrose Thamos hörte, als er auf seinem Schiff nach Italien unterwegs war, eine göttliche Stimme, die ihm auftrug, den Tod des Großen P. zu verkünden. Nachdem Thamos dieser Aufforderung Folge geleistet hatte, erhob sich an allen Küsten des Mittelmeeres großes Wehklagen. Diese von → Plutarch (*Warum Orakel schweigen*, Kap. 17) berichtete Legende wird als Absterben des Vegetationsgottes im Zyklus von Dahingehen und Wiedergeburt der Natur gedeutet. Daneben wurde P. in der philosoph.-theolog. Spekulation seit dem Hellenismus als Allgott angesehen (griech. »pan« all-, ganz). Vom Christentum wurde seine Gestalt sowohl auf Jesus Christus als auch auf den → Teufel gedeutet. Seine Verehrung lebte im Kult der → Hexen und in vielen Facetten des europ. Volksglaubens (→ Naturgeister) fort. Als das Ganze der Natur repräsentierendes Wesen ist P. auch für Teile des → Newage sowie für das → Neuheidentum interessant.

Lit.: R. HERBIG, P., 1949. P. MERIVALE, P. the Goat-God: His Myth in Modern Times, 1969. P. BORGEAUD, Recherches sur le dieu P., 1979. H. WALTER, P.s Wiederkehr: Der Gott der griech. Wildnis, 1980. P. BORGEAUD, La mort du grand P.: Problèmes d'interpretation, in: Revue de l'histoire des religions 200, 1983. M. J. ROADS, Im Reich des P., 1990.

Panarion → Epiphanios von Salamis

Pansophie, (von griech. »pan« all-, ganz und »sophia« Weisheit), esot. Bewegung des 17. Jh.s, deren Ziel es war, eine universal ausgerichtete christl. Frömmigkeit mit einem an antiken Vorbildern orientierten, aber antiaristotel. Wissenschaftsbegriff in Einklang zu bringen. Dabei handelte es sich im wesentlichen um eine hermet. → Naturphilosophie, die die analog. Beziehungen zwischen Gott, → Mensch und Universum thematisierte. Die P. nahm Einflüsse von → Paracelsus und den → Rosenkreutzern auf. Ihr bedeutendster Vertreter war → Comenius, der Schöpfer einer pansoph. Pädagogik.

Lit.: W.-E. PEUCKERT, P., 3 Bde., 1967–76.

Pantheismus (von griech. »pan« all-, ganz und »theos« Gott), die Lehre von der Einheit Gottes mit dem Universum und allen Lebewesen. → Kosmotheismus; → Monismus.

Papus, Pseudonym von Gérard Analect Vincent Encausse (1865–1916), französ. Arzt und Esoteriker. Originell sind v. a. seine Spekulationen über den → Tarot, von dem er annahm, er sei von Zigeunern aus Ägypten nach Europa gebracht worden. Dessen ungeachtet legte er eine kabbalist. Interpretation des Tarot vor. P. leitete in Paris den sog. Martinistenorden, eine Freimaurerorganisation, und gab die esot. Zeitschrift L'Initiation heraus. Seine hochgradig eklekt. Schriften, in denen er esot. Traditionen verschiedener Provenienz zu harmonisieren versuchte, wurden wegen ihrer guten Verständlichkeit viel gelesen und beeinflussten die Arbeit Levys, der noch als Kind zu P. Kontakt aufgenommen hatte.

Ausg.: Die Kabbala, 1916. Die Grundlagen der okkulten Wissenschaft. Die Wissenschaft der Magier, Neuauflage beim Archiv für Altes u. Geheimes Wissen, o.J.

Papyri Graecae Magicae (PGM) → Griechische Magische Papyri

Paracelsus (1493/4–1541), mit bürgerlichem

Namen Theophrast von Hohenheim, Arzt, Naturphilosoph, Astrologe, Alchemist und esot. Theologe. Als Sohn eines schwäb. Arztes wuchs P. in Armut auf. Er studierte Medizin in Italien und durchwanderte anschließend als praktizierender Arzt für einige Jahre verschiedene Länder Europas. 1527 wurde er Stadtmedikus von Basel, hielt sich hier aber nur kurze Zeit, bevor seine kategor. Ablehnung der Schulmedizin ihn sein Amt kostete. Von da an führte er ein unstetes Leben als Bettler und Landfahrer, bis er 1541 in Salzburg starb. P. hinterließ ein umfangreiches Schrifttum, von dem nur der geringste Teil noch zu seinen Lebzeiten publiziert worden war. Gegen die Scholastik verfolgte er das Ziel einer Erneuerung der Medizin und des Arztberufes. Die Grundlagen hierfür schuf er weitgehend selbst, verarbeitete aber nachweislich hermet. Gedankengut. Der → Kosmos war ihm ein lebendiges Ganzes, zu dem die Anordnung der Organe im menschlichen → Körper in korrelativen Entsprechungen steht. Er entwarf eine sehr eigenwillige Philosophie des Leibes, die den hermet. Gedanken von der Harmonie der geistigen mit der stofflichen Welt konsequent zuende dachte. P. nimmt neben dem irdisch-vergänglichen einen himmlischen Leib an, den der Mensch mit der Taufe erhalte und der seinen Tod überdauere. Auch in → Alchemie und → Astrologie ging P. eigene Wege und änderte die überkommene Tradition. Seine Alchemie nahm nicht wie bisher vier, sondern nur drei → Prinzipien an, denen Geist (Quecksilber), Seele (Schwefel) und Körper (Salz) entsprächen. P. war erklärter Christ, wenngleich er die kirchlichen Lehren von Klerikern mit gleichem Eifer ablehnte wie die scholast. Medizin. Neben seinen medizin. und naturphilosoph. Abhandlungen verfasste P. eine ganze Reihe von Bibelkommentaren; besonders intensiv beschäftigte er sich mit Mt. Aus Mt 7,2 und 7,20 bezog er eine vertrauende Frömmigkeit, die wenig später auf die Entstehung des → Pietismus wirken sollte. Daneben war sein theolog. Denken an chiliast. Erwartungen im Sinne des → Joachim von Fiore geknüpft und verband das christl. Armutsideal mit sozialreformerischen Forderungen. Das Leben und die Ideen des P. waren von ungewöhnlicher Wirkung und Ausstrahlungskraft. → Pansophie und → Rosenkreutzer bezogen sich auf ihn, und noch → Böhme empfing von P. wesentliche Anregungen. Einige alternative Heilmethoden, wie die → Homöopathie, aber auch die moderne Chemiatrie führen ihre Existenz auf das Wirken des P. zurück.

Hist.-krit. Werkausg.: Theophrast von Hohenheim, gen. P., 1. Abteilung: Medizin., naturphilosoph., philosoph. Schriften, 14 Bde., hg. von K. Sudhoff, 1922–33; 2. Abteilung: Theolog. u. religionsphilosoph. Schriften, 1955–86 (nicht abgeschlossen).

Lit.: W. Pagel, Das medizin. Weltbild des P.. Seine Zusammenhänge mit Neuplatonismus u. Gnosis, 1962. J. Hemleben, P. Revolutionär, Arzt u. Christ, [2]1973. H. Schipperges, P. Der Mensch im Licht der Natur, 1974. C. Wegener, Der Code der Welt. Das Prinzip der Ähnlichkeit in seiner Bedeutung u. Funktion für die Paracels. Naturphilosophie u. Erkenntnislehre, 1988. F. Geerk, P. – Arzt unserer Zeit, 1992. U. Benzenhöfer (Hg.), P., 1993. H. Dopsch u. a. (Hg.), P. (1493–1541), »Keines andern Knecht«, 1993. J. Telle (Hg.), Analectica Paracelsica. Studien zum Nachleben Theophrast von Hohenheims im deutschen Kulturgebiet der frühen Neuzeit, 1994. U. Benzenhöfer, P., 1997. J. Paulus, P.-Bibliographie 1961–86, 1997.

Paradigmenwechsel, vom → Newage propagierte radikale Veränderung des Denkens und Handelns im → Wassermannzeitalter. Abgelöst werden soll das cartes.-newtonsche Paradigma, das die Welt einschließlich aller organ. Prozesse wie das Regelwerk einer Maschine betrachtet. Die Erwartung des P.s gründet sich einerseits auf die Einsicht Thomas Kuhns, dass wissenschafts- und erkenntnistheoret. Umwälzungen sich nicht in allmählichen Prozessen, sondern durch unvermittelte Geniestreiche vollziehen, andererseits auf eine parallel dazu von → Capra herangezogene Weisung des → I Ching, nach der auf eine krisenhafte Zerfallszeit eine natürliche

Regeneration erfolge. Entsprechend soll am Ende des 20. Jh.s der Übergang von einer Epoche spiritueller Verarmung und ökologischer Bedrohungen zu einem neuen Zeitalter stattfinden, in dem der Mensch mit dem Göttlichen wie der Natur im Einklang lebt. → Chiliasmus

Lit.: T. S. Kuhn, Die Struktur wissenschaftl. Revolutionen, [2]1976. F. Capra, Wendezeit. Bausteine für ein neues Weltbild, [13]1986.

Paradox (von griech. »paradoxon« Unerwartetes, d. h. jenseits des allgemein Geltenden Liegendes), logischer Widerspruch. P. als Begriff kann alle Bereiche der Wahrnehmung, des Erkennens und des Denkens abdecken, die vermöge eines anerkannten philosoph.-wissenschaftstheoret. Systems nicht erfasst werden können. Da im Lauf der Ideengeschichte diese Systeme wechseln, ändert sich auch der Gehalt von P.ien. Im Rahmen einer weithin vorherrschenden rationalist. Logik, die die Philosophiegeschichte des Abendlandes und heute die Weltanschauung in den meisten Gebieten der Erde bestimmt, ist alles paradox, was den Gesetzen dieser Logik zuwiderläuft. In der Esoterik, die die rationalist. Logik aristotel. Prägungnur sehr eingeschränkt akzeptiert, hat das P. seit jeher einen besonderen Platz. Bereits die → Vorsokratiker, insbesondere → Heraklit, bedienten sich seiner, um ihren Einsichten in das Weltganze Ausdruck zu verleihen. Die abendländ. myst. Tradition gründet sich in der schließlich bei Nikolaus → Cusanus so formulierten Erfahrung der coincidentia oppositorum, dem Zusammenfall der Gegensätze. Eine besonders herausragende Rolle spielt das P. als »koan« im → Zen-Buddhismus. Hier werden für den Alltagsverstand unsinnige Aussagen den Adepten zur → Meditation aufgegeben, um die Grenzen dieses Verstandes zu sprengen und so die Mönche zur → Erleuchtung zu führen. In der jüngeren Esoterik hat insbesondere → Gurdjieff mit P.en gearbeitet.

Lit.: J. Zapf, Die Funktion der Paradoxie im Denken u. sprachlichen Ausdruck bei Meister Eckhart, 1966. D.T. Suzuki, Koan. Der Sprung ins Grenzenlose, 1988. P. Geyer/R. Hagenbüchle (Hg.), Das P., 1992.

Paraklet (griech. »parakletos« Rechtsbeistand, Fürbitter, Tröster), eine in Joh 14–16 verheißene Erscheinung, die christl.-gnost. Kreise seit ntl. Zeit erwarteten, damit sie die Lehren Jesu im Sinne einer → fortlaufenden Offenbarung ergänzte und weiterführe. Besonders prominent war der P. im → Manichäismus. Er war der manichäische »Geist der Wahrheit«, Gesandter des höchsten Gottes, Offenbarer, Erlöser und Richter des Alls. Als solcher steht er im Mittelpunkt der → Bema-Psalmen. Die Manichäer erwarteten, dass der P. wie Jesus von den → Archonten gekreuzigt werden würde. Sowohl → Mani als auch sein → Zwilling wurden mit dem P.en identifiziert.

Lit.: O. Betz, der P., 1963.

Paraphrase des Seem, Die (NHC VII,1; 3/4 Jh.), gnost. myth. Kosmogonie und Heilsgeschichte, die dem Seem durch den Offenbarer und Heiland Derdekeas mitgeteilt wird. Die Schrift ist gut erhalten, aber inhaltlich verworren und schwierig zu deuten, was zumindest teilweise mit der Überlieferungslage erklärt werden kann. Der Verfasser oder Redaktor des Textes hat mytholog. Elemente einer → Drei-Prinzipien-Lehre ähnlich der bei → Hippolyt im Zusammenhang mit einer unbekannten Schrift des Titels *Die Paraphrase des Seth* berichteten (*Refutatio 5,19–22*) mit solchen des → Manichäismus vermischt.

Ausg.: NHD. NHL. F. Wisse, in: Nag Hammadi Codex VII, hg. von B. Pearson, 1996.

Lit.: M. Fischer, P., in: M. Krause (Hg.), Essays on the Nag Hammadi Texts in Honour of Pahor Labib, 1975. J. Iwersen, Zur Frage manichäischer Einflüsse in zwei Nag Hammadi-Texten (NHC II,5 und VII,1), in: W. Sundermann (Hg.), Studia Manichaica. IV. Internationaler Kongress zum Manichäismus 1999.

Parapsychologie, die empir. Erforschung von Phänomenen in menschlicher Wahrnehmung oder menschlichem Verhalten, die mit den Methoden etablierter Naturwissenschaft und

Psychologie nicht erklärt werden können. Die P. kennt hauptsächlich zwei Forschungsbereiche: Außersinnliche Wahrnehmung und Psychokinese. Bei ersterer geht es die Fähigkeiten von Menschen, aus unbekannten Quellen und mit unbekannten Organen oder Sensorien außergewöhnliche Informationen aufzunehmen; letztere untersucht die Frage, inwieweit und mit welchen Methoden Menschen andere organ. oder sogar phys. Systeme durch geist. Kräfte beeinflussen können. Die P. versucht, ihre Vorgehensweise den exakten Methoden der modernen Naturwissenschaften anzugleichen, indem sie unter Laborbedingungen arbeitet. Insofern hat sie zwar viele Inhalte, nicht aber die erkenntnistheoret. Behandlung derselben mit der → Esoterik gemeinsam. Überschneidungen gibt es mit dem Mesmerismus, ansonsten beschränkt sich die Nähe der P. zum → Okkultismus auf die praktische → Alchemie.

Lit.: H. Bender (Hg.), P. Entwicklung, Ergebnisse, Probleme, [5]1980. E. Benz, P. u. Religion, 1983. H. L. Edge u. a., Foundations of P. Exploring the Boundaries of Human Capability, 1986.

Parzival, als Gralssucher Figur der ma.lichen Ritterepik. P. ist der Prototyp des ritterl.-religiösen Ideals, in ihm verbinden sich christl. Unschuld, Heldentum und myst. Erleuchtung. Wolfram von Eschenbach (11./12. Jh.) erzählt seinen Werdegang, der aus der Einöde, wo er anfangs mit seiner Mutter lebt, über den Hof des → Artus zu seinem ritterl.-spirituellen Erzieher Gurnemanz bis zur Gralsburg Monsalvesche führt, auch als eine innere Entwicklung vom Dümmling zum Eingeweihten. In der Bearbeitung des Stoffes durch → Wagner reduzieren sich die Bewährungsproben P.s auf die Resistenz gegenüber den Verführungskünsten Kundries im Garten des Zauberers Klingsor. Kundrie selbst ist die aus der → Gnosis bekannte Gestalt der zur Hure gewordenen Göttin oder Heiligen, die in P. ihren Erlöser findet (→ Seelenmythos, → Sophia).

Ausg.: Wolfram von Eschenbach, P. In Prosa übertragen von Wilhelm Stapel, 1993. D. Kühn, Der Parzival des Wolfram von Eschenbach, 1993. 1997.

Lit.: P. Gallais, Perceval et l'initiation, 1972. V. Mertens u. a., Parzival/Perceval, in: Lexikon des MA. Bd. VI, 1993.

Patrizi da Cherso, Francesco (1529–1597), Renaissance-Philosoph kroat. Herkunft, der in Opposition zum Aristotelismus ein neues universalphilosoph. System auf neuplaton.-hermet. Grundlage entwarf (Nova de universis philosophia, 1591). Als Grundlage und Ausgangspunkt des gesamten Universums spekuliert P. über einen All-Einen Gott und seine Lichtnatur. Aus dem → Licht emaniert der → Kosmos, der als dynam. Bezugssystem beschrieben wird. Die Totalität alles Seienden drückt sich für P. v. a. in der Prozesshaftigkeit desselben aus.

Lit.: C. Vasoli, Francesco P., 1989. T. Leinkauf, Il neoplatonismo di Franceso P. come pre supposto della sua critica ad Aristotele, 1990. C. Leijenhorst, Francesco P.s Hermetic Philosophy, in: R. van den Broek/W. J. Hanegraaf (Hg.), Gnosis and Hermeticism. From Antiquity to Modern Times, 1998.

Paulikianer, gnost. orientierte kriegerische christl.-soziale Bewegung, die im 7. Jh. in Nordsyrien und Armenien entstand und sich innerhalb kurzer Zeit über ganz Kleinasien und das Balkangebiet ausbreitete. Der Name der P. leitet sich sehr wahrscheinlich aus ihrer Hochschätzung des Apostels → Paulus ab, es könnte aber eine Verbindung zu einem nicht näher identifizierbaren Prediger Paulus von Samosata gegeben haben, der sekundär mit dem bekannten häret. antiochen. Bischof Paulus von Samosata aus dem 3. Jh. gleichgetzt wurde. Nachdem die Gruppierung i.J. 872 durch Byzanz eine entscheidende militär. Niederlage erlitten hatten, emigrierten viele P. nach Süditalien. Von hier ausgehend beeinflussten ihre Lehren langfristig die Bewegung der → Katharer.

Die P. opponierten gegen die feudale Ordnung, die hierarchischen Strukturen und die Prachtentfaltung der byzantin. Kirche, sie verurteilten den Bilderkult. Dem Bericht des byzantin. Geschichtsschreibers Petros Sikeliotes (9. Jh.) zufolge teilten sie die gnost. dualist. Auffassung von zwei gegeneinander kämpfenden Prinzipien des Göttlichen und Widergöttlichen, → Dualismus. → Gnosis. Sie lehnten den Glauben an die Menschlichkeit Christi (→ Doketismus) und das gesamte AT ab.

Lit.: W. Erbstösser, Ketzer im MA, 1984. S. Runciman, Häresie u. Christentum. Der ma.liche Manichäismus, 1988.

Paulus von Tarsus (ca. 5–61). Der Apostel des Christentums ist für die Esoterik v.a. wegen seines zwiespältigen Verhältnisses zur → Gnosis bedeutsam. Auf der einen Seite bekämpfte er gnost. Umtriebe in einigen von ihm betreuten Christengemeinden, besonders in Korinth. Andererseits hatte P. selber gnost. Auschauungen, z.B. indem er die Welt als gefallene und von Dämonen beherrschte Schöpfung ansah und das atl. Gesetz als Werk von Engelmächten ausgab. Seine Anthropologie hat unverkennbar esot. Züge. Wie die Gnostiker machte P. einen Unterschied zwischen stärker mit dem Geist begabten → Pneumatikern und den ihnen in dieser Hinsicht unterlegenen Psychikern. Seine Idee von der christl. Gemeinde orientierte sich an dieser Verteilung von Geistesgaben, nicht an von außen verliehener Autorität wie später in der Großkirche. Bei P. sind Fleischlichkeit und Geistigkeit Gegensätze im Sinne des gnost. → Dualismus. Diese Grundanschauung spielte auch in seine Christologie hinein, die eine Zwei-Naturen-Lehre ist, d.h. Wert legt auf eine Unterscheidung zwischen Christus dem Gott und Christus dem Menschen. P. war unter vielen Gnostikern hochverehrt; seine Anschauungen inspirierten immer wieder esot. Bewegungen.

Lit.: L. Schottroff, Der Glaubende u. die feindliche Welt, 1970. E. Pagels, The Gnostic Paul, 1975. W. Schmithals, NT u. Gnosis, 1984.

Paulusapokalypse (2.Jh.), kopt.-gnost. Text aus → Nag Hammadi (NHC V,2), der die Himmelsreise des Paulus beschreibt. Das Geschehen kann als eine Ausmalung der Entrückung des Paulus in 2 Kor 12, 2–4 angesehen werden. Auf seinem Weg zum Berg Jericho begegnet Paulus einem Kind, das nach dem Fortgang des Dialogs zwischen beiden als Jesus identifiziert werden kann. Dann trifft er auf dem Berg Jericho die zwölf Apostel. Von dort aufsteigend, sieht er die höheren Welten, wobei der vierte Himmel, in dem ein Seelengericht stattfindet, in dem Visionsbericht den breitesten Raum einnimmt.

Ausg.: G. W. MacRae/W. R. Murdock, in: J. M. Robinson (Hg.), The Nag Hammadi Library, [2]1988.

Pendeln → Radiästhesie

Peraten, christl.-gnost. Gruppierung mit einer → Drei-Prinzipien-Lehre, wobei das mittlere Prinzip zwischen Gott und Materie als → Schlange dargestellt wird. Sie waren stark von astrolog. Vorstellungen beeinflusst.

Lit.: W. Foerster (Hg.), Die Gnosis. Zeugnisse der Kirchenväter, 1995.

Periphyseon (864–66), bedeutendster esot. Text des abendländ. Frühmittelalters, verfasst von → Eriugena, 1225 von der Kirche verboten. Der vollständige Titel des in Dialogform gekleideten Lehrwerkes lautet *Peri physeon merismou id est de divisione naturae* (griech. und lat. »*Über die Einteilung der Natur*«). Es unternimmt den zu seiner Zeit sehr ungewöhnlichen Versuch, die Wirklichkeit als Gott und natürliche Welt gleichermaßen einschließende Totalität zu behandeln. Dabei verbindet der Autor naturphilosoph. Spekulation mit Auslegungen von Bibeltexten. Gott und Natur bilden eine Einheit insofern, als Gott als Schöpfer die erste Ursache der Natur ist. In diesem Sinne wird eine Unterscheidung zwischen »natura naturans« (schaffende Natur) und »natura naturata« (erschaffene Natur) getroffen, die die gesamte emanative Stufung des Universums hierarchisierend durchzieht. Allerdings wird diese Stufung dann im → kreisförmigen Denken Eriugenas wieder aufgehoben, indem die physische Welt nicht nur als von den Reichen des Geistigen ausgehend betrachtet wird, sondern am Ende wieder in Gott zurückkehrt. Dem → Menschen wird in diesem Prozess eine besondere Rolle zuerkannt, da er als Mikrokosmos die gesamte Schöpfung in sich enthält. Mit seinem Hauptwerk hat Eriugena das kosmolog.-neuplaton. Denken des → Dionysius Areopagita, dessen Schriften er ins Lateinische übersetzte, mit einer dem Physischen stärker zugewandten → Naturphilosophie verbunden und so die Grundlagen für einen erneuten Konnex von → Platonismus und → Hermetik gelegt, der ansonsten erst in der Renaissance vollends entfaltet werden konnte.

Lit.: G. Schrimpf, Das Werk des J. S. Eriugena im Rahmen des Wissenschaftsverständnisses seiner Zeit, 1988. R. Heinzmann, Philosophie des MA.s, 1992.

Perlenlied, ein in die apokryphen → Thomasakten eingefügter gnost. Hymnus. Er besingt in märchenhafter Form das Schicksal eines Königssohns, der in östlichen Lichtwelten zu Hause ist und von dort in die in Ägypten lokalisierte Finsternis ausgesandt wird. Der Königssohn soll eine von einer Schlange bewachte Perle holen. Jedoch verfängt er sich in der Finsternis und fällt in einen Schlaf des Vergessens, der solange andauert, bis er aus seiner Heimat einen befreienden → Ruf erhält. Er erwacht, bekleidet sich mit einem glänzenden → Gewand und kehrt mit der Perle in den Osten zurück. Die Erzählung ist eine Allegorie auf das Schicksal des Menschen nach gnost. Auffassung.

Ausg.: A. F. Klijn, The Acts of Thomas. Introduction, Text and Commentary, 1962.

Lit.: P.-H. Poirer, L'hymne de la perle des actes de Thomas, 1981.

Persische Schule der Isma'iliya. Im Iran wurde die quasi-gnost. Mythologie der → Isma'iliya schon früh in ein philosoph. System überführt. Die mytholog. Figuren → Kuni und → Qadar werden zu aql (arab. »Intellekt«) und Psyche objektiviert. Der Intellekt als erste Manifestation des Göttlichen in der Welt wird durch Gottes Machtwort (arab. »kalima«) erschaffen, dann gehen durch → Emanation aus dem Intellekt alle weiteren Wesen hervor. Bedeutendster Vertreter dieser Neufassung der isma'ilit. Lehre war Abu Ya'qub Sigistani (10. Jh.). Später wurde sie von → Kirmani übernommen und weiterentwickelt und setzte sich auch den → Fatimiden durch.

Lit.: H. Halm, Kosmogonie u. Heilslehre der frühen Isma'iliya. Eine Studie zur islam. Gnosis, 1978. P. E. Walker, Abu Ya 'qub al Sijistani: Intellectual Missionary, 1996.

Philippusevangelium (NHC II,3; ca. 2. Jh.), gnost. Sammlung von Jesus zugeschriebenen Sprüchen aus → Nag Hammadi. Möglicherweise handelt es sich um private Exzerpte, also um eine Anthologie nach der Art der antiken Florilegien. Der Ursprungsort ist sehr wahrscheinlich Ost-Syrien. Ohne eine einheitliche Theologie zu entfalten, enthält die Sammlung gnost. Aussagen, meist in aphorist.-gleichnishafter Form, zu verschiedenen ethischen und kultischen Fragen. Häufige Motive sind das Leben Adams und Evas im Paradies, die (Wieder-)Vereinigung von Männlichem und Weiblichem, Zeugung und Entstehung sowie die Sakramente, wobei nicht klar ist, ob diese tatsächlich in gnost. Gemeinden vollzogen wurde, oder ob es sich um rein spiritualist. und allegor. Spekulationen handelt. Unklar ist auch, ob die Zuordnung zu dem Apostel Philippus eine histor. Grundlage hat. Es ist nicht auszuschließen, dass die Spruchsammlung Auszüge aus seinen Missionsreden darstellt.

Komm. Ausg.: Das P., Neu hg., übersetzt u. erklärt von H.-M. Schenke, 1997.

Lit.: H.-G. Gaffron, Studien zum kopt. P. unter besonderer Berücksichtigung der Sakramente, 1969. J. D. Turner/A. McGuire (Hg.), The Nag Hammadi Library after Fifty Years. Proceedings of the 1995 Society of Biblical Literature Commemoration, 1997.

Philon von Alexandria (ca. 20 v. Chr.–45 n. Chr.), aus einer der vornehmsten jüd. Familien Alexandrias stammender Septuaginta-Exeget und Philosoph. Über sein Leben sind nur wenige Informationen überliefert; jedenfalls bekleidete er zeitweise eine hohe Stellung in der alexandrin. jüd. Gemeinde. P. besaß eine umfassende hellenist. Bildung und war ein sehr produktiver Autor, unklar ist aber das Ausmaß seiner Kenntnisse des Hebräischen und der jüd. Tradition. Sein Werk besteht hauptsächlich aus Interpretationen und Erläuterungen zu den Fünf Büchern Mose, die P. nicht im Original, sondern in griech. Übersetzung las. Seine Methode der Auslegung orientiert sich durchgehend an der stoisch-platon. Philosophie und auch an der heidn. → Mysteriosophie seiner Zeit. Daneben verfasste P. religionsphilosoph. Schriften mit teilweise esot. Gehalt, wie insbesondere *De vita contemplativa*, wo die Gruppierung der → Therapeuten beschrieben wird. Der originellste Teil von P.s eigener Philosophie ist seine Lehre vom Logos. Trotz deutlicher Tendenzen zum → Dualismus, der das Reich des Geistigen wesenhaft von der Materie unterscheidet, sieht er Gott und Welt durch das Mittlerprinzip des → Logos miteinander verbunden. Einerseits betont P. die Einzigkeit und die Transzendenz Gottes, andererseits bezeichnet er den Logos als »zweiten Gott« und sieht den Kosmos als sein Abbild an. Auf diese Weise konnte P. den jüd. Monotheismus und einen → Monismus esot. Prägung miteinander vereinbaren. Seinem Werk gebührt ein bedeutsamer Platz in der Geschichte der Esoterik: P. gehört zu den Wegbereitern des mittleren → Platonismus und zeigt deutliche Berührungen mit der frühen → Kabbala, die noch wenig erforscht sind. Dasselbe gilt für seine unbestreitbare Wirkung auf esot. ausgerichtete Theologen des ältesten Christentums.

Ausg.: P. Die Werke in deutscher Übersetzung, hg. von L. Cohn u. a., ^{2}1962.

Lit.: H. A. Wolfson, P.: Foundations of Religious Philosophy in Judaism, Christianity and Islam, 2 Bde., 1947. E. R. Goodenough, By Light, Light. The Mystic Gospel of Hellenistic Judaism, 1935. U. Früchtel, Die kosmolog. Vorstellungen bei P., 1968. G. D. Farandos, Kosmos u. Logos nach P., 1976. Y. Amir, Die hellenist. Gestalt des Judentums bei P., 1983. R. M. Berchman, From P. to Origin, 1984. D. Winston, P. and the Contemplative Life, in: A. Green (Hg.), Jewish Spirituality. From the Bible to the Middle Ages, 1989.

Philosophia perennis (griech.-lat. »Beständige Philosophie«), 1540 durch die Abhandlung *De perenni philosophia libri X* des Augustinus Steuchus Eugubinus geprägte Bezeichnung für die philosoph.-theolog. Behandlung der grundlegenden, nie versiegenden Fragen des Menschen durch die Zeiten hindurch, die einen unverlierbaren Schatz an Grundwahrheiten bereitstellt. Als Einheitswissenschaft auf theolog. Grundlage knüpfte diese alle unterschiedlichen Denkansätze nivellierende Tradition des Philosophierens an den spätantiken Neuplatonismus an. Göttliche Offenbarungen, Geheimlehren, heidn. → Magie sowie esot. Wissenschaften wie die → Astrologie werden ausdrücklich mit einbezogen. Die Inhalte von P. und Esoterik sind identisch, nur weiß sich die P. stärker einem theist. Gottesbild verpflichtet.

Lit.: A. Huxley, P., 1946. W. Schmidt-Biggemann, P. Histor. Umrisse abendländ. Spiritualität in Antike, MA u. Früher Neuzeit, 1998.

Philosophie der Freiheit, Die (1884), erkenntnistheoret. Grundlagenwerk der → Anthroposophie, verfasst von → Steiner. Die Abhandlung versucht den Nachweis zu führen, dass seel. und gedankliche Vorgänge mit derselben Objektivität und Präzision erfasst werden können wie materiell-empir.e. Grundsätzlich bestehe also die Möglichkeit, auch Außersinnliches in allgemein gültiger Form zu erkennen und zu beschreiben. Dabei geht es Steiner insbesondere darum, das Verdikt Kants für ungültig zu erklären, das menschliches Wahrnehmen und Denken ganz in den ird. Kategorien von Raum und Zeit gefangen sieht. Die Stellung des Menschen im Kosmos, aufgrund derer er als einziger den objektiven Ideen als freies Individuum gegenübertreten kann, anstatt von ihnen vereinnahmt zu werden, wird besonders betont.

Phoster (griech. »Leuchtender«, »Leuchter«), eine Erlösergestalt der → sethian. Gnosis. Daneben gibt es die Gruppe der vier P.es Armozel, Oraiael, Daveithei und → Eleleth, die von einer Kraft des Lichts hervorgebracht werden und kosmolog. Funktion haben.

Picatrix, Verballhornung der arab. Namensform für Hippokrates »Biqratis« und Titel der lat. Übersetzung des *Kitab Gayat al-hakim wa al-haqq al-natigatain bi al-taqdim* (arab. »*Buch über die Ziele des Weisen und dasjenige der beiden Ergebnisse* – gemeint sind Magie und Alchemie –, *dem am ehesten der Vorrang gebührt*«). Dabei handelt es sich um eine Exzerptensammlung bzw. Kompilation aus mag.-esot. Quellen unterschiedlichster Provenienz. Ihr Autor lässt sich bisher nicht eindeutig ermitteln; die Entstehungszeit wird nach 1051 angesetzt. In vier Abschnitten behandelt die Schrift prakt. Themen wie Liebeszauber und die Herstellung von Amuletten und Heilmitteln neben naturphilosoph. und astrolog. Lehren. Das ausgebreitete Wissen wird durchgängig mit im Koran erwähnten Propheten und Engeln sowie mit islam. Heiligen in Verbindung gebracht. Der Text gelangte über Spanien, wo er bereits 1256 ins Kastilische übersetzt wurde, nach Westeuropa und übte hier beträchtlichen Einfluss aus. Agrippa von Nettesheim und → Paracelsus haben ihn gekannt und benutzt.

Komm. Ausg. in Übers.: »P.« Das Ziel des Weisen von Pseudo-Magriti. Translated into German from the Arabic by H. RITTER and M. PLESSNER, 1962.

Pico della Mirandola, Giovanni (1463–94), ital. Renaissance-Philosoph und bedeutender Humanist, umfassend gebildet und von ungewöhnlicher geistiger Aufgeschlossenheit. Sein ausgeprägtes Einheits- und Einigkeitsstreben brachte ihm den Titel »princeps concordiae« ein. P.'s Ziel war es, alles zu seiner Zeit verfügbare Wissen und die damit verbundenen erkenntnistheoret. Methoden in einer großen Synthese zusammenzufassen. Dies unternahm er in den 900 Thesen seiner *Conclusiones philosophicae, cabbalisticae et theologicae* (lat. »*Philosoph., kabbalist. und theolog. Schlussfolgerungen*«; 1486)

Da P. der Ansicht war, alle Philosophien und Theologien würden Wahres vertreten, rehabilitierte er auch die ma.liche Scholastik, die von den meisten Humanisten in Bausch und Bogen verurteilt wurde. Seine intensive Beschäftigung mit der → Kabbala schlug sich im Heptaplus de septiformi sex dierum genesos (»Siebentagewerk«; 1489) nieder, das das Erste Buch Mose mithilfe kabbalist. → Zahlensymbolik interpretiert. P. entfaltete hier auch seine Lehre vom → Menschen als Mikrokosmos und gleichzeitig als Mitte und Sinn des Weltganzen.

Ausg.: Opera 2 Bde., 1572. Nachdruck 1972. S. A. FARMER, Syncretism in the West: P.s 900 Theses (1486), With Text, Translation, and Commentary, 1998.

Lit.: S. TOUSSAINT, Giovanni P., in: P. R. BLUM (HG.), Philosophen der Renaissance, 1999.

Pietismus, im 17. Jh. in Deutschland begründete und dann sehr stark nach Großbritannien ausstrahlende reformator.-myst. Bewegung mit ausgeprägter Tendenz zum religiösen Universalismus. Die Pietisten verstanden sich als Erneuerer des Luthertums. Im Zentrum ihres Denkens und ihrer Frömmigkeit stand die Wiedergeburt durch Glaubenserfahrung, die nach ihrer Überzeugung den neuen → Menschen hervorbrachte. Entsprechend waren im P. die subjektiven Züge der Religion sehr wichtig, objektive Wahrheiten in dogmat. Sinne traten zurück, ebenso wie die Institution Kirche mit der von ihr beanspruchten Autorität, den »richtigen« Glauben zu verkünden. Mit der Reserviertheit gegenüber der Kirche verband sich eine Skepsis hinsichtlich der von ihr verwalteten bzw. ausgeteilten Sakramente, da für die Pietisten die innere Erfahrung des Gläubigen ausschlaggebend war. All dies verbindet den P. mit der Esoterik, auf die er eine weithin unterschätzte Ausstrahlung hatte. Bereits die Entstehungsgeschichte des P. zeigt seine Verflechtung mit der Esoterik, an die er nicht nur Einflüsse weitergab, sondern aus deren Umfeld er auch welche aufnahm. Noch bedeutsamer als die meditative Geistigkeit des span.-kathol. → Quietismus (Theresa von Avila, Johannes vom Kreuz) war für die frühen Pietisten die Orientierung an → Paracelsus, → Weigel und den Idealen der → Rosenkreutzer, deren wichtigster Propagandist → Andreae auch den P. mit vorbereitete. Während des 17. und 18. Jh.s ging aus engeren oder weiteren pietist. Kreisen immer wieder heterodoxes Ideengut hervor. Verbindungen zur → Kabbala und zum → Chiliasmus führten zu einem sog. »radikalen P.«, wie er etwa durch → Oetinger und Johann Heinrich Jung-Stilling (1740–1817) repräsentiert wird. Auch → Böhme war sowohl Pietist als auch Esoteriker. Seit dem 19. Jh. nahm jedoch der P. als Folge nicht-bewältigter Anforderungen der Aufklärung ein immer konservativeres Gepräge an. Seine Anhänger verloren erheblich an intellektuellem Format und vertreten heute einen orthodoxen Evangelikalismus, der v. a. im angelsächsischen Bereich als christl. Fundamentalismus auftritt. Seine engen Beziehungen zur Esoterik, die in der europ. → Romantik und im → Amerikanischen Transzendentalismus noch einmal sichtbar wurden, sind im 20. Jh. weitgehend, aber nicht völlig aufgehoben.

Lit.: M. SCHMIDT, Wiedergeburt u. Neuer Mensch. Ges. Studien zum P., 1969. DERS., P., [3]1983. M. BRECHT U. A., Geschichte des Pietismus, 4 Bde., I 1993, II 1995, III u. IV in Vorb.

Pistis Sophia (griech. »Glaube Weisheit«), aus vier Teilen bestehender kopt.-gnost. Text aus dem → Codex Askewianus. Er enthält Offenbarungsreden Jesu mit vielfältigen Inhalten. Hier ist eine Unmenge von Stoffen verschiedenster Herkunft aneinandergefügt und lediglich durch die Rahmenhandlung – das Gespräch zwischen Jesus und seinen Anhängern – strukturiert worden. Im vierten, ursprünglich wohl selbständigen Buch gibt Jesus den Jüngern Informationen über die Entstehung der niederen Archontenwelt: Unter den Archonten Adams entstand eine Rebellion, die im wesentlichen in der Praxis sexuellen Verkehrs beschlossen liegt. So wurden Archonten, Erzengel, Engel, Liturgen und Dekane gezeugt. Daraufhin erscheint als Erlöserfigur Jeu, um die entstandenen zwölf Äonen mit Sabaoth und Jabraoth an der Spitze zu fesseln und an die Sphäre der Heimarmene (griech. »Schicksal«) zu binden. Jabraoth und seine Archonten erweisen sich als gläubig, schwören den »Mysterien des Sexualverkehrs« ab und werden wieder freigelassen. Sabaoth und seine fünf Unterarchonten hingegen bleiben in der Heimarmene, wo sie sich auf 360 vermehren. Jeu setzt über sie alle fünf »große Archonten« mit den Namen Kronos, Ares, Hermes, Aphrodite und Zeus ein. Diese Konstruktion wird dann durch weitere Maßnahmen gefestigt, um zu verhindern, dass die Schlechtigkeit der Archonten die Welt zerstört. In diesem Zusammenhang wird auch die Pistis Sophia als Tochter Barbelos kurz erwähnt; aus ihr wird nämlich eine Kraft gezogen, die Jeu mit der Aphrodite verbindet. In den ersten drei Büchern ist Pistis Sophia die Hauptfigur. Sie verfängt sich im Chaos, dessen Existenz ohne Erklärung vorausgesetzt wird. Jesus findet sie bei seinem Aufstieg in die aus 24 Äonen bestehenden Lichtwelt unterhalb des dreizehnten Äons, in den sie nicht mehr gelangen konnte, weil sie, statt die »Mysterien des 13. Äons« zu vollziehen, hier haltgemacht und das Licht gepriesen hatte. Sie erregte dadurch den Haß anderer Äonen, besonders des Authades, der daraufhin den löwengesichtigen Archon Ialdabaoth emanierte und durch ihn die Pistis Sophia ihres Lichts berauben ließ. Ihre physische Gestalt wurde in das Chaos geworfen. In Buch III wird eine Hölle (kopt. »Amente«) in der Art gezeichnet, wie im → Diagramm der Ophianer die diesseitige Welt vorgestellt ist. Auf eine Frage der Maria beschreibt Jesus die »äußere Dunkelheit« als einen Drachen, der seinen Schwanz im Maul hält und in dieser Gestalt jene Gegenwelt kreisförmig umgibt. Die tiergesichtig symbolisierten »Räume«, die der Drache einschließt, sind »Orte des Richtens«, wo schlechten Seelen gerechte Strafen zuteil werden. Die Türen der Höllenzimmer werden durch von Jeu eingesetzte Engel bewacht, um eine Rebellion der Archonten zu verhindern. An dieser Stelle sieht man recht deutlich, dass eine vormals eindeutige dualistische Konzeption abgewandelt worden ist, indem eigentlich widergöttliche Archonten einem höheren Befehl unterstellt und ihr gegenweltlicher Herrschaftsbereich zur Hölle umgestaltet wird, in den einige Seelen wegen besonders schwerer und nicht bereuter Vergehen nach dem Willen der höheren Himmelswesen gelangen. Es wird dann auch die Idee vom Chaos wieder aufgenommen, und zwar ebenfalls als Strafort, in dem ein heißeres Feuer brennt als in der von Menschen bewohnten Welt, aber ein weniger heißes als im Amente. »Mysterien«, also wohl rituelle Handlungen, spielen in dem ganzen Text eine große Rolle. Buch IV unterscheidet zwischen »Lichtmysterien« und »Sexualmysterien«, die soweit hypostasiert werden, dass die Archonten lediglich in ihrer Eigenschaft als diejenigen, die Sexualmysterien praktizieren, Chiffre für den gnostisch abgewerteten Kosmos sein können. Man kann in diesem Zusammenhang geradezu von einem »Dualismus der Mysterien« in der Schrift sprechen. Buch I dreht sich mit Vorigem unzusammenhängend um das Schicksal der Pistis Sophia, dann v. a. um ihre Reue, wobei zwischendurch immer wieder Schriftallegorien eingestreut sind, die offenbar die verwendeten Reste des gnostischen Sophia-Mythos mit den kirchlich kanonisierten Texten verbinden sollen. In Buch II verhält es sich ähnlich; die Sophia-Geschichte wird nochmals etwas anders von dem »Ersten Mysterium«, dem untersten von 24 verräumlichten Hypostasen, erzählt. Dieses Erste Mysterium agiert selbst für die im Chaos befindliche Pistis Sophia als Erlöserfigur. Im Zuge der vom Ersten Mysterium geschilderten Vorgänge erscheint merkwürdigerweise Adamas als Schöpfer der Dunkelheit bzw. des Chaos und als Verfolger der Sophia. Das zweite Buch endet mit Jesu Erläuterungen über das Schicksal der Seelen entsprechend den Mysterien, die sie erhalten haben. Was es mit diesen Mysterien auf sich hatte, ist für den heutigen Leser des Textes schwer zu entscheiden. Ihre prominente Stellung im Zusammenhang mit dem Schicksal der Pistis Sophia und das Ausspielen von Lichtmysterien gegen verderbliche Mysterien deutet darauf hin, dass gnost. Gemeinden im 4. Jh. um ihrer Lehre angemessene Formen der Kultausübung rangen.

Ausg.: C. SCHMIDT, Kopt.-gnost. Schriften, Bd. 1: Die Pistis Sophia. Die beiden Bücher des Jeu. Unbekanntes altgnost. Werk, 3 1962 bearbeitet von W. Till; 1978 Neuedition u. engl. Übersetzung von V. MACDERMOT.

Platon (427–348 v. Chr.), griech. Philosoph aus Athen, Begründer der langen Tradition des → Platonismus mit ihrem Kernstück der Lehre von den → Ideen, von der esot. Denken je nach Schattierung maßgeblich beeinflußt oder sogar hauptsächlich strukturiert wird. Daneben wurde P. in vielen Aspekten seines Philosophierens, die ihn für die Esoterik interessant machen, von den → Pythagoreern inspiriert, so z. B. in seiner → Naturphilosophie (→ *Timaios*), und auch Orphisches (→ Orphik) fand in seine Schriften Eingang. P. selber hat neben seinen zahlreichen schriftlich niedergelegten Dialogen einem kleinen Kreis von Schülern esot. Lehren mitgeteilt.

Lit.: W. BURCKERT, Weisheit u. Wissenschaft, 1962. G. MARTIN, P., 1969. J. WIPPERS (HG.), Das Problem der ungeschriebenen Lehre Platons, 1972. J. N. FINDLAY, P. u. der Platonismus, 1981.

Platonismus, philosoph.-theolog. universales System mit vielen esot. Elementen und Aspekten. Die Grundlagen für den P. schufen die Platon-Schüler Speusippos († ca. 339 v. Chr.) und Xenokrates von Chalkedon, indem sie aus der undogmat., unsystemat., immer situationsgebundenen Philosophie der platon. Dialoge ein »platon. System« machten. Von Anfang an integrierten sie dabei auch Strömungen von außerhalb der Akademie; so soll sich Speusippos bereits mit der pythagoreischen Zahlenspekulation beschäftigt haben. Der eklektische Ansatz, der nach und nach verschiedenste antike Welterklärungen mit platon. Lehren verband, führte schließlich dazu, dass der P. die Basis allen Philosophierens in der röm. Kaiserzeit und in der Spätantike wurde. Platon selber wurde wie ein quasi-göttlicher Religionsstifter verehrt. Während des 2. und 3. Jh.s v. Chr. vollzog sich eine für das Gepräge des P. besonders wichtige Auseinandersetzung mit nachfolgender Harmonisierung platon. und stoischen Auffassungen. Die stoische Kosmologie mit ihrer streng materialist.-determinist. Sicht allen

Geschehens und die stoische Psychologie, in der die Affekte als krankhaftes Leiden der Seele angesehen wurden, bestimmten nachhaltig den P. der späteren Jh.e. Auch die ataraxia (griech. »Leidenschaftslosigkeit«, »Gemütsruhe«), die aus einem Bewusstsein der → Einheit von Welt-Vernunft und Kosmos entstehen sollte und in der hellenist. Kultur das Ideal des Weisen darstellte, ist stoisches Erbe. Auch aristotel. Gedankengut fand Eingang in den P., was aber seine Bedeutung für die Esoterik nicht sehr berührt. Die als Mittelplatonismus bezeichnete Epoche des P. (50 v. Chr.–250 n. Chr.) zeichnete sich durch ein besonderes Interesse am → *Timaios* und seinen kosmogon. Fragen aus. Dabei nahm man vom stoischen Materialismus Abstand, indem der Ursprung der Dinge in einem immateriellen Prinzip (etwa in der Idee des Guten in Platons *Politeia* oder im sich selbst denkenden Intellekt der aristotel. *Metaphysik*) gesehen wurde. Einige Vertreter des Mittleren P. wandten sich wieder stäker pythagoreischen Ideen zu, und insbesondere bei → Plutarch zeichnete sich eine dualist. Tendenz ab. In dieser Zeit gab es enge Berührungen zwischen P. und dem hellenisierten Judentum, von denen insbesondere das Werk → Philons von Alexandria zeugt. Einer der Mitbegründer des Neup., Numenios von Apameia (2. Hälfte des 2. Jh.s n. Chr.) war Jude und verehrte → Pythagoras ebenso wie Mose. Während der Mittelplatonismus in sich wenig homogen war, wurde mit dem Neuplatonismus, insbesondere durch → Plotinos, eine kohärente Gedankenwelt geschaffen, die nicht nur die gesamte abendländ.-antike einschließlich der jüdischen Tradition umfasste, sondern auch altägypt. und ind. Vorstellungen aufnahm und verarbeitete. Plotinos' Nachfolger integrierten in dieses System die populären religiösen Kulte der röm. Kaiserzeit und die → Antiken Mysterien. Der Neuplatoniker → Porphyrios setzte allerdings sich und den heidn. P. in entschiedene Opposition zum Christentum. Trotz dieses Gegensatzes, der zeitweise äußerst feindselige Formen annahm, prägte der Neup. auch nach der Schließung der Akademie durch Justinian i. J. 529 n. Chr. Teile des Christentums wie später auch des Islams wesentlich mit und transportierte so esot. Gedankengut bis in diese Hochreligionen hinein. Neuplaton. Denken zeichnet sich durch Ablehnung des Offenbarungsgedankens aus, er kennt weder die Vorstellung von Sünde noch von Gnade. Seine → Erkenntnistheorie beruht auf dem Gesetz der Gleichheit von Erkennendem und Erkanntem. Wie das Göttliche und der gesamte Kosmos ist auch die Erkenntnis gestuft und muss stufenweise erklommen werden. Die allem Leben innewohnende → Seele ist unsterblich; ihre Trennung vom Materiellen, das eine niedere Stufe des Seins darstellt, vollzieht sich mit dem Tod. Allerdings kann diese Befreiung der Seele von allem Körperlichen und ihre Wiedervereinigung mit der Einen Weltseele durch Kontemplation und Enthaltsamkeit auch schon zu Lebzeiten zumindest teilweise verwirklicht werden. Im »Denken des Einen« (Beierwaltes) schwanken Neuplatoniker zwischen weltfrommem → Monismus und weltverachtendem Dualismus; generell überwiegt der metaphys. Ansatz, der das Materielle als minderwertig gegenüber dem Immateriellen ansieht, obwohl das Materielle durch → Emanation aus dem Immateriellen hervorgegangen ist. Diese metaphys. Grundposition unterscheidet den Neup. von der Esoterik, die stärker die unverbrüchliche Einheit von Geist und Natur betont. Allerdings hielt der Neup. anders als der Mittelp. das höchste Prinzip für nicht wissbar, was der Interpretation und Spekulation innerhalb des Systems große Spielräume eröffnete. So hat der Neup. die längste Zeit seiner Geschichte eine große Nähe zu esot. Positionen bewahrt und während des europ. MA.s als einziger Träger der Esoterik fungiert. Auf byzantin. Gebiet wurde das Christentum bereits seit dem 2. Jh. vom P. beeinflusst, d. h. schon der Mittelp. war für die Entwicklung des griech.-orthodoxen Christentums bedeutsam, weshalb die Orthodoxie generell eine stärkere Affinität zur Esoterik zeigt als der röm. Katholizismus. Man beobachtet dies bei Basilios dem Großen von Caesarea, Gregor von Nazianz, → Gregor von Nyssa und etwas später sehr ausgeprägt bei → Dionysius

Areopagita, der unter dem Einfluss des Neuplatonikers → Proklos die negative Theologie (→ Nichts) entwickelte. Unter neuplaton. Einfluss standen auch der ma.liche Naturphilosoph → Eriugena sowie → Meister Eckhart, die aber im geistigen Klima des christl. frühen MA.s Einzelerscheinungen waren. Anders verhielt es sich im Islam, dessen philosoph. Blütezeit im 10. Jh. ganz im Zeichen des Neup. stand. Im Abendland nahm der P. im 12. Jh. mit der span. → Kabbala und der → Schule von Chartres einen Aufschwung. Durch den Auftritt des Neuplatonikers Plethon (1360–1450) auf dem ökumen. Konzil von Florenz wurde Cosimo von Medici inspiriert, daselbst eine neue platon. Akademie zu gründen. Dort arbeitete u. a. → Ficino, was zeigt, dass die Renaissance-Esoterik erneut eine Verbindung mit dem P. herstellte. Ficino übersetzte Platon und die *Enneaden* des Plotin ins Lateinische und arbeitete auch bereits zu Porphyrios und → Iamblichos. Im 17. Jh. entstand die platon. Schule von Cambridge, die im Neup. ein Mittel sah, über die Vernunft zur Religion zu gelangen. Hier verband sich der P. eng mit der → Naturphilosophie. In der zeitgenöss. Esoterik spielt der P. indirekt eine Rolle, indem in Kreisen des → Neuheidentums die neuplaton. Interpretation der antiken heidn. Kulte meist unbemerkt übernommen wird. Ansonsten wird, vielleicht unter dem Verdikt → Heideggers, der den P. der »Seinsvergessenheit« bezichtigt, der neuplaton. Einfluss auf die Kabbala, die → Sufik und auf viele der Esoterik nahestehende Philosophen einschließlich Heideggers selbst fast vollständig ignoriert, ebenso die Parallelität und der möglicherweise histor. Zusammenhang neuplaton. und ind.-religiösen Denkens.

Lit.: G. von Bredow, P. im MA. Eine Einführung, 1972. J. M. Dillon, The Middle Platonists, 1977. C. Zintzen (Hg.), Die Philosophie des Neup., 1977. Ders. (Hg.), Der Mittelp., 1981. R. B. Harris (Hg.), Neoplatonism and Indian Thought, 1982. W. Beierwaltes, Denken des Einen. Studien zur neuplaton. Philosophie u. ihrer Wirkungsgeschichte, 1985. T. Kobusch/B. Mojsisch (Hg.), Platon in der abendländ. Geistesgeschichte. Neue Forschungen zum P., 1997.

Pleroma (griech. »Fülle«), in der → Gnosis Bezeichnung zunächst für die rein geistige Welt des Göttlichen; später wurde sie auch auf die dämon. beherrschten Sphären ausgeweitet.

Lit.: V. MacDermot, The Concept of P. in Gnosticism, in: M. Krause (Hg.), Gnosis and Gnosticism, 1981.

Plotinos (205–270), Begründer des neuplaton. Systemdenkens. P. erhielt seine philosoph. Ausbildung in Alexandria, wo er mit 28 Jahren Schüler des stark von den → Pythagoreern beeinflussten Platonikers Ammonios Sakkas wurde. Nach dem Tod seines Lehreres 243 nahm an einem röm. Feldzug gegen das Sassanidenreich (Iran) teil, wo er möglicherweise mit ind. Philosophie in Berührung kam. Ab 244 war P. als Lehrer in Rom tätig und soll seine Schüler auch mit mag. Fähigkeiten beeindruckt haben. Im Mittelpunkt seines Philosophierens standen die Natur und die Entfaltung des Einen Absoluten. P. entwickelte seine Lehre vom Prinzip einer dynam. Stufung, die den gesamten Weltaufbau durchzieht. Die göttliche Wirklichkeit stellte er sich als drei Hypostasen vor: als das Eine, den → Nous und die → Seele. Pflanzen, Tiere, Menschen und die Sternenwelt sind im Unterschied zur Materie durch ihre Einzelseelen mit dem Göttlichen verbunden. Die Seele kann das Eine schauen und in der Vielheit der Erscheinungen als solches wahrnehmen. Dazu bedarf es nach P. einer asket. Lebensweise und myst.-meditativer Einstimmung. Eine besondere Rolle auf dem Weg zur myst. Schau des Göttlichen kommt dem Schönen zu. Die Erfahrung des sinnlich Schönen kann den Seelenaufstieg vorbereiten. Die Lehren P.s erregten bereits zu seinen Lebzeiten erhebliche Aufmerksamkeit und brachte ihm vonseiten der röm. Nobilität großen Respekt ein. Die Herausgabe seiner Schriften vertraute er seinem Schüler → Porphyrios an. P.s Hauptwerk sind die → Enneaden.

Ausg.: P.s Schriften. Übersetzt von R. Harder.

Neubearbeitung mit griech. Lesetext u. Anmerkungen, 6 Bde., 1956.

Plutarchos von Chaironeia (ca. 50–ca. 122), Schriftsteller und esot. Philosoph. Er wurde für kurze Zeit Schüler des Platonikers Ammonios in Athen, kehrte aber bald in seine Heimatstadt zurück und blieb dem → Platonismus nur locker verbunden. In Chaironeia sammelte er einen kleinen Schülerkreis um sich, dem er eine Lehre eigenen Zuschnitts mit platon., stoischen, pythagoreischen und mysteriosoph. Elementen unterbreitete. Mit ca. 50 Jahren wurde er Priester des → Apollon in Delphi. P. war ein sehr produktiver Autor und widmete sich verschiedenen Themen. Von besonderem Interesse ist seine Schrift *De Iside et Osiride*, die den Mythos von → Isis und Osiris in verschiedenen Varianten überliefert und mt mysteriosoph. Ausdeutungen versieht.

Pneuma (griech. »Geist«, auch »Wind«), wichtiger Begriff in der Gnosis. Im Gegensatz zur Stofflichkeit (Hyle) oder zum Fleischlichen (Sarx) steht er für die Substanz der geistigen Welt, in deren Besitz sich die Gnostiker wissen. In der → valentinian. Gnosis bezeichnen sie sich deshalb auch als Pneumatiker.

Poimandres, auf Griech. abgefasster und überlieferter hermet. Text vom Ende des 2. Jh. n. Chr., erste Schrift des Corpus Hermeticum (→ Hermetische Literatur). *Poimandres* ist seiner äußeren Form nach ein Lehrgespräch zwischen dem offenbarenden Geist P. und einem Schüler; inhaltlich handelt es sich in erster Linie um einen Schöpfungsmythos: Am Anfang existieren drei kosmische Sphären, das Lichtreich, das als feucht charakterisierte Finsternisreich, und zwischen beiden die Natur. Die Kosmogonie beginnt mit einem Schöpfungsvorgang innerhalb des Lichtreichs: Ein androgyner → Nous (Verstand) bringt einen → Logos hervor und dann mithilfe dieses Logos einen Demiurgen. Der → Demiurg schafft sieben Verwalter. Ein anderer, in der Natur befindlicher Logos steigt auf und will sich mit dem Nous des Lichtreichs verbinden. Folglich sind die unteren Teile der Natur vom Logos verlassen, d. h. ihr Zustand ist von jetzt an ein ausschließlich materieller. Der logoslosen Natur wohnt ein Demiurg-Nous inne, der nun durch Kreisbewegungen vernunftlose Tiere entstehen läßt. Im Zuge dieses Vorgangs trennen sich Erde und Wasser. Der Nous des Lichtreichs hingegen bringt einen schönen nousgleichen → Menschen hervor, der zum Herrscher über alle Sphären bestimmt ist. Die Geschöpfe des Demiurgen fassen Zuneigung zu ihm und geben ihm jeder etwas »von ihrer eigenen Ordnung«, wodurch er sie kennenlernt und an ihrem Wesen Anteil bekommt. Dann beugt sich der Mensch hinunter zur logoslosen Natur und verliebt sich in sie. Die Vereinigung zwischen beiden dient als Ätiologie für den Zustand aller Menschen, die sowohl aus Geist als auch aus Materie bestehen. Die Natur bringt sieben androgyne und erhabene Menschen nach dem Wesen der sieben Verwalter hervor. Schließlich werden alle androgynen Tiere und Menschen in jeweils männliche und weibliche Wesen getrennt. Ihre Vereinigungen machen die Schöpfung komplett. Der Text schließt mit einigen sich aus dem Mythos ergebenden moralischen Lehren und einem Lobgebet.

Ausg.: A.D. Nock/A.-J. Festugière, Corpus Hermeticum, Bd. 1, 1960, 7–28. J. Holzhausen, Das Corpus Hermeticum Deutsch, Bd. 1, 1997, 3–22.

Lit.: R. Reitzenstein, Studien zur griech.-ägypt. u. frühchristl Literatur, 1904. B. A. Pearson, Jewish Elements in Corpus Hermeticum I (P.), in: R. von den Broek/M. J. Vermaseren, Studies in Gnosticism and hellenistic Religions pres. to G. Quispel, 1981, 336–348. A. Segal, The P. as Myth, 1986. J. Holzhausen, Der Mythos vom Menschen im hellenist. Ägypten. Eine Studie zum P. (= CH I), zu Valentin u. dem gnost. Mythos, 1994.

Polarität, die Manifestation des Einen Seins in Gegensätzen, die bei oberflächlicher Betrachtung einander auszuschließen scheinen, tatsächlich aber die beiden äußersten Pole eines Ausdrucksspektrums markieren, die zu derselben Substanz oder → Energie gehören.

Porphyrios (234–ca. 305), Neuplatoniker, der nach anfänglichen Differenzen über die Lehre vom → Nous Schüler des Plotinos wurde und nach dessen Tod seine Werke sammelte, systematisierte und kommentierte. Unter P.s eigenen umfangreichen Schriften befindet sich ein fragmentar. erhaltener Traktat gegen das Christentum, dessen Ausschließlichkeitsanspruch auf die wahre Lehre er harsch kritisiert. Dagegen zeigte P. ein sehr ausgepägtes Interesse an den → Antiken Mysterien, der → Mantik und an mag. Praktiken und Überlieferungen wie den → Chaldäischen Orakeln. Sie schienen ihm ebenso wie Wissenschaft und Philosophie geeignet, das Wirken des Göttlichen zu erkennen.

Postmoderne ist die Bezeichnung für eine kulturelle Strömung am Ende des 20. Jh., deren Grundausrichtungen in vieler Hinsicht esot. Denken korrespondieren und ihr aus diesem Grund gute Entfaltungsmöglichkeiten bieten. Gegen den Rationalismus, der die Epoche der Moderne gekennzeichnet hat, sucht die P. ebenso wie die Esoterik nach Wegen der → Wiederverzauberung der Welt. Das aufklärer.-moderne Postulat einer überindividuellen und überkulturellen einheitlichen Vernunft wird von ihr abgelehnt, wodurch sich ein neuer Raum der Toleranz für alternative Welterklärungsansätze bietet. Das Schlüsselwort für die Kultur der P. lautet »Differenz«; sie dekonstruiert die auf der Grundlage cartes. universalist. Erklärungsmethoden selbstverständlich gewordenen Perspektiven westlichen Denkens und öffnet es neuen Betrachtungs- und Interpretationsmustern, von denen sie Durchlässigkeit und Pluralismus verlangt. Die P. geht von der Vieldeutigkeit aller Beobachtungsgegenstände aus. Sie wendet sich ab von Empirismus und Positivismus und hin zu → Allegorie und → Hermeneutik. Anders als bei der Esoterik ist der Pluralismus und die Offenheit der Interpretation alles Gegebenen in der P. jedoch zunächst einmal Selbstzweck, dahinter steht kein letztgültiger Einheitsgedanke, in den Vielheit integrierbar wäre. Allerdings ist die Befindlichkeit der P. wesentlich vor dem Hintergrund der → Globalisierung zu verstehen. Die Betonung der Differenz als Pluralismus des Denkens korrespondiert mit einer zunehmenden Vereinheitlichung materieller Lebensumstände, verbunden mit der Möglichkeit jederzeitigen Austauschs zwischen den Gesellschaften und Kulturen sowie ihren einzelnen Segmenten. Insofern ist die Differenzialität der Kulturen und Subkulturen ein Ausdruck der Globalität der Weltgemeinschaft. Die Prominenz der Esoterik und ihr Erscheinungsbild in der heutigen Zeit kann mit einigem Recht als die religiöse Bekundung der P. angesehen werden.

Lit.: D. Lyon, A Bit of a Circus: Notes on Postmodernity and New Age, in: Religion 23, 1993. R. Liedtke, Die Hermetik. Traditionelle Philosophie der Differenz, 1996.

Präraffaeliten, brit. Künstlergruppe, die sich 1848 in London zur Präraffaelit. Bruderschaft zusammenschloss. Ihre Wortführer waren Dante Gabriel Rossetti (1828–82) und John Ruskin (1819–1900), beide sowohl Maler als auch Dichter. Auf der Grundlage von Idealen, die mit denen der → Romantik und des → Symbolismus übereinstimmten, suchten die P. die brit. Malerei im Geiste eines Stils zu erneuern, den sie auf die Zeit vor Raffael (1483–1520) zurückdatierten. Ein wichtiger Hintergrund für die Bewegung war die romant. MA-Begeisterung. Merkmale präraffaelit. Werke sind v. a. eine kräftige Farbgebung und eine myst.-spirituelle oder auch gespenstische Atmosphäre. Die Motivauswahl orientiert sich dabei nicht vorrangig an biblischen und kirchlichen Stoffen, sondern an alten Legenden (→ Artusroman, → Merlin, → Parzival), Shakespeare-Dramen sowie an dichterischen Werken ihrer eigenen Zeit. Besonders bekannt sind die Frauenporträts der P., die Erotik und Spiritualität in für das Viktorian. Zeitalter sehr ungewöhnlicher Weise miteinander verbinden.

Ausg.: Die P. Dichtung, Malerei, Ästhetik,

Rezeption. Hg. u. übersetzt von G. Hönnighausen, 1992.

Lit.: C. WOOD, The Pre-Raffaelites, 1981.

Presbyter Johannes, legendäre Gestalt des MA.s, von der die Sage ging, sie würde in Indien (womit in ma.lichen Quellen auch Ostasien, Arabien oder Äthiopien gemeint sein können) ein christl.-gottgefälliges Reich regieren. P. wurde als Nachfolger oder sogar als Reinkarnation des Evangelisten und Sehers Johannes angesehen und soll sich, obwohl ein mächtiger König, bescheiden P. genannt und damit lediglich einen Titel beansprucht haben, wie ihn in urchristl. Zeiten die Gemeindevorsteher trugen. Andere Überlieferungen betrachteten ihn als einen Nachfahren der morgenländ. → Magi. Histor. greifbar wird die Legende, die einen syr. Ursprung haben könnte, in Europa erstmals um die Mitte des 12. Jh. In den 1170er Jahren begannen Sendschreiben des P. umzulaufen, in denen er den Christen Hilfe in den Kreuzzügen versprach. Im → *Parzival* des Wolfram von Eschenbach wurde eine Verbindung des P. mit der Gralsgeschichte angedeutet, die spätere Autoren dann weiter ausgestalteten. Demnach wurde der → Gral, nachdem in Europa die mit ihm verbundenen Hoffnungen enttäuscht worden waren, in das Paradiesland Indien versetzt. Die Sage vom P. beschäftigte noch die abendländ. Missions- und Entdeckungsreisenden des Spät-MA.s und der Frühen Neuzeit, wie z. B. Marco Polo, die ihn und sein Reich mit den Mongolen in Verbindung brachten.

Lit.: G. OPPERT, Der P. in Sage u. Geschichte. Ein Beitrag zur Völker- u. Kirchenhistorie u. zur Heldendichtung des MA.s, 1864. F. ZARNCKE, Der P., 1879. Nachdruck 1980. U. KNEFELKAMP, Die Suche nach dem Reich des Priesterkönigs J., 1986. G.-K. KALTENBRUNNER, Johannes ist sein Name. Priesterkönig, Gralshüter, Traumgestalt, 1993. W. BAUM, Die Verwandlungen des Mythos vom Reich des Priesterkönigs Johannes. Rom, Byzanz u. die Christen des Orients im MA., 1999.

Priscillian (ca. 340–385), spanischer Adliger mit umfassender Bildung, Gründer einer esot.-asket. Bewegung in Spanien und Südfrankreich im 4. Jh., der sich sowohl Laien als auch Kleriker anschlossen. Seine Lehre scheint ein radikalisierter Paulinismus mit gnost.-manich. Einschlägen gewesen zu sein. Eine genaue Rekonstruktion ist wegen der Quellenlage schwierig. Obwohl P. unter der Bevölkerung und sogar unter Geistlichen großen Zuspruch fand und 380 zum Bischof von Avila geweiht wurde, erwirkten seine Gegner 384 auf einer Synode in Bordeaux ein Todesurteil gegen ihn. Damit ist P. der erste Ketzer, der einem Blutgericht zum Opfer fiel. Seine Ideen wirkten sehr wahrscheinlich weiter und flammten bei den ma.lichen → Katharern wieder auf.

Lit.: B. VOLLMANN, Studien zu Priscillian, 1964. V. BURRUS, The Making of a Heretic. Gender, Authority, and the Priscillianist Controversy, 1995.

Proklos der Lykier (412–485), Beiname Diadochos, einer der bedeutendsten Neuplatoniker (→ Platonismus). P. war der Sohn eines wohlhabenden Anwalts aus Konstantinopel. Er studierte zunächst in Alexandria Rhetorik und die Rechte, wandte sich dann aber der Philosophie zu und ging nach Athen, wo er Schüler von → Plutarchos und → Syrianos wurde. Nach dem Tode des Letzteren ca. 447 übernahm P. die Leitung der athen. Akademie, der er über 40 Jahre lang vorstand. Er war ein charismat. Lehrer, der viele Schüler anzog. Zu seinen Schriften zählen zahlreiche Kommentare zu den platon. Dialogen, darunter ein sehr bedeutender zu → *Timaios*. Durch sein symbol. Verstehen der Werke → Platons sowie religiöser Offenbarungsliteratur entwickelte P. seine eigenen Lehren. Eine besondere Neigung hatte er zur → Theurgie. P. fühlte sich als »Hierophant der ganzen Welt«, war allen Religionen verbunden und erachtete dabei auch ihre liturg. Praxis für wichtig. Von den Begründern des neuplaton. Systemdenkens → Plotinos und → Porphyrios übernahm er die Lehre von den drei Haupthypostasen des Göttlichen (das eine, → Nous und → Seele), bereicherte diese aber um tiefschürfende Ausführungen zum Wirken des einen (Verharren, Hervortreten, Rückwendung) sowie zu seiner triad. und hebdomad. Auffaltung in den Stufungen der Wirklichkeit. Der apophatischen Natur des höchsten einen entspricht das mystische Schweigen, das die Wiedervereinigung der Seele mit ihrem Ursprungsort umgibt.

Lit.: W. Beierwaltes, P., 1965.

Prophezeihungen von Celestine, Die, esot. Roman des US-amerikan. Autors James Redfield, der eine abenteuerliche Suche nach einer geheimgehaltenen aramäischen Handschrift aus dem Besitz eines peruan. Priesterzirkels erzählt, die in neun Prophezeihungen den Weg zu einem neuen, spirituellen → Zeitalter weist. Dabei wird den beiden Protagonisten der Weg zum Ziel, denn ihre Suche nach dem Manuskript bringt sie in Situationen, in denen bestimmte Erkenntnisse unausweichlich werden. Indem sie neun solcher Erkenntnisprozesse durchlaufen, werden sie zu Vorboten einer Transformation der gesamten Menschheit, die eine rein spirituelle Kultur herbeiführen wird.

Ausg. in Übers.: 1998.

Psychologie und Esoterik gingen im 20. Jh. seit der Tiefenpsychologie → Jungs eine enge Verbindung ein. Jung hatte die Integration des → Unbewussten als Voraussetzung für die Ganzheitlichkeit des Menschen erkannt. Das weitgehend mit dem Bewusstsein gleichgesetzte Ego (→ Ich und Selbst) sah er auf diesem Weg eher als Hindernis an. Seitdem gilt bei allen, die diesem Ansatz folgen, das Unbewusste als eine Art Schatz, den es zu heben gilt, um durch das Ich hindurch und über es hinweg zum Selbst vorzustoßen. Die auf dieses Ziel ausgerichteten Lehrsysteme werden gewöhnlich unter der Bezeichnung »Transpersonale Psychologie« zusammengefasst. Sie alle arbeiten mit Psychotechniken, die dem esot. Bereich zuzurechnen sind, v. a. mit verschiedenen Methoden der → Meditation. Eine unmittelbare Vorläuferin der Transpersonalen Psychologie im engeren Sinne ist die direkt an Jung anknüpfende, von Roberto Assagioli entwickelte Psychosynthese, die nach einem genau strukturierten Übungssystem zur Realisation des Selbst vorgeht. Stärker experimentell arbeiteten Abraham Maslow und der heute bekannteste Vertreter einer esot. Psychologie, Stanislav Grof (* 1931). Letzterer hält Grenzerfahrungen (→ Grenze) für unbedingt notwendig, um tiefere Schichten des Unbewussten zu aktivieren. Nicht ganz klar ist, wie diese in einem kontinuierlichen Prozess hervorgerufen werden sollen. Grof vertrat noch in den 80er Jahren die Auffassung, dass ein umsichtiger Gebrauch von psychedel. Drogen dazu ein geeignetes Mittel sei. Parallelen der Drogenerfahrung zieht er v. a. zu Formen östlicher Spiritualität und Esoterik. Am meisten entspricht ihr → Zen mit seinem Prinzip der plötzlichen Erleuchtung, wobei Grof aber weitgehend übersieht, dass diese Erfahrungen zwar plötzlich eintreffen, aber trotzdem durch einen langen Übungsweg vorbereitet werden. In jüngster Zeit hat sich Grof mit der Sinnhaftigkeit und Funktion spiritueller Krisen beschäftigt.

Lit.: A. Maslow, Psychologie des Seins, 1973. R. Assagioli, Handbuch der Psychosynthesis, 1978. R. N. Walsh/F. Vaughan (Hg.), Beyond Ego, 1980. P. Ferrucci, Wird der du bist, 1984. S. Grof, Geburt, Tod und Transzendenz, 1985. Ders., Jenseits des Todes – An den Toren des Bewusstseins, 1986. Ders., Das Abenteuer der Selbstentdeckung – Heilung durch veränderte Bewusstseinszustände, 1987.

Ptahil, bei den → Mandäern Name des Demiurgen.

Ptolemaios, valentinian. Lehrer, der um 160–180 in Italien wirkte. Erhalten ist der Brief des P. an seine »liebe Schwester« Flora, der die valentinian. Lehre in exoter. Form enthält, sowie häresiolog. Beschreibungen eines Mythos, der wahrscheinlich nur esot. mitgeteilt wurde. Der Brief des P. an Flora behandelt Fragen der at.lichen Gesetze. P. erläutert, dass diese Gesetze nicht alle von Gott selber stammten, sondern teilweise auch von Mose und den Ältesten Israels. Jesus habe in der Bergpredigt die ursprüngliche Form des Gesetzes wiederhergestellt, in der es auch für die Gnostiker Gültigkeit habe. Jedoch will P. nicht alle Gesetze im Wortlaut verstanden wissen, sondern interpretiert sie in gnost. Geist. – Der von P. gelehrte Mythos bietet eine valentinian. Kosmogonie, Anthropologie und Erlösungslehre, von der angenommen wird, dass sie für die → Valentinian. Gnosis weithin repräsentativ gewesen ist. In diesem valentianian. Mythos nach → Irenäus und → Hippolyt entstehen auf des höchsten Gottes Bythos eigene Initiative dreißig Äonen, jeweils in männlich-weiblichen Partnerschaften, die dann mit ihm und seiner Paargenossin Ennoia das Pleroma, die himmlische Welt der Fülle, ausmachen. Einer dieser Äonen ist Sophia, und zwar war sie nach Irenäus das letzte himmlische Wesen, das geschaffen wurde, nach Hippolyt war sie der zwöfte Äon, aber trotzdem wie bei Irenäus der jüngste. Sophia wird wie in der → Barbelognosis zur Schöpferin einer Gegenwelt. Anlass ist nach Hippolyt ihre Vernachlässigung des Paargenossen, aber Irenäus hat ein anderes Motiv, nämlich Sophias zerstörende Sehnsucht nach Erkenntnis des Urvaters, allerdings mit Neid auf den ersten Sohn des Bythos, Nous, verbunden, weil dieser mit dem Vater Gemeinschaft hatte, wie es heißt. Sophias Sehnsucht trieb sie immer weiter zum Urvater, dem → Ungrund oder Abgrund, hin, und sie wäre von ihm fast verschlungen worden, wäre sie nicht vom Horos, einer sehr eigenen Gestalt des valentinian. Mythos mit einer abgrenzenden, identitätsschützenden Funktion, gerettet worden. Horos reinigt und festigt Sophia und bringt sie zu ihrem Paargenossen zurück.

Nach Hippolyt erzeugte die Sophia ohne ihren Paargenossen im Eifer, es dem Vater gleichzutun, eine form- und gestaltlose Ektroma, eine Fehlgeburt. Darüber war sie dann so unglücklich, dass die anderen Äonen, beunruhigt über das Schicksal ihrer Schwester, den Vater um Hilfe baten. Dieser schuf daraufhin ein weiteres Äonenpaar, Christus und den Hl. Geist, die im Pleroma wieder Ruhe herstellen sollten. Alle Äonen erhielten von Christus eine entsprechende Belehrung, und alle priesen daraufhin den Vater. Als Frucht des neuen guten Einvernehmens im Pleroma brachten die Äonen alle zusammen Jesus hervor. Nachdem auf diese Weise im himml. Pleroma die Schwierigkeiten behoben waren, geriet die Ektroma, »untere Sophia« oder »Achamoth« genannt, die nun von Sophia getrennt außerhalb des Pleromas existierte, in Not. Zwar hatte sich bereits Christus ihrer angenommen und ihr eine »Gestaltung dem Wesen nach« gegeben, aber sie strebte nun aufwärts ins Pleroma. Da der Horos sie nicht hineinließ, begann sie zu leiden. Ihre Leiden oder Leidenschaften (griech. »pathe«) gerieten dann unter der Einwirkung des Heilands, als Aspekt Christi verstanden, der zusammen mit Engeln zum Beistand der Achamoth aus dem Pleroma herabgesandt wurde, zur psychischen und materiellen Substanz des Kosmos. Aus der Psyche ging der → Demiurg hervor. Dieser erschuf den choischen (materiellen) Menschen, den er durch Einblasen der Psyche zu beleben suchte. Achamot fügte dem Menschen das Pneumat. hinzu, das sie nach ihrer Rettung durch Jesus hervorzubringen imstande war. Am Ende der Zeiten wird alles Choische ins Verderben gehen und alles Pneumatische in seine geistige Heimat aufsteigen. Das Psychische aber hat eigene Entwicklungsmöglichkeiten, je nachdem, ob es sich stärker zum Choischen oder zum Pneumatischen neigt. Diese komplexen Lehren wurden nach den Berichten der Häresiologen in Anlehnung an bibl. Zitate als allegor. Auslegungen dargelegt.

Lit.: Gnosis I.

Pyramiden, die ältesten Bauwerke → Ägyptens, die den Pharaonen als Gräber und Herrschaftssymbole dienten. Esoteriker haben hingegen häufig → Hermes Trismegistos als Erbauer der P. angesehen. Im christl. MA. hatte sich das Wissen um die histor. Funktionen der P. verloren, und sie wurden Kornspeicher angesehen, die Joseph nach der bibl. Geschichte zur Überwindung der Sieben mageren Jahre anlegen lassen hatte. Arab. Autoren glaubten, dass die P. bereits vor der Sintflut gebaut worden waren und Horte uralter Magie und Wissenschaft waren. Seit dem 19.

Jh. wurden die P. bei Esoterikern der westl. Welt zum Gegenstand der Spekulation. Sie gelten als von → Außerird. erbaut, als astronom. Observatorien, als Mysterienstätten und als Träger eines kosm. Wissens.

Lit.: M. VERNER, Die P., 1998.

Pythagoras von Samos (ca. 570–480 v. Chr.), griech. Mathematiker, Philosoph und Wundermann. Als junger Mann unternahm er ausgedehnte Reisen in den Orient, die zweite Hälfte seines Lebens verbrachte er in griech. Kolonien in Unteritalien. In Kroton organisierte P. einen strikt antidemokrat. eingestellten esot. Orden mit polit. Ambitionen, der seinen Einfluß in ganz Süditalien ausdehnen konnte, schließlich aber nachhaltige Verfolgungen erlitt. Von P. selbst sind keine Schriften überliefert, die Lehren, die er innerhalb seiner Gemeinschaft in mündlicher Form erteilte, waren mit einem Schweigegebot belegt. Später jedoch schrieben die Schüler auf, was sie von P. gehört hatten. P. wurde von seinen Anhängern göttlich verehrt, man sah in ihm eine Inkarnation des Hyperboräischen → Apollon. Viele Wunder wurden ihm zugeschrieben; er hatte Macht über die Tierwelt und sprach mit einem Fluß. Viele Züge verbinden ihn mit dem → Schamanismus. P. postulierte die Zahl als ordnendes Prinzip des Kosmos und erforschte geometrische und astronomische Gesetzmäßigkeiten, die er mit philosophischen Spekulationen verband (→ Zahlenmystik, → Harmonie der Sphären). Er vertrat einen entwickelten Seelenglauben, nach dem die Seele eine vom Körper weitgehend unabhängige eigene Wesenheit darstellte. Der Körper wurde auch als ihr Gefängnis angesehen. In der pythagoreischen Gemeinschaft galten zahlreiche Reinigungs- und Ernährungsvorschriften, da die Reinheit der Seele als Voraussetzung für Erkenntnis angesehen wurde, die den Menschen göttlich mache. Aufgrund ihres Glaubens an die → Reinkarnation durften die Pythagoreer kein Fleisch essen (→ Vegetarismus); warum ihnen auch der Genuß einiger Pflanzen (z.B. Bohnen) untersagt war, ist bislang unzureichend geklärt.

Lit.: E. R. DODDS, Die Griechen u. das Irrationale, 1970 (engl. 1951). – W. BURCKERT, Weisheit u. Wissenschaft, 1962. L. ZHMUD, Wissenschaft, Philosophie u. Religion im frühen Pythagoreismus, 1997.

Pythagoreer, die Anhänger des → Pythagoras und seiner Lehren. Pythagoras hatte zu seinen Lebzeiten eine Schülergemeinde um sich gesammelt, deren Mitglieder P. genannt wurden. Diese Gemeinschaft wurde aber im Zuge ihrer Verfolgung, die sie aufgrund des polit. Engagements von Pythagoras erlitt, aufgerieben. Pythagoras selber hat keine schriftlichen Aufzeichnungen hinterlassen; anders jedoch sein unmittelbarer Schüler Philolaos von Kroton (Mitte 5. Jh. v. Chr.) und der berühmte P. Archytas von Tarent (1. Hälfte des 4. Jh. v. Chr.). Letztere schufen damit eine Grundlage für die Neubelebung des Pythagoreismus, die allerdings erst um die Zeitenwende zustande kam und wegen der unklaren genealogischen Verbindung zu den frühen P. auch Neupythagoreismus genannt wird. Bei dieser in der röm. Kaiserzeit populären Strömung handelt es sich eigentlich um ein Konglomerat aus Pythagoreismus, → Platonismus und → Mysteriosophie. Eine Geschlossenheit wie zu Lebzeiten des Pythagoras wurde von der Bewegung nicht mehr erreicht. Namhafte Repräsentanten waren → Apollonius von Tyana, Nigidius Figulus und Nikomachos von Gerasa.

Lit.: B. L. V. D. WAERDEN, Die P., 1979.

Pythia → Orakel von Delphi

Q

Qadar (arab. »göttliche Vorherbestimmung«, »Schicksal«), im isma'ilit. Mythos der männliche Part des Urpaares → Kuni und Q. Aud en drei Buchstaben seines Namens (das Arab.e schreibt keine Vokale) geht die Trias Gadd, Fath und Hayal hervor, die dann mit Kuni und

Q. die obere → Pentade bildet. In späterer isma'ilit. Spekulation wird Q. auch mit der Seele und mit dem Urmenschen Adam (→ Mensch) gleichgesetzt.

Lit.: H. Halm, Kosmologie und Heilslehre der frühen Isma'iliya. Eine Studie zur islam. Gnosis, 1978.

Qa'im, in der → Isma'iliya Bezeichnung für den endzeitlichen Heilsbringer, identisch mit dem → Mahdi.

Qarmaten, Bezeichnung für die Isma'iliten seit der Zeit des Sonderweges der → Fatimiden, die ihren Mahdi 'Ubaid Allah für den wiedergekehrten siebten → Imam Isma'il hielten. Widerständler gegen diese Idee bekräftigten ihre Erwartungen in das Imamat von Isma'ils Sohn Muhammad. In Bahrain (Ostarabien) entwickelte sich die Q.gemeinde unter ihrem Da'i Abu Tahir zu einem kleinen Fürstentum, das i.J. 930 Oman und 931 sogar kurzzeitig Kufa im Irak besetzen konnte. 930 entführten Q. den schwarzen Stein aus der Ka'aba und brachten ihn in die Oase al-Ahsa', erst nach langen Verhandlungen konnte der Abbasidenkalif von Bagdad 951 seine Rückgabe erwirken. 931 proklamierte Abu Tahir das Erscheinen des Mahdi in Gestalt eines jungen Kriegsgefangenen aus Isfahan, den er jedoch bald wieder beseitigen ließ; während der kurzen Zeit seiner Anerkennung erklärte der Da'i die Gesetze für aufgehoben. Der Territorialstaat von Bahrain bestand bis ca. 1075, das qarmat. Bekenntnis konnte sich noch bis ins 14. Jh. halten und ging dann in der Zwölfer-Shia auf.

Lit.: W. Madelung, The Fatimids and the Qarmatis of Bahrayn, in: F. Daftari (Hg.), Medieval Isma'ili History and Thought, 1996.

Qi → Energie

Qi gong (chines. »qi« Energie und »gong« Praxis), seit den 1950er Jahren verwendeter Begriff für verschiedenen Formen der Arbeit mit dem Qi, der universellen Lebensenergie. Es handelt sich hauptsächlich um Bewegungs- und Atemübungen, die in den Traditionen des → Taoismus und der → Chines. Medizin begründet sind.

Lit.: U. Olvedi, Das Stille Qi Gong nach Meister Zhi-Chang Li. Meditative Energiearbeit – Vitalisierung u. Harmonisierung der Lebenskräfte, 1994.

Qolasta (3./4. Jh.), ein Ritualbuch der → Mandäer, das die in den Gemeindefeiern rezitierten Hymnen und Gebete sowie Ausführungsanweisungen zu den wichtigsten Zeremonien der → Taufe und → Masiqta enthält.

Ausg.: Mandäische Liturgien. Mitgeteilt, übersetzt u. erklärt von M. Lidzbarski, 1920. E. S. Drower, The Canonical Prayerbook, 1959.

Quantenphysik, als → Neue Wissenschaft ein Teilgebiet der Physik, deren Erkenntnisse von Newage-Denkern gern modellhaft für ein neues Weltbild vorgetragen werden. Die Q. gewann auf subatomarer Ebene völlig neue Erkenntnisse über die Natur und Zusammenwirkung wellenförmiger Energie und teilchenförmiger Materie. Gegen die Auffassungen der klass. Physik wurde beobachtet, dass sich die stoffliche Welt nicht in immer kleinere bausteinartige Einheiten zerlegen lässt. Auf der Ebene der die Atome konstituierenden Elektronen erscheinen keine »Teilchen« mehr, sondern »Quanten«, d.h. äußerst elastische Energieansammlungen ohne eindeutige Gestalt. Physiker wie Nils Bohr und Werner Heisenberg stellten fest, dass ein wissenschaftlicher Beobachter die Wahrnehmung seines Beobachtungsgegenstandes und damit die Erscheinungsform der Quanten weitgehend selbst bestimmt, da sich ohne die Beobachtung der Gegenstand in einem nicht festlegbaren Zustand zwischen Energiewelle und Elementarteilchen befindet. Vertreter des → Newage übertrugen diese Erkenntnis auf ihr psycholog.-spirituelles Gebiet, das der Geist oder das Bewusstsein die Realität erst bestimmt, indem er sie sozusagen materialisiert, statt sie nur unbeteiligt zu beobachten. Konsequent weitergeführt bedeutet das im optimist. duktus des Newage, dass der menschliche Geist die

Möglichkeit hat, die Materie und damit empir. Realität zu beeinflussen.

Lit.: K. A. WHEELER/W. H. ZUREK (HG.), Quantum theory and Measurement, 1983. D. R. HOFSTADTER, Gödel, Escher, Bach, 1985. R. A. WILSON, Der neue Prometheus, 1985. R. P. FEYNMAN, QED. Die seltsame Theorie des Lichts und der Materie, 1988. N. HERBERT, Quantenrealität, Jenseits der neuen Physik, 1990. J. VERHULST, Der Glanz von Kopenhagen. Geistige Perspektiven der neuen Physik, 1994. J. GRIBBIN, Schrödingers Kätzchen u. die Suche nach Wirklichkeit, 1998. B. RÖTHLEIN, Schrödingers Katze. Einführung in die Q., 1999.

Quellgeister entsprechen in den kosmogon. Spekulationen → Böhmes den kabbalist. → Sefirot. Sie personifizieren sieben Ur-Qualitäten, die aus dem qualitätslosen göttlichen → Ungrund hervorgehen und die Entstehung der stofflichen Welt ermöglichen. Ihre Bezeichnungen sind: 1. Herbe oder Begierde, 2. Bitter, Ziehen, oder Stachel der Empfindlichkeit, 3. Angst oder Gemüt, 4. Feuer oder Geist, 5. Licht oder Liebe, 6. Schall, Hall, Wort oder Verstand, 7. Leib, Wesen, Gehäuse oder Natur. Die Q. sind ständig in Bewegung. Böhme beschreibt ihr Treiben, bei dem immer wechselnd einer der sieben die größte Einwirkungskraft hat, als das »Liebesspiel des Lebens«.

Quietismus, roman. Frömmigkeitsbewegung am Ende des 17. Jh.s, deren höchstes Lebensideal das passive Verharren im Gebet war. Nur durch Nicht-Handeln und Nicht-Begehren könne der Mensch zum Instrument göttlicher Gnade werden und die Wirksamkeit des Göttlichen sich in der Welt entfalten lassen. Grundlegend für den Q., der sich innerhalb der Kathol. Kirche nicht behaupten konnte und scharf verurteilt wurde, ist der Gedanke der Kenosis, die Selbstentäußerung Christi, der auch in christl.-esot. Spekulationen immer wieder eine Rolle gespielt hat (→ Nichts). Nicht zu Unrecht berief sich der frz. Erzbischof Cambrai F. Fénelon in seiner Verteidigung des Q. auf → Dionysius Areopagita. Der kathol Q. übte bedeutenden Einfluss auf den protestant. → Pietismus aus, der seinerseits im 18. Jh. auf die zeitgenöss. Esoterik wirkte, und hat auch Parallelen im → Taoismus und Buddhismus. Radikal-quietist. Positionen finden sich noch heute im Rahmen der → Ich und Selbst-Konzepte in der Esoterik, von denen einige das Ego und damit individuelles Denken, Wünschen und Handeln gleichfalls völlig auszuschalten trachten.

Lit.: J.-R. ARMOGATHE, Le Quiétisme, 1973.

Qumran, Ruinenstätte und Fundort jüd.-esot. Texte im Nordwesten der Judäischen Wüste am Toten Meer. Seit 1947 wurden hier in mehreren Kalksteinhöhlen ca. 800 Schriftrollen aus Ziegenleder, zu einem geringeren Teil auch aus Papyrus, geborgen. Die große Mehrzahl der Rollen ist in hebräischer Sprache geschrieben, manche auf Aramäisch, wenige auch auf Griech. Als Verfasser und Benutzer der Texte werden heute allgemein die → Essener identifiziert. Diese errichteten um 100 v. Chr. eine Siedlung, deren Angehörige sich in der in Höhle 1 vollständig, in Höhle 4 und 5 in fragmentar. Abschriften erhaltenen *Gemeinderegel* von Q. darauf verpflichteten, streng nach den mosaischen Gesetzen zu leben. Die Höhlen, in denen die Schriftrollen in Tonkrügen verborgen wurden, waren möglicherweise von Eremiten bewohnt, die etwas abseits der Ortschaft ein noch strenger asket. Leben führten. Die Q.gemeinde lebte in ordensähnlichen Verhältnissen mit strenger Hierarchie. Sie bildete eine Besitzgemeinschaft, der Wirtschaftsführung und Vorratshaltung für die gesamte Siedlung oblagen. Wie die sog. *Damaskusschrift* zeigt, die in einer der Höhlen gefunden wurde, konnten Verstöße gegen die strengen eth. Grundsätze des Wirtschaftens mit einem Fluch geahndet werden. Im kult. Leben spielten rituelle Waschungen eine große Rolle, was Q. mit den → Täufergemeinschaften verbindet. Mit einer solchen Taufe begann auch das Noviziat für Neumitglieder. Die Gedankenwelt von Q. war von apokalypt. Vorstellungen im Zusammenhang mit einem → Dualimus beherrscht, dessen Herkunft bislang nicht geklärt werden konnte. Als Begründer ihrer Gemeinschaft wird mehrfach der »Lehrer der Gerechtigkeit« genannt, dem als Widersacher der »Herr der Finsternis« gegenübergestellt ist. Die Identität des »Lehrers der Gerechtigkeit« ist unbekannt; fest steht aber aus chronolog. Gründen, dass es sich weder um Jesus noch um Johannes den Täufer gehandelt haben kann. Die Fragmente der sog. *Kriegsrolle* von Q. schildern einen endzeitlichen Kampf der »Söhne des Lichts« gegen die »Söhne der Finsternis«. Sie zeigen, dass die Gemeinde einen Messias aus dem Stamm Davids erwartete, der die »Söhne der Finsternis« töten würde. Besonders die Kriegsrolle zeigt den → Dualismus, der die Vorstellungswelt der Q.-Gemeinde beherrschte. Seine Herkunft weist nicht in erster Linie auf iran. Einflüsse, denen Juden während des Babylon. Exils ausgesetzt waren, sondern ist das Resultat von innerjüd. Spannungen, die auch das in Q. am eindrucksvollsten dokumentierte Absonderungsbedürfnis einiger innerhalb des Judentums in der Zweiten Tempel-Periode entstandenen esot. Gruppierungen erklären. Im Röm.-jüd. Krieg der Jahre 70/71 n. Chr. wurde die Gemeinde von Q. völlig zerstört. Die gefundenen Textdokumente wurden wahrscheinlich vor der Flucht der Mitglieder versteckt.

Lit.: Die Texte aus Q. Hebräisch u. Deutsch. Mit masoret. Punktation, Übersetzung, Einführungen u. Anmerkungen hg. von E. Lohse, 1971. [4]1986. H. Stegemann, Die Essener, Q., Johannes der Täufer u. Jesus, [3]1994.

R

Radiästhesie (griech. »Strahlenfühligkeit«), die Wahrnehmung von Erdstrahlen, die ihrerseits nicht anderes sind als die göttliche → Energie. Mithilfe sog. Wünschelruten können durch R. Wasseradern und Bodenschätze entdeckt und für den Menschen entweder nützliche oder schädliche Kraftfelder ausfindig gemacht werden. Das Pendeln mit einem Metallgegenstand zu Wahrsagezwecken und Schicksalsfindung basiert auf derselben Grundlage.

Lit.: G. I. Hürlimann, Pendeln ist erlernbar. Ein methodisch aufgebautes Lehrbuch, 2 Bde., 1985.

Ramakrishna (1836–86), ind. Heiliger und Esoteriker, gehört zu den Begründern des → Neohinduismus. R. stammte aus einer verarmten Brahmanenfamilie und hieß mit bürgerlichem Namen Gadhadhar Chattopadhaya. 1856 wurde er Priester an einem Kali-Tempel in der Nähe von Kalkutta. Dort hatte er mehrere ekstat. Visionen der Göttin. Eine Wanderbrahmanin führte ihn in die → Tantrik ein. Damit begann seine eigenständige Entwicklung als esot. Denker, der alle Religionen als Wege zu demselben Ziel der → Divination ansah. R. lebte diese Überzeugung praktisch, indem er nacheinander Muslim und Christ wurde. 1886 gründete er einen eigenen Orden. Mehrere Schüler, insbesondere → Vivekananda, führten sein Werk fort und trugen seine Lehren auch in den Westen.

Lit.: R. Rolland, Das Leben des R., 1986. H. Torwesten, R. Ein Leben in Ekstase, 1997.

Rasputin, Grigori Jefimowitsch (1871–1916) → Chlysten

Rassentheorien. Wie viele andere kulturelle und gesellschaftliche Bereiche stand auch die Esoterik im ausgehenden 19. und in der ersten Hälfte des 20. Jh.s unter dem Einfluss rassist. Ideen. Die → Theosophie wie auch die aus ihr hervorgegangene → Anthroposophie stellten sich vor, dass bestimmte Entwicklungs- und Bewusstseinszustände der Menschheit durch bestimmte Rassen repräsentiert würden und sprachen dabei von »Wurzelrassen«, »Stammrassen«, »Zweigrassen« und »Unterrassen«. Für die einzelnen Rassen werden Bezeichnungen verwendet, die sowohl aus dem mytholog. als auch dem naturanthropolog. Bereich stammen. Nach der Lehre → Blavatskys und → Steiners steht das gegenwärtige → Zeitalter im

Zeichen der Entfaltung der arischen Rasse, die allerdings bei Blavatsky als primäre Wurzelrasse, bei Steiner als sekundäre Unterrasse klassifiziert ist. Bei beiden findet sich der quasi-kolonialist. Gedanke, manche »Rassen« wie die austral. Aborigines und die nordamerikan. Indianer könnten wegen Überalterung des Erbgutes keine eigene Kreativität mehr freisetzen und bedürften deshalb der Unterstützung durch Andersrassige. Nicht klar ist, inwieweit die ausgefeilten und gleichzeitig hochspekulativen R. sich mit dem radikalen »Rassendualismus« (E. Hieroymus) des → Völk. Denkens verbanden. → Nationalsozialismus.

Lit.: Anthroposophie u. Rassismus, Flensburger Hefte 41, 1993. H. Zander, Sozialdarwinist. R. aus dem okkulten Untergrund des Kaiserreichs, in: U. Puschner u.a (Hg.), Handbuch zur »Völk. Bewegung« 1871–1918, 1999.

Redon, Odilon → Symbolismus

Reiki, eine in der zeitgenöss. Esoterik sehr populäre Form der → Heilung durch Handauflegung (→ Hände), die auf alte japan. Traditionen zurückgeführt wird. R. wird heute mit meditativen Phasen kombiniert und in mehreren Initiationsgraden vermittelt.

Lit.: B. J. Baginski/S. Sharamon, R. Universale Lebensenergie zur ganzheitlichen Selbstheilung, Patientenbehandlung, Fernheilung von Körper, Geist und Seele, 1985.

Reinkarnation (lat. »Wiederverkörperung«), die Überzeugung, dass alle Lebenwesen sich auf der Erde vielmals und in verschiedener Gestalt verkörpern. Die allermeisten Esoteriker hängen dieser Vorstellung an. Die frühesten Belege für die Auffassung wiederholter Erdenleben finden sich in den → Upanishaden. Wie die Lehre von der R. nach Europa gelangte oder wie und von wem sie hier erstmals entwickelt wurde, ist unklar. Deutlich formuliert findet sie sich bereits bei dem athen. Genealogen Pherekydes (1. Hälfte des 5. Jh. v. Chr.) und bei → Pythagoras, aber für die griech. Interpretation, nach der sie ihren ersten Ursprung in Ägypten gehabt haben soll, fehlt in den altägypt. Quellen jeder Hinweis. R.slehren sind vielfältig und aufs Engste mit dem jeweiligen Begriff von → Seele verbunden, der in verschiedenen Kulturen ganz unterschiedlich geprägt ist. So muss mit R.svorstellungen keineswegs der Gedanke einer Rückkehr des Individuums nach seinem ird. Tod verbunden sein. In vielen Zusammenhängen ist eher an einen überindividuellen oder an einen ganz und gar nicht-individuellen, elementaren Fortbestand als Weitergabe oder Wiedererstehen von Lebenskräften zu denken, die durch persönliche Tode nicht einfach ausgelöscht werden. Während asiat. Religionen die Möglichkeit der R. als Last ansehen, die es zu vermeiden gilt, ist sie für westliche Esoteriker mit dem prinzipiellen Glauben an ein Fortleben nach dem Tode verbunden und hat insofern einen tröstlichen Charakter. R. gilt als Chance für persönliche spirituelle Entwicklung, die sich über lange Zeiträume und wiederholte Leben hin vollziehen kann. Eine besondere Therapieform bringt den Patienten unter Hypnose dazu, frühere Leben zu erinnern, und soll ihm helfen, gegenwärtige Probleme dadurch besser zu verstehen, dass er sie im Licht früherer R.en betrachtet. In shi'it. Gruppierungen, wie insbesondere bei den → Nizariern, ist der R.sgedanke (arab. »mansuha« oder »masuhiya«) sehr stark myth. besetzt und eindeutig negativ belegt. Die R. beruht aber nicht wie nach ind. Auffassung auf natürlichen Gesetzmäßigkeiten, sondern ist das Werk widergöttlicher Mächte, die die Lichtseelen im Kosmos umherirren lassen. Es gibt jedoch bei den Nizariern auch eine positive Art der Wiedergeburt in Gestalt himml. Tempel (arab. »haikal«) statt ird. Körper. Zur R.svorstellung in jüd. Esoterik → Gilgul.

Lit.: S. Morenz, Ägypt. Ewigkeit des Individuums u. ind. Seelenwanderung, in: Asiatica (Festschrift F. Wellner), 1954. E. L. Dietrich, Die Lehre von der R. im Islam, in: ZRGG 9, 1957. R. Strothmann, Seelenwanderung bei den Nusairi, in: Oriens 12, 1959. T. Detlefsen, Das Erlebnis der Wiedergeburt. Heilung durch R., 1976. H. Witzenmann, Vererbung u. Wiederverkörperung des Geistes. Die R.sidee Rudolf Steiners in geisteswissenschaftlicher Darstellung nach naturwissenschaftlicher Methode, 1984. W. Abendroth, R., 1986. P. Schmidt-Leukel (Hg.), Die Idee der R. in Ost u. West, 1996. H. Zander, Geschichte der Seelenwanderung in Europa. Alternative religiöse Traditionen von der Antike bis heute, 1999.

Religionsbegegnung. Das Zusammentreffen und Aufeinanderzugehen von Religionen mit unterschiedlichen kulturellen Wurzeln ist eine wichtige Voraussetzung für esot. Denken. Die → Geschichte der Esoterik zeigt, dass sie ihre entscheidenden Impulse aus der Notwendigkeit empfängt, unterschiedliche religiöse Vorstellungen miteinander zu vereinigen oder zumindest soweit zu harmonisieren, dass auf der Ebene eines kleinsten gemeinsamen Nenners Kriterien für eine gegenseitige Verständigung bereitgestellt werden. Dies ist nicht nur eine einseitige Leistung der Esoterik, sondern sie selbst gewinnt aus einer lebendigen kreativen Auseinandersetzung mit verschiedenen Göttinnen und Göttern, theosoph. Systemen und anthropologischen Einsichten sowie der mit ihnen verbundenen religiösen und mag. Praktiken an Profil, gedanklicher Tiefe und systemat. Komplexität.

Renaissance, die europ. Kulturepoche vom ausgehenden 14. bis Mitte des 16. Jh.s, die eine Blütezeit der Esoterik war. Durch eine Wiederbelebung klass.-lat. und griech. Philologie wurde eine Vielzahl von Texten, darunter platon. und hermet., neu bekannt und rezipiert. Daneben begannen R.-Gelehrte, Hebräisch zu lernen und die kabbalist. Tradition zu studieren. Es entwickelte sich v. a. in Italien eine Wissenschaftstradition, die sich von religiösen Dogmen weitgehend unabhängig machte, deswegen aber weder das Christentum noch die bibl. Tradition über Bord werfen wollte. Die gesamte Philosophie der R. und Teile der bildenden Kunst sind von esot. Denken geprägt.

Lit.: H.-B. Gerl, Einführung in die Philosophie der R., 1989. F. A. Yates, Die okklute Philosophie im Elisabethan. Zeitalter, 1991. G. M. Masters, R. Kabbala, in: A. Faivre/J. Needleman (Hg.), Modern Esoteric Spirituality, 1995. A. Faivre, R. Hermeticism and the Concept of Western Esotericism, in: R. van den Broek/W. J. Hanegraaff (Hg.), Gnosis and Hermeticism. From Antiquity to Modern Times, 1998. P. R. Blum (Hg.), Philosophen der R., 1999.

Renatus, Sincerus (17./18. Jh.), Pseudonym des schles. Pfarrers und Rosenkreutzers Samuel Richter. 1710 erschien seine Schrift *Die Wahrhaffte und vollkommene Bereitung des Philosoph. Steins der Brüderschafft aus dem Orden Des Gülden- und Rosen-Creutzes (...) Dabey angehänget das Gesetz oder Regeln, welche die gedachte Brüderschafft unter sich hält.*

Reuchlin, Johannes (1455–1522), bedeutender Philologe, Jurist und Historiker des deutschen Humanismus. Seine Freundschaft mit den italien. Renaissance-Philosophen → Ficino und → Pico della Mirandola brachte ihn seit 1482 dem → Platonismus nahe und weckte sein Interesse an esot. Themen. Im selben Jahr begann R. sein Studium des Hebräischen, das er seit 1486 bei jüd. Lehrern betrieb. Er beschäftigte sich intensiv mit der → Kabbala und verfasste auf dieser Grundlage eigene esot. Abhandlungen. De verbo mirifico, libri tres (lat. Über das wundertätige Werk, drei Bücher) ist ein fiktives Gespräch zwischen dem sich »Capnio« nennenden Autor, einem Juden und einem → Pythagoreer über die → göttlichen Namen, die Trinität und den Logos. Der Hauptinhalt des Werkes besteht in buchstaben- und zahlenmag. Spekulationen. Über Vergleiche der verschiedenen religiösen Traditionen wird der typisch christl.-esot. Gedanke vorgetragen, dass die Anschauungen Zarathustras, Pythagoras' und Platons im Kern bereits das Christentum enthalten hätten. Ebenfalls in Gesprächsform behandelt *De arte cabalistica* (lat. »*Über die kabbalist. Kunst*«) das Thema des Seelenaufstiegs. Dieser vollzieht sich in drei Stufen: den Kosmos, die Welt der → Ideen und die Welt des Messias. Nach R. ist der Mensch als einziges Wesen in der Lage, zwischen diesen verschiedenen Welten zu vermitteln, indem er an allen seinen eigenen Anteil hat. R.s aufgeschlossene Haltung und seine ökumen. Überzeugungen entfremdeten ihn den zeitgenöss. kathol. Autoritäten. 1514 wurde er sogar durch den Papst verurteilt. Die einflussreichen deutschen und niederländ. Humanisten verteidigten ihn, hielten aber auch ihrerseits sein Denken für zu radikal. R.s Wirkung blieb deshalb beschränkt; seine christl. Kabbala fand auch in esot. Kreisen viel zu wenig Beachtung.

Lit.: M. Brod, J. R. u. sein Kampf, 1965. J. R. 1455–1522. Nachdruck der 1955 von M. Krebs herausgegebenen Festgabe. Neu hg. u. erweitert von H. Kling u. S. Rhein, 1994. J. R. Deutschlands erster Humanist. Ein biograph. Lesebuch von H.-R. Schwab, 1998.

Ringsteine der Weisheit (arab. »*Fusus al-hikam*«), das Hauptwerk des → Ibn al 'Arabi. Es behandelt die göttliche Weisheit, eine esot. Lehre, wie sie sich in 27 verschiedenen Propheten von Adam bis Mohammed offenbarte.

Ausg.: R. W. J. Austin, Ibn al-'Arabi: The Bezels of Wisdom, 1981.

Rittertum. Das im 9. Jh. in Frankreich entstandene abendländ. R. entwickelte ein Ethos, in dem krieger., aristokrat. und christl. Elemente miteinander verschmolzen waren. Die spezif. ritterl. Frömmigkeit war an der der Klöster orientiert, zu denen die weltl. Aristokratie in jeder Hinsicht enge Beziehungen pflegte. Im 12. Jh. wurden zur Verteidigung und Ausbreitung des Christentums die geistl. Ritterorden gegründet, die fortan allen westl.-esot. Organisationen als Vorbild diensten. Die Kreuzzugsepoche machte den Krieg, der das eigentliche Metier der Ritter war, vollends zu einer christl. Angelegenheit und integrierte das R. stärker in das christl. Gemeinschaftsleben, ohne dass es vollends in die Kirche integriert und von ihr kontrolliert worden wäre. Das R. repräsentiert eine Art christl. Säkularismus, der gleichwohl auch an heidn. Vorstellungen partizipierte, insbesondere an heroischen Traditionen der german. Völker, wie sie in den Romanen Chrétiens de Troyes verarbeitet werden. Die Auffassung des R. als religiösen Dienstes dokumentiert die Legende vom → Gral, in der die Wege und Abenteuer der fahrenden Ritter und zum Gleichnis für die myst. Suche nach der Einheit mit Gott wird. Die geistlichen Orden pflegten Riten, Symbole und Regularien, die ihre bünd. Gemeinsamkeit auf der Grundlage ganz bestimmter Ideale und Tugenden (Tapferkeit, Vasallentreue, Freigebigkeit, Höfischkeit und Freimütigkeit) unterstrichen. Die ritterl. Schwertleite, d. h. der feierlich vollzogene Weiheakt, der jemanden zum Ritter schlug, ist ein Ritual der → Initiation, wie es für esot. Vereinigungen charakteristisch ist. In seinem *Libre del ordre del cavaylaria (Buch vom Ritterstand)* betont → Llull die weltlichen Aufgaben des Ritters, die er aus einer christl., nicht aber klerikalen Haltung heraus erledigen soll. Dazu gehört der Dienst an einem weltlichen Herrn, zu dem auch die Wahrnehmung von Ämtern gehört. Seine Wehrhaftigkeit soll er in den Dienst all jener stellen, die ihrer bedürfen, wie insbesondere der Schwachen, Witwen und Waisen. Von seiner Burg aus soll er die Landstraßen schützen und Missetäter verfolgen. Das R. war Hauptrepräsentant der höf. Kultur des MA.s, in dem die → Minne als religiös-erot. Dienst eine große Rolle spielte. Über welche Quellen es derartiges, von der Kirche abgelehntes Sondergedankengut aufnahm, das sie zu wichtigen Trägern esot. Ideen machte, ist nicht geklärt. Auffällig allerdings ist im 12. Jh. die Nähe ritterl. Schichten zu den → Katharern. Ferner muss ein Zusammenhang mit den ma.lichen Zünften und Gilden erwogen werden, die seit dem 12. Jh. ebenfalls eigenständige Organisationen bildeten. Die umfangreichen Bautätigkeiten, die von den Ritterorden ausgingen, könnten eine Berührung des R. mit Traditionen gebracht haben, aus denen später die → Freimaurer hervorgingen. Esoteriker schreiben die entscheidende Zwischenstellung den → Templern zu. – Auch im Rahmen des Islam hat sich ein religiöses R. mit engen Beziehungen zur → Shi'a und zur → Sufik entfaltet. Der arab. Begriff »futuwwa« (wörtl. »Jugendlichkeit«) umfasst nahezu dieselben Tugenden wie das christl.-abendländ.

Ritterideal. Diese werden für die Ausübenden verschiedener Handwerke, also des Textilwebers ebenso wie des Kämpfers, geltend gemacht, die damit ihre tägliche Arbeit als religiösen Dienst ansehen konnten. Nach dem shi'it. Propheten 'Ali wurde insbesondere → Salman al-Farisi als Meister der Futuwwa angesehen. Von ihm ist bekannt, dass er enge Kontakte zu Handwerkerkreisen im Irak unterhielt.

Lit.: A. BORST (HG.), Das R. im MA, 1976, ²1989. F. TAESCHNER, Zünfte u. Bruderschaften im Islam. Texte zur Geschichte der Futuwwa, 1979. J. BUMKE, Höf. Kultur. Literatur u. Gesellschaft im hohen MA., 2 Bde., 1986. M. KEEN, Das R., 1987, 1999. S. H. NASR, Spiritual Chivalry, in: DERS. (HG.), Islamic Spirituality. Manifestations, 1991.

Roberts, Jane (1929–1984), US-amerikan. Autorin, die 1963 im Trancezustand mit dem Geistwesen → Seth in Verbindung kam und ihm fortan als Medium diente. Sie veröffentlichte in mehreren Büchern die umfangreichen Mitteilungen Seths, die eine esot. Lehre im Geist des → Newage darstellen.

Roehrich, Nikolaj (1874–1947), russ. symbolist. Maler und Esoteriker mit hellseher. Fähigkeiten. In der frühen Phase seines Schaffens interessierten ihn insbesondere russ. landschaftliche und volkstümliche Themen und Motive. R. war selber Archäologe und beschäftigte sich intensiv mit russ. Ethnologie, wobei ihn mehr und mehr die zentralasiat., unter im weitesten Sinne oriental. Kultureinfluss stehenden Gebiete faszinierten. Während der Zeit der Revolution 1914–17 verließ R. seine Heimat, lebte in Europa und dann in den USA als angesehener Künstler. Neben → Solowjew wurde R. später maßgeblich von Ideen → Blavatskys und dem → Neohinduismus beeinflusst; er beschäftigte sich intensiv mit ind. Mystik und dem Buddhismus. In den 1920er Jahren bereiste R. ausgiebig Indien und Zentralasien. Seine von der Hochlandschaft des Himalaya inspirierten Gemälde, die nach diesen Expeditionen entstanden, verbanden die äußere Wirklichkeit mit den sich in Mythen und Visionen offenbarenden hintergründigen Realitäten. Mit der → Theosophie korrespondierte ein Grundgedanke seines Schaffens, die Zusammenführung des unter spirituellen und eth. Gesichtspunkten Wertvollen aus der östlichen und der westlichen Kultur und Religion. Stärker als für die Theosophen und auch andere symbolist. Maler ergibt sich bei R. das Motiv einer universellen religiösen Frage oder Suche unmittelbar aus der dargestellten Landschaft und der mit ihr verbundenen kulturellen Tradition. Dadurch werden dem für die Esoterik charakterist. Eklektizismus Grenzen gesetzt und enge Verbindungen zwischen Spiritualität und Natur bzw. geograph. Gegebenheiten hergestellt.

Ausg.: N. R. Heart of Asia. Memoirs from the Himalayas, 1990.

Lit.: N. R., 1998.

Rolfing → Körpertherapien

Romantik, das ausgehende 18. und die erste Hälfte des 19. Jh. umfassende geistesgeschichtliche Epoche mit großer Affinität zur Esoterik. Gegen die rationalist. Tendenzen der Aufklärung machte die R. einen grundsätzlichen Zusammenhang zwischen allen Lebensbereichen geltend und betonte die Bedeutung von Gefühl, Vorstellungskraft und Traum für jeglichen kreativen Prozess. Die R.er nahmen eine starke Aufwertung der Kunst gegenüber dem Alltag vor; sie wollten in diesem Sinne gegen die rationalist. Entzauberung die gesamte Erlebniswelt des Menschen einschließlich der sichtbaren Realität »romantisieren« und damit die Wahrnehmungsweise über das Empir. hinaus ins Geistig-Spirituelle erhöhen. Hierin unterscheidet sich die R. sowohl von der Renaissance, die dadurch zu esot. Einsichten kam, dass sie Naturforschung mit antikem Instrumentarium trieb, als auch von den positivist. Ansprüchen der → Theosophie. Während die Theosophen behaupteten, sie würden ihre Erkenntnisse in direktem Schauen oder dem Wortlaut von nur ihnen bekannten Texten entnehmen, waren sich die R.er bewusst, dass sie eine bestimmte Anschauungsweise an ihre Beobachtungsgegenstände herantrugen. Diese Anschauungsweise korrespondiert in wesentlichen Teilen dem esot. Weltbild. Wie die Esoterik hat die R. stets unversale Zusammenhänge im Auge und betrachtet diese in ihren analog. Entsprechungen und in allegor. Deutung. Spekulationen über die → Natur und ihren Gleichnischarakter spielen eine große Rolle. Friedrich Daniel Schleiermachers *Reden über die Religion an die Gebildeten unter ihren Verächtern* (1799) zeigen besonders in der ersten, stark pantheist. geprägten Aufl. exemplarisch den esot. Charakter der romant. Religionsauffassung. Gegenstand der Religion ist nach Schleiermacher »den Geist der Welt zu lieben und freudig auf seine Werke zu blicken«. Der persönliche Gott des Christentums tritt hinter der Verehrung für das Universum zurück, von dem auch er nur ein Element darstellt. Die Beziehung des Menschen zu Gott ist nicht einfach gegeben, sondern wird sich entwickeln und ist damit in einen Evolutionismus eingebunden, der für den gesamten Kosmos gilt. Quelle der Religion ist nach Schleiermacher nicht das offenbarte Gotteswort in der Bibel, sondern das sich aus der Anschauung der Natur und des Universums ergebende subjektive Gefühl. Trotz ihrer Losgelöstheit von der Bibel waren viele R.er, wie etwa → Schlegel oder → Novalis, der Auffassung, das Christentum sei eine besonders vollkommene Religion. Sie entwickelten den bereits bei → Böhme vertretenen Gedanken weiter, dass die nicht-christl. Religionen Vor- und Mittlerstufen des Christentums darstellten. Diese Ansicht wird heute noch von der → Anthroposophie vertreten. Ungeachtet solcher Gewichtungen hat die R. in religionsgeschichtlicher Hinsicht den europ. Horizont beträchtlich erweitert, indem sie sich von den Mythologien der Völker sowie insbesondere von der Spiritualität → Indiens inspirieren ließ, deren Erforschung zu ihrer Zeit einen Aufschwung nahm. Wichtige Beiträge zum romant. Denken leistete auch die → Kabbala. Die meisten Themen, die die R. in den Mittelpunkt ihres Dichtens und Philosophierens stellte, haben in der abenländ. Esoterik bereits eine lange Vorgeschichte. Sie weiterentwickelnd brachte die R. einige Neuerungen, von denen die Esoterik nachhaltig bis in ihre zeitgenöss. Formen hinein geprägt wurde. Dazu gehören Tendenzen zur Partikularität, die mit dem esot. Verständnis von Universalität durchaus vereinbar sind. Die romant. Geisteshaltung begünstigte die Relativität aller Traditionen und aller Werte, was mit nihilist. Tendenzen einhergehen kann. Sie macht sich in neuerer Zeit in den Lehren von → Gurdjieff und → Osho bemerkbar. Eine in der Spätr. teilweise vom toleranten Partikularismus in militanten Nationalismus übergehende Haltung bildet die Voraussetzung für Entwicklungen, die in der ersten Hälfte des 20. Jh. zu einer Verbindung esot. Vorstellungen mit der Ideologie des Nationalsozialismus führte. Dem Partikularismus der R. ist es auch zuzuschreiben, dass ihre wichtigen Ideen niemals zu einem System zusammengefasst wurden; vielmehr konnten sie sich sogar gegenseitig widersprechen. Aus der grundsätzlichen Offenheit ihrer Vorstellungswelt resultierte der verschiedenste Traditionen adaptierende → Eklektizismus, wie er auch heute die Esoterik in besonderem Maße kennzeichnet. Da alle Gegenstände und Inhalte romant.-esot. Denkens erklärtermaßen vom Standpunkt des Betrachters abhängig sind, ist es die Subjektivität der jeweiligen Person, nicht die Logik des Zusammenhanges, die den entscheidenden Maßstab setzt. Eine solche Verabsolutierung des Ich hat nach der Epoche der R. die Tiefenpsychologie → Jungs geprägt und eine starke Wirkung auf das → Newage ausgeübt. Ein weiterer wichtiger Aspekt der R. für die Geschichte der Esoterik ist die »schwarze R.« (Mario Praz), die über die ästhet. und spirituellen Gehalte von Tod und Schrecken reflektiert. Ihre Spuren führen zu esot. Phänomenen, die unter dem Schlagwort → »Satanismus« bekannt sind. Der entscheidende Exponent dieser Verbindung ist → Crowley.

Lit.: R. Huch, Die R. Blütezeit, Ausbreitung u. Verfall, 1951. M. Praz, Liebe, Tod und Teufel. Die schwarze R., 1970, ²1981. H. G. Schenk, The Mind of the European Romantics, 1979. E. GOODMAN-THAU U. A. (Hg.), Kabbala u. R., 1994. H. SCHANZE (HG.), R.-Handbuch, 1994. D. VON ENGELHARDT, Natural Science in the Age of Romanticism, in: A. FAIVRE/J. NEEDLEMAN (HG.), Modern Esoteric Spirituality, 1995. W. J. HANEGRAAFF, Romanticism and the Esoteric Connection, in: R. VAN DEN BROEK/W. HANEGRAAFF (HG.), Gnosis and Hermeticism. From Antiquity to Modern Times, 1998. I. BERLIN, The Roots of Romanticism, 1999.

Rosenkreutz, Christian, der legendäre Gründer der → Rosenkreutzer. Nach den Rosenkreutzer-Schriften war er adliger Herkunft, wuchs in einem Kloster auf und unternahm dann ausgedehnte Reisen in den Orient. Danach ging er nach Deutschland zurück und gründete hier die geheime Bruderschaft der Rosenkreutzer. Während für die Geschichtswissenschaft R. eine rein myth.-fiktive Figur ist, zeigt sich → Steiner davon überzeugt, dass sich i. J. 1459 in ihm »eine hohe spirituelle Individualität« inkarnierte.

Lit.: R. STEINER, Die Theosophie des R.ers, [7]1985.

Rosenkreutzer, die Sympathisanten des um → Rosenkreutz versammelten esot. Bundes, die im 17. und 18. Jh. eine rege Tätigkeit entfalteten. Die 1614 veröffentlichten R.-Schriften – *Allgemeine und General Reformation*, *Fama Fraternitatis* und *Die → Chymische Hochzeit Christiani Rosencreutz* – warben in literar. anspruchsvoller Form für ein esot. Ideen-Konglomerat, das sie auf diese geheime Bruderschaft der R. zurückführten. Ihr anonymer Autor war → Andreae, dem sehr wahrscheinlich von einem Kreis konspirativer Idealisten in Tübingen assistiert wurde. Die vorgetragenen Ideen zielten auf eine Wissenschaft im Sinne der → Pansophie und waren deutlich an der Gedankenwelt des → Paracelsus orientiert. Die R.-Schriften, die in ihrer Zeit für großen Aufruhr in der Gelehrtenwelt sorgten, waren die entscheidenden Vermittler esot. Gedankenguts an den deutschen und engl. Protestantismus (→ Pietismus). Die große Breitenwirkung der R.idee schlägt sich bis heute in einer großen Anzahl von Organisationen nieder, die sich selber als Fortsetzer des ersten R.ordens verstehen. Am bekanntesten ist heute das von Jan van Rijkenborgh (Pseudonym von Jan Leene, 1896–1968) Mitte der 1930er Jahre in den Niederlanden gegründete »Lectorium Rosicrucianum«, in Deutschland unter »Internationale Schule des Rosenkreuzes e.V.« firmierend. Die Vereinigung beschreibt sich in typ.esot. Manier als Trägerin »einer Universellen Lehre, die sich wie ein roter Faden durch alle Entwicklungsphasen der Menschheit zieht«. Sie unterhält eine »Geistesschule« mit mehreren Einweihungsgraden.

Lit.: J. VAN RIJCKENBORGH, Der Ruf der R.bruderschaft, 1967. F. A. YATES, Aufklärung im Zeichen des Rosenkreuzes, 1975. K. HEYER, Geschichtsimpulse des R.tums, [3] 1990. C. MCINTOSH, The Rose Cross and the Age of Reason. Eighteenth-Century Rosicrucianism in Central Europe and its Relationship to the Enlightenment, 1992. R. EDIGHOFFER, Les Rose-Croix, [4]1994. C. GILLY, Adam Haslmayer. Der erste Verkünder der R., 1994. R. EDIGHOFFER, Die R., 1995. M. HAUF, Der Mythos der R., 2000. W. FRITSCH, Die Geheimnisse der R., 1999.

Rosslyn Chapel, in Privatbesitz befindliche Kirche aus dem 15. Jh. im Umkreis von Edinburgh. Ihr Erbauer, Earl William St. Clair, wurde 1441 zum Großmeister mehrer schott. Gilden ernannt und soll Beziehungen zu den → Templern gehabt haben. Um das Bauwerk, das singuläre Stilelemente aufweist, ranken sich Legenden über Verbindungen zu Resten → kelt. Christentums, den Templern, dem → Gral und den → Freimaurern, es ist kunst- und kulturgeschichtlich aber bisher kaum erforscht.

Lit.: T. WALLACE-MURPHY/M. HOPKINS, Rosslyn. Guardian of the Secrets of the Grail, 1999.

Rudolf II. (1552–1612), Habsburger und seit 1576 deutscher Kaiser, der Esoterik und Esoteriker sehr stark förderte. Viele Paracelsisten und Astrologen hatten Kontakt zu seinem Hof in Prag oder wirkten dort sogar ständig.

Lit.: G. von Schwarzenfeld, R.: Der saturn. Kaiser, 1961. J. Dauxois, Der Alchimist von Prag. R. von Habsburg, 1997.

Ruf, in der → Gnosis das entscheidende Zeichen der unmittelbar bevorstehenden Erlösung. Der R. ergeht an den Gnostiker aus der himml. Welt, um ihm seine Herkunft in Erinnerung zu bringen oder sie ihm überhaupt erst bewusst zu machen. Daraufhin wendet sich der Erlösungsbedürftige von der Finsternis ab und dem Licht zu und empfängt von dort Hilfe, um in die intelligiblen Welten, aus denen er stammt und zu denen er gehört, zurückzukehren.

Ruha, eine wohl vom hebräischen »Ruah« (fem.) = »Geist« abgeleitete weibliche Personifikation des Bösen in der Mythologie der → Mandäer. Sie ist Herrin der Sieben (= die Planeten) und der Zwölf (= die Tierkreiszeichen) sowie des Finsternisfürsten Ur. Oft wird sie mit der Venus und der babylon. Göttin Ishtar gleichgesetzt. Ihr Beinahme Qadishta, »die Heilige« verweist auf die Ambivalenz von Göttinnen in der → Gnosis. Vgl. → Sophia.

Lit.: J. J. Buckley, Female Fault and Fulfillment, 1986.

Runen (von altnord. »rún«, althochdeutsch »runa« Geheimnis), in zwei unterschiedlichen Systemen – dem älteren und dem jüngeren Futhark – zusammengefasste Schriftzeichen, die ungefähr seit Beginn unserer Zeitrechnung unter allen german. Stämmen verbreitet waren. Sehr wahrscheinlich sind die R. unter dem Einfluss alpiner Schriften wie des Etruskischen entstanden. Alle R. hatten einen Namen, von dem nur der jeweils erste Buchstabe den Lautwert des Zeichens wiedergab. Daneben besaß jede R. eine eigene religiös-weltanschauliche Symbolik, die darauf hindeutet, dass die R. nicht erster Linie der Übermittlung profaner Informationen, sondern mag. Zwecken und insbesondere der Weissagung dienten. Den R. wurde göttlicher Ursprung zugeschrieben. Nach einer myth. Überlieferung erfand sie der höchste german. Gott Odin, der sich selbst in ihre Geheimnisse initiierte, indem er neun qualvolle Nächte aufgehängt in der Weltenesche Yggdrasil verbrachte. In der zeitgenöss. Esoterik sind zahlreiche R.orakel sowie Deutungen der R. im Umlauf, die der mit ihnen verbundenen Symbolik unter Rückgriff auf die german. Mythologie eine esot. Lehre der nord. Völker konstruieren.

Lit.: K. Düwel, R.kunde, ²1983. K. M. Nielsen, R. u. Magie. Ein forschungsgeschichtlicher Überblick, in: Frühma.liche Studien 19, 1985. R. Tegtmeier, R. Alphabet der Erkenntnis, 1988. E. Thorsson. R.kunde. Handbuch der esot. R.lehre, ²1992. R. Simek, Runen, in: Lexikon des MA, Bd. VIII, 1995.

Runge, Philipp Otto (1777–1810), aus Wolgast in Pommern gebürtiger bedeutendster Maler der deutschen → Romantik. Fast sein gesamtes Werk entstand in Hamburg, wo es heute auch bewahrt wird. In seinen Bildern verbindet R. christl. Motive mit der romant. Naturauffassung. Besondere Aufmerksamkeit erregten seine vier Kupferstiche der *Tageszeiten*.

Lit.: J. Traeger, P. O. R. u. sein Werk, 1975. Ders., P. O. R. oder Die Geburt einer neuen Kunst.

Russ. Religionsphilosophie, die spekulativphilosoph. Anknüpfung an sowie die Auseinandersetzung mit der Tradition der russ. → Orthodoxie Ende des 18. und in der ersten Hälfte des 19. Jh., die verschiedene, darunter insbesondere auch esot. Strömungen aufnahm und weiterentwickelte. Die Vertreter der R. wollten ostkirchliches Bewusstsein und moderne Wissenschaft miteinander in Einklang bringen und wandten sich dabei ausdrücklich gegen die rationalist. philosoph. Systeme aus dem Westen. Auch der protestant. Biblizismus wurde strikt abgelehnt. Hingegen fielen die Gedanken westlicher Esoteriker, insbesondere von → Böhme und Romantikern wie → Schelling sowie auch Nietzsche und die westeurop. Lebensphilosophie, bei ihnen auf fruchtbaren

Boden. Wichtig war auch die Verbindung zu sozialen Ideen, insbesondere solchen des frühen Bakunin (1814–75). M. M. Speranskij (1772–1834) erhob die Forderung, die soziale Wirklichkeit in Russland im Sinne der Gebote Jesu zu gestalten. Manche der russ. Religionsphilosophen waren anfänglich Marxisten, wie → Berdjajew und der eng mit ihm zusammenarbeitende Sergej Nikolajewitsch → Bulgakow (1871–1944). Ihr stark pantheist. Zug brachte die R. in Opposition zu lebensfeindlichen Tendenzen der russ.-orthodoxen Kirche. Insbesondere Dimitrij Sergejewitsch Mereschkowskij (1865–1941) und Wassilij Wassilewitsch Rozanow (1856–1919) erklärten die Göttlichkeit des Kosmos wie auch allen menschlichen Schöpfertums und bemühten sich um eine Reintegration heidn. Elemente in die christl. Lehre. F. Fedorow (1828–1903) schrieb dem → Menschen die entscheidende Aufgabe zu, das Chaos in den Kosmos zu überführen. Eine herausragende Stellung kommt in der R. der → Sophia zu. Die weit ausgreifenden Spekulationen um diese Gestalt bilden die Strömung der »Sophiologie«. Danach wird das gesamte Universum als der Ausfluss göttlicher Weisheit angesehen, und hierin wird die Auffassung der Welt als eine organ. Einheit begründet. Bei → Solowjew erhält die Sophia dabei deutlich gnost.-hypostat. Züge; Bulgakow unterscheidet zwischen der in Gott enthaltenen und der erschaffenen Sophia. Sophia repräsentiert auch die → Kirche, die in der R. als lebendiger Organismus aufgefasst wird. Die R. versteht sich einerseits als Bewahrerin spezif. russ. kultureller Traditionen und kommt in dieser Hinsicht dem polit. Slawophilentum nahe, andererseits hegten viele ihrer Vertreter ökumen. Gedanken und strebten die Vereinigung der Kirchen an. Ausdruck fand die R. auch in der russ. Romanliteratur ihrer Zeit, bei Fjodor Michailowitsch Dostojewski (1821– 1881) und inbesondere bei → Tolstoi.

Lit.: T. G. Masaryk, Russ. Geistes- u. Religionsgeschichte, 2 Bde., 1913, Neudruck 1992. F. von Lilienfeld, R. zu Beginn des 20. Jh.s, in: R.-D. Kluge/H. Setzer (Hg.), Tausend Jahre Russ. Kirche, 1989.

S

Saba'iten → 'Abd Allah ibn Saba'

Sabbatianismus, esot.-häret. Bewegung des 17. Jh.s, die von dem lurian. Kabbalisten Natan von Gaza (1644–80) und Sabbatai Zvi aus Smyrna (1626–76) begründet wurde. Letzterer neigte zu einer exzentr. Frömmigkeit und war aufgrund einer manisch-depressiven Anlage ein besonders auffälliger Mensch. In den manischen Phasen verstieß er gegen das Gesetz und verfiel in den depressiven in einen Zustand großer Reue. Natan von Gaza, bei dem Zvi um Hilfe suchte, erkannte ihn als den verheißenen jüd. Messias und machte sich so zum Propheten und Propagandisten einer Bewegung, die einige Jahrzehnte lang für großen Aufruhr unter den jüd. Gemeinden sorgte. Er verbreitete die Auffassung, dass sich in den Krankheitszuständen Sabbatai Zvis ein Erlösungsdrama von kosm. Dimensionen manifestiere, das dem kabbalist. Weltrestitutionsprozess tikkun gleichzusetzen sei. Die Gesetzesübertretungen des »Messias« erklärte er damit, dass dieser in die Tiefen des Bösen herabsteigen müsse, um dort die nach der kabbalist. Lehre vom Bruch der Gefäße (→ Sohar) die mit hinabgezogenen Lichtfunken einzusammeln und zurückzuführen. So konnte er auch als Inkarnation der sechsten Sefira → Tif'eret angesehen werden, die den Ausgleich zwischen göttlicher Strenge und Gnade herbeiführte. Als Sabbatai in Jerusalem zu wirken begann und dort sogar ein Opfer auf dem Tempelplatz in Aussicht nahm, erregte er die Aufmerksamkeit der türk. Landesherrn, um so mehr, als er bereits vor seinem Zusammentreffen mit Natan in Palästina wegen Unruhestiftung aus Konstantinopel ausgewiesen worden war. Als eine beträchtliche Anhängerschaft begann, sich in Palästina zu versammeln, um dort im Gottesreich des Messias zu leben, wurde Sabbatai Zvi 1666 in Adrianopel von den türk. Behörden vor Gericht gebracht. Vor die Wahl gestellt, eines gewaltsamen Todes zu sterben oder zum Islam zu konvertieren, schwor er seinem messian. Anspruch ab, wählte das Letztere und trug fortan den Titel Muhammad Effendi. Da Natan von Gaza auch die Apostasie des vermeintlichen Messias als eine Notwendigkeit zu dessen Erlösungshandeln erklärte, konnte sich der S. noch geraume Zeit halten. Es fanden sich jüd. Theologen, die die Verkündigung Natans von Gaza weiter ausspannen. In abgelegenen und der rabbin. Kontrolle entzogenen Gebieten Osteuropas hielten volkstümliche Wanderprediger ein messian. Bewusstsein wach. In der Türkei sammelte Sabbatai Zvis Schwager Jakob Querido (1662–95) eigene Anhänger um sich und gründete so die kleine jüd.-islam. Gemeinschaft der Dönmeh (türk. »Abtrünnige«). Ein Nachspiel zum jüd. S. lieferten dann noch die Aktivitäten des Jakob Frank (1726–91), der auf einer Geschäftsreise in der Türkei die Dönmeh kennenlernte, sich ihnen anschloss, zu predigen begann und sich – zurück in seiner osteuropäischen Heimat – schließlich selber als Tif'eret ausgab.

Lit.: G. SCHOLEM, Sabbatai Zwi. Der myst. Messias, 1992.

Sabier (arab. »Täufer«), eine zu den Vorläufern der → Mandäer gehörende Gruppierung in der Bahia im Südirak. Sie wird mehrfach im Koran erwähnt als religiöse Gemeinschaft, die im Besitz hl. Schriften ist und deshalb toleriert werden soll. Um 830 n. Chr. wurde der Name »S.« von einer heidn. Glaubensgemeinschaft im Hauran (Südsyrien) in Anspruch genommen, die sich dadurch vor der Verfolgung der Muslime schützen wollte, dass sie sich für die im Koran genannten S. ausgab. Diese Pseudo-S. werden in arab. Quellen als Anhänger einer mit hermet. Elementen angereicherten altbabylon. Gestirnsreligion beschrieben. Über sie gelangte astrolog. Gedankengut in die → Shi'a und insbesondere in die → Isma'iliya.

Lit.: D. CHWOLSON, Die Ssabier u. der Ssabismus, 2 Bde., 1856.

Säule der Herrlichkeit, im → Manichäismus Bezeichnung für die Milchstraße und mythol. der wieder zusammengesetzte Körper des Ersten Menschen nach dessen Abstieg zum Kampf gegen die Finsternis und seinem Wiederaufstieg in das Lichtreich. Gleichzeitig manifestieren sich in der S. alle aufsteigenden, von der Finsternis erlösten Lichtseelen.

Sai Baba, Sathya (*1926), ind. → Avatar, der sich für eine Inkarnation des höchsten göttlichen Prinzips und als Wiedergeburt des berühmten ind. Heiligen Shirdi Sai Baba aus dem Dorf Shirdi in Maharashtra ausgibt. S. stammt Puttaparthi in Andhra Pradesh. Mit vierzehn Jahren verließ er sein Elternhaus und sammelte »Devotees« (»Ergebene«) um sich. 1950 eröffnete er in seinem Heimatdorf den Ashram Prasanthi Nilayam (»Ort des höchsten Friedens«), wo er seither lebt und wo sich ständig zahlreiche Verehrer aus aller Welt versammeln. Nach Berichten ist S. ein großer Wundertäter; er soll von allen Menschen, die zu ihm kommen, genaue Einzelheiten ihrer Biographie kennen. Als sein Anliegen bezeichnet er es, die Menschheit darin zu unterweisen, wie sie sich vor den durch sie selbst verursachten Zerstörungen retten und den Materialismus unserer Zeit überwinden kann.

Lit.: M. KUNZ BIJNO (HG.), S. Der Avatar unserer Zeit, ^{3}1986. U. SEBASTIAN, Das Leben – ein erfüllter Traum. Erfahrungen bei S. in Indien, 1989. S. P. RUHELA, Sri S. Leben, Lehre u. Werk, 1992.

Sakla, auch Saklas (aramäisch »Narr«), in der → Sethian. Gnosis der Name des → Demiurgen.

Lit.: B. BARC, Samaèl-S.-Yaldabaoth: Recherche sur la genèse d'um mythe gnostique, in: DERS. (HG.), Colloque international sur les textes de Nag Hammadi (Quebec 22–25 aout 1978), 1981.

Salman al-Farisi (Salman der Perser; † ca. 657), auch Salman Pak (Salman der Reine) genannt, Gefährte des Propheten Mohammed und Schutzheiliger der islam. Handwerker. Als verklärte und mythologisierte Gestalt spielt er eine wichtige Rolle in der islam. Gnosis. →

Ghulat-Gruppen sahen in der Anerkennung S.s das Tor (arab. »bab«), das zur Erkenntnis der Göttlichkeit der → Imame führte.

Samaritanische Sekten, Sammelbezeichnung für eine Reihe häret. jüd. Bewegungen in der Zeit des Zweiten Tempels. Es handelte sich um kleine Splittergruppen, die ihre Ablehnung von Teilen des jüd. Gesetztes mit asket. und apokalpyt. Tendenzen verbanden. Einige ihrer Vertreter traten als spektakuläre Wundermänner auf. Die S., über die im einzelnen wenig bekannt ist, waren ein Nährboden für frühjüd. Esoterik. Einige von ihnen legten ihren Anhängern die Pflicht zur strengen Geheimhaltung ihrer Lehren auf. In den Kontext der S. gehört der rätselhafte → Dositheos, der in der antiken Berichterstattung sowohl der Samaritaner als auch der Gnostiker eine Rolle spielt.

Lit.: The Kitab al-Tarikh of Abu'l-Fath, translated into English with Notes by P. Stenhouse, 1985.

Sanfte Verschwörung, Die (1980), Schlüsselwerk der → Newage-Bewegung von Marilyn Ferguson. Der engl. Originaltitel lautet *Die Wassermann-Verschwörung* (*The Aquarian Conspiracy*). Es beschreibt die teils allmähliche, teils auch ganz plötzliche Veränderung im → Bewusstsein vieler Zeitgenossen, durch das die festgefahrenen Prozesse und verhärteten Strukturen der unter dem Diktat des mechanist. Weltbildes stehenden westlichen Gesellschaften aufgebrochen und durch kleine, flexible → Netzwerke unterwandert werden, die sich an neuen, spirituellen Idealen orientieren. Ferguson sah aufgrund bestimmter Indizien in der us-amerikan. Gesellschaft die Bewusstseinsentwicklung sich vollziehen, die von → Teilhard de Chardin vorausgesagt worden war.

Ausg.: M. Ferguson, Die S. Persönliche u. gesellschaftliche Transformation im Zeitalter des Wassermanns, 1982.

Satan (hebräisch »Widersacher«), im A.T. Bezeichnung eines im Auftrag Jahwes handelnden göttlichen Boten oder »Sohnes«, bzw. einer Hypostase, die kein anderes Wesen verkörpert als Gott selbst. Erst die nichtkanon. hebräischen Literatur assoziierte S. stärker mit dem Bösen. Wie z. B. die → Qumran-Schriften zeigen, galt er als Anführer der gefallenen → Engel. Schließlich wurde das hebräische Attribut »S.« mit dem griech: »Diabolos« gleichgesetzt und zu einem Namen des → Teufels.

Satanismus, innerhalb eines für die Esoterik untyp. dualist. Theologie die Verehrung des bösen, widergöttlichen Prinzips. Allerdings beruht die Wahrnehmung, sogar die Selbstwahrnehmung des S. in der Regel auf einem Zerrbild. Die dualist. Grundhaltung ist weniger dem S. a priori inhärent, sondern sie ist das Ergebnis übernommener Wertungen aus Instanzen, in der Regel den christl. Kirchen, die bestimmte religiöse Handlungen, Erkenntnisbestrebungen und ganz besonders die → Magie dämonisiert, d. h. unter die Herrschaft des → Teufels gestellt hat. So existiert »S.« häufig lediglich in einer Außenwahrnehmung. → Crowley z. B., der oft als Stammvater des S. angeführt wird, sah sich selber keineswegs als ein Verehrer des Bösen, sondern er war Anhänger esot.-mag. Lehren, die von der Kirche verworfen wurden. Auch die heute existierenden größeren satanist. Gruppierungen lehnen es ab, Menschen Schaden zuzufügen und Tiere zu quälen, richten sich aber gegen den traditionellen Moralkodex des Christentums.

Lit.: J. Dvořak, S. Schwarze Rituale, Teufelswahn u. Exorzismus, 1989. J. Schmidt, S. Mythos u. Wirklichkeit, 1992. T. Schweer, S., ²1997.

Satornilos von Antiochia (2. Jh.), in Syrien wirkender christl. Gnostiker. Er lehrte, dass die Welt und der → Mensch von Engeln erschaffen worden seien, aber aus einer höheren Sphäre den Lebensfunken erhalten hätten. Christus sei in einem Scheinleib herabgestiegen, um den Gott der Juden, d. h. einen der Weltschöpferengel, zu vernichten und die Menschen mit dem Lebensfunken vor seinen Verfolgungen zu retten.

Schamanismus (von tungus. »šaman«), Religionsform archaischer Gesellschaften, in denen der Schamane die zentrale religiöse Figur darstellt. Charakterist. Religionsform ist der S. namentlich bei Stämmen in Sibirien und Zentralasien; schamanist. Stukturen finden sich jedoch in nahezu allen Gebieten der Erde. Kernelemente des S. sind der Geisterglaube und die Ekstaseerfahrung. Ein wichtiger Unterschied zu anderen Formen von Ekstase und Besessenheit ist, dass der Schamane seine Hilfsgeister kontrolliert und nicht umgekehrt zu ihrem Instrument wird. Die schaman. Ekstase zeigt an, dass sich der Schamane auf einer → Seelenreise befindet: in den Himmel, in die Unterwelt zu den Toten oder in weit entfernte Regionen der Erde. Grund für eine Seelenreise kann ein Opfer der Gemeinschaft an den Himmelsgott sein, das der Schamane überbringt; die Suche nach der Seele eines Kranken, die sich von dessen Körper entfernt hat oder von Dämonen weggetragen wurde; das Geleiten der Seele eines Toten zu ihrem neuen Aufenthaltsort oder ein Besuch von Geistern, zu denen der Schamane sich aufmacht, um sein Wissen zu vergrößern. Was er tun muss, wenn seine Seele den Körper verlässt, und wie er sich auf der Reise orientiert, erlernt der Schamane bei seiner → Initiation. Indem er durch die Luft fliegen, sich unsichtbar machen oder sich in ein Tier verwandeln kann, eignet der Schamane sich die Fähigkeiten von Hilfsgeistern an. Zu seinen wichtigsten Funktionen gehörten die Weissagung und v. a. das Heilen. Nach Anschauung des S. wurden Krankheiten dadurch verursacht, dass die Seele von sich aus den Körper verlässt oder geraubt wird. Im Rahmen des sibir. S. kann sie zur Gefangenen des Todesgottes Erlik geworden sein. Manchmal kann der Schamane sie auch dann befreien, muss aber an ihrer statt ein anderes Opfer bringen. – Im allgemeinen koexistiert S. mit anderen Formen von Religion und → Magie. Der Esoterik gab und gibt er wesentliche Anstöße. Die frühesten esot. zu nennenden religiösen Strömungen in Griechenland, die → Orphik und der Pythagoreismus (→ Pythagoras, → Pythagoreer) sind durch Berührung mit dem S. entstanden. Zentrale schaman. Themen wurden im archaischen Griechenland unter den Umständen einer Lockerung der alten engen Familienbindungen, die das Problem individueller Verantwortung mit sich brachten, individualist. uminterpretiert. In Anlehnung an den schaman. Glauben, dass die → Seele eine vom Körper unabhängige Existenz hat, entstand die orph.-pythagoreische Seelenwanderungslehre (→ Reinkarnation). Jedoch bestimmten anders als die Schamanen der paläolit. Jägerkulturen die Griechen nicht selbst, in welchen Körper ihre Seele ging, sondern die archaische griech. Epoche, die durch ein verschärftes individuelles Sündenbewusstsein gekennzeichnet war, deutete die Körperlichkeit insgesamt als Strafe für Sünden in ihren vergangenen Leben. Auf diese Art müssen die Orphiker zu der Auffassung gekommen sein, dass der Körper ein Gefängnis der Seele sei. Auch das Hauptproblem der Jägerkulturen, die einerseits zu ihrer Ernährung Tiere töten mussten und andererseits Rituale pflegten, um den Bestand der Tierwelt auf gleichem Niveau zu halten, bekam mit dem Transfer in eine ganz andere Gesellschaftsform ein neues Gepräge mit dem gänzlichen Tabu der Tiertötung (→ Vegetarismus). Für weitere Elemente des S. in der Geschichte der Esoterik ist die Frage eines spezif. weiblichen S. von großer Bedeutung. Bekannt ist, dass Frauen in solchen Formen des S. eine große Rolle spielen, die sich in und neben einer sog. Hochreligion, etwa dem Islam, dem Buddhismus oder dem Christentum behaupten. Während die religiösen Ämter in diesen »Hochreligionen« in der Regel von Männern besetzt werden, halten Frauen eine gewisse religiöse oder magische Macht als Repräsentatinnen einer als minderwertig deklarierten Religionsform. Dieses Erscheinungsbild in späteren Zeiten, zu dem z. B. in Europa die frühneuzeitlichen → Hexen gehören, schließt die Existenz eines frühen weiblichen S., der mit Resten noch älterer, vielleicht auf die → Göttin zentrierter Fruchtbarkeitskulte verschmolzen war, nicht aus. – Der am Ende des 20. Jh.s sehr populäre Neo-S. nimmt Elemente des histor. S. aus verschiedensten Regionen auf und bettet sie in den Kontext einer neu entstehenden universalen → Naturreligion ein.

Lit.: M. Eliade, S. u. archaische Ekstasetechnik, 1974. H. Findeisen/H. Gehrts, Die Schamanen. Jagdhelfer u. Ratgeber, Seelenfahrer, Künder u. Heiler, 1983. S. Golowin, Das Reich des S. Die euras. Kultur der Spiritualität – der Weg des Alten Wissens, 1989. H. Braem, Die mag. Welt der Schamanen u. Höhlenmaler, 1994. H. Göckenjan, Schamanismus, in: Lexikon des MA, Bd. VII, 1995. K. E. Müller, S. Heiler, Geister, Rituale, 1997.

Schelling, Friedrich Wilhelm (1775–1854), Philosoph der deutschen → Romantik, der besonders in der Spätphase seines Wirkens unter dem Einfluss → Böhmes, → Baaders und → Hamanns Anschauungen entwickelte, die sich mit esot. Grundauffassungen decken. In seiner → Naturphilosophie genügte es S. nicht mehr, die Einheit von Geist und Natur zu postulieren, sondern er versuchte, diesen Monismus entwicklungsgeschichtlich zu begreifen, wobei er das menschliche Ich in den evolutiven Prozess der Natur miteinbezog. Dem schöpfer. Genie, das eine Art höheres Ich besitzt, ist es vorbehalten, in seiner Kunst das Absolute zu erfassen. Die Frage, wie sich nun das Individuelle zum Absoluten verhalte, konnte S. nur durch den Zusammenfall beider am Ende der Entwicklung beantworten. Etwas später, in seiner Schrift *Philosophie und Religion* (1804) explizierte er diesen Gedanken unter Rückgriff auf einen quasi-gnost. Mythos, nachdem der Mensch in sich dunkle und helle Anteile trage und erstere für seinen anfänglichen Abfall von Gott verantwortlich seien. Die Idee von der Entwicklung des Weltganzen wird von S. weiter ausgearbeitet in *Weltalter* (1811–15), die Fragment blieben, und schließlich in seinen als *Philosophie der Mythologie und Philosophie der Offenbarung* zusammengefassten Vorlesungen (1856–58) formuliert: S. beschreibt hier seine »philosophische Religion« als »Evolution Gottes aus sich«, wobei ihm die konkreten histor. Religionen und Mythologien dienen ihm als Ausgangspunkt dienen. Den Offenbarungen des Christentums und insbesondere der Person Christi kommt der höchste Rang zu: die Menschwerdung Christi bedeutet die Erlösung vom Fall und das Wiedereingehen der Natur und jeglicher Individualität in Gott. Diese Gedanken wurden im 20. Jh. von → Steiner aufgenommen und sind bis heute maßgeblich für das Geschichtsverständnis der Anthroposophie.

Lit.: K. Hemmerle, Gott u. Denken nach Schellings Spätphilosophie, 1968. H. J. Sandkühler (Hg.), Natur u. geschichtlicher Prozess. Studien zur Naturphilosophie F. W. J. Schellings, 1984. B. Barth, S.s Philosophie der Kunst. Göttliche Imagination u. ästhet. Einbildungskraft, 1991. B.-O. Küppers, Natur als Organismus. S.s Naturphilosophie u. ihre Bedeutung für die moderne Biologie, 1992. W. G. Jacobs, Gottesbegriff u. Geschichtsphilosophie in der Sicht S.s, 1993. J. E. Wilson, S.s Mythologie, 1993. M.-E. Zovko, Natur u. Gott. Das wirkungsgeschichtliche Verhältnis S.s u. Baaders, 1996.

Schicksalsglaube, die an die Auffassung von einer die Welt durchwaltenden → kosm. Ordnung geknüpfte Vorstellung von der Vorherbestimmtheit alles Geschehens, besonders auf der Ebene der einzelnen Person. Viele esot. Bemühungen zielen darauf, das individuelle und manchmal auch das kosm. Schicksal zu erkunden und zu verstehen. Diesem Zweck dienen z. B. Orabelbefragungen, → Astrologie und → Tarot. Eine Möglichkeit des Handelns besteht dann darin, Entscheidungen in Übereinstimmung mit dem göttlichen Plan zu treffen. Die zweite Möglichkeit ist die mag. Beeinflussung des Schicksals Durch → Magie aktivierte und gelenkte Kräfte (→ Energie) können den Lauf des Schicksals verändern.

Schlaf, in der Esoterik bereits seit → Heraklit Sinnbild der Unwissenheit, die es zu überwinden gilt. Besonders prominent ist diese Symbolik des S.es in der antiken → Gnosis und in der jüngeren Esoterik bei → Gurdjieff. Im Zusammenhang mit der Nachtmystik der → Romantik sind jedoch auch Ansätze für eine positive Interpretation des S.es erkennbar, die einerseits in die Tiefenpsychologie → Jungs aufgenommen wurden, andererseits in die → Anthroposophie. Die sich im S. offenbarenden Träume können Botschaften aus der Welt des Göttlichen enthalten. Nach → Steiners Lehre trennen sich während des S.es die vier → Wesensglieder des Menschen, und Astralleib und Ich kehren in die geistige Welt zurück. Auf diese Weise regenerieren sie sich von dem ihnen weniger gemäßen Erdendasein, während umgekehrt der phys. und der Ätherleib von der Ermüdung durch die Einwohnung des Bewusstseins in ihnen ausruhen.

Lit.: H. H. Lauer, Schlaf, in: Lexikon des MA, Bd. VII, 1995.

Schlange, als Symbol der Einheit in der Esoterik von großer Bedeutung. Dies gilt insbesondere für die Ouroboros-S. (von griech. »oura« Schwanz, und »boros« verschlingend), die eine Kreisform annimmt, indem sie sich selbst in den Schwanz beißt. Im Alten Ägypten war sie ein Symbol der Zeit mit solarem Aspekt und markierte ebenfalls die Abgrenzung der geordneten Welt zu Chaos und Finsternis. → Ophiten und → Naassener, die die S. als Konsequenz aus der gnost. Umwertung der at.lichen Paradiesgeschichte als Erkenntnisbringerin verehrten, benutzten den Ouroboros als Symbol. Die Alchemisten sehen in ihr ein Bild für die Wandlungsfähigkeit der Materie. Auch in der → Emblematik und bei den Freimaurern ist die Ouroboros-S. präsent. – In der → Tantrik wird die S. als Bild für die aufsteigende spirituelle Kraft im Menschen verwendet, → Kundalini.

Lit.: Ch. Hünemörder/G. Jászai, Schlange, in: Lexikon des MA, Bd. VII, 1995.

Schlegel, Friedrich (1772–1829), aus Hannover gebürtiger Philosoph, Kritiker und einer der wichtigsten Theoretiker der → Romantik. I.J. 1800 habilitierte er sich an der Universität Jena mit seiner *Transzendentalphilosophie*, in der er die Erkenntnis einer Natur und Geist umfassenden Wirklichkeit als Selbst-Bewusstwerdung des Göttlichen begreift. Das wichtigste Medium dieser Bewusstwerdung sind Dichtung und Kunst, durch die eine Tätigkeit des Göttlichen im Bewusstsein des Künstlers entsteht. Während seiner frühen Schaffensjahre war S. hauptsächlich mit Literatur und den Ausdrucksmöglichkeiten der Dichtung befasst. Er beschäftigte sich mit griech. und insbesondere mit platon. Geistigkeit; später faszinierte ihn v. a. die ind. Kultur. 1808 jedoch konvertierte er zum Katholizismus und wandte sich unter so veränderten Vorzeichen der christl. Mystik zu. Er begann an der Entwicklung einer neuen christl. Spiritualität zu arbeiten, in der die Philosophien von Kant, Jakobi, Fichte und → Schelling zusammenlaufen sollten. S. sah letztere als Repräsentanten jeweils einer der Elementarkräfte des Bewusstseins, Verstand, Wille, Vernunft und Phantasie an, die er in einem neuen, übergreifenden System nun wieder zusammenführen wollte. Sein System der gesamten christl. Philosophie, an dem er in seinen letzten Lebensjahren arbeitete, blieb jedoch Fragment.

Ausg.: F. S., Krit. Ausg., hg. von E. Behler u. a., 35 Bde (wird fortgesetzt).

Lit.: E. Behler, F.S., 1966.

Schöpfung wird nach esot. Auffassung für gewöhnlich nicht als das Werk Gottes im Sinne einer Nach-außen-Setzung verstanden, wenn sie sich auch in der Regel in Übereinstimmung mit dem göttlichen Willen vollzieht. S. ist ein Prozess innerhalb des Göttlichen selbst, oft als → Emanation stattfindend. Im Großen und Ganzen wird dieser Prozess der Selbstentäußerung Gottes als ein positiver angesehen, jedoch ist nach den meisten esot. Lehren der ursprüngliche Plan der S. durch den → Fall eines myth. Wesens, meistens des → Menschen, gestört worden. Darum gilt die S. als unvollendet, und insbesondere dem Menschen ist es aufgegeben, die S. ihrem göttlichen Ziel zuzuführen.

Schöpfungsspiritualität, ein zeitgenöss. Ausdruck christl.-esot. Denkens, das von → Fox auf der Grundlage bibl. und westlich-myst. Traditionen entwickelt wurde. Die S. zielt auf eine stärkere Einbindung ökolog. Belange in christl. Denken und christl. Praxis, als dies in traditioneller Theologie und herkömmlicher Liturgie der Fall ist. Von diesem grundlegenden Ansatz der Verbundenheit von Gott und Natur ausgehend entwirft Fox eine erneuerte, an modernen Bedürfnissen orientierte Deutung christl. Paradigmen und macht Vorschläge zu ihrer praktischen Umsetzung.

Lit.: M. Fox, Original Blessing, 1983.

Schopenhauer, Arthur (1788–1869), Philosoph der Romantik. In Auseinandersetzung mit dem Deutschen Idealismus entwickelte S. eine ins Negative gewendete Immanenzlehre, nach der das Weltgeschehen durch ein blindes Willensprinzip aufrechterhalten wird. S.s durchwegs pessimist. Blick auf den Kosmos hat Vorbilder in der → Gnosis und Teilen der ind. Religionsphilosophie, besonders in den → Upanishaden. Als Mittel zur Weltüberwindung galten ihm Willensentsagung und Askese. Dennoch schrieb S. auch ein an der realist.-prakt. Existenz ausgerichtetes Büchlein mit Lebensregeln: *Aphorismen zur Lebensweisheit* (1851). Hauptwerk: *Die Welt als Wille u. Vorstellung* (vollst. Fassung 1859).

Ausg.: A. S.s Werke. Nach den Ausgaben letzter Hand hg. von L. Lütkehaus, 1988.

Lit.: R. Safranski, S. u. die wilden Jahre der Philosophie. Eine Biographie, 1987.

Schule von Chartres (entst. um 990 n. Chr.), ein Kreis von Theologen und Wissenschaftlern mit naturphilosoph. Ausrichtung. Sie trugen wesentlich dazu bei, dass der → Platonismus im Abendland wieder an Bedeutung gewann. Esoteriker bringen das Erkenntnisstreben der S. mit dem Bau der Kathedrale von Chartres in Verbindung, in der die Einsicht in göttliche Geheimnisse manifest gemacht worden sei.

Lit.: F. Teichmann, Chartres. Schule u. Kathedrale, [2]1997.

Schulungsweg, die Ausbildung von Fähigkeiten zur körperl. und geistigen Selbstkontrolle und zur Erkenntnis übersinnlicher Realitäten. In der Vergangenheit setzte ein esot. S. ein enges Verhältnis zwischen den Schülern und einem Meister voraus. Im Rahmen einer → Initiation wurden, oft über lange Zeiträume, esot. Lehren und die Einweisung in meditative Praktiken mündlich vermittelt. Seit Beginn des 20. Jh. werden esot. Inhalte zunehmend auch in schriftlicher Form weitergegeben.

Schutzengel → Engel

Schweighart, Theophilus, Pseudonym von Daniel → Mögling

Schwenckfeld, Caspar von (1489–1561), schles. Theologe mit sehr eigenwilligen Ideen, der von der luther. Orthodoxie verdammt und verfolgt wurde. S. suchte nach einem christl. Weg zwischen den streitenden Konfessionen, dessen zentrale Botschaft sich um die Erkenntnis Christi drehte. Dabei nähern sich die Christologie S.s und seine Lehre von der Natur des → Menschen sehr stark gnost.-esot. Positionen an. Das kirchliche Postulat der Geschöpflichkeit des Menschen wandelte er dahingehend ab, dass diese kein wesensgemäßer Zustand, sondern die Konsequenz eines → Falles sei. Das entscheidende Erlösungswerk Christi besteht nach S. darin, dass er die Leiblichkeit spiritualisiert, d. h. nicht aufgehoben, aber ihre Beschaffenheit verändert habe. Christus habe das Fleisch vergöttlicht und den Menschen, die ihn in ihrem Inneren realisieren, die Möglichkeit gegeben, dasselbe zu tun. Dahinter steht die gnost. anmutende Überzeugung S.s, dass Fleisch und Geist voneinander wesenhaft verschieden sind und der fleischliche Körper keinesfalls von Gott stammen kann. Durch myst. Einwohnung Christi im Menschen kann er jedoch in einen göttlichen Zustand transformiert werden, was der traditionell gnost. Anschauung als unmöglich gilt. Anhänger S.s leben heute noch in Pennsylvania, USA.

Lit.: S. G. Schultz, C. S. von Ossig (1489–1565). Spiritual Interpreter of Christianity, Apostle of the Middle Way, Pioneer of Modern religious Thought, 1946, [4]1977. P. L. Maier, C. S. on the Person and Work of Christ. A Study of S.ian Theology at its Core, 1959. W. Nigg, Heimliche Weisheit. Myst. Leben in der evangel. Christenheit, 1959. H. WEIGELT, Spiritualist. Tradition im Protestantismus. Die Geschichte des Schwenckfeldertums in Schlesien, 1973. A. SÉGUENNY, Homme charnel, homme spirituel. Etude sur la christologie de C. S., 1975. P. C. ERB (HG.), S. and Early S.ianism, 1986. DERS. (HG.), S.ers in America, 1987. P. G. EBERLEIN, Ketzer oder Heiliger? C. v. S., der schles. Reformator u. seine Botschaft, 1999.

Scientology, umstrittene Bewegung mit esot. Zügen; sie selbst nennt sich »S.-Kirche«. S. entstand auf der Grundlage der »Dianetik«, einem von RON L. HUBBARD (1911–1986) entwickelten psychotechn. System zur Erlangung »geistiger Gesundheit«. In dualist. Manier ist nach der Dianetik der menschliche Geist in zwei Teile gespalten, den analyt. und den reaktiven Verstand. Während der analyt. Verstand durch traumat. Erfahrungen ausgeschaltet werden kann, führen letztere unter Einwirkung des reaktiven Verstandes zu schädlichen, positive Erfahrungen blockierenden Verhaltensmustern, »Engramme« genannt. Ziel von S. ist es, die Engramme in einem dreistufigen Programm (Auditing, Preclear und Clear) zu beseitigen und den analyt. Verstand zu stärken. Ab 1952 wurde dieses Dianetik-System wesentlich erweitert. Zusätzlich zum reaktiven und analyt. Verstand wird seither die Existenz einer höheren Bewusstseinsebene »Thetan« angenommen, zu der vordringen kann, wer seine Engramme im »Clear« endgültig abgebaut hat. Wie in der Esoterik des 20. Jh.s nicht unüblich, richtet S. ihre gesamten Bemühungen auf die Entwicklung der menschlichen Psyche mit dem lebensprakt. Ziel »optimaler Überlebensfähigkeit«. Weder Theologie noch Kosmologie spielen eine nennenswerte Rolle. Besonders in Deutschland ist die S.-Bewegung wegen ihrer Wirtschaftspraktiken und autoritären Strukturen, von denen mitunter auch Außenstehende betroffen sind, Gegenstand massiver öffentlicher Kritik.

Lit.: W. THIEDE, S. – Religion oder Geistesmagie? 1992. CHURCH OF S. INTERNATIONAL, What is S.? The Comprehensive Reference on the World's Fastest Growing Religion, 1992. L. R. HUBBARD, S. Die Grundlagen des Denkens, 1999.

Scivias (*Wisse die Wege*), das Hauptwerk → Hildegards von Bingen, bestehend aus Visionsschilderungen, die mit exeget. Erläuterungen verbunden werden. Der erste Teil behandelt hauptsächlich kosmogon. Themen und den durch den Teufel herbeigeführten menschlichen Sündenfall; wichtigste Gegenstände des zweiten Teils sind die Beschaffenheit von Gott und Kirche, und der dritte Teil enthält Visionen zur Soteriologie, insbesondere zum Erlösungswerk Christi, sowie auch zur Eschatologie. Dabei hat Hildegard für ihre Leser zahlreiche Unterweisungen zum rechtschaffenen Leben eingeflochten.

Die Schrift endet mit einem »Lobpreis auf die Heiligen« und einem hymn. Wechselgesang zwischen der menschlichen Seele und den allegorisierten christl. Tugenden.

Ausg. in Übers.: Hildegard von Bingen, S. – Wisse die Wege. Eine Schau von Gott u. Mensch in Schöpfung u. Zeit, übersetzt u. hg. von W. Storch OSB, ^{4}1992.

Seele, nach esot. Anschauung die immaterielle Essenz des Menschen und anderer Lebewesen, die gleichwohl in enger Beziehung zum Körper sowie auch zu einer überindividuell gedachten Lebensenergie (→ Energie) steht. Die S. ist unsterblich; im Augenblick des Todes verlässt sie den Körper und nimmt Aufenthalt in den geistigen Welten, bis sie sich reinkarniert (→ Reinkarnation). S.nvorstellungen in der Esoterik partizipieren an unterschiedlichen Traditionen, deshalb ist das esot. Konzept von S. insgesamt recht vage. Anders als Stammesreligionen und alte Kulturen wie etwa die Altägyptens oder die der griech. Frühzeit, die dem Menschen mehrere mit Organen oder Körpersäften eng verbundene S.n zuschreiben, geht die Esoterik von der Einheit der individuellen S. aus. Dies verbindet sie mit den Auffassungen in den sog. Hochreligionen. Allerdings besteht nach der → Kabbala die S. aus drei Teilen: »nefesh« tritt bei der Geburt in den Körper ein und beherrscht die phys. und psych. Aspekte des Lebens; »ruah« wird erst mit Überwindung des rein Körperlichen ausgebildet und repräsentiert eth. Qualitäten und »neshama« entwickelt sich mit dem Studium der Tora und der Einhaltung der Gesetze. Manche Spielarten von Esoterik kennen sehr ausgeprägt die Konzeption einer Freiseele, die sich auch in bestimmten Zuständen zu Lebzeiten, etwa im → Schlaf oder in → Ekstase, ganz vom materiellen Körper lösen kann. Auf der anderen Seite scheint die S. vielen Esoterikern mit dem Körper eng verbunden, sodass sie auch über Körpertherapien beeinflussbar ist. Vorstellungen von einer Körpers. (im Unterschied zur Freis.) sind also in der Esoterik ebenfalls zumindest tendenziell vorhanden. Vertreter der → Sufik schwanken darin, ob der S. geistige oder materielle Substanz zuzuschreiben sei. Diese generelle Unsicherheit ist leicht erklärlich, wenn man bedenkt, dass Esoteriker dazu neigen, Materie und Geist als Einheit zu denken. So wird in der Philosophie der späteren Antike, die in vieler Hinsicht für die westl. Esoterik grundlegend ist, S. (griech. »psyche«) als das Formprinzip der Wirklichkeit aufgefasst. Bei → Plotin ist sie sogar eine der göttlichen Hypostasen. In Anbetracht des von Esoterikern vertretenen → Monismus, in das alles individuelle Leben eingebunden ist, tritt die Bedeutung der Inividuals. überhaupt in den Hintergrund. Die genauere Verhältnisbestimmung zwischen Individuals. und Weltens. ist denn auch das eigentliche und oft genug ungelöst bleibende Problem esot. Denkens über die S. Nach Ansicht der von ind. Denken beeinflussten Esoteriker wird sich die S. zu irgendeinem Zeitpunkt in dem die ganze Welt und alle Wesen belebenden Überbewusstsein auflösen. Dagegen sucht die westl. Esoterik nach Wegen, Monismus und Individualität in Einklang zu bringen.

Lit.: E. Rhode, Psyche. S.kult u. Unsterblichkeitsglaube der Griechen, 1894. L. Lévy-Bruhl, L' âme primitive, 1927. P. D. Bookstaber, The Idea of Development of the Soul in Medieval Jewish Philosophy, 1950. L. A. De Silva, The Problem of the Self in Buddhism and Christianity, 1979. J. Bremmer, The Early Greek Concept of the Soul, 1983. G. Jüttemann u. a. (Hg.), Die S. Ihre Geschichte im Abendland, 1991.

Seelenaufstieg → Seelenreise

Seelenmythos, eine gnost. Erzählung vom Schicksal der Seele, die aus ihrer ursprünglichen Einheit mit Gott herausfiel, in einen materiellen Körper gesperrt wurde und zahlreichen weltlichen Versuchungen erlag, sich schließlich aber bekehrte und unter Zutun eines göttlichen Erlösers in die himmlische Welt zurückkehren konnte. Der S. ist eine ätiolog. Darstellung, die paradigmat. für die Befindlichkeit der gnost. Lichtmenschen in der materiellen Welt steht. Die Bewusstwerdung der Seele in bezug auf ihren himml. Ursprung (griech. → metanoia »Umkehr«, »Bekehrung«) ist dabei als Konversionserfahrung geschildert und weist deutliche Ankläge an die Bekehrung einer Ägypterin zum jüd. Glauben in der hellenit.-jüd. Geschichte von Joseph und Asenath auf. Der S. wurde in → Die Exegese über die Seele, in sehr ähnlicher Form in Der authentische Logos (NHC VI,3), ferner in den → Oden Salomos und im → Perlenlied der Thomasakten verarbeitet.

Lit.: J. Iwersen, Metanoia u. Brautgemach. Der frühgnost. S. als Konversionsmythos, in: R. Flasche u. a. (Hg.), Religionswissenschaft in Konsequenz. Beiträge im Anschluss an Impulse von Kurt Rudolph, 2000.

Seelenreise, die Reise der vom Körper befreiten Seele in Sphären, die dem Menschen im alltäglichen Wachzustand nicht zugänglich sind. Die S. ist eine nachtodliche Erfahrung, oder sie nimmt diese vorweg, was aber nur Menschen mit besonderen Fähigkeiten möglich ist. Ein solcher Seelenreisender ist in erster Linie der Schamane (→ Schamanismus), der sich mittels der von ihm in besonderer Weise beherrschten Ekstasetechnik an jeden beliebigen Ort begeben kann, um sich Hilfe von den dort ansässigen → Geistern zu holen oder um eine andere Seele zu geleiten. Besonders prominent war die S. ferner im Judentum der späteren Antike. Zahlreiche jüd. Apokalypsen und die → Hekhalot-Literatur berichten vom Aufstieg in himml. Welten und der Schau ihrer Throne und Paläste. Auch gnost. Texten des 3. und 4. Jh.s berichten über S.n, die hier durch ein himmlisches Wesen, z. B. Jesus oder den personifizierten → Nous, geführt werden. Zumindest für die → Sethian. Gnosis kann mit einiger Sicherheit angenommen werden, dass sie ein von mit besonderer Autorität ausgestatteten Mystagogen geleitetes Seelenaufstiegsritual kannte, das der → Initiation in kleine esot. Zirkel diente. Auch mandäische und manichäische Zeugnisse legen solches nahe. Im Anschluss an eine kurze Erwähnung im Koran (Sure 17,1), nach der Mohammed auf einer nächtlichen Reise zu einer entfernten Moschee getragen wurde, entwickelte auch die islam. Tradition allegor. Vorstellungen von von einer Himmelreise der Seele (arab. »mi'rag«). Verschiedene Sufiker, insbesondere → Bistami († 874), haben ihren eigenen Flug durch die Himmel beschrieben und ihm gleichfalls initiator. Charakter beigelegt. Im abendländ.-christl. Kulturraum wurde dagegen die S. in himml. und göttliche Welten ihrer räumlichen Dimension vollständig entkleidet und in der → Mystik als ein rein verinnerlichter Prozess verstanden. Vorstellen konnte man sich dagegen Höllenreisen wie die von → Dante in der *Göttlichen Komödie* beschriebene. Auch der mag. Flug der → Hexen, der wahrscheinlich ein später Nachklang der schaman. S. ist, wurde von der Inquisition als Zeichen einer Verbundenheit mit dem → Teufel interpretiert. Die Vorstellung und Praxis der S. wurde im christl. MA. bedeutungslos; in Europa und Nordamerika gewinnt sie erst in der heutigen Zeit besonders im Rahmen des Neoschamanismus wieder an Bedeutung. In → Newage-Kreisen wird ein Aufstieg in himml. Sphären und ihre Durchschreitung oft in Lichtmeditationen visualisiert.

Lit.: W. Bousset, Die Himmelsreise der Seele, 1901. G. Widengren, The Ascension of the Apostle and the Heavenly Book, 1950. Ders., Muhammad, the Apostle of God, and his Ascension, 1955. S. J. Muldoon/H. Carrington, Die Aussendung des Astralkörper. Ausführliche Darstellung der Astralwanderung in Theorie u. Praxis, 1986. I. P. Couliano, Jenseits dieser Welt. Außerweltliche Reisen von Gilgamesch bis Albert Einstein, 1995. J. J. Collins/M. Fishbane (Hg.), Death, Ecstasy, and Otherworldly Journeys, 1995. M. A. Amir-Moezzi, Le voyage initiatique en terre d'Islam. Ascensions célestes et itinéraires spirituels, 1996. S. Richter, Die Aufstiegspsalmen des Herakleides. Untersuchungen zum Seelenaufstieg u. zur Seelenmesse bei den Manichäern, 1997.

Seelenwanderung → Reinkarnation

Sefirot, die in der Welt manifesten Wesensanteile oder Aspekte Gottes nach der → Kabbala. Sie sind aus dem göttlichen Urgrund emaniert und konstituieren den göttlichen → Körper. Oft werden sie als kosm. Baum dargestellt.

Sekte (von lat. »sequi« nachfolgen), oft polemisch im Gegensatz zu »Kirche« gebrauchter Begriff für kleinere religiöse Gruppierungen von mitunter esot. Prägung. Der lat. Begriff »secta« wurde in der heidnischen Antike neutral im Sinne von »Lehrmeinung«, »Partei« oder »Schule« verwendet. Innerhalb des Christentums aber bezeichnete er schon seit der Zeit des NT eine »falsche Lehre«, d. h. schismat. und von der sog. Orthodoxie verfolgte Auffassungen und Organisationen innerhalb des Christentums. Die S. definiert sich also durch Merkmale, die sie von der Kirche unterscheiden: ihre mehr charismat. als bürokrat. Führung und ihre vergleichsweise geringe Zahl an Mitgliedern, die als Gleichgesinnte untereinander in enger Verbindung stehen und sich gegenseitig auf der Grundlage einer gemeinschaftlichen Ethik unterstützen. Trotz der häresiologischen Vorbelastung des S.begriffs gibt es seriöse religionssoziologische Studien zu solchen Organisationen, die man als S. zu bezeichnen sich einmal angewöhnt hat. Für den Bereich der Esoterik ist dabei in erster Linie die Erkenntnis von Troeltsch interessant, dass Vereinigungen, die solches Gedankengut repräsentieren, sich immer als S. und nicht als Kirche zu organisieren pflegen (→ Sozologie der Esoterik).

Lit.: E. Troeltsch, Soziallehren der christl. Kirchen u. Gruppen, ²1919. K. Rudolph, Wesen u. Struktur der Sekte, 1979, in: Ders., Geschichte u. Probleme der Religionswissenschaft, 1992.

Selbsterkenntnis ist nach esot. Auffassung für die spirituelle Entwicklung des Menschen von zentraler Bedeutung. Da jeder einzelne → Mensch nach der Lehre von → Makro- und Mikrokosmos den gesamten Kosmos und im Sinne des → Kosmotheismus sogar Gott repräsentiert, gelangt er durch S. zur Einsicht in alle Lebenszusammenhänge.

Senkrechtes Weltbild, Begriffsprägung von Nicolaus Klein und Rüdiger Dahlke für ein Weltbild, das durch »senkrechtes Denken« (T. Detlefsen), d.h. durch analoge Betrachtung von Prinzipien und Erscheinungen auf den verschiedenen Seinsebenen entsteht (→ Analogie). Ausgehend von den Urbildern der → Astrologie wird das S. unter Bezugnahme auf viele relig.-esot. Bereiche systemat. entfaltet.

Lit.: T. Detlefsen, Schicksal als Chance, 1980. N. Klein/R. Dahlke, Das S. Symbol. Denken in astrolog. Urprinzipien, 1986.

Séraphita (1835 in *Le livre mystique*; 1846 in *La comédie humaine*), Erzählung von Honoré de Balzac (1799–1850) über einen der »Welt des Lichts« entstammenden Androgyn mit Namen Séraphitus-S. Nach ihrem vorübergehenden Aufenthalt in dem norweg. Dorf Jarvis, wo ihre Verehrung ein Liebespaar zusammenführt, kehrt sie in ihre Lichtheimat zurück. In der Phase der Entstehung dieses Werkes wurde Balzac von → Swedenborg beeinflusst, der seiner Auffassung nach den universellen religiösen Ideen eine wissenschaftlich fassbare Grundlage gegeben habe. Mit der Gestalt S. wollte er nach eigener Aussage ein Gleichnis für die Befreiung des Geistes von den ird. Gesetze und schließlich von der Materie überhaupt schaffen. Deutlich wird damit die gnost. Grundidee der Erzählung.

Ausg.: F. Hessel (Hg.), Buch der Mystik, 1977.

Seth, als Sohn Adams und Vater Enochs eine Gestalt der Urzeit. Verschiedene, allem Anschein nach unzusammenhängende Stränge esot. Überlieferung messen S. besondere Bedeutung bei. Die sog. → Sethian. Gnosis betrachtete ihn als ihren Urahn, an den Adam sein esot. Wissen weitergab, bevor er selber es unter dem Einfluss der Widersachermächte vergaß. Die Sethianer als S.s Nachkommen besitzen qua ihrer Abstammung dieses Heilswissen und verstehen sich von daher als Gnostiker und Erlöste. Bei den → Mandäern heißt S. Shitil und verkörpert als himml. Abkömmling Adams die reinste Seele. Die islam. futuwwa-Tradition sieht S. als Stammvater quasi-gottesdienstlicher Handwerkskünste, insbesondere der Weberei, die er vom Engel Gabriel lernte, und des Landbaus an. S. übte diese Tätigkeiten in der immateriellen Welt aus, um den → Geistern Nahrung und Kleider zu verschaffen. Er war auch der erste der Söhne Adams, der Sufi wurde und das charakterist. grobwollene Gewand herstellte. – Das von → Roberts gesammelte S.-Material wird auf eine geistige Individualität zurückgeführt, die sich S. nennt, die Symbolik dieses Namens wird eingeräumt, aber nicht erklärt, mit der Begründung, dass Namen keine tiefere Bedeutung hätten.

Lit.: A. F. J. Klijn, S. in Jewish, Christian and Gnostic Literature, 1977. F. Taeschner, Zünfte u. Bruderschaften im Islam. Texte zur Geschichte der Futuwwa, 1979. J. Roberts, Gespräche mit S. Von der ewigen Gültigkeit der Seele, 1979. B. A. Pearson, The Figure of S. in Gnostic Literature, in: B. Layton (Hg.), The Rediscovery of Gnosticism II: Sethian Gnosticism, 1981.

Sethian. Gnosis, Bezeichnung für einen Typus gnost. Spekulation, der an einer ganzen Reihe von Texten aus → Nag Hammadi sowie durch einen Bericht des → Irenäus belegt ist. Irenäus spricht allerdings in diesem Zusammenhang von der »Barbelognosis« und gibt lediglich einen Teil des Mythos wieder, den die moderne Gnosisforschung als S. behandelt. Tatsächlich muss man nach dem Textbefund davon ausgehen, dass in dem System der S. zwei Mythenkomplexe miteineinander verbunden wurden, und zwar ein Abstammungsmythos auf der einen und eine Kosmogonie auf der anderen Seite. Dabei ist der Abstammungsmythos, der über die Herkunft der Sethianer von der bibl. Gestalt → Seth und ihre Geschichte unter dem Regiment des Weltenherrschers → Jaldabaoth berichtet, nirgendwo außerhalb der S. belegt. Die sethian. Kosmogonie hingegen läßt deutlich eine Entwicklung erkennen, die von dem frühgnost. → Seelenmythos über die Lehre des → Simon Magus und die Nag-Hammadi-Schriften → Eugnostosbrief und Die Sophia Jesu Christi bis hin zur → Barbelognosis in ihren vorsethian. Stadien verfolgt werden kann. Im → Johannesapokryphon liegt dann eine Verbindung der barbelognost. Kosmogonie mit dem sethian. Abstammungsmythos vor. Dieselbe Schrift dokumentiert in ihren beiden Langfassungen, die gegenüber den Kurzfassungen die späteren Versionen darstellen, bereits weitere Entwicklungen, die für die Geschichte der → Gnosis insgesamt symptomat. sind und anhand der sethian. Texte besonders gut nachgewiesen werden können.

Die Langfassungen des Johannesapokryphons weisen gegenüber den Kurzfassungen zwei wesentliche Erweiterungen auf: Eine Hymne an die Hypostase → Pronoia (griech. »Vorsehung«) und eine ausgedehnte Beschreibung über die Bildung des → Menschen durch die kosm. Mächte, die an Vorbildern aus der ägypt. Astrologie orientiert ist (→ Buch des Zoroaster). Während in der barbelognost. Kosmogonie der → Sophia die Hauptschuld an der Entstehung des als böse verworfenen Kosmos zugeschrieben wird und → Barbelo ganz in den Schatten des männlichen obersten Gottes gestellt ist, zeigt die Hymne an Pronoia, dass das weibliche Element in der späteren Gnosis wieder aufgewertet wird. Umfangreiche Einschübe sprengen den erzähler. Rahmen des Mythos, wie es auch im sethian. → *Ägypterevangelium* zu beobachten ist. Der kosmolog. Dualismus, wie er für die Gnosis des 2. Jh.s typisch ist, wird im *Ägypterevangelium* und noch stärker im → *Unbekannten altgnost. Werk* deutlich vermindert und entschärft, wobei zahlenmag. Ausführungen zu Gruppierungen innerhalb des → Pleroma eine große Rolle spielen. In weiteren spätsethian. Texten, wie in → *Allogenes* und → *Marsanes*, treten platon. und theurg. Elemente noch stärker in den Vordergrund. Die sethian. Kosmologie bewegt sich immer weiter auf einen Monismus zu, der in der → *Dreigestaltigen Protennoia* und in → *Bronté* durch eine Göttin repräsentiert ist. → *Zostrianus*, *Allogenes*, *Marsanes*, die → *Bücher Jeu* und → *Pistis Sophia* beschreiben Seelenreisen von Eingeweihten bzw. Einzuweihenden, die auf ein Initiationsritual bei den späten Sethianern hinweisen. Wer in soziolog. Hinsicht hinter der S. steht, ist wegen der Quellenlage äußerst schwierig zu ermitteln. Vieles spricht dafür, dass wie auch in anderen Spielarten der Gnosis erst in der Spätphase der S. eine Institutionalisierung stattfand. Die wenigen Hinweise deuten auf kleine esot. Zirkel, in denen das enge Verhältnis der Mysten zu einem Mystagogen das entscheidende gemeinschaftsbildende Element darstellte. Diese Struktur ist allerdings keine Eigenheit der S., sondern kann für die antike Gnosis und Hermetik seit dem ausgehenden 2. Jh. n. Chr. generell festgestellt werden. Unklar ist die Bedeutung der Taufe in sethian. Texten. Sie könnte ein wichtiges Ritual der S. gewesen sein, aber möglich ist auch, dass sie nur Gegenstand spiritueller Spekulation gewesen ist. – Unter dem gleichen Namen »S.« beschreibt → Hippolyt eine Gruppierung mit einer → Drei-Prinzipien-Lehre, die mit der bibl. Dreiheit Kain, Abel und → Seth in Beziehung gesetzt wird. Aus dem Zusammenstoß von Licht, Finsternis und Geist ist der Kosmos entstanden, und Hauptgegenstand des myth. Erlösungsdramas ist der von der Finsternis geborene, aber ihr wesensmäßig nicht entsprechende → Nous. Daran anschließend legt Hippolyt eine sethian. Lehre der Entmischung dar.

Lit.: B. LAYTON (HG.), The Rediscovery of

Gnosticism II: Sethian Gnosticism, 1981. J. M. SEVRIN, Le dossier baptismal séthien, 1986. J. TURNER, Sethian Gnosticism: A Literary History, in: C. W. HEDRICK/R. HODGSON (HG.), Nag Hammadi, Gnosticism and Early Christianity, 1986.

Shabuhragan, eine in mittelpers. Sprache von → Mani verfasste Schrift, in der er für den Sassanidenherrscher Shabuhr I. (ca. 241– ca. 271) eine Zusammenfassung seiner Lehren gab. Das mittelpers. Original ist nicht erhalten; in → Turfan wurden alttürk. Fragmente der Schrift gefunden.

Ausg.: M. HUTTER, Manis kosmogon. S.-Texte, Edition, Kommentar und literaturgeschichtliche Einordnung der manichäisch-mittelpers. Handschriften M 98/99 I u. M 79/80 – 79/84, 1992.

Shahrastani, Muhammad ibn ʿAbdalla al- (1086–1153), der → Ismaʿiliya nahestehender iran. Religionsphilosoph, der besonders für seine fundamentale Kritik am aristotel. Weltbild Avicennas und für sein *Kitab al-milal wal-nihal* (arab. *»Buch der Religionsgemeinschaften und Sekten«*) bekannt ist. In diesem umfangreichen Werk liefert S. histor. wertvolle Beschreibungen der → Mandäer und Manichäer (→ Manichäismus), der → Sabier und der → Ghulat-Bewegungen.

Ausg. in Übers.: Religionspartheien u. Philosophenschulen, hg. von T. Haarbrücker, 2 Bde., 1850–1, Neudruck 1969.

Shakti-Kult, eine Hauptform der → Tantrik, in der die universelle Energie Shakti als personifizierte Göttin ekstat. verehrt wird. Die kult. Anrufung der Göttin ist in der Regel mit blutigen Opfern verbunden. Die dem S. zugeordneten tantr. Texte werden *Shaktas* genannt. In der neueren ind. Religionsgeschichte ist der S. einer der Hauptzweige des Hinduismus.

Lit.: N. N. BHATTACHARYA, Histori of Sakta Religion, 1974. P. KUMAR, Sakti Cult in Ancient India, 1974. S. B. DASGUPTA, Evolution of Mother Worship, in: DERS., Aspects of Indian Religious Thought, 1977. E. A. PAYNE, The Shaktas. An Introductory and Comparative Study, 1979. S. GUPTA, Tantrik Shakta Literature in Modern Indian Languages, in: T. GOUDRIAAN/S. GUPTA, Hindu Tantric and Shakta Literature, 1981.

Shambhala, Name eines mythischen Reiches, das meist in verborgenen Tälern des nördlichen Zentralasien lokalisiert wird und traditionell im → Tibetischen Buddhismus eine Rolle spielt. Die Vorstellungen über S. verschmolzen hier mit denen über die ebenso sagenhafte Gegend Olmolungring in der Bön-Religion. Bei beiden handelt es sich um eine Art irdisches Paradies oder »reines Land«, wo Menschen unter Anleitung erleuchteter Könige in ihrer spirituellen Entwicklung weit vorangeschritten sind. Wenn der 25. dieser Könige seine Herrschaft antritt, soll auch für die Welt außerhalb S.s ein Goldenes Zeitalter anbrechen. S. taucht als Geburtsort des im Vishnuismus erwarteten Erlösers Kalki allerdings schon in ind. Puranas (vor 700) auf. Sehr wahrscheinlich gelangte es mit der der Aufnahme hinduist. apokalypt. Spekulationen in die Kosmologie des Mahayana- und Vajrayana-Buddhismus nach Tibet. Die tibet. Tradition führt ihre entsprechenden Schriften, die Kalachakra-Texte, auf S. selbst zurück, wo sie auf dem Erleuchtungsweg besonders fortgeschrittenen Lamas, denen S. zugänglich war, mitgeteilt worden sein sollen. Über die → Theosophie wurden Ideen über S. schließlich auch im Westen bekannt. Einigen Theosophen galt S. als Sitz der Lehrer → Blavatskys, die behauptet hatte, nördlich des Himalaya ansässigen Meistern als Medium zu dienen. Zeitgenöss. westliche Esoteriker sehen in Übereinstimmung mit Jungschen Vorstellungen S. als das zu erweckende spirituelle Bewusstsein des Menschen an. Der 1933 erschienene und später auch verfilmte utop. Roman *Der verlorene Horizont* von JAMES HILTON, der im angelsächs. Sprachraum große Popularität erlangte, wurde wahrscheinlich durch Vorstellungen um S. beeinflusst. Er erzählt von einer Mönchsgemeinschaft im tibet. Kloster Shangri-La als der letzten Zuflucht vor einer von Krieg und Zerstörung heimgesuchten Welt.

Nach ihrem endgültigen Untergang sollte von Shangri-La aus eine neue, harmon. Kultur entstehen.

Lit.: A. GRÜNWEDEL, Der Weg nach S., 1915. J. VAN RIJCKENBORGH, Die Brüderschaft von S., 1950. E. BERNBAUM, Der Weg nach S., [2]1995. J. REDFIELD, Das Geheimnis von S., 1999. J. HILTON, Der verlorene Horizont, [8]1999.

Shekhina (hebräisch »Einwohnung«), in rabbin. Literatur die Immanenz Gottes, d.h. seine Allgegenwart in der Welt, in der mytholog. → Kabbala erscheint die S. als zehnte Sefira (→ Sefirot) und wird schließlich zur Göttin hypostasiert. Zunächst ist sie »Krone«, »Perle«, »Land« oder »Herz« und wird als weibliches Prinzip angesehen, das von der himml. Welt empfängt und an die ird. weitergibt. Die S. personifiziert die weibliche Seite Gottes und gleichzeitig die Gemeinde Israel, wie sie nach at.licher Bildsymbolik und besonders nach talmud. Auslegungen des → *Hohenliedes* als Gottes Braut angesehen wird. An diesen Vorstellungskreis angeschlossen sind quasi-gnost. Spekulationen über ein Exil der S. durch ihr eigenes Verschulden nach dem Muster des → Falles der → Sophia. Entsprechend wird auch die Heilsgeschichte als Wiedervereinigung von Gott und S. mythologisiert.

Lit.: G. SCHOLEM, Zur Kabbala u. ihrer Symbolik, 1960. DERS., Von der myst. Gestalt der Gottheit. Studien zu Grundbegriffen der Kabbala, 1962. R. PATAI, The Hebrew Goddess, [3]1990.

Sheldrake, Rupert (* 1946), engl. Biochemiker, einer der bedeutendsten Vertreter der → Neuen Wissenschaft. Bekannt wurde er durch seine Theorie von den »morphogenet. Feldern«, die besagt, dass durch mehrmalige Wiederholungen von Handlungen, Ereignissen oder auch Denkprozessen Struktur- und Verhaltensmuster entstehen, die, wenn sie lange genug bestehen bleiben, durch ein verändertes morphogenet. Feld über das Individuum hinaus, das ein neues Verhaltensmuster erlernt hat, wirksam werden und so die gesamte Umwelt verändern können. Im Hinblick auf die Esoterik ist diese Erkenntnis deshalb wichtig, weil sie bestätigt, dass positive Veränderungen bei Individuen oder Gruppen die gesamte Gesellschaft beeinflussen und so ein evolutiver Motor sein können. Zuletzt beschäftigte sich S. mit der telepath. Kommunikation zwischen Menschen und ihren Haustieren.

Ausg: Das schöpfer. Universum. Die Theorie des morphogenet. Feldes, 1993. Denken am Rande des Undenkbaren, 1995. Cyber-Talk, 1998. Der siebte Sinn der Tiere, 1999.

Shi'a (von arab. »shi'at 'Ali«, Partei 'Alis, des Schwiegersohns des Propheten Muhammad), islam. Glaubensrichtung, die stärker als die mit ihr rivalisierende orthodoxe Sunna (arab. »Brauch«) für esot. Strömungen offen ist. Grundlegend für die S. ist die Überzeugung, dass die ersten drei Kalifen die Nachfolge des Propheten unrechtmäßig antraten und dass vielmehr 'Ali und seine Erben Hasan, Husayn und Muhammad ibn al-Hanafiya die von Gott berufenen Anführer der islam. Gemeinschaft gewesen seien. Letzteren werden als → Imamen übermenschliche Qualitäten zugeschrieben. Der tragische Tod insbesondere von Hasan und Husayn, die von den Gegnern ihrer Prophetennachfolge umgebracht wurde, führte zur Ausbildung einer Märtyrer- und Passionskultur in der S. Nachdem Muhammad ibn al-Hanafiya die mit ihm verbundenen polit. Hoffnungen der Shi'iten unerfüllt gelassen hatte, erwarteten die Anhänger seine Rückkehr als → Mahdi, womit die S. zusätzlich ein millenarist. Moment erhielt. Zu den Anhängern der S. in ihrem frühen Zentrum Kufa im Gebiet von Ktesiphon im heutigen Irak zählten auffällig viele Nicht-Araber. Man vermutet, dass auf dem Weg über diese Mawali (arab. »Klienten«), die einen jüd.- oder christl.-häret., gnost., manichäischen und vielleicht auch iran.-zoroastr. Hintergrund gehabt haben könnten, esot. geprägte Fremdeinflüsse den shi'it. Islam erreichten. Die erste Ausprägung der S. wurde nach der Zahl der vier Imame, die sie anerkannte, »Vierer-S.« oder nach dem Namen des geheimen Oberhaupts der frühen Bewegung, des Leibwächters Kaisan, »Kaisaniten« genannt. Im Verlauf der weiteren Geschichte der S. kam es zu zahlreichen Aufsplitterungen und Sondergruppenbildungen, so die stark esot. ausgerichtete → Isma'iliya (Siebener S. mit sieben Imamen), die ihererseits in viele Untergruppen zerfällt, und die sog. → Gulat-Gruppen, teilweise identisch mit Verzweigungen der Isma'iliya. Die umfangreichste Gemeinschaft ist die der Zwölfer-S., die seit 1501 Staatsreligion des Iran ist.

Lit.: M. Ayoub, Redemptive Suffering in Islam. A Study of the Devotional Aspects of 'Ashura' in Twelver Shi'ism, 1978. H. Halm, Die islam. Gnosis. Die extreme S. u. die 'Alawiten, 1982. Ders., Die S., 1988. R. Brunner/W. Ende (Hg.), The Twelver S. in Modern Times. Religious Culture and Political Culture, 2000.

Shi'ur Koma (hebräisch »Maß des Körpers«), die Beschreibung der Gestalt der Gottheit auf ihrem Thron, die in einem Fragment eines frühkabbalist. Textes gegeben wird. Während das → 'Eiyn Sof passiv und unsagbar in der Verborgenheit west, trauen die Kabbalisten sich zu, über Gott als Wirkenden genaue Angaben zu machen. Diese verlaufen im wesentlichen nach anthropomorphen Mustern, nur dass die übermenschlichen Proportionen Gottes betont werden. Das Göttliche ist nach dieser Lehre sowohl körperhaft sichtbar, als auch über seine Namen (→ Namen Gottes) hörbar.

Lit.: G. Scholem, Von der myst. Gestalt der Gottheit. Studien zu Grundbegriffen der Kabbala, 1962, 1977.

Shunyata (sanskrit »Leere«) → Nichts

Sibyllinen, oracula sibyllina (lat. »Sibyllin. Orakel«), oder libri sibyllini (lat. »Sibyllin. Bücher), in verschiedenen Sammlungen zusammengefasste, in Hexametern geschriebene antike Weissagungen mit einer sich über ca. 1000 Jahre hinziehenden Tradition, die die meiste Zeit von erheblicher polit. Tragweite gewesen ist. Die S. galten als Aufzeichnungen von Sprüchen der Sibyllen, aus dem Orient stammender, wandernder inspirierter Frauen, die im Zustand der → Ekstase zu Instrumenten göttlicher Unheilsverkündigungen wurden. Nach heutigen Erkenntnissen stammt die Tradition der Sibyllen aus dem westlichen Kleinasien. Viele der alten S. sind verloren gegangen oder in augustäischer Zeit vernichtet worden. In Rom wurde ca. im 3. Jh. v. Chr. das S.tum mit den Prodigienvorschriften, d. h. den überlieferten Handlungsanweisungen bei bestimmten Vorzeichen (lat. »prodigia«), verbunden. Die Legende führte die röm. *libri sibyllini* auf die Sibylle von Cumae zurück, die die neun Bücher an König Tarquinius verkauft haben sollte. Sie lagerten in einer Gruft unter dem Jupiter-Tempel auf dem Kapitol und wurden bei anstehenden Schwierigkeiten befragt. Nachdem sie i. J. 83 v. Chr. mit dem gesamten Kapitol verbrannt waren, sammelten die Römer neue S. aus Ilium, Erythreae und Samos. 12 v. Chr. ließ Augustus sie in einem neuerrichteten Tempel des → Apollon auf dem Palatin unterbringen und stellte so die Verbindung zwischen S. und der apollin. → Mantik her, wohl um dem → Orakel von Delphi in Griechenland ein röm. Äquivalent zu schaffen. Die röm. Kaiser pflegten bei Staatskrisen die S. befragen zu lassen, bis der christl. Herrscher Stilicho sie i. J. 408 n. Chr. verbrennen ließ. Seit dem 2. Jh. n. Chr. entstanden als Nachahmung der griech.-röm. auch jüd. und später christl. überarbeitete S. in vierzehn Büchern. Sie verbanden heidn. Mantik mit der prophet. Tradition der Bibel, die bei Unheilsandrohungen die Befolgung der göttlichen Gebote und insbesondere die Enthaltung von heidn. Götzendienst anmahnte. Ein polit. Charakter blieb in den jüd.-christl. S. dadurch erhalten, dass sie von Untergangsprophezeihungen gegen Rom durchzogen sind. Der gesamte Geschichtsverlauf bis zum Weltuntergang wird geschildert; danach soll ein Goldenes → Zeitalter einsetzen.

Ausg.: Die Sibyllin. Orakel, in: Die Apokryphen u. Pseudoepigraphen des A.T. II, übers. u. hg. von E. Kautzsch, 1900. Nachdruck 1994. Sibyllin. Weissagungen. Griech.-Deutsch. Auf der Grundlage der Ausgabe von A. Kurfeß neu übersetzt u. hg. von Jörg-Dieter Gauger, 1998.

Siegel sind mehr oder weniger festgelegte mag.-esot. Zeichen und als solche wichtige Requisiten und Symbole, die im Geheimen tradiert werden. Ihre Funktionen sind unterschiedliche. Sie begleiten und verstärken sakramentale Handlungen. Ihre Kenntnis ist in Gnosis und Manichäismus notwendig, um Eingang in die von Dämonen beherrschten Himmelssphären zu erhalten. So diente die Verwendung von S.n in diesen Bereichen sehr wahrscheinlich initiator. Zwecken. Möglicherweise bestand sie in einer Handauflegung mit dazugehöriger Ölung. Die spätgnost. Bücher Jeu und die Pistis Sophia überliefern graph. Zeichnungen als Siegel. → Steiner hielt die sieben S. der *Johannesapokalypse* für »symbol. Ausdrücke für ganz bestimmte uralte Weisheiten«. Er schuf auch eigene ornamentale S., von denen ein Teil als Planetenkräfte, der andere als die in Steiners Mysteriendramen wirksamen Gestaltungskräfte angesehen werden.

Signaturenlehre → Sprache

Simon Magus, laut Apg 8, 9–11 ein in Samaria wirkender Zauberer, der mit der Mission des Apostels Philippus konkurrierte; nach den Kirchenvätern der Urheber der → Gnosis. Ob S. tatsächlich am Beginn der Gnosis steht, ist mit Recht bezweifelt worden, jedoch lehrte er nach dem Bericht des → Irenäus einen Mythos, in dem eine Frühform der → Barbelognosis zu erkennen ist: S. selbst betrachtet sich als Gott und seine Gefährtin, die Prostituierte Helena, als seine → Ennoia. Die Ennoia führt S.s Schöpfungsgedanken eigenmächtig aus und gerät dabei in Bedrängnis, weil sie selbst nur unvollkommene Wesen hervorbringen kann. Mit diesen Wesen entsteht eine untere Welt, in der die Ennoia festgehalten wird. S. selbst muss herabsteigen, um sie zu erlösen.

Lit.: G. LÜDEMANN, Untersuchungen zur simonian. Gnosis, 1975. K. RUDOLPH, Simon – Magus oder Gnosticus? Zum Stand der Debatte, in: Theologische Rundschau 42, 1977.

Simonian. Gnosis, Sammelbezeichnung für gnost. Lehren und Schriften, in denen das Motiv von der anfangs mit dem Göttlichen vereinigten Frau bzw. Göttin auftaucht, die durch ihren → Fall und ihre Verstrickung in die Finsternis zur Hure wird und missgestaltete Wesen gebirt. Nach langem Irren erkennt sie ihre Schuld, erfährt Hilfe durch einen Erlöser und kehrt in die göttliche Welt zurück, wo sie nun in einem keuschen → Brautgemach auf ihren himml. Liebhaber wartet. → Seelenmythos.

Sohar, mit vollständigem Namen *Sefer ha-Sohar* (hebräisch *Buch des Glanzes*), das berühmteste, aus fünf Teilen bestehende Buch der → Kabbala, das in einem gekünstelten Aramäisch, in einigen Teilen auch auf Hebräisch Ende des 13. Jh.s in Spanien abgefasst wurde. Als Hauptautor wird Mose ben Shem Tov de Leon angenommen, einzelne Teile wurden wahrscheinlich von seinen Schülern verfasst. Formal ist der S. eine lose Folge von Kommentaren zu den fünf Büchern Mose, dem Hohelied und dem Buch Ruth im Stil der Midrashim. Dabei geht es den Verfassern darum, einen geheimen Sinn der Bibelworte zu enthüllen. Insbesondere der Tora werden schillernde symbol. Sinngehalte unterlegt, die sich vom Wortlaut sehr weit entfernen. Die Gesamtheit des Pentateuch ist nach dem S. der Eine hl. Name Gottes. Im Zuge der vielfältigen Exegesen kommt ein theosoph. System zum Vorschein: Die höchste myth. Welt ist die dunkel verborgene des → 'Eiyn Sof, die von niemandem außer Gott selbst geschaut werden kann. Darunter oder davor befindet sich die Sphäre der zehn Attribute Gottes, derselben, die in anderen kabbalist. Lehren die → Sefirot genannt werden, ein Terminus, der im S. nicht auftaucht. Die Folge der Zehn ist nicht im neuplaton. Sinne als eine Stufung der göttlichen Qualität zu verstehen, sondern in den Attributen offenbart das Göttliche seine ganze Seinsfülle. Sie tragen dieselben Namen wie die Sefirot und werden mit ausufernder Symbolik interpretiert, u.a. im Bild des Baumes und als Glieder des menschl. Organismus (→ Körper des Menschen) dargestellt. Die sieben unteren Sefirot, die aus dem Schoß der Mutter → Bina hervorkommen, sind die sieben Urtage der bibl.

Schöpfung. Erlösungsvorgänge, die sich ebenso wie die Schöpfung alle innerhalb der Einen Gottheit abspielen, gleichsam als Entfaltung und Wiedereinfaltung der einzelnen Attribute, werden in Bildern von → Liebe und Erotik vorgestellt. Aufgabe des Menschen ist es, in der → Devekut, die hier sehr eng mit den Tugenden der Armut und der einfachen, nicht-intellektualist. Frömmigkeit in Zusammenhang gebracht wird, eine ständige Verbundenheit mit Gott herzustellen. Entsprechend werden das Böse und die Sünde als Trennung zusammengehöriger Teile oder Aspekte gedacht, die zu einer Störung der göttlichen Harmonie führt. Dies gilt besonders für das Attribut → Gebura oder Din, die göttl. Strenge oder Gerichtsbarkeit. Wenn Gebura sich einseitig entfaltet, indem sie sich von → Chessed, der göttlichen Liebe oder Gnade trennt, verliert sie ihren in das Ganze eingebetteten Ort und nimmt widergöttliche Züge an. Gegen das Böse entwickelt der Fromme seine Neshama, den göttlichen Seelenteil, der im Gegensatz zur natürlichen Seele der Sünde nicht fähig ist. Handelt der Mensch böse, verlässt ihn die Neshama, und statt ihrer zieht »von der linken Seite« ein unreiner Geist an ihren Platz ein. Die individuelle Seele ist nach dem S. ewig, sie lag zu allen Zeiten im Schoß der Gottheit verborgen. Der S. gilt als das klass. Buch der Kabbala und entfaltete eine weit über jüd.-esot. Kreise hinausgehende Wirkung. Er gehört zu den meistrezipierten esot. Texten überhaupt.

Ausg. in Übersetzung: Der S. Das hl. Buch der Kabbala. Nach dem Urtext ausgewählt, übertragen u. hg. von E. Müller, 1932, [6]1993. The Zohar. Translated by H. Sperling and M. Simon, 5 Bde., 1931–34, rev. Aufl. 1956. D. C. Matt, Zohar: The Book of Enlightenment, 1983. I. Tishby/F. Lachower, The Wisdom of the Zohar. An Anthology of Texts, 3 Bde., 1989.

Lit.: G. Scholem, Die jüd. Mystik in ihren Hauptströmungen, 1957, 1980. Y. Liebes, Studies in the Zohar, 1993.

Solowjew, Wladimir Sergejewitsch (1853–1900), russ. Religionsphilosoph mit stark gnost. geprägten Auffassungen. Er erklärte den Zustand der Welt durch ihre Entstehung nach dem → Fall der zum ursprünglich vollkommenen göttlichen → Pleroma gehörigen Weltseele. Hauptgegenstand seines Denkens ist dann die Frage, wie die Welt aus der Gefallenheit in die Gemeinschaft mit Gott zurückkehren und damit die Einheit allen Seins wiederherge-stellt werden könne. Nach S.s Überzeugung war dazu auf jeden Fall eine Vereinigung der christl. Kirchen vonnöten, der sich, wie er hoffte auch das Judentum anschließen könne. Nachdem er anfangs die Meinung vertreten hatte, die russ. → Orthodoxie habe die reinste Form des Christentums entwickelt und von daher der zu erhoffenden Weltkirche als Maßstab zu dienen, hielt er später die politisch unabhängigere Kathol. Kirche für geeigneter. Nur in der Einheit aller Christen untereinander und mit Gott kann sich für S. menschliche Freiheit verwirklichen. → Russ. Religionsphilosophie

Ausg. in Übers.: W. S., Deutsche Gesamtausgabe der Werke, hg. von W. Szylkarski, 9 Bde., 1953–80.

Lit.: L. Wenzler, Mystik u. Gnosis bei W. S. S., in: P. Koslowski (Hg.), Gnosis u. Mystik in der Geschichte der Philosophie, 1988. H. Dahm/A. Ignatow (Hg.), Geschichte der philosoph. Traditionen Osteuropas, 1996.

Sonnentheologie, für die Geschichte der Esoterik wichtige Strömung in der Antike, die aus lokalen Sonnenkulten herauswuchs. Ihre Bedeutsamkeit besteht darin, dass sich das Konzept des → Kosmotheismus aus der Verehrung der Sonne als höchstes göttlichen Prinzip herleitet. Die Anfänge der S. liegen im ägyptischen Heliopolis und datieren Mitte des 3. Jt. v. Chr. Der Sonnengott Re wurde in die heliopolitanische Schöpfungsmythologie eingebunden, so dass er eine überragende Bedeutung erlangte. Da der Pharao seit der fünften Dynastie als Sohn des Re galt, waren Entwicklungen der S. stets mit der Königsideologie verwoben. Gleichzeitig aber war die S. wichtigstes Medium der persönlichen Frömmigkeit im Alten Ägypten. Mit der besonderen, aber nicht ausschließlichen Verehrung des Sonnengottes unter dem Namen Amun-Re im Neuen Reich kam es zu theologischen Spannungen, die ASSMANN als »Krise des Polytheismus« interpretiert hat. In den zahlreichen Sonnengesängen des Neuen Reiches (ca. 1540–1075 v. Chr.) erkennt man das Bemühen, die Einheit des Göttlichen in Begriffe zu fassen. Besonders die theol. Revolution des Pharaos Echnaton (1364–1347 v. Chr.), der die kosmische Macht der Sonnenscheibe (Aton) verabsolutierte und alle anderen Kulte verbot (→ Amarna-Religion), löste Spekulationen aus, die bezeichnend für esot. Denken wurden. Nachdem Echnaton einmal die Zeit als ein Werk des Sonnengottes entdeckt hatte, kam es in der Nachfolgezeit zu einem verbreiteten Schicksalsglauben (→ Schicksal) und damit verbundenen magischen Praktiken (Orakelwesen). Die Theologie der Ramessidenzeit (ca. 1300–1080 v. Chr.) entfaltete eine Lehre des All-Einen, indem sie das Problem der Einheit des Göttlichen bei einer Vielheit von Gottheiten mithilfe des → Ba-Begriffs löste. Die vielen Götter und Göttinnen sind als Bas die innerweltlichen Manifestationen des Amun, der nicht mehr – wie Echnatons Aton – die Sonne selber war, sondern die hinter ihr stehende, aber gleichwohl durch sie wirkende göttliche Macht. Die in unmittelbarem Bezug zur Sonne stehende All-Eine Gottheit wurde als »der geheime Ba« umschrieben und waltete als unsichtbar verborgenes Prinzip (→ Verborgenheit Gottes) in allen kosmischen Erscheinungen wie die Seele in einem Körper. Die Hymnen der Ramessidenzeit finden sich in Tempelritualbüchern und in → Magischen Papyri. Von ihnen lassen sich Verbindungen zur hermet. Literatur ziehen; in der 16. Schrift des *Corpus Hermeticum* (→ Hermetische Literatur) wird explizit die Sonne als gottnächstes Prinzip gepriesen. Auch in griech. Philosophien, die das Weltbild der Esoterik mitgeformt haben, spielte die Sonne eine bedeutende Rolle. So wird sie von → Platon mit der → Idee des Guten und also dem Göttlichen gleichgesetzt. Der → Stoa, insbesondere Poseidonius (ca. 135–51 v. Chr.), galt die Sonne als Mittelpunkt des Kosmos und bestimmend für alles kreatürliche wie auch geistige Leben. Unter dem Einfluß der stoischen S. wurde im Röm. Reich der eng mit dem Kaiser verbundene Sonnengott Sol Invictus als Konkretion der abstrakten, nicht darstellbaren all-einen Gottheit angesehen. Häufig wurde Sol Invictus mit Mithras (→ Mithrasmysterien) und syr. Sonnengottheiten, z.B. Helios von Edessa, gleichgesetzt. Derartige Wahrnehmungen der Sonne sind in vielen Kulturen anzutreffen. Auch Mahavairocana, der im → Vajrayana-Buddhismus eine große Rolle spielt, wurde mit der Sonne identifiziert.

Lit.: H. DÖRRIE, Die Solartheologie in der kaiserzeitlichen Antike, in: H. FROHNES u.a., (Hg.), Kirchengeschichte als Missionsgeschichte I, 1974, 283–292. J. TUBACH, Im Schatten des Sonnengottes, 1986. J. ASSMANN, Re u. Amun, 1983. DERS., Monotheismus u. Kosmotheismus, Sitzungsberichte der Heidelberger Akademie der Wissenschaften, Phil.-Hist. Klasse, 1993, 2.

Sophia (griech.«Weisheit«), im Kontext der Esoterik Name einer myth. Frauenfigur mit ambivalenter Funktion. Die Wurzeln der Gestalt liegen im hellenistischen Judentum. S. erscheint als himmlische Bezugsperson des jüd. Weisen und steht als solche in engster Verbindung zu YHWH, wobei die Charakterisierung des Verhältnisses zwischen S. und dem monotheist. Gott eine der schwierigsten Fragen der Interpretation der Gestalt in ihrer frühjüd. Ausprägung ist. Sehr wahrscheinlich leben in ihr die machtvollen altoriental. Göttinnen (Ischtar, Anath) wieder auf, deren Zuordnung zum patriarchalen israelit.-jüd. Gottesverständnis der biblischen Theologie seit jeher große ideologische Schwierigkeiten bereitet hatte. Diese ganze Problematik übernahm die → Gnosis mit der S.-Gestalt, dabei verlieh sie ihr zunächst überwiegend negativen Charakter. In prominenten gnostischen Mythen, wie z.B. dem des → Simon Magus, den Kosmogonien der → Barbelognosis und der des → Ptolemäus verursacht S. durch ihren »Fall« aus der Sphäre Gottes die Entstehung der niederen Welten. Wenn man das gnost. Schrifttum in seiner Gesamtheit betrachtet, lässt sich eine sehr bemerkenswerte Entwicklung herausarbeiten: Der S.-Mythos in seiner gnost. Form ist eine Umgestaltung des prägnost. → Seelenmythos, in dem Gott selber veranlasst, dass die Seele aus der Gemeinschaft mit ihm in die niedere Welt fällt, um sie zu prüfen. Die Gnostiker haben diese Erzählung, die sehr wahrscheinlich einen Konversionsvorgang metaphor. beschreibt, korrumpiert, indem sie den Fall einem Fehltritt der S. zuschreiben und das Vorhandensein einer nichtgöttlichen Sphäre erst auf ihn zurückführen. Der »Mangel der Weiblichkeit«, der in S.s Fehlverhalten zum Ausdruck kommt, wird in den frühen barbelognost. Texten ganz unvermittelt eingeführt, d. h. man erkennt keine organ. Entwicklung, in deren Verlauf Einzelheiten, die zur Uminterpretation der S. geführt haben könnten, erkennbar würden. Das Fehlverhalten der S. besteht im barbelognost. Schöpfungsmythos in ihrem Versuch, ohne Zutun ihres männlichen Paargenossen (→ Syzygie) eigene Geschöpfe hervorzubringen. Im Mythos des Ptolemaios nach der Version des Irenäus hingegen strebt S. unzulässigerweise nach Vereinigung mit der höchsten Gottheit → Bythos. Die Probleme der Schöpfung rühren also im Rahmen einer grundsätzlich dualist. Weltauffassung daher, dass S. – als Gestalt der göttlichen Sphäre – sich selbständig gemacht und ihre Kompetenzen überschritten hat. Warum ausgerechnet diese Figur, die sowohl in der frühjüd. als auch in der esot. Tradition ausgesprochen positiv gezeichnet wird, den gnost. Mythen des 2. Jh. n. Chr. als Verursacherin allen Übels in der Welt gilt, ist bislang völlig ungeklärt. Möglicherweise spiegeln diese Mythen Auseinandersetzungen um die fortgeschrittene Frauenemanzipation in der Gesellschaft der frühen römischen Kaiserzeit. Ebenfalls wahrscheinlich ist ein Zusammenhang mit dem → Antisemitismus der Gnosis, der sich hier in der Degradierung einer Gestalt niederschlug, die in frühjüd. Kreisen hochverehrt wurde. In gnost. Texten, die nach dem 2. Jh. entstanden sind, spielt Sophia nur noch gelegentlich eine prominente Rolle, etwa in → *Vom Ursprung der Welt* und → *Pistis Sophia*, die Schuldzuweisung an sie ist aber wesentlich gelindert. Dagegen fällt auf, dass andere gnost. Göttinnen, die aus der S.-Gestalt heraus entwickelt worden sind, in sehr positiver Weise in Erscheinung treten (→ Barbelo, → Dreigestaltige Protennoia, → Bronté). – Während des Mittelalters lebte die S.-Gestalt in der Ikonographie als Sapientia, als Hypostase der göttlichen Weisheit fort. Sie erscheint hier meist als Frau in kostbarer Kleidung mit Krone und Heiligenschein. Dabei verschmilzt sie leicht mit Maria, seit der Renaissance auch mit der Philosophie oder der Virtus. In der mittelalterlichen Mystik tritt die Bedeutung der S. im allgemeinen hinter der der Caritas, der göttlichen Liebe, zurück. Prominent ist sie lediglich bei Heinrich Seuse, dem sie als entscheidende Mittlerin zu Gott erschien. – Die → Kabbala befaßt sich mit der Weisheitsgöttin nicht unter ihrem griech. Namen S., sondern verwendet die hebr. Bezeichnung → Hochma. Diese Gestalt, eine der kabbalist. → Sefirot, ist aber ungleich weniger bedeutend als die → Shekina – Im Bereich der → Shi'a wurden Züge der S. in die Fatima-Legende übernommen. Auch die → Kuni der → Isma'ilija weist Anklänge an S. auf. – Mit → Böhme, der im Rahmen des deutschen und englischen → Pietismus eine ganze Schule sophiolog. Denkens begründete, erlangte S. nochmals überragende Bedeutung für esot. Denken. Allerdings übernahm Böhme sowohl von der frühjüd. als auch von der gnost. S.-Gestalt nur einige Ansätze. Ansonsten schuf er eine Neudeutung der Figur, wobei er sehr wohl gnost. Traditionen aufgriff, von der spezifisch gnost. S.-Interpretation aber abwich. Mit Böhmes S. handelt es sich in erster Linie um das weibliche Komplement des Urmenschen (→ Mensch), d. h. eine Vereinigung mit S. ist für den Urmenschen notwendig, damit er die seiner Natur gemäße → Androgynie (wieder-)erlangt. Die S. ist demnach in der esot.-mystischen Auffassung Böhmes ganz ausgeprägt eine Erlöserin-Gestalt. Damit übernimmt sie eine Funktion, die in der sich von der Gnosis ablösenden christlichen Orthodoxie konsequent dem → Logos oder seiner Inkarnation → Jesus Christus zugeschrieben worden war. So wie Böhmes S. dem Urmenschen nach seinem Fall die Vollkommenheit zurückgeben kann, so hilft sie auch ird. Männern und Frauen, die nach Erlösung suchen. Die die Vereinigung zwischen Mensch und S. beschreibende Metaphorik kann ausgesprochen erotische Züge annehmen, so etwa in Böhmes einziger zu Lebzeiten erschienen Schrift Der Weg zu Christo, in der S. als Braut und die menschliche Seele als Bräutigam umeinander werben. Religionshistor. Vorbild ist hier das gnost. Mysterium des → Brautgemachs. Böhmes Schüler → Arnold beschrieb S. sogar ganz unverblümt als seine eigene himml. Geliebte, wohingegen → Lead in ihr eine göttliche Mutter sah. Bei → Baader wurden die erot. Züge der Sophiologie noch ausgeweitet und konkretisiert, indem er das Prinzip der Vereinigung zwischen Mensch und S. in der weltlichen Ehe verwirklicht sah. Im 19. Jh. wurde S. ein wichtiger Gegenstand der russ. Theosophie, abermals in einer neuen Deutung. → Solowjew und in seiner Nachfolge → Bulgakow verstanden unter S. die vollkommene ökumen. Kirche als Leib Christi und vollendete Menschheit. In der Literatur und Kunst des 19. und 20. Jh.s erscheint die Ambivalenz der S. erneut in Frauengestalten, die Göttin, Muse und Verführerin darstellen. Beispiele sind Eduard Mörikes Peregrina-Dichtungen und Alexander Bloks Verse von der schönen Dame (1947). – Für die zeitgenöss. Esoterik wurde S. von der feminist. inspirierten Göttin-Religion wiederentdeckt, die in der Gestalt eine der zahlreichen histor. Manifestationen der → Göttin sieht. Die Eigenheiten der S., ihre Verkörperung der Weisheit als ein weibliches Prinzip, sind dabei bislang nur sehr wenig beachtet worden.

Lit.: V. WODTKE (HG.), Auf den Spuren der Weisheit, 1991. C. MATTHEWS, S. – Göttin der Weisheit, 1993.

Sophiologie, die esot. Lehren über die → Sophia.

Lit.: B. GROYS, Die russ. S. V. Solowjow u. seine Schule, in: A. ASSMANN (HG.), Weisheit, 1991.

Sosein (Sanskrit »thathata« oder »bhutatathata«), das wahre Sein, das erkannt werden kann, wenn der Beobachter sich von den dualen Konstruktionen des Verstandes befreit. Zu den von außen herangetragenen, nicht in der Natur der Dinge liegenden Dualismen gehören auch die von Erkennendem und Erkanntem und Subjekt und Objekt. S. ist ein zentraler Begriff vajrayanabuddhist. Philosophie. Da es jenseits sprachlicher Gegensätze nicht positiv bestimmt werden kann, fällt es in letzter Konsequenz mit der »Leere« (shunyata, → Nichts) zusammen.

Soziale Dreigliederung, komplexe Lehre → Steiners zur idealen Gestaltung, d. h. in diesem Zusammenhang Entflechtung von Justiz-, Wirtschafts- und Geistesleben in den modernen Gesellschaften. Westlich ist es danach zunächst, Kultur, Recht und Wirtschaft als drei gänzlich verschiedene und verschieden wirksame Grundkräfte des »sozialen Organismus« zu erkennen. Ihnen korrespondieren die drei Grundwerte, wie sie von der bürgerlichen Revolution in Frankreich 1789 proklamiert wurden: Freiheit, Gleichheit und Brüderlichkeit, die von Steiner nun in eigenwilliger Weise aufgenommen werden. So müsse im Kulturleben die Freiheitsmaxime gelten, im Rechtsleben die der Gleichheit und in der Wirtschaft die Brüderlickeit. Auf keinen Fall aber dürften die drei Ideale auf alle drei Gesellschaftsbereiche gleichermaßen angewandt werden. In der unreflektierten Vermischung der drei gesellschaftlichen Grundkräfte sah Steiner einen wesentlichen Grund für den Ausbruch des Ersten Weltkrieges und die durch ihn angerichtete Verwüstung in Europa. Die Schuld liege im Bestreben der Nationalstaaten, zu deren Ideologie es gehöre, sich unbedingt als einheitliche Gebilde betrachten zu wollen. Nicht weiter ausgeführte Voraussetzung von Steiners Sozialdenken, das eins der wichtigsten Theoriefelder und Organisationsgrundsätze der → Anthroposophie darstellt, ist die Überzeugung, dass das gesellschaftliches Leben von ihm inhärenten Gesetzmäßigkeiten bestimmt werde. Die drei Grundkräfte des »sozialen Organismus« entsprechen ähnlichen Differenzierungen auf der Ebene des Menschen: der Dreigliederung des Menschen insgesamt in Körper, Geist und Seele und der Dreigliederung der Seelenkräfte als Denken, Fühlen und Wollen mit ihrer jeweiligen Ensprechung in den drei Körperregionen von Kopf-/Nerven-, Brust- und Stoffwechsel-/Gliedmaßen-System. Im Rahmen der S. geht die Anthroposophie eigene Wege im Schulwesen (→ Waldorf-Pädagogik) und in der Organisation der nach ihren Prinzipien arbeitenden Gesellschaften und Betrieben, z. B. in der Landwirtschaft und im Bankwesen.

Lit.: R. Steiner, Die Kernpunkte der sozialen Frage in den Lebensnotwendigkeiten der Gegenwart u. Zukunft, 1961. H. Kühn, Dreigliederungs-Zeit – Rudolf Steiners Kampf für die Gesellschaftsordnung der Zukunft, 1978. S. Leber, Selbstverwirklichung, Mündigkeit, Sozialität. Eine Einführung in die Idee der Dreigliederung des sozialen Organismus, 1978. R. Steiner, Aufsätze über die Dreigliederung des sozialen Organismus u. zur Zeitlage 1515–1921, 1982. C. Lindenau, S. Der Weg zu einer lernenden Gesellschaft, 1989.

Soziologie der Esoterik. Esoterik ist zwar eine universale, aber gleichzeitig eine individualist. Ausprägung von Religion und entsprechend uneinheitlich etwas abseits, manchmal aber auch innerhalb der großen Religionsgemeinschaften und Kirchen organisiert. Meistens sind die Anhänger gebildeten Ober- und höheren Mittelschichten zuzurechnen, die trotz ihrer privilegierten gesellschaftlichen Position eine gewisse Distanz zum Establishment und zur vorherrschenden Gesellschaftsideologie einnehmen. Esot. Ideen und Zugehörigkeit zu einer nicht-esot. Vereinigung schließen einander keineswegs aus, sodass viele Esoteriker gar nicht daran gedacht haben, eigene Gemeinden zu gründen. Sie wirkten als Individuen innerhalb bestehender Gemeinschaften, häufig allerdings mit reformer. Absichten. Besonders typ. für Kontakte zwischen Esoterikern sind lose, offene Zirkel, die kleine, lokale Foren für Gedankenaustausch und gemeinsame Andachten und Übungen ohne institutionelle Zwänge darstellen. In der Vergangenheit waren Zusammenschlüsse solcher Art häufig mehr oder weniger inoffiziell in die großen Religionsgemeinschaften eingegliedert. Dieses Organisationsmuster findet sich bereits in der entstehenden Kathol. Kirche der Antike, in deren Reihen die Gnostiker sich gegen den erst langfristig erfolgreichen Versuch wehrten, hierarchische Strukturen zu etablieren, die geistliche Autorität an ein Amt knüpfen. Die Gnostiker selber vertraten dagegen die paulin. Auffassung, dass Gott selber den Menschen unterschiedliche Geistesgaben verliehen habe, die von weltlichen organisator. Strukturen unabhängig seien. Diese Vorstellung bildet den Hintergrund für das auch außerhalb des Christentums in der Esoterik anzutreffende Lehrer-Schüler-Verhältnis. Typischerweise sammelt ein spiritueller Meister einen Kreis ergebener Schüler um sich. Die Autorität dieses Mystagogen ist weitgehend und unangefochten, aber sie ist nicht durch Regularien klar definiert und festgeschrieben. Entsprechend ist sie durch die weitere Gesellschaft nicht kontrollierbar, weswegen diese sie in der Regel mit Argwohn beobachtet und zuweilen als Gefahr auszuschalten versucht. Die Esoterik ihrerseits kennt zwar durchaus autoritäre Strukturen, will diese aber mit spiritueller oder auch mag. Kompetenz begründet wissen. Kleriker im abendländ. Sinn, die ihre Autorität aus dem Amt ableiten statt umgekehrt, werden abgelehnt. Die allermeisten westlichen Esoteriker sind bis heute vehement antiklerikal eingestellt. Die besten Entfaltungsmöglichkeiten für esot. Denken entstanden unter den abendländ. Voraussetzungen, wenn sich unabhängig von der kirchlichen Dogmatik eine Laienreligiosität entwickelte, wie es im ma.lichen → Rittertum der Fall gewesen ist. Wo die Religionsgemeinschaft im Großen weniger stark auf die Entwicklung von gesellschaftlicher Autorität in einem politisch-hierarchischen Sinne ausgerichtet ist, sind esot. Strukturen weniger auffällig und stoßen auch auf weniger Widerstand. Die Verfolgung von Häretikern, die oftmals esot. Gedankengut vertreten, hat nirgends so enorme Ausmaße angenommen wie vonseiten der gesellschaftlich-polit. Ansprüche vertretenden und verteidigenden kathol. Kirche, und umgekehrt ist Derartiges innerhalb polytheist. Religionen fast überhaupt nicht wahrzunehmen. Die Organisation der meisten esot. Gemeinschaften bewegt sich meistens irgendwo zwischen Meister-Schüler-Beziehung und lockerem Zusammenschluss. Je stärker sie in letztere Richtung tendiert, desto weniger exklusiv ist sie, und desto mehr neigen die einzelnen Mitglieder dazu, mehrere Zirkel parallel zu besuchen. Solche Gemeinschaften haben sehr wenig bis gar kein festes Zeremoniell, ein Kult findet sich oft nur noch in spiritualisierter Form als Spekulation über den inneren Sinn kult. Handlungen. Je intensiver ein Meister-Schüler-Verhältnis ausgeprägt wird, desto stärker werden dagegen rituelle Begehungen, wozu insbesondere auch die kult. Verehrung des Meisters gehört, die bis zu seiner Vergöttlichung reichen kann. Meistens ist zur festen Aufnahme in die Gemeinde eine → Initiation nötig. Wenn sich eine solche Gruppe längerfristig etablieren kann, bilden sich → Geheimgesellschaften mit mehreren Weihegraden, ausgeklügeltem, aber oft inhaltsleerem Zeremoniell und elitärem Selbstverständnis. Während sonst die Esoterik um Egalität zwischen Angehörigen verschiedener gesellschaftlicher Schichten sowie zwischen Männern und Frauen bemüht ist, weisen solche etablierten Geheimgesellschaften patriarchale Strukturen auf und haben wenig Interesse an gesellschaftlichen Reformen.

Lit.: H. G. Kippenberg, Gnostiker zweiten Ranges. Zur Institutionalisierung gnost. Ideen als Anthropolatrie, in: J. Taubes (Hg.), Gnosis u. Politik, 1984. Ders., Verländlichung des Gnostizismus als Folge seiner staatlichen Unterdrückung, in: W. Kreisel (Hg.), Geisteshaltung u. Umwelt (Festschrift M. Büttner), 1988. P. Antes/D. Pahnke (Hg.), Die Religion von Oberschichten, 1989. H. G. Kippenberg, Die vorderasiat. Erlösungsreligionen in ihrem Zusammenhang mit der antiken Stadtherrschaft (Heidelberger Max-Weber-Vorlesungen 1988), 1991. M. York, The Emerging Network: A Sociology of the New Age and Neo-Pagan Movements, 1995. H. G. Kippenberg/G. G. Stroumsa (Hg.), Secrecy and Concealment, 1995.

Spangler, David, Musiker und einer der wichtigsten Newage-Propheten, der seit Ende der 1960er Jahre zuerst in Kalifornien, dann im Rahmen der → Findhorn-Gemeinschaft Vorträge über ein Neues Zeitalter und die damit entstehende »planetar. Kultur« hielt. Viele dieser Botschaften wurden medial von einem Geistwesen namens John (Johannes) empfangen. Darin wurde z. B. die nahe bevorstehende Auflösung des Sowjet. Imperiums vorausgesagt. Werke u. a.: Revelation – The Birth of a New Age (1977), Conversations with John (1980), Cooperations with Spirit (1982). Seit Ende der 1980er Jahre sieht setzt sich S. auch sehr kritisch mit späten Entwicklungen des Newage auseinander.

Ausg. in deutscher Übersetzung im Greuth-Hof-Verlag.

Sphinx, mischgestaltiges Fabelwesen mit dem Körper eines Tieres (meistens eines liegenden Löwen) und Menschenkopf. S.en waren im Alten Ägypten, im Alten Orient, in Kleinasien und dann in Europa in fast allen Kulturepochen prominent vertreten (mit Ausnahme des Frühma.s). Ihre Symbolik ist vielfältig; esot. Deutungen sind seit der späteren Antike belegt. → Clemens von Alexandria sah in der S., wohl abgeleitet von ihrer altägypt. Rolle als Tempelwächter, einerseits ein Symbol der Rätselhaftigkeit ägypt. Religionslehren, andererseits versinnbildlicht sie für ihn die lebensverbindenden Kräft des → Äthers und die Weltharmonie. In nicht-überlieferten gnost. Lehren, auf die Clemens Bezug nimmt, wurde die S. möglicherweise sogar mit dem Kosmos gleichgesetzt. In → apokryphen Apostelgeschichten erscheint die S. als hohes Engelswesen, dessen Weisheit die Göttlichkeit Christi bezeugen kann. Nachdem sie im MA. zunächst ganz gemieden worden war und dann einen dämon. Charakter angenommen hatte, erneuerte die Renaissance die Deutung der S. als Wächter und Sinnbild antiker, in erster Linie ägypt. Geheimlehren. In dieser Funktion übernahmen → Rosenkreutzer und → Freimaurer das S.symbol. Im → Symbolismus wurde es zum Sinnbild der gefahrvollen Rätselhaftigkeit der Frau, auch hier nicht ohne religiös-esot. Konnotationen.

Lit.: H. DEMISCH, Die S. Geschichte ihrer Darstellung von den Anfängen bis zur Gegenwart, 1977.

Spinoza, Baruch de (1632–1677), jüd. Philosoph, entstammte einer aus Spanien vertriebenen Familie, die sich in Amsterdam niedergelassen hatte. Von Beruf war S. Glasschleifer, eignete sich aber bereits in jungen Jahren eine umfängliche philosoph. Bildung an. Schon früh geriet er wegen seiner Ansichten mit der jüd. Orthodoxie in Konflikt und wurde 1656 als Häretiker aus seiner Gemeinde ausgeschlossen. Auch die Kathol. Kirche setzte S.s Schriften auf den Index verbotener Bücher. In seinem Hauptwerk *Ethica more geometrico demonstrata*, an dem er von 1663–75 arbeitete, entwickelte S. nach mathemat.-geometr. Beweisverfahren eine monist. Theologie und verband diese mit einer anthropolog. Erkenntnislehre, durch die die Menschen in den Stand versetzt werden sollen, glücklich zu leben. S. beschrieb das Göttliche impersonal sowohl als Essenz als auch als Existenz; es sei eine einzige, aus unendlich vielen Attributen bestehende Substanz und als solche in der Gesamtheit der Natur, d. h. auch in allen Lebewesen gegenwärtig. Die Formel »Deus sive natura« (Gott oder die Natur) wurde zum Erkennungszeichen des Pantheismus spinozist. Prägung. Geist und Materie bilden eine unauflösliche Einheit, sind aber keinesfalls kausal voneinander abhängig, sondern stehen in parallelen Entwicklungen zueinander. Dies entspricht genau dem analog. Denken der Esoterik (→ Analogie). Der Geist repräsentiert nach S. das Denken, der Körper oder die Materie die Ausdehnung des Göttlichen. Erkenntnis im Sinne S.s ist im wesentlichen der bewusste Vollzug des göttlichen Willens. Er bespricht von der »imaginatio« bis zur scientia intuitiva (intuitives Wissen) verschiedene Erkenntnisstufen, die schließlich das wahre Wesen der Dinge als Ausdehnung des Göttlichen adäquat erfassen. Leidbringende Affekte sind bloß die Folge eines niedrigen Erkenntnisniveaus. Richtige Erkenntnis aber ziehe unweigerlich richtiges Handeln und den richtigen, göttlichen Zustand des menschlichen Geistes nach sich. S. starb mit nur 44 Jahren an Lungentuberkulose. Von den religiösen Autoritäten verfemt, gab sein Werk den Aufklärern und ganz besonders den Frühromantikern (→ Romantik) wichtige Impulse. Im Hinblick auf die Geschichte der Esoterik ist es insofern von Bedeutung, als hier erstmals wieder seit dem Ausgang der Antike außerhalb der konfessionellen Mystik ein Monismus umfassend ausgearbeitet und philosoph. begründet wurde. Für die zeitgenöss. Esoterik spielt es aufgrund seines hohen Grades an philosoph. Abstraktheit aber in diesem Sinne nur noch eine mittelbare Rolle.

Ausg.: Opera, 2 Bde., Lat. u. deutsch, 2 Bde., ^{2}1989.

Lit.: M. IDEL, Deus sive natura – les métamorphoses d'une formule de Maimonide à S., in: Ders., Maimonide et la mystique juive, 1991. R. MASON, The God of Spinoza. A philosophical Study, 1997. F. H. JACOBI, Über die Lehre des S. in Briefen an Herrn Moses Mendelssohn, 2000.

Spiritualität (von lat. »spiritualis« geistlich), eine besonders der zeitgenöss. Esoterik sehr nahestehende Form von Religosität, die theolog. Dogmen und vorgeschriebenen Ritualvollzug für gering erachtet und stattdessen die persönliche Erfahrung des einzelnen Menschen in den Mittelpunkt stellt. Im abendländ. Bereich bestand die Möglichkeit, Glaubenswelten zu erfahren statt sie von autorisierten Klerikern mitgeteilt zu bekommen, einerseits in den Klöstern, andererseits in Formen christl. Frömmigkeit, die sich mit dem Volksglauben vermischten. Wichtig ist dabei immer, dass ein Bezug zur unmittelbaren Lebenswelt und Lebensweise hergestellt ist. S. hat damit auch eine eth. Komponente. Vertreter des → Newage erklärten die S. zu einer höheren Stufe von Religion und gingen davon aus, dass sie

Erkenntnissen der → Neuen Wissenschaft korrespondiert.

Lit.: C. Bochinger, Zur Bedeutung des Ausdrucks »S.«, in: New Age u. moderne Religion. Religionswissenschaftliche Analysen, 1994.

Sprache erfährt in der Esoterik unterschiedliche Bewertungen. Als rhetor.-philosoph. Diskurs wird sie eher abgelehnt, darum die esot. Vorliebe für das den üblichen Sprachduktus ad absurdum führende → Paradoxon. Auf jeden Fall steht das myst. Schweigen als Ausdruck reinen Bewusstseins von der Einheit alles Seienden über dem Sprechen. Unterhalb dieser Ebene des erfüllten → Nichts aber ist S. direktes Offenbarungsmedium des Göttlichen, dessen Anwesenheit in der Welt über die → Namen Gottes oder über sog. Signaturen (mittellat. »Kennzeichen«) erfahren wird. Die Signaturen durchziehen die verschiedenen Reiche der → Natur und zeugen von der sie gleichzeitig durchwaltenden und umschließenden Einheit des Kosmos. Von diesem Gedanken her haben Esoteriker wie → Paracelsus und → Böhme eine Naturs.nlehre entwickelt. In seiner Schrift De signatura rerum oder Von der Geburt und Bezeichnung aller Wesen: Wie alle Wesen aus einem einigen Mysterio urständen (entst. 1622) erläutert Böhme, wie »jedes Ding aus seiner Eigenschaft redet«. Gestalt und tonale Äußerung haben dabei den gleichen Stellenwert, denn beide haben nach dieser Anschauung einen jeweils differenzierten ontolog. Sinn. → Hamann sah die Bedeutung der S. v.a. darin, dass sich in ihr empir. Sinnlichkeit und Geistigkeit miteinander vereinigen und so die kosm. Wirklichkeit in monist. Anschauung widergespiegelt wird. Ein solches esot. Sprachverständnis ist also ganz im Gegensatz zur analyt. Sprachphilosophie von der Überzeugung gekennzeichnet, dass Sein und Bedeutung zusammenfallen. In diesem Sinn bezeichnet auch → Heidegger die S., und zwar insbesondere die S. der Dichtung, als »Haus des Seins«. Das Sprechen entspricht den seienden Gegenständen; damit stehen Signifikant und Signifikat in einer notwendig engen Beziehung zueinander, in analog. Betrachtung sind sie miteinander identisch. Auf solcher Auffassung, nach der sich im Sprechen das Gesprochene realisiert, basiert auch die Wirkmächtigkeit der Wort- und Buchstabenmagie (→ Buchstabenmystik).

Lit.: M. Heidegger, Unterwegs zur S., 1959. G. Steiner, Von realer Gegenwart, 1990. W. P. Klein, Am Anfang war das Wort. Theorie- und wissenschaftspsych. Elemente frühneuzeitl. S.bewusstseins, 1992. A. Kilcher, Die Sprachtheorie der Kabbala als ästhet. Paradigma. Die Konstruktion einer ästhet. Kabbala seit der frühen Neuzeit, 1998.

Sprachgestaltung, eine der anthroposoph. Künste, die von → Steiner gemeinsam mit seiner Ehefrau Marie Steiner von Sivers entwickelt wurde. Nach Steiners Lehre stehen Vokale in direkter Verbindung zum Seelenleben des Menschen, die Konsonanten hingegen zu den von außen empfangenen Eindrücken. In jeder Silbe wird beides miteinander kombiniert. Die S. dient der bewussten Erfahrung dieser Sachverhalte. Gemeinsam mit der → Eurhythmie prägt die S. die anthroposoph. Bühnenkunst.

Lit.: R. Steiner/M. Steiner von Sivers, Methodik u. Wesen der S., 1990.

Stammesreligionen, zusammenfassende Bezeichnung für die Religionen schriftloser Kulturen. Dazu gehören die indian., die indigen-afrikan., die Religionen der Aborigines (Australien), Maori (Neuseeland), der polynes. Inselwelt sowie auch überall diejenigen, die im Lauf der Geschichte und bis heute in den Gebieten der sog. Hochreligionen existieren und mit ihnen verschmelzen. Gemeinsamkeiten der zahlreichen und vielfältigen S. ergeben sich in vieler Hinsicht nur aus der Vergleichsperspektive in Abgrenzung zu den monotheist. Religionen und insbesondere mit dem kirchlichen Christentum. Dann verbindet die S. ihre jeweilige regionale Bezogenheit auf spezif. Natur- und Lebensbedingungen (gegenüber dem universalist. Anspruch des Christentums). Das Weltbild von S. ist kosmozentrisch statt anthropozentrisch, und der Mensch ist mit den Mächten des Kosmos durch vielfältige Beziehungen verbunden und somit ein gleichberechtigtes Element im Gewebe des Lebens unter vielen. Das Übernatürliche hat viele Formen, wird durchaus auch personifiziert, öfter aber als nicht an eine bestimmte Gestalt gebundene Kraft oder → Energie verehrt. Ein weiteres Merkmal von S. besteht darin, dass sie untrennbarer Bestandteil sämtlicher Lebensvorgänge sind. Gleichwohl kennen sie in der Gestalt des »Medizinmannes« oder Schamanen (→ Schamanismus) ein religiöses Spezialistentum. Von der zeitgenöss. Esoterik werden S. als → Naturreligionen wahrgenommen. Viele ihrer tatsächlichen oder vermeintlichen Traditionen und Requisiten (z. B. Schwitzhütten, Dreamcatchers, Medizinbeutel, Totemtiere) erhalten im Kontext einer (post-)modernen Spiritualität eine neue Bedeutung.

Lit.: L. E. Sullivan, Icanachu's Drum. An Orientation to Meaning in South American Religions, 1988. J. Jahn, Muntu, Die neoafrikan. Kultur, Neuausg. [2]1995. T. Swain/G. Trompf, The Religions of Oceania, 1995. Ch. F. Feest, Beseelte Welten. Die Religionen der Indianer Nordamerikas, 1998. P. Bandini, Voodoo. Von Hexen, Zombies u. schwarzer Magie, 1999.

Stein der Weisen, der von den Alchemisten hergestellte und verwendetete »Stein, der kein Stein ist«, sondern ein Pulver von besonders hoher Dichte zur Metallumwandlung. Der S. bedeutet den Inbegriff alchemist. Wissens und Könnens, das streng geheimzuhalten oder allenfalls in verschlüsselter Form weiterzugeben war.

Lit.: G. F. Hartlaub, Der S. Wesen u. Bilderwelt der Alchemie, 1959. K. Hoheisel, Christus u. der philosoph. Stein. Alchemie als über- u. nichtchristl. Heilsweg, in: C. Meinel (Hg.), Die Alchemie in der europäischen Kultur u. Geistesgeschichte, 1986.

Steine und Steinkreise als Zeugen einer urzeitlichen europäischen Kultur und Religion, die besonders im kelt. Raum beeindruckende Überreste zeitigt, werden von esot., insbesondere von neuheidn. Gruppen als → Kraftplätze gern für Meditationen oder rituelle Versammlungen aufgesucht.

Lit.: F. Teichmann, Der Mensch u. sein Tempel. Megalithkultur in Irland, England u. der Bretagne, 1983. M. Lines, Sacred Stones, Sacred Places, 1992.

Steiner, Rudolf (1861–1925), einer der bedeutendsten Esoteriker der neueren Zeit, Begründer der → Anthroposophie. Nach eigenen Angaben hatte S. bereits vor dem achten Lebensjahr Wahrnehmungen einer unsichtbaren »inneren Welt«. Er entwickelte ein besonderes Interesse an Geometrie, deren Formen er mit seinem inneren Erleben in Verbindung brachte. 1879 bis 1890 studierte Steiner in Wien Mathematik, Naturwissenschaften und Philosophie. Auf den Bahnfahrten in die Stadt von seinem etwas außerhalb gelegenen Wohnort Inzersdorf befreundete er sich mit dem Kräutersammler Felix Koguzki, der seine geistigen Erfahrungen teilte und ein wichtiger Gesprächspartner war. 1883 bis 1897 arbeitete S. an einer Ausgabe von → Goethes *Naturwissenschaftlichen Schriften*. Er verfasste 1886 eine erkenntnistheoret. Arbeit über Goethes Art der Naturbetrachtung (*Grundlinien einer Erkenntnistheorie der Goetheschen Weltanschauung*) und promovierte 1891 in Rostock mit dem Thema *Die Grundfrage der Erkenntnistheorie mit besonderer Rücksicht auf Fichtes Wissenschaftslehre*. Daran schloss sich als Abschluss seiner erkenntnistheoret. Beschäftigung *Die → Philosophie der Freiheit* an, die eines von S.s Hauptwerken darstellt. Diese frühen erkenntnistheoret. Werke S.s sind sehr wichtig für das Verständnis seiner Anschauungen, die er später in zahlreichen Vorträgen unter inhaltlichen Kriterien darbot. In erheblichem Maße hat S. mit den als »geistige Tatsachen« ausgegebenen Mitteilungen zu verschiedensten religiösen, philosophischen, histor. und prakt. Themen mit seinem eigenen erkenntnistheoret. Grundsatz gebrochen, nach dem esot. Wissen in seinem Zustandekommen nachvollziehbar sein muss. Der Bezug dieser Informationen zu ihren Quellen muss heute – soweit überhaupt möglich – vom Leser der Vorträge S.s selber hergestellt werden. 1897 zog S. nach Berlin und unterrichtete an einer Arbeiterbildungsschule, die den Ideen Karl Liebknechts nahestand. Um 1900 hatte er ein christl. Bekehrungserlebnis, das fortan für sein Wirken bestimmend war. S. hielt Vorträge in theosoph. Kreisen, die auch in Buchform herausgebracht wurden. 1901 erschien *Die Mystik im Aufgange des neuzeitlichen Geisteslebens und ihr Verhältnis zur modernen Weltanschauung*, 1902 *Das Christentum als myst. Tatsache und die Mysterien des Altertums*. Letzterer Vortragszyklus erläutert S.s Auffassung von der grundlegenden und welterneuernden Erlösungstat Christi durch das »Mysterium von Golgatha«. 1902 wählte die neugebildete deutsche Sektion der Theosoph. Gesellschaft S. zu ihrem Generalsekretär. Spannungen zwischen den sich immer stärker an ind. Traditionen ausrichtenden engl. Theosophen und S.s am Christentum orientierter Gedankenwelt und Tätigkeit führten 1912/13 zur Abspaltung der »Anthroposophie« genannten Lehre S.s von der Theosophie. S. hielt Vorträge in ganz Europa und entwickelte die verschiedenen Zweige der Anthroposophie wie → Eurhythmie, → Dreigliederung, Anthroposoph. Medizin, → Waldorfpädagogik u. a. 1922 wurde die → Christengemeinschaft gegründet, die das von S. gelehrte esot. Christentum in liturg. Praxis umsetzte. Die Bedeutung S.s besteht in seiner grundlegenden Erneuerung christl-abendländ. Esoterik und der zeitgemäßen Umsetzung seiner Einsichten in die Praxis. Niemals vorher konnte christl.-esot. Denken in Europa und sogar über Europa hinausgehend eine derart weitreichende Wirkung entfalten.

Lit.: R. S., Mein Lebensgang, 1925. J. HEMLEBEN, R. S., 1963.

Stoa (griech. »Säulenhalle«), Name einer antiken Philosophenschule (entst. um 300 v. Chr.), die an der Entstehung des esot. Weltbildes Anteil hatte. In dieser Hinsicht wichtig sind der stoische → Kosmotheismus und die aus ihm resultierende Weltfrömmigkeit. Die stoische Philosophie über den → Logos als allgöttliches Prinzip legte den Grund für die esot. Auffassung der Einheit von → Wissenschaft und Religion. Bereits der Begründer der S., Zenon aus Kition (ca. 332– 262 v. Chr.), war vermutlich von astrolog. Vorstellungen → Babyloniens beeinflusst. Esot. Denken am nächsten kommen Vertreter der sog. Mittleren S., besonders Panaitios von Rhodos (ca. 185–110 v. Chr.) und Poseidonios von Apameia (ca. 135–51 v. Chr.).

Lit.: M. POHLENZ, Die S., 2 Bde., ^{3}1971–72.

Strindberg, August (1849–1912), schwed. Schriftsteller und berühmter Dramatiker, der nach einem weitgehend naturalist. Werk in seiner ersten Schaffensphase sich um die Jahrhundertwende in Paris der Esoterik zuwandte. Manche Biographen S.s interpretieren diese Entwicklung als durch eine Lebenskrise hervorgerufen, andere als bloßes Experimentieren. In seinem autobiograph. Roman *Inferno* (1897) schildert S. die Trennung von seiner Ehefrau Frieda Uhl, die (vorübergehende) Abkehr von der Schriftstellerei und sein neues Interesse für alchemist. Experimente. Er vertiefte sich in das Werk → Swedenborgs, mit dessen Hilfe er eine tiefe, mit wahnhaften Angstzuständen einhergehende psycholog. Krise zu meistern versuchte, indem er sie als Zwang zur Entwicklung eines besseren Ich interpretierte. S. selbst sah diesen Versuch, religiöse Wirklichkeiten mit rationalen Mitteln darzustellen, als gescheitert an. In seinem zweiteiligen Drama *Nach Damaskus* (1898–1904) nahm er jedoch nur wenig später die Thematik wieder auf und zeichnete den Weg eines unbekannten Helden durch persönliche Krisen und religiöse Zweifel, bis er schließlich zu einer esot. Auffassung von Religion findet und friedlich sterben kann.

Ausg.: Occultes Tagebuch. Die Ehe mit Harriet Bosse, 1971.

Sufik (von arab. »suf« Wolle), die → Mystik des Islam. Der Name wird auf die Wollkleider der frühen suf. Asketen zurückgeführt. Die Ursprünge der S. sind unklar. Vor- und außerislam. Einflüsse sind wahrscheinlich, aber die Sufis selber führen ihre Bewegung auf den Propheten Mohammed und die ihm zuteil gewordenen Offenbarungen im Koran zurück.

Nachdem in der frühesten Zeit eine sinnenfeindliche Haltung der Bewegung charakteristisch war, begründete Rabi'a al-Adawiyya von Basra (gest. 801) die Liebesmystik, die seither für das Gepräge der S. bestimmend ist. Trotz starker individueller Gefühlsmomente bei einzelnen Vertretern beweist die S. insgesamt eine größere Nähe zur Esoterik als christl. Mystik. In den sich seit dem 11. Jh. bildenden suf. Orden spielt das Prinzip der → Initiation eine wichtige Rolle, ebenso wie ekstat. Techniken. Entsprechend schwierig ist es, die Grenze der S. zur → Shi'a, wo die islam Esoterik beheimatet ist, zu ziehen. So wird der bedeutende sechste → Imam Ga'far al-Sadiq auch zu den größten Lehrern der S. gezählt. Weitere herausragende Vertreter in diesem Sinne sind → Ibn 'Arabi und → Suhrawardi al-maqtul; beide entwarfen kosmogon. Systeme mit typ. Zügen esot. Denkens. Die moderne und zeitgenöss. Esoterik wird von der S. wesentlich mitbestimmt. → Inayat Khan und → Idries Shah verkündeten die Einheit aller Religionen im suf. Geist und gewannen in westl. Ländern viele Anhänger.

Lit.: F. Meier, Vom Wesen der islam. Mystik, 1943. A. Schimmel, Myst. Dimensionen des Islam. Die Geschichte des Sufismus, 1985. S. H. Nasr, Islamic Spirituality, 2 Bde., 1991. H. J. Witteveen, Universal Sufism, 1997.

Suhrawardi al-Maqtul, Shihabuddin Yahya (1153–1191), iran. Religionsphilosoph und bedeutendster Vertreter der suf. Lichtmystik. Nach den *Hayakil al-nur* (arab. *Die Lichtaltäre*) ist sein Hauptwerk die *Hikmat al-ishraq* (arab. »*Philosophie der Erleuchtung*«), in der S.s Erkenntnisse über die Lichtnatur allen Seins zusammengefasst sind. Im Zusammenhang mit seinen Spekulationen über das → Licht entwickelte S. auch eine ausgeklügelte Engellehre. Die menschliche → Seele sah er als einen Engel an, die nach dem Archetyp des Erzengels Gabriel gebildet sei. Wenn sich die Seele inkarniert, teilt sie sie sich nach S.s Lehre in zwei Teile, von denen einer im Himmel bleibt. Während ihres Erdenlebens in der »Festung des Körpers« ist die Seele unglücklich und trachtet beständig nach einer Wiedervereinigung mit ihrer himml. Hälfte. Eine besondere Eigenheit S.s ist seine myst.-symbol. Geographie, nach der der Orient eine Sphäre reinen Lichts und die Heimat der Erzengel und der Okzident das »Exil der Seele« darstellt. Der Neid königlicher Juristen auf S.s Ansehen am Hof von Aleppo brachten S. in den Kerker, wo er mit nur 38 Jahren ums Leben kam. Seine Lehren wirkten v. a. in der Philosophie der → Shi'a weiter.

Lit.: S. H. Nasr, The Islamic Intellectual Tradition in Persia, 1996.

Surrealismus, zuerst hauptsächlich in Frankreich, seit den 1940er Jahren besonders in den USA prominente Strömung in Literatur und Bildender Kunst seit dem Ersten Weltkrieg, die keine direkte Verbindung, aber wesentliche programmat. Parallelitäten zu esot. Einstellungen im 20. Jh. aufweist. 1924 definierte sie André Breton (1896–1966) in seinem *Manifeste du surréalisme* als »Glaube an die zukünftige Lösung des scheinbaren Widerspruchs zwischen Traum und Wirklichkeit in einer Art absoluter Wirklichkeit, der Surrealität«. Die Vertreter des S. sahen durch die Erfahrungen der großen Kriege im 20. Jh. den Anspruch der europäischen Kultur, die Welt und das Menschsein zu deuten und beiden Maßstäbe zu setzten, gescheitert. Sie zielten bewusst auf eine Entgrenzung, die die Wahrnehmung und den schöpfer. Umgang mit »Wirklichkeit« von den ihr auferlegten künstlichen Barrieren befreien sollte. Eine wesentliche Rolle spielte dabei der Rekurs auf Erkenntnisse der Tiefenpsychologie, nach denen das gesellschaftlich wahrgenommene Ich nur einen künstlichen, normierten Ausschnitt menschlicher Erlebens- und Ausdrucksmöglichkeiten repräsentiert. Dadurch werden zum einen andere Modalitäten als der alltägliche Wachzustand des menschlichen Subjekts ausgeblendet, zum anderen besteht der Zwang, die gesamte Umwelt immer auf dieses konstruierte Ich zu beziehen. Der S. reagiert auf diese Einsichten, indem zunächst Äußerungen des Unbewussten in Wort und Bild festgehalten und gewohnte Wahrnehmungsweisen durch neue Anordnungen der behandelten Objekte aufgesprengt werden. Surreale Literatur und Kunst, etwa die Arbeiten von von Salvador Dalí (1904–89) erwecken dadurch eher den Eindruck des Absurden als eines Überrealen, zu dem die Surrealisten nach eigener Aussage erst dann vordringen werden, wenn alle Bereiche des Unbewussten, Verdrängten und Marginalisierten als bewusste Realität zusammengeführt worden sind. Um dieses Ziel zu erreichen, hat sich der S. zu keiner Zeit auf system. Spekulationen, wie sie für esot. Denken typisch sind, eingelassen. Stattdessen haben die meisten Surrealisten ihre Bestrebungen auf ein Durchdringen zur Überrealität mit konkreten Hoffnungen auf gesellschaftliche Veränderungen im Sinne eines toleranten Marxismus verknüpft.

Lit.: A. Breton, Die Manifeste des S., 1968. S. Dalí, Fünfzig mag. Geheimnisse, 1986. Y. Duplessis, Der S., 1992.

Swedenborg, Emanuel (1688–1772), aus Stockholm gebürtiger Bergbaufachmann, Naturwissenschaftler und visionärer Esoteriker. Anatom. Forschungen ließen ihn auf das Leib-Seele-Problem stoßen und auf seine Unlösbarkeit im Rahmen herkömmlicher Erklärungsmodelle. Durch seine 1744 einsetzenden Visionen und den Empfang von Botschaften aus der geist. Welt bekehrte sich S. zum Christentum, allerdings ohne die kirchliche Trinitätsauffassung anzuerkennen. Gott war für ihn Einer, der sich in der Welt auf drei Ebenen manifestiert, d. h. der der Ursache, der Wirkung und des Endzwecks und in bezug auf den Menschen der des Leibes, der Seele und der Wirksamkeit. In umfangreichen Kommentaren interpretierte S. mehrere Bibeltexte im Sinne der ihm in den Visionen offenbarten Entsprechungen zwischen den verschiedenen Seinsebenen, so in den *Arcana coelestina* (lat. *Himml. Geheimnisse*) und *Apokalypsis revalata* zur Offenbarung des Johannes. In weiteren Werken stellte er die ihm übermittelten »Lehren des Herrn für die Neue Kirche« dar. Neben kosmolog. enthalten diese eschatolog. und christolog. Ausführungen: Die Heilstat Christi besteht v. a. darin, das Menschliche einschließlich des Körperlichen in die Sphäre des Göttlichen gehoben und dadurch den Zugriff der Hölle auf die menschliche Entscheidungsfreiheit zwischen Gut und Böse abgewehrt zu haben. Ein wichtiges Thema in S.s Schriften bildet ferner der Sinn der Ehe. – Ab 1787 gründeten S.-Anhänger besonders im angelsächs. Raum Gemeinden der von S.proklamierten überkonfessionellen »Neuen Kirche«, die jedoch niemals zu einer Einheit zusammenwuchsen. Dennoch war die Wirkung seiner Lehren in Kreisen des Spiritismus, der → Freimaurer und der → Theosophie beträchtlich. In Deutschland zeigt sich insbesondere → Oetinger von S. beeinflusst.

Lit.: E. Benz, S. in Deutschland, 1947. Ders., S., Naturforscher u. Seher, 1948. G. Gollwitzer, Der Mensch als Mann u. Weib. Sexualität u. eheliche Liebe in der Schau S.s., 1973. U. Groll, E. S. u. das Neue Zeitalter, 1993. O. Lagercrantz, Vom Leben auf der anderen Seite. Ein Buch über E. S., 1997. I. Jonsson, Visionary Scientist: The Effects of Science and Philosophy on S.s Cosmography, 1999.

Symbol (von griech. symbolon, »Kennzeichen«, »Erkennungszeichen«). Im Gegensatz zum begrifflichen ist das symbol. Denken Ausdruck des → Monismus, der den ganzen Kosmos in seinen sämtlichen Bereichen durch eine alles durchwirkende Kraft verbunden und von ihr beherrscht sieht (→ Kosm. Ordnung). Da nach dieser für die Esoterik typ. Anschauung alle Elemente des Weltalls von derselben Substanz sind, unterliegen sie dem Prinzip der Substituierbarkeit, d. h. der Austauschbarkeit und Stellvertreterschaft. Das Ganze des Kosmos existiert jederzeit in allen seinen Teilen bzw. Fragmenten, von denen prinzipiell jedes für ein anderes stehen kann. Diese Auffassung findet typischerweise im S. ihren Ausdruck, denn im S. können grundsätzlich zusammengehörige, aber phänomenolog. dennoch voneinander verschiedene Dinge oder Sachverhalte als mit dem Ganzen zusammenhängend und -spielend repräsentiert und in einem Bild erlebt werden. Das Objekt des Begreifens wird im S. über ein selber vieldeutiges Analogon erfasst. Nach → Goethe repräsentiert das Besondere im S. das Allgemeine. Dabei ist das S. selbst bildhaft in Erscheinung tretende Wirklichkeit und insofern als eine Art Modellfall letztlich mit der → Natur identisch. Dieser Modellfall einer Wirklichkeit, zu dem das S. genuin gehört, kann sich an verschiedenen Orten und zu verschiedenen Zeiten wiederholen. Damit sind S.e im Grundsätzlichen von Ort und Zeit unabhängig, d. h. sie können ein Geschehen repräsentieren, das sich an mehreren Orten und zu verschiedenen Zeiten zugleich vollzieht.

Lit.: G. POCHAT, Der S.begriff in der Ästhetik u. Kunstwissenschaft, 1983.

Symbolismus, der Esoterik sehr eng verbundene Strömung in Literatur und Malerei der Zeit seit Ende des 19. Jh.s. Den in sich sehr heterogenen S. kennzeichnet eine Abkehr von der Wirklichkeitsauffassung des Naturalismus, für den das »real« ist, was das menschliche Auge sieht. Die Symbolisten ließen es sich dagegen angelegen sein, die Welt über Symbole zu erfassen, die als Durchgang von der sinnlichen Wirklichkeit zu einer übersinnlich-geistigen, die Einzelerscheinungen umfassenden Realität verstanden wurden. Dabei überwog oft das Suggestive das Gegenständliche der Darstellung. Zur Wahl der Motive aus der symbolist. angeschauten Natur und Überlieferungen aus einer legendenhaft verklärten Geschichte kam ein vom profanen Alltag losgelöster Ästhetizismus, der Form, Farbe und Klang ebenfalls symbol. Qualitäten beimaß. Die literar. Symbolisten in Frankreich (z. B. Stéphane Mallarmé 1842–1898) und Deutschland (der Kreis um Stefan George 1868–1933) formulierten die hohen Ansprüche, die ihre Arbeiten an die Leser stellten, als ein Mittel, die Kunst in einer Zeit der allgemeinen Profanierung vor der Vermassung zu schützen. Ganz anders wandte die Malerei sich gerade dem Volkstümlichen zu, um Rationalismus und Naturalismus bzw. Impressionismus zu überwinden. Der kunstgeschichtlich bedeutendste Vertreter des S., Paul Gauguin (1848–1903), hielt die schöpfer. Kräfte des Abendlandes für verbraucht und wanderte nach Tahiti aus. Dort entstand 1897 u. v. a. sein Gemälde mit dem gnost. anmutenden Titel »Woher kommen wir? Wer sind wir? Wohin gehen wir?« (→ Theodotos), das die Einheit von Leben und Religion im Ambiente der Südsee veranschaulichte. Einen sehr persönlichen Stil kultivierte Odilon Redon (1840–1916) mit anthropomorphen Darstellungen der Tier- und Pflanzenwelt. Sie wurden von anthroposoph. Seite mit → Steiners Ausführungen über die menschliche Evolution in Verbindung gebracht. Eine Reihe französ. Maler, die ihren Zirkel »Salon de Rose Croix« (Salon des Rosenkreutzes) nannten, hatte ausgesprochen nekrophile Neigungen und huldigte einer Art → Satanismus, der wenig später von → Crowley aufgenommen wurde (besonders Jean Delville 1867–1953). Sie wurden deshalb von außen als »Décadence« wahrgenommen, wobei ihre Grundstimmung durchaus einen Nerv der Zeit traf. Die Symbolisten des deutschen und engl. Sprachraums nahmen stärker auf bürgerlich-puritan. Grenzen Rücksicht. Wichtig sind v. a. der Schweizer Arnold Böcklin (1827–1901) mit seinem berühmten Bild »Die Toteninsel« (1886), Carlos Schwabe (1866–1926), der ebenfalls vom Tod fasziniert war und sich daneben in süßlich-kitschiger Manier kathol. Themen annahm, sowie die originellen → Präraffaeliten in England.

Lit.: G. KLOCKENBRING, Odilon Redon. Wege zum Tor der Sonne, 1986. J. DA SILVA, Le Salon de la Rose-Croix, 1892–1897, 1991. A. WILTON/R. UPSTONE (HG.), Der S. in England 1860–1910, 1998.

Synkretismus → Eklektizismus

Syzygie (griech.-lat. »Zusammenfügung«), Strukturelement des gnost. → Pleroma, in dem alle Wesen einen männlichen und einen weiblichen Aspekt haben, die mit jeweils eigenen, nicht gleichbedeutenden Namen belebt sind. Dieses gilt auch für den aus göttlichen Sphären stammenden Urmenschen (→ Mensch), der durch den → Fall in eine männliche und eine weibliche Hälfte aufgespalten wurde und nun nach ihrer Wiedervereinigung streben muss. → Androgynie

T

Tabula smaragdina (arab. *Kitab al-Lauh al-zumurrudi*), der berühmteste hermet. Text, der in prägnanter Form und wenigen Sätzen, die → Hermes Trismegistos zugeschrieben werden, die Weltanschauung der Hermetiker zusammenfasst. Er findet sich in abweichender Überlieferung bei mehreren arab. Autoren, darunter bei → Gabir ibn Hayyan und im als Kommentar zur T. abgefassten Kitab sirr al-haliqa (arab. Buch des Geheimnisses der Schöpfung; erste Hälfte des 9. Jh.s) des sich Balinas nennenden anonymen Alchemisten, der angab, die T. in einem unterird. Gewölbe unter einer Statue des Hermes Trismegistos gefunden zu haben. Sehr wahrscheinlich über das maur. Spanien gelangte der formelhafte Text ins lat. MA. Esoteriker jeglicher Couleur nehmen seither immer wieder auf ihn Bezug.

Lit.: J. RUSKA, T., Ein Beitrag zur hermet. Literatur, 1926. M. PLESSNER, Neue Materialien zur Geschichte der T., in: Der Islam 16, 1927.

Täufergemeinschaften, in der Antike, insbesondere im 1. nachchristl. Jh., jüd. oder jüd.-christl. Bewegungen, in denen die wiederholte Wassertaufe als Reinigungsritual Zentrum der kult. Praxis war. An die rituelle Taufpraxis, die ein dualist. Weltbild voraussetzte, schlossen sich spirituelle Auslegungen an, die einen Nährboden für verschiedene gnost. Gemeinschaften und ihre Weltanschauung bildeten. Manchmal blieb dabei das Ritual selbst unangetastet bestehen, wie sehr ausgeprägt etwa bei den → Mandäern, oft wurde es hingegen auch als verderbenbringend abgelehnt. Zu den am besten bezeugten T. gehören die → Qumran-Gemeinde, die Mandäer und die Elchasaiten (→ Elchasai). Wenige vereinzelte Nachrichten sind von den Ebioniten, den Hemerobaptisten, den Masbutäern und den Dositheanern überliefert. Die T. entstanden am Rande des Judentums, wobei die genaueren Umstände nicht bekannt sind. Neben dem eindeutig vorherrschenden jüd. Element in ihrer Lebensweise, das sich im Beschneidungsritus, in Speiseriten und Einhaltung der Sabbatruhe niederschlug, war ihre Religiosität eklektisch und wurde seit dem ausgehenden 1. Jh. christl. überformt. Ein besonderes Problem der T. stellt ihre Beziehung zu Johannes dem Täufer dar. Mehrere T. berufen sich auf ihn, aber ein eindeutiger Zusammenhang lässt sich bislang nicht herstellen, da Johannes im Unterschied zu den T. nur eine einmalige Taufe vollzog.

Lit.: K. RUDOLPH, Antike Baptisten. Zu den Überlieferungen über frühjüd. u. christl. Taufsekten, 1981.

Tagore, Rabindranath (1861–1941), bengal. Schriftsteller-Philosoph und Maler mit Nähe zum → Neohinduismus; 1913 Empfänger des Literatur-Nobelpreises. T. war ein wichtiger Vermittler zwischen einem ind. monist.-religiösen Lebensgefühl und der europäischen Moderne. Sein vielseitiges Schaffen umfasst Liebesgedichte, religiöse Gedichte als »Sangesopfer« in der ind. Tradition, symbolist. Dramen sowie philosoph. Abhandlungen, in denen er einen vom Geist ind. Askese geprägten Weg zu Frieden und sinnerfülltem Leben aufzeigte (z. B. Der Weg der Vollendung, 1913).

Ausg.: Gesammelte Werke, 8 Bde., 1921. A. CHAKRAVARTY (HG.), T. Eine Anthologie, 1961.

Lit.: M. KÄMPCHEN, R. T., 1992.

Taiji (chines. »t'ai« = sehr, äußerst; »chi«, in Pekinger Umschrift »ji« = Extrem), eine chines. Bewegungsmeditation, d. h. sehr langsam ausgeführte quasi-gymnast. Übungen nach den Prinzipien des → Taoismus und der → Chines. Medizin. Ziel des T. ist es, den natürlichen Fluss der Lebensenergie Qi und die Harmonisierung von → Yin und Yang im Körper zu unterstützen und zu erhalten oder beide wiederherzustellen. T. hat seinen Ursprung in einer Form des Faustkampfes (T. Chuan), die in taoist. Klöstern entwickelt wurde, um den Körper unverwundbar zu machen.

Lit.: C. A. HUANG, Embrace Tiger, Return to Mountain. The Essence of T., 1973. T. METHFESSEL, T. für Anfänger. Illustrierte Einführung in die chines. Bewegungsmeditation, 1990.

Taizé, französ. Dorf in der Umgebung von Lyon, seit 1945 Sitz einer von dem Genfer Protestanten Frère Roger Schutz gegründeten neuartigen inter- und überkonfessionellen Ordensgemeinschaft mit christl.-esot. Ausrichtung. 1962 weihte sie ihr eigenes Gotteshaus, die Versöhnungskirche, ein. Die Brüder von T., die alljährlich großen Zulauf besonders von jüngeren Leuten erhalten, leben zölibatär, in Gütergemeinschaft, erkennen den Prior als geistliche Autorität an und pflegen eine → Arkandisziplin. Die Regel von T. wurde nach einer ungefähr zehnjährigen Experimentierphase von ihnen selbst aufgestellt. Ihr oberster Grundsatz ist jedoch die Zweckmäßigkeit (opportunité) ihrer Einrichtung und Lebensweise. Dabei besteht der Zweck in der gelebten Verwirklichung der »vollkommenen Gemeinschaft«, die in der Welt »ein Zeichen« für die innere und äußere Einheit des Christentums setzten soll. Letzteres wird als Lebensweise (»Leben und Gebet«), nicht aber als Lehre verstanden; die Gemeinschaft beschäftigt sich deshalb ausdrücklich nicht mit dogmat. Fragen. Die Liturgie wird aus Elementen der verschiedenen christl. Konfessionen zusammengesetzt und lässt während der gemeinsamen Gottesdienste individuelle Freiräume. Bekannt und besonders charakterist. für die meditative Stimmung der Gottesdienste sind die Gesänge von T. Ein Netzwerk von »Fraternitäten« wirkt seit 1952 außerhalb, aber mit stetem Bezug zur Gemeinschaft von T. in missionar. Absicht. Daneben hat der T.-Gedanke auch bereits in die Kirchengemeinden hineingewirkt, von denen einige regelmäßige T.-Gottesdienste veranstalten. Die entspricht dem Wunsch der Gemeinschaft, keine eigene Organisation aufzubauen. Anhänger ihres Gedankens sind aufgerufen, sich innerhalb ihrer Ortskirchen zu engagieren.

Lit.: A. STÖKL, T. Geschichte u. Leben der Brüder von T., [4]1985.

Taliesin, halb histor., halb mytholog. Figur aus der walis. Überlieferung. Der histor. T. wird bereits in der *Historia Brittonum* (um 830) erwähnt.Danach war er ein am Hof des Fürsten Urien von Rheged lebender Barde. Drei T. zugeschriebene Lobgesänge auf Urien und seinen Sohn Owain sind erhalten geblieben. Vom mytholog. T. erzählen erst spätma.liche Quellen, wie das *Llafyr T.* (*Buch des T.*; 14. Jh.) mit einer Sammlung von 77 seiner Gedichte und die *Hanes T.* (*Geschichte des T.*; 16. Jh.). Nach der *Hanes T.* ist T. der wiedergeborene Gwion Bach, der der Wächter für das Feuer des Kessels der Göttin Ceridwen gewesen war. Ceridwen bereitete in ihrem Kessel einen »Trunk der Inspiration und aller Weisheit« für ihren häßlichen Sohn. Als jedoch der kochende Sud auf Gwions Finger spritzte, erlangte dieser das unbegrenzte Wissen. Er wurde daraufhin von der zornigen Göttin gejagt, nahm viele verschiedene Gestalten an, um ihr zu entfliehen, wurde aber schließlich von Ceridwen gefressen und dann wiedergeboren. Diese Reinkarnation war T. Als kleines Kind setzte ihn die Göttin auf dem Meer aus. Der Sohn des Königs Gwyddno Garanhir fand ihn an der Küste von Nordwales, nahm ihn auf und gab ihm seinen Namen T. Auszeichnend ist für ihn sein überragendes Wissen, das er auf der Reise durch verschiedene Existenzen erworben hat. In der Erzählung *Culhwch ac Olwen* (*Culhwch und Olwen*) erscheint T. als Gefolgsmann von → Artus. Nach dem Gedicht *Preidu Annfwn* aus dem *Llafyr T.* nahm er auch an dessen Expedition zur → Anderswelt und an dem Raub des mag. Kessels teil. Zusammen mit → Merlin ist T. die populärste Gestalt der kelt. Mythologie. Sie wird heute gern in den Kontext des → Schamanismus eingeordnet.

Lit.: J. MATTHEWS, T. Shamanism and the Bardic Mysteries in Britain and Ireland, 1991.

Tantra, Bezeichnung für eine Schrift der →

Tantrik, die Belehrungen über Kosmogonie, Götterverehrung, Erlösung und Riten erteilt. Besonders interessant sind Ausführungen solcher Texte über verschiedene Arten der → Meditation zur Erlangung übersinnlicher Kräfte (siddhi). Zur Begründung der gegebenen Lehren werden passende Legenden eingeflochten. Im einzelnen gilt für die Tantren wie auch für andere altind. Schriften, dass sie bestimmte Grundthemen behandeln: kriya, die Errichtung von Tempeln und Götterbildern samt den dazugehörigen Riten; carya, die eigentlichen Kulthandlungen; Yoga, Techniken und Inhalte der Meditation; und jñana, theolog. Wissen, zu dem auch die Kenntnis myst.-mag. Silben, Formeln und Figuren gezählt wird. Je nachdem, ob die Verehrung von Vishnu, Shiva oder die als Göttin (Shakta, Durga) personifizierte weibliche Energie Gegenstand der Darstellung ist, unterscheidet man Vaisnava-, Shaiva- oder Shakta-Tantras. Außerhalb der Fachsprache und in der zeitgenöss. Esoterik ersetzt »T.« häufig die in Indologie und Religionswissenschaft gewählte Begrifflichkeit »Tantrik« oder »Tantrismus«.

Lit.: A. Avalon, Shakti u. Shakta. Lehre u. Ritual der T.s, o.J. T. Goudrian/S. Gupta, Hindu Tantric and Sakta Literature, 1981.

Tantrik (von sanskrit »tantra«, wörtl. »Gewebe«), eine spezielle, esot. Orientierung innerhalb der Religionen Indiens bzw. ind. Herkunft. Ihre Lehren findet man in den »*Tantras*« genannten Schriften (→ *Tantra*), hinzu kommen weitgehend unerforschte mündliche Traditionen. Die T. lehrt die Einheit aller Gegensätze. Gottheiten werden in männliche und weibliche polarisiert, repräsentieren aber jeweils die höchste Macht im Sinne eines allumfassenden → Monismus. Ziel aller tantr. Praktiken ist die bewusste Vereinigung des Adepten mit einer dieser Gottheiten, wobei er deren Macht erlangt. Die tantr. Erlösung (jivanmukti) besteht nicht in einem Entsagen gegenüber der Welt, sondern im Gewahrwerden ihrer die Einheit offenbarenden Vielfältigkeit. So ist auch das tantr. Pantheon, d.h. die Manifestationen des Göttlichen, besonders zahlreich. Er ist in der Regel hierarchisch aufgebaut, und schreckenerregende weibliche Gottheiten spielen in ihm eine große Rolle. Der Kosmos wird als ein Spiel der Götter durchaus positiv gesehen, obwohl die Polaritäten seiner Erscheinungen letztlich Illusion (maya) sind. Die aller Vielfältigkeit zugrundeliegende göttliche → Energie kann der Tantriker durch bestimmte Übungen im eigenen Körper realisieren (→ Kundalini). Die T. ist außerordentlich reich an rituellen Praktiken und körperlichen Techniken, deren Vermittlung in kleinen Konventikeln an ein Meister-Schüler-Verhältnis gebunden ist. Bei seinem Eintritt in einen solchen exklusiven Zirkel erhält der Myste mit seiner → Initiation (diksha) von seinem → Guru ein geheimes → Mantra. Es gibt unterschiedliche Formen und Grade tantr. Initiation, bei deren Vergabe anders als sonst im Hinduismus Kaste und Geschlecht keine Rolle spielen sollen. Auch die tantr. puja (sanskrit »Verehrung«, »Kult«) weist im Rahmen der traditionellen ind. Gesellschaft anarch. Elemente auf: zu den den Göttern dargebrachten Gaben zählen auch Fleisch, Fisch und Alkohol, vielfach sind Sexualpraktiken Bestandteile der Ritualhandlungen. Eine Frau kann bei den Feiern als Inkarnation der Göttin verehrt werden, mit der sich die Initianten vereinigen. Dies ist insbesondere in der sog. cakrapuja (Ringpuja) der Fall, während der eine ganze Gruppe höherer Initiierter in kreisförmiger Anordnung Geschlechtsverkehr vollzieht. Religionsgeschichtlich handelt es sich bei der T. um die Entwicklung von Aspekten hiduist. Religiosität, die in nuce bereits in früheren Strömungen wie vedischer Religion (→ *Veden*) und Brahmanismus (→ *Brahmanas*) vorhanden waren. So enthalten Atharva- und Yajurveda und die → Aranyakas ebenso wie die Brahmanas und einige frühe → Upanishaden mag., insbesondere sprachmag. Ausführungen, in denen sich die T. bereits andeutet. Solche esot. Tendenzen in der allgemein-hinduist. Literatur wurden durch Elemente aus den vorar., autochthonen Kulten angereichert, als deren Einfluss zunahm; Asketen und volkstümliche Heilige spielten bei der

Ausbildung der T. eine bedeutsame Rolle. Die T. muss in den ersten nachchristl. Jh.en entstanden sein, richtig etablieren konnte sie sich im 6./7. Jh. Ihre geograph. Zentren waren Kerala, Bengalen und Kashmir. Über Indien hinaus verbreitete sich die ältere T. auch in Kambodscha. Elemente des tantr. Hinduismus drangen auch in den Buddhismus ein und formten das sog. diamantene Fahrzeug, den → Vajrayana-Buddhismus. Das gesamte Erscheinungsbild des Hinduismus ist bis heute durch die T. beeinflusst. Sie prägte in tiefgreifender Weise auch den → Neohinduismus und seine westliche Mission mit. → Ramakrishna war ein tantr. Initiierter, und auch → Aurobindo stand dieser Strömung nahe. In der zeitgenöss. Esoterik haben sich tantr. Praktiken und Rituale mit Psychologien der Sexualitäts- und Beziehungsberatung verbunden und werden in entsprechenden Workshops und Seminaren eingesetzt. Da die T. eine Religiosität der Erlösung bei gleichzeitiger Möglichkeit des Lebensgenusses darstellt, kommt sie postmodernen Bedürfnissen entgegen und findet eine große Anhängerschaft. Es ist allerdings davon auszugehen, dass aufgrund der weitgehend mündlichen Überlieferungstradition nur ein Bruchteil tantr. Lehren und Techniken außerhalb Indiens bekannt ist.

Lit.: OMAR V. GARRISON, Tantra, Yoga des Sexus, o.J. E. C. DIMOCK, The Place of the Hidden Moon. Erotik Mysticism in the Vaisnava-Sahajiya Cult of Bengal, 1966. S. GUPTA U.A., Hindu Tantrism, 1979. A. AVALON, Die Schlangenkraft. Die Entfaltung schöpfer. Kräfte im Menschen, [4]1988. H. V. GUENTHER/C. TRUNGPA, The Dawn of T., 1988. T. GOUDRIAN (HG.), The Sanskrit Tradition and Tantrism, 1990. D. G. WHITE, The Alchemical Body. Siddha Traditions in Medieval India, 1996. Tantra '99. Erotik u. Transzendenz (connection special 39).

Tao der Physik, Das (1975), grundlegendes Werk zur → Neuen Wissenschaft von Fritjof Capra. Es bespricht neuere Entwicklungen in der Physik wie Relativitätstheorie, Atomphysik und → Quantenphysik sowie die dazugehörige Forschungsgeschichte und zieht für die sich daraus ergebende Erkenntnistheorie und Veränderung des naturwissenschaftlichen Weltbildes Vergleiche mit Aussagen asiat. Mystik. Der Autor kommt zu dem Ergebnis, dass die Anschauungen der Mystik über die Abläufe natürlicher ebenso wie Erkenntnis-Prozesse mit den Resultaten der Neuen Physik konvergieren, wohingegen sich das Newtonsche Weltbild in Verbindung mit dem Cartes. Paradigma als überholt erweist (→ Paradigmenwechsel).

Ausg.: F. CAPRA, Das Tao der Physik. Die Konvergenz von westlicher Wissenschaft u. östlicher Philosophie, Neuausg. [8]1986.

Taoismus (von chines. »dau« – konventionelle westl. Schreibweise »tao« – eigentlich »Kopf und Füße« = »Weg«), chines. philospoph.-religiöse Bewegung, deren Beginn entweder bei dem legendären »Gelben Kaiser« oder bei dem chines. Weisen Lao-tse (um 500 v. Chr.) angesetzt wird. Der T. besitzt keine systemat. Lehre und hat sich im Laufe seiner Geschichte ständig gewandelt und Einflüsse von außen – besonders durch den Buddhismus – aufgenommen, bewahrte dabei aber auch uraltes chines. Erbe. Den vielen taoist. Strömungen ist gemeinsam, dass die Anhänger nach einem langen Leben oder sogar nach Unsterblichkeit streben. Um dieses Ziel zu erreichen, entwickelten sie medizin., hygien., alchemist. und mag. Methoden. Auch messianist. und millenarist. Gedankengut wurde von Taoisten vertreten, häufig wurde ein goldenes Zeitalter angekündigt. Im Gegensatz zu westlicher Esoterik vermeidet der T. jede Art von diskursivem Wissen, das die Vielheit der sichtbaren Erscheinungen zum Gegenstand hat. Stattdessen strebt er nach Kenntnis des Einen Prinzips und nach Vereinigung mit ihm. Die Taoisten sahen im menschlichen Körper einen Mikrokosmos, der im ganzen sowie in seinen einzelnen Körperteilen und Organen in genauer Entsprechung zum Makrokosmos aufgebaut war (→ Makro- und Mikrokosmos; → Mensch). So repräsentiert der Kopf den Himmel, die Füße die Erde, die Augen Sonne und Mond; Lungen, Herz, Milz, Leber und Nieren stehen für die fünf → Elemente und die fünf hl. Berge. Nach der taoist. Kosmologie existierte vor allem Anfang eine kosm. → Energie, »yüan-ch'i« (Erster Atem, das Unsichtbare oder die Leere) genannt. Das yüan-ch'i teilte sich in → Yin und Yang, die Himmel und Erde formten. Jedes Leben hat nach taoist. Lehre das yüan-ch'i in sich. Seine Anwesenheit ist Voraussetzung für das Leben, daher suchten die Taoisten es besonders zu erhalten. Als die wichtigsten Elemente im Körper gelten ch'i (Atem), ching (Essenz) und shen (Geist). Sie befinden sich in bestimmten Zentren des Körpers, u. a. im sog. tan-t'ien, das die psych. Konzentrationspunkte im Kopf, im Herzen und unter dem → Nabel repräsentiert und in dem gleichzeitig auch die todbringenden Kräfte (san-shih) lokalisiert werden. Alle diese Kräfte werden durch Ataraxie auszugleichen versucht: die todbringenden Elemente sollen neutralisiert werden; yin- und yang-Elemente müssen daran gehindert werden, in Himmel und Erde zu entweichen. Um dieses Ziel zu erreichen, üben sich Taoisten in Kontemplation und Konzentration, ferner gibt es zum Erhalt der Lebenskräfte Atem- und gymnast. Techniken, Diäten, sexuelle Hygiene sowie die Möglichkeit zur Einnahme mineral., vegetaler und alchem. Substanzen. Dabei wurden die Atem- und Sexualtechniken zunächst unabhängig vom T. entwickelt und später integriert. Die Kontemplationspraktiken zielen auf shou-i, die Erhaltung des Einen durch Meditation auf das Eine. Dieses Eine wird mit dem Tao, mit hsü (Leere), wu (Nichtsein), aber auch mit dem → Kosmos, der Mutter, der Matrix, dem Ersten Atem und dem Ursprung aller Dinge identifiziert. Bei seiner Entfaltung entsteht aus ihm zunächst eine Dreiheit und dann die Vielheit der Welt. Als Dreiheit wohnt die Urenergie im tan-t'ien des menschlichen Körpers; um ihr Entweichen zu verhindern, wird sie in der Kontemplation von Initianten des T. visualisiert. Aus der Triade entspringen neun weitere Kräfte, die als Gottheiten repräsentiert werden. Dazu ist ihre Visualisierung durch den Meditierenden erforderlich, durch die die neun Götter in die in seinem Kopf befindlichen neun Paläste herabsteigen. Die Meditation ermöglicht dem Taoisten also die dauerhafte Manifestation der flüchtigen Lebensenergie in seinem Körper. Jeder Bereich und jedes Organ im Körper besitzt eine subtile Energie, die durch eine Gottheit personifiziert und mithilfe kontemplativer Techniken aktiviert werden kann. Auch Himmelskörper und Planeten und sogar die Umlaufbahnen von Sonne und Mond mit den dabei auftretenden Farben werden im T. visualisiert. Der Adept verleiht dadurch dem eigenen Körper entsprechende Qualitäten, wie z. B. die Lichthaftigkeit der Himmelskörper. Besonders wichtig bei Himmelskörpervisualisierungen ist das pei-ton, nach taoist. Anschauung die aus sieben sichtbaren und zwei unsichtbaren Sternen bestehende zentrale Achse des Himmels. Für die Visualisierung des pei-ton gab es sowohl Gemeinschaftsrituale als auch individuelle Exerzitien. Sie waren mit regelrechten Sternreisen (→ Seelenreise) verbunden; begleitende Praktiken waren Atemanhalten, Schlucktechniken und Invokationen. In bezug auf die taoist. → Alchemie ist das Konzept der »inneren Alchemie« bemerkenswert, dabei wird das Unsterblichkeitselixier in der Meditation gebraut. – Taoist. Zirkel sind seit der Han-Zeit (2. Jh. v. Chr.) attestiert. Die okkulte Wissenschaften pflegenden sog. fang-shih (Magier, Medizinmänner) lebten in den östlichen Küstengebieten Chinas. Als im 1. Jh. n. Chr. der Buddhismus in China aufkam, wurde er zunächst mit dem T. verwechselt, und taoist. Terminologie wurde gebraucht, um buddhist. Konzepte in Worte zu fassen. In der Folgezeit traten T. und Buddhismus in China als Konkurrenten auf. Eine besondere Blütezeit erlebte der T. unter den T'ang, die der Auffassung waren, dass Lao Tse mit ihren Vorfahren verwandt gewesen sei. Die T'ang (7.–9. Jh.) heiligten das Tao Te King und ließen taoist. Tempel und Klöster erbauen. Während dieser Zeit breitete sich der T. in ganz China aus und kam in Kontakt mit anderen Religionen wie dem nestorian. Christentum und dem → Manichäismus. Auch unter den Sung erreichte der T. nochmals den Status einer Staatsreligion. Sung-Kaiser Hui-tsung (1101–1125 n.

Chr.) errichtete sogar eine Theokratie mit sich selbst als höchstem Gott des taoist. Pantheons. Unter seiner Herrschaft entstanden neue bedeutende Ritualtexte des T. – Einige Elemente des T., wie etwa die Lehren von → Yin- und Yang oder den Wandlungsphasen (→ Elemente; → I Ging) sind für die westliche Esoterik des 20. Jh.s von wesentlicher Bedeutung. Auch die → chines. Medizin und verschiedene in der zeitgenöss. Esoterik populäre Meditationstechniken, etwa → Qi Gong oder → Taiji berufen sich taoist. Traditionen. Vielfach werden Lehren aus T. und Buddhismus miteinander verbunden, was keineswegs ein unhistor. Vorgehen bedeutet, da sich beide Religionen in China trotz ihrer Rivalitäten stets gegenseitig beeinflusst haben. Auch der im Westen sehr bekannte → Zen-Buddhismus ist tiefgreifend vom T. mitgeprägt worden.

Lit.: J. Blofeld, Der T. oder die Suche nach Unsterblichkeit, 1979. Max Kaltenmark, Lao-tzu und der T., 1981. I. Robinet, Geschichte des T., 1991. M. Palmer, The Elements of T., 1991. L. Kohn (Hg.), Taoism Handbook, 2000.

Tarot, besonders von der jüngeren Esoterik vielbenutztes Kartenspiel, über dessen Ursprünge aus Ägypten, bei den Zigeunern oder in der kabbalist. Tradition viele Spekulationen im Umlauf sind. Wahrscheinlicher ist jedoch, dass der T. Ende des 14. Jh.s in Europa entstand und bis ins 18. Jh. hinein ausschließlich zu Unterhaltungszwecken gespielt wurde. Der protestant. Pfarrer und → Freimaurer Antoine Court de Gébelin (1719–84) glaubte, im T. sei die Symbolik einer aus Ägypten stammenden Urreligion festgehalten und unterlegte den Bildkarten so eine esot. Bedeutung. Diese wurde von Levi, der zuerst die Verbindung zur → Kabbala herstellte, und dann von engl. Esoterikern im Umkreis des → Order of the Golden Dawn aufgenommen und weiterentwickelt. Heute sind an die 100 unterschiedliche T.-Sets im Umlauf, wobei die Symbolik des T. mit den verschiedenen esot. Traditionen zur Deckung gebracht wird. Die bekanntesten sind das Rider-Waite-Deck mit einer kabbalist. und das Crowley-Deck mit einer eigenwilligen ägypt.-hermet. Deutung, beide aus dem Umkreis des Golden Dawn stammend. Ein T.-Set besteht aus 78 Karten, von denen 22 das Große und 56 das Kleine Arkanum bilden. Letzteres besteht aus vier Figuren-Folgen von Stäben, Kelchen, Schwertern und Münzen, die jeweils von eins bis zehn numeriert sind und von den vier Hofkarten König, Königin, Ritter und Knappe angeführt werden. Die Großen Arkana sind: I Magier, II Hohepriesterin, III Herrscherin, IV Herrscher, V Hierophant, VI Die Liebenden, VII Wagen, VIII Gerechtigkeit, IX Eremit, X Rad des Schicksals, XI Kraft, XII Der Gehängte, XIII Tod, XIV Mischung, XV Teufel, XVI Turm, XVII Stern, XVIII Mond, XIX Sonne, XX Gericht, XXI Welt, 0 Der Narr.

Lit.: M. Dummet, The Game of T. from Ferrara to Salt Lake City, 1980. H.-D. Leuenberger, Schule des T., 3 Bde., 1981. A. Crowley, Das Buch Thoth (Ägypt. T.), 1985. D. Hoffmann/M. Dietrich, Tarot – Tarock – Tarocchi, Tarocke mit italien. Farben, 1988.

Taufe als christl. Ritual wird von esot. Gruppierungen unterschiedlich bewertet. Von den → Täufergemeinschaften und den → Mandäern wird sie praktiziert, während → Mani, der selbst in einer Täufergemeinschaft aufwuchs, sie als oberfächlichen Akt ohne wirkliche Beteiligung des Geistes strikt ablehnt. Viele christl.-esot. Gruppierungen neigen zu einer Spiritualisierung aller Sakramente und damit auch der T., d.h. sie behält ihre Bedeutung als symbol. Akt der erstmaligen oder wiederholten Zuwendung zu Gott, braucht aber nicht rituell und materiell vollzogen zu werden.

Tauler, Johannes (ca. 1300–61), → Meister Eckhart nahestehender volkstümlicher Dominikanerprediger aus Straßburg, dessen zentrale Lehre der myst.-initiator. Weg nach innen war. Dieser beginnt mit der → Selbsterkenntnis und endet in der → Gelassenheit, in der der Mensch jeden Eigenwillen vollständig aufgibt und das Göttliche seinen Einzug in die menschliche Seele hält. Eine Nähe zur Esoterik zeigt auch das Bestreben T.s, Mystik und

Alltagsleben (vita contemplativa und vita activa) miteinander in Einklang zu bringen.

Lit.: L. GNÄDINGER, J. T. Lebenswelt u. myst. Lehre, 1993.

Tayyibiten, isma'ilit. Gruppierung, benannt nach al-Tayyib, dem Sohn des 1130 von → Nizariern ermordeten Fatimidenkalifen al-Amir. Al-Tayyib war beim Tod seines Vaters nur acht Monate alt und wurde in der Thronfolge der → Fatimiden übergangen. Der da'i des Jemen, Du'aib ibn Musa, wandte sich deshalb von den Fatimiden ab und verkündete, al-Tayyib halte sich verborgen und habe ihm selbst die Leitung seiner Gemeinde übertragen. Unterstützt von der jeminitischen Königin, die die Gelegenheit ergriff, sich von der Fatimidenherrschaft loszusagen, bildete sich so mit den T. ein eigener Zweig der Isma'iliya, dessen Anhänger bis heute im Jemen und in Nordwestindien (Gujarat) leben. Die Lehre der T. ist im wesentlichen eine Remythisierung der neuplaton. Theologie → Kirmanis.

Teilhard de Chardin, Pierre (1881–1955), frz. Jesuit, Naturwissenschaftler und Forschungsreisender, der das esot. Denken des 20. Jh.s entscheidend geprägt hat. T. selbst definierte sich als »Priester-Forscher« und sah die Anpassung des Christentums an das Weltbild der Naturwissenschaften als seine eigentliche Aufgabe an. Eine besonders wichtige Rolle spielte dabei Darwins Lehre von der Evolution. T. wurde zum Begründer eines theolog., christolog. und anthropolog. ausgeformten → evolutiven Denkens, das mit der → Newage-Bewegung eine große Breitenwirkung erfuhr. In seinem Hauptwerk Der Mensch im Kosmos (1938–40) legt T. dar, wie sich aus einem Punkt Alpha, dem Anfang des Alls, das zunehmend komplexer werdende Universum entfaltet. Zuerst entsteht mit den Pflanzen und Tieren die Biosphäre, danach mit dem menschlichen → Bewusstsein die Noossphäre, d. h. die Sphäre des Geistigen. Die Entwicklung des Menschen läuft auf den Zielpunkt Omega zu, an dem sich die Wiederkunft Christi vollziehen soll. Der kommende → Christus ist der kosm. Christus und repräsentiert eine Verschmelzung aller individuellen Seelen, die am Ende der Evolution wieder eine Einheit bilden werden. Aufgabe des Menschen im Kosmos ist es also, den Prozess fortschreitender Differenzierung und den damit einhergehenden Ausbreitungskampf der Arten und Individuen umzukehren und durch Bewusstseinsentwicklung die Alleinheit des Göttlichen wiederzugewinnen. In den so verstandenen Erlösungsprozess wurde die Materie ausdrücklich miteinbezogen. T. wandte sich gegen myst. Vorstellungen westlicher wie östlicher Provenienz, die auf eine Befreiung des Geistes von der Materie hinarbeiteten, statt die Einheit von Geistigem und Materiellem zu erkennen. Da T. mit der kirchlichen Schöpfungsauffassung brach, stieß er bei den kathol. Autoritäten auf Ablehnung. Während T. als Naturwissenschaftler eine beachtliche Karriere machte und ständig in Fachzeitschriften publizierte, wurde die Veröffentlichung von Der Mensch im Kosmos und weiterer theolog. Schriften zu seinen Lebzeiten vom Vatikan unterbunden. Sie wurden erst seit Ende der 50er Jahre bekannt, erregten dann aber große Aufmerksamkeit.

Lit.: G. SCHIWY, T. Sein Leben u. seine Zeit, 2 Bde., 1981.

Templer, der Orden der Tempelritter, der 1119 von Hugo von Payens im Geist des religiösen → Rittertums zum Schutz der christl. Pilger vor muslim. Übergriffen im Heiligen Land gegründet wurde. Seine Regel war an die des Benediktiner-Ordens angelehnt. In den ersten 200 Jahren ihres Bestehens waren die T. außerordentlich erfolgreich und konnten in vielen Bereichen des christl.-religiösen, aber auch des wirtschaftlichen und sozialen Lebens großen Einfluss entfalten. 1307 jedoch ließ aus nie ganz aufgehellten Gründen der frz. König Philipp der Schöne den Orden durch die Inquisition grausam verfolgen und vernichten. Die Anklage lautete auf mit sexuellen Ausschweifungen verbundene Häresie und Blasphemie durch Verleugnung Christi und Bespucken des Kreuzes. Insbesondere sollten sich die T. der Verehrung des → Bahomet schuldig gemacht haben. Entsprechende Geständnisse wurden unter Folter erpresst. Die histor. Forschung hat festgestellt, dass es sich mit den Häresie-Vorwürfen gegen die T. um einen Vorwand handelte, kann jedoch die tatsächlichen Geschehnisse bis heute nicht aufklären. Dennoch weiß die esot. Überlieferung von einer Traditionslinie, die von der → Gnosis und den → Assassinen über die T. in Verbindung mit den → Katharern und dem → Gral bis zu den → Freimaurern reicht.

Lit.: M. Strachwitz, Schwarz-Weiss. Das T.drama, 1926. P. Partner, The murdered Magicians, 1981. A. Demurger, Die T. Aufstieg u. Untergang 1118–1314, 1991. H. J. Nicholson, Love, War and the Grail. Templars, Hospitallers and Teutonic Knights in Medieval Epic and Romance, 1150–1500, 2000.

Testimonium Veritatis (lat. »*Zeugnis der Wahrheit*«; NHC IX,3), fragmentar. erhaltene Schrift, deren wesentlichen inhaltlichen Merkmale eine asket. Grundhaltung, Ablehnung der Taufe sowie des Martyriums, Antinomismus und eine mit der des *Johannesevangeliums* übereinstimmende Christologie sind. Eine Kosmologie wird nicht entfaltet, wie überhaupt positive Standpunkte lediglich dadurch erkennbar werden, dass bestimmte Lehren bzw. ihre Vertreter angegriffen und abgelehnt werden. Die Schrift scheint in der Hauptsache aus einer Identifizierung und Widerlegung von Falschlehren motiviert zu sein. Verschiedene Andersgläubige werden polemisch adressiert, darunter großkirchliche Christen, Valentinianern und Anhänger Johannes des Täufers. Ferner ist der gesamte Text von antijüd. Polemik durchzogen. Mythologie und legendäre Überlieferungen verdichten sich in der Schrift nicht auch nur ansatzweise zu einem gnost.-myth. System, werden aber gelegentlich eklektisch bemüht, z. B. um das Verhältnis zwischen Christus und dem von diesen Gnostikern vehement abgelehnten Johannes dem Täufer zu verdeutlichen. Der Text betont hier den Unterschied bezüglich ihrer beider Geburt: Christus wurde von einer Jungfrau geboren, Johannes dagegen von einer »mit Alter getragenen Gebährmutter«, eine Bezugnahme auf Lk 1,36, wo berichtet wird, dass die sich unfruchtbar wähnende Elisabeth ihren Sohn Johannes erst in höherem Alter zur Welt brachte. Die einzige ausführlichere mythologische Passage der Schrift schließt hieran direkt an. Es handelt sich um einen ophit. Midrasch der at.lichen Paradiesgeschichte, dessen Funktion es einerseits ist, in typisch gnostischer Manier den Wert der Erkenntnis herauszustellen, andererseits das Wirken Christi, der hier mit der Schlange gleichgesetzt wird, bereits im Paradies zu zeigen. Spezifischer Gegenstand der beschworenen Erkenntnis ist die Jungfrauengeburt Jesu, die von der Geburt des Johannes abgesetzt wird. In seiner Gesamtkonzeption dreht sich der Text um die Christologie und um ein »richtiges« Bekenntnis zu Christus als Erlöser. So unterscheidet die Schrift dualistisch zwischen einem »Geschlecht des Menschensohnes« und einem »Adamsgeschlecht« (→ Abstammungsmythen), ganz wie im Johannesevangelium zwischen johanneischen Christen und Juden unterschieden wird. So spricht einiges dafür, dass es sich bei dieser Schrift um ein Stück unverkirchlichte johanneische Gnosis handelt, das die extrem sektiererische Tendenz der Johanneischen Gemeinde fortgesetzt, die mit dem Christus-Mythos in erster Linie den Bestand der eigenen kleinen Gruppe ätiologisierte. Das auffällige Fehlen anderer in sich geschlossener Mythologeme und die scharfe Ablehnung des Täufers weisen ebenfalls in diese Richtung. Letztere scheint hier so weit verschäft worden zu sein, dass mit Johannes inzwischen auch die Taufe selbst, die im *Ersten* Johannesbrief noch eine große Rolle gespielt hatte, abgelehnt wird.

Ausg.: NHL. NHD.

Lit.: B. A. Pearson, Jewish Haggadic Tradition in the Testimony of Truth from Nag Hammadi (CG IX,3), in: Ex Orbe Religionum. Festschrift Geo Widengren, 1972.

Teufel, in der jüd.-christl.-islam. Tradition die Personifikation des Bösen. Die Vorstellung vom T. vereinigt im wesentlichen jüd. und griech. Elemente und hat ihre Ursachen in dem → Dualismus der → Apokalyptik und des antiken → Platonismus. Der at.liche → Satan wurde entgegen seiner späteren Interpretation als T. anfangs als Vertreter Gottes angesehen. Die Septuaginta führte als Übersetzung des hebräischen »Satan« den Namen »Diabolos« (griech. »Verleumder«) ein, von dem die Bezeichnungen für »T.« in den europ. Sprachen abgeleitet sind. Auch der griech. Seelenbegriff »daimon« wurde in den um die Zeitenwende entstehenden Vorstellungskomplex vom T. miteingebaut und bezeichnete nun Satyrn und andere Wesen der heidn. Mythologie. Nt.liche Texte bringen den T. mit bösen → Geistern (jetzt »Dämonen« genannt) und den gefallenen → Engeln in Verbindung; die Offenbarung des Johannes beschreibt ihn als Schlange und als Drachen. In esot. Spekulationen über den T. nimmt die → Luzifer-Tradition naturgemäß einen wichtigeren Stellenwert ein als die Degradierung heidn. Gottheiten durch ihre Stilisierung zu Widergöttern. So ist in der Esoterik der T. stets ein gefallenes göttliches Wesen, das selber der Erlösung bedarf. Eine besonders originelle T.-Lehre findet sich in der → Anthroposophie → Steiners, die mit Luzifer und Ahriman zwei teufl. Wesen kennt. Luzifer als Lichtbringer entführt die Menschen in geistige Scheinwelten und beherrscht alle Zustände der Illusionen und des Rausches. Ahriman dagegen leugnet jegliche vom Ird. losgelöste Realität und verleitet zu reinem Materialismus. Die Aufgabe des Menschen sieht Steiner darin, zwischen diesen beiden Kräften ein Gleichgewicht herzustellen. Vorbild ist ihm darin Jesus → Christus. Die von Steiner für das Goetheanum in Dornach geschaffene Holzskulptur zeigt Christus in der Mitte der beiden Widersachermächte, wie er mit der rechten Hand Ahriman aus der Tiefe und den Zugriff Luzifers aus der Höhe abwehrt.

Lit.: A. Schütze, Das Rätsel des Bösen, 1982. H.-W. Schroeder, Der Mensch und das Böse. Ursprung und Sinn der Widersachermächte, 1984. G. Roskoff, Geschichte des T.s, ²1987. A. di Nola, Der T. Wesen, Wirkung, Geschichte, 1990. E. Pagels, The Origin of Satan, 1995.

Theodot (2. Jh.), valentinian. Gnostiker, über dessen Biographie nichts weiter bekannt ist. → Clemens von Alexandria benutzte eine Sammlung valentinian. Lehren bzw. kürzerer Aussprüche, die T. zugeschrieben wurde, deren einziger Urheber er aber wohl nicht gewesen ist. Aus dieser Sammlung, von der Ausschnitte unter dem Titel *Exzerpte aus Theodot* durch Clemens überliefert wurden, stammt die berühmte Formel, die bis heute stets zur Charakterisierung des gnost. Erkenntnisinteresses zitiert wird: »Nicht allein das (Tauf-)Bad macht uns frei, sondern auch die Erkenntnis: Wer waren wir? Was sind wir geworden? Wo waren wir? Wo hinein sind wir geworfen? Wohin eilen wir? Wovon sind wir befreit? Was ist Geburt? Was ist Wiedergeburt?« (*Exzerpta ex Theodoto*, 78,2).

Lit.: Gnosis I.

Theosophie (von griech. »theos« Gott und »sophia« Weisheit), traditionell eine Wissenschaft des Göttlichen, womit in erster Linie kosmogon. Spekulationen wie besonders exemplar. bei → Böhme gemeint sind; im engeren Sinn die systemat. Esoterik Ende des 19./Anfang des 20. Jh.s, die sich ihrer spekulativ-philosoph. Elemente zu entledigen versucht. Mit dem Aufstieg der positiven Wissenschaften in der Neuzeit wurde es für Esoteriker dringlich, deren Anspruch auf Exaktheit und log. Unanfechtbarkeit etwas gleichwertiges entgegenzusetzen. Nachdem offensichtlich geworden war, dass dies auf dem Gebiet der Naturforschung (→ Naturphilosophie) nicht gelang, wandten sich seit dem Ende des 19. Jh.s europ. Esoteriker stärker als bisher indo-tibet. Denk- und Religionsformen zu. Die Realität des Göttlichen wurde nicht mehr in der Natur gesucht, sondern in einem vergleichenden Studium der Religionen und geheimnisvoller alter Schriften insbesondere des ind. Kulturraums. → Blavatsky, die 1875 gemeinsam mit Henry Steel Olcott in New York die Theosoph. Gesellschaft gründete, destilliert in ihren Werken aus einer Zusammenschau von Aussagen und Symbolen verschiedener Religionen, aber auch unter Berufung auf »alte Bücher«, eine esoter. Lehre, deren genaue Kenntnis den Lesern vorenthalten bleibt, von der die T. aber annimmt, sie sei die Basis aller Religionen. 1882 wurde das Zentrum der Theosoph. gesellschaft nach Adyar bei Madras in Indien verlegt. Obwohl sie sich sehr bald in viele Verzweigungen aufsplitterte (deren bedeutendste ist die → Anthroposophie), hatte die T. große Ausstrahlungskraft auf die sich zunehmend globalisierende Esoterik des ausgehenden 19. und des 20. Jh.s.

Lit.: H. S. Olcott, Old Diary Leaves, 6 Bde., 1935. B. F. Campbell, Ancient Wisdom Revised: A History of the Theosophical Movement, 1980. K. R. H. Frick, Die Erleuchteten, 2 Bde., 1973–1987. N. Klatt, T. u. Anthroposophie. Neue Aspekte zu ihrer Geschichte aus dem Nachlass von Wilhelm Hübbe-Schleiden (1846–1916), 1993. J. Godwin, The Theosophical Enlightenment, 1994.

Therapeuten, eine esot. Ordensgemeinschaft, die von → Philon von Alexandria in seiner Schrift *De vita contemplativa* beschrieben wird. Die Identität der T. ist unklar, möglicherweise handelte es sich um → Essener.

Lit.: D. Winston, Philo and the Contemplative Life. S. Fraade, Ascetical Aspects of Ancient Judaism, in: A. Green (Hg.), Jewish Spirituality, Bd.1: From the Bible through the Middle Ages, 1989.

Theurgie (griech.-lat. Wortzusammensetzung, wörtl. »Bedrängung eines Gottes« oder aber griech. »theia erga« göttliche Werke), Bezeichnung für heidn.-antike Praktiken, die die Verbindung oder Einswerdung der Ausführenden mit dem Göttlichen zum Ziel haben. Die Bezeichnung T. wurde von Iulianos Theourgos geprägt, der zur Zeit Mark Aurels (161–189) wirkte. Dieser Iulianos galt als Wundermann und wurde lange fälschlich als Verfasser der → *Chaldäischen Orakel* angesehen. Es geht bei der T. hauptsächlich um rituell ausgeführte Anrufungen der Gottheiten, die die Seele bei ihrem Aufstieg in himml. Sphären (→ Seelenreise) unterstützen sollen. Auch Opfer wurden zu diesem Zweck gebracht. Dabei bestehen enge Verbindungen zu → Gnosis, → Hermetik und Neuplatonismus (→ Platonismus).

Thiasoi → Vereinswesen

Thomas-Buch (NHC II,7), ein Dialog zwischen dem auferstandenen Jesus und seinem → Zwilling Judas Thomas. In diesem Rahmen wird eine Reihe von Aussprüchen Jesu überliefert, die an die Weisheitsliteratur (→ Weisheit) erinnern, dabei aber relativ viel mytholog. Material enthalten. Breiten Raum nehmen insbesondere eschatolog. Schilderungen ein.

Ausg.: NHD. NHL. Gnosis I.

Thomasevangelium (NHC II,2), eine Ende des 1./Anfang des 2. Jh.s n. Chr. in Ostsyrien entstandene gnost. Sammlung von Sprüchen verschiedenen Inhalts, von denen viele Parallelen in den nt.lichen Evangelien haben. Die Aussagen selber werden Jesus, ihre Zusammenstellung dem Apostel Thomas zugeschrieben. Die Schrift, die sehr wahrscheinlich authent. Aussagen Jesu enthält, erfreut sich heute großen Interesses in esot. und spirituell gesinnten Kreisen. → Osho verfasste zu ihr eine Reihe von Lehrvorträgen.

Ausg.: NHD. NHL.

Lit.: Bhagwan Shree Rajneesh, Komm u. folge mir. Bhagwan Shree Rajneesh spricht über Jesus, 1976. Ders., Die verbotene Wahrheit. Zehn Vorträge über Jesusworte aus dem T., 2 Bde., ^{2}1990. T. Zöckler, Jesu Lehren im Thomasevangelium, 1999.

Thomas-Tradition, eine in Ostsyrien (Raum Edessa) entstandene gnost.-enkratit. Entwicklungslinie des fühen Christentums, die an das Wirken des Apostels Thomas geknüpft ist. Missionsgebiet des Thomas waren der Iran und Indien – die südind. Christen berufen sich noch heute auf ihn –, aber die kopt. Handschriften des → *Thomas-Buches* und des → *Thomasevangeliums* zeigen, dass die T. auch in Ägypten bekannt war. Die stark gnost. gefärbten Legenden zu Thomas, darunter auch das bekannte → *Perlenlied*, sind in den apokryphen

Thomas-Akten (→ Apokryphe Apostelgeschichten) enthalten.

Thronmystik, Spekulation über die göttlichen Throne, die besonders im esot. Frühjudentum in den Vorstellungen über die himmlischen Welten eine Rolle spielten. Im engeren Sinn ist die T. ein Bestandteil der → Merkava-Mystik, aber sie findet sich auch im gnost. → *Ägypterevangelium* und in der → *Dreigestaltigen* Protennoia und spielt später nochmals eine Rolle in der Kosmogonie der → Isma'iliya.

Thule → Norden

Thule-Gesellschaft, 1918 von Rudolf von Sebottendorf gegründete ariosoph. Vereinigung mit ordensähnlichen Strukturen, in der viele spätere Nationalsozialisten Mitglied wurden. Auch das wichtigste Symbol der T., die Swastika, wurde als nationalsozialist. Hakenkreuz übernommen. → Ariosophie.

Tibet. Buddhismus, die in Tibet entwickelte Form des → Vajrayana-Buddhismus, wegen ihrer hierokrat. Strukturen auch Lamaismus genannt. Der T. ist ein hochkomplexes Phänomen, in dem rationale Disziplin, mönchisch-asket. Lebensweise, myst.-ekstat. Erfahrungen, Kosmologie und Psychologie vielfältige Verbindungen eingehen. Charakterist. ist die Schlüsselrolle des geist. Lehrers, der gewöhnlich ein Lama ist. Über Yogi-ähnliche Dorftantriker fanden immer wieder volksreligiöse Elemente aus zentralasiat. Regionen Eingang in den T. Die tibet. Könige führten im 8. Jh. sehr wahrscheinlich aus machtpolit. Erwägungen heraus den Buddhismus ein und setzte ihn gegen den Widerstand der einheim. → Bon-po durch. Tibet. religiöse Legenden erklären die Annahme des Buddhismus entweder durch die Herabkunft des transzendenten Buddha Avalokiteshvara (der höchsten Gestalt des mahayanabuddhist. Pantheons), der sich in Affengestalt mit einer tibet. Felsdämonen vereinigte und so die Vorfahren der tibet. Geschlechter zeugte, oder damit, dass ein früher tibet. König aus dem Himmel eine buddhist. Schrift empfing. Nach der ersten Einführung des Buddhismus waren in Tibet sowohl chines. als auch ind. Missionare aktiv. Die Machthaber unterstützten wegen des prekären politischen Konkurrenzverhältnisses zu China systemat. die letzteren. Dem ind. Wanderprediger Padmasambhava, »dem Lotosgeborenen«, gelang schließlich die endgültige Etablierung des T. und die erste Klostergründung mit Sam-yas um 779. Padmasambhava, über dessen histor. Persönlichkeit kaum etwas bekannt ist, brachte die Einweihungslehren der buddhist. → Tantrik mit sich. Er muss es hervorragend verstanden haben, die einheim. tibet. Gottheiten in seine Lehre des Buddhismus zu integrieren. Nach der Legende traf er auf seinem Weg durch das Land zahlreiche Dämonen, die ihn herausforderten, schließlich aber seine Überlegenheit anerkennen mussten und ihre Kräfte und Fähigkeiten in seine Dienste stellten. In der Folgezeit wurde die gesamte mahayanabuddhist. Literatur aus dem Sanskrit ins Tibet. übersetzt, das innerhalb kurzer Zeit zu einer hochentwickelten Schriftsprache wurde. Ab 838 versanken das Land und seine aufblühende buddhist. Kultur in einer Zeit der Thronwirren, vorübergehend wurde der Buddhismus von Anhängern der alten Rituale auch in den herrschenden Kreisen sogar massiv bekämpft. Um 1000 begann von Westtibet ausgehend die Erneuerung. Die entscheidenden Anstöße für seine weitere Entwicklung erhielt der T. durch drei maßgebliche Lehrer: Atisha (982–1054), Marpa (1012–1096) und dessen Schüler Milarepa (1052–1135). Atisha vollzog tantr. Einweihungen unter den Mönchen und etablierte den Kult des Avalokiteshvara; die klösterliche Kultur der folgenden Jh.e ging hauptsächlich auf sein Werk zurück. Dagegen waren Marpa und besonders Milarepa Vertreter eines religiösen Individualismus. Marpa wurde nach einem langjährigen Aufenthalt in Bihar ein berühmter Übersetzer buddhist. Schriften aus dem Sanskrit und galt darüber hinaus als vollkommener tantr. Eingeweihter, der an seine Schüler besondere Übungsmethoden und esot. Lehren weitergab. Milarepa lebte viele Jahre als Yogi in den Höhlen des Himalaya und schuf eine tibet. buddhist. Lyrik. Im 11. und 12. Jh. bildeten sich die verschiedenen Schulen des T. Die Kadampa, die ihre Lehre direkt auf Atisha zurückführen konnten, waren durch ihre strenge Einhaltung der mönch. Gebote gekennzeichnet. Dagegen waren die Gelugpa weltlicher orientiert und standen in engem Verbund mit der polit. Macht. Die Kagyüpa knüpfen an Marpa und Milarepa an; sie befolgen den von ihnen gelehrten geistigen Übungsweg. Ein Schüler des Kagyüpa-Gelehrten und Arztes Gam-po-pa gründete die Karmapa-Schule, die großen Rückhalt in der Bevölkerung und beträchtliche militär. Macht entwickelte. Als ein Zweig der ersten bedeutenden Klostergründung durch die Kagyüpa entstanden die Drukpa, die bis heute in Bhutan vorherrschend sind. Die Sakyapa-Schule wurde von 'Brog-mi (992–1072) begründet, der viele Jahre in Indien bei verschiedenen Meistern studierte und tantr. Initiationen empfing. Sie erfuhren im 13. Jh. entscheidende Förderung durch die Mongolen-Khane und machten aus Tibet nach einer langen Besatzungszeit wieder eine eigenständige polit. Kraft. Schließlich stellen die Nyingmapa die einzige Schule des T. dar, die genuin tibet. Ursprungs ist, indem sie sich auf einen tibet. Schüler Padmasambhavas zurückführt. Die Nyingmapa besitzen eine eigene esot. Schrifttradition: Nach ihrer Überlieferung versteckten Padmasambhava und seine unmittelbaren Schüler, die den Rückschlag des Buddhismus nach der »ersten Ausbreitung der Lehre« vorausgesehen hätten, eine Reihe von Schriften an geheimen Plätzen, damit sie dort gefunden werden könnten, wenn die Zeit reif sei. Zu diesen Schriften, ger-ta (»Schätze«) genannt, gehören → Tantras, Medizin- und Ritualtexte, prakt. Übungsanweisungen sowie eine ausführliche Biographie Padmasambhavas. Die krit. Forschung ist der Auffassung, dass die ger-ta tatsächlich alte Überlieferungen enthalten. Bis heute werden immer noch neue ger-ta gefunden, die auch in Visionen, nicht unbedingt in schriftlicher Form Gestalt angenommen haben können. Seit Tibet im 15. Jh. ein selbständiger Staat wurde, ist der T. unter Führung der Gelugpa-Schule sehr weitgehend polit. Angelegenheit geworden. Der oberste Herrscher erhielt den Titel »Dalai Lama« (Ozean der Weisheit); die Nachfolge wurde durch eine polit. Auffassung der → Reinkarnation geregelt. Dabei konnte die Wiederverkörperung des Dalai Lama durchaus auch in Kindern gefunden werden, deren Familien verschiedenen Schulen anhingen. Nachdem Tibet 1959 durch China besetzt worden war, setzte die Verfolgung des T. im eigenen Land und sein Exil in Nepal, Indien und dem Westen ein. Hier gewinnt er eine bis heute zunehmende Zahl nicht-tibet. Anhängerinnen und Anhänger. Seit Mitte der 1990er Jahre regt sich unter westlichen Schülerinnen und Schülern des T. Kritik an seinen patriarchalen und autoritären Strukturen, verbunden mit der Forderung nach entsprechenden Reformen bzw. neuen Lesarten und Interpretationen der tibet. Überlieferung.

Lit.: G. Tucci, Die Religionen Tibets, 1970. G.-W. Essen/T. T. Thingo, Die Götter des Himalaya. Buddhist. Kunst Tibets, 2 Bde., 1989. H. V. Guenther, Tibetan Buddhism in Western Perspective, 1989. R. A. Stein, Die Kultur Tibets, 1993. J. Campbell, Göttinnen, Dakinis u. ganz normale Frauen. Weibliche Identität im Tibet. Tantra, 1997. J. Powers, Religion u. Kultur Tibets. Das geist. Erbe eines buddhist. Landes, [2]1998. C. Goldner, Dalai Lama – Fall eines Gottkönigs, 1999. V./V. Trimondi, Der Schatten des Dalai Lama. Magie u. Politik im T., 1999. M. von Brück, Religion u. Politik im T., 1999.

Tibil, bei den → Mandäern die als böse angesehene Erde mitsamt aller Materie.

Tif'eret (hebräisch »Pracht«), die sechste sefira der → Kabbala, die sich genau in der Mitte des die wirkende Gottheit repräsentierenden Sefirot-Baumes befindet. Im Sohar wird sie meistens Rachamim (»Barmherzigkeit«) genannt. T. hat die wichtige Funktion, die Kräfte des vierten und fünften Sefira, deren Verselbständigung besonders unheilvolle Auswirkungen haben kann, im Ausgleich zu halten.

Timaios, Spätdialog → Platons, der seinen Namen nach dem in der Antike legendären pythagoreischen Historiker T. erhielt. Die Schrift entstand während eines Aufenthalts Platons auf Lokris, der Heimat des T., ca. 388 v. Chr. Im Mittelpunkt des umfangreichen Traktats stehen Kosmogonie und → Naturphilosophie. Die sichtbare Welt der Erscheinungen wurde durch einen → Demiurgen nach dem Vorbild der → Ideen gestaltet. Dabei wird die Ordnung des Kosmos mathematisch expliziert. T. war bis ins 12. Jh. hinein der einzige bekannte platon. Text im Abendland, und in bezug auf die Esoterik ist er mit Sicherheit der bedeutendste. Die meisten esot. Darlegungen der → Schöpfung und spätantike Kosmologien sind durch den *Timaios* beeinflusst.

Lit.: K. Gloy, Studien zur platon. Naturphilosophie im T., 1986.

Tod gilt Esoterikern als das Überschreiten einer Schwelle zu anderen als menschlichen Daseinsformen und -bereichen, für die es notwendig wird, dass der Mensch und auch das Tier seinen materiellen Körper verlässt. Dabei wird es für wichtig erachtet, diesen Übergang so bewusst wie möglich zu vollziehen und sich auf den T. entsprechend vorzubereiten. Hilfreich kann hierfür die Beschäftigung mit → Totenbüchern und mit Berichten über → Nahtoderlebnisse sein. Das Prinzip des Tes. ist grundsätzlich von dem des Lebens untrennbar, beide bedingen sich gegenseitig. Der T. ist nicht in erster Linie Abschluss des Lebens, sondern waltet stets in ihm. Jeder Verlust und jede größere Veränderung im Leben macht das T.esprinzip sichtbar, das auch eine Notwendigkeit für spirituelles Wachstum darstellt.

Lit.: Ch. Daxelmüller u. a., Tod/Sterben, in: Lexikon des MA, Bd. VIII, 1997.

Tolstoi, Lew Nikolajewitsch (1828–1910), russ. Autor berühmter Romane (Krieg und Frieden, 1865–69) und Erzählungen (Der Tod des Iwan Iljitsch, 1880; Die Kreutzersonate, 1891). Fast alle seine Werke und noch stärker seine autobiograph. Schriften (Die Beichte, 1884), sind von einem esot. Christentum durchdrungen, dessen Quellen haupsächlich in der russ. Volksreligion zu suchen sind. Daneben schöpfte T. seine Ideen aus der Weltliteratur. Von besonderem Einfluss auf ihn waren die Zivilisationskritik Rousseaus, die *Pensées* Blaise Pascals und das Tao Te King. 1853–55 beteiligte sich T. am Krimkrieg zwischen Russland und der Türkei. Während dieser Zeit beschäftigte er sich bereits intensiv mit dem Gedanken an eine »neue Religion«, die christlich, aber undogmat. sein und alle Menschen im Geist der Brüderlichkeit einen sollte. Die in dieser Periode entstandenen frühen Kaukasuserzählungen (z. B. Die Kosaken, 1863) lassen pantheist. Vorstellungen erkennen. Anders als die meisten Esoteriker betonte T. die Wichtigkeit der Glaubenserfahrung. Seine Überzeugungen haben keinerlei Bezug zur Wissenschaft. Sie orientieren sich bewusst an den nt.lichen Evangelien und an der naiven Religiosität der russ. Bauern. Es ging bei T. in erster Linie um gelebte Umsetzung des Evangeliums. Ganz und gar ablehnend stand er der Russ.-Orthodoxen Kirche gegenüber. Er verurteilte ihren Klerikalismus und ganz besonders ihre Unterstützung oder Duldung von Todesstrafe und Krieg. Nach einer Kritik der dogmat. Theologie (1879–81) beendete er 1883 die Bekenntnisschrift Mein Glaube, die ganz im Zeichen der Bergpredigt steht. 1901 wurde er aus der Kirche ausgeschlossen. Bei aller Bezogenheit auf die christl. Botschaft konnte T. das Christentum doch relativieren und Jesus in eine Reihe mit Weisen und Religionsstiftern verschiedener Kulturen stellen. Die Auswirkungen seines unabgeschlossenen Orientalistikstudiums von 1844–47 sind kaum erforscht, als sicher gilt jedoch inzwischen, dass T. während dieser Zeit ind. Gedankengut aufnahm und es auch in seine Romane einfließen ließ. Der → Neohinduismus hat umgekehrt T. rezipiert; tief beeindruckt von seinen Gedanken zeigte sich Mahatma Gandhi. In der ländlichen Bevölkerung, insbesondere in Zentralrussland ansässige Anhänger der religiösen Vorstellungen T.s sammelten sich in der Bewegung der Tolstovčy. Sie lehnten die orthodoxe Kirche und ihre Dogmen ab und gaben einen eigenen Katechismus heraus. Die individuelle Selbstprüfung wurde zum Sakrament erklärt. Die Gemeinden der Tolstovčy bestanden bis zur Zwangskollektivierung unter Stalin 1929.

Ausg.: Werke, dt. (Winkler Weltliteratur), 1979 ff.

Lit.: R. ROLLAND, Das Leben T.s, 1922. Neudruck 1994. D. MILIVOJEVIC (HG.), L. T., 1999.

Totenbücher, eine Reihe sehr heterogener Texte, die jeweils die Aussagen einer religiösen Tradition zu Sterben, Tod und dem Leben danach zusammenstellen. Grundlegend ist das berühmte Ägypt. T. (entst. ca. 1500 v. Chr.), eine Spruchsammlung, die im Alten Ägypten den Toten in den Sarg gelegt wurde. Das Ägypt. T. ist eine Gesamtschau auf ägypt. Vorstellungen über das Leben nach dem Tod im Neuen Reich und in der Spätzeit. Es beschreibt die Rituale, durch die der Tote auf die jenseitige Welt vorbereitet wurde, sowie die Stationen seines Weges durch das Totenreich und enthält zahlreiche Schutzformeln gegen die ihm dabei begegnenden feindlichen Dämonen. Obwohl jeder Ägypter dieses Totenbuch im Tausch gegen zwei Kühe erwerben konnte, wurde ihm ein geheimer Charakter beigelegt. Der Leser wird mehrfach ermahnt, über die Inhalte Stillschweigen zu bewahren. 1927 gab der engl. Theosoph Y. W. EVANS WENZ das sog. Totenbuch der Tibeter heraus, ein zur Terma – (tibet. »verborgene Schätze« –) Literatur gehöriges Werk, das auf Padmasambhava zurückgeführt wird, der um 750 n. Chr. den Buddhismus in Tibet verbreitete. Der Originaltitel der Schrift lässt sich mit »Befreiung durch Hören im Zwischenzustand« übersetzen, wodurch auch bereits sein genauerer Inhalt genannt ist. Die Aufmerksamkeit gilt den drei Zwischenzuständen, durch die der Mensch im Prozess von Sterben und Wiedergeburt geführt wird, und ihrer Überwindung, zu der das *Tibet. Totenbuch,* während des Totenrituals gelesen, die Anleitungen gibt. Hört der Tote auf das Vorgetragene, kann er sich aus den Zwischenzuständen ebenso wie aus den sechs Welten der Wiedergeburt, die nichts anderes als die Projektionen seiner eigenen Psyche sind, befreien und ins Nirwana eingehen. Im Totenbuch des Islam sind überlieferte Aussagen des Propheten Muhammad, die um das Thema Tod und Auferstehung kreisen, zusammengestellt. P. Arnold gab eine deutsche Übersetzung des sog. Pariser Codex, der das Schicksal der Toten nach Vorstellungen der Maya behandelt, unter dem Titel »Das Totenbuch des Maya« heraus. Die Beziehung der T. zur Esoterik ist eigentlich eher weitläufig. Von besonderem Interesse für Esoteriker sind aber die in ihnen gegebenen Jenseitstopographien. Da gerade in der zeitgenöss. Esoterik → Tod eine sehr generelle Interpretation erfährt, sollen die Hilfen und Anleitungen der T. auch in Übergangs- und krisenhaften Lebenssituationen nutzbringend sein.

Lit.: J. HEMLEBEN, Jenseits. Ideen der Menschheit über das Leben nach dem Tode vom Ägypt. Totenbuch bis zur Anthroposophie R. Steiners, 1975. F. FREEMANTLE/ CHÖGYAM TRUNGPA, Das Totenbuch der Tibeter, 1976. A. CHAMPDOR, Das Ägypt. Totenbuch, 1977. E. HORNUNG, Das Totenbuch der Ägypter, 1979. K. O. SCHMIDT, Das abendländ. Totenbuch, 2 Bde., 1990–92. C. MATTHEWS, The Celtic Book of the Dead. A Guide for your Voyage to the Celtic Otherworld, 1992. D. ASHCROFT-NOWICKI, The New Book of the Dead, 1992. P. ARNOLD, Das Totenbuch der Maya, 1992. Imam Abd ar-Rahim ibn Ahmad al-Qadi, Das Totenbuch des Islam, 1993. SOGYAL RINPOCHE, Das tibetan. Buch vom Leben u. vom Sterben, [10]1994.

Transzendentale Meditation, eine von → Maharishi Mahesh Yogi eingeführte Meditationstechnik, die mit einer an die → Vedanta-Philosophie anknüpfenden Lehre verbunden wurde. Es handelt sich um eine sehr simple Meditation auf ved. Mantren (→ Mantra), die nach dem Alter des Initianten vergeben werden.

Träume eines Geistersehers, erläutert durch Träume der Metaphysik (1766), Streitschrift Immanuel Kants (1724–1804), die sich hauptsächlich mit dem Sehertum → Swedenborgs auseinandersetzt. Kant stempelt die Einsichten Swedenborgs und seiner Anhänger als ein Produkt von Scheinerfahrungen ab, die nur auf eine profunde Sinnestäuschung zurückgehen könnten. Er leitet damit eine Entwicklung ein, die das vorherrschende rationalist. Welt- und Wissenschaftsbild der Neuzeit geprägt hat und mit der simplen dogmatischen Setzung operiert, dass etwas mit den gewöhnlichen Sinnen und den Mitteln der kausalen Logik nicht Fassbares nicht exisitieren könne bzw. als etwas Krankhaftes auszugrenzen sei.

Lit.: E. BENZ, Swedenborg in Deutschland. F. C. Oetingers u. Immanuel Kants Auseinandersetzung mit der Person u. Lehre Emanuel Swedenborgs, 1947. J.-B. BOTUL, Immanuel Kants sexuelles Leben, in: Lettre International 50, 2000.

Traum, Geistestätigkeit während bestimmter Phasen des → Schlafes, der traditionell eine religiöse Bedeutung beigelegt wird. In der ind. Philosophie entspricht dem T. ein bestimmtes Stadium stofflicher Manifestation und eine damit einhergehende Stufe der Erkenntnisfähigkeit zwischen Tiefschlaf, dem allein die Einheitserfahrung zugänglich ist, und Wachzustand, in dem die Vielheit als einzig Wirkliches erscheint. Folglich kann der T. zwischen beiden vermitteln. Im abendländ. Kulturbereich spielte der T. im Volksglauben einschließlich der christl. Heiligenlegenden eine große Rolle, wurde aber von den philosoph.-theolog. Autoritäten in der Tradition des Aristoteles zu täuschenden und daher bedeutungslosen Äußerungen der Sinnesorgane während des Schlafes herabgewürdigt. Erst seit der → Romantik ist der T. als Träger einer anderen Wirklichkeitsebene wieder interessant. Große Bedeutung erlangte er im → Surrealismus. Moderne Esoteriker interpretieren Träume als Erlebnisse der → Seele, die sich im Schlaf vom Körper trennt und in den geistigen Welten aufhält. Für die Tiefenpsychologie sind Träume entscheidende Zugänge zum → Unbewussten; entsprechend wichtig ist die T.deutung. → Jung griff dafür auf interkulturelle Mythen und Symbole zurück, die nach seiner Lehre mit T.inhalten weitgehend korrespondieren.

Traumzeit, wichtiger Begriff in den Stammesreligionen der austral. Aborigines. Er steht für die Erlebnisse und Aktivitäten der Aborigines-Ahnen, durch die das Land, d.h. der Austral. Kontinent gestaltet wurde. Die Aborigines sind mit diesen Ahnen durch Totems und die zahlreichen Geschichten, die immer wieder erzählt wurden, eng verbunden. In der zeitgenöss. Esoterik ist »T.« sehr viel allgemeiner zu einer Chiffre für das vorrationale Bewusstsein von Stammesgesellschaften und den → Schamanismus geworden.

Lit.: R. LAWLOR, Am Anfang war der Traum. Die Kulturgeschichte der A., 1993. C. ERCKENBRECHT, T. Die Religion der Ureinwohner Australiens, 1998.

Tulku, ein reinkarnierter Lama (geistlicher Führer) im → Tibet. Buddhismus

Turfan-Funde, umfangreiches Text- und Bildmaterial zum zentralasiat. Buddhismus und → Manichäismus, das durch zwei Expeditionen deutscher Wissenschaftler in die jenseits des Tien-Shan-Gebirges in einer Senke an der nördlichen Seidenstraße gelegene Oase Turfan zutage gefördert wurde. Der Ort wurde nach 1028 n. Chr. Sitz von → Uiguren, die sich zum → Manichäismus bekannten und eine weitere Blüte dieser esot. Religion am Rande des einstigen Uigurenreiches herbeiführten. Der Manichäismus von Turfan entwickelte sich in enger Verbindung mit dem hier praktizierten Buddhismus. Die Materialien befinden sich heute in Berlin. Bei den Manichaica handelt es sich um Hymnen, Gebete und Beichtformulare sowie wertvolle Miniaturmalereien.

Lit.: H. W. HAUSSIG, Die Geschichte Zentralasiens und der Seidenstraße in vor-islam. Zeit, [2]1992. R. E. EMMERICK U.A. (Hg.), Turfan, Khotan u. Dunhuang. Vorträge der Tagung »A. v. Gabin u. die Turfanforschung« (9.–12.12.1994), 1996.

U

Über die ägyptischen Geheimlehren (lat. *De mysteriis Aegyptiorum*, entst. Anfang 4. Jh.), ein dem → Iamblichos zugeschriebenes wichtiges theurg. Werk, das in Form eines Antwortschreibens des ägypt. Priesters Abammon an einen Brief des → Porphyrios abgefasst ist. Es behandelt die Beschaffenheit der göttlichen Wesen und Welten sowie die Möglichkeiten menschlicher Kommunikation mit ihnen durch Gebete und Opfer (→ Theurgie). Neben solchen Erläuterungen zur theurg. Praxis wird in großer Ausführlichkeit eine esot. Weltanschauung dargelegt, wie sie → Hermes Trismegistos in mehreren tausend Büchern aufgeschrieben haben soll. Die Wirkungsgeschichte der Schrift reicht von → Proklos über → Dionysius von Areopagites bis die Esoterik der Renaissance, in der es durch → Ficino erneut bekannt gemacht wurde.

Ausg.: Über die Geheimlehren von Jamblichus. Aus dem Griech. übers., eingeleitet u. erklärt von T. Hopfner, 1922.

Über die myst. Theologie (lat. *De mystica theologia*, entst. Anfang 5. Jh.), kurzer, aus fünf Kapiteln bestehender Traktat des → Dionysius Areopagitas) in griech. Sprache über die Natur des Göttlichen sowie Ausführungen dazu, wie der Mensch es verehren und mit ihm myst. Vereinigung erlangen kann. Die Bedeutung der Schrift besteht v.a. in der Darlegung von Dionysius' negativer Theologie (→ Nichts).

Über die okkulte Philosophie (lat. *De occulta philosophia*; Erstfassung 1510, 1530 überarbeitet), das Hauptwerk → Agrippa von Nettesheims, in dem er summar. seine Lehre von Einheit und Aufbau des Kosmos darlegt. Das alles verbindende Einheitsprinzip ist die → Weltseele, die die intelligiblen Ideen als vernunftbegabte Samen (semina rationalia) in die verschiedenen sphär. Stufen bis hinunter zur Materie bringt. Umfangreiche astrolog. Ausführungen beschreiben die Wirkung der als »Kräfte« (virtutes) bezeichneten einzelnen Wesen in den planetar. und sublunaren Welten. Auch Seele und Körper des Menschen werden durch die von der Weltseele kommenden Kräfte konstituiert. Die Kräfte besitzen Entsprechungen in Zahlen, Namen und Worten, über die sie mag. beeinflusst werden können. Durch Kenntnis der Signaturen, d. h. der charakterist. Merkmale der Kräfte, erlangt der Mensch eine gewisse Kontrolle über sie und also mag. Fähigkeiten. Diese können ihm helfen, den natürlichen Wunsch (appetitus naturalis) der Menschenseele nach Wiedervereinigung mit dem Göttlichen zu verwirklichen.

Über die Ordnung des Himmels (lat. *De caelesti hierarchia*, entst. Anfang 5. Jh.) Schrift des → Dionysios Areopagites über die Ordnung der als Theophanie verstandenen → Schöpfung. Sie ist nach dem Prinzip der → Emanation gestuft, aber dabei triad. strukturiert. Dionysios hat hier die christl. Trinitätsvorstellung in die neuplaton. Emanationslehre hineingetragen. Die Hierarchie der Kirche entspricht nach seiner Darlegung der der himml. Welten.

Über die Unsicherheit und Eitelkeit der Wissenschaften (lat. *De incertitudine et vanitate scientiarum*; entst. 1526), wissenschaftskrit. Schrift → Agrippa von Nettesheims, in der er sich mit äußerster Skepsis nicht nur gegen den wissenschaftlichen Rationalismus im allgemeinen, sondern auch gegen esot. Erkenntnisansprüche richtete. Viele Kritiker Agrippas haben dies als Widerruf seiner Lehren über die okkulte Philosophie sehen wollen. Der Autor bringt jedoch unmissverständlich zum Ausdruck, dass er mit der okkulten Philosophie großes Wissen erlangt habe. Agrippas Aburteil ist im Zusammenhang mit der situativen Ausrichtung der Esoterik zu sehen, die kein Erkenntnismodell absolut setzen will. Auch warnt Agrippa vor möglichem Missbrauch esot. Einsichten.

Ausg.: Über die Fragwürdigkeit, ja Nichtigkeit der Wissenschaften, Künste und Gewerbe, übers. von G. Güpner, 1993.

Ufos → Außerirdische

Uiguren, Turkvolk, das vom 7. bis zum 10. Jh. in Zentralasien eine erhebliche Macht entfaltete. Für die Geschichte der Esoterik sind die U. deshalb von Bedeutung, weil sie den → Manichäismus als Staatsreligion einführten und die Pflege und Mission der manichäischen Religion in dem von ihrer militär. Schlagkraft zeitweilig abhängigen China unter ihren Schutz nahmen. Die von ihnen geförderte religiöse Kultur brachte zahlreiche manichäische und buddhist. Klöster sowie eine reiche Literatur in eigener Sprache und Schrift hervor.

Lit.: W. E. Scharlipp, Die frühen Türken in Zentralasien. Eine Einführung in ihre Geschichte u. Kultur, 1992.

Umm al-kitab (arab. »*Mutter des Buches*«, d.h. *Urschrift*), bis heute von den → Nizariern tradierter komplexer, aus mehreren Überlieferungsschichten zusammengesetzter esot. Text, dessen Kern eine kosmogon.-eschatolog. Offenbarung bildet. Sie wird dem fünften → Imam Baqir zugeschrieben, der als nur fünfjähriger Schüler dem Lehrer → 'Abdalla ibn Saba' entsprechende Informationen erteilte. Histor. stammt die Apokalypse sehr wahrscheinlich von dem shi'it. Häretiker Gabir ibn Yazid al-Gu'fi und somit aus dem 8. Jh. Berichtet wird ein gnost. Mythos, nach dem → 'Azazi'il aus Hochmut gegenüber Gott sieben Himmelssphären enstehen und dann durch die sieben Planetengeister die Erde erschaffen ließ. Der »Erhabene König« versetzte die »ungläubigen Geister« aus der göttlichen Welt auf die Erde und versah sie mit materiellen Körpern, versprach ihnen jedoch die Erlösung von diesem jämmerlichen Dasein unter vier Bedingungen: Sie müssen ihn selbst und die Imame anerkennen, gemeinsam in Brüderlichkeit leben und dürfen nicht ausschließlich nach weltlichem Genuss und Gewinn streben. An diesen auch als Allegorese auf eine Reihe von Koranzitaten dargelegten Grundmythos der Schrift angeschlossen ist ein umfangreicher Abschnitt von Spekulationen über die Zusammenhänge von → Makro- und Mikrokosmos, deren Vokabular ihre isma'ilit. Herkunft erkennen lässt. Entsprechende Passagen finden sich auch als Einschübe in die Gabir-Apokalypse. Zwei weitere Textschichten weisen auf eine hattabit. (→ Hatabiten) Überarbeitung und eine zusätzliche nizar. hin.

Dt. Übers. u. Lit.: H. Halm, Die islam. Gnosis, 1982.

Unbekanntes altgnost. Werk, aus dem 4. Jh. stammende titellose Schrift des Codex Brucianus, bestehend aus zusammenhanglosen kosmogon. Elementen aus der Mythologie der → Sethian. Gnosis, umfangreichen Zahlenspekulationen über die Äonenwelten und hymn. Abschnitten, in denen die myth. Wesenheiten gepriesen werden. Die Schrift hat eine starke Tendenz zum Monismus.

Ausg.: C. Schmidt, Kopt.-gnost. Schriften Bd.1: Die Pistis Sophia. Die beiden Bücher des Jeu. U., [3]1962. Neuedition u. engl. Übersetzung von V. MacDermot, The Books of Jeu and the Untitled Text in the Bruce Codex, 1978.

Unbewusstes, in der Tiefenpsychologie auch Unterbewusstes genannt, Bereiche, die (noch) nicht in das → Bewusstsein integriert sind und sich v.a. in → Träumen offenbaren. Während Sigmund Freud, der das U. »entdeckt« hatte, in ihm in erster Linie einen Gefahrenherd sah, kann es bei → Jung und in der zeitgenöss. Esoterik geradezu vergöttlicht werden. Während das Bewusstsein in den Grenzen des Ich eingeschlossen ist, gilt das U. als eine Art absolutes Subjekt mit unbegrenzten Möglichkeiten, die dann ausgeschöpft werden können, wenn das B. ruhiggestellt und die Rationalität ausgeschaltet wird.

Lit.: S. Grof, Topographie des U. LSD im Dienst der tiefenpsycholog. Forschung, 1997. S. Zizek, Bewusstsein u. U., 2000.

Ungrund, in der Esoterik oftmals die Bezeichnung für die höchste Gottheit, durch die ihre Unauslotbarkeit und Unfassbarkeit mit allen menschlichen Kriterien ausgedrückt werden soll. In der → valentinian. Gnosis droht → Sophia, die nach Erkenntnis des höchsten Gottes strebt, vom U. verschlungen zu werden. → Böhme beschreibt den U., der der Ursprung allen Seins ist, als »Stille ohne Wesen«, dem dennoch ein schöpfer. Wille eigen ist. Auch bei → von Welling heißt der Seinszustand vor der ersten schöpfer. Offenbarung Gottes U. → Nichts.

Lit.: E. Waldschütz, Denken und Erfahren des Grundes. Zur philospoph. Deutung Meister Eckharts, 1989.

Unio mystica, die Vereinigung mit dem Göttlichen nach Traditionen der west. → Mystik, gleichbedeutend mit → Erleuchtung.

Upanishaden (Sanskrit »Geheime Sitzungen«), umfangreiche Sammlung von Lehrer-Schüler-Dialogen aus der Zeit um 700–550 v. Chr. mit ganz verschiedenen Inhalten. Ausgangspunkt dieser esot. Religionsphilosophie, die aus dem Veda (→ Veden) herauswuchs, sich von seiner lebensfrohen Weltanschauung aber gleichwohl beträchtlich entfernte, waren Reflexionen über die myst. Bedeutung der ved. Rituale. Insgesamt markieren die U. den endgültigen Übergang des alten ved. Götterglaubens in eine Phase monist. Spekulationen. Dabei gab es eine materialist. und eine idealist. Richtung. Repräsentant der ersteren war insbesondere Uddalaka Aruni, sein berühmter Gegenspieler Yajnavalkya; beide wirkten ca. 640–ca. 610 v. Chr. Wichtige Themen in den U. sind die Wiedergeburtslehre im allgemeinen (Zweiter Teil der Brhandaranyaka-Upanishad) und Loslösung von der Kette der Wiedergeburten (Aitareya-Upanishad), das Schicksal der Seelen nach dem Tode (Kaushitaki-Upanishad), Charakter, Wirken und rechte Verehrung des Brahman (Kena-Upanshad, Mahanarayana-Upanishad), die Verherrlichung der hl. Silbe ’ Om (Chandogya-Upanishad). In den jüngeren U., wie in der Maitrayani-Upanishad., macht sich ein dualist. Pessimismus bemerkbar, der Körperlichkeit und die materielle Welt überhaupt verachtet. Als die U. im 19. Jh. in Europa bekannt wurden, v.a. durch die Übersetzungen des Indologen und Religionswissenschaftlers Max Müller (1823–1900), lösten sie großes Interesse bei den Romantikern aus. Insbesondere Friedrich → Schlegel, → Schopenhauer und später → Hesse wurden durch ihre Lektüre beeinflusst.

Ausg. in Übers.: P. Deussen, Sechzig U. des Veda, [3]1921, Nachdruck 1966. R. E. Hume, The Thirteen Principal Upanishads, [2]1931, Nachdruck 1971.

Lit.: H. von Glasenapp, Die Philosophie der Inder, [4]1985.

Uthra (mandäisch »Reichtum«), in der mandäischen Mythologie ein Attribut aller Lichtwesen, das an deren eigentlichen Namen angehängt werden kann, wie z. B. bei dem prominenten Lichtboten Anosh U.

V

Vajrayana-Buddhismus, auch Tantra- oder Mantra-Buddhismus genannt, der esot. Buddhismus, der laienbuddhist. Denken mit der Weltsicht der → Tantrik vereinigt hat. Das Sanskrit-Wort »vajra« bezeichnete ursprünglich den Donnerkeil, den der Gott Indra als Waffe benutzt. Die buddhist. Philosophie übernahm den Terminus für eine Substanz, die hart und unzerstörbar ist wie Diamant. Schließlich symbolisierte der Vajra die höchsten Ziele der buddhist. Lehre. Nach dem Hinayana (Sanskrit »Kleines Fahrzeug«) und dem Mahayana (»Großes Fahrzeug«) wurde die dritte histor. Ausprägung des Buddhismus V. (»Diamant-Fahrzeug«) genannt. Hier wird die Vokabel »vajra« auch als Euphemismus für »Penis« verwendet, entsprechend der wichtigen Rolle von sexueller Symbolik und sexuellen Kultpraktiken in dieser Form des Buddhismus. Der V. entstand wahrscheinlich bereits um 300 n. Chr. in esoterischen Zirkeln Nordindiens, hatte seine Blütezeit im 8. Jh. in Bengalen, entfaltete sich etwa gleichzeitig in Zentral- und Ostasien und lebt bis heute in Tibet und in starker Vermischung mit dem Hinduismus in Nepal fort. Mit den zahlreichen Exil-Tibetern gelangte er in den Westen, wo er sich in der Form des Tibet. Buddhismus großer Popularität erfreut. Anders als für die älteren Formen des Buddhismus ist im V. der Buddha nicht transzendent und das Erlösungsziel Nirwana nicht der Gegensatz zur Welt, sondern beide liegen als verborgene Einheit hinter der Vielfalt der Phänomene. Dieses All-Eine ist eine sexuell determinierte Wesenheit (vajrasattva) und folglich besonders über die Sexualität erfahrbar. Das *Candamaharosana-Tantra* beschreibt als Voraussetzung zur Erlösung die Glückseligkeit (mahasukha), wie sie zuallererst durch die Erotik vermittelt wird. Das Universum besteht aus den fünf Jinas (wörtlich »Eroberer« oder »Sieger«), tibet.-tantr. Erscheinungsformen des sog. Adi-Buddha, über die eine komplexe Lehre von kosm. Entsprechungen entwickelt wird: mit ihnen korrespondieren jeweils die Elemente, Sinne, Körperteile (→ Körper), Formen des → Atems, Farben, Töne, Bodhisattvas und Shaktis. Die unterschiedlichen Systeme des V. lehren eine Vielzahl von Praktiken, die über ein Netz von Entsprechungen (→ Analogie) zur Bewusstmachung der allen Erscheinungsformen zugrunde liegenden Einheit führen sollen. In diesem Prozess spielt die Identifikation mit einer Gottheit, die mag. Teilhabe an ihrer Macht und letzten Endes an ihrer Leere (→ Nichts) eine entscheidende Rolle. Die Vermittlung der zur Vergegenwärtigung der Alleinheit führenden tantr. Praktiken ist strikt an ein esot. Lehrer-Schüler-Verhältnis gebunden. – Weniger bekannte Formen des V. als die tibetische (→ Tibetischer Buddhismus) wurden in China und Japan entwickelt. Der chines. Chen-yen oder Mantra-Buddhismus entstand im 7. Jh. mit den Missionen tantr. Lehrer aus Indien, die als Wundertäter herumzogen und Texte des ind. V. ins Chines. übersetzten. Seit dem Ende der T'ang-Zeit konnte der V. in China für mehrere Jh.e den → Taoismus, von dem er allerdings einige Elemente übernahm, als Religion der Elite ablösen. Der V. Chinas entstand in dem multikulturellen und multireligiösen Milieu der Metropole Ch'ang-an in Zentralchina. Eine zentrale Rolle bei seiner Verbreitung spielten volkstümliche Wundertäter, die als Lehrer der esot. Weisheit und Praktiken auftraten. Der Mönch Kukai (774–835) brachte den chines. V. als Shingonshu nach Japan, wo von ihm wesentliche Impulse für die weitere religionsgeschichtliche Entwicklung ausgingen. Chen-yen und Shingonshu postulierten die Einheit von → Nichts (nirvana) und Welt (samsara) und ihr vorrangigstes Ziel war es, diese Einheit rituell erfahrbar zu machen. Beide knüpften v. a. an Lehren zweier noch in Indien entstandener Sutren an, dem Mahavairocana Sutra (ca. 7. Jh.) und dem Sarvatathagatatattvasamgraha (frühes 8. Jh.), in denen kosmolog. Vorstellungen des Buddhismus ausgeführt werden. Der Mahavairocana-Buddha (kosm. Buddha) ist die absolute Realität, die sich über ihre transformative Kraft in den vielfältigen Erscheinungen manifestiert. Er hat dabei drei verschiedene Körper: den des Dharma, den des Lohnes (für den vollendeten Bodhisattva-Weg) und den des historischen Buddha Shakyamuni. Das Sarvathagatatatattvasamgraha beschreibt den Erkenntnisweg des Bodhisattvas Sarvathasidda, der über eine Reihe von → Mandalas seiner Wesensidentität mit dem Mahavairocana samt aller seiner Transformationen gewahr wird. Dasselbe Ziel erreicht der Schüler des ostasiat. V. über die drei Mysterien von Körper, Sprache und Intellekt. In der Meditation erfährt er die Einheit seines Körpers, seiner Sprache und seines Bewusstseins mit dem kosm. Buddha. Er verlegt das gesamte phys. und kosm. Geschehen in sein Inneres und realisiert dort die Einheit von Absolutem und Individuellem. Wie der V. im allgemeinen, bedienen sich auch Chen-yen und Shingon ausgeklügelter Medien zur Unterstützung der Meditation. Eine besonders wichtige Rolle spielen die → Mandalas. Der ostasiat. V. konnte sich zwar nicht über so lange Zeiträume behaupten wie der tibet., war aber dennoch von weitreichendem Einfluss. In China bereicherte er seinerseits den einheimischen Taoismus, nachdem er umgekehrt durch diesen viele Anregungen erfahren hatte;

in Japan konnte er den Buddhismus mit den animist. Vorstellungen und dem Pantheon des Shinto-Glaubens verschmelzen und endgültig in die religiöse Atmosphäre des Landes einfügen. Von Chen-yen und Shingon gingen entscheidende Impulse auf den → Zen aus.

Lit.: H. von Glasenapp, Buddhist. Mysterien. Die geheimen Lehren u. Riten des Diamant-Fahrzeugs, 1940. Chou I-liang, Tantrism in China, Harvard Journal of Asiatic Studies 8, 1945. T. Ryuyun, Les deux Mandalas et la doctrine de l'ésotérisme Shingon, 1959. G. Tucci/W. Heissig, Die Religionen Tibets u. der Mongolei, 1970. A. Wayman, The Buddhist Tantras. Light on Indo-Tibetan Esotericism, 1973. K. Minoru, Shingon-Buddhism: Theory and Practice, 1978. R. A. Stein, Die Kultur Tibets, 1993. A. Wayman, The Diamond Vehicle; P. B. Watt, Tantric Buddhism in China, in: T. Yoshinori (Hg.), Buddhist Spirituality I: Indian, Southeast Asian, Tibetan, Early Chinese, 1994. R. Abé, The Weaving of Mantra. Kukai and the Construction of Esoteric Buddhist Discourse, 1999.

Valentin(us) von Alexandria, christl.-gnost. Lehrer und Schulgründer. Er wurde während der Regierungszeit des röm. Kaisers Hadrian (117–138 n. Chr.) in Alexandria erzogen und mit allen wichtigen geistigen Strömungen der Zeit vertraut gemacht. V. wirkte als christl. Lehrer einige Zeit in Ägypten, von ca. 136 bis 165 n. Chr. dann in Rom. Später soll er nach Zypern gegangen sein. Näheres ist über sein Schicksal nicht bekannt. Von den eindeutig zuzuschreibenden Schriften des V. sind nur Fragmente überliefert. Möglicherweise stammt die Vorlage des in → Nag Hammadi gefundenen → *Dreiteiligen Traktats* ebenfalls aus seiner Feder.

Lit.: C. Markschies, Valentinus Gnosticus? 1992.

Valentinianische Gnosis, gnost. Lehren und Gruppierungen, die der Schule des → Valentinus zugeschrieben werden. Ein geschlossenes System, das dem der → Sethianischen Gnosis vergleichbar wäre, ist jedoch nicht auszumachen. Um einen gnost. Text als valentinian. zu charakterisieren, wird meist der Mythos des → Ptolemaios als vergleichende Grundlage herangezogen. Als besonders charakterist. für die V. gilt eine Drei-Menschenklassen-Lehre: Zwischen den mit dem göttlichen → Pneuma verbundenen Pneumatikern und den von vornherein verlorenen Hylikern (von griech. »hyle« Stoff, Materie) befinden sich die sog. Psychiker, die sich freiwillig entweder Pneuma oder Hyle zuwenden können.

Vater, in christl. Gnosis und Esoterik ein Name für die höchste Gottheit. Im → Manichäismus heißt sie V. des Lichts oder V. der Größe.

Vedanta (sanskrit »Ende des Veda«), Sammelbezeichnung für die am Ende der ved. Epoche (→ Veden) ind. Denkens stehenden philosoph. Systeme einschließlich des in den → Upanishaden dargelegten Materials. Sie alle verbindet der Gedanke der Einheit allen Seins, der über einige Grundkonzepte ausgearbeitet wird. Das wichtigste ist advaita, die Lehre von der Nicht-Zweiheit des brahman, d. h. des Geistes oder der Essenz der Welt. Für Shankara (um 800 v. Chr.), den wichtigsten Repräsentanten der V.-Philosophie war advaita der höchste Grad eines stufenweisen Erkenntnisgangs zur Überwindung der maya, der täuschenden Vielfalt der Welt, und des → Karma, durch das der Mensch an die Vielfalt gebunden wird und so seine eigene Einheit mit dem Weltganzen nicht zu erkennen vermag. Im 19. und 20. Jh. wurde der V. durch → Ramakrishna und seinen Schüler → Vivekananda erneuert. In dieser Form leistete er einen wesentlichen Beitrag zum → Neohinduismus und seinen einzelnen, auch im Westen vertretenen Strömungen.

Lit.: A. K. R. Chaudhuri, Self and Falsity in Advaita V., 1955. N. K. Devaraja, An Introduction to Shankara's Theory of Knowledge, 1992. E. Deutsch, Advaita V. A Philosophical Reconstruction, 1969. Ders./J. A. B. van Buitenen, A Source Book on Advaita V., 1971. Shankara, Das Kleinod der Unterscheidung u. Die Erkenntnis der Wahrheit, 1981. M. von

BRÜCK, Einheit der Wirklichkeit. Gott, Gotteserfahrung u. Meditation im hinduist.-christl. Dialog, 1987. K. SIVARAMAN (HG.), Hindu Spirituality I: Veda through V., 1989.

Veden (von sanskrit »vid« wissen), die älteste Schriftengruppe des Hinduismus, bestehend aus *Rigveda*, *Samaveda*, *Yajurveda* und *Atharvaveda*. In den beiden letzteren liegen die Wurzeln der ind. Esoterik. Der *Yajurveda* enthält die Andachtssprüche und Opferformeln, die sog. Mantras, die von dem darbringenden Adhvaryu-Priester während der hl. Handlung verwendet wurden, sowie Ritualerklärungen. In späteren Stadien der ind. Religionsgeschichte wurden die Mantras aus ihrem ursprünglichen Opferkontext herausgelöst und mit geheimen Bedeutungen unterlegt (→ Mantra). Der *Atharvaveda* ist ein mag. Werk mit Segenssprüchen für die Bereiche des täglichen Lebens (Haus, Acker, Wohlergehen des Viehs), Anleitungen zum Abwehrzauber gegen Feinde und Dämonen und medizin. Ausführungen (→ Aryurveda).

Lit.: A. HILLEBRANDT, Ritualliteratur, Ved. Opfer u. Zauber, 1897. J. GONDA, Die Religionen Indiens I: Veda u. Älterer Hinduismus, 1960. K. SIVARAMAN (HG.), Hindu Spirituality I: Vedas through Vedanta, 1989.

Vegetarismus, der Verzicht auf Fleischgenuss ist kein notwendiges esot. Ideal, wird aber von vielen Esoterikern praktiziert oder zumindest favorisiert. Der Grund hierfür ist entweder die Forderung nach Gewaltverzicht (→ Ahimsa) oder die Vorstellung, dass im Zyklus der → Reinkarnationen auch Menschen Tiere gewesen sind und werden könnten. Religionsgeschichtlich handelt es sich bei praktiziertem V. oft um spiritualisierte archaische Tabus oder auch um neuere, anders motivierte Tabus, die im Zuge der Abschaffung von Tieropfern entstanden sind.

Lit.: J. HAUSLEITER, Der V. in der Antike, 1935. D. A. DOMBROWSKI, The Philosophy of Vegetarianism, 1984. H. F. KAPLAN, Warum Vegetarier? Grundlagen einer universalen Ethik, 1989.

Verborgenheit Gottes. Der Gedanke der V. bildet ein bedeutsames theolog. Thema im AT und im luther. Protestantismus, wird jedoch in der Esoterik ganz anders gefasst als hier. Er ist ein wichtiges Element des esot. Monotheismus, wie er bereits im → Alten Ägypten entfaltet wurde, und hat seine Bedeutung für jegliche esot. Theologie seither behalten. In den Spekulationen der Ramessidenzeit (13. Jh. v. Chr.) ist der »Geheime → Ba« als verborgene Macht die Einheit hinter der Vielfalt der sichtbaren Erscheinungswelt. Die Idee der Verborgenheit dieser anonymen Kraft ist konstitutiv für das Einheitsdenken überhaupt, da nur durch sie hinter und in der Vielheit in Natur und Götterwelt ein einziges Prinzip abstrahiert werden kann. Gleichzeitig ist mit diesem Gedanken gegeben, dass nicht jeder die Einheit als offensichtlich wahrnimmt, sondern dass es → Initiation und esot. Schulung bedarf, um sie zu erkennen. Besonders wichtig war das Motiv der V. für → Dionysions Areopagites, der daraus im Anschluss an → Gnosis und Neuplatonismus (→ Platonismus) die negative Theologie entwickelte (→ Nichts).

Vereinswesen, die Organisation von Berufs- und/oder religiösen Gruppen in Vereinen, für die Soziologie der Esoterik sowie in bezug auf die Transmission antiker Esoterik ins christl. MA bis in die beginnende Neuzeit hinein von großer Bedeutung. Dasselbe gilt im islam. Kulturraum. Das V. spielte bereits im Alten Griechenland eine Rolle, wo sich die Anhängerschaft bestimmter Gottheiten wie z.B. Dionysos in sog. Thiasoi organisierte. Die Mitglieder solcher Kultvereine trafen sich zu gemeinsamen Mahlzeiten und Feiern. Zur Aufnahme in einen Thiasos war eine → Initiation erforderlich. Auf welche Weise aus derartigen religiösen Assoziationen, deren esot. Struktur unübersehbar ist, berufliche, d.h. in erster Linie handwerkliche Zusammenschlüsse erwuchsen, ist kaum erforscht. Naheliegend ist jedoch der Verweis auf volksreligiöse Vorstellungen, die sich mit einzelnen Handwerken und Fertigkeiten verbanden. Insbesondere eisenverarbeitenden (Schmiede) und Baukünsten (Maurer und Zimmerleute) scheint immer schon eine mag. Macht unterstellt worden zu sein. Wenn entsprechende Vereinigungen sich einen quasi-religiösen Charakter zuschrieben, hat dies also eine gewisse Logik. Im röm. Kaiserreich, wo das V. als gesellschaftliches Strukturelement eine entscheidende Rolle spielten, gab es neben den reinen Kultgemeinschaften eine Vielzahl von handwerklichen und kaufmänn. Berufsvereinen, collegia genannt. Da es genau diese sozialen Schichten waren, die sich in den Jh.en nach der Zeitenwende als erste dem Christentum anschlossen, ist es naheliegend, dass ihr Können, Wissen und ihre Rituale während der Völkerwanderung und des Frühen MA.s in Europa fortbestanden und weiter tradiert wurden, bis im 12. Jh. erneut die Zünfte und Gilden entstanden. Im Hochma. pflegten die Handwerker und Kaufleute ganz ähnlich wie das → Rittertum eine vom kathol. Klerus losgelöste, also gleichsam säkulare Religiosität, die allein schon in ihrer Organisationsstruktur esot. Züge aufweist. Einen wichtigen Beitrag hatte für die Ausbildung der ma.lichen Zünfte (ebenfalls wie für das Rittertum) allerdings das Vorbild der Klöster geleistet. Naturgemäß fanden Bauleute im Umkreis der Klostergemeinschaften ihre Hauptwirkungsstätten und lehnten ihre eigene Organisation an die des Klosters an. Die Zünfte waren dreifach gegliedert in Lehrlings-, Gesellen- und Meisterstand, wobei jeder Grad eine eigene Initiation und sonstige Ritualistik besaß. Ferner hatte jedes Handwerk eine christl. Heiligenfigur als Zunftpatron, deren Feiertag mit einem Festmahl begangen wurde. Über das Brauchtum der Gilden ist weniger bekannt. Jedoch kannten auch sie gemeinsame Mahlzeiten, in denen heidn.-german. Speiseopfer nachklangen. Die Berufsvereine des MA.s spielten eine wesentliche Rolle in der Entwicklung und Ordnungsstruktur der Städte sowie für das Selbstbewusstsein des entstehenden, von Adel und Kirche unabhängigen Bürgertums. Die in der Epoche der Frz. Revolution aktiven → Geheimgesellschaften hatten in ihnen ihr unmittelbares Vorbild.

Lit.: W. Liebenam, Zur Geschichte und Organisation des röm. Vereinswesens, 1890 [Nachdr. 1964. F. Poland, Geschichte des griech. V., 1909. N. N. Jungwirth, »Handwerker«, in HWDA, Bd. 3, 1927. Nachdr. 1987. Wissel, Des alten Handwerks Recht u. Gewohnheit, 1929. W. Burkert, Griech. Religion der archaischen u. klass. Epoche, 1977. B. Schwineköper (Hg.), Gilden u. Zünfte. Kaufmänn. u. gewerbliche Genossenschaften im frühen u. hohen MA., 1985. K. Schulz u.a., Zunft, in: Lexikon des MA, Bd. IX, 1998.

Via negativa → Nichts

Vico, Giambattista (1668–1744), italien. Philosoph, als Platoniker und Gegner des Rationalismus und der analyt. Methodik Descartes' ist er der Esoterik in Einigem verwandt. Da V. der Ansicht war, der Mensch könne am besten erkennen, was er selbst geschaffen habe, machte er die Geschichte zum Hauptobjekt seiner philosoph. Bemühungen. Auf der Basis histor. Quellen, unter denen für ihn auch die ältesten poet.-mytholog. Überlieferungen einen wichtigen Stellenwert einnahmen, entwickelte V. ein integratives geschichtsphilosoph. System, dargelegt als Prinzipien einer neuen Wissenschaft über die gemeinschaftliche Natur der Völker (Principi di una scienza nuova intorno alla commune natura delle nazioni, 1725). Sowohl die Inhalte der Beschäftigung V.s als auch seine method. Reflektionen sind erste, in ihrer Zeit völlig isoliert dastehende Vorläufer von Strömungen, die die → Romantik und das Wissensverständnis der → Hermeneutik geprägt haben.

Ausg.: G. V., Die neue Wissenschaft von der gemeinschaftlichen Natur der Nationen. Auswahl, Übersetzung u. Einleitung von F. Fellmann, 1981.

Lit.: R. W. Schmidt, Die Geschichtsphilosophie G. V.s, 1982. M. Lilla, G. B. V. The Making of an Anti-modern, 1993.

Vierte Dimension, in esot. Überlegungen insbesondere Ende des 19./Anfang des 20. Jh.s eine Wirklichkeitsebene jenseits der geläufigen Kategorien Höhe, Breite und Tiefe, in der

Raum und Zeit zusammenfallen sollen. Die Bedeutung der V. wurde v. a. im Zusammenhang mit der Entstehung und Auflösung der → Materie diskutiert.

Lit.: P. D. Ouspensky, Die V., 1914. F. R. Zöllner, V. u. Okkultismus, 1922.

Vivekananda, eigentlich Nerendranath Datta (1863–1902), Schüler → Ramakrishnas, der dessen Anhängerschaft zu einem Orden formierte und seine Lehren auch in den Westen brachte. Auf einer neovedantischen Grundlage (→ Vedanta-Philosophie) verkündete V. die Einheit aller Religionen und eröffnete Vedanta-Zentren in den USA, in England, Frankreich und der Schweiz. V. war neben Inayat Khan der wichtigste Begründer der die Esoterik der 1980er Jahre prägenden Auffassung, dass westliche und östliche religiöse Lehren sich komplementär zueinander verhalten und auf der Grundlage dieses Verständnisses zusammengeführt werden sollten.

Lit.: P. Hacker, Der religiöse Nationalismus V.s, in: Kleine Schriften, hg. von L. Schmidthausen, 1978. K. O. Schmidt, Universale Religion nach V. Werden, Wesen u. Verwirklichung, [2]1990.

Völkisches Denken und Esoterik gingen in Europa und besonders in Deutschland seit Ende des 19. Jh.s eine unheilvolle Symbiose ein. Unmittelbarer Ansatzpunkt dieser Verbindung scheinen esot. Rassentheorien zu sein, wie sie im Rahmen theosoph. und anthroposoph. → Zeitalter-Lehren entwickelt wurden. Die Möglichkeiten histor. Werdens sind nach esot. Anschauung auch an die biolog. Konstitution der Geschichtsträger gebunden. Entsprechend geht jede kulturelle Epoche und jede histor. Religion mit der Entfaltung und Vorherrschaft einer bestimmten Menschenrasse einher. Jede Rasse hat eine bestimmte Aufgabe in der → Evolution des Göttlichen und des → Kosmos, wobei eine Anzahl von Esoterikern im 19./20. Jh. die Zeit Europas und insbesondere Mitteleuropas gekommen sah. Wiewohl den Begründern eines solchen mit einschlägigen Bewertungen auftretenden Rassedenkens zunächst keine nationalist.-polit. Absichten unterstellt werden können, ist dennoch sicher, dass sie von polit. Agitatoren aufgegriffen und später von den Nationalsozialisten in grausame Praxis umgesetzt wurden. Die sozialen Umbrüche, die Rationalisierung, Industrialisierung und Verstädterung des 19. Jh.s mit sich brachten, und der durch diese Prozesse entstehende Indentitätsverlust wurden durch die Erhöhung des Volksbegriffes kompensiert. »Volk« diente als Chiffre für einen authent. Strom der Lebensenergie (→ Energie), der eine bestimmte Landschaft ebenso prägt wie die Mentalität oder »den Charakter« der in und mit ihr lebenden Menschen. Die für Esoterik typ. Naturdeutung und Naturmystik konnte sich so mit den nationalen Mythen verbinden, die in allen Teilen Europas die Entstehung der Nationalstaaten begleitet hatten. Eine Entwicklung neuzeitlicher Esoterik in diese Richtung war auch durch die → Romantik mit vorbereitet worden, denn in dieser Epoche verengte sich der universalist. Blick vom → Kosmos in seiner Gesamtheit auf bestimmte Formen in der Natur (so z. B. den Wald) und auf die histor. Traditionen. Der Historismus führte einerseits zu einer Anerkennung des Eigenwertes der Kulturen und Religionen mit ihren jeweils charakterist. Zügen, andererseits leistete aber auch dem Gedanken ihrer grundsätzlichen Unvereinbarkeit Vorschub. Auch der im völk. Denken besonders virulente → Antisemitismus hat in der Esoterik eine lange Vorgeschichte. → Rassentheorien.

Lit.: R. Steiner, Die Mission einzelner Volksseelen im Zusammenhang mit der german.-nord. Mythologie, [5]1982. G. L. Mosse, Die völk. Revolution. Über die geistigen Wurzeln des Nationalsozialismus, 1991. U. Puschner u. a., Handbuch zur »Völk. Bewegung« 1871–1918, 1999. W. D. Hartwich, »Deutsche Mythologie«. Die Erfindung einer nationalen Kunstreligion, 2000.

Volksfrömmigkeit, die hauptsächlich an lebenspraktischen Aspekten ausgerichteten religiösen Vorstellungen und mit ihnen verbundene Aktivitäten von Menschen, die als Anhörige mittlerer und unterer sozialer Schichten mit den schriftlich oder durch feste Traditionen kodifizierten Lehren einer jeweils vorherrschenden Religion wenig Berührung haben bzw. diese in ihrem eigenen Sinne interpretieren. Häufig handelt es sich dabei um Substrate einer histor. älteren Religion mit überwiegend, aber nicht ausschließlich agrar. Kontext. V. hat zu allen Zeiten und in den verschiedenen Kulturen die Esoterik wesentlich mitgeformt und wird auch von den meisten Esoterikern als mit ihren eigenen Überzeugungen sehr gut vereinbar angesehen. Wie die Esoterik glaubt die V., dass die sichtbare Welt die Manifestation von spirituellen Kräften ist, die ihre Quelle in einer universellen → Energie haben. Entsprechend wird der gesamte → Kosmos als beseelt angesehen. Die in Volksreligionen entwickelten Naturmythologien sind häufig von Esoterikern aufgenommen und systematisiert worden. Ferner spielen die Traditionen der stets mit religiös-mag. Vorstellungen einhergehenden Volksmedizin in der Esoterik eine große Rolle, weil sie in letzter Konsequenz auf demselben Welt- und Menschenbild beruhen. Zudem werden volksmedizin. Lehren und Rezepte von Esoterikern schon als Alternative zur Schulmedizin stark beachtet. Mit der Esoterik teilt die V. außerdem ihre distanzierte Haltung zu offiziell anerkannten religiösen Institutionen, dogmat. Lehren und zu den Klerikern, die in der Regel vom gesellschaftlichen Establishment gestellt und kontrolliert werden. Nahe stehen der V. dagegen die → Ketzer. Die Offenheit der Esoterik zu allen Formen populärer Religiosität führt oft dazu, dass sie trotz durchaus vorhandener philosoph. Ansprüche nicht nur aus lehrinhaltlichen Gründen abgelehnt, sondern auch mit Verachtung als »Aberglauben« behandelt wird.

Vom Ursprung der Welt (NHC II,5; entst. 4. Jh.), Behelfsbezeichnung einer titellosen, reichen Kompilation verschiedener gnost. Mythen-Traditionen und antiker Sagenstoffe. Absicht ihrer Abfassung war die Widerlegung der Lehre, dass nichts vor dem Kosmos existiert habe. Der Autor oder Redaktor der Schrift nimmt den Weltentstehungsmythos der → Ophiten als Rahmenhandlung für weit ausholende kosmolog., anthropogon. und eschatolog. Schilderungen, in die sethian., valentinian. und auch manichäisches Material eingearbeitet ist. Der Grundmythos hat ferner große Ähnlichkeit mit dem in der → *Hypostase der Archonten* (NHC II,4). Die Heterogenität der verarbeiteten Stoffe führt in der Komposition der Schrift wiederholt zu Spannungen. Bemerkenswert ist eine Hommage an das Land → Ägypten, das als Ort des Paradieses angesehen wird. In diesem Zusammenhang enthält der Text sehr schöne Naturbeschreibungen, die sonst für die → Gnosis recht ungewöhnlich sind.

Ausg.: B. Layton, Nag Hammadi Codex II, Bd. 2, engl. Übersetzung von H.-G. Bethge, 1989. NHD. NHL.

Vorsokratiker. Sammelbezeichnung für die griech. Philosophen vor Sokrates. Die Ideen und Theorien einiger ihrer Vertreter waren für die Herausbildung esot. Weltauffassung bedeutsam. Dazu gehört in erster Linie ihr monist. Ansatz, der von dem Gedanken getragen wird, dass es für alles Seiende einen gemeinsamen Urgrund (arché) gibt. Die V. gründeten ihre philosoph. Spekulationen immer in der Anschauung der Natur und ihren konkreten Erscheinungen und entwickelten eine Art Weltseelenglauben, nach dem sich die eine den → Kosmos durchwaltende Lebensenergie in allen Wesen wiederfindet; auch anorganische Materie galt ihnen in diesem Sinne als beseelt. Besondere Wichtigkeit maßen die V. den → Elementen bei, mit denen sie eine Symbolik verbanden, der später von der → Alchemie aufgenommen wurde. Insgesamt ergibt sich die Bedeutung der V. für die Esoterik v.a. aus dem Tatbestand, dass sie einen Denkstil ausbildeten, der zu zweiwertiger → Logik und aristotelischer Kategorienlehre, wie sie für die abendländisch-rationalistische Weltauffassung kennzeichnend sind, eine Alternative bietet. Die V. dachten zyklisch (→ kreisförmiges Denken) und nach den Gesetzen der → Analogie und Homologie.

Lit.: W. JAEGER, Die Theologie der frühen griech. Denker, 1953. T. BUCHHEIM, Die V., 1994. G. S. KIRK U. A., Die vorsokrat. Philosophen, 1994.

Vril, eine Wachstumsenergie, über die nach einer Idee des Belletristen → Bulwer Lytton die Menschheit der Zukunft verfügen wird. Bulwer-Lyttons romanhafte Erfindung wurde unter Theosophen und besonders unter Anthroposophen sehr populär und auch von völk. Kreisen aufgenommen. Karl Haushofer (1869–1946), Generalmajor und Kulturattaché unter Hitler, wird mit einer obskuren sog. V.-Loge in Verbindung gebracht, in der nationalsozialist. geopolit. Spekulationen um eine Landnahme der »Arier« im innersten Zentralasien gepflegt wurden. Haushofer wollte selber zusammen mit Gurdjieff mehrfach in Zentralasien gewesen sein und in der Wüste Gobi das geheimnisvolle, unter der Erde lebende Volk gefunden haben, von dem Bulwer-Lytton in seinem Roman Das kommende Geschlecht (1871) erzählte.

W

Wagner, Richard (1813–83), deutscher Dichter und Opernkomponist sowie Kunsttheoretiker mit großer Nähe zu esot. Themen und Anschauungen. W. dichtete seine Operntexte in freier Um- und Weiterverarbeitung ma.lich-romant. und mytholog. Stoffe. Fast alle seine Werke sind von einer sublimen Liebesthematik beherrscht. Die → Liebe zwischen Mann und Frau ist bei W. zu einer Erlösungsreligion esot. Prägung stilisiert, die ihre Wurzeln in einigen Strömungen der antiken → Gnosis hat (→ Seelenmythos; → Brautgemach). Als Teil eines Nachtrags zu seiner weitgehend an → Schopenhauer orientierten religionsphilosoph. Abhandlung *Religion und Kunst* (1880/81) beschrieb W. in seinem letzten, unvollendeten Aufsatz *Über das Weibliche am Menschen* die geistige Liebe zwischen den Geschlechtern, deren erste Voraussetzung die Emanzipation der Frau sei. Weitere, kurz vorher entstandene Ergänzungessays zu Religion und Kunst thematisieren die Notwendigkeit der → Selbsterkenntnis und die besonders für die Esoterik des Spätma.s charakterist. Verbindung von »Heldentum und Christentum«. Insgesamt legt W. mit Religion und Kunst eine eigenwillige religionshistor. Auffassung dar, nach der Buddhismus und Christentum dieselben Wurzeln in einer altind. Mitleidsethik hätten. Das Christentum aber habe im Lauf der Zeit seine ursprünglichen Werte verraten und sich in eine Religion der Gewalt verwandelt, eine Entwicklung, die W. im Geist des ihm eigenen → Antisemitismus dem Einfluss des A.T. zuschreibt. Eine »Religion der Zukunft« könne nach dem Verbrauch der abendländ. religiösen Institutionen mit den Mitteln der Kunst herbeigeführt werden. Insbesondere Tragödie und Musik seien dazu geeignet, die zur »Regeneration« der Menschheit erforderlichen religiösen Wahrheiten erneut zu verbreiten.

Lit.: F. OBERKOGLER, R. W. Vom Ring zum Gral. Wiedergewinnung seines Werkes aus Musik und Mythos, 1985. U. MÜLLER–R. WAPNEWSKI, Richard-Wagner-Handbuch, 1986. R. W. Sein Leben – sein Werk – Sein Jh., 1989. W. BECK, R. W. Neue Dokumente zur Biographie. Die Spiritualität im Drama seines Lebens, 1988. U. BERNBACH/D. BORCHMEYER (Hg.), R. W. »Der Ring des Nibelungen.« Ansichten des Mythos, 1995. M. TANNER, W., 1996.

Wahrsagen → Mantik

Waldorf-Pädagogik, die von → Steiner entwickelte Pädagogik nach den Grundsätzen der → Anthroposophie. Ihr oberstes Gebot ist die Unabhängigkeit von polit. und wirtschaftlichen Belangen nach Steiners Maxime des freien Geisteslebens im Sinne der → sozialen Dreigliederung. Es wird deshalb darauf geachtet, dass alle Waldorf-Schulen von Trägervereinen unterstützt werden, die ein störungsfreies

Arbeiten nach den anthroposoph. Erkenntnissen über die Entwicklung und Bedürfnisse des Kindes gewährleisten. Die W. geht davon aus, dass die kindlichen Entwicklungsphasen aus Jahrsiebten bestehen: In den ersten sieben Jahren lernt das Kind durch Nachahmung und bedarf in erster Linie des guten Vorbildes vonseiten der Erzieher. Während des zweiten Lebensjahrsiebts bewegt es sich in einer Bilderwelt und wird dementsprechend an symbol. Inhalten, d.h. an künstler. Arbeit und an der Beschäftigung mit Mythen und Märchen geschult. Erst nach dem vierzehnten Lebensjahr sollen die Kinder zum abstrakten und stärker eigenständigen und kritischen Denken angehalten werden. Die ersten acht Schuljahre verbringen die Kinder in einer Klasse, die von demselben Lehrer geführt wird. Der Unterricht ist in erheblich stärkeren Maße als in anderen Schulformen in die Hände der Lehrer gelegt, die ihn durch freien Vortrag, nicht aber durch Bücher und techn. Hilfsmittel gestalten. Die Aufteilung der Kinder in verschiedene Klassen eines Jahrgangs erfolgt nach Temperamenten, d.h. die gleichen Temperamente kommen in eine Klasse, damit verhindert wird, dass ruhigere Kinder von dynamischeren dominiert werden. Die Lehrer nehmen sehr differenzierte Beurteilungen über die Kinder vor, die weit über die Benotung isolierter Arbeitsleistungen hinausgehen. »Sitzenbleiben« gehört dagegen nicht zu den Erziehungsprinzipien. Viel Wert legt die W. auf die gemeinsinnige Arbeit aller an den Schulen tätigen Personen einschließlich der Eltern der Schüler, von denen neben finanzieller Beteiligung aktive Unterstützung der anthroposoph. Erziehungsarbeit der Schule erwartet wird.

Lit.: G. Wehr, Der pädagog. Impuls R. Steiners, 1983. K. Prange, Erziehung zur Anthroposophie. Darstellung u. Kritik der W., ^{3}2000.

Warraq, Abu 'Isa al- († 861), einer der Erzhäretiker des Islams. Er wurde beschuldigt, mit dem → Manichäismus zu sympathisieren, dem er aber sehr wahrscheinlich nicht offiziell angehörte. W. entwickelte eine Religionsphilosophie, in der das myth. Verständnis der Manichäer von → Licht und Finsternis in die objektivierte Begrifflichkeit von Sinnes- und Verstandeskraft überführt wurde. Die Schriften W.s, zu denen auch ein Buch über Religionen und esot.-häret. Gruppierungen gehörte, sind nicht überliefert, es wird aber angenommen, dass sie → Sharastani als Quelle dienten.

Lit.: C. Colpe, Anpassung des Manichäismus an den Islam (W.), in: G. Widengren (Hg.), der Manichäismus, 1977.

Wasi (arab. »Bevollmächtigter«), in der → Isma'iliya und bei den → Ghulat derjenige, dem aufgetragen ist, die exoter. Lehre der Propheten spirituell auszudeuten, also jemand, der den esot. Sinn der äußerlichen Gesetzesreligion kennt. So wurde 'Ali als W. des Propheten Mohammed angesehen.

Wassermannevangelium, die von dem US-amerikan. Geistlichen Levi H. Dowling (1844–1911) in der → Akasha-Chronik gelesene Botschaft über das Leben und Wirken Jesu Christi. Levi wurde von einer Heiligen namens Visel angewiesen, für das → Wassermannzeitalter über den entscheidenden Propheten des zu Ende gehenden Fischezeitalters zu berichten. Die Handlung des Textes ist an die der kanon. Evangelien angelehnt, berichtet aber auch in großer Ausführlichkeit über die Zeit, als Jesus zwischen zwölf und 29 Jahre alt war. Nach Darstellung Levis befand sich Jesus während dieser Jahre auf Reisen in Indien, Tibet, Persien und Griechenland. Er unterrichtete sich bei den dortigen Weisen und begann selber zu lehren. In Ägypten unterzog er sich einer Initiation in sieben Weihegraden, von denen der letzte der Christus-Grad war. Dann kehrte er nach Palästina zurück und begann seine Christustätigkeit, wie sie im wesentlichen in den bekannten Evangelien geschildert ist. Manche bekannte Lehren Jesu Christi, insbesondere die der Bergpredigt, erscheinen in etwas abgewandelter Form.

Ausg.: Levi, Das W. von Jesus dem Christus, 1980; Neuübersetzung 1997.

Wassermannzeitalter, die um die Wende des

20. zum 21. Jh. anbrechende neue Epoche des Bewusstseins, in den 1980er Jahren auch als → Newage bezeichnet. Der Begriff W. wurde erstmals von der Theosophin → Bailey verwendet. Nach astrolog.-esot. Berechnungen ist die um sich selbst kreisende Erdachse jeweils etwa 2000 Jahre lang auf ein Zeichen des Tierkreises gerichtet; die gesamte Umdrehung soll 25868 Jahre dauern. Um das Jahr 2000 herum erfolgt entsprechend dieser Lehre der Übergang vom Fische- in das Wassermannzeichen und damit ein grundlegender Wandel aller Verhältnisse in der Welt sowie des menschlichen Bewusstseins. Während das Fischezeitalter durch das Element Wasser regiert wurde und zu Dogmatismus und Gewalttätigkeit neigte, übernimmt im W. die Luft die Herrschaft über das Leben und Denken auf dem Planeten. Sie sorgt für eine Atmosphäre der Beweglichkeit, Anpassungsfähigkeit und Toleranz. Durch globale Kommunikation entsteht ein Bewusstsein von der Ganzheitlichkeit aller Lebensbereiche, das das erst kirchlich-dogmatische und dann mechanistisch-analytische Weltbild des Fischezeitalter überwinden soll. Da das neue Bewusstsein des W.s die Menschen generell für spirituelle Botschaften empfänglich macht, die vorher nur wenige verstehen konnten, gehört zum W. auch die Offenlegung ehemals esot., nur im Geheimen und unter besonderen Umständen mitgeteilten Lehren für die Allgemeinheit.

Lit.: G. Trevelyan, Eine Vision des W., 1980.

Weg. In der Esoterik werden unterschiedliche Lehren und Praktiken als gleichberechtigte W.e zu demselben Ziel angesehen. Früher wurde der W. durch angeborene kulturelle und Religionszugehörigkeit vorgegeben; in der globalisierten Esoterik von heute kann jeder den Weg wählen, der ihm zusagt und seinen Bedürfnissen angemessen zu sein scheint. Natürlich ist damit impliziert, dass W.e auch gewechselt werden können. Eine andere W.symbolik vertreten entsprechend ihrer dualist. Weltdeutung die antike → Gnosis und ihr verwandte Strömungen, die einen W. des → Lichts und des Lebens von einem W. der Finsternis und des Todes unterschieden.

Lit.: B. Martin, Handbuch der spirituellen W.e.

Weidelener, Herman (1903–72), schwäb. esot. Theologe, der sich zunächst den Lehren → Steiners anschloss, 1933 aber von der Anthroposophie Abstand nahm und in Augsburg die »Religionsphilosoph. Arbeitsgemeinschaft«, der er bis zu seinem Tode vorstand, gründete. W. war besonders an einem zeitgemäßen Verständnis der Religion und insbesondere des Christentums gelegen. Er betonte die Notwendigkeit der individuellen Bewusstseinsarbeit und beschäftigte sich unter diesem Gesichtspunkt intensiv mit der Meditation, durch die der Schüler von seinem eigenen Inneren unterwiesen werde, statt sich von äußeren Autoritäten abhängig zu machen.

Weigel, Valentin (1533–88), Mystiker mit esot. Tendenzen, der als Pfarrer im sächs. Zschopau lebte. Ausgangspunkt seines Denkens war das Werk Luthers, das er im Licht der Mystik → Taulers betrachtete. Sein zentrales Thema war ein verinnerlichter Adam-Christus-Mythos, d. h. die Möglichkeit der inneren Verwandlung des Menschen durch das Erlösungswerk Christi. W. verfügte über eine weit umfangreichere theolog. Bildung als die meisten seiner Zeitgenossen und beschäftigte sich daneben auch mit Medizin und Naturwissenschaft. Unter dem Einfluss von → Paracelsus und der → Pansophie entwickelte er Ansätze zu einer Naturmystik, die ihn als Vorläufer → Böhmes erscheinen lassen.

Lit.: W. Nigg, Heimliche Weisheit. Myst. Leben in der evangel. Christenheit, 1959. B. Gorceix, La mystique de V. W. et les origines de la theosophie allemande, 1972. G. Wehr, V. W. Der Pansoph u. esot. Christ., 1979.

Weisheit, eine Form des Wissens, in der Erkenntnis und Lebensart fest miteinander verbunden sind. Ihre Quellen sind unmittelbare Anschauung und Erfahrung, nicht aber wissenschaftliche Analysen. Der Weise versteht die kosm. Ordnung und handelt danach. Dabei ist alle W. situativen Charakters, sie hat keine festgefügten Strukturen, Gesetze und Verfahren. In der W.sliteratur Ägyptens, des alten Orients und Israels wird W. in Spruchform vermittelt. Im Judentum der hellenist. Zeit wurde die W. in der Gestalt der → Sophia hypostasiert, die auch in der Esoterik eine große Rolle spielt. Eine Nähe insbesondere zwischen W. und → Gnosis zeigt sich darin, dass in die Sammlung von → Nag Hammadi, die hauptsächlich gnost. Schriften enthält, mit den Lehren des Sivanus (NHC VII,4) und den Sprüchen des Sextus (NHC XII,1) auch zwei W.texte aufgenommen worden sind. Neben hoher Anpassung an jeweilige Lebensverhältnisse und spezif. Situationen ist der W. eine generelle Skeptik eigen, die aus der Einsicht resultiert, dass es keine ewigen Wahrheiten geben kann. Die Esoterik schätzt die W. als naturgewachsenes und oft über viele Generationen tradiertes pluralist. Erfahrungswissen in besonderer Weise, geht aber in ihren Erkenntnis- und Systemansprüchen in der Regel über sie hinaus. Die W. hat im allgemeinen eine eher konservative, die Esoterik eine eher progressive Orientierung.

Lit.: O. KAISER (HG.), Texte aus der Umwelt des A.T., Bd. 3, 1990. Die W.bücher der Ägypter. Lehren für das Leben. Eingeleitet, übersetzt u. erläutert von H. Brunner, ^{2}1991. A. ASSMANN (HG.), W., 1991. G. VON RAD, W. in Israel, 1992. J. DAY U. A., Wisdom in Ancient Israel, 1995. R. E. MURPHY, The Tree of Life. An Exploration of Bibl. Wisdom Lit., ^{2}1996.

Welling, Georg von (1655–1727), deutscher Bergwerksdirektor und Esoteriker. Über biograph. Einzelheiten ist wenig bekannt, insbesondere über seinen geistigen Werdegang. Berühmt wurde W. als Verfasser des → *Opus Mago-Cabbalisticum et Theosophicum.*

Lit.: P. JUNGMAYR, G. v. W. (1655–1727), 1988.

Weltseele, die hypostasierte kosm. Ordnung (→ Kosmos). Das Motiv der W. stammt von → Platon. Bei der Erschaffung des Kosmos, wie sie im → *Timaios* geschildert wird, dient die W. als verbindende Substanz zwischen den Bausteinen des Universums; als solche ermöglicht sie auch die Erkenntnis über den Kosmos. Auch im Neuplatonismus, der die Entstehung des Kosmos aus der → Emanation des Absoluten erklärte, ist die W. eine der Hypostasen des Ungeteilten, die den Lauf des Universums ermöglichte und regelte. Daneben steht die Interpratation der → Stoa, die die platon. Vorstellung aufnahm, aber mit ihrem Materialismus vereinbaren musste, durch den sie das Göttliche nur immanent auffassen konnte. Für die Stoiker war deshalb die W. die Instanz, aus der die Welt erst entstanden ist. In der Esoterik spielt die Idee der W. entweder nach platon. oder nach stoischer Auffassung als Essenz des gesamten Universums eine große Rolle. Sie ist das geistige Prinzip, das die widerstrebenden Kräfte des Kosmos, seine Bausteine (→ Elemente) sowie deren Bewegungen ins lebenserhaltende Gleichgewicht bringt. → Harmonie.

Wendezeit, Sachbuch des Physikers Fritjof Capra (*1939), die wichtigste theoret. Grundlage der → Newage-Bewegung. Der Titel bezieht sich auf den um die Jahrtausendwende erwarteten → Paradigmenwechsel von einem durch Descartes und Newton geprägten mechanist.-analyt. und zerstörerischen Denken hin zu einem ganzheitlichen, lebensfördernden Bewusstsein. Capra behandelt detailliert die Auswirkungen der beiden unterschiedlichen erkenntnistheoret. Ansätze auf verschiedene wissenschaftliche Disziplinen und ihre Konsequenzen in der Alltagswelt.

Ausg.: F. CAPRA, W. Bausteine für ein neues Weltbild, 1983; erweiterte u. aktualisierte Neuausgabe 1985.

Weor, Samael Aun (1917–77), mit bürgerlichem Namen Victor Manuel Gómez Rodriguez, aus Bogotá stammender esot. Lehrer und Schriftsteller, auf den sich ein unter verschiedenen Namen (u. a. »Gnostic Movement« »Gnostic Association«, »Associacion gnostica de estudios anthropologicos y culturales« bzw. in Deutschland »Gnost. Bewegung«) firmierende neugnost. Bewegung beruft. W. soll bereits in frühen Jugendjahren zu spiritist. Kreisen Kontakt gehabt und sich in verschiedenen esot. Disziplinen, v. a. im → Yoga, geübt haben. Aus Verwirrung über die Differenzen zwischen den unterschiedlichen esot. Lehren, mit denen er sich befasst hatte, zog er sich irgendwann an einen abgelegenen, geheimgehaltenen Ort zur Meditation zurück. Nach vielen Jahren hatte er ein Initiationserlebnis, dem weitere folgten. W. begann zu schreiben. Der Mittelpunkt seiner Lehre ist die »sexuelle Magie«, die seiner Überzeugung nach in allen esot. Schulen der Welt praktiziert wird. Gemeint ist damit der Geschlechtsverkehr ausschließlich zwischen Mann und Frau (Homosexualität wird scharf verurteilt) in verschiedenen Stellungen, bei dem aber auf jeden Fall ein Samenerguss zu vermeiden ist. Der männliche Samen ist Träger göttlicher Energie und soll nach seiner Aktivierung nach innen gelenkt werden. Sein erstes Buch Eintrittstür zur Initiation, das später unter dem Titel The Perfect Matrimony in Umlauf kam, brachte W. wegen seiner Ausführungen zur »sexuellen Magie« ins Gefängnis. Nach seiner Entlassung sammelte er einen kleinen Schülerkreis um sich und begann mit der Verbreitung ausgesprochen eklektischer, sich teils auch untereinander widersprechender Lehren. Neben der »sexuellen Magie« gehörten dazu die scharfe Differenz zwischen → Ego und Selbst und die Notwendigkeit, eine »Revolution des Bewusstseins« herbeizuführen. Eine gnost.-dualist. Kosmologie kommt nur in Ansätzen zum Ausdruck, etwa wenn W. von einer »ewigen Schlacht zwischen Christus und Jahwe« überzeugt ist. Auffällig ist sein → Antisemitismus, der in gnost. Tradition zu stehen scheint, aber auch viele moderne Elemente aufnimmt. Trotz seiner nur oberflächlich anarchisch wirkenden Lehren über »sexuelle Magie« macht das Ganze seiner Ausführungen einen sehr konservativen Eindruck. Soziale Ungerechtigkeit, Umweltzerstörung und allgemeine moral. Verderbtheit, zu der für ihn auch außerfamiliäre Lebensgemeinschaften und die Emanzipation der Frau zählen, verurteilt er als typische Erscheinungen des 20. Jh.s. In europ. Ländern sind Anhänger W.s ausschließlich in sehr kleinen Zirkeln tätig. Neuinteressenten werden unter großen Vorsichtsmaßnamen Schritt für Schritt in die Lehren eingewiesen und ermahnt, alles Gelernte strikt geheimzuhalten. Auch viele Schriften W.s werden ausschließlich intern weitergegeben, wenn ein Schüler nach Ansicht seiner Lehrer bereit ist, ihre Inhalte zu verstehen.

Lit.: S. A. W., The Perfect Matrimony, 1961. Ders., Revolutionary Psychology, 1976. Ders., Great Rebellion, 1977. Ders., Los Misterios del Fuego, 1991.

Wesensglieder, anthroposoph. Bezeichnung für die verschiedenen Bestandteile des → Menschen auf körperlicher, seel. und geistiger Ebene.

Lit.: R. Steiner, Die Geheimwissenschaft im Umriss, 1910, [29]1977.

Westlicher Weg, ein von Caitlin und John Matthews entwickeltes esot. Konzept, das sich im Sinne des → Neuheidentums auf im Westen Europas, v. a. in Großbritannien, einheim. alte religiöse Traditionen stützt, und hier ansetzend die Verbindungen zur → Hermetik und zur globalisierten Esoterik aufzeigt. Die Notwendigkeit der Besinnung auf den W. beruht auf der lebendigen Beziehung zur Erde, die am ehesten über die jeweilig einheim. Landschaft erfahrbar ist, und auf der Möglichkeit zur Anknüpfung an das lebendige esot. Wissen der eigenen Vorfahren. Auf diese Weise lässt sich verhindern, dass Esoterik lediglich auf die Ebene der Theorie beschränkt bleibt.

Lit.: B. Vaillant, Westliche Einweihungslehren, 1986. C. u. J. Matthews, Der W., 2 Bde., 1988–89.

White Eagle (engl. »Weißer Adler«), Name eines Geistwesens, das über sein Medium Grace Cooke in den 1930er Jahren Weisungen für das neue Zeitalter erteilte. Sie stehen in der Tradition christl. Esoterik. 1935 wurde in London die W.-Lodge gegründet, die sich um die

Verbreitung seiner Botschaften kümmert. 1974 weihte sie in Hampshire einen eigenen Tempel ein.

Lit.: I. LIND, Die Lehre des W., 1990.

Widersachermächte → Demiurg, → Teufel

Wiedergeburt → Reinkarnation, → Initiation

Wiederverzauberung der Welt, an MAX WEBERS Diktum von der »Entzauberung der Welt« durch den Rationalismus der Moderne angelehnte Programmatik des → Newage. W. steht für eine wissenschaftstheoret. Erneuerung durch Überwindung des cartes. Paradigmas (→ Paradigmenwechsel). Eine Reintegration von Gefühls- und Traumwelten in das wissenschaftliche und polit. Bewusstsein unserer Zeit soll eine Wiederbelebung des Geistes und damit eine neue, subjektiv orientierte religiöse Sinnfindung ermöglichen. Damit wird ein Bestreben wieder aufgenommen, von dem bereits die Romantiker, insbesondere Novalis mit seinem Programm der »Romantisierung« der Welt, beherrscht waren.

Lit.: M. BERMAN, W. Am Ende des Newtonschen Zeitalters, 1983.

Wilber, Ken (* 1947), US-amerikan. Vertreter der → Neuen Wissenschaft, einer der führenden Denker des → Newage. Er beschäftigt sich hauptsächlich mit der Evolution des menschlichen → Bewusstseins, das seiner Auffassung nach in unserer Zeit durch die Synthese zwischen östlichem und westlichem Denken einen entscheidenden Schritt auf seinem »Weg vom animal. zum kosm. Bewusstsein tut. Hauptwerk: *Halbzeit der Evolution* (engl. *Up from Eden*, 1981).

Ausg.: Das Spektrum des Bewusstseins, 1991. Wege zum Selbst, 1991. Eine kurze Geschichte des Kosmos, 1997. Naturwissenschaft und Religion, 1998.

Y

Yantra, in der → Tantrik als Meditationshilfe benutztes Diagramm, das eine bestimmte Form der Manifestation von → Energie repräsentiert; eine vereinfachte Forms des → Mandala.

Yeats, William Butler (1865–1939), als ir. Dichter einer der bedeutendsten engl.sprachigen Lyriker seiner Zeit. Y. hatte enge Beziehungen zur brit. Esoterik seiner Zeit, die sich auch in seinem Werk niederschlagen. 1887 trat er in London der Theosoph. Gesellschaft bei und ließ sich 1890 in den → Order of the Golden Dawn initiieren. Allerdings werden die Einflüsse dieser Londoner Geheimheimgesellschaften auf Y. oft überschätzt. Von früher Kindheit an stand der Dichter Vorstellungen der ir. Volksreligiosität nahe und blieb ihnen zeitlebens eng verpflichtet. Ablehnend stand er dagegen dem platon. Dualismus von Idee und Bild gegenüber. Y' Weltbild war mag.-volkstümlich, wurde aber nie systematisch im Sinne der → Theosophie. In seiner Lyrik verband er hermet.-kabbalist. mit teils überlieferter, teils von ihm selbst neuerschaffener ir.-kelt. Symbolik. Letzteres Element behielt bei Y. immer die Oberhand, und sein Programm war die keltische Renaissance. Auch die spirituellen Ideale, mit denen er durch die Mitarbeit im Golden Dawn bekannt wurde, übertrug er auf Irland und die angestrebte neue kelt. Kulturblüte. Eine Reihe von Motiven, die Y. bereits in seiner früheren Dichtung entfaltet hatte, werden in *A Vision* (1925) nochmals aufgenommen, wobei hier viel, anscheinend das Grundmaterial, von Y.' medial veranlagter Ehefrau George Heyde-Lees beigesteuert wurde. *A Vision* steht wie einige Dichtungen → Blakes in der Tradition der abendländ. → Apokalyptik; das Werk beschreibt die Drehungen des »Großen Rades« und die dadurch entstehenden Weltzeitphasen mit ihren typ. Erscheinungen. Von der literar. Kritik wird es als eine Art Bekenntnisschrift von zweifelhaftem literar. Wert angesehen. Keinerlei Rechnung getragen wird damit dem experimentellen Charakter von *A Vision*, worin der Dichter Szenen gestaltete, die sich seiner Frau im → automat. Schreiben mitteilten. Eine Interpretation in diesem Sinne ist erst in Ansätzen versucht worden.

Lit.: K. Raine, Y., the Tarot and the Golden Dawn, 1972. Dies., Death-in-Life and Life-in-Death: »Cuchulain Comforted« and »News for the Delphic Oracle«, 1974. G. Hough, The Mystery Religion of W. B. Y., 1984. D. Pierce, Y's Worlds. Ireland, England and the poetic Imagination, 1995. B. Maddox, George's Ghosts. A new Life of W. B. Y., 1999.

Yessod, die neunte der kabbalist. → Sefirot oder Attribute Gottes, und zwar die Säule und der → Ungrund, in dem alle seine Kräfte ruhen. Er wird auch mit dem → Zaddiq gleichgesetzt.

Yeziden, kurd. esot. Religionsgemeinschaft in den Gebieten zwischen Tiflis und Aleppo sowie im Nordirak. Eine größere yezid. Gemeinde lebt heute auch in Celle. Die Ursprünge liegen einerseits in einem eklekt.-religiösen Milieu des westl. Iran, andererseits in einer zum Extremismus neigenden Anhängerschaft an die unmittelbaren Nachfolger des Propheten Mohammed in der Anfangszeit der Ummayaden-Dynastie. Der Name der Y. geht auf die Verehrung des Ummayaden Yazid ibn Mu'awiya († 683) zurück. Sheyk 'Adi bin Musafir (ca. 1075–ca. 1162) vermischte Elemente aus diesem Ursprungsmilieu mit einer von ihm vertretenen Form sunnit. → Sufik. Besonders wichtig war dabei eine von 'Adi aufgenommene Tradition von Lehren über die Göttlichkeit des → Teufels → Iblis, die den Y. den Ruf einbrachten, sie seien Teufelsanbeter. Sheykh 'Adi scheint bereits zu Lebzeiten von den Y. vergöttlicht worden zu sein. Nach seinem Tod wurde er eine Gestalt der yezid. Mythologie, die einige Ähnlichkeit mit ved. und altiran. (d.h. vorzoroastr.) Erzählungen aufweist. Auf ein altes westiran. heterodoxes Milieu werden heute auch die Kosmologie und die Vorstellungen über → Reinkarnation bei den Y. zurückgeführt. Die Literatur der Y., die zum großen Teil aus Qewls (Hymnen) besteht, wurde in der Vergangenheit vor Außenstehenden geheimgehalten. In jüngster Zeit jedoch haben junge yezid. Intellektuelle damit begonnen, ihre oft missverstandenen und heute vom Aussterben bedrohten Traditionen westlichen Wissenschaftlern zugänglich zu machen.

Lit.: P. G. Kreyenbroek, Yezidism – It's Background, Observances and Textual Tradition, 1995.

Yin und Yang, altchines. Theorie zur Beschreibung der polaren Ordnung und Zusammenhänge in der Welt. Ursprünglich bezeichnete das Schriftzeichen für Yin die Schattenseite eines Hügels und steht somit für Qualitäten wie Kühle, Ruhe, Dunkelheit, Passivität und Empfänglichkeit. Dagegen ist Yang die sonnige Seite des Hügels und damit Helligkeit, Wärme, Vitalität und Aktivität. Es geht bei Y. allerdings nicht darum, die Wirklichkeit in einen stat. → Dualismus aufzuteilen, sondern zu ihrer Lehre gehört die unbedingte Relationalität der beiden Prinzipien. Y. müssen sich, um Leben zu ermöglichen, stets gegenseitig ausgleichen und verwandeln sich in beständiger Bewegung ineinander. So ist in dem traditionellen Y.-Symbol, in dem Yin rechts in schwarzer und Yang links in weißer Farbe wie zwei Wellen ineinandergelegt erscheinen, durch einen weißen Punkt im Yin und einen schwarzen im Yang das eine im anderen stets mit anwesend.

Yoga (von sanskrit »yuj« zusammenbinden, anschirren, ins Joch spannen), Bezeichnung für eine Vielzahl verschiedener Techniken, durch die der Mensch zu einem konsequenten Bewusstsein der göttlichen Einheit gelangen kann. Dazu gehören u.a. Körperhaltungen (Asanas), Atemübungen (pranayama), Konzentration (dharana) – oft auf den → Nabel als Mittelpunkt des Körpers – und dhyana (Meditation). Ziel des Y.-Weges ist das »Leben im Zustand des Erlöstseins« (jivanmukta), was bedeutet, dass man seine Sinne und Körperfunktionen bis hin zum → Atem unter seine Kontrolle gebracht hat, statt von ihnen beherrscht zu werden. Als Übungs- und Selbstvervollkommnungsweg ist Y. immer an eine prakt. Vermittlung von Meister zu Schüler gebunden, d. h. es bedarf der → Initiation in mehreren Graden. Die Ursprünge des Y. gehen sehr wahrscheinlich auf die vorar. Bevölkerung Indiens zurück, während seiner Geschichte stand es immer in enger Beziehung zu einem volkstümlichen, mag. orientierten Asketentum abseits der ved. Priesterreligion. Im Lauf der Zeit wurde Y. jedoch zu einem grundlegenden Bestandteil sämtlicher Religionen mit ind. Wurzeln, zu denen auch breite Strömungen heutiger Esoterik gehören. Vielleicht im 4./5. Jh. wurde der Y. durch Patanjali systematisiert und im sog. *Y.-Sutra* mit einem einheitlichen Gedankengerüst unterlegt. Dieser theoret. Rahmen stammt sehr weitgehend aus der Samkya-Philosophie (entst. ca. 500 v. Chr.), die die Aufspaltungen der prakriti (aktiven Materie) und ihre Andersartigkeit gegenüber dem ruhenden Schauen des purusha (des inneren Menschen oder der Seele) betont. Im Samkya wie im Y. wird es als Anliegen und Aufgabe des purusha beschrieben, sich von den Handlungen der prakriti zu lösen, um so Freiheit zu erlangen. Der größte neuzeitliche Philosoph des Y. ist → Aurobindo, der ihn begrifflich und inhaltlich zum »Integralen Y.« erneuerte. Aurobindo sah Y., das er nun mit »Einheit« (engl. »union«) übersetzte, als Prozess der Überwindung des Ich-Bewusstseins mit allen seinen Anhaftungen an trüger. menschl. Vorstellungswelten. Die »Integralität«, die mit diesem neuen Y.-Konzept angesprochen wird, bezieht sich auf Aurobindos moderne Ansprüche an Religion und Spiritualität. Der Integrale Y. soll sowohl zu »jenseitigen«, d. h. persönlichen Erlösungsbestrebungen einen Beitrag leisten, als auch zu »diesseitigen« Belangen, d. h. gesellschafts-verändernden und universalmenschlichen Zielen. Trotz ihrer unbestreitbaren ideengeschichtlichen Bedeutung sind es nicht solche Gedankengänge, die die weitverbreitete Praxis des Y. in und außerhalb der esot. Szenerie von heute bestimmen. Auf der einen Seite ist eine Universalisierung des Y. dergestalt zu beobachten, dass er mit dem esot. Weltbild schlechthin gleichgesetzt wird, auf der anderen Seite auch seine Profanisierung als Alternative zu Sport und gymnast. Übungen zur Gesundheitsvorsorge. Mit dieser pluralist. Entwicklung ist möglicherweise der Y. von heute den unsystemat. histor. Anfängen dieser Praxis wieder sehr nahe gekommen.

Lit.: Sri Aurobindo, Der integrale Y., 1957. M. Eliade, Y. Unsterblichkeit u. Freiheit, 1985. S. Feuerabend, Das Y.-Sutra. Die 196 Merksprüche des Ur-Y., 1989. H. Zimmer, Y. u. Buddhismus. Ind. Sphären, 1990.

Yogananda, Paramahamsa (1893–1952), ind. Yogi, der 1920 in den Westen kam und in Kalifornien die »Self-Realization-Fellowship« gründete. Y. war ein wichtiger Vertreter des → Neohinduismus. Er legte besonders großen Wert auf die Stimmigkeit der von ihm verkündeten Lehre mit neuen wissenschaftlichen Erkenntnissen. Ferner entwickelte er den Kriya-Yoga, eine psycho-physiolog. Methode, die über die Beherrschung des Atems den → Körper des Menschen in reine → Energie überführen soll, um zur Einheit mit dem kosm. Bewusstsein zu gelangen.

Lit.: P. Y., Autobiographie eines Yogi, 1950. ^{15}1986. Ders., Religion als Wissenschaft, 1969. ^{6}1990.

Z

Zaddik (hebr. »Gerechter«) → Chassidismus

Zahir und Batin, in arab. esot. Lehren »das Äußere« und »das Innere«. Mit zahir wird meistens der Wortlaut des Korans bezeichnet; batin ist dagegen der nur Esoterikern zugängliche verborgene Sinn der Schrift. Die → Isma'iliya wurde in Anlehnung an diese Terminologie auch Batiniya genannt.

Zahlenspekulation. Als grundlegende Ordnungskategorie ist die Zahl ein Instrument zur Erfassung von Längen, Größen und Proportionen und erlaubt somit Einsichten in den Aufbau des Universums. In diesem Sinne war die Mathematik für → Pythagoras und → Platon die heiligste Wissenschaft. In vielen gnost. Texten und im kabbalist. → *Buch der Schöpfung* wird die Entäußerung der Gottheit, durch die die Welt ihrer → Äonen oder Attribute entsteht, in Zahlen erfasst. Im Bereich der → Kabbala gehen Z. und → Buchstabenmystik eine enge Verbindung ein. Die symbol. Welt des MA.s ist sowohl im christl.-jüd. als auch im islam. Bereich von Z. und Zahlenallegorien geprägt, und auch die Esoteriker der → Renaissance, wie z. B. → Agrippa von Nettesheim in → *Über die okkulte Philosophie* machten regen Gebrauch davon. Bei den → Rosenkreutzern und noch in der → Naturphilosophie der → Romantik spielt die Z. eine große Rolle. In der zeitgenöss. Esoterik ist ihre Bedeutung jedoch zurückgegangen.

Lit.: R. F. Allendy, Le symbolisme des nombres, 1921. E. Bindel, Die geistigen Grundlagen der Zahlen, 1958. Cheiro, Das Buch der Zahlen, [6]1981. F. C. Endres/A. Schimmel, Das Mysterium der Zahl. Zahlensymbolik im Kulturvergleich, [6]1990.

Zauberflöte, Die, 1791 in Wien uraufgeführte zweiaktige Oper von Wolfgang Amadeus Mozart (1756–91) mit einem Libretto von Emanuel Schikaneder (1751–1812). Die in ihrem Schema märchenhafte Handlung erzählt von einem Kampf zwischen dem von einer dämon. Frau beherrschten Königreich der Nacht und dem von dem Weisen Sarastro regierten Reich der Tugend und Vernunft. Der Prinz Tamino wird von der Königin der Nacht beauftragt, ihre Tochter Pamina aus der Macht Sarastros zu befreien. Nach vielen Prüfungen wenden sich jedoch beide Letzterem zu und werden in eine Gruppe von Eingeweihten aufgenommen. Das Werk wurde offenbar unter dem Einfluss esot. Strömungen seiner Zeit abgefasst, wobei rosenkreutzer., freimaurer. und illuminat. Ideen in Betracht kommen. Einzelheiten der Interpretation sind sowohl method. als auch inhaltlich umstritten.

Lit.: R. Koch, Br. Mozart – Freimaurer u. Illuminaten, 1911. H. J. Irmen, Mozart Mitglied geheimer Gesellschaften, 1991. H. Schuler, Mozart u. die Freimaurerei, 1992. H. Perl, Der Fall »Z.« Mozarts Oper im Brennpunkt der Geschichte, 2000.

Zeitalter. Wie Religionen im allgemeinen, so kennt auch die Esoterik eine Reihe von Z.lehren, die in den unterschiedlichen Kulturzusammenhängen verschieden ausgeformt wurden, dabei aber fast alle die gemeinsame Auffassung haben, dass das gerade gegenwärtige ein besonders dunkles und das zu erwartende ein erfreulicheres und lichtvolles Z. sein würde. Der Übergang von einem Z. zum nächsten wird meistens als ein plötzlicher, nicht als ein allmählicher erwartet. Die seit dem 7. Jh. v. Chr. belegte antike Überlieferung kannte eine Lehre von vier Z.n vom goldenen Z. über das silberne, das eherne oder heroische bis zum eisernen Z. Die Idee eines lang vergangenen goldenen Z.s und die Bewertung der eigenen Epoche als Verfallszeit wurden später in eine für esot. Z.spekulationen besonders typ., zykl. Sicht vom Lauf der Geschichte eingebaut, die eine Wiederkehr der ursprünglichen Vollkommenheit erwartet. Derartige Vorstellungen sind in der → Gnosis anzutreffen, die überdies die Eigenart hat, Zeiten als → Äonen zu verräumlichen. Anders sahen die jüd. und christl. → Apokalyptik zwar der Erfüllung einer Heilszeit entgegen, verstanden diese aber als Endpunkt in einem linearen, nicht als Stadium in einem zykl. Geschichtsverlauf. Die Umformung der bibl., prophet.-messianist. Zukunftserwartung in eine Lehre von Zeitzyklen lässt sich wiederum sehr anschaulich in der Isma'iliya beobachten, wo sie mit einer Sicht des Kosmos als ewiges Perpetuieren myth. Wesenheiten einhergeht. Der → Chiliasmus im Europa des späten MA.s und der frühen Neuzeit wurde durch die Geschichtsschau → Joachim von Fiores und sein Drei-Zeiten-Schema von einem Z. des Vaters, des Sohnes und des erst für die Zukunft erwarteten Z. des Hl. Geistes geprägt. Unter dem Einfluss ind. Z.lehren entwickelten die → Theosophie und wiederum in ihrem Gefolge die → Anthroposophie detaillierte Geschichtsphilosophien für sehr lange Zeiträume, die sie nach eigenen Angaben aus ihrer Schau in die → Akasha-Chronik gewannen. Diese Z.lehren sind esot. Ausführungen über die gesamte Entwicklung des Universums und der Menschheit. Beide sind nach esot. Anschauung aus geist. Zuständen entstanden, verändern im Lauf der Epochen sowohl ihre Physis als auch ihre Bewusstseinsmöglichkeiten mehrfach in grundlegender Weise und werden am Ende wieder zu einem intelligiblen Dasein zurückfinden. → Steiner hat die Stufen innerhalb eines solchen Geschichtsbildes am klarsten und zusammenhängendsten dargestellt: Danach ergeben sich sieben Weltz. insgesamt und für das gegenwärtige Nachatlant. Z. abermals sieben Kulturz.

Sieben Weltz.:

1. Polar. Z.
2. Hyperboräisches Z.
3. Lemur. Z.
4. Atlant. Z.
5. Nachatlant. Z.
6. und 7. zwei weitere Z. in der Zukunft.

Die Kulturz. innerhalb des nachatlant. Z.s:

1. Erste nachatlant. = Urind. Kultur (7227–5067 v. Chr.)
2. Zweite nachatlant. = Urpers. Kultur (5067–2907 v. Chr.)
3. Dritte nachatlant. = Ägypt.-chaldäische Kultur (2907–747 v. Chr.)
4. Vierte nachatlant. = Griech.-lat. Kultur (747 v. Chr.-1413 n. Chr.)
5. Fünfte Nachatlant. = Mitteleuropäische Kultur (1413–3573)
6. Sechste Nachatlant. = Russ. Kultur (3573–5733)
7. Siebte Nachatlant. = Amerikan. Kultur (5733–7893)

Hiermit sind bisher die Z. der Erdenentwicklung angesprochen, die alle zusammen ein sog. Platon. Weltenjahr ausmachen. Bevor die entwicklungsgeschichtlichen Vorgänge sich hauptsächlich auf die Erde konzentrierten, spielten sie sich in anderen kosm. Sphären ab, die Steiner als »alter Saturn«, »alte Sonne« und »alter Mond« bezeichnet. Auf dem alten Saturn lebte der Mensch in einem Trancebewusstsein, das dem der Minerale vergleichbar ist; auf der alten Sonne erhellte sich sein geistiger Zustand zu einem Pflanzen- und auf dem alten Mond zu einem Tierbewusstsein. Diejenigen Lebewesen, die den jeweils neuen Bewusstseinszustand nicht mitmachten, bildeten nacheinander die unterhalb des Menschen angesiedeten Klassen der Steine, Pflanzen und Tiere, die in diesen »rückständigen« Lebensformen fortexistieren. Auf die jetzige ird. Entwicklungsphase werden nach Steiner weitere »planetar. Verkörperungen« mit abermals anderen Zuständen menschlichen Daseins folgen. Zwischen den einzelnen Verkörperungsphasen legt das gesamte Universum Ruhezustände ein, von Steiner mit den ind. Begriffen Manvantaras und Pralayas benannt, in denen alle Wesen im Geistigen aufgehoben sind. In der zeitgenöss. Esoterik wird auch eine ind. Z.-Lehre rezipiert, die aus der altind. epischen Literatur stammt und vom → Neohinduismus, insbesondere Yukteshwar (1855–1936) und seinem Schüler → Yogananda, aufbereitet wurde. Danach gibt es innerhalb eines Zyklus von 24000 Jahren vier sog. yugas. Um 1700 n. Chr. sei das Dunkle Z., das kali-yuga, durch das dvapara-yuga abgelöst worden, das bis 1400 n. Chr. dauern werde. Die neohinduist. Lehre ist eine von aufsteigenden Z.n, die bis zum nächsten kali-yuga immer weitere Verbesserung bringt.

Lit.: R. Steiner, Aus der Akasha-Chronik, 1975. G. Wachsmut, Werdegang der Menschheit – Kosm. Evolution, Erdenverkörperung, Völkerwanderung, Geistesgeschichte,... A. A. Bailey, Schicksal u. Aufgabe der Nationen, [2]1977. H.-C. Puech, La Gnose et le temps, in: En quête de la Gnose, Bd. 1, 1978. H. Corbin, Cyclical Time and Ismaili Gnosis, 1983. W. Burkert, Apokalyptik im frühen Griechentum: Impulse u. Transformationen, in: D. Hellholm, Apokalypticism in the Mediterranean World and the Near East, 1983. R. Günther/R. Müller, Das Goldene Z. Utopien der hellenist.-röm. Antike, 1988.

Zen (japan. »Meditation«, Übersetzung für sanskrit »dhyana«), eine japan. Form des Buddhismus, die aus China übernommen wurde. Das chines. Ch'an, von dem Z. abgeleitet ist, bezeichnete anfangs eine bestimmte Form buddhist. Meditation, die sich dann zu einer eigenen religiösen Tradition auswuchs. Diese Tradition gründete sich auf Überlieferungen des aus Indien stammenden Buddhismus, wurde aber im Lauf ihrer Geschichte tiefgreifend durch den chines. → Taoismus beeinflusst. Die Besonderheit des Z. ist, dass er sich nicht in erster Linie auf religiöse Schriften stützt, wenngleich die buddhist. Sutras durchaus Anerkennung genießen. Jedoch kommt nach Auffassung des Z. Erkenntnis nicht allmählich durch langfristiges Studium von Texten, sondern sie bricht plötzlich als Vision herein. Damit erwacht die Selbst-Natur, die identisch ist mit der Buddha-Natur, dem Wesen des Kosmos sowie aller Lebewesen und Dinge. Erlösung kann nur aus eigener Kraft (japan. jikiri) erfolgen und ist kein von der sichtbaren Realität losgelöster Vorgang. Z. strebt nach Vergegenwärtigung des Spirituellen in jeder alltäglichen Handlung. Entsprechend bildete sich besonders in Japan aus dem Geist des Z. eine ästhet. Kultur aus, die eine Erfüllung im Augenblick sichtbar macht, wie etwa die Teezeremonie, die am Z. geschulte Schwertkunst der japan. Samurai oder die Kunst des Blumensteckens. Die Geschichte des Z. beginnt mit der Legende um Bodhidharma, der die Tradition von Indien nach China gebracht haben soll, dessen Historizität aber unklar bleibt. Tatsache ist, dass im 6. Jh. eine Vielzahl von Meditationsmeistern, die sich Ch'an-shih nannten, in China umherwanderte. Seit Ende des 6. Jh.s begannen sie, sich niederzulassen und um ihre Patriarchen herum Klostergemeinschaften zu organisieren. Die Ch'an-Buddhisten verbanden nun ihre spirituellen Bemühungen mit Haus- und Feldarbeit, womit sich ihre Basis in der chines. Gesellschaft verbreiterte. Eine besonders wichtige Rolle spielte in dieser Periode der sechste Patriarch Hui-neng (638–713), dessen *Sutra des Sechsten Patriarchen* die Maßstäbe des Z.-Weges festlegte. 732 kam es zur Trennung in eine nördliche und eine südliche Schule. Im Norden Chinas hatte sich eine Tradition ausgebildet, die nun doch eine graduelle spirituelle Erweckung annahm, während man im Süden der Auffassung verhaftet blieb, die Erleuchtung würde ganz plötzlich erfolgen. Die Geschichte des Z. wurde nur von dem an Huineng anknüpfenden südlichen Zweig weitergeschrieben; über das weitere Wirken der nördlichen Schule fehlen histor. Belege, wahrscheinlich ist sie schon bald nach 732 ausgestorben. Nach der großen Verfolgung der chines. Buddhisten 845, die die Z.-Bewegung vergleichsweise unbeschadet überstand, formierten sich die sog. fünf Häuser: Kuei-yang, Lin-chi, Ts'ao-tung, Yun-men und Fa-yen. Sie folgten jeweils weniger einer bestimmten Doktrin als unterschiedlichen zur Erleuchtung führenden Methoden, die von verschiedenen Meistern begründet worden waren. Nach einer letzten Blüte in der Sung-Zeit (960–1279) verlor Z. in China zunehmend an Bedeutung, entfaltete sich insbesondere seit dem 12. Jh. aber in Japan, dessen gesamte ma.liche Kultur er prägte. Hierher war Z. bereits durch den japan. Mönch Saicho (767–822) gekommen, der die Praxis des Ch'an auf einer Studienreise in China kennengelernt hatte, und zwar besonders die mit dem Haus des Fa-yen verbundene T'ien-t'ai- (japan. Tendai-)Philosophie, die sich mit der Frage beschäftigte, wie die wahre Natur der Wirklichkeit erkannt werden könne. 805 führte Saicho durch Gründung der Tendai-Schule die T'ien-t'tai-Tradition in Japan ein. Sie hatte ihr Zentrum in der Gebirgsregion bei Heiankyo, dem späteren Kyoto. Etwa gleichzeitig mit Saicho wirkte Kukai (774–835), ebenfalls ein sich nach China orientierender japan. Mönch. Kukai, der sich besonders stark von Elementen des tantr. Buddhismus in China beeinflussen ließ (→ Vajrayana-Buddhismus). Mit Kukais Shingon-Schule und Saichos Tendai-Schule entstanden in Japan eklekt. Formen des Z.-Buddhismus, die mit tantr. Praxis und Ritualistik vermischt waren. Einen Neuanfang nahm Z. dann mit Myoan Eisai (1141–1215), der am Lin-chi-Z. Chinas geschult war und diese Tradition als Rinzai-Z.

nach Japan brachte. Eisai war ein Meister des Zazen, der Meditation mit gekreuzten Beinen, sowie des Koan, des paradoxen Sinnspruches, die das Herz der eigentlichen Z.-praxis bilden. Vom eingesessenen japan. Buddhismus zunächst abgelehnt, fanden Eisais Lehren Anklang im Kriegerstand und wurden von dieser Seite unterstützt. damit begann die Blütezeit des Z. in Japan mit ihrer spezif. Kultur. Diese wurde hauptsächlich durch den Rinzai-Z. getragen, aber auch durch andere später ausgebildete Richtungen unterstützt. Insbesondere gilt dies für die von Dogen Kigen (1200–1253) begründete Soto-Schule. Ihr Einfluss auf die japan. Z.-Kultur ist weniger offensichtlich, aber noch ausgeprägter als Eisai war Dogen ein Meister der Meditation. Er betonte den Weg der Übung und hielt seine Schüler an, sich auf diesen sehr viel stärker zu konzentrieren als auf das Ziel der → Erleuchtung (japan. Satori). Nach den verheerenden Kriegen, die der Kulturblüte des japan. MA.s ein Ende bereitete, brachte die Edo-Zeit eine religiöse Stagnation, von der auch Z. betroffen war. Lediglich die Obako-Schule mit einer Niederlassung nahe Kyoto ließ im 16./17. Jh. noch einmal die Rinzai-Tradition aufleben. Eine ganz neue Bedeutung erhielt Z. dann in der Moderne durch ein eminentes Interesse westlicher Schüler an dieser Spielart des Buddhismus. In den 1950er Jahren war Z. der entscheidende Katalysator der ost-westlichen → Religionsbegegnung, die am Ende des 20. Jh.s eine neue Blüte der Esoterik herbeiführte. Der wichtigste Vermittler des Z. in den USA und Europa war DAISEZ T. SUZUKI (1870–1966), der durch seineVorträge an der Columbia-Universität einen modernisierten Z. westlichen Zuschnitts mit starken psycholog. Untertönen bekannt machte. Zu seinen Schülern zählt der Engländer ALAN WATTS (1915–1974), der wesentlich dazu beitrug, Z.-Lehren auch außerhalb akadem. Kreise zu verbreiten und mit populären Vorstellungen aus der westlichen Esoterik kompatibel zu machen. PHILIPP KAPLEAUS ebenfalls sehr bekanntes Buch *The three Pillars of Z.* (1965) präsentierte dagegen Z. mehr als praktischen Übungsweg, dessen Härten nicht verschwiegen wurden. Z. spielte anfangs ein wichtige Rolle in der amerikan. Counterculture, wurde aber seit Ende der 1960er Jahre durch andere, weniger disziplinierte und asketische Formen von aus dem asiat. Raum inspirierter Spiritualität abgelöst. Z.-Zentren sind aber bis heute weltweit in der esot. Szenerie zu finden.

Lit.: J. VAN DE WETERING, Der leere Spiegel. Erfahrungen in einem japan. Z.-Kloster, 1977. M. COLLCUTT, Five Mountains, The Rinzai Z. Monastic Institution in Medieval Japan, 1981. H. BECHERT/R. GOMBRICH (HG.), Die Welt des Buddhismus, 1984. E. HERRIGEL, Z. in der Kunst des Bogenschießens, 1984. M. ABE, Z. and Western Thought, 1985. H. DUMOULIN, Geschichte des Z.-Buddhismus, 2 Bde., 1982–87. D. T. SUZUKI, Leben aus Z. Eine Einführung in den Z.-Buddhismus, 1987. DERS., Koan. Der Sprung ins Grenzenlose. Das Koan als Mittel der meditativen Schulung im Z., 1988. HUI-NENG, Das Sutra des Sechsten Patriarchen. Das Leben u. die Z.lehre des chines. Meisters Hui-neng (638–713), 1989. D. T. SUZUKI, Satori. Der Z.-Weg zur Befreiung. Die Erleuchtungserfahrung im Buddhismus u. im Z., [2]1989. DERS., Zazen. Die Übung des Z. Grundlagen u. Methoden der Meditationspraxis im Z., [2]1990. J. C. H. WU, The Golden Age of Z., 1996.

Zimzum (»Kontraktion«), die Selbstbeschränkung Gottes in der → Kabbala, wie sie von → Luria gelehrt wurde. Um die Schöpfung möglich zu machen, zog sich Gott, der anfangs mit seinem Wesen schlechthin alles erfüllte, in sich selbst zurück, sodass ein freier Raum entstand. In diesen tritt anschließend die Gottheit mit einem Lichtstrahl wieder aus sich heraus, und es entsteht das zwar nach wie vor mit ihm verbundene, aber dennoch ihm gegenüber objektivierte Universum. Durch die Cabbala Denudata → Knorrs von Rosenroth wurde diese Idee auch christl. Esoterikern bekannt. Sie wurde nachgewiesenermaßen von → Schelling rezipiert.

Lit.: C. SCHULTE, Z. bei Schelling, in: E. Goodmann-Thau u.a., Kabbala u. Romantik, 1994.

Zindiq, in islam. Rechtsquellen Bezeichnung für Häretiker, deren Lehre nach Ansicht der Autoritäten eine Gefahr für den Staat darstellte. Insbesondere wurde der Begriff auf die Anhänger des → Manichäismus angewendet, aber auch Sufis und extreme Schiʿiten wurden damit belegt. → Ketzer.

Lit.: G. Vajda, Les Zindîqs en Pays d'Islam au début de la période abbaside, in: Revista degli studi Orientali 17, 1937.

Zorba der Buddha, ideales Persönlichkeitsprofil nach den Vorstellungen → Oshos. Zorba meint die von Nikos Kazantzakis geschaffene lebenslustige Romanfigur, deren Freude am Dasein sich mit dem Gleichmut des Erleuchteten verbinden soll. Den Namen »Z.« tragen zahlreiche von Oshos Sannyassin-Bewegung betriebene vegetar. Restaurants und Diskotheken.

Zostrianos (NHC VIII,1; entst. 3. Jh.), sehr fragmentar. erhaltene gnost. Schrift, in der der Prophet Zostrianos von seiner → Seelenreise in die himml. Welten berichtet. Der dabei geschilderte Aufbau des Kosmos folgt dem sethian. Schema (→ sethian. Gnosis). Das geschaute Wissen über die himml. Sphären gibt Zostrianos an die Sethianer weiter. Dabei macht er als Offenbarer seine Autorität geltend und ermahnt seine Zuhörer/Leser, ihm nicht ungehorsam zu sein. Der Text markiert den Übergang von mytholog. Erzählungen zu einer stärker auf Erfahrung angelegten Religiosität in der späteren → Gnosis. Im Gegensatz zu den verwandten Schriften → Allogenes und → Marsanes, die ebenfalls auf dem Hintergrund des sethian. Systems einen Seelenaufstieg beschreiben, ist in *Zostrianos* der kosmolog. → Dualismus noch ungebrochen. Wer hinter Zostrianos als Verfasser des Textes steckt, lässt sich genau nicht ermitteln. Verschiedene Hinweise lassen jedoch darauf schließen, dass die Schrift eine kult. Praxis und die soziolog. Struktur der späten Gnosis widerspiegelt, die auf Meister-Schüler-Verhältnissen in kleinen esot. Zirkeln basierte.

Ausg.: NHL. NHD.

Zünfte → Vereinswesen

Zweite Apokalypse des Jakobus (NHC V,4; entst. Ende 1./Anfang 2. Jh.), eine Offenbarung des Jakobus, genannt »der Gerechte«, an seinen Vater Theudas. Dabei enthält die Rede des Jakobus ihrerseits Reden des auferstandenen Jesus. Die Hauptthemen der Offenbarungsreden sind gnostischer Art, wie insbesondere der Dualismus zwischen dem ewigen Gott und dem Demiurgen, daneben sind jüd.-christl. Anleihen erkennbar. Mehrere Abschnitte der Reden sind hymn. gestaltet; eine besonders eindrucksvolle Hymne gilt der Person des Jakobus.

Zweiter Logos des Großen Seth (NHC VII,2), Text in makellosem äußerem Erhaltungszustand, aber wegen seiner inhaltlichen Verworrenheit mit sehr schwer zu verstehendem Sinn. Die Schrift richtet sich an eine christlich-gnostische Gemeinde, die mit der entstehenden kathol. Kirche in einem heftigen Konflikt lag. Auf kosmologischer Ebene sind die Gegner des Großen Seth diejenigen, »die aus dem Geschlecht des Adonaios stammen«. Dies und weitere mythologische Komplemente lassen darauf schliessen, dass der Text einen sethian. Hintergrund hat, wobei bereits ein christianisiertes Stadium vorliegt: an die Stelle von Seth ist als Offenbarer und Erlöser gleichberechtigt Christus getreten. Gleichzeitig ist auffällig, dass die Gemeinde hinter der Schrift einige Kennzeichen aufweist, die den Schismatikern des Ersten Johannesbriefes zugeschrieben werden: Sie sind Doketen oder mindestens Anhänger einer Zweinaturenlehre, lehnen die Vorstellung, dass der Gott Christus leibhaftig auf Erden wandelte und leidvoll gekreuzigt wurde, ab und verspotten das Salbungssakrament, das bei den Johanneern eine große Rolle spielt. Hingegen hat dieser Text mit 1 Joh gemeinsam, dass beide den Heiland mit Wasser (→ Taufe) in Verbindung bringen, was man wohl als Beleg für die Wichtigkeit der Taufe deuten darf. Die Anhänger des Großen Seth durchbrechen das Prinzip der brüderlichen Liebe, das im Johanneischen Corpus eine so große Rolle spielt. Den Sethianern zufolge kann brüderliche Liebe nicht jedem Gemeindemitglied zuteil werden, sondern nur den »Vollkommenen«. Dies spiegelt einen typischen Zug christl.-gnost. Gemeinden wider, die in paulin. Sinn von unterschiedlicher Verteilung der »Geistesgaben« bei den Menschen ausgingen. Der Verfasser von 1 Joh ermahnt seine Adressaten: »Wenn wir sagen, dass wir nicht gesündigt haben, machen wir ihn (=Jesus) zum Lügner.« Seth dagegen wiederholt refrainartig: »... wir haben nicht gesündigt«. Der Zusammenhang mit der johanneischen Tradition wirft auch etwas Licht auf den ansonsten zusammenhanglosen heftigen → Antisemitismus dieser Schrift, denn er erweist ihn als nicht originär, sondern aus einem älteren Konflikt ererbt. Die Vorwürfe, die Jesus im Johannesevangelium gegen die Juden erhob, richten sich hier gegen rivalisierende Christen, behalten aber ihren Sprachduktus, so dass nach einem formal-schemat. Muster nach wie vor statt der eigentlichen Gegner Juden adressiert werden. In einem längeren Abschnitt erklärt der Text nach Adam, Abraham, Isaak, Jakob, David, Salomon, die zwölf Propheten und dann Mose zu Spottfiguren. Am Ende dieser Aufzählung, die von Erläuterungen zu den einzelnen Gestalten aus gnostischer Perspektive und von Beteuerungen, dass »wir« nicht gesündigt haben, unterbrochen wird, steht schließlich der Gott des A.T., »Archont« genannt. Darüber hinaus greift die Schrift auch ein typisch großkirchlich-christliches antijüdisches Muster auf, nämlich die Beschuldigungen gegen die Richter und Mörder Jesu. Hier werden also von einem gnost. Autor oder Redaktor gnostische und christliche antijüdische Standpunkte vermischt und auf die christlich-großkirchlichen Gegner übertragen. Ihre Diffamierung scheint der eigentliche Zweck des Textes zu sein.

Ausg.: NHL. NHD.

Zvi, Sabbatai (1626–76) → Sabbatianismus

Zwillingschaft, in der Esoterik mitunter so verstanden, dass ein Teil des Menschen, seines Geistes oder seiner → Seele im Himmel bleibt, während der andere auf der Erde lebt. Der himml. Zwilling kann, wie insbesondere bei → Mani, Quelle der Inspiration sein, oder seine Existenz wird als spezieller Antrieb zur Rückkehr des Esoterikers in himml. Sphären verstanden.

Zeittafel

Zeitraum	Allgemeine Geschichte	Kultur- und Geistesgeschichte	Geschichte der Esoterik
1364–1347 vor Christus	Regierung Echnatons in Ägypten	Monotheistische Revolution: Echnaton verfügt die ausschließliche bilderlose Verehrung der Sonnenscheibe Atons und verbietet alle anderen Kulte	
ca. 1250	Auszug der Israeliten aus Ägypten	Mose erhält die Gesetze des Gottes Israels	
bis 1165	Ramessidenzeit: Die Herrscher Ägyptens betreiben erfolgreiche Expansionspolitik	Höhepunkt der Baukunst unter Ramses II.	Ausformulierung eines esoterischen Monismus durch ägyptische Priester, der den Lichtmonotheismus Echnatons mit der Vielfalt der natürlichen Erscheinungen und dem Kult der traditionellen Gottheiten zu verbinden sucht
1000	Ausbreitung arischer Stämme in der oberen Indus- und Gangesebene, im Iran, in Griechenland und Italien	In Indien werden die Veden abgeschlossen. Königreich Davids in Palästina	Entstehung der Aranyakas
10. Jahrhundert	966–926 Salomon herrscht über große Teile von Palästina. Nach seinem Tode zerfällt das Reich in ein Nordreich Israel und ein Südreich Juda	Hiram von Tyrus errichtet in Jerusalem den Salomonischen Tempel	
800	Phoinikische Kolonisation in Teilen des Mittelmeerraumes (Karthago)	Entstehung der homerischen Epen	Vedanta-Philosophie
700	Beginn der Assyrerherrschaft in weiten Teilen des Nahen Ostens, auch in Ägypten und Palästina	Entstehung der frühen Upanishaden	Blütezeit esoterischen Denkens in der ägyptischen Spätzeit
6. Jahrhundert	Zeitalter der griechischen Kolonisation. Kyros II. regiert das Persische Weltreich	Vorsokratische Philosophie. Upanishaden um 550 abgeschlossen. Israeliten kehren aus dem Babylonischen Exil zurück und vollenden um 515 in Jerusalem den Zweiten Tempel.	Mysterienstiftungen. Wirkungszeit des Pythagoras
5. Jahrhundert	Demokratie in Athen. Zeit der Wirren in China	Zeitalter der griechischen Klassik	Entstehung des Taoismus in China
4. Jahrhundert	Weltreich Alexanders des Großen	387 begründet Platon die Akademie. Verschmelzung der Kulturen im Hellenismus, eine Folge der Eroberungszüge Alexanders	
3. Jahrhundert	In mehreren Kriegen teilen die Diadochen das Alexanderreich unter sich auf und etablieren hellenistische Herrscherdynastien. Punische Kriege zwischen Rom und Karthago	Harmonisierung des Denkens verschiedener griechischer Philosophenschulen, insbesondere des Platonismus und der Stoa	
2. Jahrhundert	Rom besiegt Karthago, unterwirft große Teile des östlichen Mittelmeerraums und wird zur Weltmacht. 168 Hasmonäeraufstand gegen die Seleukiden in Palästina	Die hellenistische Kultur dringt verstärkt nach Rom und Italien vor. Texte der hebräischen Bibel werden ins Griechische übersetzt	

Zeitraum	Allgemeine Geschichte	Kultur- und Geistesgeschichte	Geschichte der Esoterik
1. Jahrhundert	31 Flottensieg Octavians bei Actium über Marc Anton und die ägyptische Königin Kleopatra. Octavian begründet unter dem Namen Augustus die monarchische Herrschaftsform des Prinzipats/ Kaisertums und leitet eine Friedenszeit für das römische Imperium ein (Pax Augusta)	Augusteische Restitution und »Goldenes Zeitalter« der römischen Literatur	Blüte des Neupythagoreismus
1. Jahrhundert nach Christus	Trotz gewaltsamer Kaiserherrschaften (z. B. Nero) und abrupter Machtwechsel Festigung des Prinzipats. 70/71 Jüdischer Krieg	Auftreten Jesu. Kreuzigung ca. 33. Aufnahme und Reinterpretation seiner Lehren durch die Apostel und älteste Gemeinden. Entstehung des Christusmythos und der Schriften des Neuen Testaments. Fortdauer der kulturellen Blüte in Rom (»Silbernes Zeitalter«).	Arkandisziplin im frühesten Christentum
2. Jahrhundert	Stabilisierung und Ausbau des römischen Regierungs-, Verwaltungs- und Militärwesens unter Trajan, Hadrian, Antoninus und Marc Aurel. Jüdische Aufstände dauern bis ca. 133 an	Entstehung der (später so genannten) Katholischen Kirche und ihrer Begriffe von Rechtgläubigkeit. Die Apologeten stellen in der Auseinandersetzung mit Vertretern des herrschenden paganen Denkens das Christentum als die wahre Philosophie dar. Verstärkte Hinwendung der römischen Kultur zur griechischen Tradition	Blütezeit der dualistischen Gnosis
3. Jahrhundert	Krise des Römischen Reiches. Die christlichen Gemeinden dehnen ihre Tätigkeiten auf viele gesellschaftliche Bereiche aus. 293 errichtet Diocletian die Tetrarchie (Vier-Kaiser-Herrschaft) und beginnt mit Reform des politischen und wirtschaftlichen Lebens. Christenverfolgungen	Entstehung des neuplatonischen Systems. Alexandrinische christliche Philosophie. Blütezeit der ägypt. Anachorese (Wüstenväter)	Monistische Gnosis. Merkava-Mystik. Hermetik. Mani bricht mit den Elchasaiten und begründet seine eigene gnostische Religion, die von seinen Aposteln im gesamten Röm. Reich und im Iran verbreitet wird
4. Jahrhundert	311 Ende der Christenverfolgungen. 313 »Toleranzedikt« Konstantins d. Gr. Ausbau der päpstlichen Macht. Verschlechterung der Bedingungen für die heidnischen Religionen. 391 verbietet Theodosius alle heidnischen Kulte: Christentum Staatsreligion. Seit 395 Verfestigung der Teilung in einen »weströmischen« und einen »oströmischen« (byzantinischen) Reichsteil	Entstehung der ostkirchlichen Mystik; der dualist. Ansatz des Origenes wird überwunden. Entstehung der christlichen Klosterkultur. Arianischer Streit um die göttliche oder menschliche Natur Christi. Das Konzil von Nicaea legt die kathol. Position zur Christologie auf die Formel »homoiousios« (Gott und Christus sind wesensgleich) fest	Bewegung des Priscillian
5. Jahrhundert	455 wird Rom von den Vandalen geplündert. 476 übernimmt der ostgermanische König Odowaker die Herrschaft über den Westen	451 Konzil von Chalkedon entscheidet die christologischen Streitigkeiten innerhalb der Kirche zu Gunsten einer Zweinaturenlehre (Christus war sowohl Mensch als auch Gott in einer Person). Als Folge trennt sich die (östliche) Orthodoxie, die die Gottnatur Christi betont, vom (westlichen) Katholizismus	In Indien entsteht die Tantrik. Höhepunkt des religiös-esoterischen Neuplatonismus im Werk des Proclos (412–485)

Zeitraum	Allgemeine Geschichte	Kultur- und Geistesgeschichte	Geschichte der Esoterik
6. Jahrhundert	Frankenreich unter Herrschaft der Merowinger. 511 König Chlodwig: Christentum in katholischer Form (in Ablehnung des Arianismus anderer germanischer Reiche). Kaiser Justinian: Politik der Erneuerung des Römischen Reiches und Wiedereroberung alter Reichsgebiete im Westen	529 schließt der christliche Kaiser Justinian die griechischen Philosophenschulen	Entstehung des Vajrayana-Buddhismus in Nordindien
7. Jahrhundert	622 Beginn der islamischen Zeitrechnung mit der Auswanderung Mohammeds von Mekka nach Medina. 630 Durchsetzung des Islams in Arabien und Beginn einer erfolgreichen Expansionspolitik. 661 Herrschaft der Omayyaden-Dynastie im islam. Raum. Aufstieg der Karolinger im Frankenreich	Chan-Buddhismus in China	Entstehung der chinesischen Form des Vajrayana-Buddhismus (Chen-yen). Paulikianer in Syrien, Armenien, Kleinasien und im Balkanraum
8. Jahrhundert	732 Schlacht »bei Tours und Poitiers«: Karl Martell hält das weitere Vordringen der in Spanien herrschenden Araber auf. Aufstieg der iranischen Dynastie der Abbasiden	Irische und angelsächsische Kultur mit Ausstrahlung auf Kontinentaleuropa	Der Manichäismus dringt bis nach China vor und wird Staatsreligion im zentralasiatischen Uigurenreich. Entstehung der Isma'iliya auf dem Gebiet des heutigen Irak. Nach Einführung des Vajrayana-Buddhismus in Tibet entsteht seine hiesige spezifische Form. In Japan entsteht mit dem Shingon-shu eine weitere Spielart des Vajrayana-Buddhismus
9. Jahrhundert	Reich Karls des Großen und seiner Nachfolger.	Karolingische Renaissance. Bilderstreit in Byzanz mit Auswirkungen auf das Frankenreich. Beginn der Christianisierung im Reich von Kiew	Blüte esoterischer Wissenschaft im arab. Raum (Gabir ibn Hayyan). Beginn einer esoterischen christlichen Naturphilosophie durch das Werk Eriugenas. Um 990 Gründung der Schule von Chartres. Frühe Kabbala
10. Jahrhundert	Aufstieg der Fatimiden, die 969 ihre Hauptstadt Kairo gründen. Blütezeit des Reiches der Mauren in Spanien. Entstehung des Rittertums	Blütezeit der islamischen Wissenschaften. Cluniazensische Bewegung gegen die Einflüsse weltlicher Macht und weltlichen Lebensstils auf das christliche Klosterleben. Beginn der Romanik	Die Persische Schule interpretiert den isma'ilitischen Mythos in philosophischen Begriffen und überwindet so den Dualismus der Lehre. Bewegung der Bogomilen in Byzanz
11. Jahrhundert	Investiturstreit: Machtprobe zwischen Päpsten und Salierkaisern. 1096 Beginn der Kreuzzüge. Frühe Reconquista in Spanien. Aufschwung des Seehandels in Mittelmeer- und Ostseeraum sowie des Städtewesens	Frühscholastik: Durchdringung kirchlich-christlicher Glaubensinhalte mit Elementen aristotelischer Philosophie. Universalienstreit	Entstehung der Drusen-Gemeinschaft als Abspaltung von der fatimidischen Isma'iliya. Ausbreitung der Katharer-Bewegung in Okzitanien und Oberitalien
12. Jahrhundert	1122 Beendigung des Investiturstreits durch das Wormser Konkordat.	Gotik. Blütezeit der Scholastik. Erneuerung des christlichen Armutsideals durch die Bettelorden. Die Versromane der höfischen Literatur entstehen. Blütezeit des Zen-Buddhismus in Japan	Templerorden

Zeitraum	Allgemeine Geschichte	Kultur- und Geistesgeschichte	Geschichte der Esoterik
13. Jahrhundert	Höhepunkt der päpstlichen Macht. 1215 Inquisition, ab 1231 durch Dominikanerorden. Herrschaft Kaiser Friedrichs II.	Blütezeit der höfischen Literatur in Deutschland. Deutsche Mystik	Islamische Esoterik des Ibn Arabi. 1209–29 Albigenserkriege gegen die Katharer. Blütezeit der sephardischen Kabbala in Südfrankreich und Spanien. Gralsbewegung
14. Jahrhundert	1348/49 Große Pest. Hundertjähriger Krieg zwischen England und Frankreich und Entstehung der ersten Nationalstaaten in Westeuropa. Polen-Litauen steigt zur europäischen Großmacht auf	Beginn der Renaissance in Italien	
15. Jahrhundert	Reformkonzilien. Aufstieg der Habsburger in Mittel- und Südosteuropa. Vertreibung der Muslime und Juden aus Spanien. Beginn der Expansion nach Übersee	Die Hussitische Bewegung in Böhmen scheitert mit ihrer Forderung nach kirchlichen Reformen. Humanismus und Renaissance in Italien, West- und Mitteleuropa	Das allgemeine geistige Klima begünstigt einen Aufschwung der esoterischen Wissenschaften in Europa
16. Jahrhundert	Das Reich Karls V. über Spanien, weite Teile Mitteleuropas und Amerikas 1519–1556. Reformationskriege. Elisabethanisches Zeitalter in England 1558–1603. Hugenottenkriege in Frankreich 1562–1598. Frühkapitalismus	1517 Beginn der Reformation in Deutschland (Luther) und der Schweiz (Zwingli). Gegenreformation. 1534 Gründung des Jesuitenordens. Spanische Mystik. Manierismus	Blütezeit der Pansophie als ganzheitliches Wissenschaftsideal im Anschluss an die Lehren des Paracelsus
17. Jahrhundert	Dreißigjähriger Krieg in Mitteleuropa. Absolutismus	Barockzeit. Romanisch-katholischer Quietismus. Deutscher und britischer protestantischer Pietismus. Kirchenreform in Russland. Hexenverfolgungen. Inquisition.	Platonische Schule von Cambridge. Lurianische Kabbala und Sabbatianismus. Entstehung der russischen Sekten als Folge der Kirchenreform. Beginn der Rosenkreutzerbewegung
18. Jahrhundert	1775–1783 Amerikanischer Unabhängigkeitskrieg. 1789 Französische Reformation	Zeitalter der Aufklärung	Rosenkreutzer. Freimaurer. Blütezeit des Chassidismus im Ostjudentum
19. Jahrhundert	Napoleonisches Zeitalter. 1848/49 gescheiterte bürgerliche Revolution in Deutschland. Koloniale Expansion der Großmächte. Staatliche Einigung in Italien und Deutschland. Amerikanischer Bürgerkrieg.	Romantik und Symbolismus in Literatur und Kunst. Völkische Bewegung	Neohinduismus in Indien. Blütezeit der Russischen Religionsphilosophie. Entstehung der Theosophie; aus ihrer Verbindung mit völkischen Ideen geht die rassistische Ariosophie hervor.
20. Jahrhundert	1914–1918 Erster Weltkrieg. 1917 Revolution in Russland. Nationalsozialismus in Deutschland 1939–1945 Zweiter Weltkrieg. Verfolgung und Vernichtung der europäischen Juden (Holocaust). Stalinismus/Kommunismus in Osteuropa. 1949 Volksrepublik China. Entstehung der Europäischen Gemeinschaft. Entkolonisierung. 1990 Vereinigung des geteilten Deutschland im Zuge des Zerfalls des von der UdSSR dominierten politischen Systems in Osteuropa	Moderne. Postmoderne	Entstehung der Anthroposophie. Verbreitung asiatischer religiöser Ideen und Meditationspraktiken in westlichen Ländern